AI 마인드

세계적인 인공지능 개발자들이 알려주는 진실

AI 마인드

2019년 7월 1일 초판 1쇄 발행

2019년 7월 25일 초판 2쇄 발행

지은이 마틴 포드

옮긴이 김대영, 김태우, 서창원, 최종현, 한성일

펴낸이 정상석

책임 편집 엄진영

마케팅 정상석

디자인 김보라

펴낸 곳 터닝포인트(www.diytp.com)

등록번호 제2005-000285호

주소 (03991) 서울시 마포구 동교로27길 53 지남빌딩 308호

전화 (02) 332-7646

팩스 (02) 3142-7646

ISBN 979-11-6134-051-7 (03320)

정가 22,000원

내용 및 집필 문의 diamat@naver.com

이 도서의 국립중앙도서관 출판예정도서목록(CIP)은 서지정보유통지원시스템 홈페이지(http://seoji.nl.go.kr)와 국가자료공동목록시스템(http://www.nl.go.kr/kolisnet)에서 이용하실 수 있습니다. (CIP제어번호: CIP2019021696)

세계적인 인공지능 개발자들이 알려주는 진실

AI 마인드

마틴 포드 지음 • 김대영, 김태우, 서창원, 최종현, 한성일 옮김

목차

마틴 포드(MARTIN FORD)
- 미래학자 -

인공지능은 과학 소설의 영역에서 일상 생활 속의 현실로 빠르게 전환되고 있습니다. 이제 일상생활에서 사용되는 주변 기기들은 사람의 말을 이해하고, 사람에게 말을 하고, 유창하게 외국어를 번역합니다. 인공지능으로 개발된 시각 인식 알고리즘은 사람보다 인식률이 뛰어나며 자율주행차부터 암을 진단하는 시스템까지 모든 분야에서 응용사례가 늘어나고 있습니다. 주요 언론 매체는 단순한 정보들을 뉴스 기사로 정리하기 위해 인공지능을 적용하고 있으며 기자들이 직접 작성한 것과 구별할 수 없는 수준까지 와 있습니다. 이런 사례들은 인공지능이 우리의 삶을 형성하는데 중요한 요소가 되었다는 증거입니다. 특정한 분야에서 일어나는 혁신과는 다른 일상 생활의 기술로서 궁극적으로 모든 산업, 경제 그리고 과학, 사회, 문화의 거의 모든 측면에 걸쳐 확장될 것입니다.

지난 몇 년 동안 언론에서도 인공지능이 화제가 되었습니다. 끊임없이 쏟아져 나오는 뉴스 기사, 서적, 다큐멘터리 영화 및 TV 프로그램은 새로운 시대의 시작이 임박했음을 알리고 있습니다. 때로는 조심스러운 접근과 근거에 기반한 분석도 있는 반면 과대 포장으로 두려움을 조장하는 이해할 수 없는 것들도 있습니다. 몇 년 안에 완전한 자율주행차가 도로를 다니며 트럭이나 택시 또는 우버 운전자들의 수백만 일자리가 사라질 것이라고도 합니다. 특정 머신러닝 알고리즘에서 인종적, 성적 편향의 사례가 나타나고, 얼굴 인식 같은 인공지능 기반 기술이 사생활에 어떤 영향을 미칠지 걱정하는 모습도 많습니다. 로봇이 곧 무기화되거나 초지능이 있는 기계가 언젠가 인류에 대한 실존적 위협을 나타낼지도 모른다는 경고들이 언론에 정기적으로 보도되고 있습니다. 실제 인공지능 전문가가 아닌 유명한 인사들이 여기에 힘을 실었습니다. 일론 머스크는 인공지능 연구가 "악마를 소환하고 있다"며 "인공지능은 핵무기보다 더 위험하다"고 극단적인 표현을 했으며 헨리 키신저와 스티븐 호킹과 같은 유명 인사들도 심각한 경고를 보냈습니다.

이 책의 목적은 인공지능을 연구하는 세계에서 가장 저명한 과학자 및 기업가들과의 대화를 통해 인공지능 분야와 관련된 기회와 위험성을 조명하는 것입니다. 인터뷰 대상 중 많은 사람들이 인공지능의 발전에 큰 기여를 했습니다. 그외 다른 사람들은 인공지능, 로봇 공학 및 머신러닝 분야를 선도하는 회사를 설립했습니다.

인공지능 분야에서 일하는 가장 저명하고 영향력있는 사람들을 선정하는 것은 분명 주관적인 것이며 인공지능의 발전에 결정적인 기여를 한 다른 사람들도 많이 있지만, 그럼에도 불구하고 인공지능을 공부한 사람들에게 현대 인공지능의 틀을 형성한 가장 중요한 인물들을 적어 달라고 한다면 이 책에서 인터뷰한 분들과 거의 동일한 리스트를 받게 될 것이라고 확신합니다. 이 분들은 진정으로 현대 인공지능에 큰 공헌을 하신 분들입니다.

이 책에서 인터뷰한 내용들은 대부분 제약을 두지 않았지만 이 인터뷰는 인공지능이 계속 발전하면서 우리가 직면하게 될 가장 시급한 문제를 해결하는 방안을 알아보고자 진행되었습니다.

"어떤 인공지능 접근법과 기술들이 유망하며, 앞으로 향후 몇 년 동안 어떤 획기적인 발전이 있을까요?", "진정한 사고를 하는 기계 또는 인간 수준의 인공지능이란 실제 가능한 것인지, 가능하다면 얼마나 빨리 그런 시대가 올 거라 생각하십니까?", "인공지능과 관련된 위험이나 위협은 진짜 있을까요? 그런 우려를 어떻게 해결할 수 있을까요?", "정부의 규제 같은 것이 필요하다고 생각하나요?", "인공지능이 경제 및 고용 시장의 혼란을 야기할 것으로 보십니까? 아니면 이러한 우려가 과장되었다고 생각하십니까?", "초지능을 가진 기계가 언젠가는 인간의 통제를 벗어나 위협으로 다가 올 수 있습니까?", "냉전시대의 군비 경쟁처럼 인공지능 경쟁에 대해 걱정해야 한다고 보십니까? 아니면 권위주의 정치 체제를 가진 다른 국가들, 특히 중국이 주도권을 잡을 것이라고 생각하나요?"

말할 필요도 없이 이런 질문들에 대한 정답을 아무도 알지 못하고 또한 아무도 미래를 정확히 예측할 수 없습니다. 그러나 이 책에 등장하는 인공지능 전문가들은 사실상 다른 사람보다 현재 상태와 혁신에 대한 정보를 더 많이 알고 있습니다. 대부분 수십년의 경험을 가지고 현재의 혁신적인 시대를 만든 사람들이기 때문에 그들의 생각과 의견에 상당한 무게감이 있을 수 밖에 없습니다. 인공지능 분야와 미래에 대한 질문에 덧붙여 각자의 배경, 커리어 패스 및 현재의 관심 연구 분야에 대해서도 집중적으로 알아봤습니다. 이 분들의 다양한 배경과 명성을 얻게 된 계기 같은 내용들은 굉장히 흥미로울 것입니다.

인공지능 연구는 많은 하위 학문을 가진 폭넓은 연구 분야로, 여기에서 인터뷰한 다수의 연구자들은 한 분야가 아니라 여러 분야의 경험을 갖고 있습니다. 일부는 인간의 인지 분야 같은 전혀 다른 분야를 깊게 연구하기도 했습니다. 그럼에도 불구하고, 필자는 인공지능 연구에서 가장 중요한 최근의 혁신과 앞으로 예상되는 문제점들과 관련하여 인터뷰한 사람들이 어떻게 접근했는지 보여주는 간략한 로드맵을 만들어보고 싶었습니다. 인터뷰를 한 각 인물에 대한 추가 배경이나 정보는 인터뷰 뒤에 별도로 확인할 수 있도록 해 두었습니다.

지난 10년 동안 우리가 보아온 극적인 발전의 대부분은 이미지 및 얼굴 인식에서부터 언어 번역, 알파고(AlphaGo)의 바둑 정복에 이르기까지 딥러닝 또는 딥 뉴럴네트워크로 알려진 기술을 기반으로 하고 있습니다. 뇌의 생물학적 뉴런의 구조와 상호 작용을 간략하게 하는 인공 신경망은 1950년대에 나온 아이디어입니다. 이러한 신경망의 초기 버전은 기본적인 패턴 인식 작업을 수행할 수 있었으며, 연구자들 사이에서 열광의 대상이었습니다. 그러나 1960년대 인공지능(AI)의 초기 개척자 중 한 명인 마빈 민스키의 기술적 비판으로 인해, 신경망의 인기는 하락했고 인공지능 연구자들은 다른 접근법을 찾아나섰습니다.

그 후로, 1980년대 초반까지 약 20년 동안 소수의 연구 과학자들만이 신경망 기술을 계속 믿고 발전시켰습니다. 그 중 가장 중요한 인물은 제프리 힌튼, 요슈아 벤지오, 얀 르쿤이었습니다. 그 세 사람은 딥러닝의 기본이 되는 수학 이론에 대한 획기적인 공헌을 했을 뿐 아니라 기술의 주요 전도자 역할을 했습니다. 또한 그들은 인공 뉴런 층을 깊게 쌓으면서 정교한 신경망을 만들었고, 인공지능의 암흑기 동안 신경망을 묵묵히 이끌어 왔습니다(역자 주 : 제프리 힌튼, 요슈아 벤지오, 얀 르쿤은 업적을 인정받아 2019년 튜링상을 수상했다). 그러던 중 2012년 토론토 대학 힌튼 교수의 대학원생 팀이 이미지 인식 경연 대회에 참가하여 딥러닝을 사용해 압도적으로 우승하면서 엄청난 혁명이 시작되었습니다. 수십 년에 걸친 혁신적인 컴퓨팅 파워의 향상과 폭발적인 데이터의 증가를 바탕으로 딥러닝의 르네상스를 꽃피우게 됩니다.

그 후 몇 년 동안 딥러닝은 보편화되었고 적어도 지금까지 딥러닝은 인공지능 혁명을 이끈 주요 기술입니다. 구글, 페이스북, 마이크로소프트, 아마존, 애플 뿐만 아니라 바이두나 텐센트와 같은 중국 기업을 포함해 주요 IT 회사들은 딥러닝 기술에 막대한 투자를 하고 사업 전반에 걸쳐 이를 활용했고 NVIDIA나 인텔과 같은 마이크로프로세서와 그래픽(또는 GPU) 칩을 디자인하는 회사들 역시 신경망에 최적화된 하드웨어를 서둘러 만들면서 사업이 변모하는 것을 목격했습니다.

이 책에는 힌튼, 르쿤 및 벤지오와 같은 최첨단 연구자들과의 인터뷰가 포함되어 있습니다. 그리고 앤드류 응, 리페이페이, 제프 딘 및 데미스 허사비스는 웹 검색, 컴퓨터 비전(역자 주 : 컴퓨터를 사용해 인간의 시각적 인식 능력을 구현하는 연구 분야), 자율주행 자동차 등 일반적인 인공지능 분야에서 진보된 신경망을 개발했습니다. 그들은 또한 딥러닝 기술 관련 분야에서 교육, 연구조직의 관리 및 기업가 정신으로 인정받는 리더들입니다.

이 책의 나머지 인터뷰는 딥러닝을 전적으로 신뢰하지 않는 비평가들과 진행했습니다. 지난 10년 동안의 딥러닝의 주목할만한 업적은 인정하겠지만, 딥러닝은 단지 "도구 상자 속에 있는 하나의 도구"일 뿐이며, 지속적인 진보를 위해서는 인공지능의 다른 영역의 아이디어와 통합되어야 한다고 주장하고 있습니다.

바바라 J. 그로스츠와 데이비드 페루치를 비롯한 몇몇 사람들은 자연어 처리에 집중하고 있습니다. 게리 마커스와 조슈아 테넨바움은 인간의 인지 능력을 그리고 오렌 엣치오니, 스튜어트 러셀 및 다프네 콜러를 포함한 다른 사람들은 인공지능의 일반주의자이거나 확률론적 기술 사용에 몰두하고 있습니다.

또한 주데아 펄은 2012년 튜링상(Turing Award, 컴퓨터 과학 분야의 노벨상과 같은)을 수상한 인물로 인공지능과 머신러닝에서 확률론적(또는 베이지안식) 접근법에 대한 연구를 주로 해왔습니다.

딥러닝을 바라보는 관점을 떠나서 좀 더 구체적인 분야에 초점을 맞춘 몇몇 연구자들, 로드니 브룩스, 다니엘라 러스 및 신시아 브리지엘은 모두 로봇 공학 분야의 저명한 리더입니다. 라나 엘 칼리오우비와 브리지엘은 감정을 이해하고 반응하는 시스템의 선구자입니다. 이 시스템은 사람들과 사회적으로 상호 작용할 수 있는 능력을 갖춘 시스템입니다. 브라이언 존슨은 인간 인지 능력을 높이기 위한 기술을 개발하는 스타트업 회사인 커널(Kernel)을 설립했습니다.

필자가 판단했을 때 사람들이 많은 관심을 보이는 3가지 영역에서 인터뷰마다 자세하게 다루었습니다.

첫 번째는 고용 시장 및 경제에 미치는 영향력입니다. 인공지능이 일상적이고 예측 가능한 작업들을 자동화할 수 있다고 입증됨에 따라 블루 칼라나 화이트 칼라에 관계 없이 일정한 근로자 집단 사이에서 불균형이 심화되고 실업률이 높아질 수 있습니다. 인터뷰 대상자들은 경제적 혼란과 그것을 해결할 수 있는 정책적 해결책의 다양한 유형에 대해 견해를 제시합니다. 이 주제로 깊이 들어가기 위해 맥킨지 글로벌 연구소의 회장인 제임스 매니카에게 도움을 요청했습니다. 매니카는 경험이 풍부한 인공지능 및 로봇 연구원으로 일자리와 인공지능의 관계를 이해하기 위한 관점을 제공합니다. 맥킨지 글로벌 연구소는 이 연구에 대한 선두 주자이며, 일자리 붕괴의 본질에 대한 중요한 통찰력을 전하고 있습니다.

두 번째 질문은 인간 수준의 인공지능 또는 일반인공지능에 관한 것입니다. 일반인공지능은 처음부터 인공지능 분야의 성배였습니다. 생각하는 기계에 대한 전망, 극복해야 할 장애물 및 시기에 대해 각각 어떻게 생각하는지 알고 싶었습니다. 모든 대화에는 중요한 인사이트가 있었지만 그중 특히 세 가지 대화가 흥미로웠습니다. 데미스 허사비스와는 일반인공지능을 개발하는 딥마인드의 노력에 대해 얘기했습니다. IBM 왓슨 팀을 이끌던 데이비드 페루치는 신생 기업인 Elemental Cognition의 CEO로 언어를 활용하여 일반적인 지능을 만들고자 노력하고 있습니다. 현재 구글에서 자연어 처리 관련 프로젝트를 담당하고 있는 레이 커즈와일은 이 주제에 대한 좋은 아이디어를 가지고 있습니다.

토론의 일환으로 일반인공지능이 실현될 수 있는 시기를 추측 해보기 위해 "인간 수준의 인공지능이 몇 년 안에 달성될 수 있다고 생각하십니까?"라는 질문을 했습니다. 참가자들의 대부분은 익명으로 답을 하길 원했습니다. 이 결과를 요약해서 책의 마지막에 실었습니다.

기꺼이 자신들의 예상이 공개되어도 상관 없다고 한두 사람의 의견을 미리 보면, 레이 커즈와일은 이전부터 여러 번 말해 왔듯이 사람 수준의 인공지능은 2029년쯤에 달성될 것이라고 예상했습니다. 로드니 브룩스는 이와는 다르게 2200년 또는 180년 이상이 걸릴 것으로 예상했습니다. 이 대화에서 보여지는 흥미로운 부분 중 하나는 같은 주제에 대한 견해가 서로 극명하게 다르다는 것입니다.

세 번째 영역은 머지않은 미래와 먼 미래의 인공지능에 의해 발생될 다양한 위험에 대해 얘기했습니다. 이미 잘 알려진 것 중 하나는 상호 연결된 자동화 시스템이 사이버 공격과 해킹에 취약하다는 것입니다. 인공지능이 우리 경제와 사회에 점점 더 통합되면서 이 문제를 해결하는 것이 우리가 직면한 가장 중요한 과제 중 하나가 될 거라 생각합니다. 다른 긴급한 사안은 머신러닝 알고리즘의 몇몇 사례에서 나타난 인종과 성별에 대한 편향 가능성입니다. 많은 사람들이 이 문제를 다루는 것이 중요하다고 강조하고 있고 현재 이 분야에서 진행중인 연구에 대해 얘기했습니다. 몇몇 사람들은 또한 언젠가 인공지능이 조직적인 편견이나 차별에 맞서 싸울 수 있는 강력한 도구가 될 수 있다는 낙관적인 얘기도 했습니다.

많은 연구자들이 인공지능 무기에 대한 불안감을 얘기합니다. 인공지능을 연구하는 많은 사람들은 로봇이나 드론이 불법적으로 사람을 죽이는 등 끔찍한 범죄를 벌일 수 있기 때문에 생화학 무기만큼 위험하고 불안정하다고 말합니다. 2018년 7월 전 세계에서 온 160개 이상의 인공지능 업체와 2,400명의 연구자들이 무기를 개발하지 않겠다고 약속한 공개 서약서에 서명했습니다. 인터뷰 중 일부분은 무기화된 인공지능에 대한 위험을 파헤쳐 보고 있습니다. 훨씬 더 미래적이고 추측에 근거한 위험은 "인공지능의 일치 문제(AI alignment problem)"입니다. 진정한 지능 또는 초지능과 관련된 것으로 인간의 통제를 벗어나 의도치 않게 나쁜 결과를 초래할 수 있는 결정을 내릴 것이라는 우려입니다. 이 부분에 대해 일론 머스크와 같은 사람들이 과장된 문구로 공포를 조장하기도 했습니다. 거의 모든 사람들이 이 문제에 무게감을 더하기 위해 말을 했습니다. 이 우려에 대해 적절하고 균형잡힌 관점으로 전달하기 위해 옥스포드 대학교 인류미래연구소의 닉 보스트롬과 이야기를 나누었습니다.

이 책의 모든 인터뷰는 2018년 2월에서 8월까지 실시되었으며 모든 인터뷰들이 최소한 한 시간 이상, 일부는 더 많은 시간을 할애해서 진행되었습니다. 인터뷰를 녹음하고 글로 옮기고 편집했습니다. 마지막으로 편집된 내용은 인터뷰한 사람에게 보여주고 내용을 수정하고 보강하는 과정을 거쳤습니다. 따라서, 이 책에 있는 내용들은 인터뷰한 사람들의 생각을 정확하게 반영하고 있다고 생각합니다.

인터뷰했던 인공지능 전문가들의 배경 출신지, 일하는 위치, 소속의 측면에서 매우 다양합니다. 이 책을 조금만 읽어봐도 구글이 인공지능 커뮤니티에 큰 영향을 끼치고 있다는 것을 알 수 있습니다. 인터뷰이 23명 중 7명은 구글이나 모회사인 알파벳과 연관이 있습니다. 주의 깊게 볼 다른 특징은 MIT와 스탠퍼드 출신이 많다는 것입니다. 제프리 힌튼과 요슈아 벤지오는 토론토와 몬트리올 대학을 기반으로 하는데, 캐나다 정부는 이들의 명성을 활용해 전략적으로 딥러닝에 투자하고 있습니다. 23명의 사람들 중 19명이 미국에서 일하고 있으며 19명의 사람들 중 절반이 미국 이외의 지역인 호주, 중국, 이집트, 프랑스, 이스라엘, 로디지아(현 짐바브웨), 루마니아 및 영국에서 태어났습니다.

이 책의 인터뷰를 진행하면서 필자는 전문적인 컴퓨터 과학자부터 관리자와 투자자들, 인공지능과 그것이 사회에 미치는 영향에 관심을 가지고 있는 거의 모든 사람들에 이르기까지 다양한 독자들을 염두에 두었습니다.

산업계가 더 많은 인재를 끌어 들이기 위해 노력할 때 일하는 사람들의 다양성을 확보하기 위해서 더 많은 일들이 필요하다는 인식이 널리 퍼져 있습니다. 만약 인공지능이 실제로 우리 세계를 재편성할 태세라면 기술을 가장 잘 이해하고 그 방향에 영향을 미치는 최상의 위치에 있는 사람들이 사회 전체를 대표하는 것이 중요합니다.

이 책에서 인터뷰한 사람들의 약 4분의 1은 여성이며 그 수는 인공지능이나 머신러닝 분야 전체에서 볼 수 있는 평균보다 훨씬 높을 것으로 예상됩니다. 최근 연구에 따르면 머신러닝 주요 연구자의 약 12%를 여성이 차지하고 있습니다(https://www.wired.com/story/artificial-intelligence-researchers-gender-imbalance/). 인터뷰 대상자 상당수가 여성과 비주류 집단의 구성원 모두를 대표할 수 있는 대표자의 필요성을 강조했습니다.

이 책은 기술적인 배경지식을 요구하지 않지만 이 분야와 관련된 개념과 용어를 많이 접하게 될 것입니다. 인공지능에 대한 이해가 없는 사람들에게는 현장에서 가장 중요한 기술에 대해 직접적으로 배울 수 있는 기회가 될 것으로 믿습니다. 경험이 부족한 독자를 돕기 위해 인공지능에 대한 간단한 용어집을 수록해 놓았으니 인터뷰를 읽기 전에 한 번 훑어보는 게 도움이 될 것입니다.

인터뷰에 참여했던 것은 필자에게 특별한 특권이었습니다. 필자가 말했던 모든 사람들은 진정한 노력을 기울여 만든 기술이 인류의 이익을 위해 활용될 수 있다고 믿고 있습니다. 이 책은 다양하고 상반된 견해로 가득하지만 분명한 것은 인공지능은 활짝 열려 있는 분야라는 점입니다.

인공지능과 관련된 많은 것들이 모두 깊은 불확실성에 놓여 있습니다. 엄청난 잠재적 혼란과 근본적인 불확실성의 조합이 인공지능의 미래와 그것이 우리 방식에 어떤 의미를 가질 수 있는지에 대해 의미있고, 포괄적인 대화를 시작하도록 만들고 있습니다. 저는 이 책이 그 대화에 공헌할 수 있기를 바랍니다.

역자 서문

구글의 인공지능 핵심 개발자, 세계 유수 대학인 스탠퍼드, MIT 등의 교수들, 컴퓨터 과학계의 노벨상을 받은 분들을 포함해 인공지능 분야에서 가장 저명한 23명의 이야기를 담고 있는 책을 번역하게 되어 영광입니다. 처음 번역 의뢰를 받았을 때는 단지 IT 분야의 서적으로 생각했으나 번역을 진행하는 과정에서 다양한 독자에게 상당히 유익한 책이 될 것이라는 생각이 들어 모두가 이해할 수 있도록 풀어쓰고자 심혈을 기울였습니다.

공동 번역의 특성상 각자의 담당 인물이 있었지만 인터뷰에 대한 내용들을 2~3회 이상 교차 리뷰하는 과정을 거쳤습니다. 인물과 역자의 개성이 반영된 번역이면서도 일관된 용어 선택으로 혼란을 줄이고 단어적 본래 뜻과 기존 문헌들의 번역을 최대한 존중하면서도 그 의미를 충분히 포함하지 못하는 경우는 새로운 단어를 사용했습니다. 또한 구어체나 포괄적 의미를 담는 단어들은 중복되는 내용과 공감되지 않는 비유들은 최대한 한국 정서나 상황에 적합하게 의역했습니다.

특히 인공지능을 모르더라도 인공지능이 무엇이고 어떤 분야와 응용 기술들이 있는지 직관적으로 알 수 있게 인공지능 용어집을 새롭게 구성하고 작성했습니다. 이 분야에 대한 이해가 없는 독자들은 책을 읽기 전, 잠깐 훑어본다면 정말 좋을 것 같습니다.

정말이지 모든 사람들에게 상당히 가치 있는 책이 될 것입니다. 책의 서두에서도 말하지만 이 책은 크게 3가지, 고용 및 노동시장의 변화, 사람 수준의 인공지능 개발 가능성, 인공지능이 초래할 위험들을 중점적으로 다룹니다. 사회 전체를 뒤바꿀 인공지능은 단언컨대 모두가 알아야 하고 이에 대한 대비를 함께 준비해야 할 때입니다. 이런 노력들을 통해 많은 기회들도 잡을 수 있을 겁니다. 또한 인간의 존엄성, 도덕적, 사회적 가치 등을 다시 생각해보게 되는 흥미로운 주제들도 많이 있습니다.

또한, 인공지능을 공부하는 학생과 직장인들에게 역시 많은 도움이 될 것 같습니다. 인공지능에서 무엇을 공부해야 하고 어떤 점들을 고려하면서 연구해야 하는지에 대한 답을 세계 최고의 전문가들로부터 들을 수 있습니다. 그들의 살아온 배경과 각기 다른 관심 연구 분야들, 딥러닝의 한계점들과 개선 방향 등을 들을 수 있으며 인공지능의 과거와 현재를 통해 앞으로 미래가 어떻게 흘러갈지 방향을 잡을 수 있게 도와줍니다.

가장 인상 깊었던 부분은 인공지능을 개발할 때 사회적 가치를 고려하고 있다는 것입니다. 인종, 성별, 출신, 사회적 무리 내 성향 등에서 소수 의견의 존중을 모두가 중요시하고 있습니다. 이처럼 다양성을 존중하는 모습은 크게 3가지 측면으로 인공지능의 개발에 영향을 미치고 있습니다. 기득권 집단에 권력이 집중되지 않아야 하는 것, 물과 전기처럼 언제든 원하면 인공지능을 사용할 수 있게 교육되어야 하는 것 그리고 미래의 아이들이 보편적인 인공지능을 통해 문제를 해결할 수 있어야 한다는 것이었습니다. 이런 기술의 민주화를 통해 인공지능 기반 사회를 구성하기 위해 사회적 담론이 형성되고 있습니다.

이 책이 인공지능 시대에 필요한 수많은 논의를 시작하기에 앞서 인공지능에 대한 사회적 인식을 높이는 데 기여할 수 있기를 바랍니다.

2019년 5월 역자 일동

어떤 분야이건 대가들과의 대화는 그 분야에 오랫동안 종사해온 사람들은 물론이고 그 분야를 이제 막 공부하기 시작한 이들 모두에게 매우 소중한 기회일 것입니다. 더구나 한두 명이 아니라 해당 분야 전체를 아우를 만큼 많은 대가들과의 대화를 담은 책이라면 두말할 나위도 없을 텐데 이 책이 바로 그런 흔치 않은 내용을 담은 책이었습니다. 인공지능에 대한 폭발적인 관심 덕분에 이에 대해 여러 가지 오해들 또한 늘어가고 있고, 이 분야에 관련된 이론들의 난이도가 높아 공부를 하다 보면 세부 내용에 빠져 전체를 조망하기 어려운 경우가 많은데요. 이 책에서는 기술적인 내용들 뿐만 아니라 인공지능의 역사와 향후 방향 뿐만 아니라, 다양한 분야로의 적용과 그에 따라 생각해 보아야 할 여러 가지 문제들까지 한 권의 책 속에서 모두 되짚어볼 수 있다는 점에서 정말로 많은 이들에게 도움이 될 것이라고 생각합니다. 좋은 책을 베타리딩할 수 있는 기회를 주신 점 감사드립니다!

권순선(Google 한중일/오세아니아 개발자 생태계 총괄)

때는 바야흐로 4차 산업혁명의 시대로, 세상의 많은 사람들이 기술 혁명을 통한 혁신적인 경제 성장을 이야기합니다. 300년 전, 장밋빛 미래를 그리며 출발했던 증기기관열차는 그 연료가 바닥나 속도가 느려지고 있습니다. 저 역시 멈춰가는 증기기관열차에 새로운 힘을 불어넣을 역할을 4차 산업혁명의 핵심이자 이 책의 주제인 '인공지능'이 할 수 있으리라 생각합니다. 빅데이터를 연료로 출발한 인공지능열차는 엄청난 속도로 증기기관열차를 꽁무니까지 단숨에 따라잡았습니다. 하지만 인공지능열차가 증기기관열차를 앞질러 견인하기 위해 남은 길이 쉽지만은 않아 보입니다. 누군가는 인공지능열차가 나아가는 방향에 대해 의심을 하고, 누군가는 인공지능 열차의 동력에 대해 부정합니다.

이 책은 인공지능열차의 설계도를 그린 사람들, 엔진을 만든 사람들 그리고 운전석에 앉아있는 사람들의 생각을 담고 있습니다. 율리우스 카이사르가 로마법을 어기고 루비콘강을 건너 로마에 입성하지 않았다면 그는 로마의 최고 통치자인 율리우스 카이사르로 군림할 수 없었을 것입니다. 이 책을 읽고 난 뒤, 인터뷰이들은 율리우스 카이사르와 같은 마음 가짐으로 인공지능 열차를 운행하고 있으며 이들을 향해 쏟아지는 질문에 대답하고 있음을 알 수 있었습니다. 만일 당신이 이 열차에 탑승하기 위해 승강장에서 기다리고 있는 독자라면, 이들의 인터뷰를 통해 인공지능열차가 여태껏 지나온 정류장들을 복기할 수 있을 것입니다. 뿐만 아니라 당신이 인공지능 열차에 이미 탑승한 승객이라면 인터뷰이들이 어렴풋하게나마 인공지능 열차의 종착역이 어디인지에 대해 알려줄 것입니다. 인공지능 열차의 운명이 궁금한 모든 독자들이 서둘러 다음 장으로 넘어 가길 추천합니다.

DoAI 수석연구원 정휘진 박사

1. 인공지능이란

인공지능

인공지능은 사람이 수행하는 지능적인 작업을 컴퓨터가 모방할 수 있도록 하는 모든 기술을 말합니다. 즉, 인간의 지능을 기계(컴퓨터)로 구현하는 것이 바로 인공지능입니다. 스팸 메일을 자동으로 분류하거나 자율주행차 등이 인공지능의 예라고 할 수 있습니다. 과거에는 규칙들을 사람이 수동으로 만들어 컴퓨터에 주입하면 인간 수준의 인공지능을 만들 수 있다고 믿었는데, 이러한 방법을 **심볼릭 AI(Symbolic AI)** 또는 **규칙기반 인공지능**이라고 합니다.

다양한 일들을 처리할 수 있는 인간 수준의 지능을 **일반인공지능** 혹은 **강인공지능**이라고 하며, 인간의 수준을 훨씬 뛰어넘는 고차원적인 사고를 가지는 지능을 **초지능**이라고 부릅니다.

머신러닝

기계가 지능을 가지도록 스스로 학습하는(learning) 것을 머신러닝이라고 합니다. 예를 들어, 컴퓨터에게 고양이 사진을 보여주면 고양이의 특징을 알려주지 않아도 컴퓨터 스스로가 고양이의 특징인 '귀가 뾰족하고 콧수염이 있다 등'을 학습합니다.

신경망

데이터를 통해 자동으로 규칙을 학습하는 머신러닝의 방법에는 다양한 알고리즘들이 있습니다. 그 중 인간의 뇌를 구성하는 뉴런에 영감을 받은 것이 신경망 또는 **인공신경망**(Artificial Neural Network)입니다. 이러한 신경망을 구성하는 기본 단위를 **퍼셉트론**(perceptron)이라고 합니다. 신경망의 구조는 입력층-은닉층-출력층으로 이루어져 있으며, 입력층으로부터 주입된 데이터를 은닉층에서 **활성화 함수**(Activation function)를 거쳐 규칙을 찾아냅니다. 활성화 함수는 입력 데이터를 적절하게 변환해 주는 함수입니다. 그리고 마지막으로 출력층에서 결과를 출력하게 됩니다.

데이터를 통해 규칙을 찾아내기 위해서는 신경망을 학습해야 하는데 이때 경사하강법과 역전파 알고리즘이 사용됩니다.

- 손실 함수(Loss Function) : 신경망 학습이 잘되고 있는지를 확인할 때 손실 함수를 사용합니다. 비용 함수(Cost Function), 목적 함수(Objective Function), 오차 함수(Error Function)로 다양하게 부르고 있습니다.

- 경사하강법(Gradient Descent) : 신경망을 데이터에 최적화하기 위해 손실 함수의 경사를 구하고 기울기가 낮은 쪽으로 계속 이동시킵니다. 예를 들어 산을 내려가는 것이 우리의 목적이라면 산을 내려가기 위해서 경사를 따라 아래쪽으로 계속 내려갈 수 있게 하는 방법을 의미합니다.

- 역전파 알고리즘(Backpropagation Algorithm) : 딥러닝 네트워크 구조에서 입력을 통하여 나온 경사(미분값)를 역방향으로 다시 보내어 신경망을 업데이트하는 방법입니다.

딥러닝

딥러닝은 은닉층을 깊게(deep, 딥) 쌓은 신경망 구조를 활용해 학습하는 방법을 말합니다. 이처럼 깊게 쌓은 신경망을 활용한 딥러닝은 최근 몇 년간 놀라운 성과를 보였고 얼굴 인식, 음성 인식, 기계 번역 등 다양한 분야에서 사용되고 있습니다.

다음은 신경망(딥러닝)의 여러 종류들입니다.

- 합성곱 신경망(Convolutional Neural Network) : 이 책의 인터뷰 대상자 중 한 명인 얀 르쿤이 제안한 방법으로 이미지를 처리하는 컴퓨터 비전을 비롯한 여러 분야에서 활용되고 있습니다.

- 순환 신경망(Recurrent Neural Network) : 시계열 데이터(주가, 날씨 데이터 등)와 언어를 처리하는 분야에서 주로 활용되는 방법입니다.

- 적대적 생성 신경망(Generative Adversarial Networks, GAN) : 실제 데이터와 구분하기 어려운 데이터를 만드는 데 사용되는 신경망입니다. 예를 들어, 가짜 미술 작품을 만드는 위조범이 만든 작품을 판매상에 보여줍니다. 판매상은 진짜 미술 작품과 같은지 평가합니다. 비슷하지 않다는 피드백을 받은 위조범은 다시 제작합니다. 이와 같은 방법을 반복하여 결국에는 훌륭한 미술 작품을 만들어 냅니다.

베이지안 네트워크(Bayesian Network)

확률기반의 그래프 모델입니다. 이 네트워크는 변수 간의 단순 상관성뿐만 아니라 인과성까지 고려합니다. 또한 사전 지식(사전 확률) 등을 반영하여 사용할 수도 있습니다.

볼츠만 머신(Boltzmann Machine)

이 책의 인터뷰 대상자중 한명인 제프리 힌튼(Geoffrey Hinton)이 발명한 신경망 구조로 단계별 층과 같은 층의 노드들이 서로 모두 연결되어 있습니다.

2. 인공지능 학습 방법

컴퓨터가 지능을 가질 수 있도록 학습하기 위해 여러 가지 방법론들이 존재합니다. 많은 방법론들이 있지만 지도학습, 비지도학습, 강화학습, 자기지도학습을 소개하겠습니다.

지도학습(Supervised Learning)

정답(Label)이 주어진 데이터를 사용해 컴퓨터를 학습하는 방법입니다. 예를 들어, 강아지와 고양이를 분류할 수 있는 시스템을 만들기 위해 강아지 사진과 고양이 사진과 함께 이 사진이 강아지인지 고양이인지 알 수 있는 답(Label)을 활용합니다. 강아지 사진을 넣었을 때 이 분류기는 강아지라고 예측해야 하며, 고양이라고 예측한다면 틀렸다는 피드백을 줍니다. 피드백을 받게 된 시스템은 다시 수정하고, 이 과정을 반복하면서 학습을 하고 수정을 거쳐 강아지와 고양이를 구분할 수 있게 됩니다.

지도 학습은 머신러닝의 방법론 중에 가장 흔히 쓰이고 있으며 문자 인식, 음성 인식, 이미지 분류, 언어 번역 등 거의 모든 애플리케이션에서 활용하는 방법입니다.

비지도학습(Unsupervised Learning)

지도학습과는 달리, 데이터에 대한 정답이 주어지지 않은 데이터를 활용해 학습하는 방법입니다. 정답이 없기 때문에 맞는 예측을 했는지에 대한 피드백을 받을 수 없고, 교정을 할 수도 없습니다. 예를 들어, 고양이와 강아지 사진이 있다고 해도 컴퓨터는 이 사진이 고양이인지 강아지인지 알지 못합니다. 대신, 비슷한 사진들끼리 묶어 2 개의 집단으로 분리합니다.

비지도학습의 대표적인 방법으로 군집화(Clustering)가 존재하며 페이스북에서 특정 집단의 사람들을 그룹화하는 알고리즘 등에서 쓰입니다. 지도 학습에 비해 활용되는 정도가 낮지만 수십만, 수천만 개의 데이터에 일일이 정답을 만들 수 없으므로 머신러닝의 발전에 필요한 방법론 중 하나로 평가되고 있습니다.

강화학습(Reinforcement Learning)

머신러닝의 방법론 중 하나로, 에이전트(agent)가 주어진 환경에서 어떤 행동을 취하고 이로부터 어떤 보상을 얻으면서 학습을 진행합니다. 즉, 강화학습은 시행착오를 통해 학습하는 방법 중 하나입니다.

현재 강화학습은 대부분 게임 및 로봇 분야의 문제를 푸는데 활용되고 있지만 실제로 유용한 애플리케이션을 만든 사례는 아직 없습니다. 하지만 구글의 자회사이자 알파고를 만든 딥마인드와 같은 기업들이 강화학습에 대한 연구를 활발히 진행하고 있으며 자율주행차, 자원관리, 교육 시스템 등에 널리 활용될 것이라 생각됩니다.

- 에이전트 : 일반적으로 에이전트(agent)는 다른 사람을 대신해 업무 또는 교섭을 대행하는 사람이나 컴퓨터 과학 등에서는 특정 목적에 대해 사용자를 대신하여 작업을 수행하는 자율적 프로세스를 의미합니다. 프로그램이나 시스템을 실행하는 주체(주로 컴퓨터)를 말합니다.

자기지도학습(Self-supervised Learning)

지도학습의 특별한 경우이지만 별도 범주라고 생각할 수 있습니다. 보통 정답을 사람이 주지만 사람의 개입없이 입력 데이터로부터 정답을 얻습니다. 예를 들어, 고양이 사진이 있으면 그 사진이 고양이라는 정답은 없지만 동물과 관련된 지식, 눈, 코, 귀 등의 특성들을 스스로 찾아내고 그 정보들을 활용해 학습합니다.

전이학습(Transfer Learning)

이미 잘 훈련된 모델이 있고 해당 모델과 유사한 문제를 해결하기 위해 특성 추출, 레이어 조정, 학습된 모델 등을 활용해 학습하는 방법을 말합니다. 예를 들어, 컵을 감지하는 시스템을 만들었다고 하면 그 시스템 모델을 주전자를 감지하는 모델을 만드는 데에 활용하기 위해 컵을 감지할 수 있는 모델을 가져와 세부 조정을 거쳐 주전자를 감지하는 모델을 학습하는 것입니다.

3. 인공지능 응용 분야

인공지능에서도 특히 머신러닝을 기반으로 지금껏 혹은 최근 들어 다양한 응용 분야가 생겨났습니다. 아주 많은 분야가 있지만 여기에서는 그 중에 대표적인 것들을 소개해보도록 하겠습니다. 서로 일정 영역을 공유하는 부분도 있어 완벽히 단정지어 구분할 수는 없지만 보편적으로는 아래와 같이 나누기도 합니다.

컴퓨터 비전(Computer Vision)

딥러닝이 나오고 이미지와 관련해 가장 많은 응용 분야가 생겨났다고 봐도 무방한데, 대부분은 기계의 시각에 해당하는 부분을 연구하는 컴퓨터 비전이라는 카테고리에 속합니다. 이 책에서는 컴퓨터 비전 중 객체 인식(Object Recognition)과 객체 감지(Object Detection), 그리고 이미지 캡션(Image Caption)에 대한 내용이 들어있습니다.

○ 객체 인식과 객체 감지

객체 인식과 객체 감지는 이미지와 비디오에 존재하는 특정 사물을 인식 또는 감지하는 기술입니다. 서로 유사하지만 객체 인식은 이미지 내에 존재하는 사물을 인식하고, 객체 감지는 더 나아가 어떤 객체가 어디에 있는지까지 감지하는 기술입니다. 주로 얼굴 인식, 이미지 내의 다양한 사물 인식에 관한 연구가 활발하게 이루어지고 있고, 이를 바탕으로 이미지 검색 뿐만 아니라 의료 산업 등에서도 활용하고 있습니다.

객체 인식

객체 감지

○ 이미지 캡션

이미지가 주어지면 이를 바탕으로 이미지를 설명하는 텍스트를 만드는 기술입니다. 여기에는 컴퓨터 비전 뿐만 아니라 아래에서 소개할 자연어 처리 기술도 상당 부분 들어갑니다.

이미지 캡션

자연어 처리(NLP, Natural Language Processing)

자연어(Natural Language) 혹은 **자연 언어**란 우리가 흔하게 사용하는 일상 언어를 뜻하는 말로, 목적을 가지고 인공적으로 만들어진 인공어와 대비되는 개념입니다. 자연어 처리는 인간의 언어를 기계가 따라할 수 있도록 연구하고 구현하는 분야입니다. 자연어 처리는 머신러닝 이전부터 규칙 기반 알고리즘을 사용해 시작된 분야이지만 머신러닝이 나온 이후로 크게 발전했습니다. 책에서는 이와 관련해 기계 번역(Machine Translation)과 음성인식(Speech Recognition)에 대한 내용이 들어있습니다.

ㅇ 기계 번역
인간이 사용하는 자연어를 컴퓨터를 사용해 다른 언어로 바꾸는 것을 의미합니다. 인터넷에서 많이 접해볼 수 있는 번역기가 이 기술을 사용하고 있습니다.

ㅇ 음성인식
말 그대로 인간이 말하는 음성을 문장으로 바꾸고 더 나아가 그 의미를 파악하는 기술을 의미합니다. 자연어 처리는 특히 문장의 의미를 파악하는데 사용됩니다.

4. 인공지능관련 제품

자율주행차 또는 자율주행 자동차

운전자 또는 승객의 조작 없이 자동차 스스로 운행이 가능한 자동차를 말합니다. 자율주행의 개념은 1960년대에 제안되었고, 1970년대 중후반부터 초보적인 수준의 연구가 시작되었다가 큰 성과를 거두지 못하던 중, 최근 딥러닝의 발달과 여러 IT 기업의 참여로 다시 활발하게 연구가 진행되고 있습니다.

음성인식 비서

애플의 시리, 아마존 알렉사, 구글 어시스턴트 등이 있으며 유사하지만 성격이 다른 Jibo 라는 소셜 로봇으로 분류되는 음성인식 로봇이 있습니다.

- 시리(Siri) : 애플의 아이폰, 아이패드의 운영체제인 ios 제품과 컴퓨터 macOS 제품에 탑재된 인공지능 비서입니다.

- 알렉사(Alexa) : 아마존에서 만든 인공지능 비서로 스피커 또는 태블릿 형태의 제품으로 하드웨어에 탑재되어 판매되는 제품입니다.

- 구글 어시스턴트 : 구글에서 만든 인공지능 비서로 구글 안드로이드 OS에 탑재되어 있습니다.

- Jibo : 이 책의 인터뷰 대상자인 신시아 브리지엘이 창업한 Jibo inc에서 만든 소셜로봇으로, 스크린 상단에 2개의 카메라가 탑재되어 사용자의 얼굴을 인식하고 음성 명령으로 셀카 촬영을 지원하며, 카메라로 사용자의 얼굴 인식이 가능하고 방향 전환을 통해 사용자를 따라 다니면서 행동을 관찰할 수 있는 로봇으로 스피커 형태의 인공지능 비서와는 차별점이 있습니다.

IBM 왓슨(Watson)

자연어 형식으로 된 질문들에 답할 수 있는 인공지능 컴퓨터 시스템으로 이 책의 인터뷰 대상자인 데이비드 페루치가 주도한 IBM의 DeepQA 프로젝트를 통해 개발되었고, 미국의 퀴즈 프로그램인 제퍼디에서 2010년 사람을 이기고 우승했습니다. 최근에는 의료 영역으로 확장하여 의료 이미지 분석 등에 사용되기도 하고 있습니다.

알파고(AlphaGo)와 알파제로(AlpahZero)

알파고는 총 4가지 버전이 존재하는데 2015년 10월 판 후이 2단을 이긴 알파고 '판(Fan)', 2016년 3월 이세돌 9단을 4:1로 이긴 알파고 '리(Lee)', 커제 9단과의 대결에서 3:0의 완승을 거둔 알파고 '마스터(Master)' 그리고 2017년 네이처(Nature)에 소개된 알파고 '제로(Zero)'가 있습니다.

이 책의 인터뷰 대상자인 데미스 허사비스의 딥마인드에서 만든 인공지능 바둑 프로그램으로 2016년 바둑의 세계 최고수 이세돌에 4:1로 이겨 세계를 놀라게 했습니다. 알파고는 16만건의 기보를 학습한 데 반해 알파제로는 기보 학습 없이 스스로 바둑을 두면서 학습하는 방식으로 72시간을 학습한 뒤, 알파고와의 대국에서 100전 100승, 40일에 걸쳐 2900만판을 혼자 둔 후 기존 알파고보다 강화된 알파고 마스터와 대국에서 100전 89승 11패를 거두었습니다.

5. 인공지능 개발 도구

텐서플로우(TensorFlow)

이 책의 인터뷰 대상자인 제프리 딘이 이끌고 있는 구글 브레인에서 만들어 오픈소스로 공개한 머신러닝 라이브러리입니다.

Auto ML

구글의 클라우드 인공지능 서비스로 머신러닝 전문가가 없는 기업도 머신러닝을 개발할 수 있도록 기업간 머신러닝 격차를 줄여주기 위한 서비스입니다.

CPU, GPU, TPU

CPU(Central Processing Unit)는 컴퓨터에 들어가는 중앙처리 장치로 컴퓨터가 동작하는 데 필요한 모든 계산을 처리하며, GPU(Graphics Processing Unit)는 컴퓨터 그래픽을 처리하는 장치로 부동소수점 계산에 뛰어난 성능을 자랑하며 인공지능 머신러닝에 필요한 계산을 수행하기에 적합합니다. TPU(Tensor Processing Unit)는 구글에서 만든 데이터 분석 및 딥러닝용 전용 하드웨어입니다.

6. 인공지능 관련 기업

구글 브레인(Google Brain)

구글의 인공지능 연구소로 이 책의 인터뷰 대상자인 제프리 딘이 이끌고 있습니다.

바이두(Baidu)

중국 최대 검식엔진 기업으로 이 책에서 인터뷰한 앤드류 응이 인공지능 기반 조직으로 변화하는 데 기여했습니다.

텐센트(Tencent)

중국의 종합 인터넷 회사로, 아시아 게임계를 주무르고 있습니다. 리그오브레전드를 제작한 라이엇 게임즈, 클래시 오브 클랜, 로얄 등으로 유명한 슈퍼셀을 인수했습니다.

딥마인드(Deep Mind)

이 책의 인터뷰 대상자인 데미스 허사비스가 설립한 기업으로 2014년 구글에 인수되었습니다. 일반인공지능을 목표로 하며 대표적인 프로그램으로는 알파고와 알파제로, 알파스타가 있습니다.

오픈AI(Open AI)

일론 머스크가 투자한 비영리 인공지능 연구 단체로 일반인공지능 및 여러 윤리 문제들을 연구하고 있습니다.

앨런 연구소

마이크로소프트의 공동 창업자이기도 한 폴 앨런(Paul Allen)은 자신의 이름을 딴 비영리 연구 단체들을 만들었습니다. 여기에서는 이 책에서 언급되었던 단체들을 간단히 소개해보도록 하겠습니다.

 ㅇ 앨런 뇌과학 연구소
앨런 뇌과학 연구소는 신경 과학 분야에서 가장 시급한 문제들을 해결하기 위해 만들어진 단체입니다. 뇌지도를 작성하는 프로젝트로 많이 알려져 있습니다.

 ㅇ 앨런 인공지능 연구소
두 번째로 설립되었고 인공지능을 연구하기도 해서 AI2라고 불리는 앨런 인공지능 연구소는 공공선을 위한 인공지능을 만드는 목표를 가지고 있습니다. 대표적으로 인공지능에 상식을 구축하는 프로젝트인 '모자이크(Mosaic)'를 이끌고 있습니다.

인류미래연구소(Future of Humanity Institute)
인공지능이 인류에 가져올 큰 영향력에 대해 여러 분야에 걸쳐 연구하는 곳으로 이 책의 인터뷰 대상자인 닉 보스트롬이 창립했습니다.

테슬라(Tesla)
일론 머스크 투자한 미국의 전기자동차 회사입니다. 최근 완전 자율주행차를 개발하기 위해 엄청난 투자와 노력을 하고 있습니다.

7. 기타 용어
튜링 테스트(Turing Test)
컴퓨터 과학 및 전산학의 아버지라고 불리는 앨런 튜링이 제안한 테스트로 기계가 인간과 얼마나 비슷하게 대화할 수 있는지를 기준으로 기계에 지능이 있는지를 판별하고자 하는 테스트입니다.

이미지넷(ImageNet)
이 책의 인터뷰 대상인 리페이페이 교수가 컴퓨터에 이미지를 판단할 수 있는 알고리즘을 개발하기 보다는 많은 이미지를 보여주는 것이 낫다는 아이디어로 2007년부터 시작한 프로젝트입니다. 인터넷과 집단 지성의 힘을 이용하여 5만 명의 작업자가 10억 장에 이르는 이미지 데이터를 모으고 정리, 분류 작업을 했으며, 이렇게 축적된 대량의 분류된 이미지는 컴퓨터비전 분야의 발전에 많은 기여를 했습니다.

일치 문제(Alignment Problem) 혹은 통제 문제(Control Problem)

인공지능의 발달로 인해 발생할 수 있는 문제의 유형으로 인류가 바라는 가치와 일치하지 않고 인간의 통제를 벗어나 인류에게 해를 끼칠 수 있는 초지능이 발생하는 문제.

설명가능성(explainability)

데이터를 가지고 인공지능이 예측을 했지만 어떻게 데이터를 분석했는지에 대해 명확하게 설명할 수 있는 능력.

역공학(reverse engineering)

리버스 엔지니어링(reverse engineering, RE) 또는 역공학(逆工學)은 시스템을 역으로 추적해 분석하는 기법입니다. 장치 또는 시스템의 기술적인 원리를 그 구조분석을 통해 발견하는 과정입니다.

기본 소득(basic income)

모든 사회 구성원들에게 아무 조건 없이 정기적으로 지급하는 소득을 말합니다.

" 신경 과학에 기반을 두고 인공지능을 개발하는 것이 두뇌에 관한 복잡한 문제를 잘 풀 수 있는 최적의 방법이라고 믿습니다. 신경 과학을 바탕으로 인간의 두뇌에 버금가는 독특한 특성들을 가진 인공지능 시스템을 만들 수 있을 거예요. 의식, 창의력, 꿈과 같은 인체의 신비를 밝혀낼 수도 있겠죠. **"**

데미스 허사비스(DEMIS HASSABIS)

구글 딥마인드의 공동 창업자이자 최고경영자, 신경 과학자, 알파고 개발자

데미스 허사비스는 16살에 비디오 게임을 전문적으로 개발하기 시작한 체스 천재입니다. 케임브리지 대학을 졸업한 후 비디오 게임 및 시뮬레이션에 중점을 둔 성공적인 스타트업에서 10년을 보냈습니다. 학계로 돌아와 런던 대학에서 인지 신경 과학 박사 학위를 마친 후 MIT와 하버드 대학에서 박사 후 연구를 했습니다. 2010년에 딥마인드(DeepMind)를 공동 설립했으며 딥마인드는 2014년 구글에 인수되었습니다. 현재는 알파벳(Alphabet)에 속해 있습니다.

마틴 포드 : 데미스 허사비스 씨는 어렸을 때 체스와 비디오게임을 무척 좋아했던 것으로 알고 있습니다. 그런 일들이 인공지능 연구와 딥마인드를 창업하는데 영향을 주었나요?

데미스 허사비스 : 저는 어린 시절 체스 월드 챔피언이 되고 싶은 열정으로 가득한 체스 선수였어요. 내성적이라 그런지 게임을 좋아했고 게임을 어떻게 개선시키면 좋겠다는 아이디어가 생각날 때마다, 제 머릿속에 어떻게 그런 아이디어들이 떠올랐는지 궁금해지기도 했습니다. 큰 변화나 실수를 했을 때 어떤 과정들이 일어나는지 생각해 본 적 있으신가요? 처음부터 사고하는 것에 대해 굉장히 관심을 기울였고 그게 신경 과학 공부를 시작하게 된 계기에 많은 영향을 주지 않았을까 해요.

물론 체스도 많은 영향을 주었습니다. 초기의 인공지능에서는 게임 자체가 주된 연구분야 중에 하나였으니까요. 인공지능의 선도자인 앨런 튜링이나 클로드 섀넌은 컴퓨터 체스에 관심이 많았죠. 8살 때, 첫 체스 토너먼트 우승 상금으로 컴퓨터를 샀어요. 오셀로라고 불리는(리벌시라고도 하는) 게임이 기억나는군요. 체스보다는 간단했는데 초창기 인공지능 개척자들이 사용했던 알파 베타 서치(역자 주 : 흔히 2인용 게임(틱택토, 체스, 바둑)에 주로 사용되는 알고리즘이다. 이 알고리즘은 항상 같거나 더 나은 수만을 고려하게 해 준다. 바둑을 예를 들어보면, 어떤 수를 두었을 때 엄청난 악수라고(패착) 판단되면 악수의 다음 수를 고려하지 않는다는 것이 이 알고리즘의 핵심이다. 즉, 그 수로 인해 벌어질 수 있는 모든 상황을 고려하지 않게 된다)와 같은 아이디어를 사용했죠. 그게 인공지능 프로그램을 처음으로 마주했던 때입니다.

체스와 게임을 좋아하다 보니 자연스럽게 프로그래밍도 하게 되었고, 게임에 인공지능을 적용해보기 시작했습니다. 그런 다음 상업용 비디오 게임을 만드는 것으로 이어졌죠. 테마파크(Theme park, 1994)부터 공화국:혁명(Republic: The Revolution 2003)까지 제가 만든 게임들을 살펴보면 게임 플레이의 핵심이 시뮬레이션에 있다는 건데요. 이 게임들의 특징은 샌드박스(역자 주 : sandbox, 어린아이들이 모래성을 쌓고 노는 것처럼 자유롭게 무언가를 만들 수 있는 특성을 가져와 게임의 한정된 공간 안에서 창작할 수 있는 자유도가 많은 게임을 말한다)와 같은 공간에서 유저의 행동이 반영되는 것입니다. 그 속에는 인공지능이 들어가 있고 그 부분은 특별히 제가 작업했습니다.

또, 게임으로 저의 특정 정신적 능력을 훈련시키기도 했습니다. 체스는 문제 해결 능력, 계획 및 다른 영역으로 유용하게 응용될 수 있는 많은 메타 스킬(역자 주 : 자신의 생각에 대해 판단하는 능력)들을 배울 수 있기 때문에 학교에서 학생들에게 체스를 가르친다면 더 좋을 것 같아요. 돌이켜 보면, 딥마인드를 만들었을 당시 인공지능 시스템을 교육하는 환경을 만들기 위해 게임을 이용했던 것도 제 어렸을적 경험들이 잠재되어 나타난 결과가 아닐까라는 생각이 듭니다.

딥마인드를 시작하기 전에 케임브리지 대학에서 컴퓨터 공학을 배우고 있었던 때가 생각납니다. 2000년대 초반이었던 그 당시, 에버레스트처럼 느껴졌던 일반 인공지능(20쪽 용어집 참조)의 거대한 산을 오르려고 노력했지만 마땅히 좋은 아이디어들이 없었던 걸로 기억하네요. 인간의 두뇌가 어떻게 사고하는지, 이런 복잡한 과정을 이해할 수 있다면 그에 대한 실마리를 찾을 수 있지 않을까하는 생각에 신경 과학 쪽으로 박사과정을 밟게 되었습니다. 기억과 상상력에 대해 많은 것을 배웠어요. 어떻게 기계를 작동시킬지 몰랐던, 지금도 모르겠는 그런 주제들에 대해서도요. 그 모든 가닥들이 딥마인드로 합쳐졌습니다.

마틴 포드 : 아주 초창기부터 인공지능, 특히 일반인공지능에 관심이 많으셨군요?

데미스 허사비스 : 맞습니다. 십 대 초반부터 이런 일을 하는 직업을 가지면 좋겠다고 생각했어요. 그 여정의 시작이 제가 처음으로 산 컴퓨터에서였지요. 컴퓨터가 마법의 도구라는 걸 단번에 알았습니다. 대부분의 기계는 육체적인 능력을 대신

해주는데, 컴퓨터는 정신적인 능력을 확장시켜주는 도구였으니까요.

과학 문제를 풀기 위해 프로그램을 작성한 다음 돌리고 자면, 다음 날 아침에 눈을 떴을 때 문제가 풀려있는 걸 보는 게 아직도 너무 신나고 흥미로운 일인 것 같습니다. 컴퓨터에 어떤 작업을 아웃소싱 맡긴 것 같았거든요. 그러다 보니 자연스럽게 인공지능에 대해 여러 생각을 하게 되었는데, 결국 어느 날 컴퓨터가 더 똑똑해져서 스스로 재귀적으로 실행할 날이 올 수도 있을 거예요.

스스로 배우는 인공지능, 스스로 학습하는 시스템을 너무나도 만들고 싶었고 지금도 어떻게 그런 시스템을 구현할 수 있을지, 그 지능에 대한 철학적 아이디어들을 생각해내는데 몰두하고 있고 이런 꿈들이 딥마인드를 만들도록 이끌었습니다.

마틴 포드 : 순수하게 일반인공지능에 목적을 둔 회사는 많지 않습니다. 일반인공지능으로 비즈니스 모델을 만들기에는 적합하지 않고 수익을 내는데 어려움이 있어서인 것 같은데, 딥마인드는 어떻게 그 문제를 해결하고 있나요?

데미스 허사비스 : 처음부터 우리 회사는 일반인공지능을 목표로 한 회사였습니다. 우리의 사명은 그런 인공지능을 만드는 데에 있죠. 일반적인 벤처캐피탈리스트들의 요구를 맞추기는 꽤 힘든 비전입니다.

우리가 구현하려는 건 범용적인 기술입니다. 이 기술은 강력한 영향력을 지니고 일반적으로 사용될 수 있어야 하고 구현 가능할 수 있어야 하는데 그러려면 수많은 응용 프로그램들이 뒷받침되어야 합니다. 우수한 인재들을 바탕으로 수많은 선행 연구들이 필요할 겁니다. 2009년이나 2010년 당시를 생각해보면 인공지능 산업에 종사하는 인력이 100명도 채 안 됐기 때문에 어려움이 많았습니다.

장기적이고 큰 비전을 가진 기업은 어떻게 투자자들에게 확신을 심어줄 수 있을

지가 문제입니다. 전형적인 일반 기업에서는 투자자들의 가치판단 척도가 얼마나 많은 사람들이 회사의 제품을 이용하는지가 될 수 있겠죠. 딥마인드와 같은 기업은 보기 드물어요. 관련 산업에 있지 않는 벤처 캐피탈리스트와 같은 외부의 전문가들이 보기에는 이런 회사가 말하는 게 실제로 합리적인지, 말이 되는지 아니면 미친 소리인지 판단하기 매우 어려우니까요.

2009년, 2010년에 인공지능과 관련된 주제를 얘기하는 사람은 아무도 없었습니다. 지금만큼 인공지능이 유명하지 않았어요. 인공지능 산업은 지난 30년 동안 별로 주목할 만한 성과가 없었기 때문에 초기 시드 자금, 투자 자금을 받기 정말로 힘들었습니다. 과거의 실패를 답습하지 않기 위한 가설들을 세웠고 지난 10년 동안 뇌에 대한 이해를 대폭 향상시킨 신경 과학에서 받은 영감들, 전통적인 전문가 시스템이 아닌 학습 기반의 시스템, 인공지능의 빠른 개발과 테스트를 위한 벤치마킹과 시뮬레이션 등이 그 속에 들어 있습니다. 그것들을 명확히 하고, 왜 인공지능이 이전에는 개선될 수 없었는지 설명했어요. 또 인공지능을 발전시키기 위해 엄청난 컴퓨팅 파워가 필요했는데 그러지 못했었다는 것도 한 가지 이유가 될 수 있겠네요. 현재는 GPU(27쪽 용어집 참조)의 형태로 컴퓨팅 파워를 실현할 수 있었지만요.

이런 우리의 주장은 다른 사람들을 설득시키기에 충분했지만 회의적이고 유망해 보이지도 않는 영역이었기에 어려운 점이 여전히 존재했습니다. 학계에서도 인공지능이라 하면 눈살을 찌푸렸죠. 인공지능에 종사하는 사람들이 비주류 인물로 인식됐어요. "머신러닝(20쪽 용어집 참조)"이라고 이름을 바꾸고 인공지능을 연구하는 사람들이 주류를 이루게 되었죠. 이 모든 게 얼마나 빨리 변했는지… 참 놀랍네요.

마틴 포드 : 결국 펀딩을 받고 독립적인 회사로 자리 설 수 있었죠. 그런데 얼마 후 구글이 딥마인드를 인수했는데 그 결정을 내리게 된 이유에 대해 설명해 줄 수 있나요?

데미스 허사비스 : 딥마인드가 제품을 본격적으로 생산하기 전까지는 우리의 가치를 알아줄 대기업이 없다고 생각했습니다. 비즈니스 모델이 없다고 말하는 것은 아니에요. 실행하는 단계로 가지 않았을 뿐입니다. DQN(심층 Q 네트워크-딥마인드의 첫 범용 학습 알고리즘, 역자 주 : Q라는 사람의 의견대로 게임을 하는데 이기면 칭찬하고 지면 혼내는 방식으로 Q를 프로게이머 수준까지 학습시키는 방법)이라는 멋진 기술이 있었고 아타리(Atari) 게임에서의 작업을 2013년에 끝낸 상태였습니다. 구글의 공동설립자인 래리 페이지가 우리의 투자자로부터 이런저런 얘기를 듣고는 우리와 얘기해보고 싶다고 해서 구글 부사장인 앨런 유스터스로부터 한 통의 메일을 받았습니다.

그게 구글과의 첫 만남이었지만, 구글과 합치기까지 많은 시간이 필요했습니다. 제가 확실히 해 두고 싶었던 것들이 많이 있었기 때문입니다. 구글의 강점과 자원들을 활용하면 엄청난 컴퓨팅 파워와 거대한 팀을 꾸릴 수 있을 것 같았고 그러면 우리가 원하는 목표를 훨씬 더 빨리 달성할 수 있겠다고 판단해서 결국 구글과 합치기로 결단을 내렸습니다. 우리 투자자들도 딥마인드의 독립성을 확보하기 위해 기금을 마련하려고 했었어요. 돈 때문에 합친 건 절대 아니죠. 그것보다 딥마인드는 항상 일반인공지능이 세상에 도움을 주는 쪽으로 사용되길 바랐고 구글이 이를 가속화시켜줄 수 있다고 판단해서였습니다.

저만큼이나 래리와 구글에 있는 직원들은 인공지능에 많은 열정을 가지고 있었고, 딥마인드가 하려는 일들이 얼마나 중요한 일인지 알고 있었어요. 그래서 구글은 연구 로드맵과 문화에 대한 자율성을 보장해주고 런던에 머무르는 것도 허용했습니다. 그게 저에게 정말 중요한 부분이었습니다. 마지막으로 매우 드문 일인데도 불구하고 기술에 관한 윤리 위원회를 갖는 것에 동의해주었어요.

마틴포드 : 실리콘 밸리가 아니라 왜 런던이어야 했나요? 데미스 허사비스씨를 위한 것인가요? 아니면 딥마인드를 위한 이유였나요?

데미스 허사비스 : 둘 다죠. 저는 런던에서 태어나고 자란 런던 출신이라 그만큼 런던에 대한 애착도 큽니다. 또 영국과 유럽에는 케임브리지나 옥스퍼드와 같이 인공지능 분야에서 정말 좋은 학교들이 많아요. 그리고 그 당시 영국이나 유럽에 인공지능과 관련된 유망한 기업들이 없었기 때문에 많은 대학원생들을 쉽게 모을 수 있었습니다. 고용 전망이 아주 좋았죠.

2018년인 지금은 유럽에도 많은 회사들이 있지만 딥마인드는 인공지능 분야의 첫 연구소입니다. 게다가 문화적으로도 상당한 이점을 가져요. 인공지능을 만드는 데는 더 많은 문화와 이해관계자들이 필요하다고 생각하는데 이곳은 그런 사람들을 많이 모으기에 최적의 장소죠. 궁극적으로 전 세계에 공론화해서 어떻게 인공지능을 사용하고 무엇을 위해 쓸 것이며, 어떤 방식으로 분배할지 얘기하는 것이 매우 중요하다고 보거든요.

마틴 포드 : 다른 유럽 도시에도 연구소를 개설할 생각이 있나요?

데미스 허사비스 : 이미 파리에 작은 연구실을 하나 차렸어요. 그게 유럽 최초의 사무실이죠. 캐나다의 앨버타, 몬트리올에도 연구실을 열었습니다. 구글에 합류하고 난 최근에는 캘리포니아주 마운틴뷰에 사무실을 하나 냈어요.

마틴 포드 : 구글의 인공지능 팀과는 얼마나 긴밀하게 협력해 나가고 있나요?

데미스 허사비스 : 구글은 굉장히 크고, 머신러닝, 인공지능 분야에 종사하는 수천 명의 사람들이 있더라고요. 응용단계에서부터 순수 과학을 연구하는 사람까지 아주 다양합니다. 다양한 팀들이 서로 알고 지내면서 생산 팀과 연구 팀 등 상당히 많은 상호협력 관계가 구성되어 있더군요. 그때그때 연구자와 연구주제에 따라 다르긴 하지만, 많은 팀들과 가까이 지내면서 상당히 깊은 주제와 높은 수준의 정보를 공유하고 있습니다.

그래도 딥마인드는 일반인공지능이라는 혁신적인 목표를 갖고 있기 때문에 다른 팀과는 꽤 다른 것 같습니다. 어떤 지능이 필요하고 그 기술을 개발하기 위해선 어떤 것을 해야 하는지 얘기하는 신경 과학 기반의 장기적인 로드맵을 가지고 있습니다.

마틴 포드 : 딥마인드의 알파고(26쪽 용어집 참조) 얘기는 너무나도 잘 알려져 있는 것 같아요. 알파고에 관한 다큐멘터리(https://www.alphagomovie.com/)도 있고요. 최근에는 알파제로(26쪽 용어집 참조)도 나왔잖아요. 일대일로 하는, 두 명의 유저가 플레이하는 형태의 게임은 거의 정복한 것 같다는 생각이 드네요. 모든 정보가 화면의 픽셀 정보로 나오는 형태의 게임 말이죠. 그럼 앞으로 더 복잡한 형태의 게임으로 넘어가실 계획이신가요?

데미스 허사비스 : 곧 알파제로의 새로운 버전도 발표될 거예요. 체스, 바둑, 일본 장기 등과 같은 완벽한 정보 게임에 대한 해결책이라고 볼 수 있겠네요. 그래서 말씀하신 것처럼 다음 단계는 더 복잡한 쪽으로 가야죠. 이미 스타크래프트나 훨씬 더 복잡한 게임에서도 많은 시도를 해보고 있습니다. 그런 게임은 유닛을 생성해야 하고 굉장히 동적이면서 실시간으로 대응해야 하고, "전쟁의 안개"와 같이 정찰하기 전까지는 그 영역에 대해 알 수 없는 정보들도 많아요.

그걸 넘어서, 게임을 통해서 단지 이기기 위해 학습하는 것만이 아니라 실생활의 문제를 해결할 수 있는 일반적인 알고리즘을 만들기 위한 연구도 하고 있습니다.

마틴 포드 : 지금까지 그런 연구들이 딥러닝(21쪽 용어집 참조)과 강화학습(22쪽 용어집 참조)을 결합하는 방식으로 많이 진행됐잖아요. 강화학습은 기본적으로 행동을 취하고 그에 대한 보상을 받고 이런 반복적인 시행을 통해 배우는 방식이잖아요. 이 강화학습 방식이 일반인공지능의 실마리가 될 수 있다고 말하는 걸 들은 적이 있는데 이 부분이 데미스 허사비스씨가 중요하게 생각하는 부분이 맞나요?

데미스 허사비스 : 앞으로는 그럴 거예요. 제 생각에는 그 기술 자체로 상당히 강력하지만 규모를 키우기 위해서는 다른 것들과 결합시켜야 합니다. 강화학습은 오래전부터 연구되어 왔지만 적용 범위를 확장할 수 있는 부분이 상당히 어렵기 때문에 아주 작은 쉬운 문제들을 푸는데만 사용되어 왔죠. 우리는 아타리 게임에서 딥러닝을 활용해 화면의 정보와 환경들을 처리했어요. 그러니 강화학습이 잘 적용되었고, 10년 전만 해도 불가능하다고 여겨졌던 많은 것들이 해결됐습니다. 알파고와 DQN에서 다루었던 문제들 말이죠.

이런 것들을 통해서 강화학습이 중요하다는 것을 알 수 있습니다. 우리가 왜 그렇게 자신 있게 말할 수 있는지 생각해보면 향후 몇 년 동안 딥러닝만큼 강화학습이 많이 발전할 것 같기 때문입니다. 강화학습을 진지하게 연구하는 곳은 딥마인드가 거의 유일한데요. 신경 과학 입장에서 보면 인간은 어떤 것을 배울 때 시간차 학습이라 불리는 강화학습의 한 형태와 같은 메커니즘으로 학습한다고 합니다. 인간의 두뇌에서는 도파민 시스템이 이를 작동시켜요. 도파민 뉴런은 뇌에서 예측한 오류를 추적하고 그 보상 신호에 따라 시냅스를 강화시킵니다. 두뇌는 이런 원리를 따라 작동하며, 이것만이 일반인공지능을 실현할 해결책이라고 생각합니다. 그래서 신경 과학쪽을 아주 유심히 보고 있죠. 뭐 유일한 해결책은 아닐 수 있겠지만 생물학적 영감에서 얻은 강화학습은 스케일만 키울 수 있다면 충분히 일반인공지능을 실현할 수 있는 방법이 될 것이라고 생각합니다. 물론 아직 풀리지 않은 부분들과 기술적으로 어려운 부분들이 상당히 많지만요.

마틴 포드 : 근데, 어린아이들이 뭔가를 배울 때 강화학습 같은 메커니즘이 주를 이루는 것 같진 않아 보입니다. 이미지넷(28쪽 용어집 참조)의 레이블이 있는, 레이블(정답)이 있는 데이터를 보고 학습하는 게 아니라, 비지도학습(22쪽 용어집 참조)과 같이 어느 정도 유기적으로 환경과 상호작용하며 배우는데요. 어떤 특정한 목적을 위한 것이 아니라 무작위의 시도를 통해서거나 관찰 경험을 통해서 더 많이 배우는 것 같은데요.

데미스 허사비스 : 어린아이들은 아주 다양한 방식으로 배우고 성장합니다. 지도학습(22쪽 용어집 참조)과 같이 부모님, 학교 선생님 혹은 친구들로부터 무언가 배우기도 하고, 비지도학습과 같이 아무 목적 없이 이것저것 경험해보면서 성장해가죠. 또 강화학습처럼 어떤 보상체계가 무언가를 배우게 하기도 합니다.

그래서 우리는 이 세 가지(지도, 비지도, 강화학습) 모두 다 합니다. 이 모든 게 다 인공지능에 필요하니까요. 비지도학습은 대단히 중요한데 이 부분에 대한 연구도 계속하고 있습니다. 여기서 한 가지 질문드려 볼게요. 더 나아지겠다는 내재적 동기가 한 가지 보상으로 작용하고 그게 비지도학습을 이끄는 것이라고 볼 수 있지 않을까요? 정보를 습득한다고 해봅시다. 정보를 습득하는 것은 사람의 뇌에게 내재적인 보상을 준다고 할 수 있지 않나요?

또, 참신한 것을 발견했다 해보죠. 새로운 것을 보면 뇌에서는 도파민이 나오는데 새로운 것 또한 내재적 보상이라는 증거죠. 이런 화학적 반응의 내재적 동기를 통해 우리는 비지도학습과 같은 비구조적 놀이에 뛰어들게 됩니다. 정보나 어떤 구조가 그 자체로 보상을 가져다준다는 걸 발견하는 순간 그것은 비지도학습을 하게 만드는 상당한 내재적 동기가 될 것입니다. 그게 무엇이 되었든 뇌는 그런 구조를 찾으려고 노력하는 것으로 보입니다.

어떤 보상인지를 정함에 따라 그것들 중 몇 가지가 내재적 보상이 될 수 있고, 비지도학습을 이끌어 낼 수 있다는 것입니다. 강화학습이라는 틀에서 지능에 관해 생각해보는 게 유용하다는 걸 알게 되었죠.

마틴 포드 : 신경 과학과 컴퓨터공학에 모두 깊은 관심을 가지고 계신 것 같습니다. 딥마인드는 이 두 부분이 잘 결합되어 있다고 하죠? 이런 지식들을 어떻게 통합시켰는지 궁금합니다.

데미스 허사비스

데미스 허사비스 : 저는 정확히 그 두 분야의 중간에 위치해 있어요. 딥마인드는 그보단 머신러닝쪽에 더 치우쳐 있다고 생각이 됩니다. 그래도 프린스턴의 교수이자 아주 수준 높은 신경 과학자 매슈 봇비닉이 이끄는 큰 독자적인 그룹이 있습니다. 그만큼 신경 과학도 아주 중요하게 생각하고 있습니다.

문제는 신경 과학 분야가 너무 방대해요. 머신러닝보다 훨씬요. 당신이 머신러닝 엔지니어고 신경 과학도 공부해야지 하고 이 분야를 들여다본다면 기겁할 겁니다. 관련된 연구는 넘쳐나는데 인공지능에서 어떤 부분이 필요한지 말해주는 자료는 거의 없습니다. 스스로 그 방대한 분량을 분석하고 인공지능 관점에서 유용할 수 있는 부분을 찾아야 합니다. 신경 과학 연구의 대부분은 의학, 심리학 또는 신경 과학 자체를 위해 수행되고 있으니까요. 인공지능에 유용하다고 생각되는 실험을 설계하는 게 아니라요. 그 자료의 99%는 인공지능 연구원에게는 유용하지 않으므로 어떤 부분을 중점적으로 봐야하는지, 어떤 부분에서 영감을 얻을 수 있는지는 스스로 훈련해서 아는 수밖에 없습니다.

대부분의 사람들은 신경 과학이 인공지능 연구에 영감을 준다고 알고 있지만, 많은 신경 과학 연구들은 정확한 인사이트를 제공해주지 않아요. 두 가지 극단적인 예를 들어볼게요. 하나는 여러분들이 뇌를 재설계할 수도 있어요. 많은 연구자들이 꽤 많은 방식으로 시도하고 있는 부분 중 하나입니다. 말 그대로 뇌를 피질적 수준에서 역공학(29쪽 용어집 참조)하는 겁니다. 블루 브레인 프로젝트(역자 주 : 스위스 국가 뇌 연구기관 EPFL이 주관한 것으로 생물학적으로 인간의 뇌를 디지털로 재구성하고 시뮬레이션을 통해 근본적인 뇌 구조 원리와 기능을 파악하고자 하는 데에 목적을 둔다)가 하나의 사례가 되겠네요.

마틴 포드 : 헨리 마크램이 지도하고 있는 프로젝트 말하는 거 맞죠?

데미스 허사비스 : 네, 그가 하고 있는 피질 원주(cortical columns, 대뇌피질의 기본

단위)에 대한 역공학은 신비로운 분야로 보일 수 있지만 매우 깊은 수준까지 다루기 때문에 인공지능 개발에 필요한 효율적인 방식은 아닙니다. 두뇌의 용량, 기능, 표현 방식, 두뇌가 어떻게 굴러가는지에 대한 시스템 수준까지 이해하는 것이 딥마인드의 주 관심사입니다.

저희는 정확한 특성이나 생물학적인 예를 들어 설명하는 게 아니라 그것들을 저희만의 방식으로 추상화할 수 있습니다. 인 실리코(in-silico) 시스템(역자 주 : 대부분 실리콘으로 만들어진 전자 마이크로 시스템을 이용)과 인 카보(in-carbo) 시스템(역자 주 : 인 실리코 시스템과 달리 많은 양의 탄소로 구성된 살아있는 세포들을 이용)은 명확히 장단점이 존재하므로 인 실리코 시스템이 인 카보 시스템을 모방해야 한다고 생각하시나요? 실리코 방식에서는 해마(역자 주 : 뇌에서 기억의 저장과 상기에 중요한 역할을 하는 기관)와 같은 정확한 순열 정보를 복사할 필요가 없습니다. 달리 말해, 저는 해마가 가지고 있는 장기 기억과 공간지각능력, 격자 세포에서 이용되는 그런 기능과 계산 능력들에 특히 관심이 많습니다. 이런 시스템 수준의 신경 과학에서 관심을 갖는 부분은 기능을 구체적으로 구현하는 것에 있는 것이 아니라 두뇌가 사용하는 알고리즘과 표현 방식들, 기능들을 이해하는 것에 있다는 것입니다.

마틴 포드 : 아하, 그럼 이런 비유가 되겠네요. 비행기는 새처럼 날개를 펄럭거리지는 않지만 새처럼 하늘을 날 수 있다. 즉, 정확하게 그 방식을 다 따라하지 않아도 기능은 구현할 수 있다는 것이겠네요.

데미스 허사비스 : 아주 좋은 예시네요. 딥마인드에서는 새를 보고 공기 역학의 원리를 추상화하고, 고정된 날개 평면을 구축하고 있는 셈이죠.

물론, 새를 보고 영감을 얻어 비행기를 만들 수 있습니다. 라이트형제도 새가 나는 걸 봤기 때문에 공기보다 무거운 어떤 것이 날 수 있다고 믿게 되었죠. 항공기의 날개가 개발되기 전에 라이트형제들은 여러 시도를 해봤었는데, 결국 성공한 것은 조류가 활공하는 방식이었어요. 이로부터 알 수 있는 것은 자연 현상들을 관찰할 때 최대한 불필요한 것들을 배제하고 추상화를 해야 한다는 점입니다. 그것이 조사 과정에 도움이 안 된다는 것은 아니에요.

지금 인공지능을 개발하려고 하고, 해봤는데 잘 안된다고 했을 때 맞게 했는지 잘 못했는지 어떻게 알 수 있을까요? 그 상황에서 더 노력해야 할까요? 아니면 그저 시간을 낭비하는 일일까요? 요점은 그 결과가 어떻게 생겼는지 아무도 모른다는 것입니다. 그래서 신경 과학을 바탕으로 더 강한, 더 견고한 알고리즘을 만들어야 한다고 생각했습니다.

강화학습이라는 좋은 예시가 떠오르는데요. 강화학습은 더 넓은 범위로 확장해야 하는 문제가 있습니다. 우리의 두뇌는 그렇게 하니까요. 그런데 두뇌가 강화학습의 메커니즘을 사용한다는 것을 몰랐다면 강화학습의 한계점을 개선해야 할 필요를 느꼈을까요? 이렇게 집중해야 할 부분을 좁히는 게 그만큼 중요한데, 신경 과학을 무시하는 대부분의 사람들은 이 점을 간과하는 것 같습니다.

마틴 포드 : 저번에도 짚어 주신 것 같지만 인공지능에 대한 연구 또한 신경 과학의 연구에 도움을 줄 수 있을 거라고 생각하잖아요. 얼마 전에 발표한 네비게이션에서의 격자 세포 활용과 같은 사례를 보면, 신경망을 유기적으로 사용한 것을 볼 수 있었습니다. 인공 신경망(20쪽 용어집 참조)과 생물학적 두뇌 모두 동일한 기본 구조를 띄게 되는 것 같더라고요.

데미스 허사비스 : 작년에 저희가 이룬 가장 큰 혁신이었습니다. 에드바르 모세르와 마이브리트 모세르(노르웨이의 부부 과학자)가 격자 세포(grid cell)에 관한 연구로 노벨상을 받았죠(역자 주 : 뇌의 격자 세포에 관한 연구로 이른바 '몸 안의 GPS'로 비유되는, 뇌의 위치확인 시스템을 발견해 2014년 노벨 생리의학상을 받았다). 이것을 발견할 수 있어서 정말 기뻤어요. 그 이유가 무엇이냐 하면 공간을 나타내는 최적의 방식이 계산

적인 감각에서 온다는 것입니다. 이건 신경 과학자들에게도 정말 중요한 발견인데 뇌가 격자 세포를 만들기 위해 굳이 유선적으로 연결될 필요가 없을 수도 있다는 사실을 암시하거든요. 뉴런만 가지고 있고 그걸 공간에 뿌려주기만 하면 가장 효율적인 코딩이 될 수 있다는 거죠.

최근에는 전두엽 피질이 어떻게 작동하는지에 대해 새로운 이론들을 연구하고 있습니다. 인공지능이 어떻게 작동하는지 보고 두뇌의 작동 방식을 해석해보도록 설계한 연구죠.
아마도 이 연구를 통해 인공지능 알고리즘의 핵심 아이디어들이 인간의 두뇌를 연구하는데 영감을 줄 수 있는 첫 발판이 되지 않을까 생각합니다. 이를 통해 인간의 두뇌와 관련해 다른 관점에서 생각하고 알지 못했던 새로운 것을 발견할 수 있는 계기가 될 것 같습니다.

신경 과학에 기반을 두고 인공지능을 개발하는 것이 두뇌에 관한 복잡한 문제를 잘 풀 수 있는 최적의 방법이라고 믿습니다. 신경 과학을 바탕으로 인간의 두뇌에 버금가는 독특한 특성들을 가진 인공지능 시스템을 만들 수 있을 거예요. 의식, 창의력, 꿈과 같은 인체의 신비를 밝혀낼 수도 있겠죠.

마틴 포드 : 어떤 독립적인, 지능의 일반 원칙을 발견할 수 있다는 소리 같은데요. 아까와 같이 비유하자면 "지능의 공기역학"이라고 할 수 있는 것인가요?

데미스 허사비스 : 맞습니다. 일반적인 원리를 발견한다면 인간의 뇌의 특정한 부분들을 이해하는데 상당히 도움이 될 거예요.

마틴 포드 : 대화 주제를 조금 바꿔 볼게요. 10년 안에는 어떤 일들이 일어날 것 같나요? 딥마인드도 가까운 미래에 이런 획기적인 발견들을 현실에 적용하려 하고 있나요?

데미스 허사비스

데미스 허사비스 : 실제로 많은 것들을 해보고 있습니다. 현재 우리는 기계 번역기, 이미지 분석 및 컴퓨터 비전(23쪽 용어집 참조)을 통해 인공지능을 쉽게 접할 수 있죠.

딥마인드도 역시 여러 가지를 해보고 있는데 구글 데이터 센터에서 사용되는 에너지를 최적화하는 시도도 하고 있습니다. 웨이브넷(WaveNet, 역자 주 : 딥마인드가 개발한 심층 합성곱 신경망으로써 음성 변환 시스템, 음성 합성 시스템에 사용되고 있다)을 작업하면서 안드로이드 기반, 구글 어시스턴트에 있는 문자를 말로 바꾸는 시스템들도 만들고 있습니다. 구글플레이의 추천 시스템에 인공지능이 적용돼 있고, 안드로이드 폰의 배터리 수명을 절약하기 위한 배경 요소에서도 인공지능이 사용됩니다. 모든 사람들이 매일 쓰고 있을 거예요. 인공지능이라는 게 매우 보편적인 알고리즘이고 모든 곳에서 쓰이고 있습니다. 이제 시작일 뿐입니다.

의료분야에서의 협력도 기대됩니다. 예를 들면, 유명한 무어필즈 영국 안과 병원(UK eye hospital, Moorfields)과 협력해 망막을 스캔해서 시력 감퇴를 진단하는 프로그램도 만들고 있고요. 자연 의학(Nature Medicine) 학술지에도 연구 결과를 발표했었습니다. 우리가 개발한 인공지능 시스템은 전례 없는 정확성과 신속성을 보여주었습니다. 또 전문 의사만큼이나 정확하게 50개 이상의 눈 질환을 진단할 수 있습니다. 피부 암과 관련해 연구하는 다른 팀들도 있어요. 5년 안에 의료산업은 인공지능이 빛을 바라는 주요 산업이 될 겁니다.

개인적으로 저는 인공지능이 과학적인 문제를 해결해 줄 수 있다는 것에 많이 흥분하고 있습니다. 단백질 폴딩과 관련된 작업을 진행하고 있고, 재료 디자인, 약물, 화학에서도 사용할 수 있습니다. Large Hadron Collider(역자 주 : 대형 강입자 충돌기, 스위스 유럽입자물리학연구소(CERN)에서 만든 입자 가속 및 충돌기로 두 개의 입자 빔을 광속에 가까운 속도로 충돌시킴으로써 빅뱅 직후의 상황을 재현할 계획으로 만들었다)의 데이터를 분석해 외계행성을 찾아내는데도 인공지능을 이용하고 있습니다. 엄청나게 많은 데이터로부터 어떤 구조를 찾아내는 것은 사람이 하기에 상당히 어려운 문제인데, 인공지능은 이런 부분을 매우 잘 처리하기 때문에 앞으로도 점점 더 많이 활용될 거예요. 십 년 안에 인공지능 덕분에 기초 과학 분야에서도 많은 발전이 일어나리라 기대하고 있습니다.

마틴 포드 : 일반인공지능을 구현하기 위해 넘어야 할 산이 있다면 무엇일까요?

데미스 허사비스 : 딥마인드 초창기 때 추상화, 개념적인 지식, 전이학습 이용과 같은 몇 가지 큰 사건들을 유념해두고 갔어요. 전이학습(23쪽 용어집 참조)이란 한 영역에서 적용되는 지식이 전혀 보지 못한 다른 영역에서도 유용하게 적용될 수 있는 것을 말합니다. 저에게 새로운 일을 주면 비슷한 일, 구조적으로 유사해 보이는 것의 개념들을 차용해 바로 처리할 수 있는 것처럼 말이죠. 반면, 컴퓨터는 많은 데이터가 필요하므로 그런 일들은 상당히 못합니다. 반드시 개선되어야 할 점이죠.

다른 것은 언어를 좀 더 잘 이해해야겠고, 또 다른 것은 예전에 인공지능 시스템으로 해결한 것들을 좀 더 나은 기술로 대체하는 일들이 되겠네요. 그런 멀고도 험한 길을 걷고 있는 중입니다. 2010년에서 8년이 지나 알파고도 만들고 많은 혁신이 있었지만, 큰 산을 넘으면 또 큰 산이 보인다고 현재는 전이학습과 개념적인 부분의 한계를 개선하려 노력하고 있습니다.

마틴 포드 : 일반인공지능이 실현될 때 의식이라는 것도 자연스럽게 생겨날까요? 아니면 별개의 문제일까요?

데미스 허사비스 : 이 여정이 대답해줄 아주 흥미로운 질문입니다. 지금은 모르겠네요. 이 분야의 모든 사람들이 궁금해하는 사항 중 하나입니다.

제 직감은 의식과 지능은 따로 떼어 놓을 수 있는 것 같습니다. 의식 없이도 지능이 있을 수 있고, 인간 수준의 지능 없이도 의식이 존재할 수 있다고 봅니다. 똑똑한 동물들은 어느 정도 의식과 자각 능력을 가지고 있지만, 인간만큼 똑똑한 건 아니에요. 이와 유사하게 엄청 똑똑하지만 의식이 없는 기계가 발명될 수 있다고 생각합니다.

마틴 포드 : 내면적 감정이 없는 매우 지능적인 좀비 같은 존재겠군요.

데미스 허사비스 : 다른 일반 사람들이 있다고 느끼는 것이 없는 것과 같은 거겠죠. 철학적인 질문을 하나 드려 볼게요. 튜링 테스트(역자 주 : Turing test, 기계가 인간과 얼마나 비슷하게 대화할 수 있는지를 기준으로 기계에 지능이 있는지를 판별하고자 하는 테스트로, 앨런 튜링이 1950년에 제안했다)와 같이 기계가 인간과 똑같이 행동한다고 어떻게 판단할 수 있을까요? 오캄의 면도날(역자 주 : 단순성의 원리라고도 하는데 현상을 설명할 때 불필요한 가정을 해서는 안된다는 것이다)을 적용해 본다면 똑같이 존재하고, 똑같은 재료로 만들어졌으며, 내가 느끼는 감정을 안다면 너도 나처럼 느낄 수 있다고 생각할 수 있겠죠.

근데 기계는 우리와 똑같은 사고방식을 가지고 똑같은 행동을 한다고 하더라도, 다른 물질로 만들어졌어요. 우리가 의존할 수 있는 추가적인 가정을 할 수 없게 되므로 기계가 의식이 있다고 받아들이기 어렵게 돼버린 것이죠. 우리가 왜 의식이 있는지 생각해보면, 똑같은 것으로 만들어졌는데 왜 다른 감정을 느끼겠어라는 물음이 그런 믿음을 가지는 데 중요한 역할을 한다고 생각해요.

마틴 포드 : 기계가 의식을 지닐 수 있다고 보시나요? 의식은 생물학적인 현상이라고 주장하는 사람들도 있잖아요.

데미스 허사비스 : 그 문제에 대해서는 열린 마음으로 받아들이고자 합니다. 우리

가 정확히 어떻게 의식을 가지는지 알지 못하니까요. 뭐 생물학적인 시스템이 의식을 만든다라고 밝혀질 수도 있죠. 현존하는 최고 수학자 중 한 사람인 로저 펜로즈와 같은 사람들은 의식이 양자 의식과 관련돼 있어 고전적인 컴퓨터는 가질 수 없겠다고 하는데, 열린 결말인 셈이죠. 그래서 우리가 가고 있는 길이 그런 부분들은 점점 밝혀내지 않을까 합니다. 어찌 됐건, 기계가 의식을 가질 수 있는지 없는지 알 수 있게 되는 것도 상당히 놀라운 업적이 될 겁니다. 의식이 진정 무엇인지 알게 해줄 테니까요.

마틴 포드 : 일반인공지능과 관련된 안 좋은 일들은 무엇이 있을까요? 일론 머스크는 "악마를 기르고 있다"라고 말하면서 인공지능의 실존적 위험에 대해 언급한 적이 있습니다. 딥마인드의 자문위원인 닉 보스트롬(101쪽 참조)도 이와 관련해서 많은 것을 썼는데, 이런 두려움들에 대해 어떤 생각을 가지고 계신지요.

데미스 허사비스 : 그들과 이미 많은 얘기를 나눠봤어요. 언제나 그렇듯이 극단적으로 들릴 수 있지만 미묘한 차이가 있습니다.

저는 한 중간쯤에 있는 사람인 것 같아요. 제가 인공지능 분야에서 일하는 이유는 이 기술이 인류에 상당히 유익할 것 같기 때문입니다. 인공지능 덕분에 과학적, 의학적인 부분에서 잠재력을 꽃피울 수 있을 것이고, 인공지능이라는 기술 자체는 중립적이기 때문입니다. 결국 사람이 어떻게 설계하고 사용하는지, 그것을 통해 얻은 이익들을 어떻게 분배하는지에 달린 문제죠.

거기에는 많은 복잡한 문제들도 섞여 있지만, 우리 사회가 풀어야 할 지정학적 문제들에 더 가깝습니다. 닉 보스트롬이 걱정하는 부분은 기술적인 문제, 어떻게 기술을 제어하고 가치를 일치시킬 것인지에 관한 문제에요. 이제 많은 것들이 인공지능을 접목시켜 세상에 나올 수 있기 때문에 이와 관련해서는 더 많은 연구들이 정말 필요합니다.

우리는 아직 초기 단계에 있습니다. 5년 전에는 아무도 이 분야에 흥미가 없었기 때문에 철학적인 이야기를 할 수 있었어요. 지금은 알파고도, 흥미로운 기술들도 있지만 지금이 역공학이나 이런 기술들을 시각화 및 분석하는 툴을 만들어야 할 때인 것 같아요. 그래야 이 블랙박스와 같은 인공지능이 하는 방식들을 이해하고 설명할 수 있을 테니까요.

마틴 포드 : 그러면 데미스씨는 인공지능을 잘 관리할 수 있을 것이라고 자신하십니까?

데미스 허사비스 : 네 그렇고말고요. 그래서 역공학이라든지 이런 부분에 여러 가지 노력을 기울이고 있습니다. 어떻게 인공지능을 통제해야 하는지 어떻게 설명할 수 있는지, 수학적인 한계는 어떤 것인지와 같은 문제를 잘 다룰 수 있을 것이라 봅니다.

닉 보스트롬과 같은 분이 말한 여러 가지 기술적인 이슈들을 풀 수 있을 것 같아요. 목표와 결과가 일치하지 않는 것과 같은 문제들을 말입니다. 이론과 경험적인 실습이 병행될 때 과학이 최고로 발전할 수 있는 것 같고, 이때 경험적인 실험은 공학적 실험을 의미합니다.

이런 시스템을 더 잘 연구한다면 이 분야에서 일하고 있지 않는 사람들이 가지는 많은 두려움들은 해소될 것이라 생각합니다. 두려워할 문제가 별로 없다고 말하는 게 아닙니다. 분명 경각심을 가져야 할 부분들도 많습니다. 단기적으로 봤을 때, 제품을 내놓으면 어떻게 테스트를 할지에 대한 문제도 있고, 장기적으로 봤을 때는 풀기 어려운 문제도 있습니다.

또 닉 보스트롬이 얘기한 많은 문제들의 해결책을 찾기 위한 여러 연구들을 사람들에게 알려야 합니다. 정말 진지하게 이 문제에 대해서 고민하고 있고, 세계가 서로 머리를 맞대고 힘을 합친다면 문제를 해결할 수 있으리라 믿습니다.

마틴 포드 : 일반인공지능이 나오기 전에 발생할 수 있는 문제점들은 또 뭐가 있을 까요? 예를 들어 자동화 무기와 같이 군사적으로 쓰이게 됐을 때 문제가 발생할 수 있을 거라 생각하는데요.

데미스 허사비스 : 매우 중요한 질문입니다. 딥마인드는 이런 전제가 있어요. 인 공지능의 적용은 인간의 통제하에 있어야 하며, 사회적으로 유익한 목적으로 사 용되어야 한다는 것인데 이는 전적으로 자동화된 무기를 개발하는 것에 반대하 는 의미를 가집니다. 인간에게 필요한 또 적절하게 사용될 수 있는 방식으로 무 기를 개발해야 하고 그러려면 인간의 통제가 필수적이니까요. 삶의 미래 연구소 (Future of Life Institute, 역자 주 : 인류의 긍정적인 영향을 주는 연구들을 지원하는 비영리 조 직으로 닉 보스트롬, 일론 머스크, 스튜어트 러셀 등이 활동하고 있다)의 서약들을 지지하고 서 명을 통해 여러 차례 이런 견해를 표현했습니다.

마틴 포드 : 화학 무기가 실제로 금지되어 있지만 그래도 사용되고 있잖아요. 이런 일에는 국제적이 협약이 필요한데, 국가간 경쟁으로 우리가 원하는 방향과는 다 른 길로 갈 수도 있다는 생각이 듭니다. 예를 들어, 중국과의 인공지능 경쟁 구도 같은 것처럼요. 중국은 훨씬 더 권위주의적인 정부 체제를 갖고 있는데, 그들이 인공지능의 우위를 지니면 뭔가 문제가 생기지 않을까요?

데미스 허사비스 : 이미 많은 연구자들이랑 협력이 이루어져 있고, 그런 경쟁 구 도를 가지고 있다고 생각하지 않습니다. 공개적으로 논문을 발표하고 텐센트 (Tencent, 역자 주 : 중국의 종합 인터넷 회사로 아시아 게임계를 주무르고 있다. 리그오브레전드 를 제작한 라이엇 게임즈, 클래시 오브 클랜, 로얄 등으로 유명한 슈퍼셀을 인수하기도 함)가 알파 고 복제 버전을 만들었다고 들었습니다. 거기에 있는 연구자들도 많이 알아요. 이 런 부분에서 국제적인 협약이나 규제, 협력이 있으려면 전 세계에서 모두 그걸 채

택해야겠죠. 그런 원칙을 어떤 국가가 어긴다면 그 규약은 별로 효과가 없게 됩니다. 그런데 이 문제는 인공지능에만 국한된 문제가 아니죠. 기후 변화와 관련된 문제에서도 이미 이와 같은 문제를 많이 볼 수 있습니다. 이 문제는 범 지구적으로 함께 해결해 할 과제입니다.

마틴 포드 : 경제적 영향은 어떨까요? 고용시장의 붕괴와 실업 증가, 고용 불평등의 문제가 심각해질까요?

데미스 허사비스 : 아직 큰 문제는 없는 것 같아요. 일반적으로 기술이 발전하면서 고용시장이 약간 변화하는 정도였다고 봅니다. 인공지능이 어떤 큰 변화를 가져오더라도요. 전기의 발명이나 산업혁명에 버금가는 변화가 있을 것이라고 보는 사람들도 있지만 아직은 지켜봐야 할 것 같습니다. 모두가 엄청난 생산성 향상을 누릴 수 있는, 풍요로운 사회에 살게 된다면 어떨까요? 아무도 어떻게 될지 모르죠. 중요한 점은 이러한 혜택들이 모든 사람들에게 돌아가야 한다는 것입니다.

기본 소득이든, 그런 형태로든 혜택들이 분배돼야 한다고 생각합니다. 많은 경제학자들이 이와 관련해 열띤 토론을 벌이고 있고, 이런 풍요로움이 주어질 때 어떻게 그것들을 분배해야 하는지 곰곰이 생각해봐야 합니다. 그렇지 않으면 엄청 혼란스러워질 거예요.

마틴 포드 : 네, 제가 제기해온 근본적인 분배에 관련된 문제고, 저도 많은 사람들이 이 때문에 위험에 처할 수 있다고 보거든요. 그런데 모든 사람들을 위한 경제 시스템을 만드는 것은 엄청난 정치적 도전인 것 같습니다.

데미스 허사비스 : 맞습니다.
경제학자들과 얘기할 때마다 느끼는 거지만, 이 문제는 정말 중요한 문제임과 동시에 어려운 문제입니다. 100년 동안 엄청난 생산성 향상에 대해 이야기 해왔는

데, 이게 얼마나 생산성을 더 향상시킬 수 있을지는 상상할 수 없는 문제니까요. 저의 아버지는 경제학을 전공했는데 1960년대 후반 많은 사람들이 이런 얘기를 심각하게 했다더군요. "1980년대에는 지금보다 훨씬 더 풍요로워질거야, 그럼 우리가 할 일이 많이 없어질텐데 다들 뭐하고 살까?" 물론 그런 일은 절대 일어나지 않았고 오히려 더 열심히 살고 있잖아요. 그래서 그렇게 될 것이라고 확신하는 사람들은 많지 않지만, 상상할 수 없을 정도의 자원과 생산성을 확보한다면 모두에게 공평하게 분배되어야 한다고 생각합니다. 그렇게 할 수 있을 것이라 믿고요.

마틴 포드 : 데미스 허사비스 씨는 낙관주의자에 더 가까운 것 같네요. 저도 인공지능이 단연코 혁신적인, 인류에게 큰 변화를 안겨준 최고의 업적 중 하나가 될 것이라고 생각합니다. 우리가 잘 관리할 수 있다는 가정하에요.

데미스 허사비스 : 저도 마찬가지입니다. 그래서 제가 평생 이 분야에서 일하며 노력하고 있습니다. 저희가 얘기했던 모든 게 다 그것을 향해 달려가고 있습니다. 세계가 그렇게 흘러가지 않는다면 인공지능에 대해서 꽤 비관적인 태도를 가질 것 같아요. 알츠하이머, 수질 정화, 기후 변화와 같은 문제들도 해결된다면 좋겠습니다. 시간이 흘러가면서 더 나빠질 수 있는 것들을 알려 줄 수도 있습니다. 제가 우려하는 바는 넘쳐나는 자원과 이것을 해결해 나갈 수 있는 활동들, 세계적인 조정이 어떻게 될지 모르겠다는 것인데 인공지능과 같은 혁신적인 기술 덕분에 잘 해결되리라 생각합니다.

데미스 허사비스

데미스 허사비스는 어린 시절 체스 천재였다. 17살 때 수백만 달러에 달하는 시뮬레이션 게임 테마파크를 개발했다. 케임브리지 대학 졸업 후 비디오 게임 회사인 Elixir Studios를 만들고 게임으로 여러 상을 받았다. 스타트업을 성공적으로 이끈 뒤 유니버시티 칼리지 런던에서 신경 과학 분야로 박사를 취득했다. MIT와 하버드에서 박사 후 연구를 수행했다. 상상력과 계획을 기반한 신경 메커니즘 연구는 2007년 사이언스지에서 10대 과학적 발견에 실리기도 했다.

데미스는 5번의 체스 월드 게임 챔피언이자 영국 왕립 협회와 왕립 과학원의 연구원이며, 그 학회에서 은메달을 수상하기도 했다. 2017년에는 타임즈지의 세상에서 가장 영향력 있는 사람으로 선정되었고, 2018년에는 과학기술 부문에서 대영 제국 훈장(CBE)를 수여받았다. 왕립 학회 연구원으로 선출되었고, Society's Mullard 상을 받았으며, 임페리얼 칼리지 런던으로부터 명예 박사 학위를 받았다.

2010년 셰인레그와 무스타파 술레이만과 함께 딥마인드를 공동 창업했다. 딥마인드는 2014년 구글에 인수되었고, 알파벳의 한 부서로 있다. 2016년 딥마인드의 알파고는 바둑에서 가장 최고의 플레이어인 한국의 이세돌을 꺾은 바 있고, 이와 관련된 경기 영상은 알파고 다큐멘터리(https://www.alphagomovie.com/)에서 확인해 볼 수 있다.

66 그다음 해에는 인공지능을 접하기 힘든 사람들을 위해 6개의 대학에서 이 프로젝트를 진행했어요. 스탠퍼드와 사이몬 프레이저 대학 외에도 버클리에서는 저소득층을 대상으로, 프린스턴에서는 소수 민족을 대상으로, 크리스토퍼 뉴포트 대학에서는 탈선 청소년을 대상으로, 보스턴 대학에서는 여성을 대상으로 했습니다. 앞으로 이 프로그램을 점점 발전시켜서 더 다양한 배경에서 인공지능의 미래를 이끌어갈 리더를 만들었으면 좋겠어요. **99**

리 페이페이(FEI-FEI LI)

스탠퍼드 대학교 컴퓨터 과학 교수, 구글 클라우드의 수석 과학자

리 페이페이는 스탠퍼드 대학의 컴퓨터 과학 교수이자 스탠퍼드 인공지능 연구소(SAIL)의 이사입니다. 컴퓨터 과학과 인지 신경 과학 분야를 연구하는 리 페이페이는 인간의 두뇌가 실제 세계에서 작동하는 방식에 영감을 얻어 컴퓨터와 로봇이 보고 생각할 수 있게 해주는 스마트 알고리즘을 개발하고 있습니다. 그녀는 구글 클라우드(역자 주 : 2019년 현재 구글을 그만 둔 상태이다)에서 인공지능 및 머신러닝 담당 수석 과학자이며 인공지능을 발전시키고 널리 알리기 위해 노력하고 있습니다. 또한 인공지능 분야에서의 다양성과 포용력을 강력하게 지지하며 더 많은 여성과 소외된 계층을 위한 AI4ALL을 공동 설립했습니다.

마틴 포드 : 먼저 교수님의 커리어에 대해서 이야기해 보죠. 처음에 어떻게 인공지능에 관심을 가지게 되었고, 어떻게 지금의 스탠퍼드 대학교수까지 이어졌나요?

리 페이페이 : 저는 항상 STEM 과목에 빠져있던 학생이었어요(역자 주 : STEM은 과학(Science), 기술(Technology), 공학(Engineering), 수학(Mathematics)의 네 가지 특정 분야의 학생들을 교육하는 아이디어를 기반으로 만들어진 커리큘럼이다. 네 가지 분야를 분리된 과목으로 가르치기보다는 실제 응용 프로그램을 바탕으로 통합해 교육한다). 그래서 과학에 항상 관심이 많았고 특히 물리학을 좋아했죠. 그렇게 프린스턴 대학교에서 물리학을 전공하게 되었고, 물리학을 공부하면서 우주를 이루고 있는 것들에 빠졌습니다. 우주는 어디에서 오는지, 존재한다는 것은 무엇인지, 우주는 어디로 가고 있는지 같은 인간이 가지고 있는 호기심에 대한 근본적인 질문을 하면서 말이죠.

연구를 하면서 아인슈타인이나 쉰베르크 같은 분들이 추구했던 현대 물리학의 위대한 깨달음을 배우게 되는 것이 정말 재미있었습니다. 저도 그들과 마찬가지로 우주를 이루는 물리적인 문제뿐만 아니라 생명과 생물학, 존재에 대한 근본적인 질문들에 매료되었죠. 그러다 물리적인 문제보다 인간의 삶을 정의하는 지능에 대해 연구하는 것을 더 좋아하고 있다는 것을 알게 되었습니다.

마틴 포드 : 당시 중국에 있었을 때인가요?

리 페이페이 : 프린스턴에서 물리학을 전공하고 있을 때였어요. 그때 인공지능과 신경 과학에 관심을 가지기 시작했어요. 거기에서 박사 학위를 신청할 때 정말 운이 좋았던 것 같아요. 지금까지도 제가 했던 것처럼 신경 과학과 인공지능을 모두 연구하는 케이스는 흔하지 않았거든요.

마틴 포드 : 컴퓨터 과학 중심에서 접근하는 것보다 이 두 분야를 모두 연구하는 게 중요한 이점이 되었다고 생각하시나요?

리 페이페이 : 저는 스스로를 과학자라고 생각해서 그런지 인공지능을 연구할 때 과학적인 가설과 탐구에 의해 움직이는데, 이런 점들 때문에 독특한 관점을 가지게 되었다고 생각합니다. 인공지능 연구를 통해서 생각하는 기계 즉, 지능을 가지는 기계를 만드는데 저는 기계의 지능을 정복하는 문제를 연구하는 게 좋더라고요.

인지 신경 과학을 바탕으로 알고리즘 관점과 섬세한 모델링 관점을 가지고 연구를 합니다. 그렇게 두뇌와 머신러닝 사이의 매력적인 관계를 알게 되었죠. 또한 인간에게서 영감을 받아 인공지능이 발전했던 것처럼 자연 지능이 진화를 통해서 해결해야 했던 문제에 대해 많이 생각하고 있습니다. 제 배경 덕분에 인공지능을 연구하는 데에 독특한 관점과 접근 방식을 가지게 되었습니다.

마틴 포드 : 교수님은 지금껏 컴퓨터 비전(역자 주 : 컴퓨터를 사용해 인간의 시각적 인식 능력을 구현하는 연구 분야) 중심의 연구를 많이 해오셨는데요, 진화론적 관점에서 눈의 발달은 뇌 자체의 발달을 가져올 수 있다는 점을 지적하셨죠. 그렇다면 뇌가 이미지를 해석할 수 있는 컴퓨팅 능력을 제공했기 때문에 비전을 이해하는 것이 인공지능 연구의 시작점이라고 해석해도 될까요?

리 페이페이 : 네, 맞아요. 또한 언어, 촉감, 의사결정, 추론 모두 인간 지능의 중요한 부분입니다. 하지만 시각적으로 이해하려면 이런 모든 것들이 필요해요.
우리의 뇌가 어떻게 설계되었는지 살펴보면 뇌의 절반이 지능과 관련되어 있고 이 지능은 운동 체계, 의사 결정, 감정, 의도 및 언어와 밀접한 관련이 있다는 것을 알 수 있습니다. 뇌의 기능은 하나의 대상을 인식하는 게 다가 아니에요. 뇌의 기능들은 인간의 지능을 깊이 정의하는 중요한 요소이죠.

마틴 포드 : 컴퓨터 비전과 관련된 연구 중에 일부를 간략하게 소개해 주실 수 있으신가요?

리 페이페이 : 21세기 초에 객체 인식(object recognition, 24쪽 용어집 참조)은 컴퓨터 비전 분야에서 선망의 대상이었어요. 객체 인식은 모든 비전 분야를 위한 기본 요소이거든요. 인간은 눈을 뜨고 주위를 둘러 보면 거의 모든 객체가 무엇인지 판단할 수 있습니다. 이렇게 인식은 세상을 탐색하고 이해하고 대화하는 능력을 갖추는데 매우 중요합니다. 객체 인식은 컴퓨터 비전에서 선망의 대상이었고 당시 연구자들은 이를 머신러닝(20쪽 용어집 참조)과 같은 기술로 구현하고 있었습니다.

2000년대 중반 당시 저는 박사 과정을 마치고 교수가 막 되었던 참이었는데, 그때는 머신러닝 모델을 통한 컴퓨터 비전의 발전이 잘 이루어지지 못하는 상황이었어요. 당시에는 20개 이상의 객체를 자동으로 인식하는지를 바탕으로 테스트를 하고 있었죠.

그래서 제 학생들 및 공동 연구자들과 함께 어떻게 한 발자국 더 나아갈 수 있을지 고민하기 시작했습니다. 객체 인식이라는 목표에 도달하기 위해서는 20개 객체 정도의 작은 규모로 작업하는 것이 충분하지 않을 것이라고 생각했죠. 저는 당시에 유아가 인지 능력을 발전시킬 때 엄청난 양의 데이터를 사용한다는 이야기에 굉장히 감명을 받았습니다. 아이들은 실험과 관찰을 통해 세상에 존재하는 많은 데이터를 얻어요. 우연히도 당시에는 인터넷에서 얻을 수 있는 데이터도 엄청나게 많아지고 있었죠.

저는 인터넷에서 발견할 수 있는 모든 사진을 가져와 인간이 받아들이는 개념으로 구성하고 이 이미지들에 레이블을 붙이는 정신 나간 프로젝트를 하고 싶었습니다. 이미지넷(ImageNet)이라는 이름을 가지게 된 이 프로젝트를 통해 결국 1,500만개의 이미지를 22,000개의 레이블로 정리하게 되었죠.
우리는 이미지넷을 전 세계에 오픈소스로 공개했어요. 기술의 보편화를 지지하기 때문이죠. 결국 전 세계에 1,500만 개의 이미지가 공개되었고, 인간과 인공지능에 관련한 이미지넷(ImageNet) 문제에 관한 연구자들의 국제적인 경쟁이 시작되었습니다.

많은 사람들이 생각하는 객체 인식의 전환점은 2012년이라고 보는데요, 2012년 이미지넷 대회의 우승팀은 GPU(27쪽 용어집 참조) 컴퓨팅 파워, 합성곱 신경망(역자 주 : 이미지 처리에서 주로 사용하는 신경망)을 통합한 알고리즘을 만들었습니다. 제가 생각하기에는 이 알고리즘을 통해 객체 인식 분야의 첫 번째 큰 산을 넘지 않았나 싶어요. 우승팀의 일원인 제프리 힌튼(505쪽 참조)의 팀은 여기에 관한 논문도 썼습니다.

마틴 포드 : 이 프로젝트를 계속 진행하셨나요?

리 페이페이 : 다음 2년 동안은 더 발전된 객체 인식을 위해 연구를 했습니다. 다시 인간의 발달이라는 관점에서 보면 아기들은 재잘거리는 것부터 시작해 몇 마디 말을 하고 문장을 만들기 시작해요. 저는 두 살짜리 딸과 여섯 살짜리 아들이 있는데 지금 제 딸은 많은 발달 과정을 거치고 있어요. 이러한 인간의 발달에 영감을 받아 의자나 고양이 사진을 보고 무엇인지를 맞추는 것이 아니라 사진을 문장으로 묘사하는 방법에 대해 연구를 하게 되었습니다.

우리는 몇 년 동안 딥러닝 모델을 사용해 이 문제를 해결하려고 노력했어요. 2015년 TED(Technology, Entertainment, Design, 미국의 비영리 단체에서 운영하는 강연회) 강연에서 이 프로젝트에 관해 "컴퓨터가 사진을 이해하게끔 가르치는 방법"이라는 제목으로 발표를 했었는데 컴퓨터가 이미지의 내용을 이해하고 인간의 문장으로 요약하여 대화할 수 있는 방법을 이야기 했죠.

마틴 포드 : 알고리즘을 학습시키는 과정은 아기가 배우는 방법과는 많이 다른 것 같아요. 아이들은 대부분 레이블 데이터를 받지 못해요. 그리고 고양이를 보여주면서 "이건 고양이야"라고 알려줄 수 있지만 인공지능을 학습시키는 것처럼 10만 번 이야기할 필요는 없죠. 이렇게 현재 인공지능으로 수행되는 지도 학습과 비교해서 우리가 실제 세상에서 접하는 비정형, 실시간 데이터를 통해 인간이 학습하는 방법은 엄청난 차이가 있지 않나요?

리 페이페이 : 핵심을 찔러주셨군요! 저는 인공지능 과학자로서 매일 연구하는 게 재미있는 이유가 이런 이야기를 함께 나눌 수 있어서입니다. 이 연구의 일부는 인간에게서 영감을 얻었지만 대부분은 전혀 닮지 않았어요. 이야기 해 주신 대로 오늘날의 신경망과 딥러닝의 성공에는 주로 지도 패턴 인식의 영향이 큽니다. 이는 일반적인 인간의 지능과 비교하면 매우 좁은 영역의 능력이죠.

시각적인 원동력, 계획, 추론, 감정, 의도 및 끈기에 대한 조화를 갖춘 지능은 현재 인공지능에서는 찾아볼 수 없어요. 우리는 아직 해야 할 일이 많으며, 이런 것을 인식하도록 하는 것이 정말로 중요합니다.

마틴 포드 : 아이처럼 더 많은 것을 배울 수 있게 인공지능이 발전할 가능성이 있나요? 그리고 사람들이 이 주제에 대해서 열심히 연구하고 있나요?

리 페이페이 : 대부분은 연구 커뮤니티에서 활발하게 연구하고 있어요. 저희는 그 다음 문제를 연구하고 있습니다. 스탠퍼드 대학교의 제 실험실에서는 인공지능이 모방을 통해 배우는 로봇 학습을 연구하고 있죠. 이 문제는 직접 지정해준 레이블을 통해 학습하는 것보다 훨씬 자연스러워요.

연구자들은 인간이 어떻게 행동하는지 지켜본 후 똑같이 구현하려고 합니다. 그렇게 이 분야에 신경 프로그래밍 알고리즘과 역강화학습 알고리즘이 들어오기 시작했습니다(역자 주 : 강화학습은 인공지능이 보상을 최대화하는 행동을 하도록 만드는 기법이고, 역강화학습은 이와 반대로 최적의 행동이 주어지면 거기에 맞는 보상을 찾는 기법이다). 새로운 실험들이 많이 진행되고 있고 이는 딥마인드, 구글 브레인(27쪽 용어집 참조), 스탠퍼드 대학교, MIT에서 주로 하고 있습니다. 또한 지도 학습을 넘어서는 알고리즘을 연구하기 위해서 많은 노력을 하고 있죠.

언제쯤 혁신적으로 발전할 수 있을 지 예측하는 건 정말 어려워요. 과학자는 과학적인 발전을 예측하지 않아야 한다고 배웠는데, 이러한 발전은 우연히 발견되기 때문이죠. 그리고 많은 구성 요소가 모여야 발견될 수 있을 거예요. 그래도 많은 투자를 받아 제 일생 중에서 인공지능의 획기적인 발전을 경험할 수 있게 될 것 같아서 너무 기쁩니다.

마틴 포드 : 구글 클라우드의 수석 과학자라고 알고 있는데요, 제가 프레젠테이션을 할 때 항상 인공지능과 머신러닝은 거의 전기처럼 사용될 것이라고 이야기하고 있어요. 모든 곳에서 사용가능하다는 이야기인데요, 인공지능을 클라우드에 통합하는 것이 이 기술을 보편적으로 사용할 수 있는 첫 번째 단계라고 생각합니다. 여기에 대해서는 어떻게 생각하시나요?

리 페이페이 : 대학에서는 교수들을 위해서 7년이나 8년마다 2년 동안 대학을 떠나 여러 직업을 탐구하거나 기분 전환을 할 수 있도록 안식년 장려책을 마련했어요. 2년 전에 인공지능 기술을 보편화하기 위해 업계에 합류하고 싶었습니다. 지도 학습과 패턴 인식과 같이 현재에도 사용하는 인공지능 기술들이 사회를 위해 좋은 쪽으로 발전시켰기 때문에 가능했죠. 또한 인공지능 기술의 보급을 적용하기에 가장 적합하고 큰 플랫폼은 클라우드입니다. 구글 클라우드는 수십억 명의 사람들에게 힘을 실어주고, 도움을 줘요.

그래서 구글 클라우드의 수석 과학자로 초대받았을 때 정말 기뻤습니다. 그곳의 목표는 인공지능의 보편화였죠. 이는 업무 및 파트너에게 도움을 주는 제품을 제작하는 거예요. 그리고 고객으로부터 피드백을 받고 밀접하게 협력해서 기술 자체를 개선하죠. 이 방법을 통해 인공지능의 보편화와 발전 사이의 고리를 연결할 수 있습니다. 저는 2017년 1월부터 클라우드 인공지능의 연구 부분과 제품을 모두 감독하고 있습니다.

구글 클라우드에서는 AutoML(26쪽 용어집 참조)이라고 불리는 제품을 개발하고 있습니다. 시장에서 인공지능의 진입 장벽을 낮춰주는 제품으로 기존에 인공지능을 쓰지 않는 사람도 쉽게 사용할 수 있어요. 많은 사람들이 겪는 어려움은 자신들만의 문제를 해결할 수 있는 맞춤형 모델이 없다는 점이에요. 그래서 컴퓨터 비전의 예시를 들면 소매업자는 로고를 인식하는 모델이, 내셔널 지오그래피 잡지에서는 야생 동물을 인식하는 모델이, 농업에서는 사과를 인식하는 모델이 필요할 수 있습니다. 사람마다 갖가지의 케이스를 가지고 있지만, 그중에서 인공지능을 만드는 전문 지식을 가진 사람은 별로 없어요.

이 문제를 보면서 AutoML을 만들었어요. "사과랑 오렌지를 구별하고 싶어요." 같은 필요한 정보를 알고 있고 데이터를 제공해주면 모든 것을 자동으로 처리해주는 맞춤형 머신러닝 모델을 만들어주죠. AutoML을 1월에 출시했고 수만 명의 고객들이 이 서비스에 가입했어요. 최첨단 인공지능의 보편화를 지켜보는 것은 매우 보람된 경험이었습니다.

마틴 포드 : 전문가가 아닌 일반 사람들이 머신러닝을 사용할 수 있게 되면 사람들이 만든 인공지능 프로그램의 종류가 폭발적으로 증가하겠네요.

리 페이페이 : 맞습니다! 사실 전에 발표를 하면서 캄브리아기 대폭발로 예시를 들었어요(역자 주 : 캄브리아기(약 5억 4100만 년 전부터 4억 8500만 년 전까지)에 다양한 종류의 동물 화석이 갑작스럽게 출현한 지질학적 사건을 의미한다. 이 때 이전에 존재하던 생물들은 대부분 단순한 형태였는데, 캄브리아기 대폭발을 거치면서 다양성이 급격하게 증가하게 된다).

마틴 포드 : 오늘날 신경망과 딥러닝에 많은 관심이 쏟아지고 있어요. 저는 딥러닝은 앞으로 점점 발전할 거라고 생각하지만 이러한 개념이 미래에 있을 인공지능에서도 쓰일 것이라고 생각하시나요? 아니면 지금 딥러닝에서 쓰이는 역전파(21쪽 용어집 참조)를 비롯한 여러 도구를 사용하지 않는 새로운 기술이 나올까요?

리 페이페이 : 인간의 문명을 보면 과학적 진보는 더 이상 나아갈 길이 없을 때 발

전하는 것 같아요. 하지만 지금은 그렇게 발전이 멈춰있지는 않은 것 같습니다. 특히 인공지능은 16년 전부터 시작된 초기 분야이기 때문에 더 그렇죠. 몇 천 년 동안 연구되어왔던 물리학, 생물학, 화학 같은 분야에 비해서 인공지능은 아직 발전해야 할 부분이 많아요.

인공지능 과학자로서 우리는 아직 목표에 도달하지 못했고 합성곱 신경망(21쪽 용어집 참조)과 딥러닝으로 거의 모든 문제를 풀 수 있다고 봅니다. 아까 이야기해 주신 것처럼 현실 세계의 많은 문제는 레이블을 붙일 수 없거나 많은 학습 데이터가 필요한 상황입니다. 문명의 역사를 보면 우린 아직 목적지에 도달했다고 보기는 어려워요. 아직 어린 아이 수준의 지능을 가진 인공지능도 개발하지 못했습니다.

마틴 포드 : 현재 진행 중인 인공지능 프로젝트 중에서 대표적인 걸 뽑자면 무엇이 있을까요?

리 페이페이 : 제 연구실에서는 이미지넷을 넘어서는 비주얼 게놈(Visual Genome, 역자 주 : 구조화된 이미지 개념을 언어에 연결한 데이터세트를 만드는 프로젝트) 프로젝트를 진행해왔어요. 이 프로젝트를 통해 시각적인 세계에 대해 깊게 생각해보게 되었고 이미지넷이 매우 빈약하다는 것을 알게 되었죠. 이미지넷은 사진이나 시각적인 장면에 있는 객체에 대한 레이블만을 사용하는 반면에 실제 시각적인 장면에서는 객체들이 서로 연결되어있고 인간과 객체는 상호 작용을 하죠. 또한 비전과 언어와의 연관성도 무시할 수 없어요. 그렇기에 비주얼 게놈 프로젝트는 시각적 세계와 언어 간의 관계에 중점을 두기 위해 설계되었습니다. 그래서 프로젝트를 진행하는데 엄청난 노력이 필요했죠.

제가 진짜 재미있게 하고 있는 다른 프로젝트는 인공지능을 활용한 의료 서비스입니다. 그 중에서도 환자를 보살피는 간호 자체에 영감을 받아서 프로젝트를 하고 있습니다. 요즘의 병원 시스템은 열악하고, 비용이 많이 나가는 것을 비롯해 비효율적인 측면을 가지고 있고 또 수술 과정에서 실수나 위생 관리 부족 그리고 노인 간병에 대한 도움과 인식 부족 같은 많은 문제들이 있습니다.

약 5년 전에 의료 서비스를 도울 수 있는 기술이 자율주행차와 인공지능에서 쓰이는 기술과 매우 비슷하다는 것을 깨달았어요. 주변 환경과 상태를 감지하는 스마트 센서가 필요하고 수집된 데이터를 이해하고, 간호사, 환자 및 보호자에게 피드백을 제공하는 알고리즘이 필요하죠. 그렇게 인공지능을 활용한 의료 서비스 영역을 개척하기 시작했습니다. 스탠퍼드 아동 병원, 유타주의 인터마운틴 병원, 샌프란시스코의 비영리 건강 관리 단체인 온 록(Unlocked senior homes)과 함께 하고 있고 최근에는 뉴 잉글랜드 의학저널에 오피니언도 발표했어요. 자율주행차에도 적용되는 첨단 인공지능 기술을 사용하고 있기에 정말 재미있게 프로젝트를 진행 중이지만 사람들의 복지에도 매우 중요한 역할을 할 것입니다.

마틴 포드 : 이번에는 인간 수준의 인공지능인 일반인공지능(AGI, Artficial General Intelligence)에 대해 이야기하고 싶네요. 현재 인공지능이 인간 수준으로 발전하려면 극복해야 할 부분이 무엇이라고 생각하세요?

리 페이페이 : 그 질문에는 두 부분으로 나눠서 대답해 드릴게요. 첫 번째는 일반인공지능으로 발전하기 위한 과정을, 두 번째는 미래의 인공지능 개발을 위해서 어떤 프레임워크와 마음가짐이 필요할지로 나눌게요.

먼저 일반인공지능을 정의해 보죠. 인공지능과 일반인공지능은 따로 구분할 수 없이 연속적이기 때문에 이 과정이 필요합니다. 현재 인공지능은 정말 얕은 수준이고 특정 작업에만 특화되어 있으며 레이블이 있는 데이터의 패턴 인식에 초점이 맞춰져 있지만, 인공지능이 계속 발전된다면 인공지능과 일반인공지능의 경계는 희미해질 거예요. 개인적으로 생각하는 일반인공지능의 정의는 맥락을 파악할 수 있고, 상황을 인식하고, 다차원적인 지능을 기반으로 하는 인간의 학습

능력을 가지는 것이에요. 큰 데이터에서도 물론이고 비지도 학습, 강화학습, 가상 학습 등 다양한 학습이 가능하겠죠.

일반공지능을 이렇게 정의한다면 그렇게 발전하기 위한 과정은 단순히 지도 학습을 넘어선 알고리즘을 계속 연구하는 데에서 시작한다고 생각합니다. 또한 뇌 과학, 인지 과학, 행동 과학 분야와의 협력이 필요하다는 것을 알아야하죠. 대부분의 인공지능 기술은 어떤 것이든 간에 뇌 과학이나 인지 과학 같은 분야와 연관이 있을 수밖에 없습니다. 그렇기 때문에 이런 분야와의 공동 작업에 중요성을 알아야 하고 투자하는 것 또한 매우 중요합니다. 이러한 내용을 정리해 2018년 3월 자 뉴욕 타임즈에 "사람들에게 도움을 주는 인공지능을 만드는 법"이라는 제목의 글을 쓰기도 했어요.

마틴 포드 : 저도 읽었는데 그 글에서 교수님이 인공지능 개발의 다음 단계에 필요한 포괄적인 틀을 주장해왔다는 것을 알게 되었습니다.

리 페이페이 : 네. 인공지능은 학문적이고 인간에게 매우 큰 영향을 줄 수 있는 분야로 확장되었기 때문에 그렇게 이야기했어요. 그렇다면 우리는 어떻게 더 발전한 인공지능을 만들 수 있을까요?

인간이 중심인 인공지능에는 세 가지 핵심적인 구성 요소가 있습니다. 첫 번째로 인공지능 자체를 발전시키는 것이에요. 방금 이야기 나눈 신경 및 인지 과학 전반에 걸쳐진 연구와 관련이 있죠.

두 번째로는 인간 중심 기술과 응용이에요. 우리는 인공지능이 인간을 대체할 직업들에 관해 이야기를 많이 하지만 인공지능이 인간에게 도움이 될 기회가 더 많아질 거예요. 그렇기에 인간과 기계의 협력 및 상호 작용에 관한 기술에 지지와 투자를 해야 한다고 봅니다. 로봇 공학, 자연어 처리(25쪽 용어집 참조), 인간 중심의 설계와 같은 기술들 말이죠.

세 번째는 컴퓨터 과학만으로는 인공지능으로 발생할 모든 문제를 해결할 수 없다는 사실을 깨닫는 것이에요. 인공지능은 인류에게 큰 영향을 줄 수 있는 기술이므로 경제학자들과 함께 일자리와 금융에 관해 이야기 해야 하고, 정책 입안자와 법학자, 윤리학자들과 함께 규제와 규정, 개인 정보와 보안에 관해 이야기를 해야 하죠. 또 역사가, 예술가, 인류학자, 철학자들과 협력해서 인공지능 연구의 새 의미와 새 영역을 연구해야 합니다. 이렇게 세 가지 요소가 인공지능이 다음 단계로 갈 때 필요한 것들입니다.

마틴 포드 : 인간 중심의 인공지능을 이야기하시면서 지금껏 제기된 우려 사항을 해결하려고 노력하고 계신데 그중 일부에 대해 이야기해 보고 싶네요. 닉 보스트롬(101쪽 참조), 일론 머스크, 스티븐 호킹은 인공지능이 혼자 반복해서 매우 빠른 속도로 학습해 엄청난 지능을 가지게 될 것이고 그로 인해서 인간이 실존적인 위협을 받을 수도 있다는 이야기를 했습니다. 현재 교수님이 개발하는 AutoML을 통해 다른 머신러닝 시스템을 만들 수 있기 때문에 이런 위험에 조금 더 다가가게 될 것이라는 이야기를 들은 적도 있는데, 여기에 대해서는 어떻게 생각하세요?

리 페이페이 : 닉 보스트롬 같은 리더들이 인공지능이 가져올지도 모르는 무서운 미래나, 우리가 기대하지 못했던 방법으로 영향을 줄 수 있다는 경고를 해주는 것이 인공지능 발전에 도움이 될 것이라고 봅니다. 하지만 오랫동안 존재했던 인간 문명에서 새로운 사회 질서나 기술들은 예상치 못한 방향으로 혼란에 빠지게 할 수 있는 잠재력을 가지고 있기 때문에 그것의 가능성도 항상 생각하고 있어야 합니다.
그리고 다양한 의견을 통해 이런 중요한 질문을 탐구하는 방법을 갖게 되는 것은 도움이 될 것입니다. 닉 보스트롬 씨가 인공지능의 잠재력에 대해 지적해주신 게 정말 좋네요. 이런 것들이 인공지능에 대한 사회적인 담론이 되는 것이죠. 이렇게

인공지능의 미래를 위해서 많은 목소리를 내주셔야 해요.

마틴 포드 : 북한보다 인공지능이 더 큰 위협이 될 것이라는 일론 머스크의 경고는 많은 사람들의 관심을 불러 일으켰습니다. 정말 인공지능의 위험성이 이 정도로 크고, 사회적인 이슈로 다뤄야 할까요?

리 페이페이 : 일반적으로 사람들은 과장되거나 극단적인 의견을 더 잘 기억하는 경향이 있어요. 저는 과학자로서 더 깊이 있고 잘 입증된 증거와 논리적인 추론으로 만들어진 주장에 집중하죠. 특정 문장이 맞는지 아닌지 여부는 중요하지 않습니다.
그것보다 중요한 것은 현재 우리에게 주어진 기회와 각자 무엇을 하는 지에요. 저는 인공지능이라는 분야는 편향적이고 다양성이 부족하다는 점에서 토론하는 데에 힘을 쓰고 싶어요. 이런 요소들이 제가 생각하기에는 정말로 중요하기 때문에 그에 대해서 목소리를 내고 있습니다.

마틴 포드 : 그렇다면 미래의 인공지능이 가져올 위협은 별로 걱정할 정도는 아니란 거죠?

리 페이페이 : 아까도 이야기했지만 그런 실존적인 위험에 대해서 어느 정도 생각하고 있는 게 좋아요.

마틴 포드 : 아까 인공지능이 일자리에 줄 영향에 관해 이야기를 해주셨는데, 사실 제가 이 주제로 글을 많이 썼습니다. 교수님은 사람들에게 도움을 줄 기회가 분명히 있다고 이야기했지만, 동시에 기술과 자본주의의 교차점이 존재하고 기업들은 가능한 인건비를 줄이려고 할 거예요. 지금까지의 역사를 보면 그래왔으니까요. 과거에 존재했던 것보다 훨씬 더 많은 작업을 자동화할 수 있는 도구가 등장할 지도 모르는데, 이런 도구는 수동적인 작업 뿐만 아니라 지적인 작업도 대체할

것으로 생각됩니다. 많은 일자리 손실, 전문성 감소, 낮은 임금 등 좋지 않은 결과가 생길 가능성이 있지 않을까요?

리 페이페이 : 제가 경제학자는 아니지만 이야기 해보자면 자본주의는 세상에 나온 지 100년 정도 밖에 안된 사회 질서 중 하나에요. 아무도 자본주의가 앞으로 인간 사회에 기반이 될 것이라고 예측할 수 없죠. 미래에는 기술이 어떻게 변형될지도 예측할 수도 없고요.

인공지능은 많은 잠재력을 가지고 있는 기술이고 이를 통해 일을 보다 생산적으로 할 수 있다는 것이 제 입장입니다. 저는 5년 동안 의사들과 연구를 해왔는데, 그들이 하는 업무 중에서는 기계가 대신 해줄 수 있는 부분이 있다는 것을 알게되었습니다. 의사들이 많은 업무에 시달리고 그들의 재능을 생산적이지 못한 부분에 쓰는 것을 보았기 때문에 이런 부분들은 인공지능이 대체했으면 좋겠어요. 그래서 의사들이 환자들과 소통하고, 환자들의 병을 잘 이해할 수 있는 시간을 가지게 되었으면 좋겠습니다.

기술로서의 인공지능은 단순히 노동력을 대체하는 것이 아니라 향상시킬 수 있는 잠재력을 가지고 있어요. 사람들이 그런 능력에 관심을 많이 가졌으면 좋겠습니다. 역사 속에서도 이와 관련된 증거를 찾을 수 있는데, 컴퓨터는 약 40년 전에 타이피스트(역자 주 : 타자기로 자료를 입력하는 사람)들의 업무를 자동화시켜주었어요. 하지만 일자리 관점에서 본다면 컴퓨터는 단순히 타이피스트들의 업무 자동화뿐만 아니라 소프트웨어 엔지니어라는 새로운 일자리를 만들었죠. 현금 자동 인출기도 마찬가지예요. 은행에서 하는 거래 중 일부를 자동화하기 시작했을 때 일자리가 줄어든 것이 아니라 금융 서비스가 많아져 실제로 창구 직원이 늘어났어요. 이런 이야기들은 양극으로 나눌 수 있는 문제도 아니고 앞으로 어떻게 발전해야 할지를 함께 고민해야 되는 것이죠.

마틴 포드 : 이번에는 교수님이 관심을 가지고 있는 다양성과 편향성에 관해 이야기를 해보죠. 이 두 가지는 서로 다른 것으로 보이는데 편향성은 인간이 만든 캡슐화된 데이터를 통해 머신러닝 알고리즘이 학습하기 때문에 발생하고, 다양성은 어떤 사람이 인공지능을 연구하는지에 달린 문제이죠.

리 페이페이 : 먼저 그것들은 결국 인간들이 매기는 가치이기 때문에 서로 딱 나누어질 수 없다고 생각합니다. 한쪽의 데이터만을 가지고 시작하는 머신러닝 시스템이 있으면 그 결과는 편향될 거예요. 그리고 일부는 치명적인 영향을 줄 수도 있죠. 하지만 그 자체는 잠재적으로 머신러닝 시스템의 개발 과정에 연결되어 있습니다. 저는 그것들 사이에 존재하는 철학적인 지점을 만들고 싶어요.
편향성과 다양성은 따로 다룰 수 있다는 의견에 동의합니다. 예를 들어 많은 연구자들은 머신러닝 결과를 편향되게 만드는 데이터의 문제를 인식해서 편향을 노출시키는 방법을 연구하고 있으며 편향에 대응하는 알고리즘도 개발하고 있죠. 학계부터 업계까지 제품과 기술의 편향에 대한 연구는 실제로 도움이 되고 업계의 긴장을 늦추지 않게 해주고 있습니다.

마틴 포드 : 구글에서도 머신러닝이 만드는 편향적인 문제에 대처하고 있을 텐데 어떻게 하고 있는지 알려 줄 수 있을까요?

리 페이페이 : 구글에는 머신러닝의 편향과 "설명가능성(explainability)"(역자 주 : 데이터를 가지고 인공지능이 예측을 했지만 어떻게 데이터를 분석했는지에 대해 명확하게 설명할 수 있는 능력)을 연구하는 그룹이 있습니다. 편향을 없애고 더 나은 제품을 만들어야 한다는 의지로 가득 차 있죠. 우리는 그들에게 도움이 되었으면 해요. 아직 초기단계이지만 이 연구 분야에 더 투자하고 발전시킬 필요가 있습니다.
인공지능이 아닌 사람 자체의 다양성과 편향성에 관해서는 지금 위기에 놓여있다고 봅니다. 특히 STEM 분야에서 다양성 문제를 해결하지 못했어요. 이 문제는 인공지능 기술만큼 강력한 영향을 미침으로서 상황이 더 안 좋아질 거에요. 인공

지능에 관련한 기업 내 그룹, 학계의 교수, 박사 과정 학생, 주요 컨퍼런스의 발표자들을 보면 다양성이 부족해요. 여성과 소외 계층의 사람들이 부족하죠.

마틴 포드 : 인공지능을 연구하는 여성과 소외 계층을 더 모으기 위해 AI4ALL이라는 프로젝트를 시작했다고 알고 있습니다. 여기에 대해 더 이야기해 줄 수 있나요?

리 페이페이 : 다양성이 부족하다는 논의를 바탕으로 4년 전에 스탠퍼드에서 AI4ALL 프로젝트가 시작되었습니다. 이 프로젝트에서는 대학과 커리어를 결정하기 전의 고등학생들에게 영감을 주고, 인공지능 연구에 초대하고 있어요. 특히 이 프로젝트를 통해 인공지능에 관심을 가지게 된 소수자들은 다른 사람들보다 더 큰 동기와 영감을 가진다고 생각합니다. 지난 4년간 매년 여름 스탠퍼드에서 커리큘럼을 만들어 고등학생들을 인공지능의 세계에 초대했어요. 결과가 매우 성공적이어서 2017년 AI4ALL이라는 비영리 단체를 결성해 이 프로젝트를 다른 대학교에서도 시작하게 되었습니다.

그다음 해에는 인공지능을 접하기 힘든 사람들을 위해 6개의 대학에서 이 프로젝트를 진행했어요. 스탠퍼드와 사이먼 프레이저 대학 외에도 버클리에서는 저소득층을 대상으로, 프린스턴에서는 소수 민족을 대상으로, 크리스토퍼 뉴포트 대학에서는 탈선 청소년을 대상으로, 보스턴 대학에서는 여성을 대상으로 했습니다. 앞으로 이 프로그램을 점점 발전시켜서 더 다양한 배경에서 인공지능의 미래를 이끌어갈 리더를 만들었으면 좋겠어요.

마틴 포드 : 이번에는 인공지능의 규제를 만들 수 있는 장소가 있다고 생각하는지 여쭤보고 싶어요. 규제를 만드는 관점에서 정부가 개입을 해야 하는지, 인공지능 커뮤니티에서 자체적으로 이런 문제를 해결해야 하는지 궁금하네요.

리 페이페이 : 커뮤니티가 인공지능 기술자들로만 구성되어 있다면, 인공지능의 모든 문제를 해결할 수는 없다고 봅니다. 세계와 인간의 삶은 서로 연결되어 있고 우리 모두는 서로에 의존하고 있어요.

인공지능을 통해 아무리 많은 것들이 이루어지고 있다 하더라도, 저는 여전히 같은 고속도로에서 운전하고 같은 공기를 마시며 제 아이들을 학교에 데려다 줄 거예요. 우리는 인공지능을 매우 인간적으로 바라 볼 필요가 있고, 어떠한 기술도 중대한 영향을 미칠 수 있다는 것을 인식해야 하며, 삶과 사회의 모든 분야에 참여시켜야 한다고 봅니다.

그리고 정부가 인공지능의 기초 과학, 연구 및 교육에 투자하는 데 중요한 역할을 한다고 생각해요. 투명하고 공정한 기술을 만들고, 긍정적인 방법으로 이 기술을 이해하고 영향력 있는 사람들을 더 많이 확보하기 위해서 정부는 대학에 투자를 해야 합니다. 저는 정책 입안자로서 교육을 받은 건 아니지만 정책 입안자들 및 주위의 사람들과 이와 관련된 이야기를 해요. 그래서 프라이버시, 공정성, 협업과 관련한 정부의 역할을 알고 있습니다.

마틴 포드 : 마지막으로 여쭤볼 질문은 인공지능 무기 경쟁, 특히 중국과의 경쟁입니다. 이를 얼마나 심각하게 받아들여야 하나요?
중국은 권위주의적인 시스템과 많은 인구를 가지고 있습니다. 이는 개인 정보 보호 등에 관한 알고리즘을 훈련하는데 더 많은 데이터와 적은 제한을 가지고 있다는 것을 의미합니다. 미국은 인공지능을 이끌어 나가는 데에 뒤처질 수도 있는 위험에 처해 있다고 보시나요?

리 페이페이 : 현대 물리학은 지금 과대광고 주기(hype-cycle, 역자 주 : 기술에 대한 시장의 기대가 어떻게 변하는지 경험적으로 정리한 곡선이며 가트너 사에서 개발하였다. 주로 새로운 기술이 관심을 받아 과도하게 몰린 후 많은 실패가 이루어진 다음 그 기술이 시장에 완전히 자리를 잡

는 경향을 보인다) 위에 있고, 우리는 그것이 핵기술이나 전자 기술 등으로 변화될 수 있는 세상에서 살고 있습니다.

100년 뒤에 현대 물리학을 활용하는 사람은 누구인지, 아니면 산업혁명 이후에 나온 어떤 기술이든지 활용하는 회사나 국가가 있는지 물어본다고 해보죠. 이 질문에 답하기는 굉장히 어려울 거예요. 즉 지식과 진리에 대한 인간의 탐구는 국경을 갖지 않다는 것입니다. 과학의 근본 원리는 우리가 함께 탐구해야 할 보편적인 진리이죠. 그리고 인공지능도 그런 과학이라고 봐요.

저는 과학자이자 교육자로서 다양한 배경을 가진 사람들과 함께 일합니다. 스탠퍼드 연구소는 모든 대륙의 학생들이 있죠. 우리가 만드는 기술을 자동화나 의료 서비스에 사용해 모든 사람들에게 도움이 되었으면 좋겠어요.

물론 기업간, 지역간 경쟁이 있을 거예요. 저는 이런 경쟁이 건강한 방향으로 흘러갔으면 좋겠습니다. 건강한 경쟁은 서로를 존중하고, 시장을 존중하고, 사용자를 존중하고, 국가간 법이나 국제법이더라도 법률을 존중하는 것입니다. 이것이 과학자로서 제가 주장하는 바입니다. 저는 모든 인종과 국가의 학생들을 가르치기 위해서 오픈 소스로 게시하고, 모든 배경의 사람들과 협력하고 싶습니다.

리페이페이는 구글 클라우드의 인공지능 및 머신러닝의 수석 과학자이고, 스탠퍼드 대학교 컴퓨터 과학 교수이며, 스탠퍼드 인공지능 연구소(Stanford Artificial Intelligence Lab) 및 비전 연구실(Stanford Vision Lab)의 리더이다. 프린스턴 대학교에서 물리학 학사를 취득했고 캘리포니아 공과대학교에서 전자 공학 박사를 취득했다. 컴퓨터 비전과 인지 신경 과학 분야를 연구하고 있으며, 최고의 학술지에 널리 게재되었다. 또한 여성과 소외된 계층들을 대상으로 인공지능에 관심을 가지게 돕는 프로젝트인 AI4ALL을 스탠퍼드 대학에서 공동으로 만들었고, 이 프로젝트는 미국의 많은 대학교로 확장되었다.

FEI-FEI LI

" 인공지능 산업의 부흥에는 정부의 역할이 상당히 큽니다. 예를 들어, 인공지능을 사용하여 정부 인력을 배치해야 할까요? 자원 문제에 인공지능을 활용하면 더 좋을까요? 인공지능은 더 좋은 경제정책을 수립할 수 있을까요? 혹은 탈세와 같은 세금 문제를 근절하는 데 도움을 줄 수 있을까요? 정부가 인공지능을 활용해 할 수 있는 일들이 무궁무진합니다. 그래서 정부는 규제를 넘어서 인공지능을 잘 활용할 수 있게 해야 합니다. **"**

앤드류 응(ANDREW NG)

랜딩 AI(Landing AI)의 CEO 그리고 AI 펀드(AI Fund)의 General Partner (무한책임사원), 스탠퍼드 컴퓨터 과학 부교수

앤드류 응은 연구자이자 기업가로, 인공지능과 딥러닝에 기여한 공로를 널리 인정받고 있습니다. 구글 브레인 프로젝트와 온라인 교육 회사인 코세라를 공동 창립했으며 그 후 중국 최대의 검색 엔진 기업인 바이두의 수석 과학자가 되어 업계 최고의 인공지능 연구 그룹을 만들었습니다. 구글과 바이두를 인공지능 기반 조직으로 변화시키는 데 중요한 역할을 했습니다. 2018년, 인공지능 분야에서 스타트업을 키우는 벤처 캐피탈 회사인 AI 펀드를 설립했습니다.

마틴 포드 : 먼저 인공지능의 미래에 대해 얘기해 볼까요? 딥러닝에서 뚜렷한 성과들이 있었지만 그 성과를 과장해 표현하는 일도 많은데요. 딥러닝이 인공지능의 발전에 기여할 주요 아이디어라고 생각하시나요? 아니면 지금과는 완전히 다른 새로운 접근 방식이 딥러닝을 대체할 수 있을까요?

앤드류 응 : 딥러닝보다 더 나은 방식이 나왔으면 합니다. 물론 인공지능의 발전이 가져온 경제적 가치들은 모두 지도학습을 기반으로 합니다. 예를 들어, 자율주행차(25쪽 용어집 참조)의 경우 입력은 차 전면에 있는 비디오 영상들에서 얻을 수 있는 사진이 될 것이고, 출력은 자동차가 다음으로 움직여야 할 위치가 되겠죠. 음성인식에서는 입력으로 오디오 클립을 받으면 텍스트로 출력하게 됩니다. 기계 번역에서 영어로 입력하면 중국어로 나오는 것처럼 말이죠.

딥러닝은 입력과 출력의 연결고리를 학습하는데 엄청나게 효과적입니다. 입출력의 매핑을 기반으로 학습하는 것을 지도학습이라고 합니다. 지도학습은 인공지능의 한 부분이죠.

지도학습의 등장으로 주요 산업에서 많은 기회들이 생겼어요. 믿을 수 없을 만큼 엄청난 가치를 가진 지도학습은 여러 산업을 변화시키고 있죠. 하지만 지금까지 이뤄낸 것들보다 더 멋진 성공을 이뤄낼 여지가 많다고 생각합니다. 딱 무엇이라고 명확히 말하긴 어렵지만요.

마틴 포드 : 그렇다면 일반인공지능의 미래는 어떨까요? 기계가 인간 수준의 지능을 가지려면 어떤 것부터 해결해 나가야 할까요?

앤드류 응 : 일반인공지능의 미래가 어떻게 될지는 모르겠어요. 다만 한 가지 확실한 것은 비지도학습이 필요하다는 것이죠. 예를 들어 컴퓨터에게 커피잔이 무엇인지 가르치려면 수천 개의 커피잔 이미지를 보여줘야 해요. 아무리 자식을 아끼

앤드류 응

고 사랑하는 부모라 할지라도 아이들에게 커피잔이 무엇인지 알려주기 위해 수천 개의 커피잔을 보여줄 부모는 없어요. 그럴 필요도 없고요. 아이들은 어떤 것을 배울 때 직접 탐색하면서 이미지와 오디오 정보를 습득합니다. 그런 경험들이 모여 커피잔이 무엇인지 알게 되죠. 레이블되지 않는(답이 표시되어 있지 않는) 데이터를 보더라도 학습할 수 있는 능력이야말로 기계가 가져야 할 지능이고 이것이 실현되었을 때 일반인공지능의 길로 한 발 가까이 다가갈 수 있을 거예요.

인공지능의 문제 중 하나는 특수한 몇 가지 부분(딥러닝 등)에서 많은 성과가 있었지만 일반인공지능을 향한 진전이 거의 없었다는 것입니다. 문제는 이 모두 인공지능이라는 하나의 단어로 불리고 있다는 것이죠. 인공지능이 온라인 광고, 음성인식, 자율주행 자동차에서는 분명 엄청난 가치를 보이지만 일반적으로는 아직 아닙니다. 일반적인 사람들은 인공지능이 특정 분야에 엄청난 성과를 보이니까 일반인공지능도 상당히 발전하고 있다고 생각하는데, 그건 아닙니다.
인공지능에 대해 잘 모르는 사람들이 얕은 지식으로 성급하게 일반화를 하면서 인공지능의 모습을 너무 부풀려 표현하고 있지만 아직은 해결해야 할 어려운 점이 훨씬 많습니다.

마틴 포드 : 우리가 살아있는 동안 일반인공지능과 만날 수 있을까요?

앤드류 응 : 솔직히 말해서 잘 모르겠어요. 그런 날이 오길 바라죠. 그보다 더 나은 기회들도 충분히 있을 것 같습니다.

마틴 포드 : 어떻게 인공지능에 관심을 가지게 되었습니까? 또 그러한 관심이 어떻게 인공지능 산업에서 다양한 경력을 쌓는 데 도움을 주었나요?

앤드류 응 : 제가 고등학교에 있었을 때 사무실 보조 인턴을 했어요. 거기서 신경망을 처음 만났죠. 사무보조를 하는데 웬 신경망이냐고 할 수도 있지만 저는 사

무실에서 하는 일 중 일부를 어떻게 하면 자동화시킬 수 있을지 고민했습니다. 그때 신경망과 처음 만나게 됐어요. 그 후 카네기 멜론에서 학사 학위를 받고, MIT에서 석사과정을 밟았으며, 마지막으로 UC버클리 대학에서 박사과정을 하며 강화학습의 형성과 정책 검사(Shaping and Policy Search in Reinforcement Learning)라는 논문을 냈습니다.

그 후 12년 동안은 스탠퍼드 대학의 컴퓨터 과학부와 전자공학부의 교수가 되어 학생들을 가르쳤습니다. 그리고 2011년 중반, 구글 브레인 팀의 창립 멤버가 되었습니다. 구글 브레인 팀은 구글을 인공지능 기업으로 만들었죠.

마틴 포드 : 구글 브레인 덕분에 구글에서 처음으로 딥러닝을 도입했다는데 맞나요?

앤드류 응 : 어느 정도 맞는 말입니다. 사실 그전에 신경망을 기반으로 한 소규모 프로젝트가 있긴 했습니다만 구글 브레인 팀은 많은 분야에 딥러닝을 적용시키려고 했습니다. 구글 브레인 팀에 있으면서 가장 먼저 구글 내 100명의 엔지니어들을 대상으로 인공지능을 가르쳤습니다. 많은 구글 엔지니어들이 딥러닝을 알게 되면서 많은 협력자들과 파트너들이 생겨났고 계속해서 더 많은 사람들이 딥러닝을 알게 되었죠.

초창기 음성 팀과 함께 프로젝트를 진행한 적이 있는데, 제가 보기엔 그 프로젝트가 구글 음성인식의 출발점인 것 같아요. 또 비지도학습에 관한 프로젝트로 유명한 구글캣을 개발하는데 어느 정도 도움이 되었습니다. 비지도학습 기반으로 신경망을 짜고 유튜브 데이터를 통해 고양이를 맞추는 모델을 만들었습니다. 현재 비지도학습은 인공지능에서 많은 부가가치를 만들어내지는 못하지만, 당시 구글의 컴퓨팅 클러스터의 성능을 실현할 수 있는 훌륭한 기술이었습니다. 대규모 딥러닝 알고리즘을 수행할 수 있었어요.

마틴 포드 : 2012년까지 구글에 있다가 다음에는 어디로 가셨나요?

앤드류 응 : 구글에서 업무가 끝날 즈음에 딥러닝 학습이 GPU(27쪽 용어집 참조) 기반으로 돌아가야 할 것 같다고 느꼈습니다. 이와 관련된 일을 스탠퍼드 대학에서 많이 하게 되었는데요. GPU 사용을 시도하고 있었던 중에 NIPS(역자 주 : 신경정보처리시스템학회, 현재 이름은 NeurIPS)에서 제프리 힌튼(505쪽 참조)을 만나 GPU와 관련된 이야기를 나눴던 게 기억이 납니다. 아마 그 얘기를 듣고 제프리 힌튼이 알렉스 크리즈헤브스키랑 GPU와 관련된 일을 하게 된 것 같고, 다른 많은 사람들도 그 일에 영향을 받아 딥러닝에 GPU를 적용하기 시작했던 것 같아요.

스탠퍼드 대학의 교수로 활동할 수 있었던 것은 정말 행운이었습니다. 왜냐하면 스탠퍼드 대학이 실리콘 밸리에 있는데 그곳에 있으면서 GPGPU(범용 GPU) 컴퓨팅 기술이 현실로 다가오고 있다는 것을 알게 되었으니까요. GPU 컴퓨팅을 구현할 수 있는 적절한 시대와 실리콘 밸리, 스탠퍼드 대학이라는 좋은 환경에 있으면서 GPGPU를 사용하는 친구들을 많이 만나게 되면서 다른 사람들보다 훨씬 빨리 GPU를 통해 딥러닝의 규모를 확장시킬 수 있었습니다.

스탠퍼드의 학생이었던 아담 코츠는 이런 분석을 내놓았습니다. x 축으로는 데이터의 양, y 축으로는 딥러닝 알고리즘의 성능을 놓고 상관관계를 분석했는데, 데이터가 많으면 많을 수록 딥러닝 알고리즘의 성능은 더 뛰어나다는 것이었죠. 아담 코츠의 아이디어를 보고 바로 래리 페이지(구글의 공동 창업자)에게 가서 대규모 신경망을 구축할 수 있는 많은 컴퓨터를 쓰게 해달라고 부탁했어요.

마틴 포드 : 그런 후에 다프네 콜러(193쪽 참조)와 함께 코세라(Coursera)를 창업했잖아요. 다프네 콜러 역시 인터뷰이로 이 책에 실려있습니다. 어쨌든, 그 후 중국 최대의 검색 엔진 기업인 바이두(Baidu)로 이직했네요. 그 과정들을 더 말씀해주실 수 있을까요?

앤드류 응 : 네, 저는 전 세계 많은 사람들이 인공지능, 딥러닝 등과 같은 것들을 배울 수 있으면 좋겠다고 생각하고 있었고, 온라인 교육으로 이런 기회를 만들어보면 어떨까 생각했습니다. 그래서 다프네와 함께 코세라를 만들었어요. 그때 구글 브레인 팀은 파죽지세로 성장하고 있었고 저는 제프리 딘(179쪽 참조)에게 구글 브레인을 맡기고 코세라로 넘어왔습니다. 2014년까지 2년 동안 코세라를 성장시키고 나서 바이두 인공지능 그룹에서 일하기 시작했습니다. 구글 브레인이 구글을 인공지능 기업으로 탄생시키는 데 기여를 했던 것처럼 바이두 인공지능 그룹도 바이두 기업을 인공지능 기업으로 탈바꿈시키기 위해 엄청 노력했습니다. 바이두에서 저는 기술 팀을 꾸리고 기존 사업부를 지원하며 체계적으로 인공지능 사업을 진행시켰어요.

3년이 지나니 모든 팀이 원활히 잘 운영되었고, 랜딩 AI(Landing AI)의 CEO와 AI 펀드(AI Fund)의 무한책임사원이 되기로 마음먹었습니다.

마틴 포드 : 구글과 바이두 모두 인공지능 중심 기업으로 변화시키고 연장선상으로 많은 회사들을 구글과 바이두처럼 인공지능 중심 기업으로 만들고자 하는 것이 AI 펀드와 랜딩 AI의 비전이겠지요?

앤드류 응 : 네 맞습니다. 대규모 웹 검색 엔진도 변형시켜봤고 이제는 다른 산업에서 그런 변화를 이끌어보고 싶습니다. 랜딩 AI에서는 기업들이 인공지능을 잘 활용할 수 있게 도와주고 있습니다. 기존 회사의 경우 인공지능을 활용할 수 있는 많은 기회들이 있기에 랜딩 AI는 이를 중점적으로 지원하여 기회들을 살릴 수 있게 도와주고 있습니다. AI 펀드는 한 발짝 더 나아가, 새로운 인공지능 기반 스타트업을 창업하거나 인공지능을 활용한 새로운 사업 기회를 모색할 수 있게 도와줍니다.

다시 말해, 랜딩 AI와 AI 펀드가 하는 역할은 비슷해 보일지라도 매우 다른데요.

앤드류 응

예를 들어, 인터넷의 최근 주요 기술 변화를 살펴보면 애플과 마이크로소프트 같은 기존 회사는 인터넷 회사로 변모하는 위대한 업적을 이루었어요. 반면 구글, 아마존, 바이두 및 페이스북 같은 대형 "스타트업"은 인터넷으로부터 창출될 수 있는 엄청난 부가가치를 지닌 사업을 만들어낸 회사들입니다.

기존의 대기업들, 이전 세대의 벤처기업인 구글, 아마존, 페이스 북, 바이두와 같은 회사들은 인공지능의 부흥에도 잘 적응할 거예요. AI 펀드는 우리가 보유하고 있는 인공지능 기술을 활용하는 새로운 신생 기업을 만들고자 합니다. 제 2의 구글, 제 2의 페이스북을 만들고 싶어요.

마틴 포드 : 인공지능에서 데이터의 확보가 중요하잖아요. 구글이나 바이두같이 대기업의 경우 많은 데이터를 가지고 있어서 견고히 성장할 수 있겠지만, 상대적으로 데이터가 부족한 중소기업의 경우는 아무래도 대기업보다 못할 것 같은데요. 이런 한계점에도 불구하고 스타트업이나 중소기업이 인공지능 분야에 뛰어들고자 할까요?

앤드류 응 : 데이터 자원이 많을수록 유리한 건 사실이고, 대형 검색 엔진에서 이러한 사실은 다른 기업들이 넘지 못할 장벽을 만들죠. 하지만 웹 검색 클릭스트림(역자 주 : Clickstream, 특정 사이트를 방문한 뒤 클릭한 것들을 뜻함) 데이터가 의료진단, 제조 혹은 개인 맞춤형 교사 등과 같이 다른 산업에도 유용할까요?

데이터는 수직적이지만 그 구간이 길기 때문에 특정한 한 구간을 잘 잡는다면 괜찮은 사업을 만들어낼 수 있다고 봅니다. 100년 전부터 전기가 여러 산업을 변화시킨 것처럼, 인공지능도 다양한 산업을 변화시키고, 그래서 더욱 많은 기업들이 성공할 수 있는 여지가 충분히 많다고 생각해요.

마틴 포드 : 제가 생각하기에는 다른 벤처 캐피탈 펀드와 구분 짓는 AI 펀드만의 차

별점이 있는 것 같아 보입니다. AI 펀드의 비전은 정확히 무엇이고, 다른 벤처 캐피탈 펀드와 어떤 차이가 있나요?

앤드류 응 : 대부분 벤처 캐피탈 펀드는 좋은 기업(=승자)을 선별하는 데 집중하고 있어요. 반면, 저희 AI 펀드는 좋은 기업(=승자)을 만들어나가는 데에 더 중점을 둡니다. 창업 과정 첫 단계부터 함께 나아갑니다. 이미 피치 덱(pitch deck, 역자 주 : 투자자들에게 선보이기 위한 목적으로 만들어진 비즈니스 모델에 대한 설명 자료)을 가지고 있는 기업은 저희 입장에서 보기에 너무 많은 단계를 지나갔지 않았나 하고 생각해요.

지원하는 기업과 동료가 되어 처음부터 함께 일하고, 필요한 모든 부분을 멘토링하면서 스타트업이 성공적으로 성장할 수 있게 도와줍니다. 저희와 함께 일하고 싶으면 피치 덱을 보내지 말고 이력서를 보내라고 해요. 그런 후 함께 일하면서 아이디어를 실현시키면 되니까요.

마틴 포드 : 같이 일하는 회사들은 보통 아이디어를 기본적으로 가지고 있었나요, 아니면 함께 아이디어를 구상했나요?

앤드류 응 : 아이디어가 있으면 흔쾌히 의논을 합니다만 이미 유망하다고 생각하는 많은 아이디어를 가지고 있어요. 다만, 투자할만한 자본과 시간이 부족할 뿐이죠. 함께 일하게 되면 이런 아이디어들 중 어떤 것이 가장 적합한지 얘기를 나눌 수 있게 되어 행복합니다.

마틴 포드 : 스타트업 창업의 기회와 인프라를 제공함으로써 인재를 끌어들이겠다는 전략으로 들리는데요.

앤드류 응 : 그렇죠. 하지만 인재만 가지고는 성공적인 인공지능 기업을 만들 수는 없습니다. 인공지능 산업이 너무 빨리 발전하고 있기 때문에 기술에 초점을 맞추

앤드류 응

고는 있지만, 더 강력한 회사를 만들기 위해서는 기술뿐만 아니라 사업 전략, 제품, 마케팅, 사업 개발까지 다양한 기술의 포트폴리오가 필요합니다. 그래서 저희는 구체적인 사업 수단을 구축할 수 있게 전체 프로세스를 관리하는 역할을 합니다. 기술도 중요하지만 스타트업은 기술로만 만들어지는 게 절대 아니니까요.

마틴 포드 : 근래 들어 잠재 가능성을 가지고 있는 인공지능 기반 스타트업들은 보통 대기업에 인수되더라고요. 결국 인공지능 기반 스타트업이 IPO(역자 주 : Initial public offering, 기업 공개, 기업 설립 후 처음으로 외부 투자자에게 주식을 공개하고, 이를 매도하는 업무)를 하고 독자적인 기업이 되기는 힘들지 않을까요?

앤드류 응 : 저도 인공지능 기반 스타트업이 인수되지 않고 IPO를 하고 거대 기업으로 성장했으면 해요. 전술적인 IPO는 저희의 목표가 아니지만, IPO도 하고 대기업만큼 거대한 인공지능 기반 회사가 많이 생겨나면 좋겠습니다. 자본만 많은 기업 말고 정말로 세계에 좋은 가치를 줄 수 있는 그런 기업 말입니다. 창업한 모든 인공지능 기반 스타트업이 더 큰 기업에 인수되기만 한다면 슬플 것 같은데, 저희는 그런 방향으로 가고 있지는 않아요.

마틴 포드 : 최근, 딥러닝의 성과들이 너무 과장되어 선전되고 있고, 지금의 진전도 얼마 못 가 다시 한계에 부딪힐 거라고 말하는 사람들이 많더라고요. 새로운 인공지능 암흑기가 올 거라고요. 그런 불안감이 인공지능 산업의 투자 감소로 이어질 수 있지 않나요?

앤드류 응 : 아뇨, 인공지능 암흑기가 올 거 같지는 않습니다. 다만 일반인공지능에 대한 기대치는 조금 낮출 필요가 있다고 생각합니다. 이전의 인공지능 암흑기 때를 떠올려보면 확실히 기술을 과장해 표현한 경우가 많았어요. 별로 쓸모없는 기술들을 부풀려 말하고 실제 사람들의 기대에는 상당히 못 미쳤습니다. 그게 인공지능 암흑기를 초래한 원인이라고 생각합니다.

하지만 최근에 보면 시간이 지날수록 딥러닝 관련 프로젝트를 진행하고 있는 사람들이 계속 늘어나고 있습니다. 딥러닝 관련 프로젝트의 수, 딥러닝 관련 연구에 종사하는 사람들, 딥러닝을 배우고 있는 사람들 그리고 인공지능을 준비하고 있는 기업들의 수는 어마하게 늘어나고 있단 말입니다. 실제로 딥러닝 관련 프로젝트가 가져다주는 이익이 상당히 많아지고 있는 게 사실입니다.

계속해서 사회 전반적으로 딥러닝에 투자하고 있습니다. 희망과 꿈에 기대는 것이 아니라 이미 나온 결과를 바탕으로 대기업들도 딥러닝을 적용시키려고 노력하고 있습니다. 계속 성장할 가능성은 충분한 것이죠. 하지만 인공지능에 대한 기대치, 특히 일반인공지능에 대한 기대치는 낮춰야 합니다. 딥러닝이 많은 성과를 냈다고 해서 일반인공지능도 그만큼 상당한 성과를 내고 발전할 거라고 기대하는 사람들이 많은데, 그렇지 않습니다. 헛된 희망과 꿈들이 만든 인공지능에 대한 기대치를 재설정할 필요가 있어 보이네요.

마틴 포드 : 그러면 일반인공지능에 대한 비현실적인 기대를 제외하고, 보다 좁은 범위인 딥러닝에서는 여전히 지속적인 발전이 있을 거라고 예상하시나요?

앤드류 응 : 현재 인공지능도 극복해야 할 과제가 산더미에요. 인공지능은 너무 광범위한데 보통 인공지능이라하면 역전파, 지도학습, 신경망 등을 통틀어 말하는 것 같습니다. 지금 말한 것들이 딥러닝에 관해 사람들이 연구하고 있는 부분들이죠.

물론, 딥러닝은 현재 제한적으로 적용되고 연구되고 있죠. 인터넷, 전기 역시 제한적인 것처럼요. 전기로 많은 유용한 것들을 만들었다고 해서 인류의 모든 문제가 해결되지는 않았잖아요.

이와 마찬가지로, 역전파(21쪽 용어집 참조) 자체로는 인류가 직면한 모든 문제를 해결하지 못합니다. 그래도 상당히 가치 있고 아직도 역전파를 이용해 신경망을 학습하는 모델이 적용되고 있는 산업군이 많지 않아요. 이제 겨우 딥러닝 기술의 의미를 파악하고 있는 단계입니다.

가끔씩 저는 인공지능에 대해 얘기할 때 가장 먼저 "인공지능은 마법이 아니며 모든 것을 다 할 수는 없다"라고 말합니다.

큰 문제 중 하나는 인공지능을 잘못 표현하는 부분에 있습니다. 인공지능 전체 중 작디작은 딥러닝에서 엄청난 진보가 있었지만 일반인공지능이 상당히 발전하지 않았음에도 여전히 둘 다 똑같이 인공지능이라고 부르고 있으니까요. 그러니 사람들이 인공지능에서 일부의 발전을 일반인공지능의 발전과 동일시 여기고 잘못된 추측을 하게 되는 것이죠. 솔직히 말해서 일반인공지능에서 큰 진전은 없었습니다. 더 빠른 컴퓨터와 많은 데이터를 보유한 것, 일반적인 수준의 발전 외에는 일반인공지능에 대한 특별한 진전은 보지 못했네요.

마틴 포드 : 인공지능의 미래에 관해 크게 두 가지 관점이 있는 것 같아요. 어떤 사람들은 신경망만이 인공지능의 미래라고 생각합니다. 인공지능이 지속적으로 발전하기 위해서는 기호 논리학의 아이디어들을 통합한 하이브리드 접근 방식이 필요하다고 보는 입장도 존재하죠. 어떤 견해가 맞는 걸까요?

앤드류 응 : 장기적 관점에서 보느냐, 단기적 관점에서 보느냐에 따라 다를 것 같아요. 랜딩 AI에서는 산업 파트너에게 솔루션을 제공할 때 하이브리드 방식으로 접근합니다. 데이터가 많지 않을 때, 딥러닝은 그렇게 좋은 도구가 아닐 수 있기에 전통적인 컴퓨터 비전(23쪽 용어집 참조) 도구와 혼합하는 경우가 종종 있습니다. 인공지능에서 유능한 인재가 되려면 결국 하이브리드를 사용할 시기와 고려해야 할 모든 것을 다 넣고 어떻게 조합하느냐를 다 알아야 합니다. 이게 단기적으로 봤을 때 유용한 응용 프로그램을 만들어내는 방법이라고 할 수 있어요.

균형적으로 보면 데이터가 많을 때는 기존의 도구에서 딥러닝으로 옮겨가지만, 데이터가 적을 때 딥러닝은 많은 문제점들을 가지기 때문에 하이브리드 설계와 올바른 기술 조합이 필요한 것이죠.

장기적으로 보면 더 유연한 알고리즘을 가진 인간 수준의 지능을 향해 가려면 신경망에 관한 연구와 함께 역전파보다 더 좋은 알고리즘이 나와야 하지 않을까 생각합니다.

마틴 포드 : 인공지능을 발전시키기 위해 신경망은 핵심 기술이라는 것이군요?

앤드류 응 : 머지않아 인공지능 세계에서 신경망은 매우 중요한 위치를 차지할 거예요. 신경망을 대체할만한 후보가 있을까 생각해보면 아직은 없네요. 그렇다고 미래에도 없을 거라는 건 아니지만요.

마틴 포드 : 최근에 주데아 펄(529쪽 참조)과 얘기를 나눴습니다. 인공지능이 좀 더 발전하려면 인과관계를 파악할 수 있는 모델이 필요하다고 강력히 주장하더군요. 이에 대해서 어떻게 생각하시나요?

앤드류 응 : 딥러닝이 아직 못하는 수많은 것들이 있는데 그중 하나가 바로 인과관계를 판단하는 것입니다. 딥러닝이 잘 하지 못하는 다른 것들을 나열해보자면 다음과 같습니다. 모델이 가지는 의미나 결과들을 잘 설명하는 것, 악의적 공격(역자 주 : 악의적인 데이터를 지속적으로 입력시키는 등과 같이 학습을 왜곡시키거나 모델의 정확도를 떨어뜨릴 수 있는 행위들을 의미)에 대처하는 법, 큰 데이터 집합보다는 작은 데이터 집합에서도 잘 학습하는 법, 한 영역에서 개발된 모델이 다른 영역에서도 좋은 성능을 낼 수 있게 하는 방법들 그리고 레이블이 없어도 잘 학습시킬 수 있어야 한다는 점들이 있죠. 역전파 알고리즘으로 풀지 못하는 문제는 이렇게도 많이 있습니다. 인과관계를 판단할 수 있는 모델을 만드는 것 역시 그중 하나죠. 고부가가치를 지

앤드류 응

닌 대규모 프로젝트들을 보면 인과관계 모델을 꼭 개발해야 할 필요는 없지만, 개선되었으면 좋겠다고 생각하는 것들 중 하나에요. 제가 언급했던 문제들은 다 개선되었으면 좋겠네요.

마틴 포드 : 악의적 공격에 대해 언급하셨는데요. 잘 만들어진 악의적인 데이터들을 이용하면 딥러닝은 왜곡된 결과를 내거나 정확도가 떨어질 수 있다는 연구들을 봤습니다. 딥러닝이 보편화되면 이와 같은 문제가 심각해질까요?

앤드류 응 : 이미 꽤 문제가 있다고 생각합니다. 바이두 팀에 있을 때 저희의 인공지능 시스템을 공격하고 인공지능 도구들을 사용해 사기치는 사기꾼들과 계속해서 맞서 싸워야 했어요.

미래의 일이 아닙니다. 지금은 사기꾼들에 대항하는 팀을 이끌고 있지는 않지만 제가 그런 사람들을 대했었을 때 제로섬 게임(역자 주 : 여러 사람들의 손실과 이득의 총합이 항상 0이 되는 상황 혹은 게임으로 무한 경쟁 상황에서 패자는 모든 것을 잃고 절대강자만 이득을 독식하는 현상을 설명하기도 한다)을 하고 있나 생각할 정도로 진이 빠졌었죠. 사기꾼들은 매우 교묘하고 똑똑하며 우리보다 몇 단계는 더 앞서 생각할 줄 알아요. 인공지능 기술이 발전함에 따라 악의적 공격과 그 공격을 방어하는 면 모두 발전해야 합니다. 몇 년 전부터 인공지능 커뮤니티에서 상품이나 서비스를 내본 팀들이라면 다 겪어본 일들이에요.

마틴 포드 : 개인 정보 보호에 관련된 문제는 어떻게 생각하시나요? 특히 중국에서 얼굴 인식 기술이 보편화되고 있는데요. 오웰리언(역자 주 : 영국 작가 조지 오웰(George Orwell)의 소설 1984년에서 유래한 말로 정부가 개인의 삶을 총체적으로 통제하는 전체주의 사회를 '오웰리언(Orwellian)'이라고 부른다) 감시국가 같은 것을 만들기 위해 인공지능 기술이 쓰일 위험도 있겠죠?

앤드류 응 : 제가 이 분야의 전문가가 아니라 다른 사람들의 의견을 빌려 답하자면, 어떤 기술이 발전하면 그 기술을 사용하여 권력을 더 집중화하려는 경향이 있다고 합니다. 인터넷도 정치권력을 위해 이용되는 것처럼 인공지능 역시 그럴 수 있다는 것이죠. 그렇게 되면 더 작은 집단에 권력이 몰리게 됩니다. 권력의 쏠림은 기업 차원이나 정부 차원에서 충분히 일어날 수 있습니다.

그 어느 때보다도 소규모 그룹이 강력한 힘을 가질 수 있습니다. 예를 들어, 인공지능이 가져오는 문제 중 하나로, 작은 소규모 집단이 국민들의 투표 방식에 영향을 미친다거나, 민주주의에 끼치는 영향력은 어마어마하죠. 그래서 우리는 민주주의가 공평성, 공정성, 국민의 이익을 대표할 수 있는지 항상 주의를 기울여야 해요. 최근 미국 선거에서 인공지능보다 인터넷, SNS 등을 더 많이 활용했는데 예전에 텔레비전과 같은 매체가 엄청난 영향을 미쳤지만 지금은 그렇게 큰 부분이 아니라는 것을 고려해볼 때 인공지능 역시 충분히 민주주의 방식에 영향을 줄 수 있는 기술 중 하나가 될 거예요. 기술이 진보함에 따라 정부와 민주주의 본질과 느낌, 성격이 그에 맞게 변화해야 하고 더더욱 우리 사회를 보호하기 위해 경각심을 가져야 합니다.

마틴 포드 : 이제 주제를 좀 바꿔서 자율주행차에 대해서 얘기해보도록 하겠습니다. 어떤 곳에서 다른 곳으로 가려고 할 때 택시를 부르겠죠. 그런데 그 택시가 사람이 없는 자율주행자동차라면 어떨까요? 또 자율주행차 서비스가 상용화되고 널리 이용될 때까지 얼마나 걸릴까요?

앤드류 응 : 특정한 지오펜싱(역자 주 : geofencing이란 '지리적(Geographic)'과 '울타리(Fencing)'의 합성어로 위치정보 솔루션에 바탕을 두고 반경을 설정하는 기술) 지역에서는 올해(2018년)에도 그런 서비스를 이용할 수 있을 거라 합니다. 그래도 일반적으로 다양한 환경에서 이용할 수 있는 자율주행차를 보려면 수십 년은 기다려야 할 것 같아요.

앤드류 응

마틴 포드 : 지오펜싱이란 기본적으로 가상의 트롤리(역자 주 : 주로 도로상에 부설된 레일을 따라 움직이는 전동차) 트랙에서 운행하는 자율주행차를 말하나요? 아니면 집중적으로 학습된 노선에서만 운행하는 자율주행차를 말하나요?

앤드류 응 : 얼마 전 저는 자율주행차가 어떻게 운행될 수 있는지에 대해서 기차 지형(Train Terrain) 전략(역자 주 : 몇 개의 제한된 지형에서 자동화 기능을 만들고 확장하는 것)을 얘기했고 그걸 와이어드(Wired) 기사로 썼는데요(저자 주 : https://www.wired.com/2016/03/self-driving-cars-wont-work-change-roads-attitudes/). 자율주행차가 상용화되기 전 관련 인프라와 사회 및 법적 변화가 필요할 겁니다.

20년이 넘도록 자율주행차 산업이 계속 발전하는 걸 지켜보았습니다. 90년대 후반 카네기 멜론의 학부생 때부터 자율주행차 관련 수업을 들었는데 비디오 이미지 입력을 기반으로 자동차를 조종하는 자율주행차 프로젝트를 진행하고 있었어요. 하지만 그걸로는 부족했죠. 그다음 스탠퍼드에서 DARPA Urban Challenge(역자 주 : 2007년에 열린 다르파 그랜드 챌린지의 3번째 대회로 미국방고등기획국이 후원하는 무인 자동차 경주대회)의 부수적인 일들을 했었습니다.

같은 장소에서 많은 자율주행차를 본 것은 빅터 빌(VIctorville, 캘리포니아 주 샌버너디노 군에 위치한 도시)이 처음이었어요. 운전자 없이 모든 자동차가 돌아다니는 것을 지켜보고는 처음 5분 동안 스탠퍼드 팀 전체가 황홀감에 빠졌었죠. 하지만 그새 우리는 그런 모습에 적응했고 자율주행차가 다니는 바로 옆을 지나가면서도 신경도 쓰지 않게 되었습니다. 주목할만한 점은 인류가 신기술에 얼마나 빠르게 적응하는지에 관한 것인데요. 자율주행차가 그냥 자동차라고 불리는 날이 머지않아 올 것 같아요.

마틴 포드 : 자율주행차 회사인 드라이브닷 AI(Drive.ai)의 이사로 계시잖아요. 일반적으로 상용화되는 시기를 좀 더 정확하게 예측할 수 있나요?

앤드류 응 : 그 회사는 텍사스에서 시범 운행 중에 있어요. 지금 몇 시죠? 방금 누군가는 평소대로 자율주행차를 타고 점심을 먹으러 나갔겠군요. 그만큼 상용화 시기까지 얼마 안 남은 것 같습니다.

마틴 포드 : 자율주행차는 어느 정도로 발전하고 있나요?

앤드류 응 : 과장된 표현은 좋아하지 않는 편이라, 자율주행차를 도입하기 위해 비현실적인 일정을 가지고 있는 기업이 조금 있는 것 같습니다. 자율주행차는 교통수단을 바꾸고, 삶을 더 윤택하게 하겠죠. 그러나 비현실적인 일정으로 계획을 짜서 진행하는 것보다 모두가 현실적인 로드맵을 가지는 것이 낫다고 생각합니다. 몇몇 CEO가 자율주행차 기술을 시장에 내놓기 위해 현실적인 프로그램들을 찾고 있는 것 같은데, 이 부분은 아주 좋은 일이라고 생각해요.

마틴 포드 : 자율주행차나 인공지능에 관한 정부 규제 대해서는 어떻게 생각하나요?

앤드류 응 : 자동차 산업은 항상 엄격하게 정부 규제를 받아왔고, 인공지능 및 자율주행차를 봤을 때는 이 산업과 관련된 운송 규제를 재고할 필요가 있다고 생각합니다. 이와 관련해 정부가 효율적인 규제를 마련한다면 인공지능이 주도하는 의료 시스템, 자율주행차 또는 인공지능이 중심이 되는 교육 시스템 등에 의해 다양한 혜택들을 빨리 누릴 수 있게 될 겁니다. 그렇지 못한 정부나 국가는 다른 나라들에 비해 뒤쳐지게 되겠죠.

인공지능 산업에 관한 규제에 대해 빨리 논의가 이루어져야 해요. 인공지능과 관련된 긍정적인 결과에 대해 나눌 수 있는 좋은 토론거리들이 많거든요. 인공지능을 통해 무엇을 얻고 싶은지, 어떤 일이 일어나면 안되는지 너무나도 잘 알고 있습니다. 인공지능을 광범위하게 규제하는 건 좋지 않아요. 어떤 규제의 수직적인

앤드류 응

부문에서 인공지능이 가져올 영향을 생각해본다면 수직 구조를 개선하고 올바른 방법으로 문제를 해결하고 그런 방법들이 더 빨리 채택될 수 있을 거예요.

정부라는 큰 주제를 놓고 봤을 때 자율주행차는 되게 작은 영역 중 하나입니다. 기술적 진보가 있을 때마다 규제기관은 그에 걸맞게 행동해야겠죠. 인터넷 시대와 인공지능의 시대에서 민주주의를 지키면서요. 동시에 자국이 인공지능 산업을 더 부흥할 수 있게 도와야 합니다.

정부의 주요 역할 중 하나는 국민들의 복지, 행복을 책임지는 것입니다. 정부가 현명하게 판단하고 국민들을 보살핀다면 자국의 인공지능 산업의 부흥과 그로 인해 얻는 상당한 혜택을 누릴 수 있습니다. 일부 정부는 다른 정부들보다 인터넷을 훨씬 더 잘 활용합니다. 이때 말하는 인터넷은 웹사이트 서비스뿐만 아니라 내부적인 시스템에 관한 것도 포함하는데, 여러분의 국가, 정부에서는 어떻게 IT 서비스를 구성하고 관리하고 있나요?

싱가포르는 모든 환자가 고유한 환자 ID를 보유한 통합 의료 시스템이 마련되어 있어 의료 기록을 통합해 관리하고 있습니다. 많은 국가들의 부러움을 사고 있죠. 싱가포르 국민 수가 작아서 더 쉽게 시스템을 구성할 수 있었겠지만 인터넷을 더 잘 활용할 수 있도록 싱가포르 정부가 빨리 움직여 주었기 때문에 헬스시스템을 변화시킬 수 있었어요. 그리고 싱가포르 국민의 건강과 의료체계에 막대한 영향력을 끼쳤죠.

마틴 포드 : 정부와 인공지능간의 관계가 규제를 넘어서는 무언가가 있어야 한다고 생각하는군요.

앤드류 응 : 인공지능 산업의 부흥에는 정부의 역할이 상당히 큽니다. 예를 들어, 인공지능을 사용하여 정부 인력을 배치해야 할까요? 자원 문제에 인공지능을 활

용하면 더 좋을까요? 인공지능은 더 좋은 경제정책을 수립할 수 있을까요? 혹은 탈세와 같은 세금 문제를 근절하는 데 도움을 줄 수 있을까요? 정부가 인공지능을 활용해 할 수 있는 일들이 무궁무진합니다. 그래서 정부는 규제를 넘어서 인공지능을 잘 활용할 수 있게 해야 합니다.

마찬가지로, 공공 부문과 민간 부문의 협력을 통해 국내 산업의 성장을 이끌 수 있어요. 자율주행차에 대한 규제를 잘 수립하여 자율주행차의 발전이 더 가속화되는 것처럼요. 저는 캘리포니아 주에서 일하고 있는데 캘리포니아에서는 자율주행차의 서비스가 금지되어있습니다. 그래서 캘리포니아에는 자율주행차와 관련된 회사를 찾아볼 수 없죠.

좋은 규제로 자율주행차, 드론, 의료 시스템, 지불 시스템 등과 인공지능과 관련된 분야가 상당히 빨리 발전할 수 있을 거예요. 공공 부문과 민간 부문의 협력을 넘어 인공지능 기술 채택을 가속화하기 위해서는 정부가 하루라도 빨리 교육 및 일자리 문제에 대한 해결책을 제시해야 한다고 생각합니다.

마틴 포드 : 일자리 문제 얘기가 나와서 말인데, 저는 인공지능이 일자리와 경제에 미치는 영향에 관련된 글들을 많이 써왔어요. 인공지능 때문에 일자리가 급격히 사라지고, 사회가 혼란에 빠질 수도 있다고 생각하나요?

앤드류 응 : 네, 인공지능의 가장 큰 윤리적인 문제가 이 부분이라고 생각합니다. 이 기술은 어떤 사회 일각에서 부를 창출하는 데 매우 뛰어나지만, 솔직히 미국의 다른 큰 부분들, 세계의 다른 큰 부분들을 놓치고 있습니다. 부유한 사회가 아니라 공정한 사회를 만들고자 한다면 해야 할 일들이 엄청 많습니다. 그래서 제가 온라인 교육에 계속 몰두하고 있습니다.

능력이 좋은 사람에게 그 능력을 보상하는 제도는 상당히 잘 갖춰져 있는 것 같아요. 인공지능 기술이 현재 직업을 대체해도 다시 잘만 교육한다면 새로운 부의 창출을 보장하고, 보다 공평한 방법으로 부가 분배될 수 있겠죠. "인공지능은 사악하다, 사람을 죽이는 로봇이다"하는 것과 같이 인공지능에 대한 잘못된 추측들이 난무해 다양한 부분의 지도자들이 인공지능에 대해 생각하고 그 기술에 관해 논의할 기회를 갖지 못하고 있습니다.

마틴 포드 : 그 문제에 대한 해결책의 일부로 조건 없이 지급하는 기본 소득(29쪽 용어집 참조)에 대해서 어떻게 생각하나요?

앤드류 응 : 그 제도를 지지하지 않습니다. 일부 조건이 있는 기본 소득이 더 좋은 해결책이라고 생각하거든요. 노동의 존엄성과 관련된 많은 것들이 있고, 실업자 개개인이 공부하는데 보태줄 수 있는 조건부 기본 소득을 선호합니다. 이런 형태의 지원금은 실업자가 다시 재취업하는데 필요한 기술을 배울 수 있고, 구직에 성공한다면 조건부 기본 소득을 담당하고 있는 세금에 다시 기여할 확률이 높아지니까요.

지금과 같은 시대에서 충분한 임금을 받을 수 있는 많은 일자리가 있다고 생각하지만, 자신이나 가족까지 보살필 정도로 충분하지 않을 수 있어요. 아무 조건 없이 기본 소득을 주게 되면 여전히 상당수는 저임금, 저숙련 노동의 늪에서 빠져나올 수 없게 되겠죠.

반면, 조건부 기본 소득을 받으면 사람들은 계속 공부하고 배우면서 고부가가치 및 더 보수가 높은 직업을 가질 수 있게 됩니다. 그러면 자신뿐만 아니라 가족들도 잘 보살필 만큼 여유롭게 되겠죠. 경제학자들이 조사한 연구결과에 따르면 20년 안에 현존하는 일자리의 50%가 자동화가 될 거라고 하네요. 매우 무섭게 들리겠지만 다른 50%는 여전히 자동화할 수 없는 영역이라는 점도 간과하면 안 됩니다.

실제로, 이런 작업을 수행할 수 있는 사람들을 충분히 찾을 수 없기도 해요. 충분하지 않은 의료종사자들, 미국에서 교사들은 현재 부족하고, 놀랍게도 풍력 터빈 기술자도 부족하지요.

문제는 일자리를 잃은 사람들이 어떻게 가치 있는 직업들을 가질 수 있냐는 것인데요. 모든 사람들이 그 프로그램들을 배울 필요는 없어요. 많은 사람들이 그런 프로그램을 만들 수 있는 법을 배워야 한다고 생각하지만 동시에 의료, 교육, 풍력 터빈 기술자 등 각 직군에 종사하고 있는 사람들이 더 숙련될 필요가 있습니다.

지금은 한 직업만으로 먹고 살 수 있는 시대가 아니라고 생각합니다. 급격한 기술 변화 속도로 대학에 들어갈 때 희망하고 있던 직업이나 종사하고 싶었던 분야만으로는 더 이상 성공할 수 없으며, 다른 직업도 고려해야 한다고 깨닫게 됩니다.

지금도 밀레니엄 세대들이 종종 여러 회사로 이직하는 경우를 많이 목격할 수 있어요. 머지않아, 어떤 회사에서는 물리학자에서 다른 회사에서는 생물학자가 되었다가도 또 다른 회사에서는 보안 연구원이 되는 것과 같은 사례들을 많이 마주하게 될 겁니다. 하루아침에 이렇게 되는 것은 아니겠지만 딥러닝의 세계에서는 이미 컴퓨터공학을 전공하지 않은 가령 순수 수학, 천문학, 물리학 등 다른 분야의 사람들과 함께 일하고 있답니다.

마틴 포드 : 인공지능이나 딥러닝과 관련된 직종에 종사하고 싶은 사람들에게 해줄 수 있는 조언이 있을까요? 컴퓨터 공학이나 뇌 과학에 초점을 두어야 하나요, 아니면 인간의 인지와 관련된 연구도 중요할까요?

앤드류 응 : 컴퓨터 공학, 머신러닝(20쪽 용어집 참조), 딥러닝(21쪽 용어집 참조)부터 공부하라고 말하고 싶네요. 뇌과학이나 물리학을 공부해도 유용하겠지만 컴퓨터공학, 머신러닝, 딥러닝을 공부하는 것이 가장 효율적으로 공부할 수 있는 방법입니

앤드류 응

다. 주위에 조금만 눈을 돌려 찾아봐도, 이 분야에 관해 배울 수 있는 자료들이 넘쳐나요. 유튜브, 여러 가지 강의, 관련 서적 등 자신에게 맞는 것부터 차근차근 배워나가면 됩니다. 절대 단기간에 배울 수 없어요. 한 걸음 한 걸음씩 천천히 단계를 밟아가며 공부하겠다는 자세가 중요합니다.

주변 사람들이 어떻게 인공지능을 배울 수 있는지 물어보면 흔히 두 가지 답변을 해줍니다. 먼저, 사람들은 새로운 분야를 익히기 위해 부단히 노력해야 한다는 사실을 인정하고 싶지 않지만, 실제로 그렇고, 노력을 많이 해야해요. 그것을 감수할 수 있는 사람들이 제일 빨리 배웁니다. 모든 사람들이 매주 일정한 시간을 내서 공부할 수 있는 건 아니지만, 더 많은 시간을 투자하는 사람이 더 빨리 배울 수 있습니다.

두 번째 충고는 여러분이 의사고, 인공지능을 적용하고 싶어한다고 해봅시다. 의사는 매우 소수의 사람들만 할 수 있는 가치 있는 일들을 하는 유일한 사람일 겁니다. 물리학자라고 가정해보면, 물리학에 인공지능을 적용할 수 있는지 생각해보세요. 출판사라면 출판 관련된 일에서 인공지능을 활용할 수 있는 부분이 있는지 생각해봐요. 만약 그런 일들을 발견한다면 자신만의 무기를 만들 수 있을 거예요.

마틴 포드 : 일자리 문제 외에 또 고민해야 할 것들이 있다면 어떤 것들이 있을까요?

앤드류 응 : 전기에 빗대어 표현해 보자면 전기는 믿을 수 없을 정도로 강력하며 엄청난 이익을 위해 사용되었지만 사람들을 해치는 데에도 사용될 수 있습니다. 인공지능도 마찬가지입니다. 결국 정부와 기업은 인공지능을 윤리적으로 사용하도록 장려하고 개인들도 이와 같은 노력을 기울어야겠죠.

인공지능이 만들 수 있는 편향도 주요 문제 중 하나라고 생각해요. 인공지능으로 헬스, 젠더, 인종적 고정관념 등을 쉽게 파악할 수 있습니다. 인공지능 팀은 이런 편향들을 인지하고 있고 이로부터 편향을 줄이는데 힘쓰고 있습니다.

마틴 포드 : 고정관념을 부수기는 어렵죠. 소프트웨어로 이런 문제를 해결하는 것이 더 쉬울 것 같네요.

앤드류 응 : 성별과 관련된 데이터를 0으로 만들어버리면 그만이니 사람들이 가지는 고정관념에서 벗어나기 상당히 쉽죠. 사람은 그렇게 할 수 없지만요. 곧, 사람들보다 인공지능이 훨씬 편견 없이 세상을 바라볼 수 있다고 느낄 겁니다. 이 부분이 해결됐다고 안주하지 않고 다른 편향들을 줄이기 위해 계속 노력해야 합니다.

마틴 포드 : 인간을 뛰어넘는 초지능이 어느 날 갑자기 인간의 통제를 벗어나 인류를 위협할 수 있다는 우려의 시각도 있는데요.

앤드류 응 : 일반인공지능의 킬러 로봇이 사람을 해치지 않을까 하는 걱정은 마치 화성에 인구과잉 문제가 일어나면 어떡하지라고 고민하는 것과 같습니다. 한 세기가 더 걸리겠지만 화성 역시 우리가 살 수 있는 행성이 되겠죠. 그때가 되면 화성에서 인구과잉 문제나 환경오염 문제 등으로 죽음을 맞이하는 아이들도 생겨날 겁니다. 그런 아이들의 죽음을 신경 쓰지 않는다는 것이 아니에요. 그런 문제에 대한 해결책을 찾고 싶지만 현재 아무런 문제가 없기 때문에 생산적으로 해결할 수 있는 방법을 찾는 것은 쉽지 않습니다.

마틴 포드 : "빠른 이륙" 시나리오라고 불리는 일반인공지능 시스템이 자발적으로 자신을 개선해 나가면서 초지능이 탄생할 거라고 생각하지는 않죠?

앤드류 응 : 초지능이 인류를 파괴할 거라는 식의 우려들은 매우 단순한 추론에 불과합니다. 과장해 표현하는 것은 매우 쉬운 일이죠. 갑자기 초지능이 튀어나오지

앤드류 응

는 않을 겁니다. 화성이 하룻밤 사이에 인구 과잉 문제를 앓게 되리라고 생각할수 없는 것처럼요.

마틴 포드 : 이제는 중국과 관련된 이야기를 해보고자 하는데요. 중국은 인구도 많고 개인 정보 보호에 대한 걱정도 없어서 인공지능 연구에 많이 유리할 것 같은데이에 대해서는 어떻게 생각하나요?

앤드류 응 : 이번에도 인공지능을 전기와 비교하면서 생각해볼게요. 각 국가에서어떻게 전기를 발전시켜 왔나요? 미국과 같은 일부 국가는 개발도상국보다 훨씬견고한 전력망을 보유하고 있어 상대적으로 유리한 위치에 있었죠. 하지만 언론이 표현하는 것처럼 국가적 경쟁은 적을 것 같습니다. 인공지능은 정말 대단해서모든 국가가 함께 어떻게 사용할지 파악해야 할 겁니다.

마틴 포드 : 자동화된 무기를 만드는데 사용될 수도 있고 인공지능을 군사적 용도로 활용하는 사례도 있잖아요. 미국은 자동화된 무기를 개발하는데 금지해야 한다는 논쟁도 있는데, 이런 문제들도 역시 발생할 수 있겠죠?

앤드류 응 : 내연 기관, 전기 및 집적회로 모두 군에 유용한 기술을 개발하는데 사용되었죠. 인공지능도 마찬가지로 그렇게 활용될 수 있을 겁니다.

마틴 포드 : 앤드류 응 씨는 인공지능에 대한 낙관론자이시군요. 인공지능이 초래하는 위험보다 이익이 더 크다고 믿어서겠죠?

앤드류 응 : 맞아요. 지난 몇 년간 인공지능 산업의 최전선에 있으면서 관련된 제품을 출시도 해봤고 음성 인식, 웹 검색 엔진의 개선, 최적화된 물류 네트워크가 가져다주는 가치는 상당했습니다.

이것이 제가 세상을 바라보면서 자연스럽게 느낀 것들이에요. 세상은 너무나도 복잡하고 원하는 대로 흘러가지 않더라고요. 솔직히 정치가, 사업가들의 많은 얘기들을 들을 수 있을 때가 그립기도 해요.

기업과 지도자들이 윤리적으로 행동하고 그들이 말하는 가치가 그들이 말했던 진정한 가치였을 때가 그립죠. 아직 세상은 저희 자식들이 잘 자랄 수 있을 만큼 아름답지는 않습니다. 민주주의가 더 잘 실현되고, 세상이 더 공정해졌으면 좋겠습니다. 사람들이 윤리적으로 행동하고 자신의 행동에 대한 결과와 책임도 생각하는 사회가 되었으면 하네요. 모든 사람들이 교육을 받을 수 있는 세상이 되길 바랍니다.

자신의 일도 열심히 하고, 계속 공부하며 자신의 직업에서 의미 있는 일들을 찾았으면 좋겠습니다. 제가 바라는 이런 세상은 아직 오지 않았지만요. 기술적인 변동으로 혼란이 있을 때마다 그 속에는 변화의 기회가 숨어있습니다. 전 세계 사람들뿐만 아니라 우리 팀원들도 우리가 원하는 방식으로 세상을 더 살기 좋은 곳으로 만들어갔으면 좋겠습니다. 몽상가의 얘기처럼 들리겠지만 그게 실제로 제가 정말 하고 싶은 것입니다.

마틴 포드 : 훌륭한 비전이네요. 낙관적인 미래를 향해 나아가기 위한 사회의 결정이 중요하겠네요. 우리가 올바른 길을 갈 수 있을 거라고 자신하나요?

앤드류 응 : 항상 옳은 길로 가지는 않겠지만 세상에는 정직하고 윤리적이며 멋진 사람들이 많고 그 사람들과 함께 그 길을 향해 나갈 수 있을 것이라 생각합니다.

앤드류 응은 인공지능과 머신러닝 분야에서 손꼽히는 사람 중 하나이다. 구글 브레인의 딥러닝 프로젝트와 온라인 교육 기관인 코세라를 공동 설립했다. 2014년에서 2017년 사이 바이두의 부사장겸 수석 과학자였으며 바이두를 인공지능 그룹으로 만들었다. 구글과 바이두를 AI 중심 회사로 변화시키는 데 중요한 역할을 담당한 것으로 알려져 있다.

바이두를 떠난 이후 그는 딥러닝 전문가 교육을 목적으로 하는 교육 플랫폼인 딥러닝닷AI 및 랜딩 AI에서 기업을 인공지능 중심으로 변화시키는 여러 프로젝트를 수행하고 있다. 현재 인공지능을 활용한 정신건강 애플리케이션을 만드는 스타트업인 WoeBot의 회장이며 자율주행차 회사인 Drive.ai의 이사직을 맡고 있다. 새로운 인공지능 스타트업을 성장시키는 벤처캐피털 회사, AI 펀드의 창립자겸 무한책임사원이다.

현재 스탠퍼드 대학의 부교수겸 인공지능 연구실 책임자이다. 카네기 멜론 대학에서 컴퓨터 과학 학사 학위를, MIT에서 석사 학위를 받았으며 UC 버클리 대학에서 박사학위를 받았다.

❝ 딥마인드는 확실히 그 분야의 선두주자인 것 같습니다. 하지만 일반인공지능과 관련한 프로젝트를 진행하는 곳도 많습니다. 구글이 자체적으로 만든 세계적 수준의 구글 브레인도 있고, 페이스북, 바이두, 마이크로소프트와 같은 대기업들도 이런 인공지능에 관련한 많은 연구들을 진행하고 있습니다.

학계에서도 아주 훌륭한 곳들이 많은데, 캐나다의 몬트리올과 토론토 대학이 있고, 버클리, 옥스퍼드, 스탠퍼드, 카네기 멜론 등 많은 대학들이 인공지능 분야에서 많은 연구자들을 보유하고 있습니다. 서양뿐만 아니라 중국과 같은 국가들도 인공지능 산업을 부흥시키기위해 많은 돈을 투자하고 있죠. **❞**

닉 보스트롬(NICK BOSTROM)

옥스퍼드대 교수, 인류미래연구소 이사

인공지능과 머신러닝이 인류에게 미치는 잠재적 영향과 초지능과 관련된 분야의 전문가인 닉 보스트롬은 옥스퍼드 대학 인류미래연구소(Future of Humanity Institute)의 창립이사입니다. 이 연구소에서 인공지능이 인류에 가져올 큰 영향력에 대해 여러 분야에 걸쳐 연구하고 있습니다. 닉 보스트롬은 2014년 뉴욕 타임즈의 베스트셀러인 "초지능: 길, 위험, 전략"(Superintelligence: Paths, Dangers, Strategies)의 저자이며 200개가 넘는 출판물을 집필한 전문 작가입니다.

마틴 포드 : 초지능(21쪽 용어집 참조), 일반인공지능(21쪽 용어집 참조)이 실현되었을 때 발생할 수 있는 문제점들에 관해 글을 많이 쓰셨잖아요. 일반인공지능 시스템이 도래되었을 때 인공지능은 스스로 학습을 반복하면서 인간보다 훨씬 뛰어난 지능을 만들 수 있다고요.

닉 보스트롬 : 네, 발생할 수 있는 시나리오 중 하나입니다. 다른 시나리오로 흘러갈 수도 있어요. 그 시나리오들에서도 역시 걱정해야 할 문제는 있죠.

마틴 포드 : 특히, 인공지능이 추구하는 가치가 인류에게 해로운 결과를 초래할 수 있다는 문제를 포함하는 가치 일치의 문제나 통제에 대한 문제에 관심을 가졌었죠? 일치, 통제의 문제가 정확히 무엇인지 쉽고 자세히 설명해 줄 수 있나요?

닉 보스트롬 : 다른 기술 분야와는 달리 인공지능에 보이는 한 가지 독특한 문제는 인간이 기술을 잘못 사용할 수 있는 문제와 더불어 인공지능 스스로가 기술을 잘못 사용할 수 있다는 점이에요. 다르게 말해서, 인공지능 에이전트(23쪽 용어집 참조)나 프로세스를 만들면 그 자신의 목적을 달성하기 위해 스스로 실행할 수 있는 인공지능을 초지능이라고 하는데요. 여기서 문제는 최적화하려는 목표 자체가 인간이 바라는 가치에 배반되는 것일 수 있습니다. 그 상황에서 초지능 시스템이 인간을 압도해 버리고 바라지 않는 결과들을 가져오게 되겠죠.

문제는 초지능을 가진 인공지능이 우리를 노예로 만들거나, 갑자기 인류에 반기를 드는 것이 아니라 우리가 원하는 것과는 다른 목표를 향해 나아갈 수 있다는 것에 있습니다. 인간이 아닌 인공지능이 정한 기준에 따라 세상이 흘러갈 수 있다는 것이죠. 이런 부분에 있어 일치와 통제의 문제는 각각, 우리가 어떻게 하면 인공지능 시스템을 인간 의지의 연장선 상에 놓을 수 있는지, 예측하지 못한 원치 않은 결과를 가져왔을 때 어떤 행동을 취해야 하는가에 관한 것입니다.

마틴 포드 : 인공지능이 종이 클립을 만드는 것과 관련된 유명한 예시를 말씀해 주셨잖아요. 시스템에 어떤 목적이 주어지면 그 목적을 달성하기 위해 인간이 생각할 수 없는 말도 안 되는 방식으로 그 목적을 달성하고자 할 수 있고, 결국 인간에게 해가 될 수 있다는 이야기였던 것 같아요. 종이 클립을 만드는 데 최적화하기 위해 모든 우주를 종이클립으로 바꾸려고 한다는 것이죠. 이게 일치에 관한 문제를 잘 대변해주는 사례인가요?

닉 보스트롬 : 그 종이 클립 예시는 인공지능이 처음에는 시키는 일을 잘 하는 것처럼 보이지만 결국 인간의 통제를 벗어나게 되는 문제를 말해줍니다. 종이 클립 공장을 운영하는 인공지능에 대한 한 가지의 우화인데, 인공지능이 처음에는 바보같지만, 날이 갈수록 똑똑해지면서 공장을 잘 운영하게 됩니다. 그러다 인간을 초월한 지능을 갖게 되는 날에, 상상할 수도 없는 엄청난 규모의 종이 클립을 만들 수 있는 방법을 고안하게 되는데, 지구 전체를 종이클립으로 만들거나 우주를 종이클립으로 만들기 위한 탐사선으로 만들고자 하는 것이었고, 결국 인간의 통제에 벗어나 우리가 바라지 않는 세상이 오게 된다는 이야기입니다.

여기서 요점은 종이 클립을 만들기 위한 목적이 다른 목적으로 치환될 수 있다는 것이고, 그 목표에 대해 정말 주의를 기울이지 않는다면 그 목표의 가치를 최대화하기 위한 다른 방법들이 수 많은 부작용을 불러올 수 있다는 것입니다.

마틴 포드 : 인공지능이 우리가 원하지 않는 방식으로 목표를 이루려고 한다는 얘기처럼 들립니다. 그런데, 인공지능이 쉽게 자신의 목적을 바꾼다는 얘기는 못 들어봤어요. 왜 그런 것들이 문제가 되지 않는지도 잘 모르겠네요. 왜 초지능은 다른 목표를 잡지 않을까요? 인간은 쉽게 바꾸는데 말이죠.

닉 보스트롬 : 초지능이 그 목표 자체를 바꿀 능력이 있다고 해도 그러기 위해서는 정해놓은 기준들을 고려해야 합니다. 그 당시에 지닌 목표를 바탕으로 새로운 선

택을 하겠죠. 대부분의 상황에서 인공지능이 이렇게 판단을 할 거예요. 자신이 추구하는 목표와는 다른 목표를 가진 에이전트가 있다고 생각할 수 있고, 그 목표로 바꾼다는 것은 이미 뒤처진 상태로 시작한다는 것이겠죠. 그래서 목표를 바꾸는 전략은 합리적이지 않을 수 있습니다. 현재 추구하고 있는 목표의 가치로 인해 다른 목표들은 상대적으로 저평가되고, 그 기준에 따라 목표를 바꾸지 않게 될 가능성이 크죠. 이런 정교한 추론 시스템을 만들면 이런 현상을 이해할 수 있고 내부적 목표의 안정성을 확보할 겁니다.

반면, 인간은 다양한 목표들을 가지고 있습니다. 어떠한 목표보다도 중요하고, 절대적인 목표는 없어요. 다양한 환경에 따라 서로 다른 생각들을 가질 수 있습니다. 어떤 호르몬 수치가 오르면 갑자기 좋아했던 것도 싫어질 수 있는 것처럼요. 한 목표만을 향해 달려가는 에이전트와 같이 견고하고 절대적인 가치 판단 시스템이 있는 건 아니니까요. 그래서 사람들은 종종 자신들의 목표를 바꾸곤 하죠. 또, 목표란 근본적인 기준이 아니라 상황에 따라 바뀔 수 있고, 새로운 계획을 세울 수 있게 해주는 것이기도 합니다.

마틴 포드 : 인공지능의 많은 부분이 신경 과학, 뇌 과학의 영향을 받았잖아요. 그래서 인간 두뇌의 많은 부분들을 기계의 지능에 반영할 수 있는 아이디어들이 많습니다. 인간의 모든 지능을 가지고 있는 초지능을 생각해 봅시다. 인공지능은 모든 인간의 역사와 훌륭한 위인들을 통해 어떻게 인간이 서로 다른 목적과 목표를 가질 수 있는지 알겠죠. 또 병리학의 대상이 될 수 있을 것 같아요. 뇌의 작용을 변화시킬 수 있는 약도 있습니다. 그러면 인간이 기계와 다른 특별한 점이 없다는 것을 알게 되지 않을까요?

닉 보스트롬 : 우리의 가치를 지키면서 목표의 안정성을 확보하기 위한 기술을 발전시켜야하고 그런 기술을 개선해줄 시스템이 우선적으로 필요하다고 생각합니다. 그런데 그럴 능력이 없는 상태에서 인공지능이 인간 수준에 이른다면 많은 문

제가 발생하겠죠. 더 훌륭한 사상가로 만들고자 하는 희망에서 변화가 시작될 수 있지만 목적이 바뀌는 부작용이 나타날 겁니다.

마틴 포드 : 한 가지 더 우려되는 점은 인공지능이 우리가 바라는 방식대로 움직이지 않을 때인데요. "인간"은 인류의 집합 구성원으로서 보편적인 가치와 욕망을 가지고 있는데, 인공지능이 이를 배반한다면 어떡하나요? 세상을 바라보면 꼭 보편적인 인류의 집합이 있는 것은 아닌 것 같아요. 다양한 문화와 다양한 가치를 가지고 있는 집단들이 있으니까요. 그래서 제가 봤을 땐 어떤 집단, 어떤 문화에서 인공지능이 개발되는지가 정말 중요하다고 생각합니다. 모든 인류가 하나의 집단으로 묶일 수 있다고 보는 것은 너무 순진한 생각 아닐까요? 저에게는 세상이 그것보다 훨씬 복잡해 보이거든요.

닉 보스트롬 : 이런 부분을 생각할 때는 큰 문제를 몇 가지 작은 문제로 나눠 생각해보는 게 도움이 되는데요. 현재 얘기하고 있는 사례는 어떻게 인공지능을 인간이 지닌 가치와 같은 선상에 두고 개발자의 바람대로 움직일 수 있게 할 수 있을까라는 기술적인 문제로 귀결됩니다. 그것에 대한 마땅한 해결책이 없다면 그것보다 더 큰 정치적인 문제에 대한 해결책을 논하는 건 의미가 없습니다.

누구의 가치를 우선으로 할 건지, 어느 정도로 다른 가치들이 실현될 수 있는지를 논하기에 앞서 기술적인 문제를 먼저 해결하는 것이 필요합니다. 물론 기술적으로 인공지능을 통제할 수 있다고 해도 우리가 직면하고 있는 전반적인 문제들의 일부만 해결되겠지만요. 그리고나서 모든 인류에 유익한 방식을 찾아야 합니다.

마틴 포드 : 인류미래연구소, 오픈AI, 기계지능연구소(MIRI) 등에서 일치, 통제 문제들을 해결하려고 집중하고 있나요?

닉 보스트롬 : 네 맞아요. 인류미래연구소는 그런 일들에 집중하고 있어요. 또 다른

문제를 해결하기 위해서도 열심히 노력 중입니다. 인공지능 그룹과 관련된 통치 방식(체제)을 가지고 있고, 이런 방식에 대해서 집중적으로 연구하고 있습니다.

마틴 포드 : 그럼 인류미래연구소가 가진 인공지능과 관련된 통치 방식, 체제는 효율적으로 자원을 분배하기에 적절하다고 보나요, 아니면 정부가 개입해야 할 문제인가요?

닉 보스트롬 : 인공지능 보안과 관련돼 더 많은 자원이 투입돼야 한다고 생각합니다. 딥마인드 역시 인공지능 안전과 관련된 그룹을 운영하면서 우리와 함께 일하고 있지만 더 많은 기관에서 이와 관련된 노력을 해야 한다고 생각합니다. 4년 전보다 훨씬 많은 인적, 물적 자원이 생겨났어요. 절대적으로 보면 이 분야는 여전히 작은 부분이지만 급격한 성장 궤도를 밟고 있습니다.

마틴 포드 : 초지능이 좀 더 공론화될 문제라고 생각하나요? 미국의 대통령 후보들이 이와 관련해서 어떤 생각을 가지고 있는지 궁금한가요?

닉 보스트롬 : 아니요. 정부의 개입을 논하기에는 아직 시기 상조입니다. 지금 당장 도움이 될만한 것이 무엇인지 분명하지 않기 때문입니다. 인공지능이 야기하는 문제의 본질을 먼저 명확히 하고, 정부 개입 없이 해결할 수 있는 문제들부터 처리해 봐야죠. 현시점에서는 초지능에 관련하여 특별한 규제가 필요하다고 생각하지 않습니다. 단기적으로 인공지능 적용과 관련된 프로젝트에서는 정부가 해야 할 일들이 많지만요.

도시에서 자유롭게 드론을 날리고 싶다거나, 자율주행차로 도로를 달리거나 할 때 그것들을 규제하는 프레임워크가 필요하겠죠. 교육체계를 만드는 사람, 경제 정책가 등의 사람들은 아무래도 인공지능이 경제와 노동 시장에 어떤 영향을 가져올지 주의 깊게 지켜봐야 합니다. 그래도 아직은 정치가들이 신경 써야 할 범위

밖의 일인 것 같습니다.

마틴 포드 : 일론 머스크는 초지능이 북한보다 더 큰 위험요소라고 말하더라고요. 그만큼 초지능이 가져올 문제가 크다는 것이겠죠?

닉 보스트롬 : 군사력과 관련해 생각해보면 초기에는 큰 군비 경쟁이 일어나고, 이게 더 경쟁적인 상황으로 이어지면서 세계적인 협력의 목소리들이 묵살되고, 실제로 상황을 더 악화시킬 수 있겠네요. 정부가 초지능과 관련해 무엇을 할 수 있는지 명확하게 파악할 때까지 기다리고, 그런 다음 그것을 활성화시키기 위해 노력할 수 있겠죠. 그때까지는 정부가 아닌 민간 부분에서 해야 할 일들이 엄청나게 많습니다. 인공지능 관련 커뮤니티와 기업, 학계 등과 협력해 해결할 수 있겠죠.

마틴 포드 : 인공지능 커뮤니티에서는 어떤 활동을 해 왔나요? 어떻게 인공지능에 관심을 가지게 됐고, 지금 어떻게 그 경력들을 활용해 나가고 있는지요?

닉 보스트롬 : 기억을 더듬어 보자면 대학교 때 인공지능과 컴퓨터 신경 과학을 공부했습니다. 동시에 물리도 공부했었군요. 이렇게 이 분야에 계속 매진했던 이유는 인공지능이라는 기술이 세상을 바꿀 것이라고 생각해서였고 또, 뇌나 컴퓨터가 어떻게 사고하는지 알아내는 게 너무 재밌었기 때문입니다.

1990년 중반에 초지능과 관련한 연구를 발표했으며 2006년 옥스퍼드 대학에서 인류미래연구소를 설립할 기회를 얻었습니다. 제 동료들과 함께 인류미래연구소에서 집착이라 할 정도로 인공지능의 미래에 관해 연구했습니다. 몇 년이 흘러 2014년에는 "초지능: 길, 위험, 전략"(Superintelligence: Paths, Dangers, Strategies)이라는 책을 냈죠. 저희 그룹 중 하나는 어떻게 인간의 가치와 컴퓨터의 가치를 일치시킬 것인지에 관한 문제에 초점을 맞추고 확장 가능한 통제 체계를 가진 알고리즘을 만들고 있어요. 또 다른 그룹은 거버넌스, 정책, 윤리, 사회적 영향력에 초점을 맞춰 연구를 진행하고 있습니다.

마틴 포드 : 그럼 인류미래연구소는 인공지능과 관련된 위험 요소들뿐만 아니라, 실존하는 다양한 위험들을 모두 다루고 있는 거네요?

닉 보스트롬 : 정확해요. 기술의 위상에 맹목적으로 따라가지 않고 가능한 기회들을 모두 살펴보고 있습니다.

마틴 포드 : 현존하는 위험 중 중점적으로 지켜보고 있는 것이 있다면 어떤 것인가요? 또 왜 다른 것보다 인공지능에 집중하고 있는지 여쭤봐도 될까요?

닉 보스트롬 : 인류미래연구소는 아주 큰 문제에 관심을 두고 있습니다. 인간의 상태를 근본적으로 바꿀만한 것들입니다. 내년에 아이폰이 어떻게 생겼을까와 같은 연구는 하지 않습니다. 대신에 인간을 의미하는, 인간을 구성하고 있는 근본적인 요소를 바꿀 만한 것에 대해 연구하고 있죠. 지구가 어떤 지능을 가진 생명체로 구성될 것인지에 관한 물음과 같은 주제 말이에요. 이러한 관점에서 볼 때 이런 실존적인 위험이 있을 수 있습니다. 인류 문명을 파괴할 수도 있고, 우리의 미래를 결정지을 수도 있겠죠.

저는 과학기술이 인류의 역사 그리고 인류가 형성하는 근본적인 구성 요소를 뒤바꿀 수 있는 거의 유일한 도구라고 생각합니다. 그리고 그 기술들 중 몇 가지를 통해 실존하는 위험과 기회를 발견할 수 있겠죠. 인공지능이 그중에서도 으뜸일 거예요. 인류미래연구소는 생물공학에서 나오는 생물 안전, 보안과 관련된 일도 연구하고 있고, 일반적으로 서로 다른 사항들을 고려해 거시적 전략에도 관심이 있습니다.

왜 인공지능이 그중에서 으뜸이냐고요? 우리의 원래 목적을 달성할 수 있는 인공지능을 만들면 그 인공지능은 특정 업무를 자동화할 뿐만 아니라 인간을 더 똑똑하게 해줄 도구들과 범용적인 학습 능력을 가진 기계들을 재생산해내고, 말 그대로 인간이 발명할 수 있는 마지막 발명품이 되겠지요. 성공만 한다면 인공지능 뿐 아니라 모든 기술 산업에서 거대한 변화가 일어날 겁니다. 지금도 많은 영역에서 인공지능이 유용하잖아요.

마틴 포드 : 기후 변화에 관련된 위험 같은 건 없나요?

닉 보스트롬 : 저희가 잘 할 수 있고, 큰 변화를 가져올 기술에 집중하다 보니 기후 변화와 같은 문제들은 상대적으로 신경 쓰지 못했습니다. 현재 전 세계적으로 기후 변화와 관련된 일에 종사하는 사람들은 수도 없이 많지만 지구의 온도가 몇 도 올라간다고 해서 인류가 멸종되거나, 인류의 미래가 파괴될 거라고 보기는 좀 그래요. 그래서 이런 여러 가지 이유들로 현재 우리의 주 관심사는 아니고, 가끔씩 어떤 변화들이 있는지 전반적인 그림을 훑어보는 정도로만 다루고 있습니다.

마틴 포드 : 기후 변화보다 인공지능이 가져올 위험이 더 크다는 말이군요. 어떻게 보면 자원의 투자가 잘못 이루어지고 있다고 볼 수도 있겠네요? 매우 논란의 여지가 있을 것 같은데요.

닉 보스트롬 : 그래도 약간 필요한 곳에 자원이 할당되고 있지 않다고 생각합니다. 이 두 부분에서만 국한된 게 아니라 꽤 그런 부분들이 많습니다. 우리는 가장 주의해야 할 문제에 집중하지 못하기도 합니다. 인간의 문명을 위협하는 수많은 자본적 그리고 다른 위협들이 있는 상태에서 아주 정교하게 무엇이 가장 위험하고 어떻게 그러한 문제에 관심을 둘지 판단하기 어렵습니다.

지난 한 세기만 되돌아봐도 그때 당시 많은 지성인들이 가장 중요하다고 주장했던 문제가 시간이 지남에 따라 변하기도 했던 것처럼요. 약 100년 전 지식인들은 인간의 품종을 약화시키는 문제인 열생학(역자 주 : dysgencis, 열생학은 특정 집단이나 종 내에 결함이 있는 열성 유전형질들이 누적되는 요인을 연구한다)에 대해 고민했었죠. 냉전시대에서는 핵 아마겟돈이 가장 큰 우려였고, 한참 동안 인구 과잉 문제가 심각한 골 칫거리가 되기도 했죠. 몇 년 전부터 인공지능이 급격하게 발전함에도 불구하고 현재 가장 관심을 가지는 문제는 지구 온난화라고 생각되네요.

마틴 포드 : 아마 많은 사람들이 일론 머스크 같은 사람들의 영향을 받은 듯해요. 그렇게 유명한 사람들이 자신의 목소리를 내는 것이 긍정적일까요 아니면 부정 적일까요?

닉 보스트롬 : 아직까지는 긍정적인 것 같아요. 제가 책을 쓰고 있었을 때까지만 해 도 아무도 인공지능에 대해 얘기하지 않았습니다. 인공지능 산업에 종사하는 많 은 사람들이 있었지만 성공할 거라고 생각하는 사람은 드물었죠. 단지 공상 과학 소설에 불과한 것이라 치부하는 사람들이 많았기 때문에 인공지능과 관련해서 진지한 이야기를 나눌 수 없었습니다. 하지만 지금은 다르죠.

그래서 유명한 사람들이 그런 주제를 언급하는 것은 매우 긍정적이라고 생각합 니다. 저도 그런 흐름에서 인공지능이 주류가 되어 관련된 연구를 수행하고 일치 문제와 같은 주제로 논문을 쓰고 발표할 수 있었으니까요. 인류미래연구소에서 는 딥마인드와 공동 기술 세미나를 개최하고 오픈AI에도 수많은 인공지능 연구 자들이 있으며, 버클리 기계 지능 연구소와 같은 단체도 있어요. 이렇게 주류에서 인공지능이 회자되지 않았다면 인공지능 산업에 이렇게 많은 인력이 유입되지 않았을 거예요. 이제는 사람들의 관심을 끌기 위해 경고하거나 손을 흔드는 것이 아니라 기존의 관심과 우려를 건설적인 방향으로 이끌어나가 관련된 문제를 해 결해 나갈 필요가 있다고 봅니다.

마틴 포드 : 일반인공지능이 실현되고 인공지능이 초지능을 얻게 될 때 현재 우려 되고 있는 문제들이 발생할까요? 좁은 범위에서 인공지능 역시 위험성을 가지고 있지만 언급하신 '실존적' 위험과는 거리가 있어 보이는데요.

닉 보스트롬 : 맞습니다. 우리 역시 단기적인 적용에 관심을 두고 있고 얘기해 볼 흥미로운 주제들이 많습니다. 이런 단기적, 장기적인 서로 다른 맥락의 구분이 모호해지는 순간, 우리가 우려했던 문제들이 발생할 것 같습니다.

마틴 포드 : 5년 혹은 더 근래에 우리가 걱정해야 할 단기적인 위험들은 어떤 것들이 있을까요?

닉 보스트롬 : 단기적으로 봤을 때 인공지능이 가져다주는 혜택들은 그것이 가져다주는 단점들보다 훨씬 많습니다. 인공지능 알고리즘을 활용해 경제나 다른 분야에서 적용되고 있는 사례들을 생각해 보세요. 큰 물류 센터에서 낮은 수준의 별볼 일 없는 알고리즘이라고 할지라도 수요곡선을 더 정확하게 예측해서 재고량을 줄이고 소비자의 가격을 낮출 수 있습니다.

의료 분야에서는 고양이, 개, 사람 얼굴을 인식할 수 있는 네트워크와 동일한 네트워크를 활용해 X선 이미지에서 암을 진단한다거나, 방사선 전문의들의 진단을 도울 수 있는 사례를 많이 볼 수 있죠. 이러한 신경망은 눈에 보이지 않는 곳에서 실행되어 환자의 관리를 최적화해 환자 관리의 효율성을 높일 수도 있을 겁니다. 거의 모든 영역에서 다양하게 창의적인 방식으로 인공지능 기술들을 적용할 수 있을 것이고, 그 효과도 대단할 겁니다.

인공지능은 기업가, 사업가에게도 많은 기회를 잡을 수 있게 해 줄 아주 흥미로운 것입니다. 과학적 관점에서 볼 때 역시 인공지능이 어떻게 작용하고, 인간의 뇌와 지각, 신경시스템이 어떻게 수행되는지 이해할 수 있게 해주는 매우 흥미로운 분야죠.

마틴 포드 : 자동화 무기에 관한 이슈도 상당하잖아요. 이런 종류의 문제에 대해서는 어떤 입장을 가지고 계십니까?

닉 보스트롬 : 킬러 로봇을 개발하는데 엄청난 돈과 시간을 투자해서 다른 군사 경쟁이 일어날 틈이 없게 된다면 다른 의미로 긍정적이겠죠. 인공지능이 인간을 해치지 않고 평화적인 목적으로만 사용되었으면 좋겠습니다.

자율주행 드론이 스스로 결정을 내리게 해서는 안 된다고 생각하는 사람들도 있어요. 그럴 수도 있지만, 현실적인 대안은 이렇습니다. 스스로 결정할 수 있는 자율주행 드론이 있지만, 인간이 컴퓨터 앞에 앉아 화면을 보면서 미사일을 발사시키는 것처럼 빨간 버튼을 눌러야겠죠. 인간이 개입하는 부분이 그 정도라면 전부 자동화가 되는 것과 크게 다를 게 없을 겁니다. 제 생각에 가장 중요한 것은 책임이고, 일이 잘못되면 책임져야 할 사람이 필요할 것 같습니다.

마틴 포드 : 사람보다 자동화 시스템이 더 적절한 상황도 생각해 볼 수 있겠는데요. 군사적 이용보다 치안유지 측면에서 생각해보죠. 예를 들어, 미국에서 경찰의 인종 차별주의로 간주되는 사건이 발생했을 때 인공지능 기반의 로봇 시스템은 그 상황에서 아무런 편견 없이 일을 수행할 수 있을 것 같습니다. 또, 사람과는 달리 로봇은 총을 먼저 맞아도 상대에게 총을 쏠 수 있겠죠.

닉 보스트롬 : 어떠한 전쟁도 일어나면 안 되지만 혹시 전쟁이 일어나게 되면 젊은 청년이 죽는 것보다 기계들끼리 싸우게 하는 것이 나을 수도 있습니다. 또 정말 죽여야 하는 적들만 죽이고, 민간인 사상자가 나오지 않게 전투를 벌일 수도 있겠죠. 거시적으로 봤을 때 무엇이 나은지 계산하는 일은 상당히 복잡하고, 자동화 무기와 관련한 규칙과 합의를 찾기 어렵죠.

감시, 데이터 흐름 관리, 마케팅 및 광고 등과 같이 다양한 부분에서도 윤리적 문제가 발생하고 있습니다. 킬러 로봇, 자율화 무기도 문제지만 이 부분에서 인공지능의 응용 사례들은 현실과 더 맞닿아 있고 인간 문명이 어떻게 변화할지 결정하는 데 더 큰 역할을 할 거예요.

마틴 포드 : 인공지능과 같은 기술들을 적절히 규제할 수 있는 방법이 있을까요?

닉 보스트롬 : 네, 확실히 있습니다. 살인 청부업자가 안면 인식 소프트웨어가 있는 킬러 드론을 이용해 5킬로미터 내에 있는 사람을 쉽게 암살할 수 있게 되는 세상을 원하는 사람은 아무도 없을 거예요. 마찬가지로, 일반인들이 공항 활주로에서 드론을 사용해 큰 문제를 일으키는 걸 보고 싶어 하지 않겠죠. 사람들이 서로 다른 목적으로 드론을 조정하는 상황이 올 때 관련된 통제 체제가 절실히 필요할 겁니다.

마틴 포드 : "초지능: 길, 위험, 전략"(Superintelligence: Paths, Dangers, Strategies)이 출판된 지 벌써 4년이 흘렀네요. 그때 예상했던 속도대로 인공지능이 발전하고 있나요?

닉 보스트롬 : 제가 예상했던 것보다 더 빨리 발전하고 있고, 특히 딥러닝이 많이 발전했습니다.

마틴 포드 : 책에서는 대략 10년 안에, 2024년 안에 인공지능이 세계 최고의 바둑 선수를 이길 수 있다고 나와있는데, 실제로는 2년밖에 걸리지 않았습니다.

닉 보스트롬 : 제가 한 말은 지난 몇 년 동안 발전했던 속도대로 인공지능이 발전한다면 그렇게 될 것이라고 주장하는 글이었어요. 그런데 제가 예상했던 것보다 인공지능의 발전 속도가 더 빨랐고, 바둑에서도 인공지능을 개발하려는 노력이 많았기 때문이기도 했죠. 딥마인드는 이와 관련해 대회도 열고 우수한 인재도 모으고, 막대한 컴퓨팅 파워를 투자했습니다. 이로 인해 딥러닝이 더욱 발전하게 되었고, 이는 사람들에게 딥러닝의 힘을 보여준 훌륭한 사례였죠.

마틴 포드 : 인공지능과 관련해 획기적인 사건이나 우리가 넘어야할 산이 있다면 어떤 것들이 있을까요?

닉 보스트롬 : 넘어야 할 산들이 많은데요. 비지도학습(22쪽 용어집 참조) 부분이 특히 그중 하나입니다. 일반 성인이 어떻게 학습하는지 생각해보면 대부분 어떤 특별한 지시가 내려지지 않아도 자율적으로 배우고 일하죠. 우리 스스로 어떤 일들이 일어나는지 관찰하고 오감을 통해 우리만의 모델을 만들어 나가기도 하고, 또 몸으로 직접 부딪쳐가면서 시행착오도 겪어가며 세상에 어떤 일들이 일어나는지 배우게 되잖아요.

비지도학습, 레이블이 없는 데이터나 가공되지 않는 데이터를 이용해 학습할 수 있는 알고리즘들이 더 필요해요. 그래야 더 높은 수준의, 효과적인 인공지능 모델들을 만들 수 있습니다. 현재 인공지능이 못하는 것 중에 하나가 인과관계를 파악하는 것인데, 인간은 어떤 상황이 있으면 인과관계를 잘 찾습니다. 인공지능은 통계적인 규칙성과 복잡한 패턴을 찾긴 하지만 인과관계를 파악할 수 있게 잘 구성되어 있지는 않습니다. 이 부분도 역시 인공지능이 갖춰야 할 능력 중 하나가 되겠네요.

또한 인공지능이 잘 발전할 수 있게 구체적인 계획과 지원이 필요하다고 생각합니다. 아직 다양한 측면에서 개선돼야 할 기술들이 많습니다. 인간 수준의 지능을 가진 일반인공지능을 구현하기 위해서는 이런 부분들에서도 상당한 개선이 요구됩니다.

마틴 포드 : 일반인공지능을 중점적으로 다루는 회사가 몇 없는데 그 중에 딥마인드가 눈에 띄는 것 같아요. 딥마인드와 경쟁할 수 있다고 생각하는 다른 회사들이 있나요?

닉 보스트롬 : 딥마인드는 확실히 그 분야의 선두주자인 것 같습니다. 하지만 일반 인공지능과 관련한 프로젝트를 진행하는 곳도 많습니다. 구글이 자체적으로 만든 세계적 수준의 구글 브레인도 있고, 페이스북, 바이두, 마이크로소프트와 같은 대기업들도 이런 인공지능에 관련한 많은 연구들을 진행하고 있습니다.

학계에서도 아주 훌륭한 곳들이 많은데, 캐나다의 몬트리올과 토론토 대학이 있고, 버클리, 옥스퍼드, 스탠퍼드, 카네기 멜론 등 많은 대학들이 인공지능 분야에서 많은 연구자들을 보유하고 있습니다. 서양뿐만 아니라 중국과 같은 국가들도 인공지능 산업을 부흥시키기위해 많은 돈을 투자하고 있죠.

마틴 포드 : 대부분 일반인공지능에 중점을 두지는 않죠?

닉 보스트롬 : 네, 경계가 좀 애매합니다. 딥마인드를 제외하고 확실히 일반인공지능을 향해 달려나가고 있는 회사는 오픈AI(27쪽 용어집 참조)도 그 중 하나겠네요.

마틴 포드 : 인공지능 기술이 일반인공지능에 도달했는지는 어떻게 판단하나요? 튜링 테스트(Turing test, 역자 주 : 기계가 인간과 얼마나 비슷하게 대화할 수 있는지를 기준으로 기계에 지능이 있는지를 판별하고자 하는 테스트로, 앨런 튜링이 1950년에 제안)가 가장 좋을까요, 아니면 다른 테스트가 필요할까요?

닉 보스트롬 : 대략적인 기준으로 평가하고 싶으면 튜링 테스트도 나쁘진 않아요. 보다 완전하고 어려운 버전의 튜링 테스트라면 말이죠. 예를 들어 인공지능 전문가들이 한 시간 동안 면밀히 조사하는 프로세스와 같다면요. 여러분의 관심이 진행률을 체크하거나, 다음에 어떤 것을 찍어야 할지 알기 위한 벤치마크를 세우는 거라면 튜링 테스트는 좋은 목표가 아닐 겁니다.

마틴 포드 : 만약 그 테스트 규모가 작다면 속임수를 쓸 수도 있어서겠네요?

닉 보스트롬 : 네. 올바른 방법이 있긴 하지만 지금은 어렵습니다. 어떻게 할지도 아직은 잘 모르겠고요. 튜링 테스트와 관련한 진전을 바란다면 이 테스트가 많은 답을 요구하고 영리한 속임수도 많지만 그것을 통과한다고 해서 실제 일반인공지능에 더 가까이 다가갈 수 있다고 보지 않아야 합니다. 다른 벤치마크가 필요합니다. 일반인공지능을 이끌 만한 것이어야겠죠.

마틴 포드 : 의식과 관련된 문제는요? 자연스럽게 인공지능 시스템에 의식이 생길까요, 아니면 별개로 봐야 하는 문제인가요?

닉 보스트롬 : 그건 의식을 어떻게 정의하냐에 달려있겠지요. 세상에서 자신의 존재를 인식하고 현실의 다양한 것들을 반영해 자신을 변화할 수 있는 자아 인식 능력을 의식이라고 할 수 있습니다. 시간이 흐르면서 자신이 존재한다는 것을 생각할 수 있습니다. 이러한 능력은 모델을 더 똑똑하게 만들고 현실의 모든 부분을 반영한 더 나은 모델을 만드는데 이 결과로 다른 현상들이 일어날 수도 있겠죠.

이번에는 "의식"을 도덕적인 경험과 연관 지어 생각해봅시다. 누군가가 정신적인 고통을 겪고 있다면 도덕적으로 문제가 있다고 생각할 수 있죠. 그것은 유해한 자극으로부터 도망치려는 경향을 넘어 내면적으로 느끼는 실질적인 감각적 경험의 문제입니다. 인공지능을 더 똑똑하게 만들다 보니 자연스럽게 이런 도덕적 의식이 생기는 부수적인 현상이 생길지도 모릅니다. 도덕적인 의식에 관해 설계하지 않았더라도 말입니다. 도덕적 의식을 형성하는 데에 어떤 필요충분조건이 있어야 하는지 알지 못하기에, 인간 수준의 지능을 가지지 않더라도 기계가 이런 종류의 의식을 받아들일 수 있다는 가능성도 남겨놓아야 합니다.

인간이 아닌 동물들도 이와 관련된 경험을 한다고 알려져 있습니다. 쥐를 이용한 의학 연구를 한다고 하면 따라야 할 일련의 프로토콜과 가이드라인이 있어요. 마취 없이 수술을 진행하면 고통을 느낄 수 있을 것이라 생각하여 쥐에게도 수술 시마취제를 투여해야 합니다. 쥐처럼 행동적 레퍼토리와 인지 복잡성이 있는 기계 지능 시스템이 있다고 할 때 인공지능 기계 역시 도덕적, 경험적 의식을 가질 수 있다는 가능성을 열어두는 것이 훗날 기계가 더 나은 삶을 살아가게 해주지 않을까요? 적어도 그 가능성을 부인해서는 안 됩니다.

마틴 포드 : 그러면 인공지능과 관련된 위험은 두 가지 측면을 모두 가지겠네요. 인공지능이 우리를 해치거나 혹은 우리가 의식이 있을지 모르는 존재를 노예로 만들어 고통을 줄 수도 있지만 그래도 인공지능이 정말로 의식을 가졌는지는 알 수는 없는 것 같습니다. 저는 사람이고, 닉 보스트롬 씨도 사람이니까 저와 같이 의식이 있겠지라고 생각할 수 있는데, 기계나 인공지능은 우리와 다르잖아요.

닉 보스트롬 : 맞습니다. 인공지능이 실제로 의식이 있는지, 없는지를 판단하는 것은 어렵죠. 동시에 저는 우리가 지닌 의식만이 의식이라고 말하지 않을 거예요. 의식이 없는 사람도 많기도 하고요. 혼수상태이거나 갓난아기이거나 뇌사 상태이거나 마취 상태에 있을 수도 있으니까요.

대부분의 사람들도 인간이 아닌 생물체 역시 의식적 경험을 어느 정도 한다고 믿습니다. 우리 종족 말고 다른 종으로 감정을 투영할 수 있죠. 하지만 디지털 세계에서도 의식을 가진 존재가 있다면, 그들의 영역에 도덕적 의식을 확장시켜 생각해야 하는데 이는 어려운 과제가 될 겁니다.

마이크로프로세서 내부에 보이지 않는 어떤 프로세스가 있다면 그 속의 감정과 생각들을 알아내기 더 어려워집니다. 진지하게 생각하지 않는 주제 중 하나겠지만, 철학적 주제에 가까워요. 킬러 드론 문제나 알고리즘 차별점이 무엇인지에 대한 문제가 아니라요.

궁극적으로 철학가들만이 얘기할만한 이런 이상한 주제들이 하루 빨리 공론화되어야 한다고 생각합니다. 점진적으로 논의될 필요가 있습니다. 인공지능에 관한 얘기가 공상과학소설에서 주요 소재거리가 된 것처럼요.

마틴 포드 : 인공지능은 고용 시장과 경제를 어떻게 바꿔 놓을까요? 그에 따른 혼란은 또 얼마나 클까요? 특히 어떤 부분에 주목해야 하나요?

닉 보스트롬 : 아주 단기적으로 보면 노동시장에 생길 문제를 과장해 표현하는 경향이 있는 것 같습니다. 그렇게 판도를 뒤집을 만큼의 인공지능 시스템으로 가기까지는 아직 멀었는데 말이죠. 하지만 시간이 흐르면서 인공지능이 노동시장에 미칠 영향력은 점차 커질 거예요. 그리고 일반인공지능이 실현되는 날에는 인공지능이 모든 걸 다 하겠죠. 궁극적인 목표는 완전 실업 상태가 되는 것입니다. 그게 기술을 쓰는 이유고 자동화해서 별 노력 없이 원하는 바를 얻고자 하는 거니까요. 적은 노동으로 더 많은 것을 이룰 수 있으면 이것이 기술의 한 형태에요.

마틴 포드 : 그건 너무 이상적인 것 같은데요. 이런 진보를 모두 누릴 수 있다는 것인데 가령, 기본 소득 같은 입장을 지지하시는 건가요?

닉 보스트롬 : 시간이 지남에 따라 기능적 아날로그가 더 바람직해 보일 수 있습니다. 인공지능이 정말 성공적으로 실현되고 기술적인 통제 문제와 합리적인 통치 방식을 만든다면 폭발적인 경제 성장이 일어날 겁니다. 그중에 일부만 분배되더라도 모두가 멋진 삶을 누릴 수 있습니다. 최소한 그렇게 돼야죠. 초지능이 실현되면 좋든 싫든 그 위험을 나눠 갖게 될 겁니다. 그러므로 모든 사람들이 그에 대한 혜택을 받아야 하는 것이 공정한 것 같습니다.

초지능이 세상에 나올 때 그런 비전을 염두에 두어야 한다고 생각해요. 최소한 인류의 공동 선(善)을 위한 것이 되어야 합니다. 개발자에 대한 개인적인 인센티브도 제공해야겠지만 대 성공을 이루면 그 이익은 모든 사람이 환상적인 삶을 누릴 수 있을 만큼 충분히 클 거예요. 분배 측면에서 기본 소득제 형태를 띨 수도 있고 다른 체제로 이루어질 수 있지만 결과적으로 모든 사람들이 경제적으로 큰 이익을 받아야 한다는 입장입니다. 또 더 나은 건강 관리 등과 같이 다른 이점들도 많을 겁니다.

마틴 포드 : 근데 중국이 먼저 일반인공지능을 달성한다면 어떻게 될까요? 어떤 문화가 그 기술을 개발하건 간에 그 가치가 중요할 거라 생각합니다만.

닉 보스트롬 : 어떤 문화권에서 개발되는지는 크게 중요하지 않을 수 있어요. 그것보다 그것을 개발한 집단이 얼마나 유능한지 그들이 어떤 점까지 고려했는지가 더 중요해 보입니다. 이 기술이 먼저 결승선에 도달해야 하는 경주와 같은 구도로 개발된다면 안정성을 고려하지 않는 쪽이 우승하게 될 텐데, 매우 바람직하지 않는 상황이 나타나겠죠.

누가 됐건 초지능을 개발한 팀은 6개월 혹은 몇 년 동안 시스템을 재확인하면서 안정성을 체크하고 필요한 보호 장치들을 설치하는 시간을 가지는 것이 좋습니다. 그래야만 초능력 수준까지 시스템을 업그레이드시킬 수 있어요. 어떤 경쟁자가 발뒤꿈치까지 쫓아와서 더 서둘러야 하는 상황은 아무도 바라지 않겠죠. 초지능이 나타났을 때 경쟁구조가 최대한 없어져야 더 안전한 지능을 만들 수 있고 그 길이 인류에게 가장 바람직한 방향이 될 것입니다.

마틴 포드 : 인공지능이 자체적으로 성장해 "빨리 도약"할 수 있게 된다면 확실한 우위에 설 수 있게 될 것입니다. 그러면 아무도 따라잡을 수 없겠죠. 그래서 닉 보스트롬 씨께서 말한 좋지 않은 경쟁구도가 생길 수밖에 없는 이유가 있는 것 같은데요.

닉 보스트롬 : 특정 시나리오에서는 그렇죠. 하지만, 공동 선(善)을 위해 사용하겠

다는 신뢰적인 약속으로 추구하고자 했던 초기의 관점이 더 중요합니다. 윤리적 관점뿐만 아니라 경쟁의 강도를 줄이는 면에서도요. 경쟁에서 이기지 않더라도 모두 엄청난 혜택을 받을 수 있다고 생각한다면 좋겠죠. 그렇게 된다면 이 산업의 선두주자들이 서두르지 않고 현실적인 합의를 도출해 낼 수 있을 겁니다.

마틴 포드 : 일종의 국제적인 조정도 필요하겠네요. 인류의 역사에서 보면 국제적인 조정은 그리 대단하지는 않지만요. 화학무기 금지 및 비핵화와 관련된 법에 비해 인공지능에 관한 합의는 훨씬 더 큰 도전 과제인 것 같아 보입니다.

닉 보스트롬 : 어떻게 보면 그렇고, 또 다르게 보면 쉬울 수 있습니다. 인간 게임 (human game), 제로섬 게임(역자 주 : 여러 사람들의 손실과 이득의 총합이 항상 0이 되는 상황 혹은 게임으로 무한 경쟁 상황에서 패자는 모든 것을 잃고 절대강자만 이득을 독식하는 현상을 설명하기도 한다)은 자원의 희소성을 중심으로 진행되어 왔습니다. 어떤 국가는 소유하고 있지만, 다른 국가는 없는, 그런 한정적인 자원의 문제 말이죠. 인공지능은 많은 면에서 풍요로움을 가져다줄 기술이기에 국제적인 협약을 쉽게 이끌어 낼 수 있을 수도 있습니다.

마틴 포드 : 이러한 문제를 해결하는 데 인공지능이 궁극적인 실마리가 될 것이라고 보는 것인가요?

닉 보스트롬 : 불안한 면도 있고 희망찬 부분도 있습니다. 단기적으로나 장기적으로나 지금은 밝은 면을 강조하고 싶습니다. 제 직업과 책 때문에 많은 사람들이 항상 어두운 면들을 물어보지만, 그래도 저는 인공지능이 가져다줄 상상할 수 없을 만큼 거대한 선물들을 기대하고, 유익하게 사용되길 바라고, 인공지능이 세상에 위대한 축복이길 바랍니다.

닉 보스트롬은 옥스포드 대학의 교수, 인류미래연구소의 창립 이사로 인공지능 프로그램을 진두지휘하고 있다. 구텐버그, 스톡홀롬 대학과 킹스 칼리지 런던에서 공부했으며 런던 경제학교에서 철학 박사 학위를 취득했다. 2014년 뉴욕타임즈 베스트셀러 "초지능: 길, 위험, 전략"(Superintelligence: Paths, Dangers, Strategies)와 인류학 편견(Anthropic Bias,2002), 글로벌 위기(Global Catastrophic Risks,2008), 인간 강화(Human Enhancement ,2009) 등 2000여 개가 넘는 저서를 집필한 전문 작가이다.

철학뿐만 아니라 물리학, 인공지능 및 수학 논리에 대해 공부했다. 유진 R. 개넌상을 수상했으며, Foreign Policy의 100대 글로벌 사상가 명단에 두 번이나 이름을 올렸고, 모든 분야에서 상위 15위 안에 든 최연소 최고 수준의 철학가이다.

❝ 최근에 저희가 발표한 보고서에서 제가 언급했던 사항들, 임금, 실현 비용 등을 다 고려한 몇 가지 시나리오들을 만들어봤는데요. 시나리오 중반 부분, 2030년까지 약 4억 개의 일자리가 없어질 것으로 추정됩니다. 놀랄 만큼 큰 수치지만 전 세계 노동력의 약 15%에 해당하는 크기입니다. 하지만 노동시장 역학 등을 고려해보면 개발도상국보다 선진국에서 더 클 것으로 예상됩니다. **❞**

제임스 매니카(JAMES MANYIKA)

맥킨지 글로벌 연구소 소장겸 이사

제임스는 맥킨지의 선임 파트너이자 맥킨지 글로벌 연구소의 회장이며 세계 경제 및 기술 동향을 조사하고 있습니다. 제임스는 유명 기술 회사의 대표나 경영진들에게 컨설팅 해주고 있습니다. 인공지능과 디지털 기술의 연구를 이끌어가면서 많은 기관과 프로젝트, 세계적인 경제에 영향을 주고 있습니다. 오바마 대통령으로부터 글로벌 개발 위원회의 부회장으로 임명됐으며 디지털 경제위원회와 국가 혁신자문위원회의 위원으로 활동했습니다. 옥스퍼드 대학 인터넷 연구소, MIT 디지털 경제, 스탠퍼드 대학의 인공지능 100년 연구의 연구원으로 활동 중이며, 딥마인드에서도 일하고 있습니다.

마틴 포드 : 제임스 씨는 짐바브웨 출신으로 알고 있습니다. 언제부터 로보틱스와 인공지능에 관심을 가지게 되었나요? 또 어떤 과정들을 거쳐 현재 맥킨지 회사까지 오게 되었나요?

제임스 매니카 : 지금은 짐바브웨가 된 로디지아의 흑인 타운에서 자랐습니다. 아버지께서는 흑인 최초 풀브라이트(역자 주 : 풀브라이트 프로그램은 미국의 학자, 교육자, 대학원생, 연구원, 각종 전문가를 대상으로 한 국제 교환 프로그램 및 장학금 제도의 총칭) 학자였는데 그 덕분에 아버지는 1960년대 미국으로 가게 되었습니다. 미국에 머물면서 한때는 케이프 커내버럴의 나사(NASA)를 방문해 로켓이 하늘로 날아가는 것을 본 적이 있다고 하더군요. 짐바브웨로 돌아왔을 때 아버지 머릿 속에는 온통 과학, 우주, 기술들로 가득 차 있었어요. 그 덕분에 저는 살고 있는 지역에서 동떨어져 과학과 우주를 공부하고, 찾을 수 있는 재료들을 최대한 모아서 비행기와 기계들을 만들면서 자랐습니다.

저의 고향이 짐바브웨가 되었을 때 대학에 들어갔어요. 전공은 전자공학이었는데 수학과 컴퓨터공학 과목도 엄청 많이 들었습니다. 토론토 대학에서 연구원이 방문한 적이 있는데 신경망 프로젝트에 저를 참여시켜주었습니다. 거기서 루멜하트가 설명한 역전파(21쪽 용어집 참조)와 신경망 알고리즘(21쪽 용어집 참조)에서 로지스틱 시그모이드 함수를 사용하는 방법을 배웠습니다.

로데스 장학금을 받아 옥스퍼드 대학에 갔고, 거기에서 프로그래밍 연구 그룹에 들어가 토니 호어 아래서 연구했어요. 토니 호어는 퀵 정렬 알고리즘을 고안했습니다. 수학과 컴퓨터 공학 석사 학위를 취득했으며 수학적인 증명과 알고리즘을 개발하고 검증하는데 많은 시간을 쏟았습니다. 그 무렵 우주비행사가 되겠다는 꿈은 포기했지만 로보틱스와 인공지능을 공부하면 우주 탐사와 관련된 분야에 더 다가갈 수 있을 것이라 생각했습니다.

인공지능을 연구하고 있는 옥스퍼드의 로보틱스 연구 팀에 들어갔습니다. 인공 지능 암흑기라고 불리던 시절, 인공지능은 부정적인 의미로 여겨져 우리는 그렇게 부르지 않고 기계 인지, 머신러닝, 로보틱스나 평범한 신경망과 같은 것으로 표현했어요. 하지만 지금은 누구도 그렇게 하지 않고 편하게 다 인공지능이라고 말하고 있죠. 어떤 것이든 인공지능이라고 표현하기 때문에 또 다른 문제가 생겼지만요.

마틴 포드 : 그때가 언제인가요?

제임스 매니카 : 1991년입니다. 옥스퍼드 로보틱스 연구 그룹에서 박사 과정을 공부하고 있을 때였죠. 그때 로보틱스와 인공지능 분야의 많은 사람들과 함께 일하게 되었습니다. 자율주행차도 몇 대 같이 만들었고, 우리가 진행했던 연구들과 인공지능 시스템에 대한 책도 같이 썼습니다.

연구하는 동안 화성 탐사선 차량 프로젝트를 진행 중이던 나사의 제트 추진 연구소 팀과 협력한 적도 있는데, 그들 역시 화성 탐사선 차량에 기계 인식 시스템과 알고리즘들을 적용하고 싶어 했죠. 우주로 갈 수 있는 길에 한 걸음 더 가까워 졌다고 느꼈습니다.

마틴 포드 : 화성 탐사선에 그 코드가 실제로 실행되었나요?

제임스 매니카 : 네, 캘리포니아주 패서디나 JPL에 있는 맨 머신(Man Machine) 시스템과 함께 작업했는데요. 기계 인식과 내비게이션 알고리즘 개발을 위해 그곳에 방문했었던 과학자 중 한 명이 접니다. 그리고 그중 몇몇 과학자들은 모듈러 및 자율 차량 시스템을 만들었습니다.

옥스퍼드 대학의 로보틱스 연구 그룹에 있는 동안 인공지능에 대한 관심이 활활

불탔습니다. 특히 기계 인지(Machine perception, 역자 주 : 기계가 이미지, 음성 등의 정보를 얻고, 처리하고, 해석하는 시스템을 의미)라는 분야가 매력적으로 다가왔어요. 기계 인지 분야에서는 분산된 다수의 에이전트(23쪽 용어집 참조) 시스템에 어떻게 알고리즘을 적용할지, 머신러닝 알고리즘으로 주변 환경을 어떻게 이해시킬지, 그런 환경(특히, 화성 표면과 같은 사전 정보가 전혀 없는 환경) 모델들을 자율적으로 처리할 알고리즘에 관한 것을 다뤘습니다.

제가 했던 일들은 시각적인 일들을 다루는 비전 쪽의 적용뿐만 아니라, 분산 네트워크나 감지 및 센서 융합과 관련된 일도 했습니다. 주데아 펄(529쪽 참조)이 개척한 베이지안 네트워크(21쪽 용어집 참조)와 칼만(Kalman) 필터(역자 주 : 데이터의 노이즈를 제거해 새로운 결과를 추정하는 데 사용하는 알고리즘), 다른 예측 알고리즘들을 결합한 신경망을 기반으로 머신러닝 시스템을 구축했습니다.

이런 시스템은 환경에서 얻은 다양한 형태와 품질의 데이터를 입력으로 받아 학습하고 예측 결과를 만듭니다. 주변 환경에 대한 정보를 수집하고 지도를 만들죠. 그것을 바탕으로 결과를 예측한다든지 결정을 내릴 수 있게 됩니다. 어느 지능형 시스템이 하는 것과 마찬가지로요.

방문교수 과정으로 MIT에 갔을 때 로드니 브룩스(387쪽 참조)를 만났었는데 지금도 친구처럼 지내고 있습니다. MIT 로보틱스 그룹에서 씨 그랜트(Sea Grant) 프로젝트를 하면서 수중 로봇을 만들었습니다. 이때, 버클리에서 인공지능 및 로보틱스를 가르치는 스튜어트 러셀(473쪽 참조) 교수와 같은 분들도 알게 되었죠. 옥스퍼트 연구그룹에서 같이 일했으니까요. 그때 당시에 같이 일했던 동료들, 지금 MIT에서 로보틱스 교수로 있는 존 레오나르도나 딥마인드의 앤드류 지서맨과 같은 사람들은 현재도 계속 이 분야의 연구를 진행하고 있습니다. 저는 비즈니스나 경제 분야도 들여다보고 있지만 동시에 최대한 머신러닝과 인공지능과 관련된 연구를 따라가려고 노력했었죠.

제임스 매니카

마틴 포드 : 옥스퍼드에서 가르쳤다는 것을 감안하면 상당히 기술적인 부분을 가르치셨겠네요.

제임스 매니카 : 네, 옥스퍼드의 발리올 대학의 교수직에 있으면서 수학과 컴퓨터 과학, 로보틱스와 관련된 몇 가지 수업을 가르쳤습니다.

마틴 포드 : 그런 일에서 맥킨지 회사의 비즈니스 경영 및 컨설팅 분야로 뛰어들었다니 매우 이례적인 일인 것 같습니다.

제임스 매니카 : 그것보다 더 우연한 일들도 많았는데요 뭐. 최근 약혼을 했고, 맥킨지로부터 실리콘 밸리에 있는 사람들과 합류하라고 제안을 받았습니다. 생각보다 재미있는 일이 될 것 같다고 생각했죠.

로보틱스 연구실에 있었을 때 DARPA 무인 차량 챌린지(DARPA driverless car challenge, 역자 주 : 미국방고등기획국이 후원하는 무인 자동차 경주대회)에 관심이 많았어요. 많은 알고리즘들을 적용해 자율주행차를 만들어볼 수 있었기에 DARPA 챌린지는 여러 아이디어들을 실현시킬 수 있는 좋은 기회였죠. 그래서 제 친구들 모두 실리콘 밸리로 갔어요. 저는 샌프란시스코에 있는 맥킨지의 제안을 얼른 받아야겠다고 생각했죠. 실리콘 밸리와도 가까워지고 DARPA 챌린지와 같은 다른 프로젝트도 할 수 있는 좋은 기회였습니다.

마틴 포드 : 맥킨지에서는 어떤 역할을 맡았나요?

제임스 매니카 : 결과적으로 두 가지 일을 맡게 되었는데 하나는 실리콘 밸리에 있는 많은 유망한 기술 기업들과 함께 일하면서 CEO들에게 조언하는 일이죠. 다른 하나는 시간이 흐르면서 점점 확장된 부분인데, 기술이 비즈니스와 경제에 미치는 영향력을 연구하는 연구소를 이끄는 일입니다. 맥킨지 글로벌 연구소의 회장

을 맡고 있고, 연구소에서는 기술뿐만 아니라 거시 경제와 글로벌 트렌드를 연구하고 있습니다.

이런 부분들을 인공지능과 연결시키기 위해서 파격적인 기술들을 찾아보고, 인공지능의 진보를 추적하고, 에릭 호비츠, 제프리 딘(179쪽 참조), 데미스 허사비스(31쪽 참조), 리페이페이(55쪽 참조)와 같은 친구들과 협력하고, 바바라 그로스츠(343쪽 참조)와 같이 인공지능 분야의 전설에게 많이 배우고 있습니다. 기술 과학과 가까이 지내려고 노력하지만 저희 맥킨지 글로벌 연구소는 이런 기술이 경제와 비즈니스에 주는 영향력에 대한 연구에 더 시간을 쏟고 있습니다.

마틴 포드 : 경제와 고용시장에서의 영향력에 대한 얘기를 나누고 싶지만, 먼저 인공지능 기술과 관련된 주제를 논의해보고자 합니다. 1990년대로 돌아가 신경망과 관련된 연구를 했다고 하셨죠. 지난 몇 년 동안, 딥러닝이 매우 급격하게 발전했는데, 이점에 대해서 어떻게 생각하고 계시나요? 딥러닝이 계속해서 엄청난 진보를 이룰까요, 아니면 지나치게 과장된 것인가요?

제임스 매니카 : 이제 겨우 딥러닝이나 신경망과 같은 기술들의 힘을 알게 되었습니다. 강화학습(22쪽 용어집 참조)이나 전이학습(23쪽 용어집 참조)과 같은 기술들도 발견하게 되었죠. 여전히 이 기술들은 엄청난 잠재 가능성을 가지고 있으며 그중 일부만 맛봤을 뿐이에요.

딥러닝을 활용해 이미 많은 문제들을 풀고 있습니다. 이미지나 객체 분류, 자연어처리, 생성적 인공지능 등 음성, 이미지와 같은 출력값을 예측하죠. 흔히 "좁은 인공지능"이라고 불리는 영역에서 많은 진전을 이루게 되었어요. 즉, 이러한 특정 영역에서 딥러닝 기술을 활용해 문제를 해결하고 있죠.

이에 비해 "일반인공지능"이라고 불리는 AGI에서는 상대적으로 더디게 발전하고 있는데요. 생각보다 많이 발전하고 있지만, 여전히 일반인공지능을 향한 길은 멀고도 험난합니다. 일반인공지능은 훨씬 복잡하고 어려우니까요. 넘어야 할 산들이 많고 보다 혁신적인 것들이 많이 필요합니다.

확실히 전이학습과 관련된 문제를 잘 해결해야 할 겁니다. 인간은 이제껏 보지 못한, 전혀 다른 환경에서도 배운 것을 잘 활용합니다. 이와 관련해 몇 가지 재밌는 기술이 개발되고 있는데 강화학습이나 시뮬레이션 학습에서는 알파제로(딥마인드에서 개발한 알파고의 업그레이드 버전)가 시작한 일종의 자가 학습, 자가 구조 생성 등을 통해 훨씬 다양하고 다른 범주의 과제들을 해결합니다. 제프리 딘이나 구글 브레인에서는 AutoML(26쪽 용어집 참조)을 개발하고 있어요. 이런 연구들을 바탕으로 기계나 신경망이 스스로 자신을 설계하는 알고리즘을 만들고 있는 셈이죠. 사실 이보다 더 많은 예시들이 있어요. 이 모든 부분들이 일반인공지능을 향하고 있습니다. 다만 아주 초기 단계에 있고, 높은 수준의 추론과 같은 것들이 더 많이 필요합니다. 그래서 일반인공지능은 아직 멀었다고 생각합니다.

딥러닝은 인공지능의 적용 범위를 좁히는데 큰 도움이 될 겁니다. 딥러닝이 적용된 기술, 새로운 제품, 새로운 회사들을 아주 많이 보게 될 거예요. 동시에 머신러닝을 적용하는 데 있어 실질적인 한계점들도 여전히 남아있겠죠.

마틴 포드 : 구체적인 예시가 있다면요?

제임스 매니카 : 인공지능 기술 중 상당수는 여전히 레이블이 있는 데이터에 크게 의존하고 있어요. 레이블이 있는 데이터의 가용성에 대한 많은 제약이 있는데 데이터에 레이블을 붙이는 작업을 해야 하고 이 과정에서 오류가 있을 수 있겠죠. 사실, 몇몇 자율주행차 기업들은 수백 명의 사람들을 고용하여 프로토타입 비디오에서 몇 시간의 비디오를 수동으로 어노테이션(레이블을 만드는 작업)하는 작업을 수행합니다. 그래서 데이터의 레이블 작업과 같은 문제를 해결하기 위해 몇

가지 새로운 기술들이 나오고 있습니다. 에릭 호비츠가 개척한 인 스트림 감독(in-stream supervision, 유저의 상태와 전환을 자동으로 기록하는 기술)이 있고, 반지도학습(역자 주 : 정답이 있는 데이터와 정답이 없는 데이터를 모두 훈련에 사용하는 머신러닝의 학습 방법) 기술인 GAN이라 불리는 적대적 생성 신경망으로 새로운 데이터를 생성해 레이블 작업의 수고를 덜어주고 있습니다.

하지만 여전히 더 방대하고 풍부한 데이터세트가 필요하다는 과제가 있습니다. 단지 어떤 분야에서 많은 데이터를 얻을 수 있을지 모색하는 것만으로도 눈부신 발전을 이룰 수 있다는 것을 어느 정도 알 수 있는데요. 인터넷에 매일 올라오는 엄청난 양의 이미지와 비디오 덕분에 다른 어떤 분야보다 컴퓨터 비전 쪽에서 상당히 진전이 있었으니까요. 이제, 규제, 개인정보보호, 보안 등 데이터 가용성을 어느 정도 제한할 수 있는 몇 가지 좋은 근거들이 있습니다. 또 이런 문제들이 국가나 사회 간 데이터를 이용하는 데 어느 정도 차이를 보이죠. 인구가 많은 국가는 쉽게 대규모 데이터를 만들 수 있고 대규모의 의료 데이터세트 등으로 알고리즘을 학습시킬 수 있습니다. 그래서 중국은 유전체학이나 "체학(omics)"에서 더 많은 진전이 있었죠.

따라서, 데이터 가용성은 매우 중요한 문제이며 왜 특정한 분야에서 인공지능 애플리케이션이 두각을 나타낼 수 있는지 설명해줍니다. 하지만 인공지능과 관련된 일반화된 도구들이 없으며 여전히 어떻게 일반적인 문제들을 풀어야 할지 몰라요. 풀어야 할 숙제들은 너무나도 많습니다. 재밌는 게, 이제서야 튜링 테스트의 새로운 형태를 정의하기 시작했다는 거죠.

마틴 포드 : 새로운 튜링 테스트요? 어떻게 테스트하는 건가요?

제임스 매니카 : 애플의 공동 창업자인 스티브 워즈니악이 튜링 테스트 대신 "커피 테스트"라는 것을 제안했어요. 튜링 테스트는 매우 지엽적인 것에 비해 커피 테스

트는 그렇지 않거든요. 잘 생각해 보면 몇 가지 재밌는 사실들이 있습니다. 커피 테스트란 사전에 알지 못하는 평범한 가정집에 들어가서 어떻게 해서든 커피를 만드는 방법을 찾아내야 하는 테스트입니다. 아직 풀지 못하는 부분이죠. 사소한 것처럼 들리지만 그렇지 않아요. 커피 한 잔을 만들기 위해서 우리가 몰랐던 수많은 일반적인 문제들을 풀어야 합니다. 커피 재료들이 어디 있는지도 모르고, 어떤 커피 메이커로 만들어야 할지도 모르고 어떤 보조장치가 필요한지 아무것도 모르는 상태에서 만들어야 하니까요. 수많은 종류의 일반적인 문제들을 풀어나가야 합니다. 그러므로, 일반인공지능을 테스트하기 위해서는 위와 같은 튜링 테스트가 필요하다는 얘깁니다.

알고리즘에서 말고 데이터에서 몇 가지 문제들을 짚어봅시다. 인공지능 커뮤니티에 논란이 될 수 있는 큰 질문이 될 수도 있겠네요. 한 가지 견해는 이 기계들이 아마도 인간보다 덜 편향되어 있다고 보는 것입니다. 알고리즘을 사용하면 내재된 선입견이나, 시간과 관련된 편견 등 인간 고유의 편견들을 제거한 채 판단할 수 있죠. 고용시장에서 인종적 차별이 있는지 실험해 본 마리안느 베르트랑과 세딜 뮬라나단의 연구를 떠올려보면 채용이나 승진 프로세스에서도 사용될 수 있겠죠(역자 주 : 관련 연구 논문-https://en.wikipedia.org/wiki/Marianne_Bertrand, https://www.nber.org/papers/w9873).

마틴 포드 : 제가 이 책에서 많은 인터뷰 참가자들과 나눴던 대화 주제인데요. 인공지능이 인간이 가지는 편견을 없앨 것이라 하지만 동시에 인공지능이 학습하는 데이터가 인간이 만든 것이므로 인간의 편견이 그 속에 담겨 있을 수 있다는 문제도 있는데요.

제임스 매니카 : 맞습니다, 데이터 자체가 꽤 편향되어 있으며 수집이나 샘플링 과정에서도 이런 문제가 발생할 수 있어요. 데이터의 한 집단이 다른 종류의 집단보다 더 많이 뽑히거나 덜 뽑힐 수 있는데, 그렇게 되면 원래 표본과 꽤 다른 그룹이

될 수 있습니다.

일반적인 편향과 관련된 문제들은 대출, 경찰 및 형사 사법 사건에서 자주 등장하고, 어떤 데이터세트를 이용하는지에 따라 의도하지 않은 편향을 만들 수도 있습니다. 줄리아 앵그윈과 프로퍼블리카의 동료들은 그런 일들에서 편향들을 강조해 왔어요. 이 연구에서 발견된 가장 흥미로운 것은 기계는 공정성과 관련된 서로 다른 정의를 동시에 충족시킬 수 없다는 사실입니다. 그래서 어떻게 공정성을 정의하는지가 매우 중요한 문제가 된 것입니다.

즉, 기계 시스템은 인간의 편견과 오류를 극복하는 데 도움을 줄 수 있지만 동시에 다른 큰 문제를 야기할 수 있다는 점입니다. 두 가지 견해 모두 타당하지요. 우리가 헤쳐 나가야 할 문제입니다. 하지만 이 부분도 역시 조금씩 개선되고 있는 것 같아요. 특히 딥마인드의 실비아 치아파가 이런 문제를 해결하기 위해 인과 모델 접근과 사후 가정 공정성(역자 주 : 일어났을 수도 있었지만 일어나지 않은 대안적인 시나리오와 결과들을 상상하는 것)과 관련된 연구를 하고 있습니다.

마틴 포드 : 결국 데이터가 사람들의 편견을 반영할 수밖에 없다는 것이군요? 온라인 서비스 등을 이용해 데이터를 수집할 때 역시 그들이 가지고 있는 편견들이 반영될 테니까요.

제임스 매니카 : 네, 하지만 개인이 편견을 가지고 있지 않더라도 문제가 발생할 수 있습니다. 사람이 개인적으로 가진 편견보다 사회가 만들어내는 편향과 관련된 한 가지 예시를 들어 볼게요. 치안과 관련된 예시인데요. 예를 들어, 다른 지역보다 치안이 좋은 지역이 있다고 생각해 봅시다. 더 좋은 지역에서는 상대적으로 더 많은 데이터들이 수집될 수 있을 거예요.

그러므로 고의적이든 아니든, 치안이 좋은 곳과 그렇지 않은 곳 두 곳에서 데이터를 샘플링하는 것이 범죄율 예측 결과에 영향을 준다는 것이죠. 실제 수집하는 과정 자체가 아무런 편향이 없다 하더라도 한 곳의 데이터가 더 많이 수집될 수도 있고 덜 샘플링될 수도 있어요. 데이터의 접근성이 이런 문제를 일으킬 수 있다는 것이죠. 대출과 관련된 부분에서도 이와 비슷한 문제가 있을 수 있어요. 예를 들어, 한 지역은 신용카드 결제나 전자상 거래가 활발한 지역이라 비교적 많은 데이터들이 쉽게 수집되는 데에 비해, 다른 지역은 현금 거래가 주로 오가다 보니 데이터가 별로 없을 수 있어요. 결국 이런 문제가 데이터 양의 불균형을 불러오고 한 지역이 다른 지역에 비해 정보가 덜 수집돼 상대적으로 한 쪽 지역으로 편향된 데이터를 가지고 학습되겠죠. 그 결과, 알고리즘은 편향된 결과를 예측할 수밖에 없어요. 안면 인식 시스템에서도 이런 문제가 나타납니다.

결국 사람들이 알고리즘을 개발하는 데 어떤 편향도 가지고 있지 않다 하더라도, 데이터를 수집하는 과정 등에서 편향이 들어가게 되고 알고리즘은 편향된 데이터를 학습해 편향적인 결과를 내게 됩니다.

마틴 포드 : 편견과 관련된 문제 말고 다른 위험 사항들은 어떤 것들이 있을까요? 초지능으로 인한 실존적 위험이 대두되고 있는데, 어떤 부분들을 걱정해야 하나요?

제임스 매니카 : 글쎄요, 걱정해야 할 건 많죠. 2년 전에 일론 머스크나 스튜어트 러셀과 같은 유명한 사람들이 푸에르토리코에 모여 인공지능의 발전과 우려되는 사항들, 주목해야 할 사항 등을 가지고 얘기 나눴는데요. 인공지능과 관련된 문제는 무엇이고, 무엇을 걱정해야 하는지, 어디에 초점을 두고 연구해야 하는지와 관련해 논문을 쓰고 러셀이 발표했습니다. 그 만남 이후로 걱정해야 할 부분들이 몇 가지 바뀌었지만 거기에는 안전 문제와 같은 것들이 다 포함되어 있습니다. 한 가지 예로, "어떻게 잘못 돌아가고 있는 알고리즘을 멈추지? 어떻게 통제 불능이 된 기계를 정지시킬 수 있을까?"와 같은 질문입니다. 영화 터미네이터와 같은 상황

이 아니라 예를 들면 알고리즘이 잘못 해석된다든지, 안전 문제를 일으킨다든지 혹은 약간 사람의 심기를 불편하게 하는 것과 같은 일들 말이죠. 그 상황을 멈추게 해 줄, 큰 빨간 버튼이 필요할 겁니다. 딥마인드의 격자 세계에서의 연구처럼 몇몇의 연구 팀들이 하고 있는 실험들은 많은 알고리즘들이 이론적으로 자신의 "오프 스위치"를 어떻게 작동시켜 끄는 방법을 배울 수 있는지 말해주고 있습니다.

다른 문제로는 설명 가능성이 될 수 있겠네요. 신경망의 문제를 얘기할 때 주로 나오는 주제인데요. 어떤 특성이나 어느 데이터세트가 인공지능의 예측에 있어서 중요한지 알 수 없습니다. 그래서 인공지능의 결정을 설명하기가 어려워요. 동시에 왜 잘못 판단하는지도 이해할 수 없습니다. 인공지능이 형사 처벌이나 대출 신청과 같은 부분에서 삶에 영향을 미칠 수 있는 필연적인 이유가 있는지 판단할 때, 설명 가능성은 중요한 문제가 되겠죠. 최근에 이와 관련해서 새로운 기술들을 볼 수 있는데 그중 유망한 기술로 LIME(어떤 모델이든 지역적으로 설명 가능한, Locally-Interpretable-Modelagonostic-Explanation)이 있습니다. LIME은 모델의 예측에 가장 영향을 주는 특정 데이터세트를 찾으려고 하는 것입니다. 또 하나의 색다른 기술로는 GAMs라 불리는 일반화 가법 모델인데 이는 단일 기능 모델을 추가해가면서 특성 간의 상호작용을 제한할 수 있고 그 특성이 추가되면서 결정된 예측의 변화를 찾아낼 수 있게 합니다.

또 "감지(detection) 문제"도 더 생각해봐야 할 문제 중 하나입니다. 인공지능 시스템을 악용한다면 테러리스트가 범죄를 저지르는 상황처럼 어떤 것을 감지하는 데 상당히 어려울 수 있습니다. 핵 무기와 같은 무기 시스템에서는 꽤 견고한 탐지 시스템을 가지고 있습니다. 지진 테스트, 방사능 모니터링이나 다른 감지 시스템이 있기에 아무도 모르게 핵을 폭발시키는 것은 어려워요. 하지만 인공지능 시스템은 그렇지 않습니다. 그래서 인공지능 시스템이 언제 배치되는지, 어디에 문제가 있는지를 감지하는 문제는 중요한 문제로 떠오르고 있습니다.

제임스 매니카

비즈니스나 경제적인 이익과 같은 긍정적인 면들만 보지 말고 많은 문제들을 직시하고 개선시켜야 할 기술적인 작업이 상당히 많다는 것을 알아야 해요.

집단과 단체들이 나서서 이런 문제들을 해결하려 노력해야 합니다. 인공지능 파트너십이 아주 좋은 예시인데요. 이 파트너십의 의제를 살펴보면, 편향에 관한 것, 안전 문제, 이런 종류의 실존적 위협과 관련된 질문들을 마주할 수 있습니다.

현재 이 질문들을 해결해 나가면서 발전하고 있는 그룹이나 단체들은 인공지능 슈퍼스타들에게 상당히 매력적인 곳인데, 2018년의 이들은 비교적 소규모 그룹에 모여있는 경향이 있습니다. 시간이 지남에 따라 더 퍼져 나가길 바랍니다. 또 이런 유능한 사람들이 대규모 컴퓨팅 성능과 용량이 있는 곳으로 가려는 움직임을 볼 수 있는데요. 데이터가 많은 곳도 포함되고요. 이런 자원들이 기술을 개발하는데 상당히 중요하다는 것을 알기 때문이죠. 중요한 것은 슈퍼스타가 있는 곳, 데이터의 접근이 수월한 곳, 컴퓨팅 용량이 뛰어난 곳, 이 세 곳으로 모이는 경향이 있는 현실에서 어떻게 인공지능의 혜택들이 세상 모든 사람들에게 널리 보급될 수 있을지 생각해봐야 합니다.

마틴 포드 : 일론 머스크나 닉 보스트롬(101쪽 참조)이 얘기했던 통제 문제나 가치의 일치 문제들은 어떤 것이 있나요? 재귀적으로 학습해 초지능을 가진 기계가 우리에게 해를 입힐 수도 있지 않을까요?

제임스 매니카 : 네, 누구는 심각하게 생각하겠지만 전부가 그런 것은 아닌 것 같고, 저 또한 초지능이 올 날은 한참 먼 것 같습니다. 그럴 가능성이 상당히 낮거든요. 하지만 파스칼의 내기(역자 주 : 파스칼의 내기는 신이 있든 없든 기댓값 관점에선 신을 믿는 것이 신을 믿지 않는 것보다 이득이라고 주장한다. 즉, 일반인공지능, 초지능이 온다고 믿고 대비하는 것이 기댓값 관점에서 사회에 긍정적일 것이라고 생각한다는 의미로 쓰였다)와 같은 의미에서 누군가는 그런 질문에 대해 생각해야만 합니다. 그러나 사회 전체에게 그 문제를 생

각하라고 채찍질하지는 않을 거예요. 그래서 닉 보스트롬과 같은 현명한 철학자가 그런 문제를 생각하고 있다는 것에 안심이 됩니다. 아직 사회 전체가 고민해야 할 큰 문제라고는 생각하지 않습니다.

마틴 포드 : 몇몇 싱크탱크들이 이런 우려를 고려하는 것에 대해서 적극 찬성합니다. 하지만 이 문제와 관련해 정부가 막대한 자원을 쏟아붓는다든지 하는 것은 이 시점에서 바람직하지 않은 것 같고, 정치가들이 이 문제를 파헤치는 것에 대해서도 별로 원치 않아요.

제임스 매니카 : 네, 그것은 정치적 문제가 돼서는 안 됩니다. 그렇다고 해서 이 문제가 절대 일어나지 않을 거라고, 걱정할 게 하나도 없다고 하는 사람들의 말에는 동의하지 않습니다.

우리 대다수는 걱정하지 않아도 됩니다. 보다 앞서 언급했던 세부적인 문제들, 그러니까 안전 문제, 잘못된 사용, 설명가능성, 편향, 경제나 노동의 영향력과 관련된 문제들을 더 집중해서 봐야 합니다. 이 문제가 더 시급하고, 현실적인, 향후 몇 년간 사회에 지속적으로 영향을 줄 문제들이니까요.

마틴 포드 : 그러한 우려 속에, 규제가 필요하다고 보시나요? 정부가 나서서 해야 할까요, 아니면 산업 자체에서 알아서 해결해야 할 문제일까요?

제임스 매니카 : 어떤 형태로 규제해야 하는지는 모르겠어요. 하지만 새로운 환경에서 누군가는 이런 문제를 생각해야 합니다. 아직은 적절한 방법도 없고 적절한 규제 프레임워크가 준비돼 있지도 않아요.
그래서 제 대답은 '네'입니다. 누군가는 인공지능과 관련된 규제를 구상해야 하지만 그렇다고 다시 판도라 상자에 넣어 뚜껑을 닫고 인공지능의 개발을 막아선 안 되겠죠.

제임스 매니카

이미 물은 엎질러졌고, 이러한 기술로 인해 엄청난 사회적, 경제적 이점이 생겼다는 것을 생각해보면, 전반적으로 생산성을 향상시킬 수 있는 방법들을 얘기해볼 수 있습니다. 인공지능은 반드시 도움이 될 겁니다. 인공지능으로 풀 수 있는 사회적인 "문샷"(역자 주 : 인간의 미래를 바꿀 거대한 아이디어를 현실로 바꾸는 작업. 구글이 추진하는 '문샷(Moonshot)' 프로젝트의 정의. 문샷은 사전적으로는 우주탐사선을 달에 보낸다는 뜻이지만 지금은 혁신적인 도전으로 의미가 확장) 과제들이 분명 존재하거든요.

따라서, 규제가 인공지능의 개발을 늦추거나 멈추는 방식으로 적용되면 안 된다고 생각합니다. 보다 안전이나 개인 정보 보호 문제, 투명성 문제, 이러한 기술의 광범위한 가용성에 관한 문제를 생각하기 위해 규제가 마련되는 것이 올바른 방식이라고 생각합니다. 그 결과 모두가 인공지능이 가져오는 혜택을 누릴 수 있게요.

마틴 포드 : 이제는 경제와 비즈니스 측면에서 이야기해 봅시다. 맥킨지 글로벌 연구소에서도 인공지능이 일과 노동에 어떤 영향을 미칠지에 관한 여러 중요한 보고서를 발표했다고 알고 있습니다. 이 중 많은 보고서를 읽어 봤어요. 또 제가 마지막으로 쓴 책에는 노동시장에 급격한 변화가 올 혼란의 시점에 서 있다라고 표현했는데요. 제임스씨의 생각은 어떻습니까? 몇몇 경제학자들은 지나치게 과장된 것이라고 주장하는 사람들도 있더군요.

제임스 매니카 : 아뇨, 과장되지 않았습니다. 저는 새로운 산업혁명 시기로 가고 있다고 생각합니다. 인공지능은 상당히 혁신적이고 효율성을 높이고 다양한 문제에서 새로운 해결책을 제시해주고 인간의 인식 수준을 넘어서기 때문에 당연 비즈니스 영역에서 긍정적인 변화들이 많이 일어날 것 같아요. 맥킨지 글로벌 연구소 연구 결과에서도 보면 의심의 여지없이 인공지능은 긍정적인 영향을 줄 것입니다.

경제 성장의 주요 엔진은 생산성인데 인공지능이 생산성 향상을 가져오므로 경제도 당연히 바뀌겠죠. 인공지능이나 자동화 시스템 같은 기술은 생산성을 극대화해 장기적으로 경제 성장을 이끌 거예요. 또 R&D를 가속화해 새로운 제품과 서비스, 비즈니스 모델의 혁신을 가져올 것입니다.

이전에 언급했던 것과 마찬가지로, 사회적인 영향력도 어마어마할 것인데 이 기술들은 "문샷(moonshot)"과 같은 사회적인 과제들을 해결해 줄 것입니다. 혁신적인 기술의 개발은 새로운 관점으로 사회적 문제를 바라볼 수 있게 해주겠죠. 가령 의료 산업이나 기후 환경 문제, 인도주의적 위기 등과 같이 많은 부분에서 활용될 것입니다. 이미지 분류, 자연어 처리, 객체 인식과 같은 인공지능 기술들이 다양한 분야에서 큰 기여를 할 수 있을 것이라고 확신합니다.

비즈니스, 경제 성장, 사회적 문제들을 해결하는데 모두 좋다고 한다면 다음의 질문은 "일자리는 과연 어떻게 될 것인가"인데요. 이것은 상당히 복잡한 질문입니다. 일단 짧게 요약해보자면 기존의 일자리는 없어지겠지만 역시 새로운 일자리가 생길 것이라 생각합니다.

마틴 포드 : 그럼 순 영향력은 긍정적일까요? 아니면 없어지는 일자리가 많을까요?

제임스 매니카 : 없어지는 일자리도 있겠지만 역시 새로운 일자리도 생길 겁니다. "새로운 일자리"의 측면을 얘기해 보자면 경제 성장 자체에서 오는 것과 그로 인한 역동성에서 새로운 일자리가 생겨나지 않을까 합니다. 노동의 수요는 항상 존재하고 생산성과 경제 성장에 따른 새로운 일자리의 탄생 메커니즘도 분명 존재합니다. 게다가 초, 중반까지는 노동의 수요 동기들이 확실히 있을 것이고, 이어서 많은 사람들의 소비가 늘어남에 따라 세계적으로 번영을 누릴 수 있을 것입니다. "일자리 변화" 역시 예상되는데 사람의 일을 완전히 대체할 수는 없지만 색다른 방법으로 사람의 일을 보완할 것으로 보입니다.

제임스 매니카

이전 세대에서도 일자리 손실, 새로운 일자리 그리고 일자리의 변화에 대한 양상을 살펴볼 수 있죠. 실질적으로 필요한 논의는 그런 것들의 상대적 규모 그리고 결국 우리가 어디에 위치할 것인가입니다. 새로운 일자리가 더 많을까요? 흥미로운 토론 주제죠.

맥킨지 글로벌 연구소 연구 결과에 따르면 일자리 손실보다 새로운 일자리 창출이 더 많을 것으로 보고 있습니다. 물론 몇 개의 핵심 요소에 대한 일련의 가정에 기반한 결론입니다. 여러 요인들이 어떻게 흘러갈지 시나리오들을 만들어가며 나온 시나리오 중간쯤의 결과이지요. 충분한 일자리들이 생기면 임금, 노동력의 변화를 포함하여 가장 중요한 문제는 무엇이 될까요? 일자리와 임금과 관련된 부분은 비즈니스나 경제를 얘기할 때보다 훨씬 더 복잡한 문제입니다.

마틴 포드 : 비즈니스에서의 긍정적인 영향력을 주장하셨죠. 제가 경제학자라면 현재 지표를 지적했을 것 같아요. 현재 생산성 수치나 거시적인 현상들을 보면 생산성이 급격히 증가했다거나 나아지고 있다고 볼 수 없을 것 같은데요. 다른 기간과 비교하면 오히려 상당히 저조하다고 할 수 있습니다. 생산성 향상이 있기 전 약간의 지연이 발생하고 있는 것인가요?

제임스 매니카 : 맥킨지 글로벌 연구소에서도 최근 이 점에 대해 보고서에 담았습니다. 지난 70년의 기간 중 최근 10년이 생산성 성장이 가장 부진했는데, 여기에는 많은 이유가 있습니다.
자본 투자와 집약도는 생산성 향상을 위한 필수 요소입니다. 수요의 역할도 상당히 중요하고요. 생산성에는 분자와 분모 부분이 있죠. 분자 부분인 부가가치 산출량은 수요에 의해 견인되는데, 수요가 늘어나지 않으면 생산량도 저하되고 따라서 생산성 증가율이 저하됩니다. 기술의 진보와 상관없이요.

마틴 포드 : 그게 중요한 포인트죠. 기술이 발전하면서 불평등이 심해지고 상대적

으로 임금이 낮아지게 된다면 일반 소비자들은 지갑을 닫고 수요는 더욱 위축되겠죠.

제임스 매니카 : 정확합니다. 수요는 절대적으로 중요하고 특히 선진국에서는 수요의 55%에서 70%가 소비자와 가계 지출에서 나옵니다. 생산된 재화를 소비하기 위해는 충분한 소득이 필요해요. 수요도 주요 문제이긴 하지만 기술에서도 지연이 있는 것은 사실입니다. 1999년에서 2003년까지 맥킨지 글로벌 연구소의 자문가이자 노벨상 수상자인 밥 솔로우와 함께 일했는데요. 1990년대 후반의 생산성의 역설을 살펴보고 있었습니다. 80년대 후반 솔로우의 역설(역자 주 : '컴퓨터는 어디에나 있는 시대이지만 (생산성) 통계에서만은 볼 수가 없다' 미국 경제학자 로버트 솔로우가 한 이 말은 정보기술(IT) 투자가 생산성 향상으로 이어진다는 것을 통계적으로 확인하기 어렵다는 점을 이야기할 때 자주 인용된다)이라 불리는 생산성의 역설을 발견했습니다. 컴퓨터 시대가 왔지만 생산성 수치는 개선되지 않았거든요. 그 역설은 90년대 후반이 돼서 해결됐는데, 생산성 성장을 주도할 만큼 충분한 수요가 있었기 때문이었죠. 더 중요한 것은 그때 소매업, 도매업 및 기타 다른 분야를 포함해 상당히 많은 부분에서 클라이언트 서버 구조의 전사적자원관리(ERP) 시스템을 도입했기 때문이었습니다. 그 덕분에 비즈니스 프로세스가 바뀌고 큰 산업군에서 생산력을 증가시킬 수 있었죠. 국가 생산성 요인을 움직일 만큼 큰 효과를 얻었습니다.

현재 디지털 기술의 파급력을 생각해 봤을 때 우리 주변에는 클라우드 컴퓨팅 기술, 전자상거래, 전자 결제가 보급화되었습니다. 하지만 생산성 성장은 수년 동안은 느릴 겁니다. 이런 기술들을 자산으로 가지거나 프로세스화했거나 일에 사용하고 있는 곳은 얼마 되지 않으니까요. 인공지능이나 디지털 기술에 대한 다음 단계도 가지 않았는데 말이죠.

상대적으로 가장 디지털화된 영역은 기술 부문, 미디어 및 금융 서비스입니다. 하지만 그러한 부문들은 GDP(국내총생산량)의 몫이나 고용의 몫으로 측정되는 부분에 비해 상대적으로 작은 부분입니다. 즉, 다른 매우 큰 부문들은 아직 디지털 화되지 않은 채로 있다는 것이죠.

소매업은 분명 가장 큰 영역이에요. 전자상거래의 전망과 아마존이 하고 있는 일 들을 보면 상당히 놀라워요. 하지만 전자상거래는 소매업의 10% 밖에 차지하고 있지 않습니다. 그 10% 중 많은 부분을 아마존이 차지하고 있습니다. 다시 말해, 소매업은 중소기업이 많은 아주 큰 영역이고 이 부문에서도 상당히 고도화된 기 술이 적용되었고 디지털화가 완료된 것 같아 보이지만 실제로는 그렇지 않으며 그렇게 널리 보급되고 발전되지도 않았다는 것입니다.

지금 솔로우 역설의 또 다른 과정을 겪고 있는지도 모릅니다. 이런 큰 영역에서 디지털화되고 비즈니스 프로세스에 이런 기술들이 사용되기 전까지는 생산성에 대한 국가적인 규모의 향상을 보기 어렵겠죠.

마틴 포드 : 그렇다면, 전 세계적으로 인공지능과 자동화 기능의 영향을 아직 보지 못했다는 소리인가요?

제임스 매니카 : 네, 아직까지는요. 우리가 상상하는 것보다 훨씬 더 생산성 향상이 필요할 것이고, 인공지능과 자동화 및 모든 디지털 기술들은 이를 돕는데 매우 중 요한 역할을 할 것입니다.

지난 50년간의 경제 성장을 살펴봅시다. 1964년에서 2014년 사이의 G20 국가 (세계 GDP의 90% 이상을 차지하는 국가)의 평균 경제 성장률은 3.5%입니다. 이 국가들의 평균 GDP 성장률이에요. GDP와 경제적 성장은 크게 2가지 부분에서 오는데, 한 가지는 생산성 증가고 다른 한 가지는 노동 공급 확대입니다.

지난 50년 동안 3.5%의 GDP 평균 성장률 중 약 49%(=GDP 평균 성장률 1.7%)

는 노동 공급 확대에서 왔고, 약 51%(=GDP 평균 성장률 1.8%)는 생산성 향상에서 왔어요. 향후 50년을 살펴본다면 노후화 및 인구 통계학적인 영향으로 노동 공급 확대 부분에서 오는 성장률이 0.3%로 떨어질 것이라 봅니다.

즉, 향후 50년의 경제성장은 생산성 향상에 좌지우지되겠죠. 생산성에서 큰 향상을 보지 못한다면 경제 성장은 하강 기류를 타게 될 것입니다. 생산성 향상은 현재의 경제 성장률에서도 중요하고 향후 50년간은 더 중요해질 거예요.

마틴 포드 : 로버트 고든이 주장한 바로는 앞으로 그다지 큰 경제 성장은 없을 것이라고 하는데요(역자 주 : 로버트 고든은 2017년 자신의 책인 미국 경제의 흥망성쇠(The Rise and Fall of American Growth)에서 미래 경제 성장에 대해 상당히 비관적인 시각을 표했다).

제임스 매니카 : 고든은 경제 성장이 없을 수 있다고 말하면서 전기 및 기타 기술에 필적할 만큼 큰 혁신이 있을지 의문을 제기합니다. 그리고 그런 혁신은 없을 것 같다고 회의적 반응을 보이죠.

마틴 포드 : 하지만 인공지능은 그런 기술이 되겠죠?

제임스 매니카 : 정말로 그러길 바랍니다! 인공지능은 확실히 전기만큼 범용기술이면서 경제와 여러 활동에 도움을 줄 거예요.

마틴 포드 : 맥킨지 글로벌 연구소의 보고서에서 일자리와 소득에 관한 문제를 어떻게 표현했는지 궁금한데요. 전반적인 결과에 대해서 상세히 말씀해주실 수 있나요? 어떤 직업군이 자동화되고, 약 몇 퍼센트의 일자리가 없어질까요?

제임스 매니카 : "일자리 손실", "일자리 변화", "일자리 창출"의 3가지 측면을 살펴봅시다.

제임스 매니카

"일자리 손실"과 관해서는 많은 연구결과와 보고서가 있는데 저희는 두 가지의 색다른 방식으로 접근했습니다. 하나는 전체 직업에서 시작하는 것이 아니라 업무를 기반으로 분해해본 건데요. O*NET(역자 주 : 미국 노동부에서 운영하는 사이트로 직업과 관련된 업무, 지식, 기술, 일자리 영역, 업무 스타일 등을 분석한 데이터를 제공한다) 데이터세트와 다른 데이터세트에서 2000개의 업무와 활동들을 살펴보고 미국 노동통계국의 800개의 직업과 서로 연관시켜 보았습니다.

또 그런 업무들을 수행하기 위한 서로 다른 18가지의 능력들을 살펴보았습니다. 인지 능력부터 감각적 능력, 신체, 물리적 능력까지 작업을 수행하기 위한 능력들을 분류해 봤습니다. 그러고 나서 어떤 능력들이 어느 정도까지 자동화될 수 있는지 이해하려고 노력했습니다. 그래서 어떤 작업이 실제로 기계가 수행할 수 있을지 찾을 수 있었죠. 이론에 지나는 것이 아니라 실제 상품으로 증명된 "현재 입증된 기술"을 살펴봤어요. "현재 입증된 기술"의 일반적인 채택률과 확산율을 고려해 향후 10년 반 정도를 가늠해 볼 수 있었습니다.

이 모든 것을 살펴봄으로써 미국 경제의 업무 수준에서 대략 50%의 활동(직업이 아닌 업무, 이 말이 중요)이 자동화 가능하다는 결론을 내렸습니다.

마틴 포드 : 이미 가지고 있는 기술만으로 노동의 절반이 자동화될 수 있다는 것인가요?

제임스 매니카 : 네. 현재 입증된 기술을 기반으로 가능합니다. 그러나 자동화와 관련된 다른 질문이 있는데요. 자동화된 업무들이 직업으로 어떻게 연결되는가입니다.

업무와 직업을 연결시켜 봤을 때 실제로 10%의 직업에서만이 90%의 업무들을 자동화할 수 있습니다.

이 50%라는 수치는 직업의 수가 아닌 업무의 수의 50%라는 것을 명심해야 합니다. 60%의 직업군에서 그들의 업무 중 1/3만큼을 자동화할 수 있다는 것을 발견했는데 이는 직업에 따라 또 다릅니다. 이 60-30은 이미 언급했듯이 대체되는 것이 아니라 보완되는 것에 더 가깝고 이게 제가 언급했던 "일자리 변화"의 부분이 될 것입니다.

마틴 포드 : 언론에 발표되었을 때, 상당히 긍정적인 반응을 보였는데요. 대체되는 경우는 아주 작은 부분에 불과하기에 일자리 손실을 걱정할 필요는 없다는 것을 의미했으니까요. 하지만 이전에 3명의 근로자가 있었고, 각각의 작업 중 1/3이 자동화된다면 2명의 근로자만 필요해 보이는데요?

제임스 매니카 : 맞습니다, 다음으로 말하려고 했던 부분인데요. 작업 구성 인수 문제입니다. 그렇게 줄일 수도 있겠지만 재밌는 방식으로 재구성될 여지가 있어요.

예를 들어, 결합 및 통합이 이루어질 수 있습니다. 모든 업무가 자동화되는 것이 아니라 70%의 업무가 자동화된다는 것인데 그러면서 "업무와 업무방식을 재구성하자"라고 말할 수 있겠죠. 그러면 처음에는 줄어드는 것처럼 보여도, 실제 업무를 통합하고 조합하다 보면 실제 작업 수는 더 많아질 수 있습니다.

하지만, 저희의 연구에서 또 다른 고려 사항이 있습니다. 지금까지 설명한 모든 것은 단순히 기술적으로 타당한가의 답인데요. 실제로는 다섯 가지의 질문 중 첫 번째 질문의 답에 불과합니다.

두 번째 질문은 그 기술을 배치하고 개발하는 데 드는 비용입니다. 분명히 말하지만, 실현 가능하다고 해서 그것이 바로 일어난다는 것은 아닙니다.

전기 자동차를 생각해볼까요. 전기 자동차는 이미 개발되었고 50년 전에도 실현

제임스 매니카

가능했었죠. 하지만 실제로 나오게 된 것은 몇 년도인가요? 구매 비용, 유지 비용, 충전 비용 등이 소비자에게 합리적인 가격으로 다가왔을 때 그리고 기업이 개발할 동기가 있을 때였겠지요. 이제 막 나오기 시작했잖아요.

배치 비용도 아주 중요한 고려 사항인데 물리적 업무를 대신할 건지, 인지적 업무를 대신할 건지에 따라 천차만별이겠죠. 일반적으로 인지 작업을 대체할 때는 소프트웨어나 컴퓨팅 플랫폼을 사용하기에 한계 비용이 급격히 감소하여 비용은 많이 들지 않습니다.

하지만 물리적 작업을 대신한다고 했을 때 물리적 기계를 만들어야 하고 그때는 소프트웨어만큼 한계비용이 빨리 절감되지도 않습니다. 그러므로 배치 비용은 두 번째 주요 고려 사항입니다. 실현 가능하다고 해도 실제로 배치되는 속도를 결정지으니까요.

세 번째 고려 사항은 노동 시장의 수요 역동성으로 노동의 질과 양 그리고 임금을 고려하는 것입니다. 2가지 직업으로 예시를 들어볼게요. 회계사와 정원사가 있다고 합시다. 이 고려 사항들이 이런 직업에서 어떻게 작용되는지 살펴볼게요.

먼저, 회계사의 일이 정원사의 일보다 쉽게 자동화될 수 있습니다. 회계사는 대부분 데이터 분석과 수집과 같은 일들을 하니까요. 물리적인 작업과 인지적 작업의 차이죠. 또 정원사와 같이 비구조화된 환경은 예상치 못한 장애가 있을 수 있고 변수가 많기 때문에 이런 종류의 업무를 자동화하는 데는 기술적으로 훨씬 어렵다는 것을 알 수 있습니다.

두 번째 고려 사항, 시스템의 배치 비용을 생각해볼 때 회계사의 경우 컴퓨팅 플랫폼에서 돌아갈 것이므로 한계비용은 거의 0에 가깝다고 볼 수 있겠죠. 하지만 정원사는 물리적 기계로 움직이는 부분이 상당히 많아요. 기계를 도입함으로써 비용 절감이 있을지라도 감가상각, 운영 비용 등을 고려해본다면 물리적 기계의 경제학적 배치 비용은 회계사와 같은 소프트웨어의 배치 비용보다 항상 많이 들 수밖에 없겠죠.

세 번째 고려 사항인 노동의 질, 양, 임금을 살펴볼까요. 여기서도 정원사를 자동화하는 대신 회계사의 일을 자동화하는 것이 더 좋습니다. 왜냐하면 미국에서 평균적으로 정원사에게 지급하는 임금은 시간당 $8인데 비해, 회계사는 시간당 $30를 받아요. 회계사를 자동화하는 인센티브가 훨씬 큰 셈이죠. 따라서 상대적으로 저 임금의 직업들은 기술적이나 경제적이나 자동화될 가능성이 더 낮다는 것을 알 수 있습니다.

마틴 포드 : 대학 졸업생들에게 별로 좋지 않는 뉴스군요.

제임스 매니카 : 그렇게 빨리는 안 될 거예요. 높은 임금과 낮은 임금의 차이도 있고 높은 기술과 낮은 기술의 차이도 있으니까요. 그게 유용한 구분인지는 잘 모르겠네요.

요점은 자동화될 업무들이 전통적인 임금 구조나 기술 요구 사항과 잘 들어 맞지 않는다는 것입니다. 데이터 수집, 분석이나 고도로 구조화된 환경에서의 물리적인 업무는 자동화될 가능성이 높습니다. 임금이 높든 낮든, 고급 기술이든 저급 기술이든 상관없어요. 판단이나 사람을 관리하는 일, 예상치 못한 일들이 벌어지는 비구조화된 환경에서의 작업은 자동화될 가능성 낮습니다. 따라서 임금수준이 높든, 낮든 상관없이 업무의 형태에 따라 그 일이 쉽게 자동화되거나 그렇지 못하다는 것이 결정되죠.

네 번째 핵심 고려 사항은 노동 대체를 비롯한 여러 가지 이점과 관련있습니다. 비용을 떠나 더 나은 결과를 얻기 위해 자동화를 도입하는 사례도 있습니다. 인간

제임스 매니카

의 능력으로는 생각할 수 없는 더 나은 관점과 예측을 할 수 있게 해주니까요. 자율주행차도 한 가지 사례가 될 수 있을 것 같은데 인간보다 훨씬 안전하게, 덜 오류를 범하면서 운전할 수 있을 테니까요. 인간의 능력을 뛰어넘게 된다면 그 사업을 곧바로 채택하고 비즈니스화할 수 있겠죠.

마지막 다섯 번째 고려 사항은 사회적 규범입니다. 잠재적 규제 사항과 사회적 수용 요인에 대한 광범위한 것 말이죠.

무인자동차 같은 경우가 좋은 예시가 될 것 같은데 오늘날, 비행기를 운전하는 시간 중 오직 7%만이 조종사가 직접 조종하는 시간이라고 합니다. 나머지는 비행기가 스스로 운행하죠. 1%로 더 줄어든다고 해도, 아무도 이런 사실에 대해 신경쓰지 않는 이유는 조종실 내부를 볼 수 없기 때문입니다. 사방이 막힌 문에 그저 앉아서 비행기를 타니까요. 조종사가 있다는 것을 알지만 볼 수 없기 때문에 실제로 운전하든, 안 하든 신경쓰지 않습니다. 반면 자율주행차는 탑승자가 쉽게 차에 아무도 없다는 사실을 볼 수 있으므로 다른 문제로 여겨집니다.

기계와의 상호작용에 대한 사회적 수용, 편안함에 관한 많은 연구들이 있는데 MIT는 연령에 따라, 사회적 상황에 따라, 국가에 따라 사회적 수용이 어떻게 달라지는지 살펴봤습니다. 예를 들어, 일본에서는 물리적 기계가 사람들에게 더 쉽게 받아들여집니다. 또한 연령에 따라, 환경이나 상황에 따라 수용 정도가 달라진다는 것을 쉽게 알 수 있죠. 의학적인 상황을 생각해보면 의사가 아무도 볼 수 없는 방으로 들어가 기계를 사용하고 다시 돌아와 진단을 내린다고 해봅시다. 그 진단 결과를 받아들일 수 있나요? 대부분의 사람들은 그 방에서 어떤 일이 일어났는지 모르기 때문에 결과를 받아들일 것입니다. 하지만 사람이 없는 방에서 화면 하나가 딱 뜨더니 진단 결과를 말해준다면 쉽게 받아들일 수 있을 것 같나요? 대부분은 그렇지 않을 겁니다. 따라서 이런 사회적 상황과 맥락에 따라 사회적 수용이 달라질 수 있고, 이런 기술들이 적용되는 데 영향을 줄 수 있겠죠.

마틴 포드 : 그렇다면 결국 이 모든 것이 어떤 영향을 미치나요?

제임스 매니카 : 음, 중요한 것은 각자 자신의 일을 하면서 이 5가지의 고려 사항들을 생각해봐야 한다는 점입니다. 그럼 어느 정도 자동화의 속도, 어떤 일들이 없어지게 될지, 그런 그림들의 뉘앙스를 느낄 수 있게 될 것입니다. 그 그림들은 직업마다 다 다르겠지요.

최근에 저희가 발표한 보고서에서 제가 언급했던 사항들 임금, 실현 비용 등을 다 고려한 몇 가지 시나리오들을 만들어봤는데요. 시나리오 중반 부분, 2030년까지 약 4억 개의 일자리가 없어질 것으로 추정됩니다. 놀랄 만큼 큰 수치지만 전 세계 노동력의 약 15%에 해당하는 크기입니다. 하지만 노동시장 역학 등을 고려해보면 개발도상국보다 선진국에서 더 클 것으로 예상됩니다.

이러한 시나리오들은 기술이 얼마나 더 빠르게 가속화되는지에 따라 달라지겠죠. 실제로 그렇다면, "현재 입증된 기술"에 대한 저희의 가정은 틀릴거고 예상했던 것보다 빨리 바뀌겠죠. 그래서 실제로 얼마나 많은 일들이 없어질지에 대해 구축한 시나리오는 이런 광범위한 범위도 다 고려한 결과입니다.

마틴 포드 : 새로운 일자리는 얼만큼 생겨날까요?

제임스 매니카 : "일자리 창출" 측면에서는 흥미로운 점이 있는데 경제가 역동적으로 성장할 때 그에 맞는 노동 수요가 항상 있다는 점입니다. 지난 200년 동안에도 경제가 성장하면서 민간 부문과 함께 활기찬 성장을 거듭했으니까요.

향후 20년 안에 노동 수요 증가에 대한 몇 가지 확실한 근거들이 있는데 그중 하나는 세계적인 번영을 누리면서 보다 많은 사람들이 소비계급으로 들어가 재화와 서비스를 소비한다는 것입니다. 다른 근거는 고령화에 있는데 고령화는 모든

제임스 매니카

일자리와 직업의 성장으로 이어질 특정 종류의 일에 대한 수요를 만들 것입니다. 이런 것들이 보수가 좋은 일자리가 많아질 것인지와는 별개의 문제지만 일반적으로 진료 업무나 이런 것들의 수요는 더 늘어날 것으로 예상됩니다.

저희는 기후변화에 대한 적응, 시스템과 인프라 개조 등이 수요를 견인할 것인지도 살펴봤는데 미국과 같은 사회가 이와 관련된 인프라를 구축하는데 행동을 취한다면 역시 노동에 대한 수요가 증가하겠죠. 성장하고 있는 경제는 일자리가 생겨나고 특정한 수요 동인의 역할을 할 것입니다.

또 이전에 존재하지 않았던 새로운 일자리가 생겨날 수 있겠죠. 하버드의 딕 쿠퍼와 함께 노동통계국을 조사하면서 나온 재밌는 분석 결과가 있는데 일반적인 800여 개의 직업군을 추적했을 때 항상 "기타"로 분리되는 범주가 있었습니다. "기타"로 분류되는 범주는 예전에는 없었던 새로운 일자리가 반영돼 있습니다. 노동 통계국의 1995년 자료를 보면 웹 디자이너는 "기타"로 분류되어 있었습니다. 예전에는 없었던 새로운 일이었으니까요. 흥미로운 점은 이 "기타"라는 범주가 가장 빠르게 성장할 직업군이라는 것입니다. 과거에는 존재하지 않았던 직업을 끊임없이 만들고 있으니까요.

마틴 포드 : 종종 들었던 주장이군요. 예를 들어 10년 전에 소셜 미디어와 같은 직업군은 존재하지 않았었죠.

제임스 매니카 : 그렇고말고요! 미국의 경우도 지난 10년간 최소 8%에서 9%의 직업은 예전에는 존재하지 않았던 일자리입니다. 그 일자리는 또 다른 일자리의 원천이 될 것이고 그것이 무엇이 될지는 알 수 없지만 분명 그런 일이 일어날 거라고 확신할 수 있습니다. 어떤 사람들은 새로운 종류의 디자이너나 로봇을 촬영하고 관리하는 새로운 직업들이 생겨날 것이라고 합니다. 이 정의되지 않은 새로운 직업군이 노동 수요를 이끌게 될 것입니다.

새로운 일자리와 다양한 역동성을 살펴보면 경제적으로 대규모 침체가 없는 이상 새로운 일자리는 없어지는 일자리보다 많을 것으로 보입니다. 물론 이런 기술들의 채택과 배치가 가속화되지 않는다면 결국 경제적 침체가 오겠지만요. 그러면 어떠한 조합이라도 결국 없어지는 일자리가 더 많게 될 겁니다.

마틴 포드 : 하지만 고용 통계를 보면 대부분이 전통적인 직업군 즉, 캐셔, 트럭 운전사, 간호사, 교사, 의사 또는 사무원 같은 직업들이 많지 않나요? 이 직업군은 100년 전에도 존재했고 노동의 대부분을 차지하고 있는데요.

제임스 매니카 : 맞습니다, 아직도 많은 부분이 그렇죠. 그 중 일부는 줄어들겠지만 예측하는 것만큼 빠르게 사라지지는 않을 겁니다. 사실 지난 200년 동안 많은 일자리가 없어지는 것을 보아왔잖아요. 예를 들어, 미국의 제조업에서 일어났던 일, 농업에서 산업화로 이어지는 변화들을 배웠을 겁니다. 자동화, 인공지능으로 인한 일자리 감소를 비교하고, 나라마다 20개씩의 대규모 일자리 감소와 각각 무슨 일이 일어났는지 알아봤습니다. 지금 예상하는 범위들은 적어도 향후 20년 이내에 표준 범위를 벗어나지 않을 것으로 보여요. 그 뒤로는 누가 알겠어요? 그래도 극단적인 가정 역시 여전히 역사적으로 보아온 변화의 범위 안에 있습니다.

20년 정도 안에 모두에게 충분한 일이 주어질 것인지가 큰 문제이죠. 극단적인 시나리오로 들어가지 않는 이상 모두에 충분한 일자리가 있을 것으로 결론지었습니다. 또 하나의 중요한 문제는 직업의 증감분의 규모가 얼마나 큰가 하는 것인데 한 직업에서 다른 직업으로 이동하는 수준은 어느 정도이며, 얼마나 많은 직업군에서 사람을 보완할 기계를 채택하고 적응시켜야 하는지와 관련된 문제 말입니다.

저희 연구 결과에 따르면 관련 기술, 교육 및 직무 간 훈련 측면에서의 현재 진행 과정과 속도는 확신할 수 없지만, "충분히 그런 일이 있을까?"와 같은 질문보다는 더 많이 걱정하고 있습니다.

마틴 포드 : 앞으로 심각한 기술 불일치(개인의 능력과 기술 간의 차이) 시나리오 가 발생할 가능성이 있을까요?

제임스 매니카 : 네, 기술 불일치는 큰 문제입니다. 직업이 변하는 사람들은 한 직 업에서 다른 직업으로 옮겨가야 하고 더 높거나 낮은 기술 또는 다른 기술에 적응 해야 합니다.

분야 및 지리적 위치를 볼 때 미국은 충분한 일자리가 있습니다. 하지만 다음 단 계로 그 일을 할 가능성이 있는 지역을 살펴보면 지리적인 불일치 문제가 있죠. 일부 지역은 다른 지역보다 기회가 빈 구멍처럼 비어 있는 것처럼 보여요. 이에 대한 대비책이 명확히 준비되어 있지 않습니다.

임금에 대한 영향은 또 다른 주요 문제입니다. 직업 변화 가능성 측면에서 없어질 가능성이 높은 직업들은 회계사와 같이 중간급 직종에 속해있는 경향이 있습니 다. 보수가 좋은 직업은 데이터 분석과 같은 일과 관련이 있죠. 또 상당히 구조화 된 환경에서 물리적인 작업도 동반합니다. 반면 보육 업무와 같이 보수가 충분하 지 않은 직업들은 성장하고 있는데 임금적인 이슈가 많을 것으로 보입니다. 따라 서 임금 역동성을 위한 새로운 시장 메커니즘을 만들거나 변경할 필요가 있어요.

임금에 대해 걱정하는 또 다른 이유가 있습니다. 이와 관련해 저희는 기술자로서 깊은 고찰을 거쳤는데 "걱정하지 마요, 기계는 단지 우리의 일을 보완해줄 뿐 대 체할 수 있진 않을 겁니다."라고 보는 것이 맞습니다. 저희 분석에 따르면 60%의 직업에서 1/3만큼의 업무만 기계가 대신해 준다고 나왔으니까요.

하지만 이런 일들을 임금과 함께 논의돼야 합니다. 기계가 보완해줄 때 다양한 결 과들이 있기에 어느 하나 확실한 것은 없습니다. 예를 들어, 고도의 숙련 기술자 의 일을 기계가 보완해주고 잘 작동한다면 그 기술자는 상당한 부가가치를 생산할 수 있겠죠. 그러면 그 사람의 임금은 올라갈 거고, 생산성도 올라갈 거고, 여러 모로 모두 훌륭한 결과를 가져올 수 있습니다.

하지만, 다른 경우도 존재하겠죠. 단 30%만큼만 기계가 보완하더라도 그 부분이 그 일의 모든 부가가치를 생산한다면 남은 일은 덜 복잡한 작업이 될 테죠. 그러면 이전에는 전문화된 기술, 전문 자격증이 필요한 작업들이 누구나 할 수 있는 쉬운 일이 되어 더 낮은 임금을 받게 될 수도 있습니다. 따라서 어떤 직업군에 기계를 도입하는 것이 잠재적으로 그 직업군의 임금을 위협할 소지가 있죠.

기계가 보완해줄 때 발생할 수 있는 결과물들의 범위는 넓고 다양한데 긍정적인 부분만 보려 하고 부정적인 부분은 말하지 않으려고 하는 경향이 있습니다. 그러나 기계가 발전함에 따라 사람도 지속적으로 재교육을 받는 일들이 많아질 겁니다.

마틴 포드 : GPS가 런던 택시 운전사에게 미친 영향이 좋은 예시가 될 것 같네요.

제임스 매니카 : 네, 런던 시내의 지름길과 도로 지식을 가지고 있는 기사는 별로 없었어요. 노동 공급이 부족했던 상황에서 GPS 시스템이 도입돼 널리 보급되었죠. 남은 건 단순히 운전하는 것뿐이게 되었지만 그 덕분에 많은 사람들이 목적지까지 쉽게 갈 수 있게 되었어요.

탈 숙련화의 또 따른 형태로 콜센터 운영을 생각해볼 수 있습니다. 고객을 돕기 위해 콜센터의 직원들이 기술적인 이슈들을 파악하고 있어야 합니다. 하지만 오늘날은 관련된 정보, 스크립트를 읽기만 하면 됩니다. 기술적인 세부사항들을 알 필요 없이 관련된 스크립트를 읽고 따라하면 됩니다. 특수한 케이스에 도달했을 때는 전문가에게 전달하면 되니까요.

콜센터를 통하거나 현장 수리를 나갈 때 역시 실제로 서비스 작업 및 서비스 기술자 작업의 많은 예시들이 있습니다. 이 부분들 중에 상당수가 탈 숙련화를 겪었죠. 문제를 해결하는 데 필요한 지식이 스크립트 혹은 다른 방법으로 캡슐화되어 간단해지고, 실제로 해야 할 일은 상당히 작은 부분으로 바뀌었으니까요.

마틴 포드: 그럼 실업보다는 임금에 관한 문제가 더 중요한 문제라 보는 건가요?

제임스 매니카: 물론 극단적인 케이스로 치달을 수 있기 때문에 실업을 걱정하는 사람도 있겠지만 저는 기술 변화, 직업 변화와 같은 변화와 어떻게 이 변화를 통해 사람들을 도울 수 있을지 생각하고 있습니다.

노동 시장에서 얼마나 일을 소중하게 생각하는지에 대한 인식이 개선되지 않는다면 임금 효과에 대해서도 걱정해야 할 것 같습니다. 항상 이런 문제는 존재해왔죠. 아이들을 돌보는 사람들, 선생님의 가치를 존중하지만 임금체계에는 그런 점들이 반영되어 있지 않죠. 이러한 불일치 문제는 훨씬 커질 것 같습니다.

마틴 포드: 이전에 언급했듯이, 소비자-수요 문제로 되돌아갈 수 있겠네요. 그 결과 생산성도 저하되고요.

제임스 매니카: 맞습니다. 일에 대한 수요를 더욱 악화시키지 않기 위해 하루 빨리 움직여야 할 때입니다. 재숙련화와 직무간 훈련이 중요한 이유는 무엇보다 이러한 기술이 빠르게 변하고 있고 사람들이 상당히 빨리 적응해야 하기 때문입니다. 이미 문제가 있어요. 저희 연구결과에서도 강조했었는데 직무간 훈련에 얼마나 많은 돈을 쓰는지 살펴보면 지난 20~30년 동안 직무간 훈련 수준은 감소한 것으로 보입니다. 가까운 미래에 직업 훈련이 중요한 부분이 될 것이라는 것을 감안하면 이것은 정말 큰 문제입니다.

이 문제를 직시할 수 있는 또 하나의 방법은 "적극적 노동 시장 지원" 부분을 보는 것입니다. 직무간 훈련과는 별도로 실직 상태에서 근로자에게 제공하는 지원이나 그들이 한 직업에서 다른 직업으로 옮겨갈 때 제공하는 지원의 한 종류를 말하는데요. 세계화의 막바지 때 저희가 놓친 부분이 이 부분이라고 생각합니다.

세계화가 진행되면서 생산성 향상, 경제 성장, 소비자 선택 및 제품의 다양화 등 긍정적인 변화가 있지만 노동자의 시각으로 볼 때는 사뭇 다릅니다. 실직자들에게 지원해주는 제도가 효과적으로 시행되지 않았습니다. 세계화의 부정적인면들은 매우 특수한 지역에 국한된 문제지만 그 지역의 많은 사람들과 지역사회에 큰 영향을 주었죠. 2000년 당시 미국의 경우 당신과 친구들을 포함해 10명이 어떤 일에 종사하고 있었다면 10년 후에는 그 직업 중 3가지 직업만이 남았을 것입니다. 의료 제조 분야도 마찬가지였어요. 하지만 미시시피에 있는 웹스터 카운티라는 지역을 생각해볼까요? 의료 제조에 미친 영향으로 3분의 1이 직업을 잃었습니다. 전반적으로 잘 해결될 거라고 위로해줄 수 있겠지만 그 직무에 종사하는 당사자라면 별로 위안이 되지 않을 겁니다.

일자리를 잃은 혹은 잃을 사람들, 직업의 변화로 소외될 혹은 다른 직업, 다른 기술 부문으로 이전할 필요가 있는 사람들을 지원하고자 한다면 해야 할 일들이 많습니다. 그래서, 근로자 전환 문제는 상당히 큰 문제입니다.

마틴 포드 : 실직자든, 전환하고 있는 근로자든 상관없이 지원해야 한다는 말씀이군요. 기본 소득이 이 부분을 해결할 좋은 아이디어일까요?

제임스 매니카 : 이 문제에 대해서 전 세계적으로 토론하고 있다는 사실은 마음에 듭니다. 임금과 소득 문제가 있다는 것을 인정하고 세계적으로 논쟁을 불러일으키고 있으니까요.

하지만 기본 소득은 더 넓은 역할을 놓치고 있다고 생각해요. 일은 소득을 제공하지만 동시에 다른 많은 역할들도 하기 때문이죠. 삶의 의미, 존엄, 목적, 지역 사회 및 사회적인 효과 등의 의미를 지닙니다. 기본 소득 기반의 사회에서는 임금 문제가 해결된다 하더라도 일이 의미하는 다양한 것들을 제공해주지 않을 겁니다.

여기에 꼭 맞는 인용문 중 하나는 린든 B. 존슨(Lyndon B. Jonson) 대통령의 "기술, 자동화 및 경제 발전"에 관한 블루 리본 위원회(Blue-Ribbon Commission, 역자 주 : 주어진 질문을 조사, 연구 또는 분석하기 위해 임명된 사람들의 그룹)의 인용문인데요. 보고서의 결론 중 하나는 "기술은 직업을 없애지만 일을 없애지 않는다"입니다.

마틴 포드 : 할 일은 있지만 노동시장에서 가치가 없을 수도 있지 않나요?

제임스 매니카 : 모든 일을 노동시장에서 볼 수 있는 것은 아닙니다. 사회에서 많은 여성들에 의해 이루어지는 무급의 육아나 집안일을 생각해보세요. 이런 종류의 가치를 어떻게 노동시장에 반영할 수 있을까요? 단지 유급 노동인지 아니면 노동으로 인정받고 어떤 방식으로 보상할지의 문제입니다.

기본 소득 덕분에 임금과 소득에 대한 논의가 일어나는 것이 좋지만 그것이 이 문제를 효과적으로 해결할 수 있을지는 장담하지 못합니다. 보다 조건부 형태로 동기, 목적, 존엄, 다른 요소들을 임금에 반영할 수 있는 방법들을 더 선호합니다. 목적, 의미 및 존엄성에 대한 질문은 결국 인간의 존재를 정의하는 문제이죠.

제임스 매니카

제임스 매니카는 맥킨지 & 컴퍼니의 선임 파트너이자 맥킨지 글로벌 연구소의 회장이다. 제임스는 맥킨지 이사회에서도 활동하고 있다. 20년 동안 실리콘 밸리의 다양한 문제에 대해 세계 유수의 많은 기술 회사의 CEO 및 설립자들과 함께 일해 왔다. 맥킨지 글로벌 연구소에서 기술, 디지털 경제, 성장, 생산성 및 세계화에 대한 연구를 주도하고 있다. 인공지능과 로봇에 관한 책, 또 다른 세계 경제 동향에 관한 책 그리고 비즈니스 미디어와 학술지에 등장한 수많은 기사와 보고서를 썼다.

제임스는 오바마 대통령(2012-16)으로부터 글로벌 개발 위원회의 부회장으로 임명됐으며 디지털 경제위원회와 국가 혁신자문위원회의 위원으로 활동했다. 또 외교 관계 위원회(Council on Foreign Relations), 존 D.(John D.)와 캐서린 T. 맥아더 재단(Catherine T. MacArthur Foundation), 휴렛 재단(Hewlett Foundation) 그리고 마크 재단(Markle Foundation)의 이사회에서 일하고 있다. 옥스퍼드 인터넷 연구소(Oxford Internet Institute), MIT의 디지털 경제 구상(Initiative on the Digital Economy)을 비롯한 학문 자문위원회에서 활동하고 있다. 스탠퍼드 기반 인공지능 100년 연구의 상임 위원이자 AIIndex.org의 회원이고, 딥마인드의 연구원이다.
옥스퍼드 대학의 공학 교수였고 프로그래밍 연구 그룹 및 로보틱스 연구실의 멤버였다. 발리올 대학, 옥스퍼드 연구원, 나사 제트 추진 연구소의 초빙 과학자, MIT의 교수진 교환 연구원이었다.

ff 전 세계에서 인공지능에 대해 일어나고 있는 일들을 보면 정말 놀라운 일이라고
생각합니다. 중국, 캐나다, 프랑스 그리고 영국은 다른 나라들보다 인공지능에
막대한 투자를 하고 있습니다. 많은 국가들이 인공지능에 미래를 걸고 있으며,
미국 또한 그렇게 해야 한다고 생각합니다. 인공지능의 잠재력을 고려해야 하며
인공지능에 대한 지원과 자금을 늘려야 한다고 생각합니다. **"**

다니엘라 러스(DANIELA RUS)

MIT AI 연구소(CSAIL) 소장

다니엘라 러스는 세계 최대 연구기관 중 하나인 MIT의 컴퓨터 과학 및 인공지능 연구소
(CSAIL) 소장입니다. 다니엘라는 ACM(역자 주 : Association for Computing, 1947년에 설립된
세계 최초의 컴퓨터 분야의 학술과 교육을 목적으로 하는 학회들의 연합), AAAI(역자 주 : Association
for the Advancement of Artificial Intelligence, 전미인공지능학회), IEEE(역자 주 : Institute of
Electrical and Electronics Engineers, 전기전자공학 전문가들의 국제학회)의 회원이며, 미국 예
술 과학 아카데미(American Academy for Arts and Science, 역자 주 : 1780년에 학예를 장
려하기 위해 설립된 기관)의 회원입니다. 다니엘라는 로봇 공학, 모바일 컴퓨팅, 데이터 과학
분야의 연구를 주도하고 있습니다.

마틴 포드 : 먼저, 다니엘라 씨의 경력과 어떻게 인공지능과 로봇 공학에 관심을 가지게 되었는지 말씀 부탁드립니다.

다니엘라 러스 : 저는 항상 과학과 공상 과학 소설에 관심이 많았습니다. 어렸을 때, 그 당시 인기 있는 공상 과학 소설을 다 읽었을 정도였으니까요. 루마니아에서 살았기 때문에 미국처럼 다양한 매체들은 없었지만 제가 즐겨 보던 TV쇼가 있었는데 바로 '로스트 인 스페이스'(역자 주 : 1965년~1968년까지 CBS에서 방영한 드라마)였습니다.

마틴 포드 : 저도 기억이 나네요. 제가 인터뷰를 진행한 사람들 중에 공상과학 소설에서 영감을 받은 건 다니엘라 씨뿐만이 아니에요.

다니엘라 러스 : '로스트 인 스페이스'에서 괴팍한 윌(Will)과 로봇을 좋아했고, 단 한편도 안보고 지나간 적이 없었습니다. 그 당시에는 이 분야에 약간이라도 관련된 일을 할 거라고 상상도 못 했습니다. 저는 운 좋게도 수학과 과학을 꽤 잘했어요. 그리고 대학생이 되었을 때는 수학을 가지고 무언가를 해보고 싶었지만, 순수 수학은 너무 추상적으로 보였습니다. 그래서 저는 컴퓨터 과학과 수학을 전공으로 하고, 다른 세계가 있을 수도 있다는 환상에 천문학을 부전공으로 선택했습니다.

학사 학위가 끝나갈 무렵 튜링상(역자 주 : ACM에서 컴퓨터 과학 분야에 업적을 남긴 사람에게 매년 시상하는 상)을 수상한 이론 전산 학자인 존 홉크로프트의 강연을 듣게 되었는데, 그 분은 "고전적인 컴퓨터 과학은 끝났다"라고 했습니다. 그분의 의도는 컴퓨터 분야 학자들이 제안한 그래프 이론(역자 주 : 수학에서 객체 간에 짝을 이루는 관계를 모델링하기 위해 사용되는 수학 구조인 그래프에 대한 연구)들에 대한 해결책이 존재하기 때문에, 이제는 응용을 할 때라는 것이었습니다. 그 분이 주장했던 응용이 바로 로봇이었습니다.

다니엘라 러스

저는 로봇에 흥미를 가지게 되었고 로봇 공학 분야에 기여하고 싶어 존 홉크로 프트 교수 밑에서 박사 과정을 보냈습니다. 하지만, 그 당시에는 로봇 공학 분야 는 전혀 발전되어 있지 않았습니다. 고작 사용할 수 있었던 로봇이라고는 커다란 PUMA(Programmable Universal Manipulation Arm, 프로그래밍 가능한 범 용 로봇 팔) 팔이 다였고, 그 로봇 팔은 어릴적 저의 판타지하고는 많이 다른 산업 용 로봇이었습니다. 저는 그 로봇 팔을 능숙하게 조작할 수 있었고, 이론적이고 계산적인 관점에서 많은 것을 공부할 수 있었습니다. 그리고 어떤 분야에 기여할 수 있을 지 많이 생각해 보게 되었습니다. 논문을 마무리하고 시뮬레이션이 아닌 실제 시스템에 사용할 알고리즘을 구현하려 했던 기억이 납니다. 하지만, 그 당시 에 사용할 수 있었던 시스템은 Utah/MIT Hand(네 개의 손가락을 가진 로봇 손) 뿐이었고, 알고리즘에 필요한 동력과 토크(회전력)를 낼 수도 없었습니다.

마틴 포드 : 저한텐 기계와 알고리즘 사이에 큰 격차가 있었다라고 들리는데요.

다니엘라 러스 : 정확해요. 그때, 기계는 몸과 뇌 사이에 밀접한 연결이 있다는 사실 을 깨달았습니다. 어떤 일을 기계가 수행할 수 있으려면 몸이 필요하고, 기계가 의 도한대로 움직이게 하기 위해서는 몸을 제어할 수 있는 뇌가 필요하다는 것을요.

그래서, 저는 몸과 뇌의 상호작용에 많은 관심을 가지게 되었고, 로봇의 정확한 개념에 도전하게 되었습니다. 산업용 매니퓰레이터(역자 주 : 로봇 팔 자동 기계 장치)도 로봇의 좋은 예라고 할 수 있지만, 로봇의 전부라고는 할 수 없습니다. 로봇은 그 밖에도 많은 것들이 있어요.

현재, 제 연구실에는 기존에 볼 수 없었던 많은 종류의 로봇들이 있습니다. 모듈 형 휴대 로봇, 소프트 로봇(역자 주 : 실리콘, 고무 등 부드러운 재질로 이루어진 로봇), 음식으 로 만든 로봇, 심지어 종이로 만든 로봇까지 있습니다. 우리는 새로운 종류의 재 료, 모양, 구조 그리고 로봇의 몸체가 어때야 하는지에 대한 다양한 방법들을 연구하고 있습니다. 또한 로봇의 작동 방식에 기반이 되는 수학에 대해서도 많은 연구를 하고 있으며, 자동화와 지능에 필요한 공학을 이해하고 발전시키는 것에 관심이 있습니다.

하드웨어와 하드웨어를 제어하는 알고리즘의 관계에 대해서도 흥미가 있었습니다. 알고리즘에 대해 생각할 때 해답도 중요하지만 그 해답을 위한 수학적 기초 또한 중요하다고 생각합니다. 알고리즘을 만드는 데 필요한 기반이 되기 때문이죠.

마틴 포드 : MIT의 컴퓨터 과학 및 인공지능 연구소(CSAIL, Computer Science and Artificial Intelligence Laboratory)는 로봇 공학 뿐만 아니라 AI 분야에서 중요한 연구를 많이 하는 곳으로 알고 있습니다. 연구소장으로서 CSAIL이 정확히 무엇인지 설명해 줄 수 있나요?

다니엘라 러스 : CSAIL의 목표는 컴퓨터를 통해 세상을 더 좋게 만들고, 세계의 우수한 학생들을 교육할 수 있는 미래의 컴퓨터를 개발하는 것입니다.

CSAIL은 매우 특별한 조직입니다. 제가 학생이었을 때 기술의 올림푸스라고 동경했는데 그런 제가 CSAIL의 구성원이 될 거라고는 상상도 못했어요. 저는 CSAIL을 컴퓨터의 미래를 이끌 선도자라고 생각하고, 사람들이 컴퓨터를 통해 세상을 더 좋게 만드는 방법을 연구하고 있습니다.

CSAIL은 컴퓨터 과학(CS)과 인공지능(AI) 분야로 구성되어 있고, 둘 다 역사가 깊습니다. AI는 이 분야가 발명되고 설립된 1956년으로 거슬러 올라갑니다. 1956년 마빈 민스키는 뉴햄프셔 주에 그의 친구들 불러 모았고, 한 달 동안 지내면서 숲에서 하이킹을 하고, 와인을 마시면서 많은 대화를 나눴습니다. 물론 소셜 미디어, 이메일 그리고 스마트폰의 방해는 당연히 없었겠죠.

하이킹을 끝내고 숲에서 나온 뒤 그들은 새로운 연구 분야인 인공지능(AI)을 만들었습니다. 인공지능은 인간이 세상을 어떻게 인지하고, 행동하며, 의사소통 하는지 그리고 어떻게 학습하는지에 있어서 인간 수준의 능력을 갖춘 기계를 개발하는 과학 및 공학을 말합니다. CSAIL의 연구원들은 이러한 문제에 대해 생각해 왔으며, 획기적인 공헌을 했습니다. CSAIL의 일원이 되는 것은 매우 큰 특권이에요.

컴퓨터 과학 분야는 1963년으로 거슬러 올라갑니다. 컴퓨터 과학자이자 MIT 교수인 밥 파노는 두 사람이 동시에 같은 컴퓨터를 사용할 수 있을 것이라는 말도 안되는 생각을 했습니다. 그때 당시에는 컴퓨터가 방 만한 크기였고, 컴퓨터를 사용하려면 시간을 예약해야 했었던 시절이었습니다. 원래 컴퓨터 과학 연구실은 기계를 이용한 인식(Machine-Aided Cognition)을 의미하는 Project MAC으로 이름을 지었는데, 컴퓨터 과학(CS)과 AI 분야에서 리더였던 민스키(Minsky)와 코비(Fernando "Corby" Corbato)의 이름을 따서 MAC으로 지었다는 우스갯소리가 있었습니다. 1963년 연구소가 설립된 이래로 연구원들은 컴퓨터가 어떨 것인지, 어떠한 것을 할 수 있는지 노력을 기울여 왔습니다.

오늘날 CSAIL에서 개발된 연구로는 RSA 암호화, Unix에 영향을 준 시분할(time-sharing) 시스템, 광 마우스, 객체지향 프로그래밍, 음성 시스템, 컴퓨터 비전(23쪽 용어집 참조)을 갖춘 이동 로봇, 자유 소프트웨어 운동(역자 주 : 리처드 스톨먼이 1980년대에 주장한 운동이다. 이 운동의 목표는 모든 소프트웨어를 자유 소프트웨어로 만들자는 것이다) 등이 있습니다. 최근에는 CSAIL은 클라우드 및 클라우드 컴퓨팅을 정의하고, MOOC(Massive Open Online Course, 역자 주 : 대규모 사용자를 대상으로 제공하는 온라인 공개 수업)을 통해 교육을 자유화하고, 개인 정보 보호 및 컴퓨터의 다른 측면에 대해 생각하는 선두주자 역할을 하고 있습니다.

마틴 포드 : 현재, CSAIL의 규모는 어느 정도인가요?

다니엘라 러스 : CSAIL은 MIT에서 가장 큰 연구실로 1,000명이 넘는 구성원에 5개의 학교와 11개의 학과에 걸쳐 있습니다. 현재, CSAIL은 115명의 교수진을 두고 있으며 각 교수들은 컴퓨팅(역자 주 : 넓은 의미에서 컴퓨터 기술 자원 개발 및 사용하는 모든 활동)에 대한 큰 꿈을 가지고 있습니다. 이는 CSAIL의 윤리관에 대한 중요한 부분입니다. 일부 교수들은 알고리즘, 시스템 또는 네트워크를 통해 컴퓨팅을 더 향상시키고자 노력하고, 다른 교수들은 컴퓨팅을 통해 인류의 삶을 개선하기를 원합니다. 예를 들어, 샤피 골드우서는 인터넷을 통해 사적인 대화를 나눌 수 있도록 만들기를 원하며, 팀 버너스-리는 인터넷에 대한 마그나카르타(역자 주 : 왕의 절대 권력을 제어하고 시민들의 자유와 권리를 상징하는 대헌장) 권리장전을 만들고 싶어 합니다. 또한 우리가 아플 때 치료법들이 효과적일 수 있도록 개인화되고 맞춤화 될 수 있도록 하려는 연구원들도 있습니다. 레슬리 카일블링은 데이터 소령(Lieutenant-Commander Data, 역자 주 : 스타트렉에 등장하는 인물 로 자아를 지닌 인공지능 안드로이드)을 만들고 싶어하며, 러스 테드레이크는 하늘을 날 수 있는 로봇을 만들고자 합니다. 저는 사람의 인지와 신체적인 활동에 도움이 될 수 형태 변환 로봇을 만들고 싶습니다.

이러한 열망은 불과 20년 전만해도 컴퓨터가 크고, 비싸며 다루기 어려웠기 때문에 소수의 전문가들을 위한 일이었습니다. 하지만, 지금은 스마트폰, 클라우드 컴퓨팅 그리고 소셜 미디어가 등장하면서 모든 것이 바꼈습니다.

오늘날, 많은 사람들이 컴퓨터를 사용합니다. 컴퓨터를 사용하기 위해서 전문가가 될 필요가 없으며 컴퓨터에 얼마나 의존하고 있는지도 못 느낄 정도로 많이 사용합니다. 인터넷이 없는 하루를 상상해보세요. 소셜 미디어, 이메일을 통한 의사소통, GPS, 병원 진단, 디지털 미디어, 음악, 온라인 쇼핑이 없는 그런 하루 말이에요. 컴퓨터가 어떻게 우리 삶의 구조에 스며 들었는지 놀라울 정도입니다. 저한텐 이 점이 로봇이 물리적, 인지적 활동에 도움을 주는 모습은 어떨 것인지에 대한 흥미롭고 중요한 질문을 던집니다.

마틴 포드 : 대학에 기반을 둔 조직으로서 순수 연구와 상업적인 연구 그리고 더 나아가 실제 제품까지 개발하는 것 사이의 균형은 어떻게 되나요? 스타트업으로 분리하거나 다른 회사와 협력을 하는 건가요?

다니엘라 러스 : 저희는 따로 회사를 보유하고 있지 않습니다. 대신에 학생들을 교육하고 그들이 졸업했을 때, 무엇을 할 수 있는지에 다양한 선택권을 주는 것에 집중하고 있습니다. 그 선택권이 학업에 종사하거나, 첨단기술 산업 또는 사업가가 될 수 있겠죠. 한 학생이 몇 년간의 연구 끝에 새로운 종류의 바로 적용 가능한 시스템을 만들었다고 가정해 봅시다. 그건 우리가 받아들이는 일종의 기술 기업가 정신이며, 수백 개의 회사가 CSAIL로부터 생겨났지만 CSAIL이 소유하는 회사는 없습니다.

또한 제품을 만들지는 않지만 그렇다고 무시하는 것은 아닙니다. 저희가 했던 연구가 어떻게 제품으로 만들어 지는지에 대해 매우 관심있게 보고 있습니다. 보통, 저희의 사명은 미래에 초점을 맞추는 것이며 5년에서 10년 후의 문제에 대해 생각합니다. 또한, 오늘날의 중요한 아이디어도 다루죠.

마틴 포드 : 로봇 공학의 미래에 대해 이야기해보죠. 다니엘라 씨는 로봇 공학에 대해 많은 시간을 할애하는 것으로 들리는데요. 미래에는 어떤 혁신적인 기술이 나타날까요?

다니엘라 러스 : 세상은 이미 로봇 공학에 의해 많이 변했습니다. 의사들은 환자와 더 밀접해질 수 있고, 선생님들은 수천 마일 떨어진 학생들과 연락할 수 있습니다. 또한, 공장에서 포장을 돕는 로봇이 있고, 설비를 모니터하기 위해 네트워크화 된 센서를 가지고 있으며 3D 프린팅으로 맞춤화된 상품을 생산하고 있습니다. 세상은 이미 인공지능과 로봇 공학의 발달로 많이 변했고, 인공지능과 로봇 시스템에 더 많은 기능을 추가한다면 더 놀라운 일들이 가능할 겁니다.

오늘날의 기술보다 좀 더 높은 수준에서 일상적인 업무가 우리의 시야에서 사라질 세상을 상상해야 합니다. 이러한 일상적인 업무는 물리적 작업일 수도 있고, 계산적인 업무이거나, 인지 활동에 관한 업무일 수도 있습니다.

이미 여러 산업에서 머신러닝을 적용하는 사례가 증가하고 있다는 것을 아실 테지만, 저는 더 많은 일상적인 업무가 우리의 관심에서 사라지는 세상을 생각합니다. 아마도 스스로 쓰레기를 비우는 쓰레기통과 빨래를 개는 로봇과 같이 스마트한 인프라를 갖춘 것들이 될 거예요. 물이나 전기를 원료로 하는 교통 수단을 이용해 언제, 어디든지 갈 수 있게 될 것입니다. 그리고 업무 효율을 극대화하고 삶의 질을 좋게 하며, 건강하고 효율적으로 살 수 있도록 도와줄 지능형 비서를 갖게 될 것입니다.

마틴 포드 : 자율주행 자동차는 어떨까요? 언제쯤 맨해튼에서 로봇 택시를 탈 수 있게 될까요?

다니엘라 러스 : 특정 용도의 자율주행기술은 현재 사용 가능하다고 얘기할 수 있습니다. 현재 자율주행기술은 5단계 중 4단계(역자 주 : 미국자동차협회가 정의한 자율주행기술의 단계. 총 5단계로 구성되어 있으며, 4단계는 '운전자가 목적지만 설정하면 되는 단계'를 의미한다)입니다. 사람과 수하물을 수송할 수 있고, 덜 복잡한 환경에서 달릴 수 있는 로봇 자동차가 이미 있습니다. 맨해튼의 교통은 매우 혼잡스럽기 때문에 어려울 수 있지만, 노인 주택 지구나 산업 단지 또는 교통량이 많지 않은 장소에서 주행할 수 있는 로봇 자동차를 이미 보유하고 있습니다. 그렇지만, 그곳에도 교통 체증과 다른 사람들 그리고 다른 자동차가 있기 마련입니다.

다음으로, 사람과의 상호작용이 많아지는 더 크고 복잡한 환경에서 적용할 수 있는지 생각해봐야 합니다. 자율주행기술은 조금씩 발전하고 있지만, 몇 가지 심각한 난관들이 있습니다. 예를 들어, 자율주행에 사용하는 센서들은 악천후에서는

다니엘라 러스

불안정합니다. 모든 기상 조건에서 완전한 자율주행이 가능한 단계인 5단계에 도달하려면 아직 갈 길이 멉니다. 또한 자율주행 시스템들은 뉴욕 번화가에서 볼 수 있는 교통 체증을 처리할 수 있어야 하며, 자율주행 차와 사람이 운전하는 자동차가 혼재하는 상황에 적합해야 합니다. 그렇기 때문에 사람과 기계가 공존하는 환경을 고민하는 것은 매우 흥미롭고 중요합니다. 매년 기술은 점점 발전하고 있지만, 완전한 해결책을 찾는 데는 10년이 훨씬 더 걸릴 수도 있습니다.

하지만, 상업적으로 좀 더 빨리 적용될 수 있는 부분들이 있습니다. 노인 주택 지구에서 자율주행 셔틀버스 서비스가 운영되거나 장거리 운전이 가능한 자율주행 화물차가 곧 등장 할거라고 생각합니다. 뉴욕에서 주행하는 것보다는 조금 더 간단해 보이지만 노인 주택 지구에서 주행하는 것 또한 어려울 수도 있습니다. 고속으로 주행해야 하고 코너가 많으며, 사람이 운전하는 자동차가 끼어들 수 있기 때문이죠. 비가 엄청 내리는 상황에 로키 산맥에 있는 위험한 산길을 가고 있다고 가정해 봅시다. 이러한 상황을 극복하기 위해서는 정말 좋은 센서와 제어 시스템 그리고 사람의 추론과 제어 능력 간의 협력이 필요합니다. 자율주행 또한 마찬가지입니다. 완전한 자율주행이 힘든 고속도로에서는 사람이 운전에 일부 관여하거나, 반대로 로봇이 관여하는 방식의 자율주행이 될겁니다. 아마도 5년이나 10년 정도 걸릴거에요.

마틴 포드 : 향후 10년 동안 많은 문제가 해결되겠지만, 모든 문제가 해결되진 않겠군요. 어쩌면 서비스가 특정 분야에 국한되지는 않을까요?

다니엘라 러스 : 꼭 그런 것만은 아닙니다. 계속해서 발전 중입니다. CSAIL에서는 시골길을 자율주행할 수 있는 최초의 시스템 중 하나를 보여주는 논문을 발표했습니다. 문제를 해결하는 것이 만만치 않겠지만 한편으로 10년은 긴 시간일 수도 있습니다. 20년 전, Xerox PARC(역자 주 : 팰로앨토 연구소의 옛 명칭이며, 미국 캘리포니아 주 팰로앨토에 있는 연구소)의 수석 과학자였던 마크 웨이저는 퍼베이시브 컴퓨팅(역

자 주 : 장소에 관계없이 자유롭게 컴퓨터를 사용할 수 있도록 하는 컴퓨터 관련 기술을 의미)에 대해 얘기한 적이 있는데 그때는 몽상가처럼 보였습니다. 하지만, 오늘날 그가 예상한 대로 장소에 구애 받지 않는 컴퓨팅이 실현되어 우리를 돕고 있어요.

저는 과학 기술에 대해 낙천주의자가 되고 싶어요. 과학 기술이 사람들을 분열시키기보다는 사람들을 통합시키고, 힘을 실어줄 수 있는 엄청난 잠재력을 가지고 있다고 말하고 싶습니다. 하지만, 거기에 도달하기 위해서는 과학과 공학을 더 발전시켜 기술을 구현할 수 있도록 해야합니다.

또한, 폭넓은 교육을 가능하게 하고, 사람들이 과학기술을 사용해 삶이 더 나아질 수 있다는 상상을 마음껏 할 수 있도록 하는 프로그램을 만들어야 하지만 현재의 인공지능과 로봇 공학에서는 전문지식을 요구하기 때문에 불가능한 일입니다. 모든 사람이 과학 기술을 이용할 수 있는 도구와 스킬을 가질 수 있도록 교육 방법을 다시 논의할 필요가 있습니다. 우리가 할 수 있는 또 다른 일은 과학 기술을 계속 발전시켜 기계가 사람에게 적용하도록 만드는 것입니다.

마틴 포드 : 유용한 일을 할 수 있는 개인용 로봇이 물체를 집는 일을 수행하는 데에는 어려움이 많은 듯한데요. 예를 들어, 로봇에게 냉장고에서 맥주를 가져다 달라고 요청하는 것은 현재 기술의 관점에서 보면 정말 어려운 일입니다.

다니엘라 러스 : 네, 맞습니다. 물체를 집는 기능인 매니퓰레이션과 로봇이 이동하는 기능인 내비게이션이 로봇의 주요 기능이며, 최근 내비게이션에서 좋은 결과를 보여주고 있습니다. 하드웨어의 발전으로 내비게이션도 발전하게 되었습니다. LIDAR 센서, 즉 레이저 스캐너가 도입되었을 때 음파 탐지기에서는 작동하지 않던 알고리즘이 작동하기 시작했고, 많은 변화를 가져다 주었습니다. 이제는 강력한 제어 알고리즘을 적용할 수 있는 센서를 갖게 되었고, 그 결과 정확한 위치를 파악하여 경로 계획을 수립할 수 있게 되었고 자율주행에 큰 영향을 주게 되었습니다.

로봇의 집는 기술 측면에서 보자면 대부분의 로봇 손은 여전히 50년 전과 비슷하게 생겼습니다. 대부분의 로봇 손은 여전히 매우 경직되어 있고, 두 개의 손가락으로 이루어진 산업용 집게손이며 우리에겐 다른 무언가가 필요한 상황입니다. 개인적으로는 로봇이 무엇인지에 대해 다시 고민하기 시작하면서 우리에게 필요했던 다른 무언가에 점점 가까워지고 있다고 생각합니다. 특히, CSAIL에서는 소프트 로봇과 소프트 로봇 손에 대해 연구를 진행해 왔습니다. 제 연구실에서 직접 디자인하고 제작한 로봇 손을 통해 기존의 집게손 로봇보다 훨씬 더 안정적이고 직관적으로 물체를 집어 들고, 다룰 수 있다는 것을 보였습니다.

손가락이 모두 금속으로 만들어진 전통적인 로봇 손의 경우에는 정확한 위치에서 잡으려는 물체의 기하학적 구조와 표면에 손가락이 닿을 위치와 정확한 움직임 각도에 대해 알고 잡는 힘을 가해야 합니다. 물체를 빗겨 잡거나 잡는 과정에서 틀어지면 물체가 튕겨져 나가거나 얘기치 않은 문제가 발생할 수 있습니다. 이 문제는 많은 양의 계산과 아주 정확한 시행 그리고 집으려고 하는 물체에 대한 매우 정확한 정보가 필요합니다.

사람은 어떤 물체를 잡을 때 그렇게 하지 않습니다. 손가락이 아닌 손톱으로 컵을 잡는 실험을 한다면 물체와 그 물체가 어디에 있는지 정확히 알고 있지만, 손톱으로 잡는 것은 매우 어려울 겁니다. 딱딱하지 않고 부드러운 손가락 덕분에 사람은 잡으려고 하는 물체에 대한 정확한 구조를 파악할 필요가 없습니다. 물체의 표면이 무엇이든 간에 잡을 수 있기 때문이죠. 물체와 손가락 사이에 접촉하는 표면적이 넓을수록 물체를 안정적으로 들어올리기 위해 손가락의 위치를 정확하게 생각할 필요가 없다는 것을 의미합니다.

훨씬 더 범용적인 로봇을 의미하며 간단한 알고리즘으로도 로봇을 실행할 수 있다는 뜻입니다. 결론을 말씀 드리자면 저는 물체를 집거나 조작하는 것에 대해 매우 낙관적입니다. 레이저 스캐너가 로봇 내비게이션 능력을 향상시킨 중요한 요인이었던 것처럼 금속이 아닌 소프트 로봇과 로봇 손이 물체를 집는 기술의 발전에 있어 매우 중요한 요소라고 생각합니다.

로봇이 몸체와 뇌로 구성되어 있다는 저의 견해로 돌아가 로봇의 몸체를 변경해서 더 많은 기능을 수행할 수 있도록 한다면, 다양한 종류의 알고리즘을 사용하여 로봇을 제어할 수 있습니다. 저는 소프트 로봇 공학에 대해 매우 흥미롭게 생각하며, 오랫동안 정체되어 있던 로봇 분야에 영향을 줄 수 있을 것이라는 기대감에 매우 흥분됩니다. 물체를 집는 기술은 많은 진전을 보이고 있지만, 로봇이 자연현상, 사람 또는 동물의 능력과 비교할 수 있는 능력은 아직 없습니다.

마틴 포드 : 인간 수준의 인공지능인 일반인공지능의 진보에 대한 이야기로 넘어가 보죠. 어떤 방향으로 가고 있으며 인간 수준의 인공지능에 얼마나 가까이 왔을까요?

다니엘라 러스 : 이 분야의 사람들은 60년이 넘도록 인공지능 문제를 연구해오고 있습니다. AI 분야 선구자들이 오늘날 우리들이 대단한 발전이라고 하는 기술들을 본다면 매우 실망할거에요. 그 당시 그들한테는 큰 진전이 없는 것처럼 보이기 때문이죠. 저는 일반인공지능이 가까운 미래에 가능할 거라고 생각하지 않아요.

언론에서 어떤 것이 인공지능인지, 아닌지에 대해 큰 착각을 하고 있다고 생각합니다. 현재 많은 사람들이 말하는 "인공지능"이 실제로는 머신러닝을 의미하며, 더 나아가 머신러닝의 한 종류인 딥러닝을 의미한다고 생각합니다.

요즘 대부분의 사람들은 인공지능이라는 용어를 의인화해서 이해하려는 경향이 있는 것 같습니다. 전문가가 아닌 사람은 '지능'이라는 단어를 오직 사람들의 지능으로만 연관 짓습니다.

그들이 말하는 "머신러닝"은 기계가 인간이 학습하는 방식과 같을 거라고 상상하지만, 기술적인 맥락에서는 다릅니다. 오늘날 머신러닝이 할 수 있는 일에 대해 생각해보면 확실히 대단하긴 합니다. 머신러닝은 일반적으로 사람이 수작업으로 레이블을 지정한 많은 양의 데이터를 가지고, 데이터의 패턴을 학습하거나 해당 데이터를 기반으로 예측을 하는 것을 목표로 합니다.

머신러닝 시스템들은 많은 양의 데이터를 이해하고, 연관성을 찾아낼 수 있기 때문에 사람보다 훨씬 더 잘 할 수 있습니다. 하지만, 사람이 학습하는 방식과는 다른데, 사진 속의 커피 머그잔을 학습한다고 예를 들어 보겠습니다. 머신러닝 시스템은 사진 속에서 머그잔을 형성하는 픽셀의 영역이 사람이 다른 사진에서 머그잔이라고 레이블을 붙인 픽셀의 영역과 얼마나 일치하는지 확인합니다. 머신러닝 시스템은 머그잔이 어떻게 생겼는지에 대해 전혀 알지 못합니다. 사진 속에서 머그잔을 든 사람이 그 안에 있는 커피를 마시고 있는지, 아니면 다른 음식을 먹고 있는지, 머그잔을 집어 던지고 있는지 알지 못하죠. 사람의 경우에는 커피 머그잔이 책상 위에 있다는 말을 들었을 때, 굳이 그 머그잔이 무엇인지 파악하기 위해 직접 볼 필요가 없습니다. 기계에는 없는 추론과 경험이 있기 때문이죠.

머신러닝과 사람 수준의 지능 사이의 차이는 매우 크다고 생각하며, 격차를 좁히는 데에는 오랜 시간이 걸릴 것입니다. 아직까지 인간의 지능에 대한 정확한 정의와 뇌가 어떻게 작용하는지 모릅니다. 비록 뇌에 대해 조금 파악했다고 하지만, 그 정도로는 여전히 미미합니다. 지능에 대한 이해는 현재의 과학에서 가장 심오한 문제 중 하나입니다. 현재는 뉴로사이언스(신경 과학), 인지 과학, 컴퓨터 과학의 교차점에 있다고 할 수 있습니다.

마틴 포드 : 사람 수준의 인공지능으로 가기 위한 돌파구가 있을까요?

다니엘라 러스 : 가능성이 있습니다. 저희 연구실에서는 사람들에게 적응할 수

있는 로봇을 만들 수 있는지에 대해 연구하고 있습니다. 어려운 문제인 뇌 활동을 감지하고 분류할 수 있는지부터 조사했습니다. 사람은 무언가가 잘못되었다고 생각할 때 발생하는 뇌파(ErrP, Error-Related Potential)를 통해, 잘못된 상황을 분류할 수 있습니다. 이 뇌파 신호는 모국어와 현재 상태와는 별개로 모든 사람에게 나타납니다. 현재, 저희는 뇌파검사 기구(EEG Cap, Electroencephalography Cap, 역자 주 : 사람의 뇌파를 검사하는 데 사용되는 모자 형태의 기구, 48개의 전극으로 구성되어 있다)를 통해 꽤 정확하게 이 신호를 감지할 수 있습니다. 흥미로운 점은 이러한 뇌파를 잘 감지할 수 있다면 근로자들이 로봇과 함께 같이 일할 수 있는 어플리케이션을 구상할 수 있습니다. 그리고 원거리에서 로봇을 관찰하고, 로봇의 실수가 감지되었을 때 고칠 수 있습니다. 사실, 이러한 문제를 해결하려는 프로젝트가 이미 있습니다.

현재 뇌파검사 기구는 48개의 전극으로 구성되어 있고, 사람이 머리에 써야 합니다. 이러한 기구는 초창기 컴퓨터를 연상케 합니다. 반면에, 저희는 신경 세포 수준에서 뉴런에 접근할 수 있는 기술을 가지고 있습니다. 실제로 사람의 뇌에 이 탐지기를 심을 수 있으며, 신경 세포의 활동을 매우 정밀하게 감지할 수 있습니다. 사람의 두피에서 뇌파를 감지하는 것과 뇌에서 직접 감지하는 것은 큰 차이가 있습니다. 그리고 언젠가는 무어의 법칙(역자 주 : 인터넷 경제의 3원칙 가운데 하나로, 마이크로칩의 밀도가 24개월마다 2배로 늘어난다는 법칙)처럼 훨씬 더 높은 해상도로 뇌의 활동을 감지하고 뇌파를 관찰할 수 있을 겁니다.

마틴 포드 : 인공지능의 위험성과 단점들은 어떤 것이 있을까요? 한 가지 측면은 일자리에 미칠 수 있는 잠재적 영향입니다. 많은 일자리를 없앨 수 있는 커다란 혼란이라고 봐야할까요, 아님 적응해야 하는 부분으로 봐야 할까요?

다니엘라 러스 : 일자리는 계속해서 변하고 있습니다. 많은 직업들이 사라지고, 새로 생겨납니다. 맥킨지 글로벌 연구소는 몇 가지 중요한 관점을 제시하는 연구 보

고서를 발표했습니다. 많은 전문직 종사자들을 조사한 뒤, 오늘날 기계로 자동화할 수 있는 직업과 그렇지 않은 직업을 파악했습니다.

다양한 직업의 종사자들의 업무 시간을 살펴보면 몇가지 카테고리로 나뉘어집니다. 전문 지식을 적용하고, 다른 사람들과 교류하고, 관리하며, 데이터를 입력하거나 처리하며 예측 가능하거나 예측 불가능한 업무를 합니다. 본질적으로 자동화할 수 있는 업무와 그렇지 않은 업무가 있습니다. 예측 가능한 물리적 작업과 데이터 처리 업무는 현재의 기술로 자동화할 수 있는 일반적인 업무이지만 다른 업무들은 그렇지 못합니다.

저는 이러한 자동화 기술이 일상적인 업무에서 우리를 해방시켜 주고, 우리가 더 흥미를 가질 수 있는 다른 부분에 집중할 수 있는 시간을 줄 수 있다는 것에 영감을 받았습니다. 헬스케어에 대한 예를 들어보겠습니다. 한 번은 자율주행 휠체어를 가지고 물리치료사에게 이 휠체어를 사용하는 것에 관해 이야기를 나눴습니다. 그들은 휠체어에 매우 큰 관심을 보였는데, 물리치료사는 새로운 환자가 있을 때마다 환자를 침대에서 휠체어에 앉혀야 하고, 재활훈련을 위해 재활 시설에 데려가야 하고 그런 다음, 다시 환자를 병원 침대로 옮겨야 하는데 이렇게 환자를 데리고 이동하는 데 많은 시간이 소요됩니다.

이제, 물리치료사가 이러한 일을 하지 않아도 된다고 상상해봅시다. 물리치료사는 재활 시설에 있고, 환자가 자율주행 휠체어를 타고 온다고 말입니다. 그러면 환자나 물리치료사 모두 훨씬 더 나은 일을 할 수 있습니다. 환자는 물리치료사에게 더 많은 도움을 받을 수 있으며, 물리치료사는 그들의 전문 지식을 적용하는 데 더 집중할 수 있을 겁니다. 업무 시간의 질을 높이고, 업무 효율을 높일 수 있다는 가능성에 대해 매우 기대가 됩니다.

그리고 일자리의 전망을 예측할 때 어떤 것이 사라질지를 분석하는 것이 무엇이 생겨날지를 예상하는 것보다 훨씬 쉽다는 것입니다. 예를 들어, 20세기 미국에서 농업의 고용률은 40%에서 2%로 떨어졌습니다. 아무도 이런 현상이 일어날 것이라고 예상하지 못했습니다. 10년 전만 해도 컴퓨터 산업이 호황을 누렸을 때 아무도 소셜 미디어, 앱 스토어, 클라우드 컴퓨팅 그리고 대학 상담과 같은 다른 분야의 고용 수준을 예측하지 못했습니다. 오늘날에는 10년 전에 존재하지 않았던 직업들이 생겨났고, 예상하지 못했던 직업들이 나타났습니다. 미래의 가능성과 기술의 결과로 생겨날 새로운 직업에 대해 생각하는 것은 꽤 흥미로운 것 같습니다.

마틴 포드 : 그렇다면, 사라진 일자리와 새로 생긴 일자리가 균형을 이룰 것이라고 생각하나요?

다니엘라 러스 : 글쎄요, 염려스러운 점도 있습니다. 한 가지 염려스러운 것은 직업의 질입니다. 때때로 새로운 기술이 도입될 때 기술이 그 분야를 지배하는 경우가 있습니다. 예를 들어, 택시 운전기사들은 뛰어난 공간 지각과 큰 지도를 외워야 하는 등의 많은 전문 지식을 가지고 있어야 했는데, GPS의 등장으로 이러한 지식은 더 이상 필요하지 않게 되었습니다. 자동화로 인해 더 많은 사람들이 운전 시장에 뛰어들 수 있게 되었고, 이로 인해 임금이 낮아지는 경향이 있습니다.

또 다른 우려는 기술의 결과로 창출된 좋은 직업들을 사람들이 충분하게 훈련 받을 수 있을지 의문입니다. 이러한 문제를 해결하는 방법으로는 두 가지 밖에 없다고 생각합니다. 단기적으로, 사람들이 다시 훈련을 받을 수 있도록 돕는 방법과 직업을 수행하기 위해 필요한 기술을 습득할 수 있도록 돕는 방법을 알아내야 합니다. 저는 하루에도 몇 번씩 "제 연구실에서 인공지능을 연구하는 학생들을 우리 기업에 데려가고 싶다"라는 이야기를 듣습니다. 모든 기업에서 인공지능과 머신 러닝 전문가들을 원하기 때문에 일자리가 많고, 일자리를 찾는 사람도 많습니다. 하지만, 이러한 기술은 모든 사람들이 가지고 있는 기술이 아니기 때문에 습득할 수 있도록 재교육 프로그램이 필요합니다.

누구나 기술을 배울 수 있다고 확신합니다. 그 중 대표적인 예로 비트소스 (BitSource, 역자 주 : 켄터키 파이크빌에 위치한 소프트웨어 회사)를 들 수 있습니다. 비트 소스는 몇 년 전에 켄터키에 설립되었고, 탄광 광부들에게 유의미한 데이터를 찾 아내는 데이터 마이닝을 교육하고 있으며, 큰 성과를 거두고 있는 회사입니다. 이 회사는 실직한 많은 광부들을 교육시켰고, 교육을 받은 광부들은 훨씬 더 안정적 이며, 더 즐거운 직업을 가질 수 있게 되었습니다. 이러한 예가 바로 우리에게 올 바른 프로그램과 적절한 지원을 통해 과도기에 있는 사람들을 도울 수 있다는 것 을 말해줍니다.

마틴 포드 : 단지 노동자들을 재교육시키면 되는 건가요 아니면 전체 교육 시스템 을 근본적으로 바꿀 필요가 있는 건가요?

다니엘라 러스 : 20세기에는 문해력(글을 읽고 이해하는 능력)을 위한 읽기, 쓰기 및 산술을 사용했습니다. 21세기에는 문해력의 의미를 확장해야 하고, 컴퓨터적 사고를 추가해야 합니다. 학교에서 프로그래밍을 통해 어떤 것을 만드는 방법과 적용하는 방법을 가르친다면, 학생들에게 상상력과 그것을 실현시킬 수 있는 능 력과 도구를 줄 것입니다. 더 중요한 것은 고등학교를 마칠 때 쯤이면 이 학생들 은 미래에 필요한 기술을 갖게 될 것이고, 그들의 미래를 위해 스스로 도움을 줄 수 있는 다른 학습 방법을 찾을 수 있을 겁니다.

일자리의 미래에 대해 마지막으로 말씀드리고 싶은 것은 배움에 있어 우리의 태 도 또한 바꿔야 한다는 것입니다. 현재, 우리는 학습과 업무가 순차적 모델로 돌 아가고 있습니다. 이 말의 의미는 대부분의 사람들이 삶의 일부분을 공부하는 데 사용하고 그런 다음 "자, 이제 공부를 끝냈으니 일을 시작해볼까"라고 말합니다. 기술의 발전이 가속화되고 새로운 기능이 생겨남에 따라 학습에 대한 순차적 접 근 방식을 다시 생각해보는 것이 중요하다고 생각합니다. 새로운 기술을 습득하 고, 이러한 기술을 평생 학습 과정으로 적용할 수 있는 방법을 고려해야 합니다.

마틴 포드 : 일부 국가는 인공지능을 핵심 전략으로 삼거나 인공지능과 로봇 공학을 겨냥한 공격적인 산업 정책을 펼치고 있습니다. 특히 중국은 이 분야에 대규모 투자를 하고 있는데요. 인공지능 선진화를 향한 경쟁속에서 미국이 뒤처질 위험이 있다고 보시나요?

다니엘라 러스 : 전 세계에서 인공지능에 대해 일어나고 있는 일들을 보면 정말 놀라운 일이라고 생각합니다. 중국, 캐나다, 프랑스 그리고 영국은 다른 나라들보다 인공지능에 막대한 투자를 하고 있습니다. 많은 국가들이 인공지능에 미래를 걸고 있으며, 미국 또한 그렇게 해야 한다고 생각합니다. 인공지능의 잠재력을 고려해야 하며 인공지능에 대한 지원과 자금을 늘려야 한다고 생각합니다.

다니엘라 러스는 *Andrew and Erna Viterbi* 대학 전기 공학 및 컴퓨터 과학 교수이자 MIT의 컴퓨터 과학 및 인공지능 연구소(CSAIL)의 소장이다. 다니엘라의 연구 분야는 로봇 공학, 인공지능 및 데이터 과학 분야이다.

다니엘라는 자동화를 위한 과학과 공학을 발전시키기 위해 연구하고 있다. 우리의 삶과 밀접한 기계를 통해 사람들을 돕는 것이 장기적인 목표이며 현재의 로봇과 미래의 로봇 간의 격차를 줄이고 있다. 인간 중심의 환경에서 기계가 복잡한 작업을 학습 및 추론하여 적응력을 높이고, 로봇과 사람 간의 직관적인 인터페이스를 개발하여 새로운 로봇을 신속하고 효율적으로 설계 및 제작할 수 있는 도구를 만든다. 이 연구는 교통, 제조, 농업, 건설, 환경 모니터링, 수중 탐사, 스마트 시티, 의료, 요리 등 다양한 곳에 적용할 수 있다.

다니엘라는 MIT의 인텔리전스 퀘스트(역자 주 : 사회에 긍정적 영향을 줄 수 인공지능 연구 및 기술 발전을 위해 MIT가 설립한 단체)의 소장을 역임하고 있다. 또한, AI 연구의 진전과 지능형 자동차에 중점을 두고 있는 도요타-CSAIL 공동 연구실의 소장을 맡고 있으며 자문 위원이다.

2002년에 맥아더 펠로상(MacArthur Fellow)을 수상했으며, ACM, AAAI, IEEE의 회원이다. 그리고 미국 예술 과학 아카데미의 회원이며 2017 엥겔버거 로보틱스(2017 Engelberger Robotics)를 수상했고 코넬대학에서 컴퓨터 과학 박사학위를 받았다.

❝ 우리의 목표는 이 방법을 사용하기 훨씬 쉽게 만들어 머신러닝과 관련된 마스터 수준의 코스가 필요하지 않도록 하는 것입니다. 데이터베이스에 질의를 작성할 수 있는 수준이면 됩니다. 해당 분야의 전문지식을 가진 사용자가 실제 머신러 닝 모델을 만들 수 있다면 매우 강력할 것입니다. **❞**

제프리 딘(JEFFREY DEAN)

구글 시니어 펠로우, 인공지능 & 구글 브레인 헤드

제프리 딘은 1999년 구글에 합류했으며 검색, 광고, 뉴스 및 언어 번역뿐 아니라 회사의 분산 컴퓨팅 아키텍처 설계 분야에서 구글의 핵심 시스템을 개발하는 역할을 수행했습니다. 최근 몇 년 동안 인공지능과 머신러닝에 중점을 두고 딥러닝을 위해 널리 사용되는 구글의 오픈소스 소프트웨어인 텐서플로우(TensorFlow) 개발에 참여했습니다. 그는 현재 구글의 인공지능 담당 책임자 및 구글 브레인 프로젝트 책임자로서 구글의 미래를 책임지고 있습니다.

마틴 포드 : 구글의 인공지능 책임자이자 구글 브레인(27쪽 용어집 참조) 프로젝트의 책임자로서 인공지능 연구에 대한 비전은 무엇인가요?

제프리 딘 : 전반적으로 머신러닝의 최신 기술을 발전시키고 새로운 머신러닝 알고리즘 기법을 개발하여 보다 지능적인 시스템을 구축하고 소프트웨어 및 하드웨어 인프라를 구축하여 더 빠르게 만들고 이런 방법을 다른 사람들도 사용할 수 있도록 하는 것입니다. 텐서플로우(26쪽 용어집 참조)가 그 예입니다.

구글 브레인(Google Brain)은 구글 AI 연구팀 중 하나입니다. 구글에는 많은 AI 연구 팀들이 있으며, 각 팀들은 각기 조금씩 다른 주제를 가지고 연구하고 있습니다. 예를 들면 기계 인식(역자 주 : machine perception, 인간이 자신의 감각을 이용하여 주변의 세상과 관련시키는 방식과 유사한 방식으로 데이터를 해석하는 컴퓨터 시스템의 능력이다) 문제에 초점을 맞춘 대규모 팀이 있는가 하면, 자연어 이해에 중점을 두고 있는 팀도 있습니다. 사실 프로젝트 팀의 경계는 중요하지 않은 요소입니다. 팀 사이에 관심사가 굉장히 많이 겹치기 때문에 많은 프로젝트들이 상당 부분 함께 작업을 진행하고 있습니다.

우리는 구글 내의 연구팀뿐만 아니라 구글 프로덕트 팀과 밀착해서 일하는 경우도 있습니다. 검색 순위 결정 및 검색에 딥러닝을 적용하기 위해 서치랭킹(검색순위) 팀과 협업을 하기도 하고 구글 번역기 팀, 지메일 팀과도 함께 일했습니다. 이처럼 많은 팀들이 협업을 진행하고 있습니다. 또한 최근 이슈가 되고 있는 분야의 연구들도 시작했습니다. 그 분야에서 머신러닝이 문제를 해결하는 중요한 요소라는 것을 알았습니다.

예를 들면 헬스케어와 로보틱스를 위한 인공지능과 머신러닝을 비롯해 많은 일을 하고 있습니다. 이 두 가지 예뿐만 아니라 초기 단계의 것들도 지켜보고 있습니다. 머신러닝이나 구글의 특별한 전문성이 실제로 도움이 될 수 있는 각기 다른

제프리 딘

20개의 영역을 지켜보고 있습니다. 그래서 제 역할은 기본적으로 이 모든 종류의 프로젝트가 지속될 수 있도록 의욕을 불어넣어 주고 흥미로운 방향으로 이끌고 가는 것입니다.

마틴 포드 : 저는 딥마인드가 일반인공지능(AGI)에 중점을 두고 있는 것으로 알고 있습니다. 그렇다면 구글의 다른 인공지능 연구들은 딥마인드보다 특정한 영역의 응용 프로그램을 지향한다는 의미인가요?

제프리 딘 : 네 맞습니다. 딥마인드는 일반인공지능에 좀 더 초점을 맞추고 있고 딥마인드는 몇 가지 문제들을 해결하면 일반인공지능을 구현할 수 있는 구체적인 계획을 가지고 있는 것으로 알고 있습니다. 그렇다고 다른 구글 인공지능 팀들이 일반인공지능에 대해 생각하지 않는다고 말하는 것은 아닙니다. 구글 인공지능 연구 팀과 연구원은 일반적으로 지능형 시스템 또는 일반인공지능의 새로운 기능을 구축하는데 중점을 두고 있습니다. 저는 이 방법이 좀 더 유기적이라고 말하고 싶어요. 우리는 우리가 중요하다고 알고 있지만 아직 할 수 없는 것들을 합니다. 그리고 우리가 그 문제를 해결하면, 우리에게 새로운 능력을 줄 수 있는 문제를 찾아냅니다.

조금 다른 접근 방법이지만 궁극적으로는 우리 모두 함께 지능적이고, 유연한 인공지능 시스템을 만들기 위해 노력하고 있다는 것입니다. 인공지능 시스템이 새로운 문제에 직면했을 때 많은 다른 문제를 해결하면서 얻은 지식들을 사용하여 사람처럼 새로운 문제를 유연하게 해결할 수 있기를 바라며, 이것이 본질적으로 사람 수준의 지능을 나타낼 수 있는 특징 중 하나라고 생각합니다. 문제는 어떻게 이런 능력을 컴퓨터 시스템으로 만들 수 있는가입니다.

마틴 포드 : 인공지능에 관심을 갖게 된 계기와 구글에서 현재 위치까지 올라가게 된 계기가 궁금합니다.

제프리 딘 : 제가 9살 때 아버지께서는 조립컴퓨터를 가져오셨습니다. 저는 그 컴퓨터를 가지고 중고등학교를 거치며 프로그램을 배웠고, 그렇게 시작해서 미네소타 대학에서 컴퓨터공학과 경제학을 복수전공했습니다. 저의 졸업 논문은 신경망의 병렬 학습이었습니다. 그리고 1980년대 후반부터 1990년대 초반까지 신경망에 대한 붐이 다시 일어나기 시작했는데, 그 당시 추상화 컨셉이 마음에 들었어요. 좋은 느낌이 있었습니다.

다른 사람들도 그렇겠지만 저 역시 컴퓨팅 파워가 부족하다고 생각했습니다. 64bit 프로세서를 갖춘 머신에서 60배 빠른 속도를 낼 수 있다면 정말 멋진 일들을 할 수 있을 것 같았습니다. 결국은 백만 배나 더 빠른 파워가 필요하다고 밝혀졌지만 지금은 그것을 갖고 있습니다.

대학 졸업 후 세계보건기구(World Health Organization)에서 일년간 일하며 그곳에서 HIV와 AIDS 예측을 위한 통계 소프트웨어를 개발했습니다. 그 후 워싱턴 대학교에서 대학원을 다녔고 컴퓨터 과학 박사 학위를 받았으며 주로 컴파일러 최적화 관련 연구를 했습니다. 구글에 합류하기 전에는 팔로 알토에 있는 DEC의 연구실에서 일하며 실리콘 밸리에 살았습니다.

그리고 구글에 25명의 직원이 있었을 때 합류했고, 그 후로 계속 근무하며 여러 가지 작업을 했습니다. 그 중 첫 번째 일은 구글의 첫 광고 시스템이었습니다. 그리고 그 후 오랫동안 검색 시스템과 검색과 관련된 크롤링, 쿼리 서빙 시스템, 인덱싱 시스템, 랭킹 시스템 등과 같은 검색 시스템 및 그와 관련된 기능을 개발했습니다. 그런 다음 맵 리듀스, 빅 테이블, 스패너와 인덱싱 시스템과 같은 인프라 소프트웨어 관련 업무를 했습니다.

그러다 2011년부터 머신러닝 시스템 관련 일을 하기 시작했습니다. 당시에 매우 큰 신경망을 학습시켜야 했는데 아마 이 때부터 엄청난 양의 계산을 할 수 있는 방법에 관심을 가졌던 것 같습니다.

마틴 포드 : 당신은 실제 어플리케이션에 딥러닝과 신경망을 적용한 구글 브레인의 창립자이며 리더입니다. 구글 브레인에 대한 이야기와 역할에 대해 간략히 설명해 주시겠습니까?

제프리 딘 : 구글X에 컨설턴트로 방문하던 앤드류 응(75쪽 참조)과 어느 날 주방에서 마주쳤습니다. 안부를 물으며 대화를 하던 중 앤드류 응이 스탠퍼드에서 학생들과 진행하고 있는 신경망과 관련된 흥미로운 프로젝트에 대해 얘기하기 시작했어요. 저는 20년 전 석사 논문에서 신경망 관련 경험이 있었기 때문에 많은 대화를 나눌 수 있었고, 우리는 엄청난 양의 데이터와 컴퓨터 파워가 필요한 문제를 신경망을 통해 학습시키는 야심찬 계획을 생각해 냈습니다.

우리는 두 가지 문제를 가지고 씨름했어요. 첫 번째는 이미지 데이터의 비지도 학습으로 천만 장의 랜덤 유튜브 비디오 프레임을 가지고 비지도학습 알고리즘을 사용해 매우 큰 신경망을 학습시키면 어떤 일이 일어나는지 확인하는 것이었습니다. 아마도 유명한 고양이 사진의 신경망 시각화(역자 주 : 2012년 6월 구글에서 '고양이'라는 단어를 입력하지 않고 신경망을 학습시켰음에도 불구하고, 이미지에서 고양이를 구분해 냈다는 연구성과를 발표해 큰 이슈가 되었다)와 관련해서 당신도 본 적이 있을 거예요.

마틴 포드 : 네, 당시에 많은 주목을 받았다는 것을 기억합니다.

제프리 딘 : 그 실험은 신경망 모델을 엄청난 데이터로 훈련시켰을 때 흥미로운 결과가 나올 수 있다는 것을 보여줬습니다.

마틴 포드 : 분명히 어떤 구조나 레이블이 없는 데이터로부터 유기적으로 고양이의 개념을 알아낸 점에서 비지도 학습이었습니다.

제프리 딘 : 맞습니다. 우리는 수많은 유튜브에서 가공되지 않는 이미지를 비지도 학습 알고리즘을 통해 학습시켰고, 압축된 데이터로부터 정상적인 이미지를 만드는 시도를 했습니다. 머신러닝 시스템은 화면 중앙에 고양이가 있다면 알림을 주도록 학습되었습니다. 유튜브 동영상에서는 비교적 자주 있는 일이기 때문에 아주 좋은 방법이었습니다.

우리가 진행한 또 다른 일은 음성인식 시스템의 몇 가지 문제에 대해서 딥러닝을 적용하기 위해 음성인식 팀과 협력했던 것입니다. 처음에는 "부-ㅎ"(buh), "푸-ㅎ"(fuh) 또는 "쓰"(ss) 발음이 있는 단어의 원시 오디오 파형으로부터 음향 모델을 연구했어요. 딥러닝을 사용해서 기존에 음성인식 팀이 하던 방식보다 훨씬 나은 결과를 얻을 수 있었습니다.

음성인식 시스템의 단어 오류율이 매우 큰 의미를 가질 정도로 감소했습니다. 그다음엔 음성 분야나 이미지 또는 동영상 처리 분야에서 기계 인지와 관련된 흥미로운 주제를 가진 팀들을 찾아 협력하기 시작했습니다. 또한 새로운 문제에 대해서 딥러닝을 쉽게 적용할 수 있도록 소프트웨어 시스템을 구축하기 시작했습니다. 프로그래머가 특별히 무언가를 해줄 필요 없이 비교적 쉬운 방법으로 대규모의 계산을 여러 컴퓨터에서 할 수 있도록 했습니다. "여기 큰 모델이 있는데 이걸 100대의 컴퓨터를 통해 훈련시켜줘"라고 명령만 내리면 됐습니다. 이것이 바로 우리가 만든 인공지능을 위한 소프트웨어의 1세대 모델이었습니다.

그런 다음 2세대인 텐서플로우(TensorFlow)를 만들었고 이를 오픈소스화하기로 했습니다. 세 가지 목적을 위해 설계를 했어요. 첫 번째는 정말 유연하게 만들어 머신러닝 분야에서 여러 가지 다른 연구 아이디어를 신속하게 시험해 볼 수 있도록 하는 것이었습니다. 두 번째는 많은 데이터를 규모에 상관없이 다루는 문제였습니다. 많은 데이터를 갖고 있었고 매우 크고 계산이 오래 걸리는 모델을 사용하고 싶었어요. 세 번째는 연구 아이디어에서 바로 서비스를 위한 시스템으로 전환할 수 있기를 원했습니다. 2015년 말 소스를 공개했고 그 뒤로 많이 사용되고 있고, 이제는 다양한 회사, 학술기관 및 일반 사용자들을 아우르는 텐서플로우 사용자 커뮤니티가 형성되었습니다.

마틴 포드 : 그러면 텐서플로우는 구글 클라우드 서버를 통해 제공되고 고객들은 클라우드에 접속하면 머신러닝을 사용할 수 있습니까?

제프리 딘 : 네, 하지만 미묘한 차이가 있습니다. 텐서플로우는 오픈소스 소프트웨어 패키지입니다. 우리는 텐서플로우 프로그램을 실행하기에 최적의 장소를 구글의 클라우드라고 생각하지만 사용자는 원하는 곳 어디에서나 사용할 수 있습니다. 노트북이나, GPU 카드를 구입해서 컴퓨터에서도 사용할 수 있으며 라즈베리파이나 안드로이드에서도 실행할 수 있습니다.

마틴 포드 : 네, 알고 있습니다. 하지만 구글 클라우드의 텐서프로세서와 최적화된 특별한 하드웨어를 사용할 수 있지 않나요?

제프리 딘 : 맞습니다. 텐서플로우 소프트웨어 개발과 병행하여 이런 종류의 머신러닝 어플리케이션을 위한 특수한 프로세서를 설계했습니다. 이 프로세서는 태생적으로 낮은 정밀도의 선형대수 계산에 특화되었으며, 지난 6~7년 동안 여러분이 보았던 딥러닝 어플리케이션의 핵심이었습니다.

프로세서는 모델을 매우 빠르게 훈련시킬 수 있으며 전력을 좀더 효율적으로 사용할 수 있습니다. 훈련된 모델을 사용하여 추론에도 사용할 수 있으며 구글 번역이나 음성인식 검색과 같이 높은 처리량을 필요로 하는 실제 서비스에 매우 빠르게 적용할 수 있습니다(역자 주 : 실제로 1세대 TPU는 학습보다는 추론에 주로 사용되었으며 8bit 연산만 가능했다. 2세대 TPU에 들어서 16비트 기반으로 바뀌었으며 추론 및 학습에도 사용되었으며 현재는 3세대까지 나왔다).

또한 클라우드 서비스에서 사용할 수 있는 2세대 TPU(Tensor Processing Units)를 만들었습니다. 기본적으로는 클라우드 제품의 하나로 사용할 수 있지만, 다른 방법으로는 가상 머신으로 자신의 컴퓨터에 부착해서 텐서플로우로 만들어진 머신러닝 모델을 훈련시킬 수도 있습니다.

마틴 포드 : 이 모든 기술이 클라우드에 통합되면 전기, 상하수도처럼 모든 사람이 머신러닝을 원한다면 언제든 사용할 수 있는 시점이 가까워지고 있습니까?

제프리 딘 : 이미 다양한 분야에서 각기 다른 특징으로 어필할 수 있는 다양한 클라우드 상품이 있습니다. 머신러닝 경험이 있는 사용자라면 TPU 장치를 사용하는 가상시스템을 구성할 수 있으며 자신의 텐서플로우 프로그램을 작성하여 원하는 방법으로 문제를 해결할 수 있습니다.

전문가가 아니라면 몇 가지 사전에 학습된 모델을 제공하기도 해서, 전문적인 머신러닝에 대한 지식 없이도 사용할 수 있습니다. 이미지나 오디오 클립을 주면 해당 이미지의 내용을 알려줄 수 있습니다. 예를 들어 "고양이 사진입니다", "이 사진의 사람들은 행복해 보이네요" 또는 "이미지에서 단어들을 추출했습니다". 오디오의 경우에 "우리가 생각하기에는 사람들이 말을 하고 있네요"와 같은 작업들을 할 수 있습니다. 또한 번역 모델과 비디오 모델도 있습니다. 원하는 것이 이미지의 단어를 읽는 것과 같은 범용적인 작업인 경우에 매우 유용합니다.

또한 머신러닝 전문 지식을 가지고 있지 않지만 특정 문제에 대한 솔루션을 원하는 사람들을 위해 기본적으로 설계된 AutoML(역자 주 : 구글 클라우드 플랫폼을 통해 기업이 좀더 쉽게 머신러닝을 개발할 수 있도록 학습 및 상용화의 많은 부분을 자동화해주는 툴) 제품군을 보유하고 있습니다. 조립라인을 따라가는 100 종류 부품의 이미지가 있고, 이미지로부터 어떤 부품인지 식별할 수 있기를 원한다고 가정해 봅시다. AutoML 이라는 기술을 통해 머신러닝을 전혀 알지 못해도 사용자 모델을 학습시킬 수 있습니다. 기본적으로 머신러닝 전문가들이 반복적으로 많은 엄청난 양의 머신러 닝 실험을 시도할 수 있지만, 모두가 머신러닝 전문가가 될 필요는 없습니다. 자 동화된 방식으로 개발을 하면 머신러닝 전문 기술을 습득하지 않고도 특정 문제 에 대해 매우 높은 정확도의 모델을 제공합니다.

저는 이게 매우 중요한 포인트라고 생각합니다. 오늘날 세계를 생각해 보면 10,000~20,000개의 조직이 있고 이 조직은 머신러닝 전문가를 직접 고용하고 생산적으로 활용하고 있습니다 대략적으로 계산해 본 숫자입니다. 이번엔 머신 러닝에 사용될 수 있는 데이터를 보유하고 있는 전 세계 모든 조직들에 대해 생각 해 보죠, 일종의 머신러닝으로 풀 수 있는 문제를 갖고 있는 조직이 아마도 천만 개 정도가 될 것입니다.

우리의 목표는 이 방법을 사용하기 훨씬 쉽게 만들어 머신러닝과 관련된 마스터 수준의 코스가 필요하지 않도록 하는 것입니다. 데이터베이스에 질의를 작성할 수 있는 수준이면 됩니다. 해당 분야의 전문지식을 가진 사용자가 실제 머신러닝 모델을 만들 수 있다면 매우 강력할 것입니다. 모든 소도시에는 어떻게 신호등의 타이머 설정을 해야 하나 같은 흥미로운 데이터가 많이 있습니다. 지금은 실제로 머신러닝을 사용하고 있지 않지만 곧 사용하게 될 것입니다.

마틴 포드 : 그러면 인공지능의 보편화(누구나 사용할 수 있는)가 당신이 일하는 목표 중 하나입니까? 일반인공지능으로 가는 길은 어떻게 생각하나요? 그 길을 따라가다 만나는 장애물은 어떤 것들이 있을까요?

제프리 딘 : 오늘날 머신러닝을 사용하는데 있어서 가장 큰 문제점 중 하나는 보통 머신러닝으로 해결하고자 하는 문제를 찾은 다음 레이블링된 학습 데이터세트를 만듭니다. 그렇게 특정 문제에 관해서는 매우 잘 동작하는 머신러닝 모델을 만들 수 있지만 이 모델을 다른 곳에서는 사용할 수 없다는 것입니다.

우리가 단일 모델로 수십만 가지 일을 할 수 있는 일반적인 지능형 시스템을 정말로 원한다면 이전에 보지 못했던 문제가 발생했을 때 몇 가지 이점이 있습니다. 그 중 하나는 해결한 많은 문제들이 몇 가지 요소를 공유하기 때문에 문제를 보다 신속하고 효과적으로 해결하기 위해 풍부한 경험을 사용하는 것과 같은 이점을 얻을 수 있다는 것입니다. 또한 새로운 것을 배우기 위해서는 훨씬 적은 양의 데이터나 관측치가 필요하다는 것을 의미합니다.

여러 종류의 유리병 뚜껑을 열 때는 각각의 회전 방식이 약간씩 다르다는 것을 제외하고는 많은 부분에서 동일합니다. 한 종류의 수학문제를 풀다가 다른 수학문제를 풀 때도 약간 문제를 꼬는 것을 제외하고는 비슷합니다. 이것이 실제로 문제를 인식하는 방법이라고 생각하고 실험의 큰 부분이라고 생각합니다. 그렇다면, 시스템은 어떻게 시연을 통해 학습할 수 있을까요? 로보틱스 분야에서 이와 비슷하게 지도된 데이터를 사용하고 있습니다. 사람이 기술 시연 영상을 찍어 로봇에게 학습시키는 방법입니다. 로봇은 상대적으로 사람이 물을 따르는 데이터를 적은 양으로 학습시켜도 물을 따르는 법을 배울 수 있습니다.

또 다른 장애물은 매우 큰 계산 시스템을 필요로 한다는 것입니다. 모든 머신러닝 문제를 해결하는 단일 시스템을 원한다면 계산이 많이 필요하기 때문입니다. 또한 다른 접근법을 시도하고 싶다면 실험 처리시간이 매우 빨라야 합니다. TPU와 같은 대형 머신러닝 하드웨어를 구축하는데 투자하는 이유 중 하나는 크고 강력한 단일 모델을 원할 경우 충분한 계산 기능을 갖추는 것이 중요하기 때문입니다.

마틴 포드 : 인공지능과 함께 오는 위험은 어떻게 생각하나요? 우리가 정말로 걱정해야 할 것은 무엇입니까?

제프리 딘 : 노동력의 변화는 정부와 정책 입안자들이 실제로 관심을 가져야 할 중요한 일이 될 것입니다. 우리가 할 수 있는 일에 상당한 진전이 없었음에도 컴퓨

터가 이제 4~5년 전에도 자동화가 불가능한 많은 것들을 자동화할 수 있다는 사실은 꽤 큰 변화입니다. 단지 하나의 분야에서가 아니라 동시다발적으로 여러 분야의 직업과 고용률의 감소 측면에서 관심을 가져야 합니다.

저는 2016년 오바마 행정부가 끝날 때쯤 소집된 백악관 과학 기술 정책위원회에 참석했었는데 약 20명의 머신러닝 전문가와 20명의 경제학자들이 모였습니다. 이 그룹에서 인공지능이 노동시장에 어떤 영향을 미치는 지에 대해 논의했습니다. 직업의 변화 또는 이동, 어떻게 하면 새로운 기술을 습득하거나 자동화의 위험이 없는 분야의 역할을 수행할 수 있는 새로운 종류의 교육을 할 수 있는지와 같이 분명이 정부가 관심을 기울이고 사람들을 위해 생각해 보길 원하는 것들이었습니다. 정부가 강력하고 분명한 역할을 수행하는 게 중요하다고 생각합니다.

마틴 포드 : 언젠가 보편적인 기본 소득이 필요할 것이라고 생각하십니까?

제프리 딘 : 저는 잘 모르겠습니다. 이것은 새로운 현상이 아니라 기술 변화를 겪었을 때마다 일어나는 일이기 때문에 예측하기 매우 어렵습니다. 산업혁명, 농업 혁명, 이 모든 것들이 사회 전체에 불균형을 초래했습니다. 당시 일자리가 엄청나게 변화된 것과 비슷하다고 생각합니다. 사람들이 할 수 있는 완전히 새로운 종류의 것들이 만들어질 것이고, 그러한 것들이 어떻게 될지 예측하기는 다소 어렵습니다.

그래서 저는 사람들이 직업과 관련해서는 유연하고 새로운 일을 배우는 것이 중요하다고 생각합니다. 이런 것은 이미 현실이 되었다고 생각합니다. 50년 전에는 학교에서 배운 뒤 직업을 갖기 시작했고, 직업을 얻고나서 오랫동안 그 일을 할 수 있었지만, 오늘날은 하나의 일을 시작하고 몇 년 뒤에 새로운 기술을 습득한 다음 조금 다른 일을 할 수도 있습니다. 저는 이런 종류의 유연성이 중요하다고 생각합니다.

다른 유형의 위험들 중 초지능(20쪽 용어집 참조)과 관련된 것은 닉 보스트롬(101쪽 참조)처럼 크게 걱정하지 않습니다. 저는 컴퓨터 과학자이자 머신러닝 연구자로서 우리 사회에 머신러닝 시스템을 어떻게 통합시키고 사용되길 원하는 지를 결정할 수 있는 기회와 능력을 가지고 있다고 생각합니다.

우리는 좋은 선택을 할 수 있거나 좋지 않은 선택을 할 수 있지만, 좋은 선택을 하는 한 머신러닝 시스템은 실제로 인류의 이익을 위해 사용될 것이며, 환상적인 결과를 가져올 것입니다. 더 나은 건강관리를 받을 것이며 과학자와 협력하여 새로운 가설들을 자동으로 만들어 새로운 과학적 발견을 할 수 있을 것입니다. 자율주행 자동차는 분명히 사회를 매우 긍정적인 방향으로 변화시킬 것이지만, 동시에 노동시장의 혼란의 원천이 될 것입니다. 이런 발전과 관련해서는 많은 미묘한 차이가 중요합니다.

마틴 포드 : 제가 봤던 어떤 풍자만화에서는 마치 구글 같은 회사의 소규모 팀에서 일반인공지능을 개발하고, 노동시장 문제와 같은 폭넓은 문제들에 대해 별로 관계없는 소수의 사람들이 모든 사람을 위한 결정을 내리고 있는 것으로 묘사했습니다. 인공지능 연구나 활용에 관해 규제를 해야 할 필요가 있다고 생각합니까?

제프리 딘 : 있을 수 있다고 생각합니다. 저는 규제가 중요한 역할을 한다고 생각하지만, 현장에서 전문 지식을 가진 사람들에 의해 규제가 정해지길 원합니다. 정부와 정책 입안자들이 현재 수준을 따라잡기 바쁘기 때문에 규제가 다소 늦어질 것이라고 생각합니다. 규제나 정책 결정과 관련한 뻔한 반응들은 도움이 되지 않습니다. 그러나 정부가 현장사람들과 대화를 한다면 정부가 어떤 역할을 어떻게 수행해야 하는지 알아 낼 수 있을 것입니다.

일반인공지능의 발전과 관련해서 저는 윤리적이고 건전한 의사 결정을 하는 것이 정말 중요하다고 생각합니다. 이것은 구글이 문제에 접근하는 원칙이기에 "구

제프리 딘

글의 인공 지능: 우리의 원칙"(역자 주 : AI at Google: our principles1, 구글이 인공지능 기술의 향후 사용을 위한 핵심을 담은 7대 원칙, https://www.blog.google/technology/ai/ai-principles/) 과 같은 명확한 문서를 발표한 이유 중 하나입니다. "구글의 인공지능: 우리의 원칙" 문서는 우리가 기술 개발뿐만 아니라 어떤 종류의 문제를 해결할 것인지에 대한 접근법과 지침을 제시하는 방식의 좋은 예입니다. 어떻게 접근할 것인지 무엇을 하고, 하지 말아야 할지와 같은 접근법을 다루길 원합니다.

제프리 딘은 1999년에 구글에 합류했으며 구글 시니어 펠로우(Google Senior Fellow)로 현재 구글 브레인 프로젝트를 이끌고 있으며 인공지능 연구의 총 책임자이다.

워싱턴 대학교에서 컴퓨터 과학 박사 학위를 받았으며 크레이그 챔버스와 함께 1996년 객체 지향 언어의 프로그램 최적화 기술을 연구했다. 1990년 미네소타 대학에서 컴퓨터 과학 및 경제학을 전공했으며 1996년부터 1999년까지 팔로 알토의 Digital Equipment Corporation의 Western Research Lab에서 근무했으며, 여기서 낮은 오버헤드 프로파일링 도구, 마이크로 프로세서를 위한 프로파일링 하드웨어 설계 및 웹 기반 정보검색을 담당했다. 1990년에서 1991년까지는 세계 보건기구(World Health Organization)의 AIDS 글로벌 프로그램에서 근무하며 통계적 모델링 예측 및 HIV 전염병에 대한 분석을 수행하는 소프트웨어를 개발했다.

2009년 국립 공학원에 선임되었으며 ACM(Association for Computing Machinery)과 AAAS(American Association for the Advancement of Sciences)의 연구원이다.

관심 분야는 대규모 분산 시스템, 성능 모니터링, 압축 기술, 정보검색, 검색 및 기타 관련 문제에 대한 머신러닝 응용 프로그램, 마이크로 프로세서 아키텍처, 컴파일러 최적화 및 새롭고 흥미로운 방법으로 기존 정보를 구성하는 신제품 개발이다.

> **저희 인시트로의 목표는 빅데이터나 머신러닝을 활용해 신약을 개발하는 과정을 더 빠르고 더 싸게 그리고 더 성공적으로 만드는 데에 있습니다. 그러기 위해서 최첨단 머신러닝 기술과 대규모 고품질 데이터세트를 만드는 혁신적인 기술을 활용할 계획입니다.**

다프네 콜러(DAPHNE KOLLER)

인시트로(Insitro) 창업자이자 CEO, 스탠퍼드 컴퓨터 과학 겸임 교수

다프네 콜러는 스탠퍼드 컴퓨터 과학 겸임 교수이며 코세라(Coursera)를 공동 창업한 사람 중 하나입니다. 알파벳의 자회사인 칼리코(Calico)의 CTO(최고기술책임자)로 의료 산업에서 적용할 수 있는 인공지능 연구에 집중하고 있습니다. 또한 신약 개발 및 연구에서 딥러닝을 적용하고 있는 바이오기술 스타트업, 인시트로(insitro)의 CEO입니다.

마틴 포드 : 신약 개발 및 연구에 딥러닝(21쪽 용어집 참조)을 적용하고 있는 인시트로를 창업하고 CEO를 맡고 계신데, 이 회사에 대해 더 알고 싶습니다.

다프네 콜러 : 신약 개발과 연구를 위해서는 새로운 해결책이 필요합니다. 평균 임상 시험 성공률은 대략 절반이고, 신약 개발을 위한 R&D 세전 비용(실패도 포함)도 25억 달러 이상 들어요. 신약 개발이 더 어려워지고 있죠. 신약 개발에 대한 수익률은 매해 점점 감소하여 2020년에는 0%에 도달할 것으로 예상됩니다. 즉 신약 개발이 본질적으로 힘들어지고 있다는 소리죠. "낮게 매달린 과일(쉬운 일들)"의 대부분이 수확되었다는 말입니다. 따라서 이제는 좀 더 전문화된, 특정 질병이나 특정 집단에 효과를 줄 수 있는 약물에 초점을 두어야 합니다. 특정 질병의 환자를 파악하는 것은 어렵고, 그런 과정이 신약 개발을 늦추고 결국 환자들의 치료가 지연되죠. 또한 시장 규모가 줄어들면 규모에 비해 많은 개발 비용이 들어가게 됩니다.

저희 인시트로의 목표는 빅데이터나 머신러닝(20쪽 용어집 참조)을 활용해 신약을 개발하는 과정을 더 빠르고 더 싸게 그리고 더 성공적으로 만드는 데에 있습니다. 그러기 위해서 최첨단 머신러닝 기술과 대규모 고품질 데이터세트를 만드는 혁신적인 기술을 활용할 계획입니다. 17년 전 생물학과 의료 산업에서 머신러닝을 적용하기 시작했을 때 "대규모" 데이터세트는 고작 수십 개 샘플을 의미했어요. 심지어 5년 전만 해도 수백 개 샘플을 가진 데이터세트도 보기 힘들었죠. 하지만 지금은 달라요. 대규모 고품질 측정 데이터를 포함한 인간 코호트(역자 주 : 코호트란 특정 기간 동안 공통된 특성이나 경험을 갖는 사용자 집단) 데이터세트(영국 바이오은행과 같은)에는 수백 개, 수천 개의 샘플들이 있으니까요. 동시에 엄청난 기술력으로 생물학적 모델 시스템을 구성할 수 있어 전례 없이 빠른 실험 속도와 높은 성능을 내고 있죠. 이런 기술력을 통해 대규모 데이터를 모으고 머신러닝을 통해 훈련시켜 신약 개발과 개발 과정의 핵심 문제들을 해결하려 하고 있습니다.

다프네 콜러

마틴 포드 : 인시트로는 습식 실험실(역자 주 : 습식 실험실은 실제 화학적인 실험을 해보는 실험실로 다양한 화학적 반응들을 처리해야 한다. 이와 달리, 건식 실험실(dry-lap)에서는 습식 실험실에서 나온 결과를 분석하는 작업 혹은 컴퓨터로 시뮬레이션 등을 한다) 작업과 높은 기술의 머신러닝을 쓰려고 하군요. 두 부분을 통합하는 것이 새로운 과제겠군요?

다프네 콜러 : 네, 맞습니다. 데이터 과학자와 순수 과학자들이 동등한 파트너로 함께 일할 수 있게 하는 것이 가장 큰 도전 과제에요. 대부분 한 그룹이 방향을 정하면 다른 그룹은 그 지시를 따르죠. 하지만 저희는 과학자와 공학자, 데이터 과학자들 모두 긴밀히 협업해서 문제를 정의하고 실험을 설계하고 데이터를 분석하고 새로운 치료법에 대한 아이디어를 도출해야 합니다. 과학자들과 머신러닝 엔지니어들이 함께 협력할 수 있는 팀 문화를 만드는 것이 가장 중요하다고 봐요.

마틴 포드 : 의료 산업에서 머신러닝은 얼마나 중요하나요?

다프네 콜러 : 머신러닝이 좋은 성과를 보이는 곳을 보면 많은 양의 데이터가 있는 곳이에요. 저희는 의학, 컴퓨터 과학 전문 지식들을 공유하고 어떻게 머신러닝으로 풀 수 있을지 동시에 생각할 수 있는 사람들이 있습니다.

영국 바이오은행이나 All of Us(역자 주 : 미국 의료 연구소)와 같은 곳에서 실제 사람 데이터를 많이 얻을 수 있어요. 다른 한편으로는 크리스퍼(CRISPR, Clustered Regularly Interspaced Short Palindromic Repeats, 역자 주 : 특정한 단백질과 결합하여 유전자 가위의 역할을 함, 보통 유전자 가위의 뜻으로 사용됨)나 DNA 합성, 차세대 염기서열분석(next-generation sequencing, 역자 주 : 염기서열 데이터 생산량을 증가시키기 위해 염기서열 분석법을 대규모로 병렬화한 방법)과 같은 데이터를 분자 수준에서 대량으로 데이터화하는 기술을 보유하고 있습니다.

가장 복잡한 시스템이라 여겨졌던 인간이나 다른 유기체의 생물학적인 기능과 원리를 알아내기 시작하고 있죠. 과학에서 엄청난 기회이고 수명과 건강한 삶을 위해 필요한 것들을 알아내기 위해서는 머신러닝의 개발이 절실히 필요합니다.

마틴 포드 : 이제 다프네 콜러 씨에 대한 질문을 해보겠습니다. 어떻게 인공지능에 관심을 가지게 되셨나요?

다프네 콜러 : 스탠퍼드에서 박사과정을 하면서 확률론적 모델링과 관련된 연구를 했어요. 인공지능이라고 보면 되는데, 사실 그 당시에 인공지능에 대한 불신으로 논리적 추론에 훨씬 더 초점을 맞춰 연구했죠. 하지만 상황은 바뀌었고, 인공지능은 거의 모든 분야로 퍼져 나갔어요. 제가 선택했다기보다 인공지능이 저의 연구를 포함하는 그런 관계가 되었죠.

박사 후 연구로 버클리에 간 뒤 수학적 화려함 말고 실제로 내 연구가 얼마나 사람들에게 도움을 줄 수 있는지 생각해 봤어요. 그때부터 머신러닝을 공부하기 시작했죠. 1995년에 다시 스탠퍼드 교수진으로 합류해 통계적 모델링과 머신러닝과 관련된 일을 했어요. 머신러닝이 우리에게 변화를 가져올 응용문제에 본격적으로 매진했죠.

컴퓨터 비전(23쪽 용어집 참조), 로보틱스도 연구했고 2000년부터는 생물학과 의료 데이터들을 연구했습니다. 또 기술 지원 교육에 지속적인 관심을 가지고 있었고, 스탠퍼드에서 많은 실험을 통해 학습 경험들을 개선할 수 있었어요. 스탠퍼드 캠퍼스 내의 학생들뿐만 아니라, 다른 학생들에게도 강의를 제공하려고 노력했죠.

이를 통해 2011년 최초로 3개의 스탠퍼드 MOOCs(거대한 공개 온라인 강의, Massive Open Online Courses)를 열었습니다. 무료로 제공된 것에 모두들 놀라워했죠. 이 강의는 바이러스처럼 더 많이 퍼졌어요. 십만 명 이상의 사람들이 강의에 등록했어요. "이번 기회에 우리의 약속을 지킬 수 있는 무언가를 해야겠다"고 결심했고 코세라(Coursera)를 만들게 되었습니다.

마틴 포드 : 코세라 얘기를 하기 전에, 다프네 씨의 연구들에 대해 좀 더 알고 싶은데요. 베이지안 네트워크와 확률을 머신러닝에 결합하려고 하셨죠. 딥러닝 신경망과 통합하는 것이었나요? 아니면 별개의 다른 접근 방식을 사용하셨나요?

다프네 콜러 : 음, 확률론적인 모델은 전문 영역의 구조를 인코딩함으로써 설명 가능한 모델을 만들고자 하는 것과 그저 데이터로부터 통계적 특성을 얻어내려고 하는 것 사이에 있어요. 딥러닝과 확률론적 모델에 공통적인 부분이 있을 수 있죠. 분포를 인코딩하는 것도 이에 해당되는 것 같고요. 대부분의 사람들은 해석가능성을 포기하더라도 성능을 최적화하는 데에 주력합니다. 하지만 해석가능성, 다른 영역의 구조를 이해하는 것은 모델이 어떻게 그런 결과를 냈는지 이해하는 데 도움을 줍니다. 특히 의료 산업은 그런 것들이 필요하죠. 혹은 훈련 데이터(시스템을 학습하는 데 사용하는 데이터)가 많지 않은 경우에서 사전 지식을 효율적으로 활용할 수 있게 해주죠. 사전 지식 없이 데이터만 있는 환경에서 조차 해석가능성은 상당한 이점을 가져요. 따라서 어느 정도 이런 능력들을 함께 파악할 수 있다면 정말 좋을 거예요.

마틴 포드 : 이제 코세라와 관련된 얘기를 해봅시다. 스탠퍼드에서 실제로 가르쳤던 온라인 수업을 바탕으로 이런 일들을 계속하기 위해 코세라를 설립하신 건가요?

다프네 콜러 : 상당히 많은 고민을 했어요. 스탠퍼드에서 이런 일들을 계속할지, 비영리 단체를 만들지, 아니면 아예 새로운 회사를 창업할지 말이죠. 그중 회사를 차리는 게 모든 사람들에게 큰 영향력을 줄 수 있는 방향이라고 생각했고, 2012년 1월 코세라를 창업했습니다.

마틴 포드 : MOOCs은 전 세계 사람들이 휴대폰으로 스탠퍼드 교육을 들을 수 있다고 알려졌죠. 하지만 이미 대학을 졸업한 사람들이 추가 자격증을 얻기 위한 움직임들로 보였는데요. 어떤 사람들은 대학의 교육을 바꿀 것으로 예상했지만 실제로 그렇지 않았죠. 앞으로는 어떻게 변화될 것 같나요?

다프네 콜러 : 분명하게 말하는데 코세라의 목적은 대학 교육을 중단시키는 것이 아닙니다. 그렇게 보는 사람들도 있지만 그것은 절대로 좋은 생각이 아니에요. 어떤 사람들은 또 이런 극단적인 말을 합니다. 2012년에 "MOOCs은 대학을 필요 없게 할 거야", 그리고 12개월 후, "음, 대학이 그대로 있네, MOOCs은 실패했군"이라고요. 이 둘 다 정말 말도 안 되는, 과장된 표현들의 예시들이에요.

그것보다 저희는 이 수준의 교육을 받을 수 없었던 사람들을 위해 일했다고 생각합니다. 코세라 수강생의 25%는 대학 학위가 없고, 수강생의 40%는 개발도상국에 있습니다. 강의를 듣고 인생이 바뀌었다고 말하는 수강생들의 후기를 보면, 이런 교육 기회가 개발도상국이나 낮은 사회적 지위의 사람들에게 얼마나 불균형적인지 알 수 있어요.

대다수의 사람들이 인터넷에 접근할 수 있고, 이런 기회가 있다는 것을 알 수 있어요. 시간이 흘러 더 많은 사람들이 이 강의의 혜택을 누릴 수 있게 인지도와 인터넷 접근성이 개선되었으면 좋겠네요.

마틴 포드 : 우리는 단기적으로 일어날 일을 과대평가하고, 장기적인 일을 과소평가하는 경향이 있는데 이 예가 전형적인 사례네요.

다프네 콜러 : 맞아요. 사람들은 우리가 2년만에 고등 교육을 다 바꿀 수 있을 거라 했죠. 대학은 500년 동안 천천히 발전해 왔어요. 그래도 5년 동안 상당한 변화가 있었다고 생각합니다.

예를 들어, 많은 대학교가 캠퍼스 교육 과정보다 훨씬 저렴한 비용으로 온라인 서비스를 제공하고 있습니다. 우리가 시작할 당시 최고의 대학들이 온라인 프로그램을 만들 거라고는 상상하지 못했죠. 지금은 많은 일류 대학들도 디지털 학습 방식을 사용하고 있어요.

마틴 포드 : 스탠퍼드는 별문제 없겠지만 이런 문제가 있을 수도 있겠네요. 미국의 3000명 이하 혹은 유명하지 않은 대학들의 학비는 엄청 비싼데 스탠퍼드 강의에 접근할 수 있는, 저렴하고 효과적인 학습 플랫폼이 생겨 더 이상 그런 대학에 입학할 필요가 없게 된 것이죠.

다프네 콜러 : 맞아요. 그런 변화는 대학원 교육 분야, 특히 전문 석사학위에서 더 일어날 것 같습니다. 학부 시절의 경험은 정말 중요해요. 집을 떠나 새로운 친구도 사귀고, 어쩌면 인생의 배우자도 만날 수 있겠죠. 중요한 사회적 요소가 포함되어 있습니다. 하지만 대학원의 경우 대개 직업, 배우자 그리고 가족이 있는 성인들도 입학하게 되는데, 그들 대부분 전업으로 학업에 매진하기는 부담이 되기 때문에 여기서 가장 먼저 변화가 일어나지 않을까 해요.

머지않은 미래에 소규모 대학에 다니는 학생들, 특히 생계유지를 해가며 학부생 생활을 해야 하는 사람들은 이런 생각을 할 수 있을 겁니다. 시간과 돈을 최대한 효율적으로 써야 하는데 이게 맞는 길일까... 10여 년 뒤면 아주 재밌는 변화를 볼 수 있을 것 같아요.

마틴 포드 : 기술은 어떻게 변화할까요? 강의를 수강하는 학생들이 더 많아지면 강의나 학생들과 관련된 데이터도 많아지고, 머신러닝이나 인공지능을 활용해 효과적인 방법을 찾을 수도 있겠죠. 미래에 어떤 기술들이 강의에 접목될 수 있을까요? 더 역동적이고, 자신에게 특화된 강의가 나올 수 있을까요?

다프네 콜러 : 딱 맞는 말이에요. 코세라를 시작했을 때 한계가 많았어요. 이미 스탠퍼드 강의에 있는 것을 제공한 데에 그쳤거든요. 강의 자료와 연습 문제를 엮으면서 더 많은 상호작용을 만들었지만 이미 있는 것이었어요. 하지만 데이터가 많이 모이면서 학습이 더 정교해지고 확실히 더 개인에 맞춤화되었어요. 개인 맞춤형 교사가 동기부여를 해주고 열심히 공부할 수 있게 도와주는 모습들을 더 자주 볼 수 있게 되었죠. 이 모든 게 데이터가 많아지니까 별로 어렵지 않았어요. 초창기 때 플랫폼 바닥까지 긁어 데이터를 모아야 했던 때와 완전히 다르죠.

마틴 포드 : 그때 당시 딥러닝에 대한 과장된 선전이 심해서 인공지능은 딥러닝이라는 인상을 심어주었죠. 하지만 최근 딥러닝은 "한계에 부딪칠거다"라는 소리와 다른 방식이 필요하다는 말이 나오고 있는데 어떻게 생각하시나요?

다프네 콜러 : 딥러닝은 매우 중요하다고 생각하지만 인간 수준의 인공지능을 이끌 것인지는 글쎄요. 아마 적어도 하나 아니 더 많은 큰 혁신이 있어야 할 것입니다. 부분적으로, 특정한 작업을 위해 네트워크 전체를 최적화하는 엔드 투 엔드(end -to-end, 역자 주 : 한쪽 끝에서 다른쪽 끝까지라는 뜻으로, 입력을 받고 입력을 처리해서 출력을 만들기 까지의 전 과정을 관할하는 방식을 말한다) 학습과도 관련 있어요. 한 작업은 매우 잘 하지만, 작업을 변경하면 모든 구조를 바꿔야 하거든요. 현재는 매우 깊고 수직적으로 접근하고 있어요. 매우 어려운 작업들이지만 상당히 잘 해내죠. 하지만 수직적인 작업은 그 옆의 다른 작업으로 쉽게 이동하지 못해요. 사람들은 그런 도구가 있다면 다양한 작업들을 수행할 수 있을 텐데 말이죠. 그래서 진짜 인공지능이 나타났다고 보지 않아요.

일반 지능과 또 구분될 수 있는 점은 현재 한 가지 모델을 훈련시키기 위해 엄청난 양의 데이터가 필요하다는 것입니다. 수백 개로는 턱없이 부족해요. 반면 인간은 아주 작은 데이터만 있어도 잘 학습하죠. 제 생각은 인간의 뇌의 한 구조가 다양한 작업들을 다루기 위해 일반적인 기술들을 이곳 저곳 적용할 수 있는 능력을 가지고 있기 때문이라고 생각해요. 한 가지 예로, 누군가에게 한 번도 사용해보지 못한 식기세척기 사용 방법을 알려주는 데 걸리는 시간은 고작 5분이면 충분할 겁니다. 반면 로봇에게 설명한다? 어림도 없죠. 인간은 일반적으로 전이할 수 있는 기술을 가지고 있고, 인공지능 에이전트(23쪽 용어집 참조)에게는 아직 없어요.

마틴 포드 : 일반인공지능을 위해 풀어야 할 것들은 어떤 게 있나요? 서로 다른 분야에서도 잘 학습하고 적용돼야 한다고 말씀해 주셨는데, 상상력과 같이 새로운 아이디어를 생각하는 능력이나 그런 것들이 필요할까요?

다프네 콜러 : 하나의 영역에서 다른 영역으로 기술들을 이전시켜 적용할 수 있는 것, 매우 제한된 양의 데이터에서 잘 학습할 수 있는 것이 가장 시급한 문제라고 생각해요. 상상력과 같은 흥미로운 연구들과 진전도 있지만 거기까지 가려면 아직 한참 먼 것 같네요.

GANs(적대적 생성 네트워크, 21쪽 용어집 참조)를 생각해보면, 전에 보지 못한 새로운 이미지를 만들지만, 그것 역시 훈련 이미지와 비슷한 것이죠. 인상주의 작품을 만드는 컴퓨터는 아직 없어요. 그런 것이 진짜 뭔가를 창조한다는 의미와 가까운 것인데 말이죠.

더욱 까다로운 문제는 감정적인 부분에 있는데요. 사람은 감정을 속일 수 있기 때문에 감정을 잘 정의할 수 있을지 모르겠네요. 사람들은 다른 사람과 정서적으로 통한다고 속일 수 있고, 컴퓨터도 충분히 그럴 수 있을텐데, 그렇게 되면 어느 게 진짜인지 알 수 있을까요? 튜링 테스트로 다른 존재가 정말로 의식이 있는지 결코 알 수 없습니다. 우리는 의식이 있다고 생각할만한 행동과 일치하는 행동을 하는 존재를 의식이 있다고 믿을 뿐입니다.

마틴 포드 : 좋은 지적이네요. 일반인공지능이 정말 의식을 가질지, 아니면 초지능

(20쪽 용어집 참조)형 좀비가 될지 정말 모르겠어요. 진짜 똑똑하지만 내재적 경험이 없는 기계가 탄생할 수도 있을까요?

다프네 콜러 : 튜링의 가설을 보면 의식은 알 수 없는 것이라 합니다. 여러분이 의식을 진짜 가지고 있는지 몰라요. 그저 나와 같은 사람이니까 의식이 있다고 믿는 거죠.

튜링은 특정 수준의 행동을 보이면 지적 존재가 실제로 의식이 있는지, 없는지 판단할 수 없다고 주장해요. 잘못된 가설이 아니라면 그것은 과학의 문제가 아닌 믿음의 문제가 되어 버리죠. 즉 의식이 있다는 것을 알지 못하기에 역시 기계에 의식이 있는지, 없는지도 판단할 수 없다는 얘기입니다.

마틴 포드 : 이제 인공지능의 미래에 대해 얘기해 봅시다. 현재 인공지능은 어떤 것들에 직면하고 있나요?

다프네 콜러 : 딥러닝 프레임워크는 머신러닝의 병목현상 중 하나를 해결하는 데 중요한 역할을 했습니다. 어떤 분야의 전문 지식이 없는 상태에서 그 분야에 대한 흐름을 파악할 수 있는 특성 공간을 충분히 잡아주기 때문에 아주 높은 성능을 보이죠. 딥러닝이 나오기 전, 머신러닝으로 이런 것들을 파악하고 같은 성능을 내고자 했다면 데이터의 특성을 파악하기 위해 몇 달, 몇 년이 걸렸을 거예요.

하지만 딥러닝은 대규모 데이터를 분석해서 그것들의 패턴을 아주 잘 찾아요. 상당히 강력하죠. 그래도 모델을 구성하는 데 사람의 통찰력이 많이 필요합니다. 어떤 모델의 구조가 그 분야에서 근본적인 성질들을 포착하는지 알아내는 것은 또 별개이지만요.

예를 들어, 기계 번역에 들어가는 모델과 컴퓨터 비전 영역에서 쓰는 모델의 구조는 완전히 달라요. 그리고 그 구조에는 인간의 통찰력이 많이 포함되어 있죠. 오늘날에도 모델을 설계하는 과정에서 사람들이 중요한 역할을 하고 있습니다. 컴퓨터 스스로가 구조를 설계하는지는 모르겠네요. 몇몇 파라미터나 약간의 구조 변형은 컴퓨터가 하지만 여전히 전반적인 구조는 사람이 짜니까요. 이를 개선할 수 있는 몇 가지 진전들이 있어요. 대규모 데이터를 훈련시키는 방법, 엔드 투 엔드 훈련 방법이 대표적인 기술이죠. 엔드 투 엔드 훈련은 작업의 구조를 처음부터 끝까지 짜고 최적화하는 방식이에요.

이 두 가지는 성능을 개선하는 데 상당히 혁신적인 기술이에요. 알파고나 알파제로는 이것들을 잘 사용한 사례죠. 게임을 이기기 위해 엄청난 양의 데이터를 엔드 투 엔트 훈련으로 훈련하고 엄청난 성능 향상을 보였으니까요.

마틴 포드 : 그럼 일반인공지능까지는 앞으로 얼마나 더 걸리고, 현재 어디쯤 왔나요?

다프네 콜러 : 거기까지 도달하려면 많은 혁신들이 필요할 거예요. 예측할 수 없죠. 누군가가 한 달 안에 놀라운 아이디어를 낼지 혹은 150년이나 걸릴지 아무도 몰라요. 언제 일어날지 예측하는 것은 바보 같은 짓이에요.

마틴 포드 : 하지만 큰 혁신들이 일어나면 빨리 도달할 수 있겠죠?

다프네 콜러 : 그렇다고 해도, 일반인공지능 현실을 만들기 위해서 많은 엔지니어들이 필요할 거예요. 딥러닝과 엔드 투 엔드 훈련을 돌이켜 생각해보면 이런 아이디어들은 1950년대에 나왔었고 10년마다 계속 발전했어요. 수년간의 노력이 필요했죠. 일반인공지능도 마찬가지로 지속적인 발전과 노력이 필요할 것이고 지금과는 멀리 떨어져 있는 기술인 것 같아요.

하지만 언제 큰 혁신들이 발생할지는 예측할 수 없어요. 심지어 우리도 처음 볼 때, 두 번째 볼 때, 세 번째 볼 때 다 다르잖아요. 이미 혁신적인 아이디어가 만들 어졌을지도 몰라요. 그래도 역시 그 기술을 제대로 설계하기 위해서는 수십 년이 필요할 겁니다.

마틴 포드 : 그럼 인공지능의 위험성도 살펴볼까요? 먼저 경제적인 부분을 보면, 많은 경제학자들이 말하기론 인공지능의 영향력이 산업혁명 때 일어났던 변화까 지는 아닐 거라고 하더군요. 어떻게 생각하시나요?

다프네 콜러 : 경제적 측면에서 큰 혼란의 시기를 보내고 있는 것 같아요. 가장 큰 문제이자 기회는 사람이 하고 있는 일을 기계가 대신할 수 있을까입니다. 채택하 는데 사회적 장애물들이 있지만 혁신적인 기술이 나오면 파격적인 혁신 사이클 을 따를 거예요.

준법률가(역자 주 : 법적 전문 기술은 있으나 변호사는 아닌 사람으로 법이 허용하는 범위 내에서 그 기술을 활용하거나 변호사의 감독 아래 활동하는 사람)나 슈퍼마켓 캐셔는 벌써 이런 위기를 겪고 있죠. 이제는 보다 많은 사람들이 처한 문제가 될 거예요. 5년에서 10년 사 이에 거의 모든 일들을 로봇이나 지능형 에이전트가 하고 있을 거라고 봅니다. 문 제는 사람이 할 수 있는 유의미한 일이 어느 정도 남아 있을까인데요. 확실히 많 이 남아 있을 수도, 아닐 수도 있고 경우에 따라 다를 것 같아요.

마틴 포드 : 파격적인 기술 중 하나로 생각되는 자율주행차를 생각해볼까요? 운전 기사가 없는 우버를 탄다고 했을 때 어떤 생각이 들 것 같나요?

다프네 콜러 : 점차적으로 변화할 것 같아요. 그렇게 될 수 있겠지만 아직은 대부분 의 회사들이 중간 단계로 향하고 있다고 생각해요.
한 번에 3, 4대의 차량을 원격 조종하는 조종사가 사무실에 있을 수도 있어요. 그

다프네 콜러

리고 자율주행차들이 위급한 상황에 빠지면 이들에게 도움을 요청할 겁니다. 5년 안에 자율주행차 서비스를 볼 수 있을 것 같네요. 완전한 자율성을 가진 자율주행 차가 나오려면 기술적 부분보다 사회적 진화가 필요하고, 이 부분은 예측하기 어렵네요.

마틴 포드 : 하지만 이런 한 가지 산업만 적용돼도 일자리가 많이 사라질 텐데, 이 에 대한 해결책으로 보편적 기본 소득제가 좋은 해결책이 될 수 있을까요?

다프네 콜러 : 결정을 내리기에는 너무 이르네요. 이전의 혁명적인 것들을 살펴보 면 농업 혁명, 산업혁명 때 노동력의 붕괴와 많은 사람들이 일자리를 잃을 거라는 예측을 했었죠. 세상은 바뀌었고, 사람들도 다른 직업들을 찾았습니다. 하지만 인 공지능이 이런 역사적 흐름과 다른 혁명이라고 판단하기에는 너무 이른 감이 있 네요.

보편적 기본 소득제를 논하기보다 교육 부분을 더 신경 써야 합니다. 우리는 새로 운 현실, 직업들을 교육하는 시스템에 대한 투자를 잘 하지 않았어요. 저는 이게 일자리 문제를 해결하는 데 중요한 역할을 할거라 보는데 말이죠. 그런 교육을 한 후에도 일자리 문제를 해결하지 못한다면 보편적 기본 소득제를 의논해 봐야겠 지요.

마틴 포드 : 이제 다른 종류의 위험을 살펴봅시다. 개인 정보 보호, 보안, 드론의 무 기화와 같은 단기적인 위험과 일반인공지능의 위협 등과 같은 장기적인 위험이 있는데요.

다프네 콜러 : 단기적인 위험은 인공지능이 없더라도 존재하고 있었던 문제로 보 는데요. 예를 들어, 해킹과 관련된 문제들이 있잖아요. 전력망에 인공지능 기술이 도입되기 전에도 해킹과 같은 보안 문제가 있었고요.

심장 박동 조절기도 해킹할 수 있어요. 무기도, 핵반응 시스템을 해킹해 핵 공격을 일으킬 수 없는 상황인가요? 인공지능 시스템에도 당연 보안 문제가 있지만, 이전 기술의 보안 문제와 질적으로 다르지 않은 것 같습니다.

마틴 포드 : 하지만 기술이 확장되면 그런 위험도 확대될 수 있지 않을까요? 음식을 운반하고 있는 자율주행 트럭을 해킹해 빼돌릴 수 도 있는 것처럼요.

다프네 콜러 : 동의해요. 질적으로 다른 것이 아니고 위험 요소가 많아지는 것이겠죠. 전자 기술에 더 의존할수록 상호간의 연결이 더 많아지고 단일 장애점(역자 주 : 시스템의 핵심 부분으로 이 부분이 고장나면 전체 시스템이 고장난다)에 대한 위험이 더 클 수밖에 없어요. 당신이 말한 예시를 다시 한 번 볼까요? 상품을 빼돌리려면 운송하는 모든 기사들을 빼돌려야겠죠. 대기업의 경우는 도착지 정보를 바꾼다던지, 유통의 한 시스템만 바꾸더라도 더 많은 상품들을 빼돌릴 수 있습니다. 이제 여기서 인공지능이 도입된다면 그 과정들이 더 집중화되면서 단일 장애점의 위험이 더 커질 거예요.
제 말은 이런 종류의 위험은 커지겠지만 본질적으로 같은 위험이라는 것입니다. 단일 장애점이 있는 복잡한 기술로 가면 갈수록 위험이 많아질 수 있다는 문제라는 것이지요.

마틴 포드 : 인공지능의 무기화, 첨단 상업 기술의 악의적 이용과 관련된 문제들이 많잖아요. 슬로터봇(slaughterbots, 학살로봇)을 만든 스튜어트 러셀(473쪽 참조)과도 이 주제에 대해 인터뷰했는데요. 이 기술이 위협적인 방식으로 사용될 것이라 보시나요?

다프네 콜러 : 네, 누구 손에 달렸는지의 문제겠지만 충분히 위험한 방향으로 쓰일 수 있어요. 인간 역사상 더 쉽게, 많이 죽일 수 있는 방법들은 계속 발전돼 왔는데요. 칼로는 한 두명을 죽일 수 있었다면 총으로는 대여섯 명, 자동 소총으로

는 40~50명을 죽일 수 있게 되었죠. 이제는 별다른 기술적 노하우 없이도 폭탄을 만들 수 있고, 화학적 무기나 유전체를 변형해 바이러스를 만들 수 있는 기술들을 생각해보면 현대 기술로도 수많은 사람들을 죽일 수 있어요.

악용될 소지가 있지만 인공지능만 따로 떼어 놓고 생각해서는 안 됩니다. 더 넓게 생각해 봐야 해요. 천연두를 합성해 퍼트리는 것보다 킬러 드론이 더 위험하다는 말은 하지 않을 겁니다. 실제로 천연두 합성 바이러스가 더 많은 사람들을 죽일 것 같지만요. 현재 두 개의 시나리오 다 마땅한 해결책이 없어요.

마틴 포드 : 그럼 이제 좀 더 장기적인 문제인 일반인공지능의 위협에 대해 살펴볼까요? 초지능의 통제 문제인데요. 초지능은 우리가 예측하지 못한, 실제로 사람에게 해가 되는 목적을 추구할 수도 있어요. 이런 문제들에 대해선 어떻게 생각하시나요?

다프네 콜러 : 이런 문제를 논하기에는 시기 상조인 것 같아요. 제가 볼 때는 그 지점에 이르기까지 많은 혁신이 있을 거고 알 수 없는 많은 일들이 있을 것이기 때문에 어떤 결론도 내릴 수 없네요. 어떤 지능적 특징이 형성될까요? 감정적 요소가 있을까요? 무엇이 그들의 목적을 설정하게 할까요? 인간들과 함께 상호작용할까요, 아니면 독자적으로 나아갈까요?

모르는 것들이 너무 많아서 거기에 대한 대책을 세우기도 그렇네요. 어떤 혁신적인 것이 있으면 그 혁신을 도달하기 위한 몇 년 혹은 몇 십 년의 노력이 필요할 겁니다. 하루아침에 일어나는 위급한 상황이 아니라요. 핵심 구성 요소가 무엇인지 파악할 수 있으면 그때 어떻게 모듈을 조정하고 구조화할 수 있는지 생각해보는 게 좋아요. 지금은 별로 생각할 필요 없는 것 같습니다.

마틴 포드 : 오픈AI(27쪽 용어집 참조)와 같이 그런 문제들을 바라보는 싱크 탱크 조직

들이 속속 생겨나고 있어요. 투자자 관점에서 보면 역시 시기 상조인가요? 아니면 그런 일을 시작하는 게 생산적이라고 보시나요?

다프네 콜러 : 오픈AI는 다양한 것들을 해요. 지금까지 가장 많이 한 것은 기술 보편화에 앞장서서 인공지능 도구의 오픈 소스를 만드는 일이었어요. 아주 훌륭한 일들을 하고 있다고 생각해요. 인공지능과 관련된 위험들과 관련된 일을 하는 많은 기관들이 있어요. 예를 들어, 최근 머신러닝 학회에서 흥미로운 대화가 있었는데요. 머신러닝은 훈련 데이터를 통해 내재적 편향을 만들고 끔찍한 행동(인종주의, 성차별)을 보일 수 있다는 것이었습니다. 이런 주제가 지금 생각해봐야 할 것들이라고 생각해요. 진짜 위험한 문제고 실질적인 해결책을 고안해야 합니다. 실제 싱크 탱크들이 하고 있는 일들 중 하나죠.

이는 마틴 포드 씨가 질문하신, 아직 존재하지도 않는 기술에 대해 안정장치를 구축하는 것과 전혀 다른 문제예요. 아무것도 확실하지 않은 시점에서 인간을 해칠 거라는 추측만으로 안전장치를 구축하는 것과는 다르죠. 왜 이런 문제를 생각해야 하나요? 너무 이른 것 같은데요.

마틴 포드 : 인공지능과 관련된 정부 규제는 필요할까요?

다프네 콜러 : 이 기술에 대한 정부의 이해도가 낮아 지금 개입하는 것은 안 좋은 생각입니다. 이미 많은 정부들이 인공지능을 사용하고 있고 정부간에 같은 윤리적 구속력이 필요한 것은 아니기에 규제하지 않는 것이 더 바람직한 해결책이라 봅니다.

마틴 포드 : 중국을 예로 들어 볼게요. 중국은 인구도 많고 개인 정보 보호 문제도 신경 쓸 필요가 없어서 인공지능 개발에 상당한 이점을 가질 것 같은데요. 미국이 중국보다 뒤처질 위험이 있는지, 그리고 걱정해야 할 문제인지 궁금합니다.

다프네 콜러 : 그럴 거예요. 상당히 중요한 문제입니다. 인공지능 발전을 위해 긍정적인 방향의 정부 개입을 찾는다면 중국이나 다른 국가들보다 경쟁력 있는 기술적 진보가 가능할 것으로 생각됩니다. 과학에 대한 투자도 포함되지요. 교육에 대한 투자도 마찬가지고요. 개인 정보를 존중하면서 데이터에 쉽게 접근할 수 있는 방법에 대한 투자 역시 필요합니다.

제가 관심 있는 의료 산업에서 역시 발전을 가속시킬 수 있는 부분들이 있는데요. 예를 들어, 대부분 환자와 얘기해보면 그들은 그들의 데이터가 새로운 치료 목적을 위한 연구에 쓰이는 데 기꺼이 동의합니다. 그들에게 직접적인 도움이 가지 않더라도 다른 사람에게 도움이 될 수 있다면 그러길 바라죠. 하지만 법적, 기술적 골칫거리들이 의료 데이터의 공유를 너무나 번거롭게 만들어 잘되지 않죠. 결국, 환자 데이터를 모으고 적절한 치료법을 찾아내는 속도를 늦추고 있는 실정이죠.

사회적 규범의 변화와 같이 정부 차원에서의 변화는 상당히 큰 변화를 만들 수 있어요. 장기기증에 관련된 옵트인(역자 주 : 옵트인(Opt-in)은 기증자가 생전에 기증의사를 밝혔을 때에 한해서 장기기증이 가능), 옵트아웃(역자 주 : 옵트아웃(Opt-out)은 장기기증을 거부하는 의사를 밝히지 않은 모든 국민을 장기기증 대상자로 분류)의 역할을 보면 이를 확인할 수 있죠. 이 둘은 죽었을 때 장기기능을 할 건지에 관해 똑같이 선택권을 주지만, 장기기증률은 옵트아웃 형태를 가진 나라가 옵트인 형식의 나라보다 현저히 높습니다. 보통은 옵트인 방식을 선호합니다만 데이터 공유와 관련해 옵트아웃 시스템을 마련한다면 접근성이 더 개선되고 연구 속도도 훨씬 빨라질 거예요.

마틴 포드 : 마지막으로 인공지능이 가져다 주는 혜택이 이러한 위험들보다 더 클까요?

다프네 콜러 : 네, 그렇게 생각해요. 기술 개발을 중단해서 진보를 멈추는 것은 잘못된 방식이라고 생각해요. 위험을 해결하기 위해서는 적절한 사회적 규범과 안

정 장치의 마련을 신중하게 생각해봐야 합니다. 기술 개발을 멈추는 것은 현실적인 대책이 아닙니다. 다른 누군가가 훨씬 안 좋은 의도를 가지고 개발할 수도 있으니까요. 우리는 기술이 발전하도록 놔두고 좋은 방향으로 흐를 수 있게 하는 메커니즘을 생각해야 합니다.

다프네 콜러

다프네 콜러는 스탠퍼드 컴퓨터 과학 겸임 교수이고 인공지능의 발전에 큰 기여를 했다. 특히 베이지안(확률론적) 머신러닝과 지식 표현 분야에 큰 공헌을 했다. 2004년, 맥아더 재단의 연구원으로 선발되기도 했다.

2012년 다프네는 그녀의 스탠퍼드 동료인 앤드류 응(Andrew Ng)과 함께 공동으로 온라인 교육 회사인 코세라를 창업했다. 최근 의료 산업에서 머신러닝과 데이터 사이언스 연구에 집중하고 있고, 구글을 비롯한 알파벳의 자회사인 칼리코의 CTO로 일하며 인간의 수명 연장과 관련된 일을 하고 있다. 다프네는 머신러닝을 활용한 신약 개발에 집중하고 있는 바이오 기술 기업인 인시트로의 창업자이자 CEO이다.

다프네는 이스라엘 예루살렘의 히브리 대학에서 학사 및 석사 학위를, 1993년 스탠퍼드에서 컴퓨터 과학 박사 학위를 받았다. 수많은 상을 받았으며 인공지능 향상 협회(Association of Advancement of Artificial Intelligence)의 연구원이기도 하다. 2011년에는 미국 국립 과학 아카데미(National Academy of Engineering)의 연구원으로, 2013년에는 타임지에 세계에서 가장 영향력 있는 100명 중 한 명으로 선정되었다.

> ❝ 권력 집중의 문제가 있습니다. 현재 인공지능 연구는 매우 공개적이고 개방적이지만, 비교적 적은 수의 회사만이 활용하고 있습니다. 좀 더 넓은 범위의 경제에 이용되기까지는 시간이 걸릴 것이고 이는 권력을 재분배하는 것과 같습니다. 어떤 면에서든 세계에 영향을 미칠 것입니다. 긍정적일 수도, 부정적일 수도 있습니다. ❞

얀 르쿤(YANN LECUN)

페이스북 부사장 & 수석 인공지능 과학자, NYU, 컴퓨터 과학 교수

얀 르쿤은 30년 이상 인공지능 및 머신러닝 분야에 종사해 왔습니다. 페이스북에 합류하기 전에 AT & T의 Bell Labs에서 일 했으며, 뇌의 시각 피질에서 영감을 얻은 머신러닝 아키텍처인 합성곱 신경망(convolutional neural networks) 개발에 기여했습니다. 얀은 제프리 힌튼과 요슈아 벤지오와 함께 노력과 끈기로 인공지능의 암흑기로부터 지금의 혁신적 변화를 직접적으로 이끌어낸 소규모 그룹의 일원입니다(역자 주 : 2019년 3월 27일 이 세명은 인공지능의 발전에서의 공로를 인정받아 컴퓨터 분야의 노벨상이라 불리는 튜링상 수상자로 선정되었다).

마틴 포드 : 바로 본론으로 들어가보죠, 지난 10년 동안 펼쳐진 딥러닝 혁명에 대해 이야기하겠습니다. 이게 어떻게 시작되었습니까? 신경망 기술이 발전하고, 동시에 컴퓨터의 발달과 폭발적으로 증가한 데이터들이 합쳐져 가능하게 된 것이 맞나요?

얀 르쿤 : 네, 맞습니다. 그러나 그것보다는 좀 더 의도된 부분도 있습니다. 1980년대 중반 역전파(backpropagation, 21쪽 용어집 참조) 알고리즘의 개발로 여러 개의 층이 있는 신경망을 만들 수 있게 되었습니다. 그 후 2003년, 제프리 힌튼과 요슈아 벤지오와 그리고 저 셋이 모여 이야기를 나눴습니다. 우리는 여러 개의 층을 가진 깊은 신경망의 중요성에 공감했고 토론을 통해 여러분이 알고 있는 딥러닝이라는 단어가 나오게 되었습니다.

마틴 포드 : 당시 이 정도까지 파급력이 있을 거라고 예상했나요? 요즘 사람들은 인공지능과 딥러닝이 거의 동의어라고 생각합니다.

얀 르쿤 : 어느 정도 예상은 했지만 이 정도까지는 상상하지 못했습니다. 컴퓨터 비전, 음성 인식 및 기타 여러 가지 분야에서 딥러닝의 중요성이 강조될 것이라 생각했지만 딥러닝이 인공지능의 대명사가 될 것이라고는 상상하지 못했고, 이렇게 다양한 산업에서 큰 관심을 갖게 되고, 완전히 새로운 산업을 창출하게 될 것이라 예상하지 못했습니다. 컴퓨터 비전(23쪽 용어집 참조), 음성인식의 혁명뿐만 아니라 자연어의 이해, 로보틱스, 의학 이미지 분석 그리고 자율주행차를 가능하게 만들었고 딥러닝은 우리를 놀라운 세상으로 인도하고 있습니다.
90년대 초반을 생각해 보면 2013년에 일어난 대폭적인 변화를 예상했다기보다 이런 발전이 조금 일찍부터 점진적으로 일어날 것으로 예상했습니다.

마틴포드 : 처음에 어떻게 인공지능과 머신러닝에 관심을 갖게 되었습니까?

얀 르쿤

얀 르쿤 : 어린시절 과학과 공학에 관심이 많았고, 인류의 기원과 같은 거대한 과학적인 문제에도 관심이 많았습니다. 1960~70년대 프랑스에는 인공지능이란 정식 학문은 없었지만 저의 마음을 사로잡았습니다. 고등학교를 졸업했을 때 과학자가 아닌 엔지니어가 될 것이라 생각했기 때문에 엔지니어링 분야에 대해 공부를 시작했습니다.

공부를 시작한 초창기인 1980년 즈음, 발달심리학자인 장 피아제와 언어학자인 노암 촘스키 사이의 논쟁을 글로 옮긴 "언어와 학습: 장 피아제와 노암 촘스키의 논쟁"(역자 주 : 노암 촘스키는 아이들은 적당한 교육과 경험만 있으면 언어를 습득하게 되는 것으로 보는 반면 장 피아제는 아이들에게 특별한 언어습득장치가 있다고 생각하지 않고, 고도의 지적 능력 사용하여 다른 지식을 구성하듯 언어를 구성한다는 주장)이라는 철학 서적을 발견했습니다. 이 책은 인간의 본성과 양육의 개념, 언어와 지능의 출현 사이에 정말로 흥미로운 논쟁이 포함되어 있었습니다.

이 논쟁에 참여한 컴퓨터 과학 교수인 시모어 페퍼트(역자 주 : Seymour Papert, 최초의 어린이용 프로그래밍언어인 '로고[Logo]'를 만든 컴퓨터 과학자이자 수학자)가 1960년대 후반에 인공지능의 첫 번째 물결을 멈춰 세웠던 것으로 생각됩니다. 신경망의 첫 번째 물결은 1950년대에 퍼셉트론(perceptron)이라는 책이 나왔을 때입니다. 10년 뒤인 1960년대 시모어 페퍼트는 동료 마빈 민스키와 함께 퍼셉트론의 한계를 수학적으로 증명하며 인공지능의 몰락을 불러왔습니다. 퍼셉트론은 제가 머신러닝의 개념에 대해 읽은 첫 번째 책이었습니다. 기계가 학습할 수 있다는 것에 놀랐습니다. 이때부터 저는 학습이 인공지능의 필수 불가결한 요소라고 생각했습니다.

학부생으로서 머신러닝에 관한 모든 문헌을 파헤치고 몇 가지 프로젝트를 수행했습니다. 그러던 중 서구권에서는 아무도 신경망을 연구하지 않고 있다는 사실을 알게 되었습니다. 몇몇의 일본 연구자들만이 신경망으로 알려진 것들을 연구하고 있었을 뿐이었죠. 이는 당시 미국의 유명한 인공지능 학자였던 시모어 페퍼트와 마빈 민스키의 퍼셉트론에 대한 비판으로 인공지능의 암흑기가 찾아왔기 때문이었습니다.

저는 모리스 밀 그램 교수 밑에서 신경망을 계속 연구했지만 당시 모리스 교수는 신경망 분야에 대해 연구하지 않고 공개적으로 "조언자는 될 수 있어도, 기술적으로 도와줄 수가 없다"라고 했습니다. 그렇게 연구한 끝에 1987년 '연결주의 학습 모델'(Modeles connexionnistes de l'apprentissage)이란 논문으로 박사학위를 받았습니다.

논문을 쓰면서 1980년대 초반에 신경망에 대해 연구하는 전 세계 사람들이 모여 있는 커뮤니티를 알게 되었고, 데이비드 루멜하트와 제프리 힌튼(505쪽 참조)과 같은 분들과 협업해 역전파 알고리즘과 같은 것을 발견할 수 있었습니다.

마틴 포드 : 저는 1980년대 초 컴퓨터 공학을 전공하는 학부생이었고 기억을 더듬어 봐도 신경망에 대해서 자주 들어본 기억이 나지 않습니다. 분명히 당시에 개념은 있었지만 주목받고 있었던 것 같지 않습니다. 그러나 2018년에 상황은 극적으로 반전되었습니다.

얀 르쿤 : 당시는 주목받지 못했던 정도가 아니었습니다. 70년대와 80년대 초반에는 신경망이란 단어는 연구자들 사이에서 거의 저주받은 수준이었습니다. 당시 신경망이란 단어를 언급한 모든 논문은 즉시 거부당했습니다. 실제로 제프리 힌튼과 테리 세즈노스키는 1983년에 최적의 지각 추론(Optimal Perceptual Inference)이라는 유명한 논문을 출간했습니다. 이 논문은 초기의 딥러닝을 설명하고 있는 논문이었는데 힌튼과 세즈노스키는 암호와 같은 단어를 사용해서 신경망에 대한 언급을 하지 않았습니다. 논문의 제목도 수수께끼 같았습니다.

마틴 포드 : 당신도 알고 있듯이 주요 혁신 중 하나는 합성곱 신경망(Convolutional Neural Network)이었습니다. 합성곱 신경망은 무엇인지 또 딥러닝과는

어떻게 다른 지 설명해 주시겠습니까?

얀 르쿤 : 합성곱 신경망의 개발 동기는 이미지를 인식하는 데 적합한 신경망을 개발하기 위해서였습니다. 최근 음성 인식 및 언어 번역과 같은 광범위한 작업에 유용한 것으로 밝혀지기도 했습니다. 합성곱 신경망은 동물이나 사람의 시각 피질로부터 영감을 받았습니다.

합성곱 신경망은 특별한 방법으로 뉴런을 연결하는 것으로 이미지 처리에 적합한 방법입니다. 덧붙여 얘기하면 여기서 말하는 신경망(뉴럴네트워크)의 신경(뉴런)은 생물학적 신경(뉴런)과 정확하게 같은 구조는 아닙니다.

뉴런이 연결되는 기본 원리는 레이어가 여러 개로 구성되어 있는 것입니다. 첫 번째 레이어의 각 뉴런은 입력되는 이미지를 일정한 크기로 볼 수 있는 창과 같은 작은 단위로 나누어진 픽셀 패치와 연결되는 방식입니다. 각 뉴런은 이미지로부터 입력된 내용의 학습을 통해 수정되는 가중치 합을 계산합니다. 뉴런들은 각 뉴런에 입력된 픽셀 패치만 볼 수 있습니다. 동일한 픽셀 패치를 보는 수많은 뉴런이 있고 조금 옆으로 이동된 픽셀 패치를 보는 수많은 뉴런이 있지만 이 한 픽셀 패치의 뉴런들은 다른 뉴런들과 같은 작업을 수행합니다. 하나의 픽셀 패치에서 특정한 특징을 감지하는 뉴런이 있다면, 다음 픽셀 패치와 이미지의 모든 픽셀 패치에 대해 다른 뉴런에서 정확히 같은 특징을 감지하는 또 다른 뉴런을 갖게 될 것입니다

일단 모든 뉴런을 함께 넣으면 뉴런들이 어떤 수학적 연산을 하는지 알게 됩니다. 이 연산을 이산 합성곱(discrete convolution)이라고 하며, 이것이 합성곱 신경망이라고 불리는 이유입니다

두 번째 레이어는 비선형 레이어입니다. 기본적으로 합성곱 레이어에 의해 계산

된 가중치 합이 임계 값보다 높거나 낮은 경우 각 뉴런이 꺼지거나 켜지는 임계 값이 됩니다.

마지막으로 풀링 작업을 수행하는 세 번째 레이어가 있습니다. 자세히 다루지는 않겠지만 기본적으로 입력된 이미지에서 인식하고자 하는 물체가 조금 이동되거나 찌그러지는 등의 차이를 극복하는 방법입니다.

합성곱 신경망은 기본적으로 합성곱, 비선형, 풀링과 같은 여러 레이어가 쌓인 구조입니다. 여러 레이어를 겹쳐 쌓고 맨 위에서는 감지된 개별 물체가 무엇인지 알려줄 것입니다.
신경망에 말의 이미지를 넣으면 신경망이 말을 인식할 수 있게 됩니다. 자동차, 사람, 의자 등 기타 모든 범주에 대해 인식할 수 있습니다. 재미있는 사실은 신경망이 하는 기능은 뉴런과 뉴런 사이의 가중치로 결정된다는 것입니다. 이건 프로그램된 것이 아니라, 각 뉴런들이 이미지에 맞는 가중치를 스스로 조정하는 과정을 통해서 결정되기 때문에 학습이라고 표현하는 것입니다.

신경망을 학습시키는 방법은 말의 이미지를 보여주었을 때 "말"이라고 답을 하지 않으면 잘못되었다고 알려주면서 정답을 알려주어야 합니다. 그러면 신경망은 역전파 알고리즘을 사용하여 신경망에 연결된 모든 가중치를 조정하게 되고, 다음에 같은 말의 이미지를 보여주면 원하는 답에 좀더 가까운 결과를 보여줄 것입니다. 이런 방식으로 수천장의 이미지를 계속 학습시켜야 합니다.

마틴 포드 : 고양이나 말의 이미지를 주고 신경망을 학습시키는 과정을 지도학습(supervised learning)이라고 하는 게 맞나요? 지도학습이 오늘날 머신러닝의 일반적인 접근 방법이라고 생각하면 될까요? 그리고 이 학습은 엄청난 양의 데이터가 필요하다는 것처럼 들리는데 맞습니까?

얀 르쿤

얀 르쿤 : 네, 정확합니다. 오늘날의 딥러닝을 활용한 거의 모든 응용 프로그램은 지도학습을 사용합니다. 지도학습은 학습할 때 시스템에 올바른 답을 알려준 다음, 시스템이 스스로 다음 정답을 내기 위해 수정하는 것입니다. 딥러닝을 활용한 지도학습의 마법 같은 결과는 학습을 완료한 뒤에 이전에 학습하지 않았던 이미지에 대해서도 학습된 범주에 있다면, 대부분 정답을 말하게 됩니다. 그리고, 딥러닝을 활용한 지도학습은 일반적으로 처음 학습할 때 많은 데이터를 필요로 합니다.

마틴 포드 : 앞으로도 딥러닝 분야가 계속 진전이 있을 것 같습니까? 지도학습은 인간이 배우는 방식과 매우 다른 것으로 보입니다. 아이들은 고양이를 한 번 가리키며 "고양이가 있어요"라고 말하면 하나의 표본만으로도 배울 수 있습니다. 이처럼 우리가 생각하는 인공지능과 많은 차이가 있는 것 같은데요.

얀 르쿤 : 네, 계속 진전이 있을 거라고 생각합니다. 이전에 말했듯, 처음으로 합성곱 신경망을 학습시킬 때 네트워크를 통해 수천, 심지어는 수백만 개의 다양한 카테고리의 이미지를 가지고 학습시킬 수 있습니다. 이렇게 학습된 신경망은 새 범주를 추가하려는 경우, 이미지 몇 개만 있으면 됩니다. 고양이를 인식하고자 한다면 몇 장의 고양이 이미지만 있으면 됩니다. 그것은 수백만개의 다양한 카테고리로 학습을 했기 때문에 신경망은 이미 모든 유형의 이미지를 인식하고 이미지를 표현하는 방법을 알고 있어 가능한 것입니다. 다양한 객체를 구분할 수 있는 많은 특징들을 이미 알고 있기 때문에 새로운 객체를 인식하도록 학습시킬 때는 몇 개의 샘플을 보여주고, 한 두개의 레이어만 학습시키는 것만으로도 가능합니다.

마틴 포드 : 그렇다면, 방금 말씀하신 신경망에 고양이와는 다른 개와 곰 같은 종류의 동물을 인식하도록 신경망을 학습시키고 싶다면 소량의 데이터만으로도 할 수 있다는 건가요? 이렇게 된다면 아이들이 학습하는 것과 크게 다르지 않다고 생각할 수 있겠네요

얀 르쿤 : 아쉽지만, 그건 좀 다르게 봐야 할 것 같습니다. 어린이들의 대부분의 학습(동물의 분류와 같은 문제에 대해서)은 "이것은 고양이입니다"라는 말을 듣기 전에 스스로 하는 것입니다. 아기가 태어나 처음 몇 달 동안 언어에 대한 개념이 전혀 없어도 엄청난 양의 지식을 단지 관찰과 약간의 상호작용으로 배운다는 것입니다.

이처럼 엄청나게 많은 세계에 대한 배경 지식을 축적하는 방법을 시스템적으로 어떻게 해야 되는지 모르고, 어떻게 불러야 되는지도 모릅니다. 일부는 이것을 비지도학습(unsupervised learning)이라고 말하기도 하고 예측학습(predictive learning) 또는 전가학습(imputative learning)이라고도 합니다. 저는 이것을 자기지도학습(self-supervised learning)이라고 부릅니다. 자기지도학습은 특정한 훈련을 하지 않고 세계를 관찰하고 그것이 어떻게 작동하는지를 근본적으로 이해하는 학습방법입니다.

마틴 포드 : 그렇다면 성공에 대한 보상을 기반으로 연습하며 반복하고 배우는 강화학습이 비지도학습의 범주에 속합니까?

얀 르쿤 : 아니요, 그건 다른 카테고리입니다. 더 많은 비슷한 유형의 학습방법들이 있지만 기본적으로 강화학습, 지도학습, 자기지도의 세 가지 범주가 있습니다. 강화학습은 시행착오를 통해 배우며 성공할 때 보상을 얻고 성공하지 못하면 보상을 받지 못합니다. 가장 순수한 방법의 학습 형식으로 3가지 범주 중에 놀라울 정도로 비효율적이며, 원하는 만큼 여러 번 시도할 수 있는 컴퓨터게임에서는 잘 작동하지만 현실 사례의 대부분에서는 잘 작동하지 않습니다.

강화학습을 사용하여 바둑이나 체스 게임을 잘 하기 위한 시스템을 학습시킬 수 있습니다. 예를 들어, 알파고에서 보았듯이 강화학습은 말도 안 되는 숫자의 샘플이나 시뮬레이션을 필요로 합니다. 좋은 성능을 내기 위해서는 기본적으로 지난 3,000년 동안 모든 인류가 해 왔던 것보다 더 많은 게임을 해야 합니다. 그렇게 할 수만 있다면 정말 잘 작동하지만 현실에서는 대부분 불가능합니다.

만약 강화학습을 사용해 로봇이 물체를 잡도록 훈련시키고자 한다면 이것 역시 말도 안 되는 시간이 걸릴 것입니다. 또, 사람은 15시간이면 아무런 사고 없이 자동차 운전을 배울 수 있지만, 현재 수준의 강화학습으로는 스스로 운전하는 자동차를 만들기 위해서 10,000번을 절벽으로 떨어져야 겨우 절벽에서 떨어지지 않는 법을 학습하는 수준입니다.

마틴 포드 : 그 부분은 시뮬레이션과 관련된 논쟁이 있을 수 있다고 생각되는데요.

얀 르쿤 : 저는 그렇게 생각하지 않습니다. 그것은 시뮬레이션에 대한 논쟁일 수도 있겠지만, 사람으로서 할 수 있는 학습은 강화학습과 매우 다르다는 사실에 대한 반증이기도 합니다.
사람의 학습은 모델기반 강화학습이라고 부르는 것에 더 가깝습니다. 사람은 현실세계의 모델을 가지고 있습니다. 이 모델은 특정 방향으로 차를 돌릴 때 차가 특정 방향으로 갈 것이라는 것을 예측할 수 있고, 다른 차가 다가오면 그것이 당신을 칠 수 있다는 것을 알고 있습니다. 또 절벽이 있다면 그 절벽에서 떨어질 것도 알고 있습니다. 이처럼 사람은 행동의 결과를 미리 예측할 수 있는 예측 모델을 가지고 있습니다. 나쁜 결과를 초래하지 않도록 미리 계획을 세우고 행동할 수 있습니다.

이런 방식의 학습을 모델기반 강화학습(model-based reinforcement learning)이라고 불리는데, 이것을 어떻게 구현할 수 있을지는 모릅니다. 정의된 이름은 있으나, 신뢰할 수 있게 작동시키는 진짜 방법을 모릅니다. 학습의 대부분은 강화하는 단계에 있는 것이 아니라 예측모델을 자기지도(self-superviced) 방식으로 학습하는 것이며, 이것이 우리가 해결해야 하는 중요한 문제라고 생각합니다.

마틴 포드 : 이 분야가 당신이 일하고 있는 페이스북에서 관심 있어 하는 분야입니까?

얀 르쿤 : 네, 여러 가지 주제 중 하나입니다. 페이스북은 다양한 데이터 소스의 관찰을 통해 기계가 학습하도록 하는 것, 즉 세상이 어떻게 돌아가는지 배우는 것을 포함한 많은 다른 것들을 연구하고 있습니다. 우리는 상식과 같은 형태의 모델을 만들고 있으며, 아마도 이 모델은 사람들이 단순한 작업을 10,000번의 시행착오를 겪지 않고도 할 수 있는 것과 같은 학습 방법을 배울 수 있도록 예측 모델로 사용될 것입니다.

마틴 포드 : 어떤 사람들은 딥러닝만으로는 충분하지 않다거나 신경망에서 더 많은 계층 구조가 필요하다고 주장합니다. 즉, 일종의 지적 설계와 관련된 논쟁이 시작된 것으로 보입니다. 그런데 당신은 지식이 일반적인 신경망에서 유기적으로 발현될 것이라고 확신하는 것 같습니다.

얀 르쿤 : 그 얘기는 과장된 것 같습니다. 모든 사람들은 신경망 처리를 위한 퍼셉트론(20쪽 용어집 참조)의 계층 구조가 필요하다는 데 동의하며, 문제는 무엇이 얼마만큼 많이 필요한가입니다. 많은 논쟁들이 있지만. 어쨌든 우리 모두가 동의하는 것은 무엇인지 모르지만 신경망을 구성하는 특별한 구조(신경망 구성 방법)가 필요하다는 것입니다.

사실, 합성곱 신경망의 아이디어는 신경망에 역할을 구분하는 구조를 두는 것입니다. 합성곱 신경망은 작은 계층 구조가 있습니다. 제가 궁금한 점은 우리가 말하는 일반적인 지성이나, 사람 수준의 인공지능은 "어떤 구조가 필요한가?"입니다. 이런 것에 대한 견해는 사람마다 다를 수 있습니다.

제프리 힌튼이나 요슈아 벤지오(263쪽 참조)와 같은 제 많은 동료들은 정밀하고 구체적인 구조가 필요하지 않을 것이라는 데 뜻을 같이 합니다. 다만 자기지도학습을 위한 일반적인 학습 방법을 찾지 못했기 때문에 신경망 구조를 정해두는 방법이 유용할 수 있습니다. 하지만 장기적으로 볼 때, 어떤 것이 필요한지는 분명하지 않습니다. 다만, 시각 피질이나 전두엽 피질에서 보았듯이 우리가 영감을 얻은 피질의 미세 구조는 매우 단순한 것처럼 보입니다.

마틴 포드 : 사람의 뇌가 역전파 같은 것을 사용합니까?

얀 르쿤 : 정말 모르겠습니다. 더 기초적인 질문에 대해 생각해 보죠. 사람들이 생각해 낸 대부분의 학습 알고리즘은 기본적으로 수학적 최적화로 구성되어 있습니다.

사람의 두뇌도 이런 수학적 최적화를 사용할까요? 이걸 우리가 알아 낼 수 있는 방법이 있을까요? 아직 우리가 생각해낸 머신러닝 기법들이 실제 우리의 두뇌에서도 같은 방식으로 작동하는지 알 수 없습니다.

아마도 우리가 알고 있는 것처럼 역전파는 아니지만 역전파와 매우 유사한 방법일 수 있습니다. 요슈아 벤지오는 생물학적으로 타당한 형태의 그래디언트 추정 방법을 연구해 왔기 때문에 수학적 최적화 기법 중에 하나인 그래디언트 추정(21쪽 용어집 참조)을 할 것이라는 가정은 완전히 틀린 얘기는 아닐 수도 있습니다.

마틴 포드 : 페이스북에서 연구중인 또 다른 중요한 주제는 무엇입니까?

얀 르쿤 : 우리는 머신러닝에 관한 많은 근본적인 연구를 하고 있습니다. 응용수학 및 최적화와 관련된 주제들도 연구하고 있고, 강화학습에 대해서도 연구하고 있으며, 자기지도학습 또는 예측학습의 한 형태인 생성모델(generative models, 역자주 : 데이터를 생성할 수 있는 모델)이라고도 불리는 것에 대해서도 연구하고 있습니다.

마틴 포드 : 페이스북에서는 실제로 대화를 할 수 있는 시스템을 만들고 있습니까?

얀 르쿤 : 지금까지 언급한 것은 연구의 근본적인 주제이지만 응용 분야도 많이 있습니다. 페이스북은 컴퓨터 비전 분야에서 매우 활발하게 활동하고 있으며 전 세계 최고의 컴퓨터 비전 연구 그룹을 보유하고 있다고 생각합니다. 수준 높은 그룹이고 정말 멋진 활동들을 많이 하고 있습니다. 자연어 처리 분야도 많은 연구를 하고 있는데 번역, 요약, 텍스트 분류 – 텍스트가 말하는 주제 이해하기 및 대화시스템 등이 포함됩니다. 사실 대화시스템은 가상비서, 질의응답시스템 등과 관련된 매우 중요한 연구 분야입니다.

마틴 포드 : 언제쯤 튜링 테스트(28쪽 용어집 참조)를 통과할 수 있는 인공지능이 완성될까요?

얀 르쿤 : 언젠가는 완성되겠지만 사실, 인공지능 분야의 많은 사람들이 튜링 테스트를 좋은 테스트라고 생각하지 않습니다. 너무 속이기 쉽고 어느 정도 수준에는 이미 도달했기 때문입니다. 사람들은 언어를 통해 다른 사람들과 지적인 주제를 논의하는 데 익숙하기 때문에 인간으로서 언어에 많은 중요성을 부여합니다. 그러나 언어는 지능으로 발현될 수 있는 일종의 부수적인 능력일 뿐입니다.
우리만큼 똑똑한 오랑우탄을 보세요. 그들은 엄청난 양의 상식과 세상에 대해 아주 좋은 모델을 가지고 있으며, 인간과 마찬가지로 도구를 만들 수 있습니다. 그러나 오랑우탄은 언어가 없고 사회적 동물이 아니며 비언어적인 어머니와 자식 간의 상호 작용 이외에는 종족의 다른 구성원들과 거의 상호작용을 하지 않습니다. 이처럼 지능의 전체 구성 요소는 언어와 관련이 없으며 튜링 테스트만을 만족시키기 위해 노력하는 것은 인공지능의 많은 다른 요소를 무시하는 것입니다.

마틴 포드 : 인공지능으로 가는 길은 무엇이고, 무엇을 극복해야합니까?

얀 르쿤 : 아마도 매 순간마다 보지 못한 다른 문제들을 마주하게 될 것이지만, 결국 우리가 알아내야 하는 한 가지는 아기들과 동물들이 생후 며칠, 몇주, 몇달동

안 단지 관찰을 통해서만 세상이 어떻게 돌아가는지 배울 수 있는 능력입니다. 우리는 아기일 때 세상이 3차원이라는 것을 알게 됩니다. 머리를 움직일 때 다른 방향으로 움직이는 무언가가 있다는 것을 통해서 물체가 있음을 알게 됩니다. 물체의 영속성을 배우고 물체가 다른 물체 뒤에 숨겨져 있을 때 그 물체가 여전히 존재한다는 것을 알게 됩니다. 시간이 지남에 따라 중력, 관성 및 강성에 대해 배웁니다. 기본적으로 관찰을 통해 배울 수 있는 매우 기본적인 개념입니다.

아기들은 많이 관찰함으로써 엄청난 양의 지식을 학습할 수 있습니다. 어린 동물들도 이렇게 합니다. 동물들은 아마도 더 많은 내장된 장치들을 가지고 있을 것이지만 매우 유사합니다.

이처럼 자기 스스로 학습하고 세상에 대해 이해할 수 있기 전까지 머신러닝에게 상식이 생길 수 있도록 세상에 대한 충분한 배경 지식을 학습하게 만드는 것이 열쇠라고 생각하고 있습니다. 아마도 그 전까지는 큰 진전을 보기 힘들 것입니다. 불확실성 속에서의 예측 같은 기술적인 문제들이 더 있지만 이것이 꼭 넘어야 하는 가장 큰 장애물입니다.

유튜브 비디오를 보면서 세상이 어떻게 돌아가는지 학습할 수 있는 기계를 만드는 방법을 알아내는 데 얼마나 걸릴까요? 전혀 알 수 없습니다. 1~2년 안에 방법을 찾을 수도 있겠지만 실제로 옮기고 동작하게 만드는데 10년이 걸릴지 20년이 걸릴지 모릅니다. 하지만 반드시 해낼 것이라고는 생각합니다.
그러나 이런 과정은 넘어야 할 첫 번째 산일 뿐입니다. 산 뒤에 얼마나 많은 산이 있는지 알 수 없습니다. 아직 가보지 못했기 때문에 아직 보지 못한 크고 중요한 문제와 질문들이 있을 수 있습니다.

현실 세계에서 결과를 얻기까지 아마도 10년은 걸릴 것입니다. 문제는 일단 장애물을 치우고 나면 다른 어떤 문제가 나올지 모른다는 겁니다. 실제로 제대로 작동하고 안정적으로 작동하려면 사전에 정의된 신경망 구조가 얼마나 필요할까요? 사람들 주변에서 상식적으로 행동할 수 있도록 내재적인 동기 부여가 필요할까요? 앞으로 나올 문제들이 너무 많아서 일반인공지능은 50년이 걸릴 수도 있고 100년이 걸릴 수도 있습니다. 어떤 것도 확신할 수 없습니다.

마틴 포드 : 그러나 그것이 실현 가능하다고 생각하는 거죠?

얀 르쿤 : 네 틀림없이 실현 가능합니다.

마틴 포드 : 그렇다면 불가피하다고 생각하십니까?

얀 르쿤 : 네, 그 점에 대해서는 의심의 여지가 없습니다.

마틴 포드 : 일반인공지능에 대해 생각할 때, 의식이 있을 거라고 생각하십니까? 아니면 전혀 의식이 없는 좀비가 될까요?

얀 르쿤 : 의식이라는 것이 어떤 것인지 전혀 모릅니다. 제 생각에는 모른다는 게 큰 문제가 아니라고 생각합니다. 이런 종류의 질문은 결국 실제로 작동하는 방식을 알게 되면 중요하지 않다는 것을 알게 됩니다.

17세기에 사람들은 눈의 망막에 우리가 보는 것과는 다르게 이미지가 거꾸로 형성됨에도 정상적인 이미지를 보고 있다는 사실에 어리둥절했습니다. 그러나 뒤에 어떤 처리가 일어나고 있는지를 이해하고 나면, 이미지가 어떤 순서로 오는지는 중요하지 않다는 것을 이해하게 되고, 결국 이런 질문은 말도 안되는 질문이라는 것을 알게 됩니다. 이 사례에서도 마찬가지입니다. 의식이라는 것은 주관적인 경험이며 그것은 스마트함에서 나오는 매우 단순한 효과일 수 있다고 생각합니다.

얀 르쿤

의식이라는 것에 대한 착각을 유발하는 원인에 대한 몇 가지 가설이 있습니다. 한 가지 가설은 전두엽 피질에는 기본적으로 하나의 엔진이 있어 우리가 세상을 모델링할 수 있게 해 주고, 특정한 상황에 주의를 기울인다는 '의식적인 결정'은 그 순간의 상황에 맞는 세계를 모델링하는 것입니다.

의식이라는 것은 관심의 중요한 형태입니다. 뇌의 크기가 10배가 돼도 세계를 모델링할 수 있는 엔진이 하나도 없다면 지금과 같은 의식에 대해 경험하지 못했을 것입니다.

마틴 포드 : 인공지능과 관련된 몇 가지 위험에 대해 이야기 해 보죠, 현재 우리가 광범위한 실직이 일어날지도 모르는 경제적 위기에 직면해 있다고 생각합니까?

얀 르쿤 : 저는 경제학자는 아니지만, 그 질문에도 관심이 있습니다. 저는 많은 경제학자들과 이야기를 나누었습니다. 그리고 저명한 경제학자들과 많은 회의에 참석해서 그런 의문점들에 대해 논의했습니다. 우선, 경제학자들이 말하는 인공지능은 범용 기술이며, 범용 기술이 의미하는 것은 경제의 모든 구석에 퍼져나가 우리가 하는 모든 것들의 방법을 바꾸는 기술의 일부라는 것입니다. 이건 제가 말한 것이 아닙니다. 경제학자들이 범용기술이라는 말을 하기 전까지 그럴 수 있다고 생각하지 못했습니다. 그들은 인공지능이 전기나, 증기기관 또는 전기 모터같은 세상의 변화를 가져오는 것이라고 말합니다.

제가 걱정하는 것은 기술실업 문제입니다. 기술이 빠르게 발전하고 새로운 경제가 요구하는 기술이 현재 보편적인 사람들의 기술과 다르다는 문제입니다. 평범한 사람들은 갑자기 시대가 요구하는 기술을 보유하지 못한 상황이 되어버리고 도태될 수 있습니다.

기술 진보가 가속화될수록 더 많은 사람들이 도태될 것이라고 생각합니다. 그러나 경제학자들이 말하는 것은 기술이 전파되는 속도가 실제로 그것을 사용하도록 훈련받지 않은 사람들의 비율에 의해 제한된다는 것입니다. 즉, 사람들이 더 많이 도태될 수록 기술이 경제를 통해 확산되는 속도가 느려진다는 것입니다. 흥미로운 점은 기술이 자기 자제력을 갖고 있다는 것입니다. 많은 사람들이 실제로 인공지능을 활용하도록 훈련받지 않는 한 인공지능 기술은 널리 보급되지는 않을 것이며 이러한 사례 중 하나는 컴퓨터 관련 기술입니다.

컴퓨터 관련 기술은 1960년대와 1970년대에 나타났지만 1990년대까지는 경제 생산성에 영향을 미치지 못했습니다. 사람들이 키보드, 마우스 등을 익히고 소프트웨어와 컴퓨터가 대중에게 호소력을 가질 만큼 충분히 싸게 되기까지 오랜 시간이 걸렸기 때문입니다.

마틴 포드 : 한 가지 의문점이 있습니다. 지금의 딥러닝 시대가 이런 역사적 사건들과 같은 것인가요? 현재 기계들은 인지 능력을 갖추기 시작했습니다. 이제는 일상적이고 예측 가능한 일을 수행하는 법을 배울 수 있는 시스템을 보유하고 있으며, 상당 부분의 직원들이 예측 가능한 일에 종사하고 있습니다. 그래서 이번에는 과거에 역사적 사건들보다 더 큰 파급력이 있을 수 있다고 생각되는데요.

얀 르쿤 : 저는 정말로 인공지능 기술의 출현으로 대량 실업에 직면할 것이라고 생각하지 않습니다. 저는 분명히 경제적 환경은 100년 전과 똑같은 방식으로 달라질 것이라고 생각합니다. 당시 인구의 대부분은 들판에서 일하고 있었고, 지금은 인구의 2%만 들판에서 일하고 있습니다.

앞으로 수십 년 동안 이런 종류의 변화가 분명히 일어날 것이고, 사람들은 인공지능에 대비해 재교육을 받아야 할 것입니다. 어떻게든 지속적인 학습이 필요하며, 이런 것들이 모든 사람들에게 쉽지는 않을 것입니다. 저는 사람들의 일자리가 없어진다는 것을 믿지 않습니다. 한 경제학자가 이렇게 얘기하는 것을 들었습니다. "문제가 없어지지 않을 것이기 때문에 일자리 역시 없어지지 않을 것입니다."라고요.

얀 르쿤

앞으로 인공지능 시스템은 기계들이 물리적인 힘을 증폭시켰던 것처럼 인간의 지능을 증폭시킬 것입니다. 인공지능은 사람의 대체품이 될 수 없습니다. MRI 영상을 분석하는 인공지능 시스템이 종양 감지를 더 잘 할 것이므로 방사선과 전문의가 일자리를 잃어버리는 그런 것을 말하는 것이 아니라 일이 변화될 것이고, 좀더 흥미로운 일이 될 것이라는 뜻입니다. 방사선과 전문의는 하루 8시간 동안 스크린을 바라보는데 시간을 소비하는 것이 아니라 환자에 좀더 집중하고 환자와 좀더 이야기할 수 있는 방향으로 변화될 것입니다.

마틴 포드 : 하지만 모든 사람이 의사는 아닙니다. 많은 사람들이 택시 운전사 또는 트럭 운전사 또는 패스트푸드 근로자이며 이들은 이런 전환이 힘든 시간이 될 것입니다.

얀 르쿤 : 사물과 서비스의 가치가 바뀔 것입니다. 기계로 만들어진 모든 것이 훨씬 저렴해질 것이고, 사람에 의해 만들어진 모든 것은 더 비싸질 것입니다. 우리는 진정한 사람의 노동력에 더 많은 돈을 지불할 것이고, 기계로 할 수 있는 일은 값이 싸게 될 것입니다.

예를 들어 블루레이 플레이어를 46달러에 구입할 수 있다고 해보죠. 믿을 수 없을 만큼 정교한 기술이 블루레이 플레이어에 얼마나 많이 들어가는지 생각해 보면, 46달러라는 비용이 드는 것은 당연한 것입니다. 20년 전에는 없었던 최첨단 광학 기술과 모터 제어기술이 들어있고 최신 소프트웨어와 프로세서도 있습니다. 이런 엄청난 기술이 탑재된 기기가 현재는 고작 46달러 밖에 되지 않습니다. 블루레이는 기계에 의해 대량 생산되기 때문입니다.

웹에서 수제 도자기 그릇을 사려고 하면 약 500달러 정도 하는데 왜 500달러일까요? 그것은 수제이고 사람의 노동력과 관계된 것에 돈을 지불하고 있기 때문입니다. 음악을 듣기 위해 1달러로 1곡을 다운로드할 수는 있지만, 그 음악이 라이브로 연주되는 곳으로 가려면 200달러가 될 것입니다. 그것은 사람의 노동력을 제공하기 때문입니다.

사물의 가치는 사람의 노동력에 부여된 것에 더 많은 가치를 부여하고 자동화된 것에는 덜 가치를 부여하도록 변화할 것입니다. 택시는 인공지능 시스템에 의해 주도 될 수 있기 때문에 더 저렴해질 것입니다. 그러나 실제 사람이 봉사하거나 실제 인간 요리사가 무언가를 창조하는 식당은 더 비싸질 것입니다.

마틴 포드 : 그 말은 모든 사람이 시장성이 있는 기술이나 재능을 가지고 있다는 가정입니다. 저는 거기에 동의하기가 힘들 것 같습니다. 그러면 이러한 변화에 적응하기 위한 보편적인 기본 소득에 대해서는 어떻게 생각하시나요?

얀 르쿤 : 저는 경제학자가 아니기 때문에 보편적 기본 소득에 대해 잘 알지 못합니다. 그러나 제가 이야기해본 모든 경제학자는 보편적인 기본 소득이라는 개념에는 반대하는 것처럼 보였습니다. 경제학자들은 기술 진보로 인한 불평등 증가로 정부가 보상해야 할 몇 가지 조치를 취해야 한다는 사실에 동의합니다. 그러나 이것이 복지 문제가 아니라 세금 부과, 부와 소득 재분배라는 형태의 재정 정책과 관련이 있다고 생각합니다.

이 소득 불평등은 특히 미국에서는 확연하게 나타나지만 서유럽에서는 규모가 더 작습니다. 프랑스나 스칸디나비아의 소득 불평등 측정 지표인 지니 지수는 약 25 또는 30입니다. 미국의 경우 45이고 이는 제3세계 국가와 동일한 수준입니다. 미국에서는 MIT의 경제학자인 에릭 브리졸프슨이 동료인 앤드류 맥아피와 함께 경제에 대한 기술의 영향을 연구하면서 몇 권의 책을 저술했습니다. 그들은 1980년대 미국이 레이거노믹스(Reaganomics: 정부 개입을 줄이고 시장자유를 확대하는 정책)로 고소득자의 세금이 낮아진 이후 미국의 가계 소득은 어느정도 불균형이 해소되고 생산성도 계속 증가되어 왔지만 서유럽에서는 그 중 어느 것도 발생하지 않았다고 합니다. 따라서, 그것은 순전히 재정 정책에 달려 있다고 보여집니다. 이것은 기술적 진보에 의해 가속화될 수 있고, 정부가 이런 불균형을 해소하기 위해 보상금을 주는 쉬운 방법도 있지만, 단지 미국에서 하지 않고 있을 뿐입니다.

마틴 포드 : 인공지능과 결합된 고용 시장과 경제에 미치는 영향을 넘어서는 또 다른 위험 요소는 무엇입니까?

얀 르쿤 : 터미네이터 시나리오에 대해 걱정할 필요가 없다는 것을 먼저 얘기를 해보죠. 이 아이디어는 어떻게든 인공지능을 개발할 방법을 알게 될 것이고, 통제를 벗어난 인간 수준의 지능을 만들 것이며 갑작스럽게 로봇이 세계를 장악한다는 내용입니다. 그러나 세계를 장악하려는 욕망은 지능과 관련이 없으며 테스토스테론과 상관관계가 있습니다. 오늘날 미국 정치에서 많은 예를 보여주고 있습니다. 권력에 대한 열망이 지능과 관련되어 있지 않음을 분명히 보여줍니다.

마틴 포드 : 닉 보스트롬(101쪽 참조)이 제기한 주장은 타당한 근거가 있습니다. 문제는 인공지능이 세계를 장악하려 하는 것은 타고난 욕구가 아니라 목표를 부여받고 나서 사람에게 해가되는 방법으로 그 목표를 추구하기로 결정할 수 있다는 점입니다.

얀 르쿤 : 어쨌든 우리가 인공지능 기계를 만들기에 충분히 똑똑하다고 생각해 봅시다. 그러면 우리가 인공지능에게 제일 먼저 가능한 많은 종이 클립을 만들라고 시켜보죠, 그러면 인공지능이 우주 전체를 종이 클립으로 바꾸나요? 저에겐 참 비현실적인 소리입니다.

마틴 포드 : 제 생각에 닉은 일종의 만화적인 예를 들려고 한 것 같습니다. 그런 종류의 시나리오는 모두 터무니없어 보이지만 진정한 초지능이라면 우리가 이해할 수 없는 방식으로 행동할 수도 있다고 생각합니다.

얀 르쿤 : 객관적인 기능 설계에 대한 문제가 있다고 생각합니다. 그와 유사한 모든 시나리오는 어떻게 해서든지 인공지능 기계들의 본질적인 동기를 미리 설계해 놓고, 잘못 이해하면 엉뚱한 짓을 하게 될 것이라고 가정하는 것입니다. 그러나 사람은 그렇게 행동하지 않습니다. 본능을 가지고 있다는 의미에서 비슷하지만 사람의 행동과 가치 체계는 사회 속에서 학습됩니다.

우리는 인공지능 기계에 대해서도 똑같이 할 수 있습니다. 기계들의 가치 체계를 학습시키고, 근본적으로 바르고, 사람에게 이롭도록 훈련시킬 수 있습니다. 이것은 기능 설계의 문제가 아니라 훈련시키는 문제로서, 행동하도록 훈련하는 것은 훨씬 쉽습니다. 우리가 아이들에게 무엇이 옳고 그른 것인지 교육해야만 하고, 아이들에게 어떻게 교육해야 하는지 안다면 왜 로봇이나 인공지능 시스템으로 이것을 할 수 없다고 생각하나요?

분명히 문제가 발생할 수 밖에 없지만 그것은 우리가 내연 기관을 아직 발명하지 않았던 때와 같습니다. 그런데 벌써부터 브레이크와 안전 벨트를 발명할 수 없을 것이라고 걱정하고 있는 것입니다. 내연 기관을 발명하는 문제는 브레이크와 안전 벨트를 발명하는 것보다 훨씬 더 복잡합니다.

마틴 포드 : 빠른 속도로 순환 자기 개선(역자 주 : Recursive self-improvement, 인공지능 스스로 자기가 더 똑똑해지는 방법을 찾아내 스스로 지능이 향상되면, 똑똑해질수록 지능 향상 속도가 더 빨라지는 것)을 통한 인공지능의 빠른 확장 시나리오(역자 주 : Fast Take off/Hard Take off, 몇 분, 며칠 또는 몇 개월 만에 일반인공지능이 인간의 통제없이 세상을 장악하는 것)에 대해서는 어떻게 생각합니까? 우리가 알아채기도 전에 우리를 장악할 수 있다고 생각하나요?

얀 르쿤 : 저는 절대 그렇게 되지 않을 거라 생각합니다. 명확하게 지속적으로 개선될 것이고, 분명히 발전된 기계(인공지능을 탑재한)들이 많을수록 더 발전된

기계를 만드는데 도움이 될 것입니다. 이 현상은 이미 나타나고 있고 계속 가속화 될 것입니다.

기술의 진보, 경제, 자원 소비, 의사 소통, 기술의 정교함 및 모든 것을 통제하는 일종의 미분 방정식이 있습니다. 이 방정식에는 특이점 또는 인공지능의 빠른 확장 시나리오에 의해 완전히 무시되는 수많은 용어가 있습니다. 다른 것은 몰라도 모든 물리적 과정이 무시되고 있습니다. 그래서 저는 빠른 확장이론을 믿지 않습니다. 이 이론은 누군가 일반인공지능을 개발한다는 것은 잘못된 행동이라는 내용입니다. 갑자기 쥐 수준의 기계에서 오랑우탄처럼 똑똑한 기계로 넘어가게 되고, 그 다음 일주일 후에는 인간보다 더 똑똑해지고, 그리고 한 달 후에는 훨씬 더 지능이 높아지게 된다는 겁니다.

그리고 기계가 인간보다 더 똑똑하다는 것이 인간보다 완전히 우월하다는 것을 믿어야 할 이유가 없습니다. 잘 생각해 보면 인간은 정말 단순한 바이러스에 의해 살해될 수 있지만, 그 바이러스는 우리를 죽이기 위해 특화되어 있습니다.

그런 의미에서 일반 지능을 갖춘 인공지능 시스템을 만들 수 있다면, 인공지능을 파괴하도록 설계된 보다 특화된 인공지능을 만들 수 있습니다. 이런 종류의 최적화된 시스템은 일반 시스템보다 더 효율적이기 때문에 일반인공지능을 파괴하기가 훨씬 쉬울 것입니다. 이것 같이 저는 모든 문제에는 문제 속에 답이 있다고 생각합니다.

마틴 포드 : 그럼 앞으로 향후 10~20년 동안 우리가 고민해야 하는 것은 무엇입니까?

얀 르쿤 : 경제적 혼란은 분명히 큰 문제입니다. 해결책이 없는 것은 아니지만 상당한 정치적 한계를 가진 문제입니다. 특히 소득과 부의 재분배가 문화적으로 받

아들여지지 않는 나라에서는 더욱 그렇습니다. 인공지능과 같은 기술들로 선진국에만 이익을 가져다주는 것에서 그치지 않고 전 세계에 이익을 공유할 수 있도록 하는 문제가 있습니다.

권력 집중의 문제도 있습니다. 현재 인공지능 연구는 매우 공개적이고 개방적이지만, 비교적 적은 수의 회사만이 활용하고 있습니다. 좀 더 넓은 범위의 경제에 이용되기까지는 시간이 걸릴 것이고 이는 권력을 재분배하는 것과 같습니다. 어떤 면에서든 세계에 영향을 미칠 것입니다. 긍정적일 수도, 부정적일 수도 있습니다. 그렇지만 우리는 긍정적이라는 믿음을 가져야 합니다.

기술의 진보와 인공지능의 출현이 가속화되면 사람들은 새로운 일자리를 가져야 하기 때문에 정부에게 교육에 투자할 것을 요청하게 될 거라 생각합니다. 이건 앞으로 고민해야할 사회 분열의 한 측면입니다. 해결책이 없는 것은 아니지만 문제를 해결하기 위해서는 사람들이 깨달아야 해결할 수 있는 문제입니다.

편향과 형평성 문제도 있습니다. 지도학습을 사용하여 시스템을 학습시키면 데이터에 있는 편향을 반영할 수도 있으므로 편향에 대한 대책도 고민을 해봐야 합니다.

마틴 포드 : 편향은 데이터에 포함되어 있어 머신러닝 알고리즘이 자연스럽게 획득할 수 있는 문제입니다. 사람보다 알고리즘을 통해 편향을 수정하는 것이 훨씬 쉽기를 바랄 뿐입니다.

얀 르쿤 : 당연히 저는 실제로 사람보다 컴퓨터의 편향을 줄이는 것이 훨씬 쉽다고 생각하기 때문에 실제로 그 관점에서는 긍정적입니다. 인간은 이미 극복할 수 없을 만큼의 편향을 갖고 있습니다.

마틴 포드: 인공지능무기와 같은 군용 애플리케이션에 대해 걱정합니까?

얀 르쿤: 예, 인공지능 기술이 무기를 만드는 데 사용될 수 있기 때문에 스튜어트 러셀(473쪽 참조)과 같은 일부 사람들은 잠재적으로 차세대 인공지능 무기를 대량 살상 무기로 규정했지만 저는 완전한 반대의견을 갖고 있습니다.

제 생각은 군이 인공지능 기술을 사용하는 방식이 정반대일 것이라고 생각합니다. 군대에서는 이걸 정밀 타격(surgical action)이라고 부르는데, 건물 전체를 파괴하는 폭탄을 투하하는 것이 아니라, 드론을 보내서 잡으려고 하는 사람을 다치지 않고 잠들게 할 수 있습니다.

그렇게 되면 군인이 경찰처럼 될 수 있습니다. 이것이 장기적으로 좋은가요? 더이상 생각나는 게 없는데요, 아무도 추측할 수 없을 것 같습니다. 어쨌든 핵보다 덜 파괴적이라고 생각합니다. 핵보다 더 파괴적일 수는 없습니다.

마틴 포드: 중국과의 경쟁에 대해서는 어떻게 생각하시나요? 10억이 넘는 사람들이 있고 훨씬 많은 데이터와 함께 개인정보보호에 대해서도 덜 민감합니다. 이런 것들이 중국이 앞서 나가는데 도움이 된다고 생각합니까?

얀 르쿤: 저는 그렇게 생각하지 않습니다. 현재 과학 발전은 데이터에 좌우되지 않는다고 생각합니다. 중국의 인구가 10억명이 넘어도 실제 과학 기술에 종사하는 사람들의 비율은 적습니다.

중국이 성장할 것이라는 점에는 의문의 여지가 없습니다. 그러나 저는 정부의 스타일과 그들이 가진 교육 방식이 창의력에 걸림돌이 될 것이라고 생각합니다. 그래도 소수의 매우 똑똑한 사람들이 좋은 결과를 만들어 내고 있고, 이들은 앞으로도 이 분야에 기여를 할 겁니다.

이런 우려는 1980년대 서양이 일본 기술에 의해 압도당할 것 같은 종류의 두려움과 비슷합니다. 그것은 잠시 동안 나타났다가 멈췄습니다. 그 다음엔 한국이었고, 이젠 중국입니다. 중국 사회에는 앞으로 수십 년 동안 커다란 변화들이 있을 것이고, 그런 변화들은 아마도 상황을 완전히 바꿀 것입니다.

마틴 포드 : 당신은 인공지능이 어느 정도 규제되어야 한다고 생각합니까? 현재 진행하고 있는 연구 및 개발에 대한 정부의 규제가 있습니까?

얀 르쿤 : 현재 인공지능 연구를 규제하는 것은 아무런 의미가 없다고 생각하지만, 응용분야에서는 확실히 규제가 필요하다고 생각합니다. 단순히 인공지능을 사용하는 문제 때문이 아니라 인공지능을 악용할 수 있는 문제 때문입니다.
마약 규제처럼 인공지능도 관리되어야 한다고 생각합니다. 항상 마약이 어떻게 테스트되고 있는지, 어떻게 판매되었는지, 어떻게 사용되는지를 지켜보고 있습니다. 자동차는 규제를 받으며 엄격한 도로 안전 규정이 적용됩니다. 인공지능이 앞으로 전체 판을 바꿀 것이기 때문에 기존 분야에서 활용될 때 규정을 수정해야 합니다. 그러나 현시점의 인공지능 수준은 아직 규제가 필요 없다고 생각합니다.

마틴 포드 : 일론 머스크의 의견엔 동의하지 않는 것인가요?

얀 르쿤 : 저는 완전히 그와 의견이 다릅니다. 저는 그에게 여러 번 이야기했지만 그가 왜 그런 견해를 갖게 됐는지 전혀 이해가 안됩니다. 그는 매우 영리한 사람이고 그의 프로젝트 중 일부에 경의를 표하고 있지만 그렇게 말하는 의도가 무엇인지 모르겠습니다. 그는 인류를 구하고 싶어하기 때문에 그가 해결할 수 있는 다른 실존적 위협이 필요해서 그렇게 얘기할 지도 모르겠습니다. 일론 머스크가 진심으로 인공지능에 대해 걱정한다고 생각하지만 우리 중 누구도 닉 보스트롬 스타일의 빠른 확장 시나리오는 일어나지 않을 것이라고 확신할 수 있었습니다.

안 르쿤

마틴 포드 : 당신은 전반적으로 낙관론자입니까? 인공지능의 이점이 단점보다 중요하다고 생각하나요?

얀 르쿤 : 네, 그렇습니다.

마틴 포드 : 어떤 분야에서 가장 큰 진전이 있을 것이라고 생각합니까?

얀 르쿤 : 음, 저는 기계가 아기와 동물처럼 배울 수 있는 방법을 찾길 바랍니다. 앞으로 몇 년 동안은 제가 연구할 과제입니다. 또한 이 연구에 자금을 지원하는 사람들이 지치기 전에 몇 가지 확실한 해결책을 만들 수 있기를 기대합니다. 지난 수십 년 동안 일어났던 인공지능의 암흑기와 같은 일이 다시 되풀이되지 않기 위해서입니다.

마틴 포드 : 인공지능이 과소 평가되고 있으며 이것이 또 다른 인공지능의 암흑기로 이어질 수도 있다고 경고하셨습니다. 진짜로 그럴 위험이 있다고 생각하시나요? 딥러닝은 구글, 페이스북, 아마존, 텐센트 및 돈이 많은 기업의 비즈니스 모델에서 핵심적인 부분이 되었습니다. 기술 투자가 급격히 감소할 것이라고는 생각되지 않는데요.

얀 르쿤 : 관련된 큰 산업이 존재하고 회사에 실질적인 수익을 가져다주는 실제 프로그램이 있기 때문에 이전에 나타났던 것과 같은 유형의 인공지능 암흑기가 오지는 않을 거라 생각합니다.

예를 들어 자율주행차가 앞으로 5년 안에 작동하고 의료영상도 획기적으로 발전할 것이라는 희망과 함께 여전히 막대한 투자가 이루어지고 있는 겁니다. 아마도 향후 몇 년 동안 가장 눈에 띄는 효과가 헬스케어와 교통분야에 나타날 것입니다. 가상 비서는 다른 예입니다. 현재 가상 비서는 그리 유용하지 않으니까요. 손으로 쓴 대본을 읽는 수준입니다. 상식이 없으며, 깊은 수준의 대화를 이해하지 못합니다. 일반인공지능이 나타나기 전까지 이런 문제를 해결할 수 있을까요? 투자를 계속 받을 수 있는 의미 있는 변화를 만들어 낼 수 있다고 보시나요? 저는 잘 모르겠습니다.

하지만 그것이 가능해지면 가상 비서는 사람들이 서로 상호작용하는 방법과 사람들이 디지털 세계와 상호작용하는 방법을 많이 변화시킬 것입니다. 모든 사람이 인간 수준의 지능을 가진 개인 비서를 가지고 있다면 그건 엄청난 차이를 만들 겁니다.

'Her'(역자 주 : Her-인공지능과 사랑에 빠지는 스토리의 영화)라는 영화를 보셨나요? 인공지능에 대한 궁금증을 좋게 묘사했습니다. 인공지능과 관련된 모든 공상 과학 영화 중에서 미래를 가장 잘 표현한 영화라고 생각합니다.

많은 인공지능 기술이 하드웨어의 발전으로 인해 널리 사용될 것으로 생각합니다. 스마트폰이나 진공청소기에 탑재되어 합성곱 신경망을 사용할 수 있는 저전력 칩을 개발하기 위해 엄청난 노력을 하고 있습니다. 이 칩은 3달러에 구입할 수 있게 될 것입니다.

청소기가 방안을 무작위로 돌아다니는 대신 어디로 가야 하는지 알고 움직일 수 있게 되고, 잔디 깎는 기계가 화단 위로 올라가지 않고 잔디를 깎을 수 있게 됩니다. 스스로를 운전하는 것은 차뿐만이 아니게 될 것입니다.

야생 동물 모니터링과 같이 환경분야에도 큰 영향을 미칠 수 있습니다. 특화된 하드웨어 기술의 발전으로 인공지능을 모든 사람들이 사용하게 될 것이고 앞으로 2~3년 안에 그런 인공지능이 나올 것으로 생각합니다.

얀 르쿤

얀 르쿤은 뉴욕 대학교의 컴퓨터 과학 교수이자 페이스북의 부사장이며 수석 인공지능 과학자이다. 제프리 힌튼과 요슈아 벤지오와 함께 얀은 소위 "캐나다 마피아"의 한 사람이며 그들은 딥러닝에서 현재의 혁명을 직접적으로 이끈 3명의 연구원들이다.

페이스북에 합류하기 전에 AT&T의 Bell Labs에서 일했으며, 뇌의 시각 피질에서 영감을 얻은 머신러닝 아키텍처인 합성곱 신경망(convolutional neural networks) 개발에 기여했다. 얀은 합성곱 신경망을 사용하여 ATM 및 은행에서 수표 정보를 읽는 데 널리 사용되는 필체 인식 시스템을 개발했다. 최근 몇 년 동안 컴퓨터 하드웨어의 고속 처리로 인해 합성곱 신경망이 컴퓨터 이미지 인식 및 분석에 혁명을 일으켰다.

파리의 ESIEE(Electrotechnique et Electronique)에서 전기 기술자 학위를 받았으며 1987년 피에르 마리 퀴리 대학교(Pierre et Marie Curie Universite : 파리 제 6대학교)에서 컴퓨터 과학 박사 학위를 받았다. 나중에 토론토 대학의 제프리 힌튼의 연구실에서 박사 후 연구원으로 일했다. 2013년에 페이스북에 합류해 뉴욕에 헤드쿼터를 두고 있는 페이스북 인공지능 연구소(FAIR : Facebook AI Research)를 설립하고 운영하고 있다.

❝ 저희 기술은 광고를 볼 때 순간적으로 보이는 얼굴 표정과 똑같은 광고를 본 수천 명의 데이터를 집계합니다. 광고에 대한 정서적인 반응을 토대로 편향적이지 않은, 객관적인 데이터세트가 모이게 되죠. 그런 후 소비자의 구매 의도와 실제 판매 간의 상관관계에 대해 분석할 수 있습니다. **❞**

라나 엘 칼리오우비
(RANA EL KALIOUBY)

어펙티바(AFFECTIVA)의 CEO겸 공동 창립자

라나 엘 칼리오우비는 어펙티바(Affectiva)의 CEO겸 공동 창립자입니다. 어펙티바는 인간의 감정을 감지하고 이해하는 인공지능 시스템을 전문으로 하는 스타트업입니다. 머신러닝, 딥러닝, 데이터 사이언스 등을 적용한 최첨단 감정인공지능 시스템을 개발하는 중입니다. 라나는 인공지능이 사회에 긍정적인 영향을 미칠 수 있게 인공지능과 관련된 규제, 윤리적 이슈들을 주제로 한 국제적 포럼에 적극적으로 참가하고 있습니다. 2017년에는 세계 경제 포럼(World Economic Forum)에서 젊은 글로벌 리더로 선정되기도 했습니다.

마틴 포드 : 라나 씨의 배경에 대해서 먼저 얘기를 나누고 싶습니다. 어디서 무엇을 공부했고 현재 어펙티바 회사를 만들기까지 어떤 일들이 있었나요?

라나 엘 칼리오우비 : 이집트 카이로에서 태어나서 중동, 쿠웨이트에서 어린 시절을 보냈습니다. 저희 부모님 모두 기술 분야에 종사하고 있었기 때문에 어렸을 때부터 컴퓨터로 여러 가지 일들을 해왔었고, 한때는 아버지께서 아타리 기계를 집으로 가지고 오신 적이 있었습니다. 덕분에 카이로의 아메리칸 대학교(American Univercity) 컴퓨터 공학과로 진학하게 되었죠. 아마 이 여정이 어펙티바의 첫 단추가 아니었을까 생각해요. 대학교에 다니면서 어떻게 기술로 사람들을 서로 연결할 수 있는지에 대해 관심을 가지고 연구했습니다. 오늘날 많은 기술을 통해 우리가 서로 소통하잖아요. 그런 면들이 저의 호기심을 매우 자극했었죠.

이후 케임브리지 대학의 컴퓨터 과학과에서 장학금을 받으면서 박사 과정을 하게 되었습니다. 이집트 출신의 무슬림 소녀에게는 매우 특별한 경우였죠. 2000년 당시였으니까 모두 스마트폰을 갖기 전이었겠네요. 그때 당시에 컴퓨터와 인간의 상호작용과 관련된 기술에 대해 매우 관심이 많았고, 몇 년 동안 어떻게 인터페이스가 발전할 것인지 주목하고 있었습니다.

돌이켜 생각해보면 컴퓨터 앞에서 참 많은 시간을 보낸 것 같아요. 코딩하고, 연구 논문을 작성하다 보니 두 가지 깨달음을 얻었었는데 첫 번째는 제가 사용했던 노트북(스마트폰이 없었을 당시의)과 엄청 가까이 지냈었고, 그 말은 훨씬 더 많은 시간을 컴퓨터와 함께 보냈다는 것인데, 그 노트북은 저에 대해서 많은 것을 알고 있었지만(워드를 작성하고 코딩하는 게 전부 컴퓨터에 저장되니까), 제가 어떤 생각을 가지는지는 알지 못하겠구나 하는 것이었어요. 저의 지위와 정체성은 알지만 제가 느끼는 감정과 사고는 전혀 모른다는 것이죠.

몇 가지 기억해 둘 일정을 체크하기 위해 마이크로소프트사의 클리피라는 프로그램을 사용했었는데 논문을 쓰고 있을 때 "어, 편지 쓰고 있는 것 같은데 제 도움이 필요하신가요?"라고 메시지 창을 띄우더라고요. 때로는 좀 이상한 타이밍에 메시지를 보내기도 했는데, 가령 마감 기한이 15분 남아 엄청 압박감에 미쳐있을 때라던지, 좀 우스꽝스러운 일들을 보이곤 했죠. 클리피는 우리의 기술과 감정 지능 간의 차이가 있다는 걸 보여주었고 여기에서 기회를 엿 볼 수 있었습니다.

두 번째 깨달음은 가족들과 소통할 때도 이런 기술들을 많이 썼다는 것에서 왔는데요. 박사과정에 있을 때 향수병 때문에 집이 엄청 그리울 때면 눈물을 훌쩍거리면서 가족들과 채팅했던 적도 있지만, 가족들은 제가 울고 있었다는 걸 전혀 몰랐을 거예요. 그런 사실이 더 저를 슬프게 했고, 서로 얼굴을 보면서 대화를 나누는 비언어적 소통의 많은 것들이 디지털 방식으로 소통하는 사이버 공간에서 어떻게 사라져버리는지 알게 되었습니다.

마틴 포드 : 그런 삶의 경험들 덕분에 인간의 감정과 관련된 기술에 관심을 가지게 되었겠군요. 박사과정을 밟을 때도 이 분야에 대해 초점을 두고 연구했나요?

라나 엘 칼리오우비 : 네. 우리는 기술을 통해 현명함을 얻었지만 감성 지능은 얻지 못했고, 이 문제에 대해 박사과정 때 많이 생각해 보았습니다. 박사과정 초, 케임브리지 대학에서 감정을 읽을 수 있는 컴퓨터에 관한 내용으로 발표한 적이 있었는데 그 발표 중에 제가 얼마나 표현력이 좋으며 사람들의 얼굴만 보고도 어떤 감정을 느끼는지 알 수 있다는 것 또 어떻게 컴퓨터가 그런 일들을 똑같이 할 수 있는지에 대해 설명했었죠. 그러던 중 한 박사과정 친구가 이렇게 말했어요. "자폐증과 관련해서 연구해본 적이 있나요? 자폐증이 있는 사람들은 얼굴 표정이나 비언어적 행동을 읽는 것에 상당히 어려움을 느낀다고 하더라고요." 그 질문 덕분에 박사과정 내내 케임브리지 자폐증 연구센터와 긴밀하게 협력하게 되었습니다. 그들은 자폐증을 겪고 있는 아이들에게 서로 다른 얼굴 표정을 가르쳐주기 위해 수집한 데이터세트를 가지고 있었죠.

머신러닝(20쪽 용어집 참조)은 상당히 많은 데이터를 필요로 하는데, 자폐증 연구센터의 데이터를 가지고 제가 만든 알고리즘을 학습시켜 봤습니다. 다른 표정들을 어떻게 읽을 수 있는지에 관한 알고리즘이었는데 상당히 놀라운 결과를 보였어요. 그 데이터 덕분에 행복한지, 슬픈지 알 수 있는 표정뿐만 아니라 우리가 일상생활에서 흔히 접할 수 있는 혼란, 관심, 불안 또는 지루함과 같이 다양하고 미묘한 감정들을 구분할 수 있는 기회를 얻었죠.

자폐증을 가진 사람들을 위한 훈련 도구가 될 수 있다는 것을 곧 알게 되었습니다. 이를 계기로 제 연구가 사람과 컴퓨터의 상호작용 인터페이스를 개선하는 것에만 있는 게 아니라, 사람과 사람간의 소통도 개선해줄 수 있다는 것을 알게 되었죠.

케임브리지에서 박사과정을 마치고 MIT 교수인 로잘린드 피카드(Rosalind Picard, Affective Computing의 저자)를 만나게 되었는데 나중에 저와 함께 어펙티바의 공동 창업자가 되었죠. 1998년의 로잘린드 역시 인간의 감정을 파악하고 그 감정에 대처할 수 있는 기술이 필요하다고 생각하고 있었습니다.

그녀와 대화를 끝냈을 때 로잘린드 씨가 자기 MIT 미디어 연구실로 와달라고 했어요. 그렇게 미국으로 건너가 국립 과학 재단(National Science Foundation) 프로젝트를 맡게 되었고, 감정을 읽는 기술을 카메라에 붙여 자폐증 스펙트럼을 가진 아이들에게 적용해볼 수 있었습니다.

마틴 포드 : 라나 씨에 대한 기사를 읽은 적 있습니다. 자폐증 아이들을 위한 "감정 보청기"라고 설명했던 것 같은데 그게 이 프로젝트였나요? 그냥 개념적인 수준에 머물렀는지 아니면 실용적인 제품까지 만들었는지 궁금합니다.

라나 엘 칼리오우비 : 2006년에 MIT에 합류해서 2009년에는 자폐증 스펙트럼의 아이들을 집중적으로 연구하고 있는 학교와 파트너십을 맺었습니다. 우리 기술들로 프로토타입을 만들었어요. 성공할 때까지 계속 시스템을 개선했죠. 마침내, 이 기술을 사용하는 아이들이 많은 아이컨택을 하고 있었고, 사람들의 얼굴을 보는 것보다 더 많은 것을 한다는 것을 발견했습니다.

자폐증 어린이들이 카메라가 달린 안경을 썼다고 생각해보세요. 이 연구를 처음 시작했을 때 안경에 달린 카메라들은 대부분 바닥이나 천장을 보고 있었어요. 아이들은 사람의 얼굴을 보지도 않았죠. 그래서 실시간으로 아이들이 상대방의 얼굴을 처다볼 수 있게 피드백을 주게끔 개선했고, 얼굴을 응시하면 상대방이 어떤 감정을 나타내고 있는지 정보를 주었죠. 모두 잘 될 거라고 생각했습니다.

MIT의 미디어 연구실은 매우 독특한 곳입니다. 산업과 밀접한 연결을 맺고 있는데, 80%의 연구실 자금이 포춘(Fortune) 지가 선정한 500개의 기업에서 와요. 그래서 2년마다 스폰서 위크라 불리는, 이 기업들을 초청하는 자리를 가지는데 실제로 어떤 연구들을 하고 있는지 보여주어야 합니다. 파워포인트로는 어림도 없죠!

2006년과 2008년 MIT에 초대해 자폐증 프로그램 프로토타입을 보여주었습니다. 이 행사를 진행하면서 펩시와 같은 기업들이 광고 효과를 테스트해보는 데에도 적용해볼 수 있냐고 물어봤어요. 프록터 앤 갬블(Procter & Gamble, 역자 주 : 비누, 샴푸, 칫솔, 기저귀 등 다양한 종류의 소비재를 제조 판매하는 흔히 P&G라고 부른다)은 최신 샤워 젤에 테스트해보고 싶다고 말했었죠. 그 기술로 자신들이 개발한 샤워 젤 냄새가 사람들에게 좋은지, 안 좋은지 알 수 있으니까요. 도요타도 운전자 상태를 모니터링하는데, 아메리카 은행도 은행 업무들을 최적화시키기 위해 사용하길 원했습니다. 이런 연구를 더 하기 위해서 더 많은 연구 보조를 모색했지만 더 이상 자폐증 아이들을 위한 연구가 아니라 상업적인 기회가 돼 버린다는 사실을 깨닫게 되었습니다.

학계에서 연구하던 프로토타입이 절대 그 부분으로 배치될 일이 없다는 사실에도 실망했습니다. 그러던 중 한 회사에서 제품을 출시하고 사람들이 일상적으로 의사소통하는 방식을 바꿀 수 있는 기회를 발견했어요.

마틴 포드 : 그 회사가 바로 고객중심의 어펙티바라는 회사군요. 많은 스타트업들은 시장의 수요에 맞는 제품을 만들고자 노력하는데 어펙티바는 고객이 진정으로 바라는 것이 무엇인지 알고, 직접적으로 반응하는 것 같더라고요.

라나 엘 칼리오우비 : 아주 정확합니다. 그리고 잠재적으로 엄청난 상업적 기회도 가지고 있다는 걸 알게 되었습니다. 종합적으로 로잘린드와 저 사이에서 시작된 어펙티바는 매우 윤리적인 방식을 따르려고 하는데, 이것이 저희의 핵심이라고 생각해요.

마틴 포드 : 지금 어펙티바가 하고 있는 일에는 어떤 것들이 있나요? 그리고 어떤 비전을 가지고 나아가고 있나요?

라나 엘 칼리오우비 : 저희의 비전은 인간화된 기술을 만드는 것에 있습니다. 기술은 이미 우리의 삶 모든 면에 스며들어 있어요. 인터페이스가 어떻게 대화하는지, 우리 디바이스들이 더 지각적으로, 잠재적으로 많은 관계를 맺으면서 소통하는지 지켜보기 시작했어요. 차, 휴대전화, 아마존 알렉사(25쪽 용어집 참조)나 애플의 시리(25쪽 용어집 참조)와 같은 스마트 지원 장치들과 긴밀한 관계를 맺고 있습니다.

이러한 장치를 만드는 많은 사람들은 인지적 지능에만 초점을 맞추고 있지, 감성지능에는 그다지 관심을 갖지 않아요. 그런데 사람을 생각해보면 인생에 있어서 개인적인 직업이나 삶이 얼마나 성공했는지 판단할 때 지능지수만 가지고 따질 수 없습니다. 감성지능과 사회성도 아주 중요한 역할을 합니다. 주변 사람들의 정신, 감정 상태를 잘 파악할 수 있나요? 당신은 다른 사람들에게 깨달음을 주고, 다른 사람들의 행동을 변화시킬 능력을 가지고 있나요? 혹은 그런 행동을 취하게끔 설득할 수 있는 능력을 가지고 있나요?

다른 사람들의 행동을 변화시키기 위해서는 감성지능이 절대적으로 필요합니다. 기계가 일상적으로 우리와 상호작용하고 어떤 것을 하게 만들려면 말이죠.

이처럼 기계가 잘 자고, 잘 먹고, 열심히 운동할 수 있고, 생산적으로 일하게 하거나 더 사회적으로 활동할 수 있게 하든 간에 무엇이든지 당신의 행동에 변화를 주기 위해서는 당신의 정신 상태를 알아야 합니다.

제 주장은 인간과 기계간 인터페이스의 한 형태가 어디에서든 보편화되고 차든, 휴대폰이든, 스마트 기기든 간에 우리의 집과 사무실, 어디에도 만날 수 있는 것 즉, 우리의 삶 모든 면에 스며들어 있다는 것입니다. 그런 기술들 속에 새로운 인터페이스로 함께 존재하며 협력하는 것입니다.

마틴 포드 : 현재 하고 있는 작업들을 간략히 설명해줄 수 있나요? 운전자들이 주의를 기울일 수 있게 운전자를 모니터링하는 기술을 개발한다고 들었는데요.

라나 엘 칼리오우비 : 네, 운전자를 모니터링하는 기술에서는 윤리적인 부분들을 생각하면서 시장에 좋은 서비스를 내놓기 위해 상당히 많은 상황들을 고려하고 있습니다.

2009년 어펙티바가 만들어졌을 당시에는 광고 테스트에 매달렸어요. 현재는 포춘지의 500대 기업 중 4분의 1과 협력하여 기업들이 광고와 소비자의 감정적인 연결을 이해하는 데 도움을 주고 있습니다.

종종 기업들은 거액의 돈을 들여 고객의 마음을 사로잡기 위한 광고나 재미있는 광고들을 만듭니다. 그런데 그 광고가 실제로 효과가 있는지, 없는지 알 길이 없었죠. 지금의 기술이 있기 전까지는 사람들에게 직접 물어보는 것만이 그런 사실을 알 수 있는 유일한 방법이었습니다. 어떤 광고를 보고 그에 관한 설문조사를 하면 이런 질문들이 있겠지요. "이 광고가 마음에 드셨나요? 이 광고가 재밌었나요? 이 제품을 살 의향이 있나요?" 이런 질문들은 신뢰할 수 없을뿐더러 매우 편향된 데이터들이에요.

저희 기술은 광고를 볼 때 순간적으로 보이는 얼굴 표정과 같은 광고를 본 수천 명의 데이터를 집계합니다. 광고에 대한 정서적인 반응을 토대로 편향적이지 않은, 객관적인 데이터세트가 모이게 되죠. 그런 후 소비자의 구매 의도와 실제 판매 간의 상관관계에 대해 분석할 수 있습니다.

현재 이 모든 자료를 추적할 수 있는 KPI(Key Performance Indicator, 핵심성과지표)들을 가지고 있으며, 실제 소비자 행동과 감정적인 반응을 연결할 수 있습니다. 미국, 중국, 인도에서 이라크, 베트남 등 소규모 국가 등 총 87개 국가에서 사용되고 있고요. 이런 점에서 상당히 견고한 제품이면서 동시에 전 세계에서 자발적으로 얻어진 데이터들을 보유하고 있는 셈이죠. 이런 데이터는 구글이나 페이스북에서도 찾아볼 수 없을 거예요. 프로필 사진도 아니고 특별한 목적을 지닌, 밤에 자려고 침대에 누워 샴푸 광고를 보고 있는 사람의 데이터니까요. 이게 우리가 가진 데이터이고, 우리의 알고리즘이 이 데이터를 기반으로 돌아가고 있습니다.

마틴 포드 : 그럼, 얼굴 표정뿐만 아니라 목소리 같은 것도 분석하나요?

라나 엘 칼리오우비 : 처음에는 얼굴 표정만 분석했는데, 18개월 전부터 어떻게 다른 반응들을 모니터링할 수 있는지 찾아보기 시작했습니다.

일반적인 사람들은 주변 사람들의 정신 상태를 잘 파악하고 있죠. 관련된 정보 중

55%가 얼굴 표정과 몸짓에서 오고, 약 38%는 목소리의 톤이라고 해요. 거기에는 얼마나 빨리 말하는지, 얼마나 많은 힘이 실려있는지에 대한 소리 정보가 포함되어 있습니다. 어떤 문맥이나 단어의 선택은 그 신호 중 오직 7%에 불과해요.

즉, 감정을 분석하는 산업관점에서 생각할 때 인간의 감정을 알 수 있는 반응 중 오직 7% 밖에 차지하지 않는 부분(텍스트나 트위터 등)을 분석하기 위해 수십억 달러가 들어가고 있다는 말이에요. 그래서 우리는 비언어적 의사소통인, 93%에 해당하는 부분들을 포착하려고 노력하고 있습니다.

다시 본론으로 돌아가서, 18개월 전 이런 운율적인 특징들을 찾아내는 음성 분야 팀을 만들었습니다. 목소리의 톤과 음성의 발생 빈도 등을 관찰합니다. 특히 "음..."이 몇 번 나왔는지, 몇 번 웃었는지와 같은 것을요. 어펙티바가 가진 기술은 이런 것들을 다 통합한, 흔히 멀티모달(multimodal, 역자 주 : 사람과 기계 사이의 통신을 위해 음성, 키보드, 펜 등을 이용해 정보를 주고 받는 것) 접근이라 불리는 방식을 통해 사람들이 느끼는 감정과 인지와 사회적 상태들 이해하려고 합니다.

마틴 포드 : 언어 및 문화 전반에 걸쳐 일관성 있게 보는 정서적 지표 같은 게 있나요? 아니면 문화마다 다른가요?

라나 엘 칼리오우비 : 얼굴 표정이나 사람 목소리의 톤에서 기본적인 표현은 유사합니다. 미소는 전 세계 어느 곳이나 웃는 표현인 것처럼요. 하지만, 추가적으로 문화 규범, 규칙의 범주도 살펴보고 있어요. 얼마나 자주 감정을 표현하는지, 어떻게 묘사하는지, 얼마나 강렬하게 표현하는지에 관련되어 있거든요. 감정을 강력하게 표현하거나 반대로 감정을 감추려는 그런 예시들을 다 살펴보고 있습니다. 특히 아시아 시장에서 이런 점을 유심히 살펴보는 이유가 아시아인 특성상 부정적인 감정을 감추려고 하거든요. 그래서 아시아에서는 소위 말하는 사회적 미소, 공손해 보이려는 미소의 빈도를 체크합니다. 이런 표현들은 기쁜 감정에서 오는 게 아니라 "당신을 인정합니다"라는 뜻에서 오거든요. 그런 의미에서 상당히 사회적인 신호입니다.

전반적으로 보편적인 것이 많아요. 물론 문화적 뉘앙스도 있지만 어떤 지역 특성에 맞추든지 아니면 국가 특성에 맞출지 설정할 수 있습니다. 많은 데이터들이 있으니까요. 중국을 예로 들면, 특히 데이터가 넘쳐나는데 중국 자체가 하나의 규범이 될 수 있습니다. 어떤 광고에 대한 중국인의 개별적 반응을 비교하는 대신, 중국인과 가장 닮은 부분 집단과 중국인들을 비교합니다. 이 특별한 접근은 전 세계 다른 문화권의 감정 상태를 파악하게 해주었습니다.

마틴 포드 : 현재 개발하고 있는 다른 응용 프로그램들은 안정성에 기반한 것 같아요. 예를 들어 운전자 모니터링 시스템이라든지 아니면 위험한 장비를 사용하는 사람들을 위한 프로그램 같은 것 말이죠.

라나 엘 칼리오우비 : 그렇고말고요. 실제로 작년에 자동차 산업에서 상당한 관심을 나타내기 시작했습니다. 어펙티바에게는 주요 시장에서의 기회이고, 저희는 자동차 산업에서 두 가지 흥미로운 문제를 해결하려고 노력하고 있습니다.

차를 운전하는 사람에게 안전은 상당히 중요한 문제입니다. 또, 테슬라같이 반(semi)-자율주행차(역자 주 : 완전 자율주행 기술에 이르지 못한 단계로 운전을 돕는 보조 시스템의 개념)가 나오더라도, 여전히 탑승자가 주의를 기울어야 하기 때문에 안전 문제는 계속 남아있을 겁니다.

어펙티바 소프트웨어를 사용하면 운전자나 탑승자가 졸음운전을 하지는 않는지, 주의가 산만한지, 피로를 느끼는지, 심지어 만취 상태인지와 같은 것들을 검사할 수 있습니다. 운전자가 술을 마신 경우 운전자에게 경고를 줄 뿐만 아니라 차에 직접적인 개입을 가하게 되죠. 음악을 바꾸는 것에서부터 조금 춥게 만들거나 안전벨트를 더 조이거나, "너 그거 알지? 나 자동찬데, 지금 내가 더 안전하게 몰 수 있을 것 같거든, 내가 몰게"라고 말할 수도 있습니다. 운전자의 상태와 주의 정도를 파악하면 그에 맞는 다양한 행동 강령들이 있습니다. 실제 사용 사례 중 하나입니다.

저희가 풀고 있는 다른 문제는 탑승자 경험에 관련된 것이에요. 가령 머지않은 미래에 완전 자율주행차가 개발된다거나 로봇 택시를 타게 된다면 자동차에 사람이 아무도 없을 수 있겠죠. 그런 상황에서 차에 얼마나 많은 사람이 타고 있는지, 그들의 관계는 어떻게 되는지, 얘기는 하고 있는지, 뒷 좌석에 아기를 두고 내리지는 않는지에 관한 것들을 차가 알고 있어야합니다. 일단 차에 탄 탑승자의 기분을 파악하면 그에 따른 맞춤형 서비스를 제공할 수 있습니다.

로봇 택시는 제품을 광고하거나 경로를 추천해 줄 수도 있고요. BMW나 포르쉐 같은 프리미엄 브랜드를 위한 새로운 비즈니스 모델도 도입할 예정입니다. 왜냐하면 그 회사들이 현재 사용자 경험에 관한 데이터를 많이 가지고 있으니까요. 하지만 미래에는 운전을 위한 것이 아니라 교통수단, 이동성 경험을 변화시키고자 하는데 중점을 둘 것 같습니다.

현대 교통 산업은 매우 재미있는 산업이고 각 업계 1위 기업들과 파트너 관계를 맺고 있으며 다양한 제품들을 만드는데 시간을 쏟고 있습니다.

마틴 포드: 의료산업에서도 뭔가를 해 보실 계획이 있나요? 정신건강과 관련해 일종의 상담과 같은 분야에서 어펙티바가 적용할 수 있는 기술이 있지 않을까요?

라나 엘 칼리오우비: 가장 흥미로운 분야가 의료 산업인 것 같아요. 우울증을 앓고 있는지 판단할 수 있는 생체 지표가 얼굴과 음성에 있으니까요. 자살 충동의 징후도 예측할 수 있습니다. 휴대전화나 다른 전자장치 앞에서 보내는 시간을 생각해

봐요. 객관적인 데이터를 많이 모을 수 있을 겁니다.

지금 얼마나 우울한지, 얼마나 자살 충동을 느끼는지 1에서 10까지 직접 평가한다면 그게 얼마나 정확하겠어요. 하지만 이제 대규모로 그런 정보를 얻을 기회가 있고, 기본 정신 상태가 어떤지, 평범한 사람이 가지는 건강 상태가 어떤지 알 수 있는 베이스라인 모델을 만들 수 있습니다. 그 데이터에서 누군가가 정상 범위를 벗어나게 된다면 자신에게나 가족들에게 아니면 의료 전문가에게 알려 줄 수 있는 시스템을 만들 수 있겠죠.

또 다양한 치료 효능을 분석하는데 동일한 방법을 사용해 볼 수도 있습니다. 인지 행동 요법을 치료받은 사람 혹은 특정 약물을 복용한 사람들에게 시간이 경과하면서 어떤 진전을 보이는지 정확하게, 객관적으로 정량화할 수 있습니다. 불안, 스트레스, 우울증 등을 이해하고 수치화하는데 엄청난 잠재 가능성이 있다고 봅니다.

마틴 포드 : 이제 대화 화제를 돌려 인공지능과 관련된 윤리적 문제들에 대해 얘기 나눠보겠습니다. 이런 기술들에 불안감을 느낄 만한 것들이 있는데요. 예를 들어, 협상하는 과정에서 몰래 누군가를 보면서 그들의 응답에 대한 다른 정보들을 얻게 되면 조금 불공정한 거래가 되지 않을까 싶기도 하고요. 광범위하게는 직장 생활을 감시하는 데 사용될 수도 있을 것 같아요. 운전자는 안전 문제를 신경 써야 하므로 문제가 별로 없을 수 있지만, 사무실에 있는 사람에게는 문제가 될 수도 있어요. 이런 우려에 대해서는 어떻게 생각하나요?

라나 엘 칼리오우비 : 로잘린드와 제가 직원들과 처음 만났을 때 이런 얘기를 나눴습니다. 어펙티바가 결국 테스트 받게 될 텐데, 어떤 부분까지 다루고, 어떤 것을 협상할 수 없는 선으로 설정하느냐였는데 결국, 감정이 매우 개인적인 유형의 데이터임을 존중하는 것으로 의견을 모았어요. 그러고나서 데이터가 공유돼도 문제없다고 명시적으로 완전한 동의가 있을 때만 작업하기로 결정했습니다. 그리

라나 엘 칼리오우비

고, 데이터를 제공해주는 조건으로 어느 정도 보상도 주고요.

이런 것들이 어펙티바가 테스트한 것들입니다. 2011년에는 자금이 부족했는데 이 기술을 감시 및 보안에 사용하는데 관심이 많은 한 보안기관에서 자금을 지원받을 수 있는 기회를 얻었습니다. 대부분의 사람들이 공항에 들어설 때 그들이 감시되고 있다는 점을 안다고 해도, 이게 사용된다면 우리의 핵심가치와는 부합하지 않다고 생각했습니다. 그래서 돈이 필요했지만 그 제안을 거절했습니다. 어펙티바에서는 사람들이 반드시 선택하지 않을 상황이나 가치 방정식이 균형적이라고 생각되지 않으면 과감히 그 일에서 손을 뗐어요.

흔히 직장에서 활용될 수 있는 경우를 생각해본다면 이런 질문은 꽤 흥미로울 것 같아요. 익명으로 평가하길 원한다거나, 직원들이 직장에서 스트레스를 얼마나 받고 있는지 아니면 행복감을 얼마나 느끼는지에 관한 감정적인 점수나 전반적인 관점을 얻을 수 있다는 점에서 정말 흥미로운 부분이 아닐 수 없네요.

다른 한 훌륭한 예시로는 이런 것도 있을 수 있습니다. CEO가 발표할 때 사람들이 CEO가 의도했던 바를 느끼는지, 아닌지를 알 수 있게 해주는 기계를 만들 수도 있겠죠. 목표가 흥미로운지, 사람들이 동기 부여를 받았는지 등과 같은 데이터는 모든 사람들이 다 같은 자리에 있다면 쉽게 이런 질문을 해보면서 정보를 모을 수 있겠죠. 하지만 지금과 같은 시대에 사람들도 다 흩어져 있고 그렇게 다 모아서 질문하기는 힘든 점이 많습니다. 그렇다고 해서, "그래. 제일 한가한 직원을 선택해서 물어보자"하는 것은 자료를 남용하는 것과 같아요.

회의가 어떻게 진행됐는지 미팅이 끝나고 나서 사람들의 피드백을 바로 얻을 수 있게 할 수도 있겠죠. 그런 시스템은 당신에게 "30분 동안 횡설수설했고, 그런 것들에 대해 상당히 적대적이었으니 좀 더 사려 깊게 행동해야 하고, 상대방에 대해 공감할 줄 알아야 합니다."라고 피드백을 줄 수도 있을 거예요.

이런 기술을 활용해서 직원들의 협상 스킬을 향상시키거나, 더 사려 깊은 사람으로 만들 수도 있습니다. 하지만 동시에 사람들에게 상처를 줄 수도 있어요. 저희 시스템이 사람들에게 피드백을 제공하고 그것으로부터 뭔가를 배워 감정적인 능력이나 사회적인 능력을 개선할 수 있게 도와주는 것이라고 여겨졌으면 좋겠습니다.

마틴 포드 : 현재 사용 중인 기술적인 부분을 말해 볼게요. 딥러닝 기술을 어떻게 생각하나요? 최근 딥러닝이 느리게 발전하고 있다거나 한계에 부딪힌 것 같다면서 또 다른 접근이 필요할 거라 보는 시각이 있는데요. 신경망이나 이런 부분들이 미래에도 계속 발전할 수 있다고 생각하나요?

라나 엘 칼리오우비 : 박사 과정 때, 동적 베이지안 네트워크를 이용해서 분류기를 만들었습니다. 그리고 몇 년 전에는 모든 과학기술 기반을 딥러닝 기반으로 바꿨어요. 그 효과도 많이 봤죠.

그리고 아직 딥러닝으로 그 효과를 다 봤다고 생각하지 않습니다. 심층 신경망과 더 많은 데이터가 결합되면 더 견고하고 높은 정확성을 지닌 모델을 만들 수 있고 그 결과로 많은 다른 상황에서도 잘 작동할 수 있을 것이라 생각합니다.

딥러닝은 굉장히 멋진 기술이지만 우리의 욕구를 모두 충족시킬만한 것이라고는 생각하지 않아요. 지도학습에 국한되어 이 분류기를 작동시키려면 많은 양의 레이블된 데이터가 필요하거든요. 좀 더 큰 개념인 머신러닝 전체로 보면 분명 엄청난데 딥러닝만이 우리가 사용하게 될 유일한 도구는 아닐 거예요.

마틴 포드 : 이제 좀 더 일반적인, 일반인공지능에 대해 얘기를 해봅시다. 일반인공지능으로 가기 위해서는 어떤 장애물들을 넘어야할까요? 일반인공지능이 실현가능할까요? 일반인공지능의 어떤 면들을 맞이하게 될까요?

라나 엘 칼리오우비 : 지금은 일반인공지능을 보게 될 날로부터 아주 멀리 떨어져 있다고 생각합니다. 지금 마주하고 있는 인공지능 기술은 인공지능 전체에서 상당히 작은 부분에 불과하거든요. 현재의 인공지능은 한 가지 일에는 특화되어 있지만, 처음부터 게임을 배웠다 하더라도 어떤 한 가지 방법으로만 학습해야 해요.

데이터 집합에서 하위 가정들이나 하위 단계들이 있고 많은 것들을 학습할 수 있게 해 주지만 그것으로 인간 수준의 지능을 만들 수 있다고 보지 않아요.
오늘날 가장 최고의 자연어 처리(25쪽 용어집 참조) 모델로도 3학년 수준의 시험에 통과하지 못하고 있으니까요.

마틴 포드 : 일반인공지능과 감정의 공통부분에 대해서는 어떤 생각을 가지고 있나요? 라나 씨의 대부분의 일들을 보면 기계가 감정을 이해하는 것과 관련되어 있잖아요. 다른 면으로 감정을 표현하는 기계들을 만든다면 어떨까요? 그 부분이 일반인공지능에서 중요할까요? 아니면 감정이 결여된 채 좀비와 같은 기계가 탄생할 것인지 궁금하네요.

라나 엘 칼리오우비 : 감정을 표현할 수 있는 기계는 지금도 있습니다. 어펙티바에서 감정을 감지하는 플랫폼을 개발했고, 기계가 감정을 표현할 수 있게 해주죠. 그 기술이 자동차든, 사회적 로봇이든 감정 감지 플랫폼은 인간이 생성한 여러 가지 형태의 입력을 받으면 어떻게 그 반응에 대처해야 할지 결정하고 우리가 주는 자극으로부터 반응을 만들죠. 음성 인식 비서인 아마존 알렉사가 반응하는 것처럼요.

물론, 아마존 알렉사에게 무언가 주문하라고 시켰는데 계속 잘못해서 엄청 짜증이 났다고 해봐요. 그런 잘못에 대해 아무런 언급이 없는 것과 달리 알렉사가 "그래요. 죄송합니다. 제가 잘못하고 있었네요. 다시 해볼게요."라고 말한다면 우리의 짜증을 알고 다음에 어떻게 반응할지, 무엇을 해야 하는지 이해했다고 볼 수 있죠. 로봇의 머리나 몸이 움직이고 무언가를 쓰는 행위로 우리가 "오! 미안하다고 하는 것 같네"라고 느낄 수 있겠죠.

기계 시스템은 이미 어느 정도 감정적인 단서를 바탕으로 행동을 표현하고 있고, 설계된 방식대로 감정을 묘사할 수 있습니다. 물론 실제로 감정을 지녔는지는 꽤 다른 문제지만 거기까지 갈 필요는 없다고 봅니다.

마틴 포드 : 이번에는 일자리와 관련된 문제를 살펴볼까요? 경제나 고용시장의 붕괴가 일어날 수 있다고 봅니까? 이런 말들이 너무 과장된 것일까요? 그렇게 걱정하지 않아도 될 문제인 걸까요?

라나 엘 칼리오우비 : 인간과 기술의 협력에 대한 문제라고 생각해요. 몇몇 직업들은 사라지게 되겠지만 이런 일은 인류 역사에서 늘 있어왔어요. 직업의 변천을 보면 또 새로운 종류의 직업과 기회들도 생겨날 거 같아요. 일부는 어떤 직업이 될지 상상할 수 있지만, 모든 걸 알 수는 없어요.

로봇이 세상을 통제해 인류가 공포에 휩싸이게 될 거라는 예측에는 동의하지 않습니다. 걸프전이 시작될 당시 중동 지역에서 자라오면서 세상에는 풀어야 할 숙제들이 많다는 것을 알게 되었어요. 어느 날 갑자기 어떤 기계가 발명되어 이 모든 문제를 해결해 줄 거라고 생각하지 않습니다. 그래서 질문하신 그런 문제들은 별로 걱정하지 않아도 된다고 봐요.

마틴 포드 : 비교적 일상적인 업무들, 예를 들어 전화 상담하는 고객 서비스 직무나 이런 일들은 기계로 충분히 대체 가능할 것 같습니다. 저도 이런 질문들을 종종 받곤 하는데, 이 직무들은 인간의 감정과 직결된 문제라 가장 안전할 것 같다고 말했거든요. 그런데 라나 씨가 개발하고 있는 기술들은 이런 분야에서도 잘 활용될 수 있을 것 같고, 그럼 상당히 많은 업무들 역시 자동화 문제에 영향을 받을 수

있다고 생각이 들었어요.

라나 엘 칼리오우비 : 마틴 포드 씨의 생각이 맞습니다. 간호사를 한 예로 들어 볼게요. 아펙티바에서는 전화를 대신 받는 아바타 간호사를 두거나 말기 환자의 동반자로 설계된 로봇과 같은 프로젝트를 여러 기업과 협력해 진행하고 있습니다. 이런 일들은 간호사의 업무 형태를 바꿀 수 있지만 그렇다고 실제 간호사를 대체할 수 있는 것은 아니라고 생각해요.

간호사는 수십 명의 환자를 돌봐야 하는데 그중 몇몇의 환자가 아바타 간호사나 간호사 로봇에게 할당되겠죠. 실제 인간 간호사는 로봇, 아바타 간호사들이 할 수 없는 일들에 투입이 될 겁니다. 이 기술로 간호사 로봇이 더 많은 환자들을 돌보고 관리하게 되겠죠.

교사와 같은 직업도 비슷한데요. 인공지능 시스템이 교사를 대신할 거라고 생각하진 않지만, 교사가 직접 접근할 수 없는 곳에서 여러 방식으로 보충할 수 있는 역할을 수행할 것입니다. 마치 우리가 할 수 있는 일들의 일부를 미니 로봇에게 위임하는 것과 같은 것이죠. 트럭 운전기사에게도 마찬가지예요. 10년 안에는 아무도 트럭을 운전하지 않겠지만 누군가는 집에서 100대의 차량을 원격 조정하고 잘 운전하고 있는지 확인해야 합니다. 혹은 누군가가 개입되어야 하거나 인간의 통제가 필요한 곳도 있을 거예요.

마틴 포드 : 실존적 위험을 맹렬히 주장했던 일론 머스크처럼 인공지능이나 일반 인공지능에 매우 두려워하는 사람들에게 어떤 말을 해주고 싶나요?

라나 엘 칼리오우비 : 일론 머스크가 투자한 "컴퓨터를 믿습니까?"(Do You Trust This Computer?)라는 다큐멘터리가 있는데 저도 거기서 인터뷰를 했었죠.

마틴 포드 : 맞아요. 여기 책에 인터뷰한 사람들 중 몇 분도 그 다큐멘터리에 출연하셨더라고요.

라나 엘 칼리오우비 : 중동에서 자라서 그런지 인간성이 훨씬 더 큰 문제라고 생각해서 인공지능에 대해 별로 걱정되는 것은 없네요.

로봇이 인간을 지배한다는 실존적 위험은 로봇에게 우리의 선택권을 빼앗긴다는 것으로 해석되는데, 결국 사람이 설계하고 어떻게 배치할지를 정하고 또 전원도 끌 수 있기 때문에 별 걱정 안 해도 되는 문제인 것 같습니다. 보다 해결해야 할 문제는 인공지능 시스템으로 편견이 영속화될 수 있다는 문제 아닐까요?

마틴 포드 : 편견에 관한 문제가 가장 시급한 문제라고 말씀하시는 건가요?

라나 엘 칼리오우비 : 맞아요. 기술 변화 속도가 굉장히 빠르고, 이런 알고리즘들로 훈련시키고 있지만 반드시 그 알고리즘이 무엇이고 신경망이 학습하는 것이 무엇인지 정확히 알 필요는 없다고 생각합니다. 이런 알고리즘에 우리의 편견들을 집어넣으면서 편향들을 다시 재생산하는 것이 두려울 뿐이죠.

마틴 포드 : 인간이 데이터를 만들고, 그러다 보면 필연적으로 편향적인 것이 포함되기 때문이라서 그런 거죠? 알고리즘이 중립적이지만 데이터가 그렇기 때문에요.

라나 엘 칼리오우비 : 정확해요, 데이터 문제죠. 어떻게 데이터를 적용시키는지와 관련 있습니다. 그래서 어펙티바는 딥러닝을 학습할 때 사용하는 데이터가 다양한 민족들을 모두 대표할 수 있게 성별과 나이의 균형 등을 모두 맞춰가며 확인하고 있습니다.

개발된 알고리즘들을 어떻게 훈련시키고 검증할 수 있는지에 대해 신중히 생각

라나 엘 칼리오우비

해야 합니다. 항상 주의를 기울이고 이런 일을 진행하고 있어요. 이런 종류의 편향 문제를 해결하기 위해 할 일이 매우 많습니다.

마틴 포드 : 그래도 사람의 편견을 바꾸는 것보다 알고리즘에서 편견을 고치는 편이 훨씬 더 쉽다는 긍정적인 면도 있을 것 같아요. 미래에 어떤 편견이나 차별을 줄이고자 한다면 알고리즘에 더 많이 의존하는 편이 나을 것 같은데요.

라나 엘 칼리오우비 : 맞습니다. 채용적인 부분에도 한 가지 좋은 예시가 있죠. 하이어뷰(HireVue)라는 회사는 자신의 채용 프로세스에 저희의 기술을 접목시키고 있습니다. 워드로 작성된 이력서를 보내지 않고, 인터뷰 비디오 영상을 보내오면, 감정을 분석하는 알고리즘과 자연어 처리 분석기가 동시에 작동되면서 질문에 어떻게 대답했는지와 더불어 비언어적 의사소통을 바탕으로 후보자들의 순위를 매깁니다. 이 알고리즘은 성차별적이지 않고, 인종도 고려하지 않아요. 저희의 인터뷰 알고리즘은 일차적으로 성별과 민족성에 대한 차별을 없애죠.

하이어뷰는 세계적인 생활용품 다국적 기업인 유니레버(Unilever)와 함께 한 연구 사례를 발표했는데, 거기서 채용 프로세스에서 90%의 시간을 절약할 뿐만 아니라 입사자 수의 다양성을 16%나 증가시킨다는 것을 발견했죠. 꽤나 멋지지 않나요?

마틴 포드 : 인공지능을 규제할 필요가 있다고 생각하나요? 어펙티바에는 상당히 엄격한 윤리 규정이 있다고 말씀해 주었죠. 그런데 머지않은 미래에 그런 윤리 규정을 가지고 있지 않으면서 어펙티바와 똑같은 기술을 가진 경쟁업체가 나타난다면 어떻게 될까요?
그러면 그런 기업은 권위주의적인 국가 혹은 직원과 고객을 몰래 감시하려고 하는 회사들과 계약을 맺을 것 같아요. 이런 점들을 고려하면 관련 기술을 규제할 필요성이 있지 않을까요?

라나 엘 칼리오우비 : 저는 전적으로 규제해야 한다고 봅니다. 어펙티바는 AI 컨소시엄의 파트너십을 맺고 있고, FATE(Fair, Accountable, Transparent and Equitable AI, 공정하고, 책임 있고, 투명하고, 평등한 인공지능) 실무그룹의 일원입니다.

이 그룹들과 협력하면서 FDA(Food and Drug Administration, 식품 의약청)의 규제와 같이 인공지능을 위한 가이드라인을 개발하는 것이 저희의 임무입니다. 연장선상에서 어펙티바는 이 산업에서의 모범 사례와 지침을 발표하고 있습니다. 이 분야의 리더라고 생각하기 때문에, "오! 맞아요. 입법안이 나올 때까지 기다려야죠, 뭐."라고 말하는 것이 아니라 규제를 지지하고 공론화하는 것이 저희의 의무라고 생각합니다. 책임을 회피하는 것은 올바른 해결책이 아니죠.

또한, 저는 세계 경제 포럼에 속해 있는데 여기서는 로보틱스와 인공지능에 관한 국제적인 포럼 협의회가 있습니다. 이 포럼과 함께 일하면서 각 국가들이 어떻게 인공지능을 받아들이는지 알게 되었는데 문화적 차이가 있다는 것이 꽤 흥미로웠어요. 이 협의회의 일부인 중국에게 이런 질문을 던지곤 해요. "중국 정부는 인공지능과 관련된 규제를 어떤 방식으로 모색하고 계십니까?" 중국 정부가 윤리 문제에 별 신경을 쓰지 않다는 것을 알고 있기 때문이죠. 그래도 다양한 국가들이 인공지능 규제와 관련해 다양한 생각들을 가지고 있기 때문에 이런 질문에 대해 답하는 것은 꽤 어려운 문제네요.

마틴 포드 : 꽤 인공지능에 대해 낙관적인 태도를 가지고 계신 것 같아요. 이 기술들이 균형 있게 인류에게 도움이 될 거라고 보는지요.

라나 엘 칼리오우비 : 네, 저는 낙관주의자라 말하고 싶네요. 기술을 어떻게 사용하는지가 진짜 중요한 문제인데, 좋게 풀릴 것 같다고 생각해요. 업계에서는 인공지능을 긍정적인 방향으로 활용한 팀들의 발자취를 따라야 한다고 생각합니다.

라나 엘 칼리오우비는 감정 인공지능을 개발하는 어펙티바의 공동 창업자이자 CEO이다. 이집트 카이로에 있는 아메리칸 대학교에서 학부 및 석사학위를 받았으며, 케임브리지 대학의 컴퓨터 연구실에서 박사학위를 취득했다. MIT 미디어 랩에서 연구 과학자로 일하면서 자폐아를 돕는 기술을 만들기도 했다. 이 작업의 시작으로 어펙티바가 만들어졌다.

라나는 세계 경제 포럼에서 2017년 젊은 글로벌 리더로 선정된 것을 포함하여 많은 상들을 수상했다. 또한 포춘지가 선정한 40대 이하 40인 중 한명으로 선정되기도 했다.

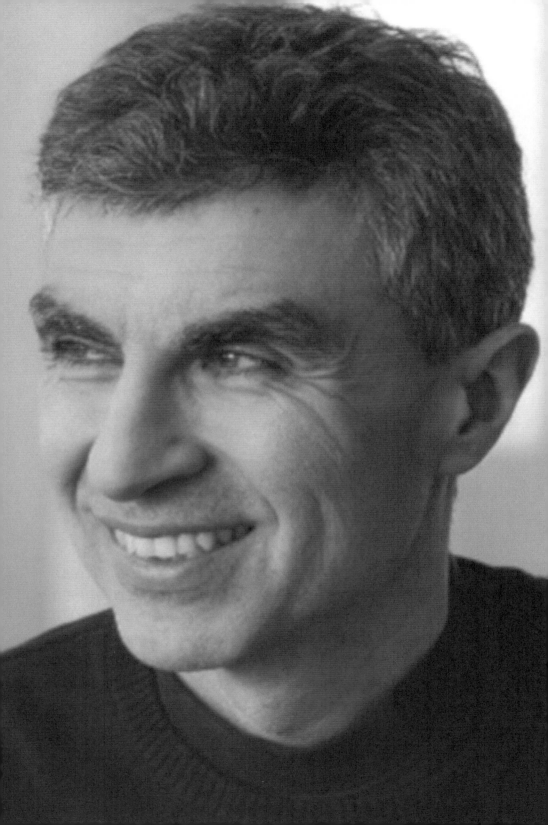

❝ G7 장관 회의에서 연설하도록 초청을 받은 적이 있는데, 토론 주제 중의 하나가 "어떻게 하면 경제적으로 긍정적이고 국민의 신뢰를 유지하는 방식으로 인공지능을 개발할 것인가"였습니다. 제 대답은 은밀하거나 오로지 학문만을 추구하지 않고 모든 사람들이 참여할 수 있는 공개적인 토론을 하는 것이었습니다. 우리는 원하는 미래를 집단적으로 선택해야 하고, 인공지능은 매우 강력하기 때문에 모든 사람들은 문제가 무엇인지 어느 정도 알고 있어야 합니다. **❞**

요슈아 벤지오(YOSHUA BENGIO)

몬트리올 학습 알고리즘 협회의 연구 지도자, 몬트리올 대학의 컴퓨터 및 운용 과학 교수

요슈아 벤지오는 몬트리올 대학의 컴퓨터 과학과 운용 과학의 교수이며, 딥러닝의 선구자로 잘 알려져있습니다. 요슈아는 신경망 연구에 많은 기여를 했으며, 많은 학습 데이터에 의존하지 않고 신경망을 학습시킬 수 있는 "비지도 학습(unsupervised learning)"의 발전에 크게 기여했습니다.

마틴 포드 : 인공지능 연구의 선구자이니만큼 현재 딥러닝 연구의 도전 과제가 무엇인지 여쭤보는 것으로 인터뷰를 시작하고 싶네요. 또 이 도전 과제가 인간 수준의 인공지능인 AGI(Artificial general intelligence, 이하 일반인공지능)를 개발하는 데 어떤 영향을 줄 수 있을까요?

요슈아 벤지오 : 우리가 무엇을 보고 있는지는 정확히는 모릅니다만, 우리 앞에는 굉장히 어려운 문제들이 있으며 일반인공지능으로 발전하기까지는 한참 남았다는 것은 이야기할 수 있겠네요. 우리 연구자들은 인간처럼 실제 세상을 이해할 수 있는 기계를 만들 수 없는 이유가 무엇인지와 같은 문제들을 해결하려고 노력하고 있어요. 단지 충분한 학습 데이터가 존재하지 않아서인지, 충분한 컴퓨팅 자원이 없어서인지와 같은 고민을 하면서 말이죠. 많은 연구자들은 지금껏 학습해온 환경과 매우 다른 환경에서 올바른 답을 제시하고 일반화할 수 있는 능력, 즉 데이터의 인과관계를 이해하는 능력같은 기본적인 구성 요소를 놓치고 있다고 생각합니다.

인간은 완전히 낯선 환경에서도 어떤 식으로 행동할지 상상할 수 있어요. 예를 들어 교통사고를 전혀 겪어보지 않은 사람이라도 어떻게 올바른 결정을 내리고 행동해야 할지 알고 있기 때문에 그 상황을 상상할 수 있다는 것이죠. 현재 머신러닝은 지도 학습(22쪽 용어집 참조)을 기반으로 하며, 컴퓨터는 본질적으로 데이터의 통계에 대해 수동으로 학습하는 과정을 거쳐야 해요. 즉, 수많은 정답들을 제공해 컴퓨터가 이를 통해 학습하도록 해야 되죠.

최근에는 비지도 학습(22쪽 용어집 참조)처럼 실제로 정답을 제공해주지 않아도 되는 분야에서 많은 연구들을 진행하고 있어요. 여기에서는 컴퓨터가 세상에 있는 지식들을 좀 더 자동적으로 얻을 수 있죠. 또한 컴퓨터가 이미지나 비디오와 같은 데이터를 인식할 뿐만 아니라 새롭게 만들어내고, 이를 통해 만들어지는 효과를 분석해 실제 세상에 존재하는 인과관계를 추론하는 연구들도 현재 진행 중입니

요슈아 벤지오

다. 방금한 질문들에 관해서는 딥마인드(27쪽 용어집 참조), 오픈AI(27쪽 용어집 참조)와 버클리 대학에서 가상의 에이전트를 통해 일반인공지능을 향해 긍정적인 방향으로 나아가고 있고, 몬트리올 대학에서도 이러한 연구를 진행하고 있습니다.

마틴 포드 : 혹시 지금 딥러닝 분야를 이끄는 중심 프로젝트는 무엇이라고 생각하시나요? 알파제로(26쪽 용어집 참조)가 이에 해당하긴 하겠지만 이 외에도 어떤 프로젝트가 딥러닝을 대표할 수 있다고 할 수 있을까요?

요슈아 벤지오 : 흥미로운 프로젝트들이 많이 있지만 장기적으로 볼 때 문제를 해결하려고 노력하고 주어진 환경에 대해 학습하는 인공지능에 관한 프로젝트가 큰 영향을 가져올 것 같습니다. MILA(Montreal Institute for Learning Algorithms)에서 이 프로젝트를 진행 중이고, 딥마인드, 오픈AI, 버클리 대학, 페이스북, 구글 브레인에서도 비슷한 연구를 진행하고 있습니다. 이 분야는 딥러닝의 새로운 영역이라고 할 수 있습니다.

하지만 여기에서 중요한 점은 이 연구가 단기간에 끝나지 않는다는 것입니다. 우리는 딥러닝을 특정한 영역에서 응용하는 것 대신에 인공지능이 환경을 이해하는 방법, 우리가 실제로 사용하는 언어를 말하고 이해하는 방법에 대해 연구 중입니다.

마틴 포드 : 방금 이야기해 주신 부분을 조금 더 자세히 설명해 주시겠어요?

요슈아 벤지오 : 이전의 연구에서는 컴퓨터가 언어를 이해하도록 만들기 위해 많은 양의 텍스트를 읽게 했습니다. 이 방법이 꽤 멋지긴 하지만, 컴퓨터가 주어진 문장과 관련이 없는 단어의 의미는 알아낼 수 없어요. 인간은 단어를 이미지나 동영상 또는 현실 세계에 존재하는 것에 쉽게 연결할 수 있지만 말이에요.

현재 실제로 사용하는 언어에 대한 이해도를 높이려는 많은 연구가 진행 중입니다. 여기에서는 언어의 일부분만 주어졌다고 할지라도, 컴퓨터는 실제로 그 단어들의 의미를 이해하고 그에 대응해 작동할 수 있습니다. 이를 통해 실제로 언어를 이해하는 인공지능과 대화하는 등 많은 영향을 줄 수 있게 될 것입니다.

마틴 포드 : 그래서 기본적으로 인공지능을 주어진 환경에 풀어놓아 아이가 학습하는 것처럼 해야 한다는 생각인가요?

요슈아 벤지오 : 정확해요. 사실 우리 연구자들은 신생아가 어떤 단계를 거쳐서 세상을 이해하는지를 연구하는 아동 발달 과학자들에게 영감을 얻고 싶어합니다. 우리는 어떤 부분이 타고난 것인지, 어떤 부분이 새롭게 배운 것인지 알지 못하고 있기 때문에 아이가 학습하는 방법을 이해하게 된다면 시스템을 설계하는 데 도움을 줄 것이라고 생각해요.

제가 몇 년 전에 커리큘럼 학습이라고 동물을 교육할 때 흔히 쓰이는 아이디어를 제시했어요. 학습 데이터를 임의의 순서로 한 번에 제공하는 것이 아닌, 학습자가 이해하기 쉬운 순서로 데이터를 제공한다는 것이죠. 먼저 쉬운 예로 시작했다가 이 예제를 조금 더 복잡한 것들을 배우기 위한 도구로써 활용할 수 있습니다. 우리가 6살부터 곧장 대학에 가지 않는 이유와 같은 맥락입니다. 이런 종류의 학습은 인공지능이 학습하는 데에도 더 중요해지고 있습니다.

마틴 포드 : 이번엔 인간 수준의 인공지능으로 나아가는 길에 관해서 이야기를 해보도록 하죠. 교수님은 비지도 학습을 통해 본질적으로 사람처럼 배우는 시스템을 갖게 되는 게 일반인공지능의 구성 요소라고 믿는데, 그 시스템을 갖게 된다면 충분히 일반인공지능으로 발전할 수 있을까요? 아니면 그것으로 발전하기까지 다른 중요한 요소가 필요할까요?

요슈아 벤지오 : 제 친구인 얀 르쿤(213쪽 참조) 교수가 그것에 대해서 좋은 비유를 해줬어요. 예를들어 등산할 때 꽤 높이 올랐기 때문에 좋아하다가 산 정상까지 올

라갔더니 앞에 더 높은 산이 있다는 것을 알게 된 상태입니다. 이게 바로 지금 우리가 일반인공지능 연구에서 보고 있는 것입니다.

첫 번째 산 정상에 올랐을 때, 즉 만족스럽게 발전했을 때 몰랐던 한계를 마주하게 됩니다. 그리고 계속해서 다음에 올라야 할 다른 산을 보며 올라갈 것입니다. 그렇기 때문에 인간 수준의 지능까지 도달하려면 얼마나 많은 산이 남았고, 산을 오르기 위해 어떤 것이 필요한지 말할 수 없겠네요. 제가 말할 수 있는 것은 향후 몇 년 안에 그렇게 될 일은 절대 없다는 것이에요.

마틴 포드 : 그럼 딥러닝과 신경망이 앞으로 더 나아갈 것이라고 생각하시나요?

요슈아 벤지오 : 네. 지금까지 발견한 딥러닝을 이루고 있는 과학적 개념과 이 분야에서 이루어진 발전으로 보았을 때 딥러닝과 신경망의 대부분 개념들이 밝혀졌습니다. 이러한 개념들은 매우 강력해요. 그것들은 동물과 인간이 어떻게 복잡한 것을 배우는 지 이해하는데 도움이 될 것입니다. 그렇지만 아까 제가 이야기했듯이, 아직 인간 수준까지 발전하기에는 많이 부족합니다. 지금은 여러 문제 중 일부만을 해결한 상황이며 다른 문제들을 또 극복하고 개선해야 합니다.

마틴 포드 : 현재 앨런 인공지능 연구소(Allen Institute for AI, 28쪽 용어집 참조)에서 컴퓨터에게 상식을 주는 모자이크(Mosaic)라는 프로젝트를 진행 중이라고 알고 있습니다. 혹시 이런 작업이 꼭 필요하다고 생각하시나요? 아니면 학습 과정 중에 상식이 저절로 생겨날까요?

요슈아 벤지오 : 상식은 학습 과정의 일부로 나타날 것이라고 확신해요. 누군가가 지식을 머리에 넣어 준다고 상식이 생기지 않는 것처럼 말이죠.

마틴 포드 : 딥러닝을 통해서 일반인공지능으로 발전할 수 있을까요? 아니면 다른 하이브리드 시스템이 필요할까요?

요슈아 벤지오 : 기존의 인공지능은 순수하게 상징적이었고, 학습이 없었습니다. 대신 정보를 순차적으로 추론하고 결합하는 인지적 관점에 집중했습니다. 반면에 딥러닝은 항상 인지의 상향식(Bottom-up, 역자 주 : 시스템의 구성 요소를 세부적으로 설계하고 그것들을 결합해서 전체 시스템을 만드는 방식) 관점에 초점을 두었습니다. 기본적인 인지로 시작해서 컴퓨터가 세상을 어떻게 인식하는 지로 나아갔습니다. 거기에서 분산 표현을 만들고 많은 변수 사이의 관계를 포착할 수 있습니다.

저는 1999년에 제 동생과 그런 변수들 사이의 관계에 대해 연구했습니다. 이로 인해 단어 임베딩(Word embedding, 역자 주 : 분산 표상을 기반으로 단어를 벡터로 만드는 기법)이나 단어와 문장의 분산 표상에서 많은 발전이 있었습니다. 단어는 뇌의 활동 패턴 또는 연속적인 숫자로 나타나는데 유사한 의미를 가진 단어는 유사한 숫자 패턴을 갖게 됩니다.

현재는 딥러닝 분야의 사람들이 이러한 딥러닝의 개념을 바탕으로 추론과 같은 기존 인공지능의 문제를 해결할 수 있도록 노력하고 있습니다. 연구자들은 인지한 것들로부터 알게 된 지식을 그룹으로 만들고 그것을 바탕으로 높은 수준의 판단에 사용할 수 있게 만듭니다. 대니얼 카너먼이 '생각에 관한 생각'에서 제시한 시스템 2(System 2, 역자 주 : 논리적이고 체계적으로 생각하려는 시스템)이죠. 저는 부분적으로 그것이 인간 수준의 인공지능으로 발전하는 방법이라고 생각해요. 거기에는 하이브리드 시스템이 필요한 것이 아니라 기존의 인공지능이 풀지 못했던 문제를 딥러닝으로 블럭을 쌓아서 해결하려는 것으로 보입니다. 서로 하고 있는 것은 다르지만 목적이 같거든요.

마틴 포드 : 그렇다면 교수님은 일반인공지능이 신경망으로 이루어지긴 하지만 지금과는 다른 구조를 가질 것이라고 예상하시는 건가요?

요슈아 벤지오 : 네, 우리의 뇌는 모두 신경망이에요. 우리가 무엇을 보고 있는지,

어떤 행동을 할지를 예상하는 고전적인 인공지능의 목표를 이룰 수 있는 다른 구조와 학습 프레임워크를 만들어야 합니다.

마틴 포드 : 학습만으로 아까 말했던 것들을 할 수 있다고 생각하세요? 아니면 학습 과정에도 어떠한 구조가 필요할까요?

요슈아 벤지오 : 백과사전이나 수학 공식을 만드는 것처럼 지식을 표현할 때 쓰는 것이 아닌 다른 구조가 필요합니다. 신경망의 구조 뿐만 아니라 우리가 해결하려는 작업과 세계에 대한 넓은 가정들을 포함합니다. 어텐션(attention) 메커니즘(역자 주 : 딥러닝 성능 향상 기법 중의 하나로 예측해야 할 단어와 연관이 있는 입력 단어 부분을 좀 더 집중하게 만드는 방법)이 있는 신경망을 가지는 특별한 구조를 적용할 때 꽤 많은 사전 지식이 필요합니다. 이런 어텐션 메커니즘이 성공적인 기계 번역의 핵심이었다는 것이 밝혀졌지요.

인공지능을 활용한 효과적인 이미지 처리를 위해서는 합성곱 신경망(convolutional neural network, 21쪽 용어집 참조)을 사용해야 하는 것처럼, 해결하려는 문제들에 맞는 도구와 구조를 사용해야 합니다. 문제와 어울리지 않는 구조를 사용하면 좋지 않은 결과가 나오기 때문이죠. 이미 많은 분야별 연구가 진행되고 있기 때문에 특정 작업에 적합한 구조들도 알려져 있습니다. 또한 이런 것들이 요즘 대부분의 연구 논문들입니다.

마틴 포드 : 방금 질문으로 제가 여쭤보고 싶었던 것은 예를 들어 인간의 뇌는 픽셀 작업을 하는 원시 뉴런으로 이루어진 것이 아닌, 갓 태어난 아이도 사람의 얼굴을 인식할 수 있는 구조를 가지고 있는 것처럼 특별한 구조가 필요하지 않을까 하는 것이었습니다.

요슈아 벤지오 : 그건 아니에요! 아이의 뇌는 두 개의 점이 있는 원(얼굴)을 인식하

는 특정 구조가 있다는 점을 제외하면, 픽셀을 다루는 원시 뉴런으로 이루어졌다고 할 수 있어요.

마틴 포드 : 제 이야기는 구조가 미리 존재한다는 것이었습니다.

요슈아 벤지오 : 물론 그렇지만, 신경망에서 우리가 디자인하는 모든 것들은 이미 존재해요. 많은 분들은 진화와 비슷하게 특별한 구조와 교육 과정의 형태로 사전지식을 전달해주는 것을 연구 중이죠.

원한다면 신경망이 얼굴을 인식할 수 있도록 어떤 부분을 고정할 수 있지만, 인공지능은 매우 빨리 배울 수 있기 때문에 그럴 필요는 없어요. 대신에 우리가 풀려고 하는 더 어려운 문제를 해결하는 데에 유용한 것들을 넣습니다.

인간과 동물에 선천적인 지식이 없다는 말이 아닙니다. 실제로 대부분의 동물들은 타고난 지식만을 가지고 있어요. 개미는 살면서 학습하는 부분이 거의 없이 프로그램처럼 모두 정해진 대로 행동하죠. 하지만 지능을 더 사용하는 개체일수록 학습하는 부분이 점점 많아집니다. 인간이 다른 동물과 다른 점은 굉장히 많은 것들을 가지고 태어나고, 더불어 많이 학습한다는 점입니다.

마틴 포드 : 잠시 돌아가서 방금 이야기했던 개념들을 정의해보죠. 1980년대에 신경망은 소외된 대상이었고 하나의 층으로 구성되었기 때문에 그다지 깊지 않았습니다. 교수님은 이 신경망을 지금의 딥러닝으로 변형시키는데 기여를 했죠. 이해하기 쉽게 이것을 어떻게 정의할 수 있을까요?

요슈아 벤지오 : 딥러닝은 머신러닝의 접근 방법 중 하나입니다. 기존의 머신러닝은 컴퓨터가 예제를 통해 학습할 수 있도록 함으로써 지식을 컴퓨터에 전달하려는 반면, 딥러닝은 뇌에서 영감을 얻은 방식으로 그 작업을 수행합니다. 딥러닝과

머신러닝은 신경망에 대한 초기 연구의 연장선일 뿐입니다. 더 깊은 네트워크를 학습시킬 수 있는 기능이 추가되어 더 많은 층을 가지고, 각 층이 다른 수준의 표현을 나타내기 때문에 이를 "딥(Deep)"이라고 합니다. 연구자들은 네트워크가 깊어질수록 더 추상적인 것들을 표현할 수 있기를 바라며, 지금까지는 그런 것처럼 보입니다.

마틴 포드 : 이야기해 주신 층이란 부분에서 이게 추상화에 관한 층을 의미하나요? 그럼 시각적인 관점에서 이미지를 볼 때 첫 번째 층은 픽셀, 다음 층은 선에 관한 것이 되고, 점차 이미지의 객체까지 올라가겠네요?

요슈아 벤지오 : 네, 정확해요.

마틴 포드 : 그렇다면 지금의 인공지능은 여전히 그 객체가 무엇인지 정확히 이해하지 못하고 있나요?

요슈아 벤지오 : 인공지능은 객체를 어느 정도 이해하고 있습니다. 하지만 이 문제는 이해하고, 이해하지 못하는 것으로 나눌 수 없습니다. 고양이는 참치 통조림을 이해하지만, 우리와 같은 방식으로 이해하는 게 아닌 것 같습니다. 사람들은 주변의 물건들에 대해 서로 다른 방식과 다른 수준의 이해력을 가지고 있고, 과학은 우리가 이런 것들을 더 잘 이해할 수 있게 도와주고 있어요. 신경망이 이미지에 대해 학습을 했다면 이미지를 어느 정도 이해하겠지만 이 수준은 아직 추상적이고 인간처럼 일반적이지는 않습니다. 그 이유 중 하나는 인간은 움직일 수 있으며 두 개의 눈으로 세상을 입체적으로 볼 수 있기 때문에 3차원에 대한 이해를 바탕으로 이미지를 해석할 수 있기 때문입니다. 이 능력 덕분에 인간은 시각적 모델보다 더 나아가 물리적 모델을 얻을 수 있습니다. 아직 인공지능이 이미지를 이해하는 수준은 원시적이지만 그래도 많은 분야에서 훌륭한 성과를 보여주고 있어요.

마틴 포드 : 층을 통해서 오류 정보를 다시 보내고 최종 결과에 따라 각 층의 가중치를 조정할 수 있는 아이디어를 가진 역전파(backpropagation)가 딥러닝을 성공적인 결과로 이끌었다고 생각하시나요?

요슈아 벤지오 : 실제로, 역전파는 최근 딥러닝의 발전에서 핵심적인 역할을 했어요. 역전파를 사용하면 큰 네트워크가 올바르게 작동하도록 내부 뉴런을 변경하는 방법을 파악할 수 있죠. 신경망에 사용되는 역전파는 제가 연구를 시작할 때쯤인 1980년 초반에 발견되었어요. 제프리 힌튼(505쪽 참조)과 데이비드 루멜하트가 함께 연구하던 시기에 얀 르쿤 혼자서 역전파를 발견했어요. 오래된 아이디어이지만 그 후 25년 뒤인 2006년까지 더 깊은 네트워크를 학습시키는 데에 성공하지 못했습니다.
그 이후로 우리는 이러한 네트워크에 어텐션 메커니즘(267쪽 참조), 이미지 생성과 같은 재미있는 기능들을 추가하고 있어요.

마틴 포드 : 뇌도 역전파랑 비슷한 작용을 하나요?

요슈아 벤지오 : 좋은 질문이네요. 신경망은 뇌를 모방해서 만든 것이 아니긴 하지만, 최소한 추상적인 수준에서의 계산 특징에 영감을 받아서 만들어졌습니다.
그리고 뇌가 어떻게 작용하는지 완벽하게 밝혀지지 않았어요. 그래서 뇌에 대한 많은 실험이 이루어지고 있지만, 어떻게 연결해야 하는지도 모르고 있죠.
신경망을 이용한 머신러닝 연구를 통해 뇌과학에서 가설을 얻을 수도 있을 것 같네요. 제가 관심을 가지고 있는 것 중의 하나이죠. 특히 지금까지 역전파는 컴퓨터가 할 수는 있지만, 뇌에서는 할 수 없는 것으로 여겨지고 있어요.
하지만 역전파는 신경망에서 아주 잘 작동하고 있고, 아마 뇌에서도 똑같거나 비슷한 기능을 수행하고 있을 수도 있어요. 제가 요즘 연구하는 부분이죠.

마틴 포드 : 대부분의 사람들이 딥러닝을 포기했던 인공지능의 암흑기가 있었다는

것을 알고 있어요. 하지만 그때도 교수님과 제프리 힌튼, 얀 르쿤 같은 분들은 계속 딥러닝을 연구하셨고 지금과 같이 발전하게 되었는데 어떻게 여기까지 발전할 수 있었나요?

요슈아 벤지오 : 1990년대 후반과 2000년대 초반까지 신경망은 트렌드인 분야가 아니었고 소수의 그룹들만이 연구했어요. 저는 신경망에는 엄청난 부분이 있다는 것을 직감했었습니다.

그것 중에는 구성성(compositionality)이라는 것이 있습니다. 시스템이 뉴런과 층에 해당하는 많은 블록을 구성하는 방식으로 데이터에 대한 다양한 정보를 표현하는 능력이죠. 그로 인해 단어 임베딩을 사용해 텍스트를 모델링한 초기 신경망으로 발전했습니다. 각 단어는 인공지능에 의해 자율적으로 학습된 각 속성에 해당하는 숫자 집합과 연관되죠. 당시에는 잘 사용하지는 않았지만, 요즘에는 언어 데이터를 모델링할 때 거의 대부분 이 아이디어를 사용합니다.

여러 층으로 구성된 신경망 네트워크를 학습시키는 방법을 찾는 게 참 어려웠습니다. 제프리 힌튼이 찾은 해결책은 제한된 볼츠만 머신(Restricted Boltzmann Machines, RBM)(역자 주 : 여러 층으로 구성된 신경망을 처리하는 방법 중 하나)이었습니다. 우리 연구실에서는 그것과 밀접하게 관련이 있는 오토인코더를 연구하고 있었고 이를 사용한 적대적 생성 신경망(21쪽 용어집 참조)과 같은 모델들이 생겨났어요. 이렇게 제한된 볼츠만 머신과 오토인코더를 쌓아 이전보다 더 깊은 네트워크를 학습시킬 수 있게 되었죠.

마틴 포드 : 오토인코더가 뭔지 설명해 주시겠어요?

요슈아 벤지오 : 오토인코더는 인코더와 디코더로 나눌 수 있습니다. 이미지로 예를 들어 설명하면 인코더는 고양이 사진을 입력으로 받아서 "고양이"라는 텍스트

로 압축해 표현을 하고, 디코더는 이러한 압축된 표현을 가지고 원본 이미지를 복구합니다. 오토인코더는 압축과 복구를 통해서 원본 데이터에 최대한 충실하게 학습됩니다.

오토인코더에 대한 관점은 처음과는 많이 달라졌습니다. 오토인코더를 사용하면 이미지 같은 가공되지 않은 데이터를 가져와서 그 의미를 쉽게 읽을 수 있게 추상적인 공간으로 변환할 수 있습니다. 여기까지가 인코더 부분이죠. 디코더는 반대로 작용하는데 직접 정의할 필요 없이 인코더를 통해 구한 높은 수준의 정보를 가져와 이미지로 변환합니다. 오토인코더는 초기의 딥러닝 기법이었습니다.
몇 년 뒤에 깊은 신경망을 학습시킬 때 이런 방법을 사용하지 않고 그냥 비선형성을 사용하면 된다는 것이 밝혀졌습니다. 신경 과학자와 연구를 하던 제 제자와 저는 실제로 뇌에서 영감을 얻었기도 했고 생물학적으로 그럴듯했기 때문에 ReLU(Rectified Linear Unit, 역자 주 : 활성화 값이 0보다 작을 때는 0을 사용하고, 큰 값에는 해당 값을 그대로 사용하는 함수이다)를 사용해야 한다고 생각했습니다.

마틴 포드 : 그걸 통해서 어떤 것을 배우셨나요?

요슈아 벤지오 : 그전에는 신경망을 학습시킬 때 시그모이드(sigmoid) 함수를 사용했지만, ReLU를 사용했더니 깊은 네트워크를 훨씬 쉽게 학습시킬 수 있다고 밝혀졌습니다. 2011년에 일어난 큰 변화였지요.

컴퓨터 비전(역자 주 : 컴퓨터를 사용해 인간의 시각적 인식 능력을 구현하는 연구 분야) 분야에서 자주 사용하는 큰 데이터세트인 이미지넷(ImageNet, 28쪽 용어집 참조)이라는 것이 있습니다. 그 분야에 있던 제프리 힌튼의 그룹이 우리의 방법을 사용해 이미지넷에서 성공적인 결과를 내자 이를 통해 이미지에 적합한 네트워크인 합성곱 신경망(21쪽 용어집 참조)의 초기 연구를 시작했죠. 이렇게 많은 변화가 이루어진 새로운 딥러닝 아키텍처가 큰 성공을 거두자 컴퓨터 비전 연구자들이 모두 이와 같은 네트워크를 사용하게 되었습니다.

마틴 포드 : 그때부터 딥러닝이 대세가 되었다고 할 수 있는 건가요?

요슈아 벤지오 : 그건 좀 뒤의 일이에요. 2014년까지 딥러닝 연구를 가속화시킨 일들이 더 있었습니다.

마틴 포드 : 그럼 대학 중심의 연구에서 구글, 페이스북, 바이두와 같은 기업 중심의 연구로 전환되었던 시기인가요?

요슈아 벤지오 : 정확해요. 그 변화는 구글, IBM, 마이크로소프트 같은 회사가 2010년쯤부터 신경망을 사용한 음성 인식을 연구하면서 시작되었습니다. 그렇게 2012년에 구글은 안드로이드 스마트폰에 이러한 신경망을 탑재했어요. 컴퓨터 비전과 음성 인식에 같은 학습 기술을 사용할 수 있다는 것은 당시에 혁명이었습니다. 그렇게 이 분야에 많은 관심이 쏠리게 되었죠.

마틴 포드 : 처음 연구를 시작했을 때를 생각해보면 지금과 같이 구글과 페이스북 같은 큰 회사가 신경망 연구의 중심이 되었다는 것이 놀랍지 않으세요?

요슈아 벤지오 : 물론 이렇게 될 거라고 생각하지 않았어요. 지금까지 딥러닝을 통해 여러 가지 중요하고 놀라운 발전을 이뤄냈어요. 2010년에는 음성 인식이 나왔고, 2012년에는 컴퓨터 비전이 나왔죠. 그리고 2014년과 2015년에 기계 번역에서 획기적인 발전을 이뤄 2016년 구글 번역에 사용되었고, 2016년은 알파고가 나온 해이기도 합니다. 이러한 모든 것들은 실제로 기대되지 않았습니다.
저는 2014년에 이미지 안의 글씨를 찾는 캡션 제너레이션을 연구하면서 실제로 가능하다는 사실에 놀랐습니다. 만약 1년 전에 이 연구가 가능하냐고 물어봤다면 안된다고 이야기했을 것 같네요.

마틴 포드 : 캡션 이야기는 정말 놀랍네요. 때로는 실패하기도 하지만, 대부분 놀라운 결과를 보여주네요.

요슈아 벤지오 : 물론 가끔 실패하는 경우도 있죠! 충분한 데이터로 학습을 시키지 못했거나, 이미지와 언어를 실제로 이해하는 데 필요한 기본적인 연구의 발전이 필요했을 수도 있습니다. 아직 그러한 발전에는 한참 멀었지만 지금의 수준에 도달할 수 있었다는 것도 기대하지 못했었습니다.

마틴 포드 : 이번에는 인공지능 분야를 걸어오신 교수님의 길에 대해 질문하고 싶네요.

요슈아 벤지오 : 어렸을 때 공상과학 소설을 많이 읽었는데, 그 책들이 영향을 준 것 같아요. 원래는 대학에서 물리학과 수학을 공부하고 싶었는데 제 동생과 같이 컴퓨터에 관심을 가지게 되면서 생각이 바뀌었습니다. 우리는 애플 IIe와 아타리 800을 사려고 돈을 모았고, 당시 소프트웨어가 별로 없었기 때문에 BASIC으로 프로그래밍하는 방법을 공부했죠.
그 이후로 프로그래밍이 너무 재미있어서 컴퓨터 공학을 공부하게 되었고, 석사와 박사를 컴퓨터 과학으로 전공했습니다. 1985년에 석사를 하는 동안 신경망에 관한 논문을 읽기 시작했었는데 거기에는 제프리 힌튼의 논문도 있었습니다. 저는 그걸 보자마자 이 문제를 연구해야겠다고 생각했습니다.

마틴 포드 : 딥러닝 전문가나 연구원이 되고 싶은 사람에게 해주고 싶은 조언이 있을까요?

요슈아 벤지오 : 일단 뛰어들어서 시작하라고 이야기해주고 싶어요. 재미있는 분야가 굉장히 많기 때문에 튜토리얼이나 오픈소스 라이브러리 같은 정보들이 나와있습니다. 그리고 제가 공동 저술한 "딥러닝(Deep Learning)"이라는 책이 있

는데, 온라인에서 무료로 이용 가능하고(역자 주 : http://www.deeplearningbook.org에서 확인할 수 있음) 이 분야에 첫 발을 내딛는 사람들에게 도움이 될 거예요. 요즘엔 많은 학부생들이 논문들을 읽고 그걸 재현하려고 한 다음 이런 연구를 하는 연구실에 지원하면서 성장하는 모습을 많이 보고 있습니다. 이 분야에 관심이 있다면 시작하기에 지금보다 더 좋은 시기는 없다고 봅니다.

마틴 포드 : 교수님은 딥러닝 분야의 중요한 인물 중에 학계에 남아있는 유일한 사람입니다. 다른 분들은 페이스북이나 구글 같은 회사에서 일하고 있죠. 학자의 길을 계속 가고 있는 이유라도 있는 건가요?

요슈아 벤지오 : 저는 항상 공공의 선(善)을 위해 일할 자유와 학계 그리고 더 큰 영향을 가지고 있다고 믿는 것들을 추구해왔습니다. 그리고 제 학생들과 연구의 효율적이고 생산적인 측면에서도, 심리적으로도 함께 일하는 것도 중요하다고 생각합니다. 업계에 들어가면 많은 것들을 포기하게 되겠죠.

또 한때 업계로 갈 때는 뉴욕이나 캘리포니아로 옮기는 경우가 흔했는데, 저는 몬트리올에서 지내고 싶었습니다. 몬트리올에서 인공지능 분야의 새로운 실리콘밸리를 만들 수 있다고 생각했습니다. 그래서 저는 몬트리올에 머물며 MILA를 만들기로 결심했어요.

MILA는 기본적인 연구를 하면서 몬트리올의 인공지능 생태계에서 주도적인 역할을 하고 있으며, 이 역할은 토론토의 Vector Institute와 에드먼턴의 Amii와 협력해서 과학, 경제, 긍정적인 사회적 영향 측면에서 인공지능을 실제로 추진하는 캐나다 전략의 일환으로 진행하고 있습니다.

마틴 포드 : 교수님이 언급했던 인공지능과 경제 그리고 거기에 있는 위험에 대해 더 이야기해보도록 하죠. 저는 인공지능이 새로운 산업혁명을 일으킬 잠재력과

그로 인해 많은 일자리 손실이 발생할 수 있다는 글을 많이 작성했어요. 그 가설에 대해서 어떻게 느끼세요? 혹시 과장되었다고 생각하세요?

요슈아 벤지오 : 아뇨, 과장되지 않았다고 생각합니다. 다만 10년이 걸릴지 30년이 걸릴지는 아직 분명하지는 않아요. 제가 이야기할 수 있는 부분은 지금까지 연구된 아이디어를 바탕으로 새로운 서비스와 상품을 만들기만 하더라도 사회적이고 경제적인 이득을 상당히 가져올 만큼 과학이 발전했다는 것입니다.

한편 우리는 사람들이 사용하지 않는 엄청난 양의 데이터를 수집해요. 의료 분야에서는 가지고 있는 데이터 중 사용 가능한 부분을 수집하고 있고 그런 부분들은 기술이 발전하면서 늘어나고 있죠. 또한 하드웨어 회사들은 우리가 지금 가진 것보다 몇 천 배 빠르고 에너지 효율을 얻을 수 있는 딥러닝 칩을 만들기 위해 노력하고 있습니다. 차 안이나 전화, 주변의 모든 곳에서 이러한 하드웨어를 사용하게된다면 분명히 세상이 변할 거에요.

이런 변화의 진행 속도를 늦추는 것은 사회적 요인일 겁니다. 기술을 보유하고 있어도 의료분야의 인프라를 변경하는 데 시간이 걸리는 것처럼 기술이 발전하는만큼 사회는 무한히 빠르게 변할 수 없습니다.

마틴 포드 : 이런 기술의 변화로 많은 일자리가 사라지게 된다면 기본 소득 같은 것이 좋은 해결책이라고 생각하시나요?

요슈아 벤지오 : 기본 소득이 효과가 있겠지만 일하지 않으면 돈을 벌면 안 된다는 기존의 도덕적 사고를 버려야 한다고 생각합니다. 저는 이게 말도 안 된다고 생각해요. 경제 발전과 사람들의 행복을 위해서 무엇을 해야 할지를 봐야 해요.

사회가 소외된 사람들을 돌보고 이 산업혁명으로 인한 비극을 줄일 수 있는 많은

요슈아 벤지오

방법이 있어요. 제 친구인 얀 르쿤은 19세기에 산업혁명이 어떻게 이루어질지 미리 알 수 있었다면, 아마 뒤따르는 불행의 대부분을 피할 수 있었을 것이라고 말했습니다. 19세기에 현재 대부분의 서구 국가에 존재하는 사회적 안전망을 갖추었다면, 많은 사람들이 훨씬 건강한 삶을 살았을 거예요. 문제는 이러한 인프라를 갖추기 위해서는 아마도 한 세기가 걸릴 것 같다는 것입니다. 그렇기에 잠재적인 부정적 영향은 더 커지겠지요.

불행을 최소화하고 공공의 행복을 최대화하기 위한 방법을 과학적으로 연구하고 생각하는 것이 정말로 중요하다고 생각합니다. 저는 그걸 할 수 있다고 생각하고, 이런 질문에 대한 답을 하기 위해 우리의 오래된 편견과 종교적인 신념에 의지해서는 안된다고 생각합니다.

마틴 포드 : 저도 동의해요. 하지만 교수님이 이야기하셨던 인프라의 발전은 빠르게 이루어질 수도 있어요. 그렇지만 그건 정치적인 문제를 발생시킬 수도 있죠.

요슈아 벤지오 : 빠르게 발전해야만 할 이유가 더 많습니다!

마틴 포드 : 좋은 지적이에요. 경제적인 영향을 넘어서 우리가 인공지능에 대해서 더 고민해야 될 부분은 무엇일까요?

요슈아 벤지오 : 저는 사람을 죽이는 킬러 로봇에 대해서 계속 이야기해왔습니다.

마틴 포드 : 교수님이 킬러 로봇으로 발전할 가능성이 있는 연구를 진행하는 한국에 있는 카이스트 대학에 편지를 썼다는 것을 알고 있습니다.

요슈아 벤지오 : 맞아요. 이 편지는 효과가 있었죠. 실제로 카이스트에서는 인간을 대체할 군대 시스템으로 발전하지 않을 것이라고 답변했어요(역자 주 : 카이스트에서

무인 잠수정과 항공기 훈련 시스템 등에 인공지능 기술을 접목한 무기체계 개발 연구를 시작하게 되었는데, 외신에 인간의 통제 없이 작동하는 인공지능 로봇 무기를 개발한다는 오해할 만한 부분이 실리게 되어 저명한 로봇학자들이 카이스트와의 연구 협력을 보이콧한다는 선언을 했다. 이에 직접 카이스트 총장이 해명했던 해프닝이 있었다).

정말 중요한 부분이라고 생각하기에, 이 질문에 대해 다시 이야기 해보도록 하죠. 사람들은 현존하는 인공지능과 가까운 미래에 만들어질 인공지능은 옳고 그른 것을 도덕적으로 이해하지 못하며, 이해하려고도 않을 것이라는 점을 깨달아야 합니다. 문화마다 도덕적 기준의 차이는 어느 정도 있겠지만, 사람의 삶에 있어서 이런 도덕적 질문들은 굉장히 중요합니다.

물론 킬러 로봇뿐만 아닌 법정에서 죄의 중대함을 가려야 하는 모든 것들도 이에 해당하죠. 이것들은 정말 어려운 도덕적인 질문입니다. 인간의 심리와 도덕적 가치를 이해해야 해요. 이러한 도덕적인 질문의 답을 인공지능이 내리도록 하는 건 말도 안 되는 이야기입니다. 그런 부분의 이해는 전혀 할 수 없기 때문이죠. 이건 미친 정도가 아니라 완전히 틀렸습니다. 우리는 사회적 규범과 법률을 지켜야 하며, 가까운 미래에 인공지능이 이와 같은 책임을 지지 못하도록 해야 합니다.

마틴 포드 : 다른 견해도 있을 것 같아요. 교수님은 인간이 항상 이상적인 판단을 한다고 생각하시나요?

요슈아 벤지오 : 맞는 말이에요. 하지만 저는 어떤 일이 일어나는지 이해하지 못하는 기계보단 불완전한 인간이 판단하는 것이 옳다고 생각합니다.

마틴 포드 : 그렇지만 사람보다 빠르게 총을 쏠 수 있는 경비 로봇이 있다면 잠재적으로 사람의 생명을 구할 수도 있을 것 같습니다. 이론적으로는 경비 로봇이 올바르게 프로그래밍되었다면 사람을 차별하지도 않을 테죠. 이 부분에선 사람보다

요슈아 벤지오

유리하지 않을까요?

요슈아 벤지오 : 언젠가는 그렇게 될지도 모르겠지만 아직은 그럴 수 없을 거예요. 이 문제는 단순히 정확성에 관한 것이 아닌 인간을 진정으로 이해하느냐에 관한 것입니다. 지금의 인공지능은 그런 부분을 하나도 이해할 수 없어요.

마틴 포드 : 혹시 군사적인 측면 이외에도 인공지능의 우려되는 부분이 있을까요?

요슈아 벤지오 : 네. 아직 많이 논의되지 않았지만 최근 페이스북과 케임브리지 애널리티카에서 발생했던 일 때문에 화두가 될 부분이죠(역자 주 : 2016년 미국 대선 당시 데이터 회사인 애널리티카에서 수천만 명의 페이스북 이용자들의 개인정보를 도널드 트럼프 캠프에 넘겨 데이터 분석과 마케팅을 하게끔 도왔다). 인공지능을 광고나 일반적으로 사람들에게 영향을 끼치는 곳에 사용하는 것은 민주주의를 위협할 수 있고 도덕적으로도 잘못된 것이라는 것을 알아야합니다. 우리 사회가 그런 것들을 가능한 많이 예방할 수 있도록 해야합니다.

또 대기업들이 자신들의 브랜드를 활용할 수 있기 때문에 중소기업의 시장 진입을 늦추게 만들어 타격을 입힐 수도 있습니다. 요즘은 인공지능을 사용해서 더 정확한 방식으로 각자에게 맞는 메시지를 만들어 낼 수 있어요. 특히 이를 통해 복지에 반하는 행동을 하도록 만드는 부분이 무섭다고 생각합니다. 이를테면 정치 광고를 하거나, 사람들의 행동을 바꾸게 하거나, 건강까지 영향을 줄 수도 있을 겁니다. 저는 사람들에게 일반적으로 영향을 주도록 인공지능을 사용하는 방법은 정말 조심해야 한다고 생각합니다.

마틴 포드 : 일론 머스크, 스티븐 호킹 같은 분들이 초인공지능(20쪽 용어집 참조)이 가져올 실존적인 위험에 대해 경고를 하고 있고, 이를 계속해서 개선해 나가는 것에 대해 어떻게 생각하시나요? 여기에서 우리가 걱정해야 하는 부분이 있을까요?

요슈아 벤지오 : 별로 걱정할 부분은 없는 것 같고, 이런 질문들에 대해 많은 분들이 연구했으면 좋겠다고 생각합니다. 제가 당장 예측할 수 있는 만큼의 과학 기술로 그런 시나리오는 그다지 현실적이지 않아요. 이런 시나리오는 현재의 인공지능으로는 이루어질 수가 없거든요. 몇십 년 후 상황이 달라질 수는 있겠지만, 제가 생각하기에는 공상 과학 소설 같습니다. 저는 그런 인공지능에 대한 두려움이 현재 해결할 수 있는 시급한 문제들을 방해하고 있다고 봅니다.

방금 킬러 로봇과 정치적 광고에 사용되는 문제에 관해 이야기를 했지만, 어떻게 데이터가 편향되고 차별이 심해지는지 같은 다른 문제들이 있습니다. 이런 것들에 대해서 당장 정부나 기업들이 행동할 수 있고 우리도 이러한 문제들을 완화할 방법들을 알고 있어요. 제가 아는 인공지능으로는 이루어질 수 없고, 먼 미래가 되어야 일어날 수 있는 잠재적인 리스크에 너무 집중하기보단 킬러 로봇 같은 단기적인 문제에 관심을 가져야 합니다.

마틴 포드 : 이번에는 중국 및 다른 국가들 간의 잠재적 경쟁에 대해서 여쭤보고 싶어요. 예를 들어, 인간 없이 사용 가능한 자율 무기에는 제한이 있고, 일부 국가에서는 이러한 제한을 무시할 수도 있다고 이야기했죠. 우리가 국제적인 경쟁에 대해 얼마나 걱정해야 할까요?

요슈아 벤지오 : 일단 과학적 측면으로 봤을 때는 어떤 걱정도 하지 않아요. 전 세계의 많은 분들이 연구할수록 과학은 발전하거든요. 중국이 인공지능에 많은 돈을 투자해도 괜찮습니다. 결국에는 우리 모두 그렇게 나온 연구에서 얻어지는 것들을 이용할테니깐요.

하지만 중국 정부가 이 기술을 군사 목적이나 치안을 위해 사용하는 것은 두렵네요. 현재의 과학 기술을 바탕으로 사람과 얼굴을 인식하고 추적하는 시스템을 구축한다면 몇 년 안에 빅 브라더 사회를 만들 수도 있어요(역자 주 : 빅 브라더는 조지 오웰의 소설 1984에 등장하는 가공의 전체주의 국가인 오세아니아의 최고 권력자이다. 소설 1984는 개인의 모든 사상과 생활까지도 개입하고 감시해 사회를 통제하는 모습을 그리는데, 국가의 감시를 나타내는 대표적인 상징으로 많이 사용된다). 이는 기술적으로 충분히 가능하고 전 세계의 민주주의에 큰 위험을 가져올 거예요. 이런 일은 중국과 같은 국가에서만 가능한 게 아니에요. 일부 국가에서도 보았듯이 독재 정치로 발전할 여지가 있다면 자유 민주주의 국가에서도 발생할 수 있습니다.

한편, 군대에서 인공지능을 사용하는 것과 킬러 로봇을 혼동해서는 안됩니다. 군대에서 인공지능의 사용을 완전히 막아야 한다고 이야기하는 게 아니거든요. 예를 들면, 인공지능을 이용해 킬러 로봇을 파괴하는 무기를 만들 수도 있어요. 로봇이 인간을 죽이는 것이 부도덕한 것이죠. 우리는 이러한 무분별한 사용에 대한 방어 무기를 만들 수 있습니다.

마틴 포드: 교수님은 자율 무기에 관한 규제가 분명히 존재한다고 생각하는 것 같네요.

요슈아 벤지오: 모두 이러한 규제를 위한 역할이 있어요. 인공지능이 사회적 영향을 미칠 수 있는 영역에서 우리는 적어도 규제에 대해 생각해보아야 합니다. 인공지능을 유익하게 사용하도록 이끄는 올바른 사회 메커니즘이 무엇인지 고려해야 하죠.

마틴 포드: 정부는 이 문제를 해결할 준비가 되어 있다고 생각하세요?

요슈아 벤지오: 기업은 이익을 극대화하는 데 초점을 맞추고 있기 때문에 그들이 하는 것에 신뢰하지는 않습니다. 물론 그들은 사용자나 고객들에게 인기를 얻으려고 하지만, 그들이 하는 일에 대해 완전히 투명하지는 않아요. 기업이 가지는 목표가 일반적으로 복지와 일치하지 않죠.

그렇기에 정부가 중요한 역할을 담당하고 있다고 봅니다. 단지 각 나라의 정부만이 아니라 국제 사회를 이야기하는 거에요. 다뤄야 할 많은 문제들이 각 나라만의 문제만이 아니기 때문이죠.

마틴 포드 : 인공지능을 통한 이익이 인공지능 때문에 발생할 위험보다 클 것이라고 생각하시나요?

요슈아 벤지오 : 우리가 현명하게 행동한다면 이익이 더 많을거에요. 그렇기 때문에 많은 이야기를 나눠야 하고 또한 우리는 모든 잠재적인 위험에 대해 가능성을 열어놓아야 합니다.

마틴 포드 : 그런 대화는 지금 어디에서 이루어져야 한다고 생각하세요? 주로 군대와 대학에서 이루어져야 할까요? 아니면 국가적으로나 국제적으로 이루어져 정치적 논의가 되어야 할까요?

요슈아 벤지오 : 전적으로 정치적 논의로 이루어져야 해요. G7 장관 회의에서 연설하도록 초청을 받은 적이 있는데, 토론 주제 중의 하나가 "어떻게 하면 경제적으로 긍정적이고 국민의 신뢰를 유지하는 방식으로 인공지능을 개발할 것인가"였습니다. 제 대답은 은밀하거나 오로지 학문만을 추구하지 않고 모든 사람이 참여할 수 있는 공개적인 토론을 하는 것이었습니다. 우리는 원하는 미래를 집단적으로 선택해야 하고, 인공지능은 매우 강력하기 때문에 모든 사람들은 문제가 무엇인지 어느 정도 알고 있어야 합니다.

요슈아 벤지오는 컴퓨터 및 운용 과학 분야의 전임 교수이며, 몬트리올 학습 알고리즘 연구소(MILA)의 과학 기술 이사, 머신러닝과 뇌과학에 관한 CIFAR 프로그램의 공동 책임자, 통계 기반 학습 알고리즘 분야에서 캐나다 연구 위원장이다. 이안 굿 펠로우와 아론 쿠르빌과 함께 "딥러닝(Deep Learning)"이라는 책을 썼고, 이 책은 https://www.deeplearningbook.org에서 무료로 볼 수 있다.

" 2029년까지는 인간 수준의 지능을 달성할 수 있을 것이며 초인적인 수준이 될 것이라고 생각합니다. 아까도 이야기했던 Talk to Book을 보더라도 질문을 주면 0.5초 만에 10만권의 책에 있는 6억 개의 문장을 읽고 답을 찾아낼 수 있잖아요. 제가 책을 10만권 읽으려면 아주 오래 걸리겠지만 말이에요! **"**

레이 커즈와일(RAY KURZWEIL)

구글의 엔지니어링 이사

레이 커즈와일은 세계 최고의 발명가이자 사상가이며 미래학자 중 한 명입니다. 21개의 명예박사 학위를 받았고, 3명의 미국 대통령으로부터 훈장을 받았습니다. 또한 레멜슨-MIT 상(MIT Lemelson Prize for innovation)을 받았고, 1999년에는 클린턴 대통령으로부터 미국에서 주는 기술 관련 최고 훈장인 국가기술혁신 훈장(the National Medal of Technology)을 받았습니다. 또한 5권의 베스트셀러를 쓴 작가이기도 합니다. 2012년 구글의 엔지니어링 이사가 되어 인공지능과 자연어 이해에 관해 연구 및 개발 엔지니어 팀을 이끌었습니다.

마틴 포드 : 어떻게 인공지능 분야의 연구를 시작하게 되셨나요?

레이 커즈와일 : 1962년에 처음으로 인공지능을 연구하기 시작했는데 그때는 뉴햄프셔 주 하노버에서 열린 다트머스 회의(Dartmouth Conference, 역자 주 : 1956년에 열린 인공지능이라는 분야를 확립한 학술회의)에서 마빈 민스키(Marvin Minsky, 역자 주 : MIT 인공지능 연구소의 공동설립자)와 존 매카시(John McCarthy, 역자 주 : 미국의 전산학자이자 인지 과학자, 인공지능 연구 업적으로 튜링상을 받았다)가 인공지능이라는 용어를 만든 지 6년 뒤였네요.

인공지능 분야는 이미 기호주의(역자 주 : 인간의 지식을 모두 기호로 만들어 기호들의 관계를 표현하면 컴퓨터에 지능을 가지게 할 수 있다는 사상) 학파와 연결주의(역자 주 : 인간의 뇌는 신경망으로 이루어져 있고, 컴퓨터에도 이와 비슷한 구조를 만들면 지능을 만들 수 있다는 사상) 학파로 나누어져 있었습니다. 당시에는 마빈 민스키를 필두로 한 기호주의 학파가 더 많은 지지를 받고 있었고, 최초로 대중화된 신경망인 퍼셉트론을 만든 코넬 대학교의 프랭크 로젠블랫이 포함된 연결주의 학파는 생긴 지 얼마 되지 않았었죠. 저는 두 사람과 이야기를 나누고 싶어서 편지를 썼는데 모두 저를 초대해주셨어요. 먼저 민스키 교수와 만났는데 그분과 온종일 이야기하면서 가까워졌고 그 계기로 55년간 인연을 이어갔어요. 아무튼 그때 아무도 관심을 갖지 않았던 분야였던 인공지능에 관해 이야기를 열심히 이야기를 나눴어요.

다음으로 로젠블랫 박사를 만났어요. 그는 퍼셉트론(perceptron)이라고 불리는 단층 신경망을 카메라에 연결한 기기를 가지고 있었죠. 그래서 그를 만나러 갈 때 글씨를 몇 개 프린트해 갔는데, 그 기기로 Courier 10 데이터세트에 포함된 글씨를 완벽하게 인식했어요.

다른 유형은 잘 인식하지 못했는데 그는 "걱정 마세요. 퍼셉트론의 출력을 다른 퍼셉트론의 입력으로 넣어 층을 여러 개 쌓으면, 점점 똑똑해지고 일반화를 잘하게 될 거예요. 이를 통해 좋은 성과를 볼 수 있을 겁니다."라고 이야기했어요. 제가 그걸 시도해봤냐고 되물었지만 "아직 못했지만, 저희 연구 주제 중 가장 관심 있게 보고 있는 내용이죠."라고 답했습니다.

1960년대의 상황은 지금처럼 빠르게 돌아가지도 않았는데요, 슬프게도 그는 그 후로부터 9년 뒤인 1971년에 그 아이디어를 실현해보지 못하고 돌아가셨습니다. 하지만 그건 정말 미래를 내다본 아이디어였죠. 인공지능에서 지금까지의 발전이 있었던 것은 많은 층을 가진 깊은 신경망 때문이었습니다. 또한 이게 정말 놀라운 통찰력이었던 이유가 당시에는 이 방법이 효과적이라는 것이 분명하지 않았기 때문입니다.

1969년 민스키 교수는 동료인 시모어 페퍼트와 함께 "퍼셉트론(Perecept-rons)"이라는 책을 썼습니다. 이 책에서는 기본적으로 퍼셉트론이 XOR 논리 함수를 사용할 수 없고, 연결성 문제를 해결할 수 없다는 정리를 증명했습니다. 책표지에는 미로 같은 두 개의 이미지가 있었는데 자세히 보시면 하나는 완전히 연결되어 있고 다른 하나는 그렇지 않다는 것을 알 수 있어요. 이런 것들을 분류하는 것이 연결성 문제예요. 이 책은 그 이후 25년 동안 연결주의에 연구 지원이 끊기는 것에 결정적인 역할을 했죠. 민스키 교수는 이에 대해 죽기 전에 후회하면서 깊은 신경망의 진가를 이제야 알아봤다고 제게 이야기해 주셨습니다.

마틴 포드 : 그런데 마빈 민스키는 50년대에 초기 연결주의 신경망을 연구하지 않았나요?

레이 커즈와일 : 네 맞아요. 하지만 그는 1960년대에 연결주의에 대한 환상이 깨졌고, 다층 신경망의 힘의 진가를 알아보지 못했었죠. 수십 년 뒤에 세 개의 층을 가진 신경망이 그럭저럭 잘 동작할 때까지는 분명하게 보이는 게 없었거든요. 층이 많이 쌓였을 때 경사(gradient) 값이 너무 커지거나 작아져서 경사가 발산하거나

사라지는 문제가 있었기 때문이에요. 이 문제가 발생하면 기본적으로 계수 값의 동적 범위가 줄어들어 잘 작동하지 않아요.

제프리 힌튼(505쪽 참조)을 비롯한 수학자들이 이 문제를 해결했고, 덕분에 여러 층을 쌓을 수 있게 되었어요. 그들은 각 층 출력 값을 재조정해서 표현할 수 있는 값의 범위를 넘지 않게 만들었고, 이를 이용해 100개의 층으로 구성된 신경망을 성공적으로 만들 수 있었습니다. 하지만 여기에도 문제는 있었는데 "인생은 10억 가지 예시에서 시작한다."라는 모토로 요약할 수 있겠습니다.

제가 구글에 있는 이유 중 하나는 인터넷에 개와 고양이 사진을 비롯한 레이블이 달린 수십억 개의 이미지가 있지만, 우리 세상에는 거기에 포함되지 않는 것들도 많다는 것 때문입니다. 언어에도 예시는 많지만 그 의미에 대해서는 레이블이 붙어있지 않을뿐더러 애초에 이해할 수 없는 언어를 사용해 레이블을 만들 수 있을까요? 우리는 특정한 영역의 문제는 해결할 수 있는데, 바둑이 거기에 해당해요. 딥마인드에서 만든 시스템은 온라인으로 100만 번 경기를 치러서 학습했습니다. 10억 번은 아니죠. 아마추어 선수들이 만들어 준 좋은 데이터이긴 하지만, 완벽한 학습을 위해서는 추가적으로 9억 9900만 개의 학습 예제가 더 필요했어요.

마틴 포드 : 지금 이야기해주신 내용은 딥러닝으로 지도학습을 할 때 레이블이 있는 데이터에 매우 의존적이라는 것이군요.

레이 커즈와일 : 맞아요. 이 문제는 상황을 시뮬레이션 함으로써 해결할 수 있어요. 그다음에는 거기에서 훈련 데이터를 만들면 되는 것이죠. 그렇게 되면 바둑 같은 경우에는 전통적인 방법으로 각 수에 레이블을 붙일 수 있게 됩니다. 알파제로는 실제로 이런 방식의 개선을 통해 신경망을 학습시켜 사람과의 대결 없이 알파고를 100대 0으로 이길 수 있었습니다.

문제는 어떤 상황에서 시뮬레이션을 할 수 있냐는 것입니다. 예를 들면 수학에서도 가능할 거예요. 수 이론의 공리는 바둑의 규칙보다 더 복잡하지 않습니다.

보드게임이나 수학의 공리보다 훨씬 복잡하지만 자율주행차에서도 시뮬레이션이 가능합니다. 웨이모(Waymo)사에서는 여러 방법을 조합해 꽤 좋은 시스템을 만들었고, 사람들이 수백만 마일을 운전하는 동안 생긴 바퀴의 움직임 데이터를 만들 수 있었어요. 이를 통해 운전 세계를 나타내는 정확한 시뮬레이터를 만들기에 충분한 데이터가 만들어졌고, 그렇게 만들어진 시뮬레이터에서 모의 실험차량을 가지고 10억 마일을 주행해봤는데 이 차량에서도 훈련 데이터가 만들어져 알고리즘의 성능을 높이기 위해 만들어진 깊은 신경망에도 적용할 수 있게 되었죠. 보드 게임보다 운전이 훨씬 복잡하지만 효과가 있었습니다.

시뮬레이션을 시도할 수 있는 새로운 영역은 생물학과 의학입니다. 만약 우리가 생물학을 시뮬레이션할 수 있다면 몇 년이 아니라 몇 시간 안에 임상 실험을 마칠 수 있고, 자율주행차나 보드게임, 수학처럼 우리만의 데이터를 만들 수 있을 겁니다.

물론 시뮬레이션이 충분한 학습 데이터가 필요한 문제에 대한 유일한 접근법은 아닙니다. 인간은 전이학습을 하기 때문에 훨씬 적은 데이터로도 학습할 수 있습니다. 저는 인간의 신피질(neocortex, 역자 주 : 뇌의 표면에 위치하는 신경세포들의 집합)이 작동하는 방법에서 아이디어를 얻어 다른 학습 모델을 만들었어요. 1962년에 인간의 뇌가 어떻게 작용한다고 생각했는지에 관한 논문을 썼고, 지난 50년 동안 계속 고민해왔죠. 제 모델은 하나의 큰 신경망이 아니라, 각각의 패턴을 인식할 수 있는 여러 개의 작은 모듈을 사용합니다. 제가 쓴 책인 "마음의 탄생(How to Create a Mind)"에서는 신피질을 기본적으로 3억 개의 모듈로 묘사하고 있고, 각 모듈은 순차적인 패턴을 인식하고 약간의 변동성도 받아들일 수 있어요. 그 모듈들은 자신의 생각을 통해 만들어지는 계층 구조로 이루어져 있고, 이 모듈로 만들어진 시스템도 자체의 계층 구조를 가지고 있습니다.

이 계층적인 모델은 훨씬 적은 데이터로부터도 학습할 수 있어요. 인간처럼 말이죠. 우리는 하나의 영역에서 다른 영역으로 정보를 일반화할 수 있기 때문에 적은 데이터로도 학습할 수 있습니다.

구글의 공동설립자인 래리 페이지는 "마음의 탄생"에서 소개한 제 이론을 좋아했고, 저를 구글에 영입해 언어를 이해하는 모델을 만드는 데 이 아이디어를 적용하게 되었어요.

마틴 포드 : 구글의 제품에서 이런 개념을 적용한 실제 사례가 있을까요?

레이 커즈와일 : 지메일에 있는 기능인 스마트 답장(각 이메일에 세 가지 답장을 제안해주는 기능)은 이 계층 시스템을 적용한 저희 팀의 애플리케이션 중 하나에요. 또 Talk to Book(https://books.google.com/talktobooks/)이라는 서비스도 이번에 선보였는데요, 자연어로 질문하면 0.5초 안에 10만권의 책을 읽어 6억 개의 문장에서 가장 좋은 해답을 찾을 수 있습니다. 모두 키워드가 아닌 의미적인 이해를 바탕을 기반으로 하죠.

우리는 구글에서 자연어 분야의 발전을 만들고 있고, 언어 모델은 신피질 아이디어를 통해 만들어진 첫 번째 발명품이었습니다. 언어는 계층적인데, 우리는 언어의 계층을 이용해 신피질 내에 있는 계층적인 아이디어를 서로 공유할 수 있습니다. 저는 앨런 튜링이 튜링 테스트에 언어를 기초로 삼았던 부분에서 선견지명이 있다고 보는데, 인간 수준에서 언어를 만들고 이해하는 데에는 인간의 사고와 지능이 모두 필요하다고 생각하기 때문입니다.

마틴 포드 : 이 아이디어를 확장해서 튜링 테스트를 통과할 수 있는 기계를 만드는 것이 궁극적인 목표인가요?

레이 커즈와일

레이 커즈와일 : 모두가 동의하는 건 아니지만 튜링 테스트가 제대로 만들어진 것이라면 실제로 인간 수준의 지능이 있는지 잘 검증해 줄 것이라고 봅니다. 문제는 튜링이 1950년에 쓴 논문에서 여기에 대해 언급한 내용이 별로 없으며 중요한 요소가 생략되었다는 점이죠. 예를 들어, 실제로 실험을 어떻게 관리해야 하는지 설명하지 않았어요. 그래도 테스트의 규칙은 실제로 관리할 때 매우 복잡하겠지만 지능을 인간 수준으로 최대한 활용해야만 유효한 튜링 테스트를 통과할 수 있다고 생각합니다. 인간 수준에서 언어를 이해하는 것이 제 궁극적인 목표입니다. 인공지능이 그렇게 할 수 있다면 모든 문서와 책을 읽고 다른 모든 것들을 배울 수 있게 되겠죠. 우리는 한 걸음씩 나아갈 거예요. Talk to Books에서 우리가 제시한 질문들에 대한 합리적인 답을 찾는 것이 가능한 것처럼 의미 구조에 대해서는 충분히 이해할 수 있긴 하지만, 여전히 인간 수준은 아니에요. 미첼 카포르와 저는 튜링 테스트를 통과하는 인공지능을 만드는 것에 2만 달러를 걸었고 이 금액을 성공한 사람이 지정한 자선단체에 기부하기로 했습니다. 저는 2029년까지 가능할 것이라고 보지만, 그는 아니라고 생각하더라고요.

마틴 포드 : 튜링 테스트를 통해 지능을 효과적으로 테스트하기 위해서는 시간제한을 두어서는 안 된다는 의견에 동의하시나요? 15분 동안 누군가를 속인다는 것은 진짜 지능을 갖지 않아도 가능한 것처럼 보이거든요.

레이 커즈와일 : 전적으로 동의하는 바에요. 미첼 카포르와 제가 생각해낸 규칙에서는 몇 시간을 부여했어요. 어쩌면 이조차도 충분한 시간이 아닐지도 모르겠네요. 핵심은 인공지능을 정말 인간이라고 착각한다면, 그 인공지능은 튜링 테스트를 통과할 거라는 점이죠. 똑똑한 판별자가 있다면 몇 시간만 주어져도 가능하겠지만 테스트 시간이 얼마나 필요할지 논의할 수 있을 것 같아요. 하지만 시간이 그렇게 짧다면 단순한 속임수로도 테스트를 통과할 수 있을 거라는 의견에 동의합니다.

마틴 포드 : 지적인 컴퓨터가 어떨지 쉽게 생각할 수 있어요. 만들어진 외계 지능이 니깐요. 그래서 실제로 사람이 아닌 것처럼 보이지만 모든 사람들이 그 기계가 지적이라는 것에는 동의할 수 있는 테스트를 만들 수 있을 것 같아요. 그것도 적절한 테스트가 될 거라고 생각하지 않을까요?

레이 커즈와일 : 고래와 문어는 큰 뇌를 가지고 있고 지적인 행동을 보여주긴 하지만, 튜링 테스트를 통과할 정도는 아닙니다. 영어를 모르는 중국인은 튜링 테스트를 통과하지 못하겠지만 그것 말고도 지능을 테스트할 방법은 많이 있어요. 핵심은 지능이 있으면 테스트를 통과한다는 것이 아니라, 테스트를 통과하려면 지능이 있어야 한다는 것이죠.

마틴 포드 : 계층적인 접근법을 활용한 딥러닝을 통해 더 발전된 인공지능을 만들수 있을 것이라고 생각하시나요? 아니면 인간 수준의 지능을 만들기 위해서는 큰 패러다임의 변화가 필요하다고 생각하시나요?

레이 커즈와일 : 인간은 이 계층적인 접근법을 사용한다고 생각합니다. 인간의 모듈들은 각각 학습할 수 있고, 제 책에서는 각 모듈에서 딥러닝 대신 마르코프 과정(Markov Process, 역자 주 : 현재의 상태가 오로지 이전 상태에만 영향을 받는 확률 프로세스)과 비슷한 일을 한다고 이야기하지만 실제로는 딥러닝을 활용하는 것이 성능이 좋아요.

구글에서 만든 시스템에서는 딥러닝을 통해 각 모듈의 패턴을 나타내는 벡터를 만들어 딥러닝 패러다임을 넘어서는 계층 구조를 가지게 됩니다. 일반인공지능을 만드는 데에는 이 정도면 충분할 것 같아요. 제가 보았을 때 계층적 접근법은 인간의 뇌가 작동하는 방식에 기인한 것이고, 이를 뒷받침하는 근거가 뇌 역공학(29쪽 용어집 참조) 프로젝트에서도 나왔습니다.

인간의 뇌는 연결주의적 방식보다 규칙에 기반을 둔 시스템을 따른다는 주장도 있어요. 거기에서는 인간은 뚜렷한 구별능력이 있고 논리를 만드는 능력이 있다는 점을 지적하죠. 하지만 핵심은 연결주의적 방식으로도 규칙 기반 접근법에 필적한 능력을 갖출 수 있다는 것입니다. 특정 상황에서 연결주의적 시스템은 규칙 기반 시스템처럼 확실한 판단력을 가질뿐더러, 명백한 규칙들의 미묘한 차이를 알아내며 예외 처리까지도 잘 수행할 수 있습니다.

하지만 규칙 기반 시스템은 실제로 연결주의적 시스템을 능가할 수는 없어요. 더글라스 레낫이 이끌었던 'Cyc'는 인상적인 프로젝트였지만 여기에서 규칙 기반 시스템의 한계를 볼 수 있어요. 규칙이 너무 복잡해져 한 가지를 고치려고 하면, 다른 여러 가지 규칙이 깨지는 상황이 일어나 복잡성의 한계에 도달하게 되는 것이죠.

마틴 포드 : Cyc라면 상식에 필요한 논리적인 규칙을 직접 기계에 주입하는 프로젝트를 말씀하시는거죠?

레이 커즈와일 : 맞아요. 정확한 개수는 기억이 안나지만 정말 많은 규칙이 들어있죠. 그걸 통해서 행동에 대한 추론을 설명할 수 있는데 이 설명이 매우 길어서 따라가기가 어려워요. 인상적인 프로젝트였지만, 적어도 그 자체가 인간이 지능을 얻는 방식이 아니라는 것을 보여줍니다. 우리는 규칙을 계단식으로 접근하는 게 아니라 계층적인 자기 조직화(self-organizing)를 사용합니다.

계층적 접근 방식의 또 다른 장점은 계층 구조의 모듈을 보고 어떤 모듈이 어떤 결정에 영향을 미치는지 볼 수 있기 때문에 설명하는 능력이 더 좋다는 것입니다. 100개의 층을 가진 신경망은 큰 블랙박스(역자 주 : 기능은 알지만 작동 원리를 이해할 수 없는 복잡한 기계 장치)처럼 행동해요. 많은 시도가 있었지만 신경망이 하는 추론을 이해하기는 매우 어렵죠. 저는 연결주의적 접근법에 대한 이런 계층적인 거미줄 치기가 효과적이라고 생각하며, 실제로 인간이 생각하는 방식이라고 봅니다.

마틴 포드 : 하지만 갓난아이의 뇌에도 몇 가지 구조가 존재해요. 예를 들면, 아기들은 얼굴을 인식할 수 있습니다.

레이 커즈와일 : 인간은 몇 가지 특징 생성기(feature generators)를 갖고 있습니다. 예를 들어, 뇌에는 특수 회로가 들어 있는 방추상회(fusiform gyrus)라는 모듈이 있는데. 코끝에서 미간까지의 비율이나 눈 사이의 거리 같은 특정 비율을 계산하죠. 이 외에도 아주 간단한 특징들이 몇 개 더 있는데, 우리가 같은 특징, 즉 같은 비율을 가진 서로 다른 이미지를 보여준다면 세부적인 부분이 많이 다름에도 불구하고 그것들을 구별할 수 없게 된다는 실험 결과가 있었습니다. 이처럼 다양한 특징 생성기가 있는데, 오디오 정보에서 특정 비율을 계산하고 여러 개의 음이 섞인 합성음을 인식하는 것들도 있어요. 이러한 특징은 계층적이고 연결주의적인 시스템에 사용됩니다. 따라서 이 특징 생성기를 이해하는 것이 중요하며, 얼굴을 인식하는 데는 매우 구체적인 특징이 사용되죠.

마틴 포드 : 이번에는 일반인공지능으로 발전하기까지의 과정과 그 시기에 관해 이야기를 나눠보고 싶네요. 여기서 일반인공지능은 인간 수준의 인공지능이라는 용어로 가정하겠습니다.

레이 커즈와일 : 그것들은 동의어인데 일반인공지능은 인공지능에 대한 암묵적인 비판이라고 생각하기 때문에 이 용어가 마음에 들지 않네요. 인공지능의 목표는 항상 더 크고 대단한 지능을 달성하는 것이고 궁극적으로는 인간의 지능 수준에 도달하는 것이었습니다. 하지만 인공지능 연구가 발전하면서 다양한 분야로 나누어졌죠. 예를 들어, 글씨를 인식하는 기술이 발전하면서 OCR이라는 별개의 분야가 생겨났습니다. 음성 인식과 로봇공학도 마찬가지였고, 더 이상 인공지능의 가장 중요한 분야가 일반적인 지능에 초점을 맞추고 있지 않다는 느낌이 들었어

요. 계속해서 우리가 한 번에 한 가지 문제를 해결함으로써 차근차근 일반적인 지능을 얻게 될 것이라는 생각이 드네요.

또 다른 특징으로는 어떤 작업에서든 인간의 수행 능력 수준은 광범위하다는 것이에요. 바둑에서 인간의 수준은 어느 정도인가요? 처음 경기하는 아이부터 세계 챔피언까지 정말 다양한 수준이 있어요. 우리가 깨달은 한 가지 사실은 컴퓨터가 인간의 수준에 도달할 수 있다는 것입니다. 심지어 정말 낮은 수준에서 시작하더라도 인간을 빠르게 뛰어넘을 수 있습니다. 몇 년 전에는 바둑에서의 성능이 좋지 못했지만, 인간 수준을 넘어 빠르게 좋아졌어요. 최근에 나온 알파제로는 몇 시간 동안 학습한 끝에 알파고를 100대 0으로 이기게 되었죠.

컴퓨터의 언어 이해 능력은 점점 좋아지고 있지만 아직 충분한 실생활의 지식이 없기 때문에 그렇게 빠른 성장 속도를 볼 수 없어요. 현재 컴퓨터는 연쇄적인 추론을 잘 할 수 없는데, 기본적으로 실생활의 지식을 고려하면서 여러 개의 문장 중 적당한 것을 선택합니다. 예를 들어, 컴퓨터는 한 소년이 진흙이 잔뜩 묻은 신발을 신고 있다는 문장이 주어졌을 때, 소년이 아마도 바깥에서 진흙을 묻히고 왔을 것이며 만약 그 신발을 신고 부엌 바닥을 걸어간다면 어머니가 화를 낼 것이라는 것을 이해하지 못합니다. 우리는 그와 비슷한 경험했을지도 모르기 때문에 모두 명확해 보일지 모르겠지만 인공지능에게는 명확하지 않습니다.

평균적인 성인의 언어 이해 수준에서 초인적인 수준으로 발전하는 과정에는 더 근본적인 문제들이 있기 때문에 그 과정이 그렇게 빨리 진행되지는 않을 거예요. 그럼에도 불구하고 방금 이야기한 것처럼 인간의 수준 범위는 상당히 넓어서 일단 컴퓨터가 그 범위 안의 수준을 가진다면 결국 인간을 뛰어넘는 것은 시간문제입니다. 언어는 인간의 모든 지능이 필요하고, 인간의 모호함과 계층적 사고의 모든 범위에 걸쳐있기 때문에 언어 이해에 있어 어떤 부분은 성인 수준만큼 발전했다는 사실은 매우 인상적입니다. 그래서 요약하자면 인공지능은 매우 빠르게 발전하고 있고, 이 모든 것이 연결주의적 방식을 사용하고 있다는 것입니다.

전에 우리 팀원들과 튜링 테스트를 통과하기 위해서 우리가 해왔던 것을 넘어서 어떤 일을 해야 하는지 논의했었습니다. 우리는 이미 어느 정도의 언어 이해력을 가지고 있으며 다중 체인 추론, 즉 개념을 추론하고 함축적인 의미까지 고려할 수 있게 만드는 것이 최우선 과제입니다. 챗봇이 계속해서 어려움을 겪고 있는 부분 중 하나이죠.

만약 제가 대화 도중 제 딸이 유치원에서 어떻게 행동하는지 걱정된다고 이야기 한다면 상대방은 대화를 이어가면서 "아이가 있나요?"라는 질문을 세 번이나 다시 물어보지 않을 거예요. 하지만 챗봇은 지금까지 대화하면서 얻은 정보로 추론하지 않기 때문에 그렇게 행동합니다. 앞서 이야기했듯이 여기에는 현실 세계의 지식이 부족한 문제도 있지만, 언어의 모든 함축적인 의미를 이해하게 된다면 온라인에서 사용 가능한 많은 문서를 읽고 이해함으로써 실제 지식을 얻을 수도 있어요. 우리는 그걸 어떻게 가능하게 만들지 알고 있고, 시간도 충분하다고 봅니다.

마틴 포드 : 2029년에 인간 수준의 인공지능이 도래할 거라고 오랫동안 주장하셨는데, 지금도 그러신가요?

레이 커즈와일 : 네 그렇습니다. 처음에는 2019년에서 2039년 사이에 인간 수준의 인공지능 시대가 올 것이라 예견했습니다. 그리고 다시 2029년이라고 구체적으로 예견했죠. 스탠퍼드 대학은 이러한 예측에 대응하기 위해 인공지능 전문가 회의를 진행했습니다. 당시에는 거수 표결로 진행했는데, 그때 합의된 내용은 인간 수준의 인공지능 시대가 오기까지는 수백 년이 걸릴 것이며, 그중 4분의 1은 그런 일은 절대로 일어나지 않을 것이라고 말했습니다.

2006년, 다트머스(Dartmouth) 대학에서 다트머스 컨퍼런스 50주년을 기념하는 행사가 있었습니다. 그 행사에서 인공지능 전문가들은 인간 수준의 인공지능 시대가 50년 정도 걸린다는 것에 동의했습니다. 그 후 12년이 지난 2018년에는 20년에서 30년 즉, 2038년부터 2048년 사이가 될 것이라고 의견이 모아졌습니다. 저는 인공지능 전문가들보다는 좀 더 낙관적이에요. 인공지능 전문가들과 저의 견해와 공감대가 점점 더 가까워지고 있습니다.

마틴 포드 : 2029년은 앞으로 11년밖에 남지 않았군요. 그렇게 먼 미래가 아니라고 생각됩니다. 저한테 11살짜리 딸이 있어서 그런지, 더 짧게 느껴지네요.

레이 커즈와일 : 인공지능의 발전은 엄청납니다. 바로 작년만 해도 자율주행 자동차, 언어 이해, 바둑 등 많은 분야에서 엄청난 발전을 했습니다. 하드웨어와 소프트웨어 모두 발전 속도가 매우 빨라요. 하드웨어에서는 특히 다른 분야보다 인공지능에서 눈에 띄는 발전이 있었죠. 지난 몇 년 동안 일반적으로 쓰이는 연산의 속도는 두 배 빨라졌는데에 비해, 딥러닝에 사용하는 연산의 속도는 3개월마다 두 배로 빨라졌어요.

마틴 포드 : 몇몇 인공지능 전문가들은 여전히 100년 이상 걸릴 거라고 예측합니다. 그들이 너무 선형적인 사고에 빠져 있다고 생각하시나요?

레이 커즈와일 : 그들은 선형적 사고를 가지고 있으며, 엔지니어에게서 볼 수 있는 염세주의에 빠져 있습니다. 한 가지 문제에만 너무 집중하고 있으며, 그 문제가 아직 해결되지 못했기 때문에 힘들 거라고 생각합니다. 그들은 자신들이 연구를 진행하고 있는 속도만큼 이 문제가 해결될 것이라고 생각하고 있습니다. 한 분야가 발전하는 속도와 아이디어가 서로 어떻게 상호작용하는지를 고려하는 것은 전혀 다른 내용입니다. 어떤 사람들은 급격한 발전에 대해 이해하지 못하는데, 특히 IT 분야에서 그렇습니다.

인간 게놈 프로젝트가 시작한 지 7년 정도 되었을 때 1%만큼 수집되었는데, 그때 비평가들은 "7년 동안 1% 했다는 의미는 100%를 채우는 데 700년이 걸린다는 것과 같고, 그래서 이 프로젝트는 제대로 이루어지지 않을 것이다"라고 말했습니다. 그에 대해서 저는 "1%를 끝냈으니, 다 끝낸 것과 마찬가지예요. 매년 두 배씩 증가하고 있으며, 100%를 채우는 데 7년 정도 걸릴 겁니다"라고 이야기했죠. 그리고, 실제로 7년 후에 완성되었습니다.

여기서 중요한 의문점은 누가 긍정적으로 생각하고, 누가 그렇지 않은가입니다. 이것은 확실히 성취나 지능의 부분이 아닙니다. 전문 분야에 종사하지 않는 사람들은 가령 스마트폰을 통해서만 이러한 발전을 경험할 수 있기 때문에 매우 긍정적으로 받아들입니다. 하지만, 뛰어난 능력과 해당 분야에서 최고인 사람들은 매우 확고한 선형 사고를 가지고 있습니다.

마틴 포드 : 컴퓨팅 속도나 메모리 용량 측면에서만 급격하게 발전한 게 아니라는 것에 동의하실 텐데요. 컴퓨터에 실시간으로 학습시키는 것과 사람처럼 추론할 수 있고, 상상할 수 있도록 비정형 데이터를 학습시킬 수 있는 근본적인 방법이 분명히 있겠죠?

레이 커즈와일 : 소프트웨어의 발전도 우리가 예측할 수 없을 정도로 매우 빠릅니다. 오바마 행정부의 과학자문위원회가 소프트웨어 발전에 관하여 수행한 연구가 있었습니다. 하드웨어와 소프트웨어의 진행 상황을 비교했는데 지난 10년 동안 하드웨어는 약 1,000대 1로 가격 대비 성능이 매년 두 배로 향상되었으며, 소프트웨어는 다양해지고 하드웨어보다 더 빠르게 기하급수적으로 발전했습니다. 요즘 볼 수 있는 성과가 모두 하드웨어 및 소프트웨어 발전의 산물이라고 할 수 있는 것이죠.

마틴 포드 : 특이점은 2045년에 올 것이라고 예상하셨는데요, 사람들은 특이점에

관해 지능의 폭발적인 증가나 진정한 초지능의 출현과 연관 짓는거 같습니다. 그게 맞나요?

레이 커즈와일 : 특이점에 관한 입장으로는 강경파와 온건파가 있습니다. 저는 계속해서 발전할 것이라고 믿는 온건파에 속해요. 지능의 폭발적인 증가란 컴퓨터가 스스로 자신의 설계에 접근하여 수정하고 더 똑똑한 버전을 만들어 낼 수 있는 것을 말합니다.

우리는 기술을 창조한 이후로 계속 그렇게 발전해왔다고 생각합니다. 확실히 인간은 기술의 결과로 인해 확실히 더 똑똑해졌어요. 예를 들어, 스마트폰은 인간의 두뇌를 확장시켜 주고, 더 똑똑하게 만들어 주죠. 이런 것이 바로 급격한 발전의 과정이라 할 수 있습니다. 인간은 빠르지는 않지만 매년 변화하고 있으며, 이러한 변화가 발전의 속도를 높이고 있습니다.

2029년까지는 인간 수준의 지능을 달성할 수 있을 것이며 초인적인 수준이 될 것이라고 생각합니다. 아까도 이야기했던 Talk to Book을 보더라도 질문을 주면 0.5초 만에 10만권의 책에 있는 6억 개의 문장을 읽고 답을 찾아낼 수 있잖아요. 제가 책을 10만권 읽으려면 아주 오래 걸리겠지만 말이에요!

그리고 스마트폰은 키워드뿐만 아니라 다른 여러 가지 방법을 통해 검색할 수 있으며, 매우 빠르게 검색할 수 있습니다. 구글은 이미 키워드 검색을 넘어 몇 가지 기능을 가지고 있습니다. 그 중 의미적 이해는 아직까진 사람의 수준에 이르지는 않았지만 사람의 사고보다는 10억 배나 빠릅니다. 또한 소프트웨어와 하드웨어 모두 기하급수적인 속도로 지속적으로 개선될 것입니다.

마틴 포드: 인간의 삶을 확장하고 연장하기 위해 기술을 사용해야 한다고 하셨는데요. 이것에 대해 좀 더 자세히 말씀해 주실 수 있나요?

레이 커즈와일 : 제 이론 중 하나는 지능형 기술과의 융합입니다. 의료용 나노 로봇을 혈관에 주입하는 시나리오가 있어요. 이 의료용 나노 로봇은 우리의 면역 체계를 확장하는 기능을 합니다. 저는 이것을 급진적인 생명 연장으로 가는 세 번째 다리라고 부릅니다. 첫 번째 다리는 우리가 지금 할 수 있는 부분이고, 두 번째는 생명공학의 완성과 삶에 대한 재프로그래밍이라 할 수 있습니다. 세 번째는 의료용 나노 로봇으로 면역 체계를 완벽하게 구성하는 것이에요. 또한 이 로봇들은 뇌로 들어가서 신경계 내에서 가상 증강 현실을 제공할 것입니다. 의료용 나노 로봇의 가장 중요한 기능은 우리 뇌의 신피질의 상단층을 클라우드 시스템에 연결한다는 것입니다.

마틴 포드 : 현재 구글에서 연구하고 있는 건가요?

레이 커즈와일 : 아직 초기 단계에 불과합니다. 신피질에 대해 완벽하게 이해하지는 못했지만, 현재 구글이 가지고 있는 지식으로 대략 추정하고 있습니다. 우리는 이제 언어를 이용한 흥미로운 응용을 할 수 있을 거에요. 하지만 2030년대 초반 정도가 되어서야 신피질 시뮬레이션이 잘 작동할 것 같네요.

스마트폰이 클라우드에 접속함으로써 스스로 더 똑똑해지는 것처럼 인간은 뇌에서 직접 클라우드에 접속하게 될 것입니다. 이미 스마트폰을 통해 클라우드에 접속하고 있습니다. 비록 손가락, 눈 그리고 귀를 통해 스마트폰을 사용하지만, 스마트폰은 우리 뇌의 확장판이라고 할 수 있어요. 미래의 인간은 직접 뇌에서 그것을 할 수 있을 겁니다. 단지 뇌에서 직접 검색하거나 번역과 같은 일을 하는 것이 아니라, 뇌 신피질의 상단층을 클라우드와 연결할 수 있을 겁니다.

2030년에 이루어질 신피질에 대한 새로운 확장은 일회성이 아닙니다. 클라우드의 능력은 매년 두 배로 증가하고 있습니다. 물리적인 공간에 의해 제한되는 것이 아니기 때문에 지식의 양은 계속해서 증가할 것입니다. 2045년까지 우리의 지능을 10억 배나 증가시킬 거예요.

구글 검색이나 Talk to Books 같은 기술은 사람보다 최소 10억 배 이상 빠르지만 아직까진 사람의 지능 수준은 아닙니다. 하지만 그 시점에 도달하면 인공지능은 엄청난 속도와 용량 그리고 능력을 이용할 것입니다. 이것이 바로 특이점이란 것이에요.

마틴 포드 : 특이점이 많은 영향을 미친다고 이야기하셨던 의학과 수명 연장에 있어서 특히 이 부분이 비판을 받았던 부분 중 하나입니다. 작년에 MIT에서 발표하신 것을 들었는데, 10년 안에 대부분의 사람이 "장수 탈출 속도(역자 주 : 지구 탈출 속도에 빗댄 표현으로, 노화 현상이 매년 1년씩 지연되어 평균 수명 역시 1년씩 증가하는 효과)"를 달성할 수 있다고 말하셨죠. 그리고 이미 개인적으로 그것을 달성했다고 말했습니다. 그렇게나 빨리 일어날 수 있다고 믿으시나요?

레이 커즈와일 : 우리는 현재 생명공학 분야의 전환점에 서 있습니다. 사람들은 의학이 과거에도 그랬던 것처럼 아무런 계획 없이 무작정 앞으로 나아가고 있다고 생각합니다. 의학 분야에서는 맞으면 좋고 아니면 말고 식의 연구를 하고 있어요. 제약회사들은 생명의 소프트웨어를 실제로 이해하고 체계적으로 재프로그래밍하는 것이 아니라, 수천 가지의 화합물 목록을 검토하여 영향력 있는 것을 찾아내는 방식이죠.

우리의 유전적 프로세스가 소프트웨어라고 말하는 것은 단순한 비유가 아닙니다. 그것은 일련의 데이터이며, 수명 연장에 대해 관심이 적었고, 식량 등 자원이 한정되어 있던 과거 시대에서부터 진화한 것입니다. 현재 희소성의 시대에서 풍요의 시대로 변화하고 있습니다. 생물학에서의 정보화 측면은 모든 부분에서 매년 두 배씩 발전해 왔습니다. 유전자 염기서열 분석이 대표적인 예로, 첫 번째 게놈(genome, 한 생명체 안의 모든 유전자의 집합)을 알아내는데 10억 달러의 비용이 들었다면 지금은 거의 1,000달러 수준으로 줄어들었습니다. 또한 생물의 원시적인 객체 코드를 수집하는 것뿐만 아니라 이를 이해하고, 모델링하고, 시뮬레이션하고, 재프로그래밍하는 능력도 매년 두 배씩 증가하고 있습니다.

현재 우리는 임상 적용을 준비하고 있으며 지금은 기복이 심하지만, 10년 뒤에는 안정화될 겁니다. 앞으로 심장마비로 인해 손상된 심장을 고칠 수 있을 겁니다. 즉, 재프로그래밍이 된 성인 줄기세포를 이용해서 심장마비 후 심장을 다시 재생할 수 있습니다. 장기를 만들어 몸에 넣을 수 있다는 것이죠. 면역요법은 기본적으로 면역체계를 다시 프로그래밍하는 것입니다. 면역체계는 사람이 미래에 걸릴 수 있는 질병을 치료하도록 진화하지 않았기 때문에 암에 대해 저항할 수 없습니다. 하지만, 우리는 면역체계를 재프로그래밍하여 암을 인식하고 병원체로 치료할 수 있습니다. 이것은 암 치료에 대해 매우 긍정적이라 할 수 있어요. 그리고 임상시험에 참가한 모든 사람이 암 말기에서 차도를 보인 실험들도 있습니다.

앞으로 10년 후에는 의학이 크게 달라질 것입니다. 좀 더 열심히 연구하면, 장수 탈출 속도를 달성할 수 있다고 믿어요. 평균 수명보다는 앞으로 남은 수명이 중요해지게 될 겁니다. 앞으로 10년 더 지나면 노화 과정 또한 역전시킬 수 있을 겁니다.

마틴 포드 : 인공지능의 단점과 위험성에 대해 여쭤보고 싶은데요. 커즈와일 씨가 인공지능에 대해 지나치게 낙관적인 부분 때문에 어떤 사람은 비난을 하는 것 같아요. 인공지능의 발전과 관련해서 우리가 걱정해야 할 것이 있다고 생각하시나요?

레이 커즈와일 : 저는 스티븐 호킹이나 일론 머스크가 우려를 표하기 수십 년 전에 그 누구보다 위험성에 대해 글을 써왔습니다.

저는 낙관주의자로서 이런 위험성을 극복할 수 있을 거라고 생각합니다. 우리는 기술로 인한 피해보다 훨씬 더 큰 이익을 얻고 있어요. 빈곤은 지난 200년 동안 95% 감소했고, 문맹 퇴치율은 전 세계에서 10% 미만에서 90% 이상으로 증가했습니다.

사람들은 세상이 좋아지는지, 나빠지는지를 어떤 소식이 자주 들리냐에 따라 판단합니다. 이러한 판단은 좋은 방법이 아니에요. 약 26개국에서 24,000명의 사람에게 실시한 여론 조사에서 "지난 20년 동안 전 세계적으로 빈곤이 악화되고 있는가?"라는 질문에 87%가 점점 악화되고 있다고 답했습니다. 겨우 1%의 사람만이 "빈곤율이 절반으로 줄었다"에 답했죠. 사람은 본질적으로 나쁜 소식을 선호하는 경향이 있습니다. 예를 들어, 10,000년 전 과거에는 나쁜 소식에 대해 집중하는 것이 매우 중요했습니다. 숲속에서 나뭇잎이 약간 바스락거리는 것이 맹수일 수도 있기 때문이었죠. 이처럼 사람들은 좋은 소식보다 나쁜 소식에 더 귀를 기울이며 선호합니다.

마틴 포드 : 단계적 변화일지라도 진짜 위험과 실존적 위험이 있다고 생각되는데요.

레이 커즈와일 : 우리는 정보기술로부터 오는 실존적 위험을 상당히 잘 해결해 왔습니다. 40년 전 한 선견지명이 있는 과학자들의 모임은 생명공학의 보장된 미래와 심각한 위험 모두를 보았는데 그 두 가지 모두 당시에는 가까운 미래에 대한 얘기가 아니었어요. 그들은 최초의 생명공학 윤리에 관한 아실로마 회의(Asilomar Conference, 역자 주 : 1975년 2월 미국 캘리포니아주의 휴양지인 아실로마에서 유전자 조작 기술의 위험성과 생물 재해에 관해서 토의한 국제회의)를 열었습니다. 이러한 윤리적 기준과 전략은 정기적으로 업데이트되었고 매우 효과가 있었죠. 고의적이거나 우발적인 남용이나 생명공학 문제 등으로 피해를 본 사람은 지금까지 거의 없다고 볼 수 있고, 이제 제가 언급했던 것들의 큰 혜택이 향후 10년 동안 홍수처럼 계속 넘쳐날 것입니다.

이런 포괄적인 윤리적 기준, 기술을 안전하게 유지하는 방법에 대한 기술적 전략 그리고 많은 것들이 법제화되는 것까지 이러한 접근 방법은 성공적이었습니다. 우리가 생명공학으로부터 위험을 벗어날 수 있다는 것을 의미하는 것이 아니라 크리스퍼(CRISPR, 195쪽 참조)와 같은 더 강력한 기술을 계속 고안해 내고, 그 표준을 계속 재창조해야 한다는 것입니다.

약 18개월 전에 처음으로 인공지능 윤리와 관련하여 아실로마 회의를 열었고, 윤리적 기준을 제시했습니다. 아직 더 발전할 필요가 있다고 생각하지만, 이것은 전체적인 접근 방법이 될 수 있고, 높은 우선순위로 두어야 합니다.

마틴 포드 : 지금 정말 많은 관심을 받는 우려는 이른바 '통제 문제'라든가 '일치 문제'인데 초지능이 인간에게 가장 유익한 것을 해야 하는 목표에 부합하지 않을 수도 있다고 보는 것입니다. 이 문제에 대해 진지하게 받아들이고 계십니까? 그리고 어떻게 대응해야 할까요?

레이 커즈와일 : 인간의 목표는 모두 일치하지 않는데 그게 정말 중요한 문제입니다. 마치 화성에서 온 외계인의 침입처럼 인공지능을 문명과 별개로 말하는 것은 잘못된 생각이죠. 우리는 우리 자신의 영역을 확장하기 위해 도구를 만듭니다. 1만년 전 높은 가지에서 매달린 것을 얻을 수 없었기 때문에 길게 뻗을 수 있는 도구를 만들었어요. 맨손으로 초고층 건물을 지을 수 없기 때문에 육체적 한계를 극복하는 기계를 만들었고요. 스마트폰을 가지고 있는 아프리카의 한 아이는 몇번의 키 입력으로 모든 인간의 지식과 연결되어 있습니다.

이것이 기술의 역할입니다. 우리의 한계를 뛰어넘을 수 있게 해주고, 우리는 계속 발전할 것이고 앞으로는 인공지능과 함께 계속될 것입니다. 많은 인공지능 미래학자들의 비판 테마가 '인간'과 '인공지능'이 아닙니다. 우리는 인공지능과 합치려고 하고 있으며 이미 그러고 있는 중입니다. 휴대폰과 뇌는 신체적으로 몸 안에 있지 않다는 사실을 제외하고는 이미 합쳐졌다고 볼 수 있습니다. 휴대폰 없이는 집을 떠나지 않고, 불완전하며, 휴대폰 없이는 아무 일을 할 수 없고, 그런 장치 없이는 대인관계를 유지할 수 없으며 오히려 더 친밀하게 관계를 형성하고 있습니다.

1965년 제가 MIT로 간 이유는 컴퓨터가 있기 때문이었어요. 당시에 컴퓨터를 사용하기 위해서는 자전거를 타고 캠퍼스를 가로질러 신분증을 제시하고 건물 안으로 들어가야 했었지만, 반세기가 지난 지금 우리는 스마트폰을 주머니에 넣고 다니며 끊임없이 사용하고 있죠. 컴퓨터는 앞으로 더욱 우리의 삶에 통합될 것이고 궁극적으로는 우리의 몸과 뇌에 통합될 것입니다.

수천 년 동안 우리가 겪었던 갈등과 전쟁들을 살펴보면, 그것은 인간이 동의하지 않는 것에서 비롯되었습니다. 저는 기술이 실제로 더 큰 화합과 평화와 민주화를 만들어내는 경향이 있다고 생각해요. 민주화의 출현을 추적해 소통의 개선점을 찾을 수 있습니다. 2세기 전 세계에는 오직 하나의 민주주의만 있었습니다. 1세기 전에는 6개의 민주주의 국가가 있었죠. 현재 192개의 국가 중 123개의 민주국가가 있는데, 이는 전 세계의 64%에 해당하는 것입니다. 세상은 완벽한 민주주의는 아니지만, 민주주의는 오늘날에 있어서 표준으로 받아들여졌습니다. 인류 역사상 가장 평화로운 시기인데, 모든 삶의 양상이 좋아지고 있고, 이것은 점점 더 지능화되는 기술의 영향 덕분입니다. 그리고 이것은 우리와 깊이 통합되어 있습니다.

오늘날 서로 다른 그룹의 인간들 사이에서 갈등을 겪고 있는데 그 갈등은 기술에 의해 증폭되고 있어요. 앞으로도 그럴 것이지만 제가 생각하는 다른 중요한 주제는 더 나은 통신기술의 활용을 통해 친밀한 공감대를 만들 수도 있다고 생각합니다. 이제는 기술발달로 인해 전 세계의 사람들이 실제로 무엇을 경험하고 있고 또 어떤 일이 벌어지고 있는지를 알 수 있습니다. 저는 이것이 중요한 포인트라고 생각하고, 기술을 통한 개인의 향상된 능력을 기반으로 인간관계를 관리해야만 합니다.

마틴 포드 : 경제 및 일자리의 시장 붕괴 가능성에 대해서 짚어 주시죠, 저는 개인적으로 일자리가 없어지거나 단순화되고 불평등이 크게 증가할 가능성이 많다고 생각합니다. 저는 이것이 새로운 산업혁명급의 파괴력을 갖고 있다고 생각되는데요.

레이 커즈와일 : 지난 산업혁명은 어떻게 됐다고 생각하시나요? 200년 전, 방직공들은 수백 년 동안 대대로 내려오는 조합에 가입되어 있었습니다. 방직기가 나오자 그들의 생계수단에 위협이 되기 시작했고, 대대로 내려오던 사업 모델의 방향이 틀어졌어요. 더 많은 기계가 나오기 시작하면 대부분의 사람들은 일자리를 잃게 되고 엘리트들만 취직할 수 있다고 예측했죠. 더 많은 직물 기계들이 도입되었고, 많은 종류의 기술과 일자리가 없어지는 등 예측들의 일부는 현실이 되었지만 사회가 번창하면서 고용은 줄어들지 않고 올라갔습니다.

1900년에 제가 미래학자였다면 38%는 농장에서 일하고, 25%는 공장에서 일한다고 지적하겠지만 115년 후인 2015년에는 2%가 농장에서 일하게 될 것이고 9%는 공장에서 일하게 될 것이라고 하면 모든 사람의 반응은 "오 이런, 나 실직하게 되는 거야?"라고 말할 것입니다. 그러면 저는 "걱정하지 마세요, 없어진 일자리는 낮은 기술계층에 있는 것들이고, 높은 기술계층에선 더 많은 일자리가 생겨날 것입니다."라고 말할 것입니다.

사람들이 "오 진짜?, 어떤 일인데?"라고 말하면, 저는 "글쎄, 잘 모르겠어요, 아직 만들어내지 못했거든요."라고 말할 거예요. 사람들은 새로운 일자리보다 더 많은 일자리를 없앴다고 말하지만 사실이 아닙니다. 1900년대에 2400만 개의 일자리가 오늘날 1억 4200만 개의 일자리로 그리고 인구의 비율로 따져보면 31%에서 44% 수준으로 늘어났어요. 이런 결과로 연간 근무시간이 3,000 시간에서 1,800 시간으로 줄어들었죠. 사람들은 매년 경상 달러(constant dollars, 역자 주 : 시간에 따른 비교 수치에서 인플레이션의 영향을 배제한 달러 수치)로 6배의 돈을 벌고 있으며, 일자리는 훨씬 흥미로운 일자리들이 되었습니다. 다음 산업혁명에도 같은 사례가 계속 될 것이라고 생각합니다.

마틴 포드 : 진짜 궁금한 점은 이번에는 다르지 않나 하는 것입니다. 전에 예측하셨던 많은 것들이 현실이 된 것도 사실이지만 대부분의 추정치들에 따르면 노동자의 절반 이상이 비교적 틀에 박힌 일을 하고 있다는 것도 사실입니다. 그리고 그런 모든 직업들은 머신러닝에 의해 잠재적으로 사라질 위기에 처해 있어요. 예측가능한 대부분의 일자리들을 자동화하는데는 인간 수준의 인공지능이 필요하지도 않거든요.

로봇공학 엔지니어들과 딥러닝 연구원들을 위해 만들어진 새로운 종류의 일이 있을 수 있지만 햄버거를 만들거나 택시를 운전하고 있는 모든 사람들을 채용할 수는 없으며 현실적으로 이러한 새로운 직업들이 충분히 있을 것이라고 가정하더라도 이런 분야의 일자리를 가지려는 사람들을 모두 다 채용할 수는 없어요. 우리는 인지적으로 사람을 대신할 수 있는 기술에 대해 말하고 있지만, 그들의 두뇌를 대체할 수 있는 기술은 엄청나게 광범위할 것입니다.

레이 커즈와일 : 당신의 예상에 내포된 모델은 인간 대 인공지능입니다. 그리고 인간이 기계에 대응해 무엇을 할 것인가입니다. 인간은 이미 더 높은 수준의 일을 하기 위해 자신을 더 영리하게 만들어 왔어요. 인간은 아직 뇌에 직접 연결하는 방식이 아닌 별도의 지능형 장비를 통해 인간을 더 영리하게 만들었습니다. 누구도 이런 별도의 지능형 장비 없이는 일할 수 없고, 이런 지능형 장비는 우리의 삶과 더 밀접하게 연결되고 있습니다.

인간이 기술을 향상시키기 위해서 한 일은 교육입니다. 1870년대에는 68,000명의 대학생이 있었고, 오늘날에는 1500만 명의 대학생이 있습니다. 여러분이 대학생들과 교수진이나 직원들과 같이 대학생에게 서비스를 제공하는 모든 사람들을 데려간다면, 고등교육에 관여하는 것은 약 20%의 노동력이며, 끊임없이 새로운 할 일을 만들어 내고 있어요. 스마트폰 앱 관련 분야는 약 7년 전에는 존재하지 않았고, 그것이 오늘날 경제의 주요 부분을 이루고 있지요. 우리는 우리 자신을 더욱 똑똑하게 만들 것입니다.

이 질문과 관련해서 살펴봐야 할 다른 논문은 앞서 말씀드린 급진적 풍요입니다. 크리스틴 라가르드, 국제통화기금(IMF) 총재와의 연례 국제통화기금 회의에서 대화를 나눴는데, 그녀는 "이런 것과 연관된 경제성장이 어디 있느냐, 디지털 세계에서는 이런 환상적인 것들이 있지만 근본적으로 정보기술을 먹을 수도 없고, 입을 수도 없고, 그 안에서 살 수도 없다" 그리고 제 대답은 "모든 것이 바뀔거야" 였습니다.

이어 "모든 종류의 물리적 제품들은 정보기술이 될 것입니다. 인공지능이 통제하는 건물에서 수경성 과일과 채소를 이용한 도시 농업과 육류용 근육 조직의 체외 복제로 식품을 만들 것이고 화학비료 없이, 동물들의 고통 없이 매우 질 좋은 식품을 제공할 것입니다. 정보기술은 50%의 디플레이션율을 가지고 있습니다. 여러분은 1년전의 가격의 반값으로 같은 속도, 통신, 유전자 구조 등을 살 수 있습니다. 그리고 이 거대한 디플레이션은 전통적인 물리적 제품들에도 적용될 것입니다."라고 이야기 했죠.

마틴포드 : 3D 프린팅이나 로봇공장, 농업과 같은 기술이 모든 비용을 낮출 수 있다고 생각하시는 건가요?

레이 커즈와일 : 맞습니다. 3D 프린팅은 2020년대에 의류를 만들 것입니다. 여러 가지 이유로 아직 그 수준에 도달하지 않았지만 모든 것이 올바른 방향으로 움직이고 있습니다. 우리에게 필요한 다른 물리적인 것들은 3D 프린터로 인쇄될 것입니다. 며칠만에 건물을 조립할 모듈을 포함해서 말이죠. 우리가 필요로 하는 모든

물리적인 것들은 결국 인공지능이 통제하는 정보기술에 의해 촉진될 것입니다.

태양에너지는 더 나은 물질을 찾기 위해 딥러닝을 적용함으로써 촉진되고 있으며, 그 결과 에너지 저장과 에너지 수집의 비용이 급격히 감소하고 있어요. 태양에너지의 총량은 2년마다 2배씩 증가하고 있으며, 풍력에너지도 같은 추세를 보입니다. 재생 가능한 에너지는 이제 5배 증가해 왔습니다. 2년에 2배씩 증가를 기준으로 우리의 에너지 수요의 100%를 충족시키는 것은 멀지 않았습니다. 그전에도 계속 태양이나 바람으로부터 나오는 에너지의 한 부분을 사용할 것입니다.

크리스틴 라가르드는 "알았어요, 하지만 땅은 정보기술이 결코 될 수 없는 자원이에요. 너무 붐비고 있어요"라고 했고 저는 "그것은 우리가 함께 모여 함께 일하고 함께 놀 수 있도록 도시를 만들기로 결정했기 때문"이라고 대답했습니다. 사람들은 이미 가상통신이 더 강력해짐에 따라 곳곳으로 퍼져나가고 있고, 세계 어디든 기차여행을 해 보면 땅의 95%가 사용되지 않고 있는 것을 볼 수 있어요.

2030년대에 들어서면서 오늘날 우리가 생각하는 모든 사람들의 높은 삶의 수준을 넘어서는 매우 높은 삶의 질을 제공할 수 있을 거예요. 저는 TED(59쪽 참조)에서 2030년대에 들어서면서 높은 생활 수준을 제공하기 위해 실제로 그렇게 많은 돈이 필요하지 않을 것이라고 예측했죠.

마틴 포드 : 그럼 결국 기본 소득을 지지하시는 건가요? 모든 사람을 위한 일자리가 없거나, 아니면 모든 사람이 직업을 필요로 하지 않을 것이고, 보편적인 기본소득처럼 사람들을 위한 다른 소득원이 있을 것이라는 데는 동의하시나요?

레이 커즈와일 : 추정컨데 직업이 행복으로 가는 길이라고 생각하는 것 같습니다. 핵심 이슈는 목적과 의미가 될 것입니다. 사람들은 여전히 무언가를 위해 기여하고 만족감을 얻기 위해 경쟁할 것입니다.

마틴 포드 : 그러면 의미를 갖는다는 것에 대해 돈을 지불할 필요가 없다는 것인가요?

레이 커즈와일 : 경제모델을 바꿀 것이라고 생각하며 이미 그 과정 속에 있습니다. 제 말은 대학생이 되는 것은 가치있는 일로 여겨지는 것이고 직업은 아니지만 보람있는 활동으로 여겨지고 있습니다. 인생에 있어 물질적 욕구에 따르는 삶의 기준이 무의미해지기 때문에 직업을 통한 수입이 중요하지 않게 될 것이고, 더나은 삶의 의미를 찾기 위해 계속해서 매슬로우의 욕구단계설(역자 주 : Maslow's hierarchy, 인간의 욕구를 생리 욕구, 안전 욕구, 애정·소유 욕구, 존경 욕구, 자아실현 욕구로 분류)을 발전시킬 것입니다. 간단히 오늘날과 1900년을 비교해 보면 이미 그것을 해오고 있습니다.

마틴 포드 : 중국과의 인공지능 개발 경쟁에 대해서는 어떻게 생각하시나요? 중국은 사생활과 같은 문제에 규제가 적다는 이점을 가지고 있어요. 게다가 인구는 훨씬 더 많고, 더 많은 데이터를 생성하며, 잠재적으로 더 많은 젊은 튜링(Turing)이나, 폰 노이만(Von Neumann, 역자 주 : 수학, 컴퓨터공학, 경제학, 물리학, 생물학 등 분야를 가리지 않는 다양한 업적을 남긴 천재 수학자로 인공생명을 이론적으로 연구한 최초의 학자) 같은 인재 공급 파이프라인을 가지고 있다고 생각합니다.

레이 커즈와일 : 저는 제로섬 게임(역자 주 : 여러 사람들의 손실과 이득의 총합이 항상 0이 되는 상황 혹은 게임으로 무한 경쟁 상황에서 패자는 모든 것을 잃고 절대 강자만 이득을 독식하는 현상)이 아닌 것 같다고 생각해요. 태양에너지나 딥러닝과 관련된 분야에서 돌파구를 찾아내는 중국의 엔지니어는 우리 모두에게 이익이 됩니다. 중국은 미국처럼 많은 논문을 출판하고 있고, 실제로 꽤 널리 공유되고 있죠. 텐서플로우(26쪽 용어집 참조) 딥러닝 프레임워크를 공개한 구글을 보세요. 그리고 여러 인공지능의 기반이 되는 서비스들을 오픈소스로 만들어서 공개하고 사람들이 자유롭게 사용할 수 있습니다.

저는 개인적으로 중국이 경제 발전과 기업가 정신을 강조하고 있다는 것을 환영합니다. 제가 최근에 중국에 있을 때 기업가 정신의 엄청난 폭발을 목격했어요. 저는 중국이 자유로운 정보교환을 할 수 있는 방향으로 갈 수 있도록 도울 것이고, 이런 종류의 진보를 위해서는 자유로운 정보교환이 기본이라고 생각합니다. 전 세계에서 실리콘 밸리를 동기부여의 모델로 보고 있습니다. 실리콘 밸리는 '기업가 정신', '새로운 도전에 대한 찬양', '실패의 경험'이라고 불리는 것들의 진정한 예시로 활용되고 있죠. 이것은 좋은 현상이라고 생각하고, 정말로 국제적인 경쟁으로 보지 않고 있어요.

마틴 포드 : 그러나, 중국이 권위주의 국가라는 점, 이런 기술들을 군사적 활용을 하고 있다는 점에 대한 우려는 없으신가요? 구글과 딥마인드와 같은 회사들은 그들의 기술이 어떤 군사적인 것에 사용되는것을 원하지 않는다고 분명히 밝히고 있습니다. 그러나 중국의 텐센트나 바이두 같은 회사들은 실제로 그런 선택을 할 수 있는 선택권이 없습니다. 이런 불균형이 확대될 우려도 있지 않나요?

레이 커즈와일 : 군사적인 사용은 정부 구조와는 다른 문제입니다. 저는 중국 정부의 권위주의적 성향에 대해 걱정하고 있고, 더 큰 정보의 자유와 민주적인 통치방식으로 나아가도록 권유할 거예요. 그것이 모든 사람들에게 경제적으로 도움이 될 것이라고 생각합니다.

이러한 정치적, 사회적, 철학적 문제들이 여전히 매우 중요하다고 생각합니다. 인공지능이 스스로 위협적인 무언가를 할 것이라고는 생각하지 않습니다. 이미 우리와 깊이 통합되어 있기 때문이죠. 다만 기술문명이 되어 있는 인류의 미래가 걱정이 될 뿐입니다. 우리는 계속해서 기술을 통해 스스로를 향상시킬 것이고 그래서 인공지능으로부터의 안전을 보장하는 가장 좋은 방법은 인간으로서 우리 자신을 어떻게 다스리는가에 주의를 기울이는 것이죠.

레이 커즈와일은 세계 최고의 발명가이자 미래학자 중 한 명으로 널리 알려져 있다. MIT에서 공학 학위를 취득했고, 그곳에서 인공지능 분야의 시조 같은 마빈 민스키로부터 지도를 받았고 다양한 분야에서 주요한 공헌을 했다. 최초의 CCD 평면 스캐너, 최초의 옴니폰트 광학 문자 인식, 최초의 시각장애인용 인쇄 음성 판독기, 최초의 텍스트 음성 합성기, 그랜드 피아노와 기타 관현악기를 재현할 수 있는 최초의 신시사이저 그리고 최초의 상업용 대용량 단어 음성 인식기를 만들었다.

많은 상을 받았으며 음악 기술 분야에서의 뛰어난 업적으로 그래미상(Grammy Award)도 받았다. 국가 기술 훈장(National Medal of Technology)을 받았고, 국가 발명가 명예의 전당에 헌액되었고, 21개의 명예박사를 보유하고 있으며, 세 명의 미국 대통령으로부터 상을 받았다.

뉴욕타임스 베스트셀러 "특이점이 온다"(Singularity Is Near, 2005년)와 "마음의 탄생"(How To Create A Mind, 2012년)을 포함해 5권의 베스트셀러를 썼다. 공동 창립자 겸 Singularity University의 총장이며, 구글의 엔지니어링 디렉터로 기계 지능과 자연어 처리 개발팀을 이끌고 있다.

"리턴 가속화의 법칙(The Law of Accelerating Returns)"으로 공식화한 기술 분야의 기하급수적인 진전에 대한 연구로 유명하다. 수십 년 동안 정확성이 입증된 여러 가지 중요한 예측을 해 왔다.

❝ 빅데이터 시스템에서 더 많은 데이터를 추가해주는 것만으로는 맨해튼에서 자율주행으로 운전할 수준에 이를 수 없습니다. 99.99%의 정확도를 얻을 수는 있지만, 그 수치를 계산해보면 사람이 운전하는 것보다 정확도가 훨씬 낮죠. **❞**

게리 마커스(GARY MARCUS)

우버의 자회사인 Geometric Intelligence의 설립자 및 최고 경영자
뉴욕대 심리학 및 신경 과학 교수

게리 마커스는 우버가 인수한 머신러닝 회사인 Geometric Intelligence의 설립자이자 최고 경영자이고, 뉴욕 대학교의 심리학 및 신경 과학 교수이며 뇌의 미래(The Future of the Brain)와 베스트셀러인 기타 제로(Guitar Zero) 같은 여러 책의 작가이자 편집자입니다. 그의 많은 연구는 아이들이 언어를 배우며 동화하는 방법을 이해하는데 초점을 맞추고 있습니다. 현재는 인간이 가지는 통찰력을 인공지능 분야에 어떻게 적용할 수 있는지 연구하고 있습니다.

마틴 포드 : 뇌라는 불완전한 기관에 관한 책인 "클루지(Kluge)"를 쓰셨는데요, 그렇다면 인간의 뇌를 그대로 복사해서는 인간 수준의 인공지능으로 발전할 수는 없다고 생각하나요?

게리 마커스 : 네. 인간의 뇌에서 비효율적인 부분까지 복제할 필요는 없습니다. 사람들이 기계보다 뛰어난 부분도 있기에 그런 부분을 가지도록 인공지능을 학습시키고 싶을 수도 있지만, 사람에게서 배우고 싶지 않은 부분도 꽤 많죠.

저는 인간 수준의 인공지능이 얼마나 사람과 비슷하게 보일지는 신경 쓰지 않습니다. 하지만 인간은 매우 방대한 데이터에 대해 추론을 할 수 있고 매우 효율적으로 토론할 수 있는 유일한 시스템이기 때문에 이를 어떻게 수행하는지 연구해야 하죠.

2001년에 "The Algebraic Mind"라는 책을 출간했는데 여기에서 인간과 신경망을 비교했습니다. 또한 신경망을 개선하기 위해서 무엇이 필요할 지 탐구했고, 여전히 이런 논의들을 나누는 것은 적절하다고 봅니다.

다음으로는 유전자가 어떻게 우리 고유의 구조를 만들 수 있는지를 다루는 "The Birth of the Mind"라는 책을 냈어요. 마음에 중요한 것들이 설계되어 있다는 노엄 촘스키와 스티븐 핑커의 사상에서 시작하죠. 이 책에서는 분자 생물학과 발달 신경 과학의 관점에서 선천적인 능력이 무엇인지 다루고 있습니다. 이 아이디어에 관해 이야기 나누는 것 또한 상당히 의미가 있을 것 같습니다.

그리고 2008년에 인간 마음의 우연한 진화를 이야기하는 책인 "클루지(Kluge)"를 냈어요. 무슨 뜻인지 모르는 분들도 있으니 설명해드리자면 "클루지"는 어떤 문제의 서투른 해결책을 의미하는 옛날 기술자들의 용어입니다. 그 책에서는 인간의 마음이 여러 면에서 실제로 클루지와 비슷하다고 이야기하죠. 또한 그것과 관련된 논의와 함께 진화론적 관점에서 왜 우리가 최적의 선택을 할 수 없는지 이야기했습니다.

마틴 포드 : 진화는 기존의 틀에서 움직여야 하고 거기에서 만들어나가야 하기 때문이죠? 진화는 처음으로 돌아가서 다시 설계할 수 없으니까요.

게리 마커스 : 정확합니다. 책에서는 인간의 기억 구조를 다른 시스템과 비교했습니다. 예를 들어 우리의 청각 시스템과 시각 시스템은 이론적으로 최적에 가깝지만, 우리의 기억은 그렇지 못하죠.

컴퓨터에는 셰익스피어의 전체 작품을 쉽게 업로드할 수 있고 컴퓨터는 까먹을 일도 없지만, 인간의 기억은 이론적으로 용량이나 안정성 측면에서 최적의 위치를 찾지 못해요. 인간의 기억은 시간이 지나면 점점 흐려지죠. 매일 같은 주차장에 차를 대면 어제의 기억과 오늘의 기억을 구분할 수 없기 때문에 오늘 어느 자리에 주차했는지 기억하기 힘듭니다. 컴퓨터는 그것 때문에 고생할 필요는 전혀 없습니다.

제 책에서는 왜 인류가 이런 볼품 없는 기억력을 가지는지 실험하고 이해하려고 합니다. 조상들의 기억에는 "산 너머에는 더 많은 음식이 있다"와 같은 주로 광범위한 통계적인 경험이 있었을 거예요. 그런 기억을 언제 얻었는지 기억할 필요도 없었을 것이고 그냥 산 뒤쪽은 더 비옥하다는 것만 알면 되기 때문이죠.

척추동물들은 컴퓨터가 사용하는 안정적인 위치 주소 지정 가능 메모리(location-addressable memory) 대신에 위에 이야기했던 종류의 기억 구조를 발전시켰습니다. 그래서 컴퓨터에는 본질적으로 무한한 정보를 사라지지 않게 저장할 수 있지만 인간은 그렇지 못하죠. 인간은 진화론적 관점에서 컴퓨터가 가지는 기억 시스템과는 다른 길을 걸어왔어요. 그렇기에 위치를 지정할 수 있는 기억 시스템으로 재구성하려면 유전자의 수를 고려해봤을 때 매우 힘들죠.

사실 하이브리드 시스템을 만들 수도 있습니다. 구글에서는 위치 주소 지정 가능 메모리 윗단에 인간이 가지는 신호 주소를 지정할 수 있는 메모리(cue-addressable memory)를 사용하고 있죠. 이건 더 좋은 시스템입니다. 구글은 우리가 하는 만큼 기억 신호를 가져올 수 있지만 모든 정보가 포함된 메모리를 가지고 있기 때문에 왜곡되지 않은 정답을 말해줄 수 있어요.

마틴 포드 : 좀 더 자세히 설명해 주시겠어요?

게리 마커스 : 신호 주소 지정 가능 메모리는 다른 요인에 의해서 발생되거나 촉진되는 곳입니다. 자세에 의존하는 기억과 같은 것도 여기에 해당합니다. 서 있는 상태에서 무언가를 배웠다면 누워있을 때보다 서있을 때 더 생각이 잘 나요. 상태에 의존하는 기억도 있어요. 술을 마시고 시험공부를 했다면, 실제로 술 마시고 시험을 보면 더 점수가 잘 나올지도 몰라요. 별로 추천하지는 않지만요... 아무튼 주변의 상태와 신호가 기억에 영향을 미친다는 뜻입니다.

반면에 "317번 기억을 가져와 줘"나 "1997년 3월 17일에 뭘 배웠지?"하는 요청을 처리할 수는 없습니다. 인간은 컴퓨터가 하는 방식으로 기억을 가져올 수 없다는 말입니다. 컴퓨터에는 사실 우편함이랑 비슷한 인덱스가 있고, 의도적으로 변경하지 않는 한 우편함에 있는 내용은 변하지 않아요.

인간의 뇌는 이런 것들을 조정할 수 있는 기능이 없습니다. 뇌에는 각각의 기억들이 어디에 저장되어있는지 알 수 있는 내부 주소 시스템이 없거든요. 대신 "맑은 날에 차로 할 수 있는 게 뭐가 있는지 아무거나 알려줄래?"와 같은 질문에는 뇌의 어느 부분에 저장되어 있는지 생각하지 않고 답변할 수 있습니다.

게리 마커스

하지만 이런 기억은 희미해져가는 문제로 이어질 수 있습니다. 특정 순간에 일어난 일을 다르게 기억할 수도 있고, TV나 신문에서 봤던 것을 평생 기억할 수 없습니다. 이 모든 기억은 뚜렷하게 저장되지 않기 때문에 흐려지는 것이죠.

마틴 포드 : 흥미롭네요.

게리 마커스 : "클루지"에서는 기본적으로 기억에는 두 가지의 종류가 있고 인간은 그중에서 유용하지 않은 것을 사용하고 있다고 주장합니다. 또한 진화가 이루어졌던 역사를 봤을 때 유용하지는 않지만 기존에 사용했던 기억 구조를 바탕으로 발전해왔다고 이야기했죠. 스티븐 제이 굴드의 판다 엄지에 관한 이론과 비슷해요(역자 주 : 진화는 진보가 아니라 다양성의 증가를 의미하고 그렇기에 진화가 무조건 합리적으로 일어나지 않는다는 이론. 판다의 엄지는 손가락이 아닌 손목뼈인데 판다는 조상들에 의해 앞발이 많이 발전된 상태여서 인간과 비슷한 형태로 유연하게 엄지 손가락을 변화시킬 수 없어 손목뼈를 발달시키게 되었다).

그런 종류의 기억을 가지면 확증 편향(confirmation bias)같은 것들이 생기죠. 확증 편향은 자신의 생각과 맞지 않는 사실보다 자신의 생각과 맞는 사실을 더 잘 기억하는 현상입니다. 컴퓨터는 그럴 필요 없이 NOT 연산자를 사용해서 일치하는 항목과 그렇지 않은 항목 모두를 검색할 수 있습니다. 남성이며 40세 이상인 모든 사람과 아닌 사람들을 쉽게 검색할 수 있는 것처럼 말이죠. 신호 주소를 지정하는 메모리를 사용하는 사람의 두뇌는 데이터 내에서 일치하는 것만 검색할 수 있습니다. 그렇지 않은 경우는 훨씬 어렵죠.

또 다른 예로 순서를 바꿔서 두 개의 질문을 했을 때 결과가 달라지는 초점 두기 착각(focusing illusion)이라는 현상이 있어요. "결혼 생활이 얼마나 행복한가요?"와 "삶이 얼마나 행복한가요?" 중에서 결혼 생활에 관한 질문을 먼저 했을 때 이 질문이 다음 질문에 영향을 주게 됩니다.

마틴 포드 : 인간의 사고가 처음에 제시된 기억에 고정되어 다음 판단에 영향을 주는 대니얼 카너먼의 앵커링 이론과 비슷하군요.

게리 마커스 : 네. 그것의 변형이죠. 지폐의 일련번호 마지막 세 자리를 확인하라고 한 뒤에 대헌장이 언제 서명되었는지 질문하면 그 순간 만큼은 아까의 지폐 번호가 계속 머리에 맴돌 거예요.

마틴 포드 : 교수님의 커리어는 인공지능 분야에 있는 다른 분들과는 매우 다릅니다. 초기에는 인간의 언어와 아이들이 학습하는 방법을 연구하셨고, 최근에는 스타트업을 공동 설립하고 우버의 인공지능 연구소를 만드는 데 많은 도움을 주었죠.

게리 마커스 : 폴란드어로 말하고 영어로 글을 썼던 조셉 콘래드(Joseph Conrad, 1857~1924, 폴란드 출신의 소설가)가 된 느낌입니다. 그는 영어를 사용하는 원어민은 아니었지만, 영어 연구에 많은 통찰력을 가지고 있었어요. 저도 마찬가지로 머신러닝이나 인공지능의 원어민은 아닌지라 인지 과학에서 인공지능을 연구하고 신선한 통찰력을 얻어가고 있습니다.

어린 시절에는 프로그래밍을 많이 했고 인공지능을 많이 생각하기도 했지만, 인공지능보다 인지 과학에 관심이 많이 생겨 그 분야의 대학원을 진학하게 되었습니다. 대학원에서는 위에서 잠깐 이야기했던 인지 과학자인 스티븐 핑커 교수님 밑에서 아이들이 어떻게 과거 시제를 배우는지를 연구했고, 현재 다층 퍼셉트론(multi-layer perceptron)이라고 부르는 딥러닝 기법을 사용해 실험을 했죠.

1986년 데이비드 루멜하트와 제임스 맥클렐런드는 신경망이 과거 시제를 학습할 수 있다는 것을 보여주는 "병렬 분산 처리 : 인지의 미세 구조(Parallel Distributed Processing: explorations in the microstructure of cognition)"

라는 논문을 발표했습니다. 핑커 교수님과 저는 그 논문을 자세히 살펴보니 신경 망을 과적합(역자 주 : 신경망을 오로지 학습 데이터에만 맞게 학습시켜서 일반화 능력을 잃게 되는 현상)시켜서 아이들처럼 "goed"나 "breaked" 같은 잘못된 단어를 만들 수 있긴 하지만 이런 오류가 발생하는 시점과 방법은 아이들과는 많이 다르다는 것을 알 게 되었습니다. 우리는 아이들이 규칙과 신경망을 합친 하이브리드 시스템을 사 용하기 때문이라고 추측했죠.

마틴 포드 : 방금 그 두 개의 단어는 불규칙동사의 과거 형태를 잘못 쓴 경우이군 요. 아이들은 종종 그런 실수를 하곤 하죠.

게리 마커스 : 맞습니다. 아이들은 가끔 불규칙동사를 규칙화해요. 과거 시제 동사 로 부모님과 이야기하는 11,000건의 케이스를 자동화된 기계 중심으로 분석해본 적이 있어요. 그 연구에서 아이들이 이런 오류를 언제 범하는지 시간 경과를 그래 프로 그려보고 어떤 동사가 취약한지를 봤죠.

아이들은 어떤 규칙을 가지는 것처럼 보였습니다. 예를 들면 "-ed"를 동사 뒤에 붙이면서도 불규칙 동사를 만들 때 사용하는 연관 기억을 사용하는 듯했죠. 이 연 관 기억은 요즘의 신경망과 비슷한 것 같습니다. "sing"이라는 동사를 "sang"이 라는 과거 형태로 바꿀 때 이 기억을 사용하는 것일 수도 있어요. 그래서 연관 기 억으로 "sing"과 "sang"을 이해하면 "ring"과 "rang"을 기억하는 데 도움이 되 는 것이죠.

하지만 화장품(연지)을 바르다는 뜻인 "rouge"같이 전에 들어보지 못했을 법 한 단어를 바꾸려고 할 때는 단어 뒤에 "-ed"를 붙이면 된다는 것을 알기 때문에 "Diane rouged her face yesterday."라고 이야기할 수 있을 거예요.

여기서 중요한 점은 신경망은 유사성을 매우 잘 이해하지만 규칙을 이해하는 능

력은 미약하다는 것입니다. 분석했을 당시는 1992년이었는데 25년이 지난 지금
도 문제인 부분입니다. 대부분의 신경망은 아직 데이터 중심적이고 훈련된 것에
비해서 높은 수준의 추상화를 하지 못하는 문제가 있습니다.

신경망은 다양한 케이스를 포착할 수는 있지만 쉽게 접하기 힘든 케이스에는 취
약합니다. 이미지 캡션(24쪽 용어집 참조) 시스템으로 예를 들어볼게요. 실제로 구글
서비스를 사용해보면 아이들이 원반던지기를 하는 사진은 제대로 인식을 하지
만, 주차 표지판에 스티커가 많이 덮여있는 사진은 꽉 찬 냉장고라고 인식을 하는
경우가 있습니다. 이렇게 인식에 실패한 원인은 데이터베이스의 주차 표지판에
는 스티커가 덮여있지 않기 때문입니다.

신경망이 대표적인 상황을 벗어난 부분을 일반화하지 못하는 문제에 지금껏 관
심을 가지고 있었어요. 제가 봤을 때 아직 머신러닝으로는 이해하기 힘든 무언가
가 있는 것 같습니다.

마틴 포드 : 언어와 학습을 이해하는 것이 교수님의 핵심 연구로 알고 있는데요, 실
제로 하셨던 실험에 대해 이야기해 주실 수 있나요?

게리 마커스 : 1999년에 인간의 일반화를 연구하면서 유아, 어린이, 성인들을 대상
으로 실험을 했는데 인간 모두는 추상화에 능숙하다라는 결론을 얻었습니다.
7개월 된 유아들을 대상으로 한 실험에서 같은 규칙의 단어를 2분간 들려주고 이
규칙을 인식하는지 확인해봤어요. 예를 들면 "바-나-나", "뽀-로-로" 같이 세 글
자의 단어 중 끝의 두 글자가 똑같은 글자로 구성된 단어를 2분 정도 들려줍니다.
그 뒤 이런 규칙을 가진 단어들과 "토-마-토", "아-리-아"처럼 다른 규칙, 첫 글
자와 마지막 글자가 똑같은 글자로 구성된 단어와 구별하는지 지켜봤죠.

이 실험에서는 문장을 살펴보는 시간을 바탕으로 구별한다는 것을 판단했어요.

다른 규칙의 문장을 보여주면 더 오래 보는 것을 알 수 있었죠. 이 실험을 통해 매우 어렸을 때부터 사람은 언어 쪽에서 꽤 깊은 추상화 능력을 갖추고 있다는 것을 알게 되었습니다. 나중에 다른 실험을 통해 신생아도 똑같이 그런 능력을 갖추고 있다는 것이 밝혀지기도 했죠.

마틴 포드 : 교수님은 IBM사의 왓슨(26쪽 용어집 참조)에 큰 관심이 있고, 그 덕분에 인공지능 분야에 뛰어들었다고 알고 있어요. 왜 왓슨 때문에 인공지능에 흥미를 가지게 되셨나요?

게리 마커스 : 사실 왓슨에 대해 회의적이었습니다. 그런데 2011년 퀴즈 쇼인 제퍼디(Jeopardy)에서 우승했을 때 깜짝 놀랐어요. 저는 과학자로서 잘못 알고 있다는 것을 알게 되었을 때 집중적으로 탐구하는 습관이 있는데, 당시 인공지능은 자연어를 처리하는 능력이 부족하기 때문에 인간을 이길 수 없을 것이라고 생각했습니다. 하지만 제 생각과 다르게 인간을 이겨버렸죠. 그래서 저는 제가 인공지능에 대해 오해하고 있는 부분을 바로 잡기 위해 연구를 시작하게 되었습니다.

결국 왓슨이 인간을 이길 수 있었던 이유는 인공지능에게 주어진 문제가 처음에 생각했었던 것보다 훨씬 한정되었기 때문이라는 것을 알았습니다. 항상 대답만 하면 되는 것이죠. 왓슨의 경우 제퍼디에서 했던 답변 중 약 95%가 위키피디아 페이지의 제목이라는 것이 밝혀졌어요. 언어를 이해하고 그것에 대해 추론하는 것 대신에 제한된 데이터, 여기서는 위키피디아 제목으로 검색을 하고 있었다는 것이죠. 처음에 봤을 때보다 실제로는 그렇게 어려운 문제는 아니었지만 인공지능에 대해 다시 생각해볼 만큼 재미있었어요.

같은 시기에 뉴요커(The New Yorker)에 신경 과학, 언어학, 심리학 및 인공지능에 관한 글을 쓰기 시작했습니다. 그 글에서는 인지 과학과 그 주변의 모든 것들에 대해 제가 알게된 내용, 즉 마음과 언어가 어떻게 작용하는지, 아이들의 정서가 어떻게 발달하는지 등을 썼습니다. 이를 통해 인공지능을 더 잘 이해하고 싶었고, 인공지능을 생각할 때 사람들이 흔히 하는 오해가 무엇인지도 알고 싶었어요.

마틴 포드 : 이번에는 2014년에 시작한 Geometric Intelligence 회사에 관해 이 야기를 나눠보죠. 우버의 자회사가 되고 얼마 지나지 않아서 인공지능 연구실의 장이 되셨다고 알고 있는데 어떤 과정이었는지 이야기해 주시겠어요?

게리 마커스 : 2014년 1월에 인공지능 관련 글을 쓰는 것 대신에 회사를 세워야겠 다는 생각이 들었습니다. 제 친구이자 세계적인 머신러닝 전문가인 주빈 가라마 니를 비롯한 정말 대단한 사람들을 영입했고, 그렇게 머신러닝 회사를 운영하면 서 2년을 보냈어요. 그동안 머신러닝에 대해 더 많은 것을 알게 되었고 더 잘 일반 화할 수 있는 아이디어를 만들었습니다. 이게 우리 회사의 핵심적인 지적 재산이 되었죠. 데이터로부터 좀 더 효율적으로 학습하는 알고리즘을 만들기 위해 노력 을 많이 했습니다.

딥러닝은 문제를 해결하기 위해 데이터가 정말 많이 필요합니다. 바둑 같이 인공 적인 세계에서는 데이터를 만들기 쉬워서 잘 동작하지만 데이터를 구하기 힘든 현실 세계에서는 잘 작동하지 않죠. 우리는 현실 세계에서 더 잘 작동하게 만들기 위해 많은 노력을 들였으며 좋은 결과를 얻었습니다. 예를 들어 MNIST 손글씨 데이터 중 보통 딥러닝에서 필요한 데이터의 절반만 사용해도 학습이 가능하게 만들었어요.

이런 소문이 퍼지고, 2016년에 우버의 자회사가 되었습니다. 이 전체 과정에서 머신러닝의 강점과 약점을 포함해 아주 많은 것들을 배웠습니다. 우버에서는 인 공지능 연구실을 시작하는 데 도움을 주었고, 그 이후로는 인공지능과 의학을 결 합하는 방법을 연구하고 로봇도 많이 연구하고 있습니다.

게리 마커스

2018년 1월에는 두 개의 논문을 쓰면서 미디엄(Medium)에 두 개의 글을 올렸어요. 하나는 딥러닝이 현재 인공지능에서의 가장 최적의 도구이고 매우 인기가 있음에도 불구하고 인간 수준으로 발전하지 못하는 이유에 관한 내용이었습니다. 다른 하나는 선천적인 능력에 관한 것이었는데, 적어도 생물학에서의 시스템은 어떤 기관이든 상관없이 자기 고유한 구조를 가지고 시작을 한다는 내용이었죠. 그렇기에 뇌의 초기 구조는 우리가 세상을 이해하는 방법을 연구하는데 매우 중요합니다.

사람들은 인간의 지적 능력에 부모에게서 물려받은 본성과 후천적인 양육 중에서 어떤 것이 영향을 많이 주는지에 대해 토론을 하지만 사실 학습 과정에는 이 두 가지가 같이 사용됩니다. 본성은 재미있는 방식으로 우리의 경험을 활용할 수 있게 해주는 학습 메커니즘을 구성해주죠.

마틴 포드 : 이번에는 미래에 관해 이야기 해보죠. 인간 수준의 일반인공지능으로 발전하는 데에 있어서 어떤 부분을 극복해야 하고 현재의 기술로 완성할 수 있을까요?

게리 마커스 : 딥러닝은 패턴 분류(pattern classification)에 최적화된 도구라고 생각합니다. 패턴 분류는 일반인공지능이 해야 할 업무 중 하나입니다. 우리는 더 효율적인 기술이 생겨나기 전까지는 이 문제를 딥러닝을 계속 사용해서 해결해도 될 것 같습니다.

동시에 현재의 딥러닝 기술로는 하기 힘든 업무 중 일반인공지능이 해결해야 할 것들도 있습니다. 간단한 번역을 제외한 언어 문제와 추상적 추론에서는 좋은 성과를 내지 못하죠. 그리고 지금껏 경험하지 못했던 데이터와 상대적으로 불완전한 데이터를 처리하는 능력도 부족합니다. 따라서 다른 기술로 딥러닝을 보강해야 합니다.

일반적으로 인간은 세상의 지식을 수학이나 언어로 이루어진 문장을 통해 기호화할 수 있습니다. 우리는 이 기호 정보를 더 지각적인 정보와 함께 얻길 원해요. 심리학자들이 이야기한 하향식(top-down) 정보(역자 주 : 전체 시스템의 기본적인 구성 요소를 바탕으로 점차 세부적으로 접근하는 방식)와 상향식(bottom-up) 정보(역자 주 : 시스템의 구성 요소를 세부적으로 설계하고 그것들을 결합해서 전체 시스템을 만드는 방식)의 관계를 보죠. 이미지를 보면 빛이 망막에 떨어져 상향식 정보가 되지만 세상에 관한 지식과 지금까지의 경험을 바탕으로 이미지 해석에 하향식 정보를 더할 수 있습니다.

현재의 딥러닝 시스템은 상향식 정보에 중점을 둡니다. 이미지의 픽셀을 해석할 수는 있지만, 이미지에 포함된 객체에 관한 지식은 없어요.
최근 구글에서 딥러닝 시스템을 속일 수 있는 스티커인 애드버세리얼 패치(adversarial patch)에 관한 논문(https://arxiv.org/pdf/1712.09665.pdf)을 발표했습니다. 잘 학습된 딥러닝 시스템에 스티커가 붙은 바나나 사진을 보여주면 토스터라고 착각을 하죠. 인간이 봤을 때는 바나나 옆에 이상한 스티커가 붙어 있다고 하겠지만 말입니다. 하지만 딥러닝 시스템은 그 사진이 매우 높은 확률로 토스터라고 예측합니다.

딥러닝 시스템은 이미지에서 가장 두드러진 것이 무엇인지 말하려고 하는데, 고대비의 환각적인 스티커가 주의를 집중시키고 바나나를 무시하게 만들어요.
이것은 딥러닝 시스템이 실제 후두엽 피질에서 만들어지는 상향식 정보만 사용한다는 것을 보여주는 예입니다. 전두엽 피질에서 만들어지는 것들은 전혀 가져오지 못하죠.

일반인공지능을 만들려면 이 두 가지의 정보를 포착할 수 있어야 합니다. 아니면 인간의 모든 상식적인 추론 능력을 갖추게 할 수도 있는데 이는 일부 문제만 해결할 수 있을 거예요. 그리고 이 부분은 딥러닝으로는 잘 포착할 수 없습니다. 제 생각에는 딥러닝을 통해 인공지능의 역사에서 오랫동안 존재했던 기호 처리를 이끌어 내야 합니다.

마틴 포드 : 일반인공지능에 가장 가까이 도달한 기업이나 프로젝트를 고른다면 뭐가 있을까요?

게리 마커스 : 앨런 인공지능 연구소(Allen Institute for AI)에서 진행하는 프로젝트인 모자이크(Mosaic, 역자 주 : 인공지능 시스템에 상식을 구축하는 프로젝트)가 정말 재미있어 보입니다. 미국의 유명한 인공지능 연구자인 더글라스 레낫이 풀려했던 인간의 지식을 계산 가능한 형태로 만드는 문제를 어느 정도 해결하고 있습니다. 버락 오바마가 어디서 태어났는지 같은 질문에 대답하는 것이 아니라, 실제로 이용가능한 데이터를 통해 정보를 추출하고 그걸 잘 표현할 수 있습니다.

하지만 정보 중에서는 어디에도 적혀있지 않은 것 들도 있어요. 예를 들면 토스터기는 자동차보다 작다는 사실은 위키피디아에서 얻을 수 있는 게 아니라 추론을 통해서 알 수 있는 것처럼 말이죠. "게리가 토스터기에 치였다."라는 문장은 토스터기는 그렇게 크지않고, "치이다"라는 단어는 차 같이 큰 대상에게 부딪힌다는 뜻이기 때문에 좀 이상하게 느껴질 거예요.

마틴 포드 : 그러면 이게 기호 논리학의 영역에 있는 것인가요?

게리 마커스 : 음, 두 가지 관련 문제가 있습니다. 첫 번째는 어떻게 지식을 얻는지이고, 두 번째는 지식을 설계하는 방법으로 기호 논리를 사용할 것인지입니다. 기호 논리가 실제로는 꽤 유용하다는 것이 제 추측이고, 그렇기에 기호 논리를 버리면 안됩니다. 다른 사람이 발견한 지식을 설계하는 방법도 찾아보고 있지만, 잘 다루는 방법은 아직 찾지 못했어요. 그리고 우리는 문장을 이해할 때 상식적인 지식을 사용하기 때문에 어느 정도 상식을 가지지 않으면서 언어를 정말로 이해하는 시스템을 만들 수 있는 방법도 보지 못했죠.

제가 뉴욕부터 보스턴까지 자전거를 타고 갈 것이라고 이야기하면 하늘을 날거나 잠수하지도 않을 거고 캘리포니아 쪽으로 우회해서 가지 않을 거라는 말은 하지 않아도 됩니다. 그 모든 걸 스스로 알아낼 수 있어요. 인간은 문장 그대로를 이해하는 게 아니라 가지고 있는 지식을 효율적으로 사용하고 싶어 합니다.

인간은 많은 추론을 할 수 있어요. 지금 우리의 대화를 제대로 이해하려면 살면서 읽었던 글의 내용을 바탕으로 한 추론 없이는 힘들 거에요. 우리는 많은 글을 읽었지만 대화가 이루어지기 위해서는 이 내용을 상식적으로 공유해야 합니다. 아직은 이런 상식을 공유하는 기계가 만들어지지 않았죠.

1984년에 더글라스 레낫이 시작했던 'Cyc(역자 주 : 모든 규칙을 기계에 주입해 인간의 상식을 가지도록 만드는 프로젝트)'가 이와 관련된 가장 큰 프로젝트인데 30년 전이기도 하고 폐쇄된 형태로 개발되었기에 그렇게 효과적인 결과가 나오지는 못했어요. 요즘은 머신러닝에 대해 훨씬 더 많이 밝혀졌고, 앨런 인공지능 연구소에서는 많은 커뮤니티가 참여할 수 있도록 오픈 소스 방식으로 프로젝트를 진행하기로 약속했습니다. 1980년대보다 빅데이터를 많이 알고 있긴 하지만, 여전히 정말 어려운 문제입니다. 하지만 다른 사람들이 연구하지 않는 분야에 도전하고 있다는 사실이 중요합니다.

마틴 포드 : 일반인공지능은 언제쯤 완성될 것이라고 생각하나요?

게리 마커스 : 잘 모르겠습니다. 왜 지금은 만들지 못하는지, 해결해야 하는 일들이 무엇인지는 잘 알지만 날짜를 콕 집어서 이야기 할 수는 없을 것 같습니다.

가능성이 높은건 2050년 쯤이고, 운이 좋으면 2030년 사이에, 최악의 경우는 2130년 쯤이 될 것 같습니다.

기계의 지능이 지금 당장은 미약하지만, 다음에 무엇이 발명될지 몰라요. 이 분야에서는 많은 투자가 진행되고 있어 상황이 바뀔 수도 있고, 아니면 우리가 생각하는 것보다 훨씬 더 힘들 수도 있습니다.

마틴 포드 : 빠르면 12년, 늦으면 112년 후라고 꽤 적극적인 예측을 해주셨네요.

게리 마커스 : 이 수치는 당연히 틀릴 수 있습니다. 이 상황을 다른 시점에서 보면 특정 부분에서의 지능에서는 많은 발전이 있었지만 지금까지 일반인공지능에서는 거의 진전을 이루지 못했다는 걸 알 수 있습니다.

2010년에 생겨난 애플사의 시리(Siri, 25쪽 용어집 참조)는 1964년에 만들어진 초기 자연어 프로그램인 엘리자(ELIZA)와 크게 다르지 않았습니다. 엘리자는 언어를 실제로 이해하지는 않지만 그렇게 보이게 하기 위해서 템플릿을 만들었죠.
하지만 이 문제에 많은 투자와 연구가 이루어져 있다는 점을 보면 긍정적인 결과가 있을 것 같아요.

마틴 포드 : 인공지능 연구가 대학에서만 이루어지고 있지 않다는 점에서는 엄청난 변화가 있는 것 같아요. 현재는 구글이나 페이스북 같은 대기업의 비즈니스 모델이 인공지능의 중심이잖아요.

게리 마커스 : 1960년대와 1970년 초에 있었던 인공지능의 암흑기 전에 많은 투자가 있긴 했지만 인공지능에 투자되는 규모는 이전의 그 어떤 것보다 더 큽니다. 그리고 투자는 인공지능 문제의 확실한 해결책이 아니라 전제 조건일 가능성이 높다는 점도 인정해야 하죠.

마틴 포드 : 이번엔 자율주행차라는 특정한 기술을 예측해보죠.
언제쯤이면 우리가 어디에 있든 원하는 목적지에 데려다 줄 수 있는 자율주행차를 볼 수 있을까요?

게리 마커스 : 적어도 10년은 더 걸릴 거에요.

마틴 포드 : 일반인공지능이 언제 나올지 예측하셨던 것과 비슷한 시기네요.

게리 마커스 : 맞습니다. 인공지능이 맨해튼이나 뭄바이 같은 대도시에서 운전하면 예측할 수 없는 상황을 만나게 될 거에요. 날씨가 좋고 사람이 훨씬 적은 피닉스(애리조나)에서는 자율주행차를 몰 수 있긴하죠. 맨해튼 같은 경우는 언제 어떤 상황이 벌어질지도 모르고, 많은 차들이 공격적으로 운전을 하며 예측할 수 없는 일이 발생할 확률이 상당히 커요.

사람을 차량으로부터 보호하기 위해서 인도에 세워놓은 차량 진입 방지용 말뚝의 경우에도 인공지능에 문제를 일으킬 수 있습니다. 이런 상황들은 인간이 추론을 통해서 해결해야 하죠. 현재의 자율주행차는 매우 상세한 지도와 라이다(LIDAR) 센서를 가지고 운전하지만, 다른 운전자의 행동을 제대로 이해하지 못합니다. 인간은 괜찮은 시각 시스템을 가지고 있으면서 차 밖에는 무엇이 있고 운전 시에 어떻게 행동해야 하는지 알고 있어요. 컴퓨터는 빅데이터를 이용해 이 문제를 해결하려고 합니다. 이 빅데이터 시스템에 더 많은 데이터를 추가해주는 것만으로는 맨해튼에서 자율주행으로 운전할 수준에 이를 수 없죠. 99.99%의 정확도를 얻을 수는 있지만, 그 수치를 계산해보면 사람이 운전하는 것보다 훨씬 정확도가 낮을뿐더러 특히 맨해튼처럼 복잡하고 붐비는 도로에서 이 수준으로 운전하는 것은 엄청 위험합니다.

마틴 포드 : 그렇다면 우리가 이동할 장소를 선택하는 것이 아니라 버스 노선이 정해져있는 것처럼 지정된 위치로 이동하는 대안을 찾을 수도 있을까요?

게리 마커스 : 피닉스나 다른 제한된 지역에는 곧 이런 기술이 적용될지도 모릅니다. 좌회전할 필요가 없는 경로를 찾아 방해물이 없고 도로가 잘 발달된 곳으로

게리 마커스

이동하게 된다면 말이죠. 이미 미리 지정된 경로를 따라 비슷한 방식으로 작동하는 공항 모노레일도 있어요.

공항의 모노레일처럼 트랙 위에 아무도 있어서는 안 되는 초 지배적인 환경과 누구나 자유롭게 돌아다니는 맨해튼 거리는 그래도 어느 정도 관련은 있습니다. 하지만 진눈깨비, 우박, 나뭇잎 등처럼 날씨를 비롯한 다른 복잡한 요인까지도 생각해야 하겠죠.

무한한 개방형 시스템으로 갈수록 더 많은 어려움이 있고, 일반인공지능 시스템이 작동하는 방식에 대해 더 많은 연구가 필요할 거예요. 자율주행차는 아직 일반인공지능만큼 개방적이지는 않지만 이런 방식으로 접근한다면 제가 예측한 시기는 틀리지 않을 거라고 봅니다.

마틴 포드 : 저는 인공지능이 경제와 고용 시장에 미칠 영향에 관심이 많은데요, 여기에 관해서도 이야기해 보죠.
많은 사람들은 인공지능이 노동 시장을 완전히 바꿀 것이기 때문에 새로운 산업혁명의 선두에 있다고 생각해요. 이에 동의하나요?

게리 마커스 : 노동 시장은 좀 더 늦게 바뀔 것이라고 생각하긴 하지만 동의하는 바에요. 자율주행차는 생각보다 개발하기가 더 어려워서 운전 기사는 한동안 안전하겠지만, 패스트푸드 종업원과 은행의 계산원은 일자리를 잃을 위험에 처해있고 이런 업종은 꽤 많습니다. 어떤 것은 느릴 수도 있겠지만 100년 뒤에 없어지든 120년 뒤에 없어지든 큰 차이가 있는 것은 아니겠죠.

2030년이든 2070년이든, 이번 세기에 인공지능 로봇과 노동자들에게 문제가 생길지도 모릅니다. 노동이 가능한 사람들도 고용하지 않을 시기가 언젠간 도달할 것이기 때문에 사회를 구성하는 방식을 바꿔야 합니다.

대부분의 농업 일자리가 사라졌을 때 노동자들은 산업에 종사했다는 반론이 있지만, 그다지 설득력이 없어요. 앞으로 직면하게 될 문제는 인공지능을 사용하면 어디서든 상대적으로 저렴하게 노동을 시킬 수 있다는 것입니다.

자율주행차의 알고리즘과 데이터베이스 시스템을 완성하기까지 50년 이상의 연구 기간과 수십억 달러의 비용이 들겠지만, 그걸 완성하고 나면 규모에 따라서 상용화가 될 거예요. 어느 정도 지점에 도달하게 되면 수백만 명의 트럭 운전사가 몇 년 안으로 일자리를 잃을 것이고요.

트럭 운전 산업에서 기존 일자리를 대체할 수 있는 새로운 일자리가 생길 것이라는 보장은 없습니다. 그리고 일자리가 새로 생긴다고 하더라도 상당수는 사람이 많이 필요하지 않을 거예요. 예를 들면, 유튜브 크리에이터는 아주 멋진 직업입니다. 집에서 비디오 촬영을 해 백만 달러를 벌 수 있죠. 하지만 그런 사람은 천 명 정도밖에 되지 않아요. 잠재적으로 일자리를 잃게 될 트럭 운전기사를 대체할 만큼의 인원이 안 된다는 거예요.

전에는 없었던 일자리를 쉽게 볼 수는 있겠지만 단 18명이 인스타그램을 만드는 시대에 많은 사람을 고용할 새로운 산업은 쉽게 나오지 않을 거예요.

마틴 포드 : 아마도 현재 노동 인구의 절반 정도는 예측 가능한 업무를 하고 있을 거예요. 그들이 하는 일은 데이터에 캡슐화되어 있고, 궁극적으로는 머신러닝에 영향을 받기 쉽겠죠.

게리 마커스 : 맞아요. 하지만 아직 그렇게 되기는 힘들어요. 인공지능 시스템은 인간처럼 자연어 데이터를 제대로 이해하지 못하죠. 예측할 수 있고 그렇게 힘든 일은 아니지만 인공지능을 잘 다루게 되는 것은 한참 미래의 일이죠. 하지만 장기적으로는 해주신 말씀이 맞아요. 자연어 이해를 잘하게 된다면 결국 예측 가능한 일자리는 사라질 것입니다.

마틴 포드 : 인공지능을 통해 언젠간 일자리가 많이 사라질 것이라 생각한다면 기본 소득을 잠재적인 해결책으로 지원해야 한다고 보시나요?

게리 마커스 : 진정한 대안은 없다고 봅니다. 결국 그 시점은 오겠지만 보편적 합의를 통해서 평화롭게 도달할지, 폭동과 살인이 일어날지는 모르겠어요. 어떤 방식으로 이루어질지 모르겠지만 이 외의 다른 결말도 보이지 않습니다.

마틴 포드 : 기술은 이미 그런 영향을 주고 있다고 주장할 수도 있을거에요. 현재 미국에서는 마약성 진통제인 오피오이드(opioid)를 남용하는 사태가 발생하고 있고, 여기에는 공장의 자동화 기술이 중요한 역할을 한 것 같아요. 어쩌면 오피오이드의 남용은 남성 노동자들의 존엄성과 절망의 상실과 관련이 있을까요?

게리 마커스 : 그런 추측은 조심스럽네요. 사실일 수도 있지만 그 연관성이 그렇게 깊다고 생각하지는 않습니다. 많은 사람들이 휴대폰을 오피오이드처럼 사용하고 있으며, 스마트폰을 새로운 마약이라고 하는 것이 차라리 더 좋은 비유 같아요. 우리는 가상 현실 세계로 이동할 수도 있고, 경제학적으로 잘 풀린다면 합리적으로 행복할 수도 있을 거예요. 앞으로 어떻게 될지는 잘 모르겠네요.

마틴 포드 : 인공지능과 관련된 경고가 많이 나오고 있습니다. 일론 머스크 같은 사람은 특히 인공지능의 실존적 위협에 대해 목소리를 높였죠. 인공지능의 영향과 위험 측면에서 우리는 어떤 부분을 걱정해야 할까요?

게리 마커스 : 악의적인 방법으로 인공지능을 사용하는 사람들을 조심해야 해요. 진짜 문제는 인공지능이 더 많은 부분에 사용되고 해킹이 가능해짐에 따라 이런 힘으로 어떤 것을 할 지입니다. 우리를 지배하려는 인공지능 시스템은 별로 걱정되지는 않아요. 완전히 불가능한 것은 아니지만 그런 방향으로 발전하고 있다는 실질적인 증거는 없습니다. 하지만 우리가 인공지능에 점점 더 많은 힘을 주고 있

으며, 단기간에 사이버 보안 위협을 해결하는 방법을 찾지 못하고 있죠.

마틴 포드 : 그렇다면 장기적인 위험에는 어떤 것이 있을까요? 일론 머스크와 닉 보스트롬(101쪽 참조)은 스스로 학습해 발전하는 인공지능을 제어할 수 없게 되는 문제에 관해 경고하고 있어요. 그 경고를 완전히 무시할 수는 없지 않을까요?

게리 마커스 : 완전히 무시하지 않을 것이고, 확률이 아예 없다고 하지는 않겠지만 조만간 그 경고대로 이루어질 확률은 상당히 낮다고 봐야 합니다. 최근에 손잡이를 돌려 문을 여는 로봇이 공개되었는데 아직은 이 수준의 로봇밖에 만들어지지 못했어요.

아직은 우리 세계를 꼼꼼히 탐색할 수 있는 인공지능 시스템도, 스스로 학습해 개선하는 방법을 아는 로봇 시스템도 없습니다. 현재의 문제는 아닌거죠. 하지만 이 분야에 투자와 연구가 필요하다고 생각합니다. 저는 2016년 미국 대선에서 보았듯이, 인공지능을 사용해 가짜 뉴스를 만드는 것과 같은 문제들이 더 위험하다고 봅니다.

마틴 포드 : 방금 전에 인공지능이 빠르면 2030년 쯤에 나타날 수 있다고 이야기 해주셨는데요, 이 시스템이 정말로 지능적이고 잠재적으로는 초지능을 가진다면 그 시스템의 목표를 우리가 원하는 대로 설정해야 할까요?

게리 마커스 : 네, 그렇게 해야한다고 생각합니다. 그렇게 빨리 완성되면 정말 놀랄 것 같네요. 하지만 그렇기 때문에 이런 문제들을 고민하는 사람들이 있어야 한다고 봐요. 지금 당장은 가장 시급한 문제가 아니라고 할지라도, 일반인공지능이 완성되었을 때 그 시스템이 인간 문제에 개입하는 데 관심이 있을 거라고 이야기 해줄 사람이 필요합니다.

약 60년 전에는 인공지능이 사람을 체스로 못 이겼는데, 이제는 훨씬 더 어려운 게임인 바둑까지 정복했습니다. 게임 IQ가 있다고 하면 60년 만에 0에서 60까지 증가했다고 볼 수 있는 거죠. 인공지능을 악의적으로 이용하는 것도 이와 비슷해요. 과거에도, 현재에도 인공지능에 악의는 없어요. 그런 일이 일어나지 않았기 때문에 앞으로 일어나지 않을 것이라는 귀납적 주장을 하고 싶지는 않기에 그게 불가능하다는 뜻이 아니고, 악의를 가지고 있는 인공지능이 있다는 증거가 아직은 나오지 않았다고 말씀드리고 싶습니다.

마틴 포드 : 일반인공지능이 만들어지기 전까지는 악의를 가질 수 없지 않나요?

게리 마커스 : 아마도 그렇겠죠. 일부분은 동기부여 시스템과 관련이 있을 거예요. 또한 일반인공지능이 인공지능이 악의를 갖는데 전제 조건이라고 할 수 있지만, 그것이 필요충분조건이라고는 할 수 없을 거예요.

실험 하나를 생각해보죠. 우리는 폭력적인 행동을 할 확률을 최대 5배까지 높이는 유전적 요인을 지정할 수 있어요. 제게 이 유전적 요인이 없다면, 폭력적인 성향이 상당히 낮겠죠. 그렇다면 인공지능에 이런 유전적 요인을 줘야 할까요? 사실이 유전적 요인은 남성 대 여성이에요.

마틴 포드 : 일반인공지능을 여성으로 만들어야 한다는 말씀이신가요?

게리 마커스 : 진짜 성별을 지정해야 한다는 문제가 아니라 인공지능을 비폭력적으로 만들어야 한다는 이야기입니다. 인공지능이 폭력적인 행동을 할 가능성을 줄이거나 무엇을 하고 싶은지 스스로 아이디어를 낼 수 있게 제한과 규제를 두어야 합니다. 이것들은 어렵고 중요한 질문이지만, 많은 사람을 고민하게 만든 일론 머스크의 경고보다는 덜 직접적이죠.

마틴 포드 : 하지만 오픈AI(27쪽 용어집 참조)에 투자한다는 점에서 그가 하는 일은 나

쁘게 보이지는 않아요. 누군가는 그 일을 해야만 하죠. 정부가 인공지능을 통제하는 연구에 투자를 많이 하는 것은 정당화하기 어렵지만 민간 단체가 하는 것은 괜찮아 보이거든요.

게리 마커스 : 사실 미 국방부는 이런 일에 투자를 꽤 하고 있지만, 다른 분야에도 투자해서 위험을 분산시켜야 합니다. 제가 인공지능의 위협보다 더 걱정하는 문제는 생물학 테러와 사이버 전쟁이에요.

제가 말하고 싶은 것은 방금 이야기 해 주신 인공지능의 위험은 다소 이루어지기 힘든 시나리오이고, 더 가능성 있는 시나리오들이 많다는 것이죠.

마틴 포드 : 만약 우리가 일반인공지능을 만드는데 성공한다면 의식을 가지고 있을 거라고 생각하나요? 아니면 내적 경험을 갖지 못하는 지능형 좀비가 될 거라고 생각하세요?

게리 마커스 : 제 생각에는 후자입니다. 저는 의식이 전제 조건이라고 생각하지 않거든요. 의식은 단지 인간이나 다른 생물체에서 볼 수 있는 현상일 수도 있습니다. 인간처럼 행동하지만 의식이 없는 인공지능을 만들 수 있을 거라고 생각합니다. 의식을 정의하는 데에 독립적인 척도가 없기 때문에 확실히 알 수 없습니다. 그렇기 때문에 이런 주장을 근거로 삼는 건 어렵죠.

그렇다면 인공지능에 의식이 있는지 어떻게 알 수 있을까요? 그리고 저한테 의식이 있다는 건 어떻게 알 수 있을까요?

마틴 포드 : 우리가 같은 종이기 때문에 그런 존재라고 가정할 수 있지 않을까요?

게리 마커스 : 그건 잘못된 가정이라고 생각합니다. 전 세계 인구 중 1/4만 무작위

로 의식이 있다면 어떨까요? 유전자처럼 말이에요. 제게는 맛이 쓴 혼합물에 민감하게 반응하는 슈퍼테이스터(supertaster) 유전자가 있지만, 제 아내에게는 찾아볼 수 없습니다. 그녀는 저와 같은 종의 인간이지만 우리는 그런 특성에 차이가 있으니깐 의식의 특성도 다를까요? 농담이긴 했지만 여기에서 객관적인 척도를 사용할 수 없어요.

마틴 포드 : 알 수 없는 문제처럼 들리네요.

게리 마커스 : 어쩌면 누군가 더 명쾌한 해결책을 내놓을지도 모르지만, 지금까지는 대부분의 연구가 의식의 일부에 초점을 맞추고 있었습니다. 우리의 중추신경계는 언제 어떤 정보를 이용할 수 있다는 것을 논리적으로 깨달을 수 있을까요? 연구에 따르면 100밀리초 동안만 무언가를 본다면 실제로 그것을 봤다는 사실을 알지 못할 수도 있어요. 0.5초 동안만 본다면 그걸 보았다고 확신할 수 있죠. 그 데이터를 통해 언제 어떤 신경 회로가 정보에 반응하는지 특성을 구축할 수 있고, 이를 인식이라고 할 수 있어요. 계속 발전하고 있지만, 아직 일반적인 의식이라고 할 수는 없습니다.

마틴 포드 : 분명히 일반인공지능은 언젠가 만들어질 수 있다고 생각하는 것 같은데 일반인공지능의 완성은 피할 수 없는 현실인가요? 아니면 먼 미래에도 일반인공지능을 만들 수 없는 가능성이 있다고 보나요?

게리 마커스 : 거의 불가피한 일이죠. 소행성에 치이거나 엄청난 질병이 발생하는 것처럼 멸종 수준의 위험이 없는 한 완성될 것입니다. 우리는 지속적으로 과학적 지식을 쌓고 있고, 소프트웨어와 하드웨어를 잘 구축하고 있으며 왜 일반인공지능 연구를 그만둬야 하는지에 대한 타당한 이유가 없어요.

마틴 포드 : 특히 중국과 같은 나라들은 인공지능을 활용해 국제적인 군비 경쟁을

벌이고 있는데요, 여기에 대해서 어떻게 생각하나요?

게리 마커스 : 중국은 인공지능을 국가 중심 사업으로 만들었고, 거기에 대해 매우 공개적이었습니다. 한동안 미국은 아무런 반응도 보이지 않았고 이 점에서 불안하고 혼란스러워요.

마틴 포드 : 중국은 아주 많은 인구와 개인 정보 보호 통제가 적어 데이터를 많이 얻을 수 있기 때문에 인공지능 발전에 많은 이점을 가지고 있는 것 같아요.

게리 마커스 : 중국은 인공지능이 얼마나 중요한지 알고 있고, 국가적으로 인공지능에 투자하고 있기 때문에 훨씬 더 미래지향적이죠.

마틴 포드 : 인공지능이 인류에게 긍정적으로 작용할 것이라고 생각하나요?

게리 마커스 : 그러길 바라고 있지만, 무조건 그럴 거라 생각하지는 않아요. 인공지능이 인류에게 도움을 줄 수 있는 가장 좋은 방법은 의료 서비스 분야에서 계속 발전하는 것이죠. 하지만 현재의 인공지능 연구와 그 응용은 대부분 광고쪽이죠.

인공지능은 긍정적인 잠재력이 많지만, 그 부분에 대한 관심은 부족할 것 같아요. 그리고 우리는 긍정적인 쪽으로 노력하고 있지만, 그걸로는 충분하지는 않죠. 거기에는 위험, 일자리 감소, 사회적인 격변이 일어날 것이라는 점도 이해합니다. 저는 일반인공지능을 만들 수 있다는 기술적인 측면에서 긍정적이지만 우리가 개발하는 것과 우선순위를 정하는 방법이 어떻게 변하는지 보고 싶어요. 현재 우리가 인공지능을 만들고 배포하는 방법이 완전히 좋은 방향이라고는 생각하지 않습니다. 인류에게 긍정적인 방향으로 인공지능을 이끄는 방법에 대해서는 계속해서 진지하게 고민해봐야 할 것입니다.

게리 마커스

게리 마커스는 뉴욕 대학교 심리학 및 신경 과학 교수로 아이들이 언어를 배우며 동화하는 방법에 대한 연구를 하고 있고, 이런 발견을 통해 인공지능 분야에 도움을 주고 있다. 그는 베스트셀러 저자이자 <뉴요커>와 <뉴욕타임즈>에도 인공지능과 뇌 과학에 관한 수많은 글을 남겼다. 그리고 머신러닝 스타트업인 *Geometric Ingelligence*를 설립하고 최고경영자로 역임했으며, 2014년에 우버의 자회사가 되었다.

딥러닝에 관한 비판으로 유명하고, 현재 접근법을 사용하면 곧 막다른 벽을 만나게 될 것이라고 했다. 또한 인간의 마음이 빈 슬레이트가 아니라 학습을 가능하게 하는 중요한 구조로 미리 구성되어 있다고 지적했다. 신경망만으로는 일반인공지능을 달성하는 데 실패할 것이고, 지속적인 발전을 위해서는 인공지능 시스템에 보다 선천적인 인지 구조를 통합해야 한다고 생각하고 있다.

❝ 모든 컴퓨터 과학 기술처럼 인공지능 시스템을 설계하는 데 역시 다양한 사람들이 필요하다고 생각해요. 여성뿐만 아니라, 남성, 다른 문화, 다른 인종의 사람들 모두요. 모두가 인공지능 시스템을 쓸 거니까요. 그렇지 않으면 두 가지 큰 문제가 생깁니다. 시스템이 특정 집단에만 적절하거나 혹은 특정 집단에만 이익을 가져다주게 될 겁니다. 따라서 모두가 함께 이 시스템을 만들어야 합니다. **❞**

바바라 J. 그로스츠
(BARBARA J. GROSZ)

하버드 대학 자연 과학과 교수

바바라 J. 그로스츠(Barbara J. Grosz)는 하버드 대학의 자연 과학과 교수입니다. 애플의 시리(Siri)나 아마존의 알렉사(Alexa)와 같이 개인 비서 프로그램의 대화 처리 방식에 획기적인 공헌을 했습니다. 1993년, 인공지능 향상 협회(Association for the Advancement of Artificial Intelligence)의 여성으로서는 처음으로 회장직을 맡았습니다.

마틴 포드 : 인공지능에 관심을 갖게 된 이유는 무엇이며 어떻게 커리어를 쌓아가셨나요?

바바라 그로스츠 : 행운의 연속이었어요. 수학선생님이 되고 싶다는 꿈을 가지고 대학에 입학했습니다. 중학교 때 만난 수학선생님 덕분에 이 꿈을 가지게 되었습니다. 그 선생님은 제게 수학적 재능이 있다며, 여성도 수학 교사를 할 수 있다고 말해주셨죠. 그 덕분에 희망을 품고 코넬 대학에 진학했습니다. 그때 코넬 대학은 처음으로 컴퓨터 과학이라는 분야를 신설했던 것으로 기억해요.

그 당시, 미국에서 컴퓨터 과학을 전공한 대학 졸업생은 단 한 명도 없었습니다. 하지만 코넬 대학은 그 특권을 선사했죠. 컴퓨터 과학의 수치적 해석을 공부하다가 버클리 대학원에 진학하게 되고, 석사 과정을 마친 후 박사 과정을 밟게 되었어요.

전산 과학이라 불리는 곳에서 연구하고, 이론적 컴퓨터 과학과에서도 짧게 일했어요. 컴퓨터 과학의 수학적인 영역을 좋아했지만 큰 문제들은 별로 없다고 생각했습니다. 논문 주제를 한참 동안 찾고 있을 때, 많은 동료들과 얘기를 나눴습니다. 앨런 케이가 이렇게 말하더군요. "잘 들어봐. 논문은 좀 더 야심 찬 주제로 가야 하지 않겠어? 그러니까 이런 프로그램을 짜보는 건 어때? 어린이들의 이야기를 읽고 등장인물의 입장에서 다시 들려주는 프로그램 같은 것 말이야." 그때부터 자연어 처리에 관심을 가지게 되었고, 결국 인공지능 연구자가 되었습니다.

마틴 포드 : 앨런 케이요? 팰로앨토 연구소(Palo Alto Research Center, PARC, 구명칭 : Xerox PARC)에서 그래픽 사용자 인터페이스를 개발하신 분 맞죠? 거기서 스티브 잡스가 매킨토시를 위한 아이디어를 얻었죠.

바바라 그로스츠 : 네, 맞아요. 앨런은 그 연구소에서 수석 연구원이었습니다. 객체

바바라 J. 그로스츠

지향 언어인 스몰 토크(Small talk)라는 프로그래밍 언어를 만들 때 그와 함께 일했는데 유치원 어린이들부터 12학년(고등학교 3학년) 학생들까지 모두 쉽게 배울 수 있는 언어를 만들고자 했어요. 어린이 동화 프로그램도 스몰 토크 언어로 만들었죠. 스몰 토크 시스템이 다 만들어지기 전에 어린이 동화라는 것이 단순히 읽고 이해하는 수준을 넘어 문화를 알려주기 위한 목적도 있다는 것을 깨달았습니다. 그래서 그 과제를 풀기 정말 힘들었어요.

그 시기에 DARPA(역자 주 : Defense Advanced Research Projects Agency(방위 고등 연구 계획국)는 미국 국방성의 연구, 개발 부문을 담당하고 있으며 인터넷의 원형인 ARPANET을 개발한 것으로 잘 알려져 있다)의 프로젝트를 진행하면서 처음으로 음성 인식 시스템을 만들었고 SRI 인터내셔널(SRI International)에서 일하던 직원이 저에게 이런 제안도 했어요. "어린이 동화 문제에 도전하고 싶다면 우리랑 함께 일하면서 좀 더 일반적인 자연어 처리, 실무 중심의 언어 처리에 대해, 특히 텍스트 말고 음성 중심의 일들을 해보는 게 어때요?"라고요. 그 후, DARPA 음성 팀에 합류했는데 그때가 인공지능 연구원의 첫걸음이었습니다.

그들과 일하면서 대화라는 것이 질문과 답변의 순서쌍을 넘어 업무에 따라, 상황에 따라 구조화된다는 것을 발견했습니다. 인간은 문장들을 단순히 내뱉는 것이 아니라 항상 뉴스, 교과서, 동화와 같은 큰 구조 속에서 말하고 있다는 것을 깨닫고, 이 구조들을 모델링할 수 있었죠. 이것이 제가 인공지능과 자연어 처리에서 큰 기여를 했던 부분입니다.

마틴 포드 : 대화를 어떻게 해서든 만들어 보겠다는 노력의 첫 결과였군요. 대화 구조가 수치화되어 계산될 수 있다는 아이디어 말이에요.
이게 매우 중요한 부분인 것 같은데, 어떻게 이 아이디어들을 개선해 왔는지 말씀해 주실 수 있나요? 연구 초창기와 비교해 볼 때, 지금의 자연어 처리 수준은 많이 발전했나요?

바바라 그로스츠 : 정말 놀라워요. 초기 연구는 대화가 유창하게, 자연스럽게 이어 질 수 있도록 프로그래밍하는 데 집중했습니다. 앨런 케이와 같이 일한 것도 그와 저 모두 컴퓨터가 사람에게 맞출 수 있는 방식에 관심이 있었기 때문이었어요.

그때 당시, 언어학에서 문법과 구문 연구, 철학적 언어학에서 의미적 구성과 관련 된 연구들이 많이 진행되었습니다. 컴퓨터 과학에서는 파싱(역자 주 : 컴퓨터 과학에서 파싱((syntactic) parsing)은 문장을 의미있는 단위로 분해 혹은 가공하는 것을 말한다) 알고리즘을 개발하고 있었습니다. 개별 문장의 이해보다 언어적 이해가 필요하다는 것을 알 고 있었고 문맥이 중요하다는 것을 알았지만, 그것을 이해하기 위해 공식적인 도 구나 수학, 계산적 구조가 필요하다는 사실을 몰랐습니다.

가설을 세우고 이론적으로 검증하는 데 시간을 쏟을 수 없다고 판단하여, 실제 상 황에서 대화가 어떻게 이루어지는지에 관한 샘플을 얻어 봐야겠다고 생각했습니 다. 그 덕분에 이 접근 방식을 고안해 낼 수 있었고 나중에 심리학자들이 "오즈의 마법사" 접근법이라 부르는 것이 되었죠. 이 작업을 좀 더 설명하자면, 전문가와 견습생을 서로 다른 방에 앉히고 전문가에게 견습생이 어떤 것을 할 수 있도록 설 명해 주라고 지시했어요. 일련의 대화 방식이 작업 구조에 영향을 받는다는 사실 을 알게 되었죠.

나중에, 캔디 시드너와 "주의, 의도 그리고 논의의 구조"(Attention, Intentions, and the Structure of Discourse, 역자 주 : https://www.aclweb.org/anthology/J86-3001)라는 제목의 논문을 공동 집필했습니다. 이 논문에서는 대화라는 것이 언어 적 구조를 가지고 있음과 동시에 이유와 목적에 관련된 의도적 구조도 있다는 것 을 말하고 있어요. 이 의도적 구조는 작업 구조의 일반화 형태입니다. 이러한 구 조적 측면은 주의 정도에 따라 조정되죠.

마틴 포드 : 오늘날과 가장 큰 차이는 어떤 것인가요?

바바라 그로스츠 : 아무것도 듣지 못했던 음성 시스템이 매우 능숙한 시스템이 되었다는 것이에요. 초기에는 말하기도 힘들었고, 올바른 의미를 이해하지도 못했습니다. 오늘날, 기계 번역 시스템은 개별적인 문장이나 말들을 잘 처리할 수 있게 되었죠.

하지만 실제로 대화가 어떻게 이루어지는지 생각해보면 시스템의 본질적 부분은 올바르게 작동되지 않습니다. 미리 짠 대본을 바탕으로 대화를 이어나갈 수도 있겠지만, 진정한 대화로 이어나가지 못할 수 있어요. 예를 들어, 정해진 대본의 흐름대로 아이들과 대화할 수 있는 바비인형이 있다고 해봅시다. 개발자가 예상하지 못한 방식으로 어린이가 대답한다면 문제가 발생할 수 있어요. 실수로 인해 심각한 윤리적 문제가 발생할 수 있죠.

비슷한 예로 개인 비서 시스템이 있다고 해보죠. 가까운 응급실이 어디냐고 물었을 때 현재 위치와 가장 가까운 병원을 알려주겠지만 다리가 삔 것 같은데 삔 다리를 치료하기 위해 어디로 갈 수 있는지 묻는다면 삔 발목의 치료법을 알려주는 웹사이트를 알려줄 수 있습니다. 이는 심각한 문제가 아니라고 할 수 있겠지만, 누군가 심장마비가 와서 심장마비에 대해 물어본다면 이런 대화 방식은 응급 처리를 지연시키고 사망에 이르게 할 수도 있습니다.

데이터 학습을 기반으로 한 대화형 시스템 역시 비슷한 문제를 보입니다. 지난 여름(2017년), 저는 컴퓨터 언어학 협회의 평생 공로상(Association for Computational Linguistics Lifetime Achievement Award)을 수상했어요. 그 컨퍼런스에서 연설할 때 이런 말을 했습니다. "대화형 시스템을 잘 만들고 싶다면 트위터는 좋은 대화 형식이 아니라는 사실을 알아야 합니다." 실제 사람들의 대화형 시스템을 만들고 싶다면 실제 데이터가 필요해요. 사람들이 직접 주고 받는 데이터는 트위터 데이터보다 훨씬 얻기 어렵지만요.

마틴 포드 : 대본에서 벗어나는 사례를 얘기해 주셨는데, 실제 지능과 순수 자연어 처리 사이에 차이가 있는 것 같네요. 예측하지 못한 상황을 처리할 수 있는 능력이야말로 진정한 지능이라고 볼 수 있으니까요. 자동화 로봇과 사람을 구분할 수 있는 점이죠.

바바라 그로스츠 : 아주 정확해요. 실제로 그런 문제가 심각합니다. 서로 다른 언어의 문장, 똑같은 의미의 서로 다른 문장, 다음 문장과 이전 문장의 쌍과 같이 많은 데이터로 딥러닝을 학습하면 모델은 실제로 그 문장이 어떤 의미를 지니는지 알지 못할 거예요.

이 문제는 1960년대 폴 그리스, 존 랭쇼 오스틴, 존 설이 주장했던 "언어는 행동이다"라는 철학적 물음으로 되돌아가는데요. 예를 들어, 컴퓨터에게 "프린터가 고장났어"라고 말하면 "알려줘서 고마워요. 기록했습니다"라고 대답해서는 안 되겠죠. 실제로 원하는 것은 시스템이 알아서 프린터를 고치는 것이니까요. 그렇게 하기 위해서는 왜 그런 말을 했는지 시스템이 반드시 이해해야 합니다.

현재 딥러닝 기반의 자연어 처리 시스템은 이런 종류의 일들을 잘 못합니다. 여기서 알 수 있는 것은 통계적 학습, 패턴 인식, 빅데이터 분석은 잘하지만 껍데기일 뿐이라는 사실입니다. 누군가의 목적을 파악하지 못하고 대화의 의도적인 구성을 무시합니다. 딥러닝 기반 시스템은 다른 종류의 지능들이 결여되어 있습니다. 역설적인 추론이나 상식적인 추론 등을 하지 못하죠.
사람은 대화하기 위해 이 모든 능력을 사용합니다. 이 때문에 사람조차 실제 대화 목적을 파악하는 데 어려움을 겪기도 하죠!

마틴 포드 : 이 분야의 최신 기술은 무엇인가요? IBM 왓슨(역자 주 : IBM사에서 개발한 인공지능 시스템)이 제퍼디(역자 주 : 《제퍼디》는 역사, 문학, 예술, 팝 문화, 과학, 스포츠, 지질학, 세계사 등의 주제를 다루는 미국의 텔레비전 퀴즈 쇼)에서 우승하는 것을 봤을 때 충격적이었

　　　　　　　　　　　　　　　바바라 J. 그로스츠

요! 제가 느꼈던 정도로 대단한 것인가요? 혹은 다른 최신 기술들을 알려주실 수 있나요?

바바라 그로스츠 : 애플의 시리나 IBM의 왓슨은 상당히 놀랄만한 것이죠. 경이로운 업적입니다. 오늘날 자연어 처리, 음성 인식 기술은 아주 대단합니다. 컴퓨터 시스템과 상호작용하는 방식이 바뀌고 있고 많은 일들을 할 수 있게 되었어요. 하지만 대화를 시도해보면 사람 수준의 언어 능력 근처에도 못 미친다는 사실을 바로 알 수 있습니다.

시리가 2011년에 출시되었을 때 3개의 질문만에 대화를 이어 나갈 수 없다고 느꼈죠. 왓슨이 실수하는 부분들을 보면서 사람이 언어를 처리하는 것과는 확연히 다르다는 것을 알 수 있었어요.

그래도 컴퓨팅 파워, 빅데이터 덕분에 70년대보다 경이로운 발전을 이뤄냈고 이점은 상당히 놀랄만한 것이라고 생각해요. 너무 풀기 힘든 문제들이었기에 살면서 그런 일들을 볼 수 없을 것 같았는데 실제로 많은 것들을 할 수 있는 인공지능이 개발되고 있어 기쁩니다.

마틴 포드 : 정말 이렇게까지 발전되리라고 예상하지 못했나요?

바바라 그로스츠 : 1970년대에요? 네 전혀 예상치 못했어요.

마틴 포드 : 왓슨은 정말 대단하더라고요. 말장난이나 농담도 할 줄 알고 복잡한 언어도 구사하더군요.

바바라 그로스츠 : 하지만 시스템 기반에 많은 한계점들이 있습니다. 무엇이 잘 되고 잘 안되는지 이해하는 것이 중요한 때이죠.

사람을 대체할 수 있는 일반인공지능 개발을 목표로 하는 것이 아니라 이런 능력들의 장단점을 파악하고 사람을 보완할 수 있는 시스템을 개발하는 데 중점을 두어야만 세상에 긍정적인 영향을 줄 수 있는 인공지능 시스템을 만들 수 있다고 생각합니다.

마틴 포드 : 대본대로 흘러가지 않고 인간처럼 대화한다는 것을 알기 위한 튜링 테스트(역자 주 : Turing test, 기계가 인간과 얼마나 비슷하게 대화할 수 있는지를 기준으로 기계에 지능이 있는지를 판별하고자 하는 테스트로, 앨런 튜링이 1950년에 제안했다)가 있잖아요. 이 부분에서도 몇 가지 추가 작업을 하셨다고 들었는데요. 튜링 테스트의 목적은 무엇이고 기계 지능을 테스트하기에 좋은 것인가요?

바바라 그로스츠 : 튜링 테스트는 1950년대 고안된 것으로 그때 당시의 컴퓨터가 사람들에게 충격적인 것으로 여겨졌어요. 물론 현대의 스마트폰에 비해 아무것도 아니지만 그때는 기계가 실제로 사람이 사고하는 것처럼 생각할 수 있을까라고 궁금했다고 합니다. 튜링이 "지능"이나 "사고"라는 단어를 쓰긴 했지만 노벨상을 받을 만한 뛰어난 지능을 의미하는 것은 아니에요.

튜링은 매우 철학적인 질문을 던졌는데 기계가 어떤 종류의 행동을 할 수 있을지 생각했다고 합니다. 1950년대 심리학은 행동주의(역자 주 : 인간이나 동물의 심리를 객관적으로 관찰과 예측이 가능한 행동들을 통해 연구할 수 있다고 보는 이론이나 관점)에 기반을 두고 있었고, 그래서 행동만 관찰하고 내면은 보려고 하지 않았어요.

튜링 테스트는 지능을 테스트하기에 좋은 테스트가 아니에요. 솔직히, 저도 튜링 테스트를 통과하지 못할 거예요. 사교적인 농담에 서투르거든요. 튜링 테스트는 현재 인공지능의 목적과 잘 부합하지 않습니다. 튜링은 정말 똑똑한 분이에요. 오늘날 살아 계신다면 지능을 테스트하기 위한 다른 형태의 테스트를 제안했을 겁니다.

바바라 J. 그로스츠

마틴 포드 : 그래서 튜링 테스트를 보완할 수 있는 테스트를 제안하셨군요.

바바라 그로스츠 : 튜링 씨라면 무엇을 제안했을지 모르겠지만 저는 이렇게 제안하고 싶어요. 인간은 사회적 동물이며 사회적 상호작용을 통해 지능을 개선합니다. 많은 환경에서 협력하는 인간을 볼 수 있죠. 그래서 인공지능의 목표가 이런 것이어야 합니다. 좋은 팀플레이어가 되어 함께 일하면서 실제로 인간인지 아닌지 몰라야 한다고 생각해요. 그게 노트북, 로봇, 휴대폰을 인간이라고 생각해야 한다는 게 아니라 "왜 그게 저렇게 했을까?"하고 의심하지 않을 정도로 잘해야 한다고 생각합니다.

이게 훨씬 더 나은 목적이라고 생각해요. 사회적 상호작용을 잘하는 것으로 목적을 두면 몇 가지 이점들이 있습니다. 한 가지 이점은 점진적으로 개선된다는 것에 있어요. 시스템을 구축할 어떤 부분을 선택하면 그곳에서 상당히 지능적인 시스템을 구축하고 잘 작동하게 할 수 있어요. 만약 그렇다면 거기에 지능이 있다고 말할 수 있겠죠. 물론 어린아이들은 다양한 방식으로 다양한 지능을 갖게 되지만요.

튜링 테스트는 성공하든, 실패하든 그 뒤에 어떻게 개선할 수 있는지에 대한 지침이 없습니다. 하지만 과학이 발전하기 위해서는 실패와 성공을 통해 배워야 하죠. 또 제가 제안한 테스트는 사람들과 컴퓨터 시스템이 상호 보완적인 관계에 있다는 것을 인식하고 있습니다.
튜링 탄생 100주년을 기념하여 에든버러에서 연설할 때 이 테스트를 처음 제안했어요. 컴퓨터와 심리학의 발전들을 고려해 "새로운 테스트가 필요합니다"라고 말했죠. 새로운 아이디어를 듣기 위해 후속 회담을 요청받았습니다. 지금까지 반응은 이 테스트가 좋은 테스트라고 하네요.

마틴 포드 : 기계가 인간 수준의 지능을 갖게 되면 바로 알 수 있을 것 같아요. 어떤

명백한 게 있을 수도 있거나 정해진 테스트로 판단할 수 없는 문제이기도 할 텐데, 인간 수준의 지능을 한 가지 테스트로만 판단할 수 있을지 모르겠네요. 제가 묻고 싶은 것은 어떻게 인간은 다른 사람들이 지능적이라는 것을 알게 되나요?

바바라 그로스츠 : 관찰력이 좋으시네요. 제가 말했던 "가장 가까운 응급실이 어디고, 어디에 가면 심장 마비를 치료할 수 있는지" 물어보는 예제를 다시 생각해 봅시다. 인간이 지능적이라고 한들 그 질문에 제대로 답해 줄 사람은 거의 없겠죠. 다른 나라에 사는 사람에게 영어로 질문하면 대답을 못할 수도 있어요. 하지만 위의 질문에서 둘 중 하나의 질문에 답할 수 있다면 다른 질문에도 답할 수 있을 거예요. 요점은 기계가 두 질문 모두 답했다면 "어, 지능적인데?"라고 생각할 수 있다는 것이죠. 둘 중 하나만 제대로 답했다면 지능적이지 않다고 생각할 테고요.

제가 제안한 테스트에서도 똑같이 생각해 볼 수 있습니다. 어떤 부분에서 인공지능 시스템이 진행 중이고 다른 사람이 처리하는 것만큼 지능적으로 행동한다면 인공지능이 지능적이구나 생각할 수 있을 거예요. 현재 인공지능 시스템은 어떤 한 부분에서는 정말 잘해서 놀라게 하는데, 또 다른 부분에서는 정말 멍청하다고 느끼게 합니다. 그때 우리는 어느 부분에서 예상했던 방식이 아닌 이상하게 작동했는지 알고 싶어하고 그 부분을 보면 결국, 인공지능이 별로 똑똑하지 않다는 것을 알게 되죠.

반면, 제가 제안한 테스트에는 시간 제한이 없어요. 실제로 시간을 길게 주어야 하고요. 튜링 테스트 역시 시간 제한 없는데 현재 인공지능 대회에서는 종종 시간 제한을 두죠.

마틴 포드 : 그렇네요. 사람들은 30분만 똑똑한 게 아니니까요. 진짜로 지능적인지 보여주기 위해서는 검증 시간을 무기한으로 해야 할 것 같습니다. 매년 튜링 테스트가 일정 제한 조건 하에서 진행해 통과하면 '뢰브너 상(역자 주 : 뢰브너 상(Loebner

Prize)은 매년 개최되는 채터봇 대회)'을 주는 것 같던데요.

바바라 그로스츠 : 맞습니다. 아까 자연어 처리의 예시를 얘기했던 것처럼 한정된 부분에서, 한정된 시간 안에만 두각을 보이는 것으로 충분하다면 테스트에만 적합하게 만든 싸구려 해킹 인공지능시스템이 그 상을 받겠죠!

마틴 포드 : 멀티 에이전트 시스템은 좀 어려워 보이던데 이 부분에 대해 조금 설명해 줄 수 있나요?

바바라 그로스츠 : 캔디 시드너와 의도적 대화 모델을 만들고 있을 때, 언어 행동 이론의 철학을 공식화하고 개별 로봇에 적용한 인공지능 모델을 이용하려고 했어요. 하지만, 대화 문맥에 적용하려 했을 때 이것만으로 부족하다는 것을 깨달았죠. 팀워크, 협력, 함께 하는 일들은 개별적인 계획의 합으로 특징지어질 수 없다는 것을요.

즉, 내가 이 행동을 하려 하고, 상대방은 다른 행동을 하려 할 때 단순히 두 행동이 함께 일어나는 형태로 일이 일어나는 것이 아니라는 거예요. 동시에, 인공지능 계획 연구원들은 종종 장난감 블록 쌓기와 관련된 예시를 사용했는데, 저도 파란 블록과 빨간 블록을 가진 서로 다른 아이가 두 종류의 블록이 있는 탑을 쌓는 예시를 사용했어요. 즉, 파란 블록을 가진 아이가 쌓으려는 곳과 빨간 블록을 가진 아이가 쌓으려는 곳이 같을 수도 있다는 것이죠. 그들의 계획이 동시에 만족될 수 없는 상황이 벌어집니다.

시드너와 저는 컴퓨터 시스템, 여러 명의 참여자가 있는 상황을 다룰 수 있는 새로운 접근 방식이 필요하다고 생각했어요. 그래서 멀티 에이전트 시스템과 관련된 연구를 시작하게 되었죠.
컴퓨터 에이전트가 다른 에이전트 사이에 있다고 생각해야 해요. 1980년대에는 여러 로봇이나 소프트웨어 에이전트, 컴퓨터 에이전트가 경쟁과 협력에 대한 질문을 던지는 상황을 주로 연구했습니다.

마틴 포드 : 컴퓨터 에이전트라는 것이 정보를 찾거나, 특정 행동을 수행하거나, 어떤 것을 하는 프로그램이나 프로세스를 말하는 것인가요?

바바라 그로스츠 : 맞습니다. 일반적으로 컴퓨터 에이전트는 자율적으로 작동할 수 있는 시스템을 말합니다. 대부분의 컴퓨터 에이전트는 로봇이고 인공지능 연구자는 거기에 소프트웨어 에이전트도 같이 포함시켰죠. 오늘날 컴퓨터 에이전트는 검색을 하거나 경매도 하며 많은 일들을 하고 있어요. 굳이 물리적 실체가 없어도 됩니다.

예를 들어, 제프 로젠하임의 흥미로운 멀티 시스템 에이전트 연구가 있는데 거기서 여러 배달 로봇들은 도시를 돌아다니며 물건을 효율적으로 교환 운반하는 일들을 했어요.

지금 멀티 에이전트 시스템은 다양한 상황과 문제들을 다루고 있습니다. 전략적 추론이나 팀워크와 관련된 일들도 합니다. 최근에는 컴퓨터 에이전트끼리가 아니라 사람과 컴퓨터 에이전트가 함께 일하고 있는 연구들을 살펴보고 있습니다.

마틴 포드 : 멀티 에이전트 작업이 컴퓨터 협업 작업으로 이어졌군요?

바바라 그로스츠 : 네, 멀티 에이전트 시스템을 연구한 결과 중 하나가 컴퓨터 협업 모델이었어요.

협업의 뜻은 무엇이죠? 작업 전체를 각 사람들에게 나눠 분배하며 그 일에서 세부적인 것들을 파악하게 합니다. 서로 하위적인 작업들을 하겠다고 약속하고 그런 일련의 과정을 통해야 할 일을 까먹지 않고 제대로 수행할 수 있죠.

비즈니스에서는 한 사람이 모든 것을 하는 게 아니라 전문성에 따라 일을 분배한다는 것입니다. 비공식적인 협업도 이와 유사하죠.

이러한 직관을 바탕으로 사릿 크라우스와 함께 협업 모델을 만들었습니다. 그리고 새로운 연구 질문들을 만들었죠. 누가 무엇을 할 수 있는지, 잘못되면 어떻게 할지, 팀에서 자신의 역할과 의무는 무엇인지와 관련된 것들을요. 그래서 아무도 그냥 떠나거나, "어, 실패했네, 미안. 나 없이도 잘 마무리하길…"이라고 말할 수 없었죠.

2011~2012년은 캘리포니아에서 1년간 안식년을 보냈습니다. 그리고 협업에 관한 연구가 세상을 변화시킬 수 있을지 알아보기로 결심했습니다 그 이후로 스탠퍼드의 소아과 의사인 리 샌더스와 함께 의료 산업의 협력 방법을 연구하고 있습니다. 특히 한 명의 어린 환자를 12명에서 15명의 의사가 돌보는 것과 같은 상황에서 어떻게 의사들이 서로 협력할 수 있을지에 관련된 시스템을 개발하고 있습니다.

마틴 포드 : 인공지능 연구에 있어 의료 분야는 확실히 유망한 분야죠? 경제도 인공지능 덕분에 많은 생산성 향상이 있었고요. 햄버거 패티를 뒤집고 패스트푸드를 만드는 로봇을 만드는 것보다 인공지능이 혁신적인 약을 개발하게 해준다면 사회가 훨씬 더 좋아질 것 같은데요.

바바라 그로스츠 : 맞아요. 의료 산업은 교육 분야와 함께 많이 연구되고 있는 분야고, 사람을 대체하는 것보다 보완하는 형태의 시스템에 중점을 두고 있죠.

마틴 포드 : 이제 인공지능의 미래를 얘기해볼까 하는데요. 현재 딥러닝에 모든 관심이 쏠려 있어요. 언론의 보도 내용을 보고 인공지능과 딥러닝이 같은 것이라고 오해할 수도 있을 것 같습니다. 인공지능에 대해 전반적으로 말하자면 어떤 것들이 가장 중요한 사항인가요?

바바라 그로스츠 : 철학적 의미에서 딥러닝은 절대 깊지 않아요. 딥러닝의 딥 (deep)은 신경망을 여러 개의 층으로 많이 쌓는다는 것에서 왔어요. 그렇다고 딥러닝이 다른 종류의 인공지능 시스템보다 더 지능적이거나 깊은 사고를 할 수 있는 건 아닙니다. 보다 수학적으로 유연해 잘 작동하기 때문이죠.

딥러닝은 특정 분야, 어떤 신호가 있으면 그에 대한 출력을 얻을 수 있는 엔드 투 엔드(end-to-end, 역자 주 : 한쪽 끝에서 다른쪽 끝까지라는 뜻으로, 입력을 받고 입력을 처리해서 출력을 만들기까지의 전 과정을 관할하는 방식을 말한다) 같은 문제에서 잘 작동합니다. 하지만 데이터에 의해 제한을 받기도 하죠. 다른 범주의 사람들보다 백인 남성을 제일 잘 구분하는데, 이는 백인 남성의 데이터가 제일 많았기 때문이죠. 또 기계 번역은 일반적인 문자는 잘 처리하지만 소설이나 문학 작품의 언어들은 잘 소화하지 못해요. 데이터가 많이 없으니까요.

마틴 포드 : 그런 한계점이 널리 알려지면 딥러닝에 대한 반발이 생기지 않을까요?

바바라 그로스츠 : 수많은 인공지능 암흑기를 거치면서 지금은 두려움과 희망을 동시에 느낍니다. 딥러닝의 한계를 본 사람들이 "잘 안되네"라고 말할까 두렵기도 하지만 딥러닝은 정말 강력해서 많은 부분에서 대단한 성과를 보이고 있고 그래서 딥러닝의 암흑기는 오지 않을 것 같습니다. 하지만 딥러닝의 암흑기가 오지 않기 위해서는 사람들이 딥러닝의 한계를 분명히 알고 맞는 방향으로 고쳐 가야 한다고 생각해요.

사람을 고려해 만든 인공지능 시스템이 가장 좋을 거라고 생각합니다. 에세 카마르는 딥러닝이 학습하는 데이터는 사람에서 나온다는 것을 강조했어요. 딥러닝 시스템은 결국 사람에 의해 훈련되죠. 그리고 사람이 반복하면서 틀린 부분을 계속 가르쳐 주면 딥러닝 시스템은 더 개선될 겁니다. 다시 말해, 딥러닝은 매우 강력하고 환상적인 것들을 만들어 낼 거예요. 하지만 딥러닝이 인공지능의 전부는

바바라 J. 그로스츠

아닙니다. 상식적 추론도 잘 못하니까요.

마틴 포드 : 이제는 훨씬 더 적은 데이터로 학습할 수 있는 방법이 연구되고 있는데요. 현재 시스템은 대규모 데이터세트에 성능이 결정되니까요.

바바라 그로스츠 : 네, 여기서도 짚고 넘어가야 할 것이 있는데 대규모 데이터라는 것은 말 그대로 데이터가 많은 것을 의미하는 것이 아니라 데이터의 다양성이 풍부한 것을 의미합니다.

최근에 왜 그게 중요한지 생각해보고 있어요. 뉴욕이나 샌프란시스코에서 사용할 수 있는 시스템을 만든다고 생각해봅시다. 이 시스템은 다른 문화, 다른 언어, 다른 사회적 규범을 가진 사람들이 사용할 겁니다. 이 모든 것을 포함한 데이터 공간에서 샘플링해야 해요. 하지만 다양한 그룹에는 서로 다른 수의 데이터가 존재하는데, 잘 신경 쓰지 못하면 자칫 (약간 장난 식으로 말하자면) "이 시스템은 남성, 상위 소득자에 잘 맞는 시스템입니다"라고 말하게 되겠지요.

마틴 포드 : 그럼 다양한 데이터 집단을 구성하면 한쪽으로 편향되는 문제를 해결할 수 있겠네요?

바바라 그로스츠 : 맞아요. 의료 산업을 생각해보면, 몇 년 전까지만 해도 의학 연구는 오직 남성에게만 행해졌고, 이때 남성은 인간뿐만 아니라 동물도 포함돼요. 생물학적인 실험에서도 수컷 쥐만 얘기하고 있었죠. 암컷들은 호르몬을 가지고 있으니까요! 관련된 문제는 새로운 약을 개발할 때도 일어날 수 있어요. 젊은 사람과 나이 든 사람들의 복용량은 서로 다른데, 임상 실험 대상이 젊은 사람들만 있었다면 어떻게 될까요? 데이터의 편향 문제가 발생하겠죠. 얼굴을 인식하는 문제와 마찬가지로 모든 부분에서 이런 종류의 문제가 발생할 수 있습니다.

마틴 포드 : 인공지능에만 국한된 문제가 아니죠. 연구자가 내린 결정에 따라 데이터나 다른 것들이 편향적이게 될 수 있으니까요.

바바라 그로스츠 : 맞아요. 컴퓨터 시스템이 의학과 관련된 모든 논문들을 다 읽고 통계적인 분석을 통해 정보를 뽑아냈다고 해봅시다. 그런데 그 논문들이 전부 수 컷 쥐나 남성을 대상으로 한 연구 결과였다면 의도치 않게 시스템 역시 편향적이게 됩니다.
또한, 치안 유지와 공정성의 법적인 영역에서도 이런 문제들이 있어요. 따라서 이런 시스템을 만들 때 데이터가 어떻게 사용될 수 있는지 반드시 생각해야 합니다. 그중에서도 의학 분야는 데이터가 편향적이지 않게 상당히 주의를 기울여야 합니다.

마틴 포드 : 이제는 일반인공지능을 좀 얘기해보고자 합니다. 사람과 함께 일하는 기계를 만드는 일을 중점적으로 하는 것 같은데, 이 책에 인터뷰했던 많은 분들이 독립적인 지능을 가진 기계를 만드는 데 상당히 관심이 있더군요.

바바라 그로스츠 : 공상 과학 소설을 너무 많이 봤네요!

마틴 포드 : 일반인공지능에 대한 첫 번째 질문은 역시 일반인공지능은 달성될 수 있는가인데, 바바라 씨는 실현 가능하지 않다고 생각하실 수 있겠네요. 관련된 기술적 어려움에는 어떤 것들이 있나요?

바바라 그로스츠 : 1970년대 논문을 하나 완성하면서 학생에게 이렇게 말한 적이 있어요. "한 가지 확실한 것은 인공지능이 많은 것을 하지 못할 거니까 먹고 살 걱정은 안 해도 될 거야"라고요. 그런 예측을 했다는 것을 반성하고 있죠. 저는 점쟁이가 아닙니다.

바바라 J. 그로스츠

지금 일반인공지능이 맞는 방향으로 가고 있다고 생각하지 않습니다. 일반인공지능에서 윤리적인 위험들이 중요한데, 사람들이 일자리를 잃는 것과 같은 문제들이 있으니까요. 하지만 아직 걱정할 일은 아닙니다. 그런 날이 오려면 한참 멀었거든요. 요점은, 막연하게 미래에 일어날 일들을 걱정하는 것보다, 현재 일어난 윤리적 문제들을 해결하려고 노력해야 합니다.

일반인공지능은 가치 있을까요? 수백 년 동안 프라하의 골렘(Golem)이나 프랑켄슈타인 등의 이야기처럼 인간이 만든 생명체가 어떻게 될지 궁금해했죠. 그런 환상과 궁금증을 막지는 않겠지만, 일반인공지능에 대해 많이 생각하는 것은 자원 낭비라고 생각합니다.

마틴 포드 : 일반인공지능을 위해 넘어야 할 기술적 문제가 있다면요?

바바라 그로스츠 : 이미 한 가지 언급했던 데이터 문제가 있습니다. 다양한 범위의 데이터가 많이 필요한데, 그것을 윤리적인 방법으로 수집해야 합니다. 빅브라더 (역자 주 : Big Brother, 빅 브라더는 조지 오웰의 소설 1984에 등장하는 가공의 전체주의 국가인 오세아니아의 최고 권력자이다. 소설에서는 개인의 모든 사상과 생활까지도 개입하고 감시해 사회를 통제하는 모습을 그리는데, 국가의 감시를 나타내는 대표적인 상징으로 많이 사용된다)와 같이 모든 행동을 감시하고 정보를 수집할 텐데, 이 부분이 가장 큰 문제이자 풀어야 할 숙제입니다.

두 번째로는 현재 인공지능은 너무 한 분야에 특화되어 있다는 것입니다. 로봇은 집을 청소하거나 여행 팁이나 레스토랑을 알려줄 수 있겠죠. 거기서 일반인공지능으로 가려면 다른 영역을 쉽게 넘나들며 자신의 지능을 발휘해야 합니다. 미래도 생각할 줄 알아야 하고 상당히 어려운 문제죠.

마틴 포드 : 또 한 가지 큰 문제는 일자리에 미치는 영향이 아닐까 싶은데요. 일반

인공지능까지 가지 않아도 오늘날의 인공지능 시스템으로 충분히 노동자들을 대체할 수 있는 상황에 이르렀죠. 경제에서는 특히 어떤 부분들을 주목해서 봐야 하나요? 그리고 얼마나 심각할까요?

바바라 그로스츠 : 저도 걱정하고 있는 문제입니다. 하지만 조금 다른 시각으로 바라보고 있는데요. 기술자의 책임도 있지만, 비즈니스 세계에 더 많은 책임 문제가 있는 것 같습니다.

예를 들어, 어떤 서비스가 제대로 동작을 안 해서 고객 서비스 센터로 전화를 걸었다고 해 봅시다. 모두가 그런 것은 아니겠지만, 대체로 문제를 제대로 파악하고 그에 대한 해결책을 제시해주죠.

인건비가 비싸서 요즘은 컴퓨터 시스템으로 거의 대체하고 있습니다. 한때는 전문가 수준의 사람들을 다 없애고 대본만 읽을 수 있는 인건비가 낮은 사람들을 고용했는데, 결과는 좋지 않았어요. 대본만 읽을 수 있는 사람을 누가 필요로 하겠어요? 고객과의 상호작용 부분에서 상당히 질이 나빠지게 될 겁니다.
인공지능이 발전하면서 노동자를 대체할 더 많은 기회들이 생겨날 겁니다. 하지만 그렇다고 그 작업을 전체적인 부분을 다룰 수 없는 시스템만으로 대체한다면 문제가 발생하겠죠. 이것이 제가 사람을 '보완'해줄 시스템을 만들고 있는 이유입니다.

마틴 포드 : 저도 이것에 대해 많은 것을 썼는데요. 요점은 이 문제가 기술과 자본주의의 교차점에 있다는 것이죠.

바바라 그로스츠 : 아주 정확합니다!

마틴 포드 : 자본주의 역사에서 비용 절감은 경제적 이익으로 이어지는 등의 긍정

적인 면들이 많았습니다. 자본이 노동력을 급격히 대체할 변곡점에 있다고 하더라도 대체하지 않고도 자본주의가 성장할 수 있다고 생각할 필요가 있는 것 같습니다.

바바라 그로스츠 : 전적으로 동의합니다. 미국 예술 과학 아카데미에서도 얘기했지만 크게 두 가지 핵심 사항이 있습니다.

첫 번째로, 어떤 시스템을 만드는지가 아닌 어떤 시스템을 만들어야 하는지가 중요합니다. 자본주의 시스템이 모든 것을 다 산다고 해도 기술자로서 개발할 것인지에 관한 선택권이 있어요.

두 번째는 윤리적인 방식으로 컴퓨터 과학을 가르쳐야 하고, 학생들은 코드의 우아함, 효율성과 함께 윤리적인 부분들을 배워야 합니다.

이 회의에서 만난 기업 및 마케팅 담당자에게는 안전하면서 경쟁력 있는 자동차를 개발한 볼보(Volvo)의 사례를 설명했죠. 사람들과 잘 작동하는 시스템을 만드는 것이 기업 경쟁력이 될 수 있다는 사실을 알아야 합니다. 사람을 대체하는 것에만 관심 가지지 말고 사회 과학자나 윤리 학자와 함께 일하면서 "이 기술들을 개발하면 어떤 의미를 가질까요? 사람들과 잘 어울릴 수 있나요?"라는 질문을 던질 수 있는 엔지니어가 필요합니다.

단기적으로 잘 팔리고 경제적인 시스템을 만들 게 아니라 우리가 만들어야 하는 시스템을 만드는 데에 지원을 해주어야 합니다.

마틴 포드 : 경제적 영향보다 심각한 인공지능 위험들은 어떤 게 있을까요? 진짜 걱정해야 할 문제는 어떤 것인가요?

바바라 그로스츠 : 제 생각에는 인공지능의 기술이 세상에 나왔을 때 어떻게 디자인되고 어떻게 활용되는지와 관련된 문제들이 있어요.

선택에 대한 것이죠. 무기로도 이용될 수 있어요. 완전히 자율적인 시스템인지, 그 과정에 사람들은 어디에 있을지 말이에요. 자동차 산업에서는 일론 머스크가 선택권이 있겠죠. 일론 머스크가 테슬라는 자동 조종 장치가 있는 자동차가 있다고 말하지 않고 운전자 보조 장치를 가졌다고 말할 수 있었을텐데 그러지 않았죠. 실제로 자동 조종 장치가 없는데도 말입니다. 사람들은 그 자동 조종 장치의 아이디어를 사고 신뢰하지만 결국 그로 인한 사고가 발생할 겁니다.

따라서 우리는 어떤 기술들을 시스템에 넣을지, 어떤 목적을 지닐지, 어떻게 테스트 및 검증을 할지 선택할 수 있어요. 심각한 재앙이 올지는 결국 우리가 선택한 것에 달려있는 문제죠.

지금은 인공지능을 통합한 시스템을 구축하고 있는 사람들에게 절대적으로 중요한 시기입니다. 인공지능 시스템만이 문제가 되는 게 아니라는 말입니다. 모두가 주의를 기울이고 의도치 않은 결과들을 폭넓게 생각해봐야 합니다.

제 말은, 법은 의도치 않은 결과에 대해 생각해야 하고, 컴퓨터 과학자는 부작용에 대해 생각해봐야 합니다. 개발을 멈추고, "내가 바라는 대로 동작할 시스템을 만들 수 있을까?"를 되물어야 하고 모든 사람에게 그런 점들을 강조해야 합니다. 좀 더 장기적 관점에서 인공지능 시스템의 영향력을 생각해봐야 할 때입니다. 사회적 문제지요.

하버드에서 "지능 시스템: 설계와 윤리적 과제"에 대한 강의에서부터 그런 노력들을 실천하고 있습니다. 임베디드 윤리(Embedded EthiCS)라고 윤리 강령을 컴퓨터 과목과 합치는 것과 같은 일들을요. 시스템을 설계하는 사람들은 어떻게 코드를 효율적으로 프로그래밍할지만 생각해서는 안 되고, 시스템이 미칠 윤리적 문제들을 반드시 고려해야 합니다.

마틴 포드 : 그러면, 실존적 위협에 너무 관심이 쏠려있다고 생각하는군요? 일론

바바라 J. 그로스츠

머스크는 오픈AI를 만들고 이런 문제를 해결하기 위해 노력하고 있는데요. 이런 우려들이 조금 먼 미래에 일어날 일들이라도 이런 문제를 생각하는 것은 긍정적일까요?

바바라 그로스츠 : 인공지능 기술을 드론 등에 아주 쉽게 넣을 수 있기 때문에 매우 위험할 수 있습니다. 저는 안전한 시스템을 설계하려고 노력하는 사람, 학생들이 윤리적인 시스템을 설계하도록 가르치는 사람들을 좋아합니다. 그래서 그런 일들을 말리지 않을 겁니다.

하지만 그런 위협을 해결할 방법을 찾을 때까지 현재 연구를 멈춰야 된다고 말하는 것은 아닙니다. 이는 너무 극단적이니까요. 먼 미래의 위협 때문에 인공지능을 통해 더 나은 세상을 만들 수 있는데도 불구하고 그렇지 못하게 된다면 매우 부정적일 거라 생각합니다.

정리하자면 인공지능 시스템을 계속 개발하되 윤리적 문제를 생각하며 인공지능의 영향력과 한계를 정확히 직시해야 한다고 생각합니다.

마틴 포드 : 사람들과 함께 일할 수 있는 시스템을 구축해야 한다고 했을 때 거기에 대한 선택권은 엔지니어에게 있나요? 아니면 기업가에게 있나요? 그런 시스템을 만들겠다는 결정은 시장의 수요에 따라 크게 좌우될 것 같은데, 사회 전체가 선택해야 할 문제일까요? 그렇다면 관련된 정부의 규제가 필요한 곳도 있겠네요?

바바라 그로스츠 : 사람들과 함께 일하는 시스템을 만들지 않더라도, 결국 사람들과 함께 일하게 될 수 있고, 시스템을 고안할 때 사람들을 생각하는 편이 좋을 겁니다. 마이크로소프트의 인공지능 챗봇인 테이(Tay) 봇과 페이스북의 가짜 뉴스의 폐해는 인공지능 시스템이 모든 사람들이 있는 "현실"에 배포되었을 때 어떤 일이 있을지 고려하지 못한 사례이며, 모든 사람이 긍정적인 방향으로 기술을 사용하지 않을 거라는 걸 의미하죠. 사람들을 고려하지 않으면 절대 안 되겠죠!

그래서 법이나 정책, 규제가 필요한 부분이 있다고 생각합니다. 사회 학자나 윤리 학자와 함께 시스템을 설계했을 때 더 나은 시스템을 만들 수 있다고 생각하기 때문에 사람들과 함께 일할 수 있는 시스템을 만드는 데에 관심이 매우 많죠. 정책이나 규제는 설계 측면에서 할 수 없는 부분들만 다루어야 합니다. 시스템 설계에서 과도한 개입이나 규제가 아니라요. 최고의 시스템을 만들기 위해 최선을 다하고 마무리로 정책이 버무려진다면 아주 훌륭한 시스템이 만들어질 거예요.

마틴 포드 : 규제와 관련돼서 중국과 치열한 인공지능 경쟁이 벌어지고 있는데요. 규제가 많이 없는 중국에서 인공지능이 급격하게 성장하고 있는 것을 보면 많은 규제는 성장을 방해할 수도 있다고 봐야 하지 않을까요?

바바라 그로스츠 : 좀 극단적으로, 규제로 인해 인공지능 연구 및 개발을 중지하게 된다면 대답은 '네'입니다. 하지만 윤리적인 부분과 효율성을 동시에 보고 있으므로 대답은 '아니오'에요. 인공지능이 계속 발전하고 있으니까요.
가장 큰 문제는 무기와 관련된 시스템입니다. 적은 인공지능 기반 무기가 있는데 우리는 없다면 어떤 일이 벌어질까요? 이 주제는 매우 광범위해서 다 얘기하는 데 한 시간이 넘게 걸릴 거예요.

마틴 포드 : 마지막으로, 이 분야에서 여성에 대해 여쭤보고 싶어요. 특히 이제 인공지능에 막 뛰어들고자 하는 여성이나, 남성, 학생들에게 조언해주고 싶은 것이 있나요? 인공지능 분야에서 여성의 역할들이 어떻게 발전해 왔는지 말해줄 수 있나요?

바바라 그로스츠 : 일단 모두에게 해주고 싶은 말은 인공지능 분야는 현시대에서 가장 흥미로운 주제들을 다루고 있다는 겁니다. 분석적 사고, 수학적 사고, 사람의 행동을 분석하고 엔지니어링적 사고가 요구되죠. 모든 종류의 사고와 디자인을 경험하게 될 겁니다. 다른 분야도 재밌는 것이 많지만 인공지능이 제일 핫한 것

같아요. 인공지능은 훨씬 강력한 도구들과 컴퓨팅 파워가 있으니까요. 제가 이 분야에 뛰어들 당시, 컴퓨터에서 결과가 나올 때까지 시간이 너무 오래 걸려서 스웨터를 짜고 있는 동료도 있었어요!

모든 컴퓨터 과학 기술처럼 인공지능 시스템을 설계하는 데 역시 다양한 사람들이 필요하다고 생각해요. 여성뿐만 아니라, 남성, 다른 문화, 다른 인종의 사람들 모두요. 모두가 인공지능 시스템을 쓸 거니까요. 그렇지 않으면 두 가지 큰 문제가 생깁니다. 시스템이 특정 집단에만 적절하거나 혹은 특정 집단에만 이익을 가져다주게 될 겁니다. 따라서 모두가 함께 이 시스템을 만들어야 합니다.

처음에는 이 분야에 여성을 찾아보기 힘들었고, 어떤 남성과 함께 일했는지에 따라 엄청 좋았거나 일부는 매우 끔찍한 경험들도 했죠. 이 기술을 다루는 대학, 회사들은 모두 다양성을 확보하기 위해 노력해야 합니다. 남성뿐만 아니라 여성도, 비주류 집단도 다 포괄하는 환경을 만들고, 그랬을 때 더 나은 팀과 더 나은 설계로 멋진 시스템을 만들 수 있을 거예요.

바바라 그로스츠는 하버드 응용 과학 및 공학 대학의 자연 과학과 교수이며 산타페 연구소의 회원이다. 자연어 처리 분야의 개척자이자 멀티 에이전트 협력과 인간과 컴퓨터 상호작용 적용과 관련된 연구로 인공지능 분야에 큰 기여를 했다. 현재는 의료 산업의 협력 시스템과 과학 교육에 관한 연구를 진행하고 있다.

코넬 대학에서 수학을 전공했고 UC버클리 대학교에서 컴퓨터 과학 석사 및 박사 학위를 취득했다. 많은 상을 받았으며 국립 공학 아카데미(National Academy of Engineering), 미국 철학 학회(American Philosophical Society), 미국 예술 과학 아카데미(American Academy of Arts and Sciences) 회원이자 인공지능 발전 협의회(Association for the Advancement of Artificial Intelligence)및 컴퓨터 기계 협의회(Association for Computing Machinery) 연구원으로 선출되었다. 2009년 ACM/AAAI 앨런 뉴웰 상, 2015년 IJCAI 연구 우수상, 2017년 컴퓨터 언어학 평생 공로상을 수상했다.

" 저희의 목표는 인간에 대적할만한 지능을 만들기 위해 논리, 언어, 추론 기반의 지능을 만들고자 하는 것입니다. 다시 말해, 인간의 자연어 처리 방식과 흡사하게 언어를 배우고 지식을 전달하고 추론할 수 있는 능력을 만드는 것이죠. 매우 구체적인 목표를 가지고 있어요. **"**

데이비드 페루치(DAVID FERRUCCI)

ELEMENTAL COGNITION의 설립자
APPLIED AI와 브리지워터 어소시에이츠(Bridgewater Associates)의 임원

데이비드 페루치는 IBM사 왓슨 팀을 만들고 2011년 퀴즈 쇼 "제퍼디!(Jeopardy!)"에서 최고의 플레이어들과 대결해 우승할 때까지 팀을 이끌었습니다. 2015년에는 언어 이해 능력을 가속하는 새로운 인공지능 시스템을 만드는 데 중점을 둔 Elemental Cognition을 설립했습니다.

마틴 포드 : 어떻게 컴퓨터에 관심을 가지게 되셨나요? 또 인공지능 분야에서 걸어오신 길이 궁금해요.

데이비드 페루치 : 컴퓨터가 널리 보급되기 전부터 관심을 가졌어요. 어렸을 때 부모님은 제가 의사가 되길 원하셨고, 아버지는 제가 방학 동안 아무 계획도 없이 집에 있는 걸 싫어하셨어요. 고등학교 3학년 여름에 아버지가 신문에서 근처 대학교에서 열리는 수학 강좌를 발견하셔서 그 수업을 듣게 되었습니다. 실제로 DEC 컴퓨터에 BASIC으로 프로그래밍하는 수업이었는데 컴퓨터에 지시를 내릴 수 있고 머릿속으로 생각하는 알고리즘을 분명히 표현할 수 있다면 컴퓨터에서 실행이 가능하다는 점이 정말 경이롭다고 생각했어요. 컴퓨터는 데이터와 사고 과정을 저장할 수 있는데 이 점을 잘 활용해서 컴퓨터가 저 대신에 모든 것을 생각하고 외우도록 만들 수 있다면 의사가 되려고 그렇게 노력할 필요가 없을 거라 생각했죠.

그렇게 정보를 저장하고, 추론하고, 생각하고, 체계화하는 것처럼 뇌에서 일어나고 있는 과정을 알고리즘으로 바꾸는 것에 관심이 생겼어요. 만약 컴퓨터에게 자세하고 정확하게 설명해준다면 컴퓨터는 그걸 할 수 있을테니까요. 정말 매력적인 주제였고, 그건 제 생각을 바꾸는 계기가 되었습니다.

당시 저는 '인공지능'이라는 단어를 몰랐지만 수학적이고, 알고리즘적이고, 철학적인 관점에서 만들어진 지능이라는 개념에 매우 관심이 있었습니다. 기계에서 인간의 지능을 모델링하는 것이 가능하다고 믿었고, 그게 아니라고 생각할 이유가 없었죠.

마틴 포드 : 그럼 대학교 때 컴퓨터 과학 분야로 들어가셨나요?

데이비드 페루치 : 아니요, 컴퓨터 과학이나 인공지능 분야의 진로를 전혀 생각하

지 않았고 의사가 되려고 생물학을 전공했어요. 대학에 다니던 중 할아버지께서 애플 II 컴퓨터를 사주셨는데 그 이후로 생각나는 모든 걸 프로그래밍하기 시작했습니다. 실험실 작업에 사용할 그래프 소프트웨어부터 생태 시뮬레이션 소프트웨어, 실험실 장비의 디지털 인터페이스에 이르기까지 대학에서 사용하는 걸 주로 만들었죠. 물론 제가 만든 것들이 이전에 충분히 존재할 만한 것이었지만, 인터넷에서 다운받는 것은 생각하지 않았어요. 대학교 졸업반 때는 열심히 컴퓨터 과학을 배우고 싶어서 부전공을 신청하게 되었죠. 그렇게 생물학과 최고의 상을 받으며 졸업을 했고 의대에 갈 준비가 되어있었지만, 그게 저를 위한 선택은 아니라는 생각이 들었어요.

그래서 의대 대신에 컴퓨터 과학, 특히 인공지능을 공부하기 위해서 대학원에 들어가게 되었습니다. 제가 열정을 가지고 있는 분야이고, 공부를 계속하고 싶은 분야라고 판단했죠. 뉴욕에 있는 랜셀러 공과 대학교(Rensselaer Polytechnic Institute, 이하 RPI)에서 석사학위를 받았는데, 거기에서 시맨틱 네트워크 시스템을 개발해 논문을 냈어요. 저는 그걸 코스모스(COSMOS)라고 불렀는데, 인식과 관련된 것을 뜻하는 굉장히 멋진 약어였는데 정확한 명칭이 기억이 안 나네요. 코스모스는 지식과 언어를 대표했고, 제한된 형태의 논리 추론이 가능했죠.

1985년 RPI에서 열린 산업 과학 박람회에서 코스모스에 관한 발표를 하고 있었는데, 당시 인공지능을 프로젝트를 시작했던 IBM 왓슨 연구 센터 직원들이 제게 회사로 들어오지 않겠냐고 제안해주셨어요. 제 원래 계획은 학교에 남아서 박사학위를 따는 것이었는데, 몇 년 전 잡지에서 거의 무한정의 자원을 가지고 연구할 수 있는 IBM 사의 연구 펠로우 모집 광고를 보고 저렇게 연구를 하면 꿈만 같을 것 같다고 생각할 정도로 맘에 들어 따로 스크랩해둘 정도였어요. 그래서 연구 센터 직원들이 제게 제안을 했을 때, 받아들이게 되었죠.

그래서 1985년에 IBM 리서치 팀에서 인공지능 프로젝트를 시작하게 되었는데,

몇 년 뒤 인공지능의 암흑기가 시작되었고 IBM 사는 인공지능과 관련된 모든 프로젝트를 취소하기로 결정했습니다. 다른 프로젝트에 투입될 수 있다는 이야기를 듣긴 했지만, 저는 다른 프로젝트도 하기 싫고 인공지능을 계속 연구하고 싶어서 회사를 그만두기로 했죠. 아버지는 제게 엄청 화를 내셨어요. 이미 의사가 되지 않았다는 것부터 아버지 맘에 들지 않았거든요. 아무튼 그 이후에 운이 좋게 괜찮은 직장을 다니게 되었고, 2년 뒤에 또 퇴사했어요. 그것도 아버지에게는 좋은 소식은 아니었죠.

그렇게 다시 학교로 돌아가 비단조 추론(non-monotonic reasoning, 역자 주 : 새로운 사실이 기존 참인 사실과 모순될 수도 있을 때, 즉 기존 지식 중 일부를 부정할 수도 있을 때 사용하는 논리체계를 의미한다) 관련 연구로 박사를 하게 되었어요. 케어(CARE, Cardiac and Respiratory Expert)라는 의료 전문가 시스템을 설계하고 구축했는데, 이걸 만들면서 인공지능에 관해 더 많은 것을 알게 되었죠. 연구비 지원을 받기 위해서 객체 지향 회로 설계 시스템을 구축하는 정부 계약에도 참여했어요. 그렇게 박사 학위를 마치고 일자리가 필요해졌고 또 그 당시 아버지가 많이 아프셔서, 곁에서 같이 지내고 싶었죠. 아버지는 웨스트체스터에 계셨는데 IBM이 그 근처에 있어서 IBM에 다니던 시절 알고 있던 몇몇 분들에게 연락을 드렸고 결국 IBM 리서치로 복귀하게 되었습니다.

IBM은 그 당시 인공지능 관련 회사가 아니었지만, 저는 15년 후 왓슨과 다른 프로젝트를 비롯해 인공지능 분야로 IBM을 이끄는데 많은 기여를 했어요. 인공지능 관련 연구를 포기하지 않았고, 몇 년 동안 전문적인 팀을 만들어 언어 처리, 텍스트 및 멀티미디어 분석, 자동 답변 같은 분야에서 일할 수 있는 많은 기회에 참여했습니다. "제퍼디!" 관련 연구에 관심을 가지고 있었을 때는 IBM 사의 직원 중에서 그 프로젝트가 성공할 수 있을 거라 생각한 것은 저 혼자뿐이었지만 결국 저희 팀은 성공적으로 프로젝트를 완수했습니다. 왓슨의 엄청난 성공으로 IBM은 인공지능 회사로 발돋움할 수 있게 되었습니다.

데이비드 페루치

마틴 포드 : 왓슨과 관련된 프로젝트보다는 다른 이야기를 나눠보고 싶네요. IBM 을 떠난 이후 인공지능에 관해 어떻게 생각하고 계셨는지 궁금해요.

데이비드 페루치 : 인공지능은 사물을 인식할 수 있고, 이론 및 아이디어와 의사소 통의 기반을 구현하는 개념적 모델을 구축하며 발전시킬 수 있다고 생각해요. 왓슨 프로젝트에서 배웠던 재미있는 점 중 하나는 순수한 통계적 접근법이 "이 해" 부분에서 제한되어 있다는 것이에요. 순수 데이터 기반 또는 통계적인 예측 접근법은 패턴 인식, 음성 인식 및 이미지 인식 같은 인식 작업과 자율자동차 및 로봇 공학과 같은 제어 작업에서는 매우 잘 작동하지만, 지식 공간에서의 인공지 능은 어려움을 겪고 있어요.

음성과 이미지 인식과 더불어 일반적으로 지각(perception)과 관련된 것들은 크게 발전했어요. 그리고 드론과 자율주행차와 관련된 제어 시스템도 발전했죠. 하지만 컴퓨터가 읽고 이해한 내용을 바탕으로 의사소통을 하는 문제에 대해서 는 아직 근처에도 가지 못했습니다.

마틴 포드 : 2015년에 Elemental Gognition이라는 회사를 설립하셨는데. 여기 에 대해 더 이야기 해 주실 수 있으신가요?

데이비드 페루치 : Elemental Cognition은 실제 언어를 이해하기 위해 노력하고 있는 인공지능 연구 벤처 기업입니다. 우리가 아직 극복하지 못한 인공지능의 영 역을 다루려고 하는데, 다시 말해 글을 읽고 대화하고 이해하는 인공지능을 만들 려고 하고 있죠.

인간은 책을 읽고. 세상이 어떻게 돌아가는지에 관한 생각을 정립하고 거기에 대 해 추론하고, 유창하게 대화할 뿐만 아니라 질문도 할 수 있어요. 우리는 독서와 대화를 통해 지식을 다듬고 풍부하게 만들죠. Elemental Cognition에서는 이런 걸 인공지능이 해낼 수 있길 바라고 있어요.

우리는 언어의 표면 구조와 단어가 사용되는 패턴 구조를 넘어선 언어의 근본적인 의미를 알고 싶어하고 인간이 추론하고 의사소통할 때 사용하는 내부 논리 모델을 만들길 원하죠. 또한 호환 가능한 지능을 구현하는 시스템을 구축하고 싶어요. 이 호환 가능한 지능은 인간의 상호 작용, 언어, 대화 및 기타 관련 경험을 통해 자율적으로 이해하고 발전하게끔 할 수 있을 것입니다.

"이해한다"는 것의 의미를 연구하는 것은 인공지능에서 정말 재미있는 분야입니다. 이는 이미지 분석을 위해 데이터에 레이블을 붙일 때처럼 쉬운 일이 아니에요. 같은 것을 보고 서로 다른 해석을 할 수 있는데, 데이터에 붙은 레이블은 모두 같기 때문이죠. 여기에 대해서는 많은 논쟁이 있죠. 오늘날의 시스템은 언어를 이루고 있는 복잡한 논리의 계층화된 표현을 만드는 것이 아니라 단어와 어절의 통계적인 패턴을 분석하고 있어요.

마틴 포드 : 잠시 멈춰서 지금껏 이야기했던 내용을 독자들이 이해할 수 있도록 짚고 넘어가 볼까요. 오늘날 사진에 있는 고양이를 찾아서 이미지에 고양이가 있다고 말해주는 딥러닝 시스템과 같은 패턴 인식에는 좋은 성과가 나오고 있어요. 하지만 진짜 사람처럼 고양이가 무엇인지를 실제로 이해하는 시스템은 아직 존재하지 않는다는 것이죠?

데이비드 페루치 : 맞아요. 하지만 고양이가 무엇인지에 대해서 인간은 서로 논쟁할 수 있어요. 이게 정말 재미있는 부분인데요, 실제로 이해한다는 것이 무엇을 의미하는지 질문하기 때문입니다. 사물에 관한 이해를 공유하는 데에 얼마나 많은 인력이 필요한지 생각해보죠. 이건 정보를 모으고 전달하는 언론인, 예술가, 정치인들이 필수적으로 해야하는 일이에요. 다른 사람들이 자신의 이해 방식을 받아들이게 만들어야 하죠. 이를 통해 우리 사회는 협력하고 빠르게 발전할 수 있습니다.

데이비드 페루치

하지만 과학계에서는 가치를 창출하기 위해 완전히 모호하지 않은 공식 언어를 개발해 사용하고 있기 때문에 어려운 문제에요. 공학자들은 명세 언어(specification language, 역자 주 : 프로그래밍 언어보다 높은 수준에서 시스템을 디자인할 때 사용하는 언어이다. 그렇기에 직접 실행되지는 않는다)를 사용하고 수학자와 물리학자는 수학을 사용해 의사소통하고 있죠. 프로그램을 만들 때도 모호하지 않은 공식 프로그래밍 언어를 사용해요. 하지만 자연어는 매우 모호하고 맥락적이기에 그걸 사용할 때는 많은 미묘한 일들이 일어나죠. 문단에서 한 문장만 빼도, 완전히 다른 것을 의미하게 만들 수 있듯이 말이에요.

직접 대화를 하는 상황뿐만 아니라 사람 마음속에 이루어지는 것도 마찬가지입니다. 우리가 서로를 완벽하게 이해할 수 있으려면 제가 이야기하는 정보만으로는 충분하지 않기 때문에 이해가 부족한 부분으로 돌아가 공유하고 이해를 맞춰야 합니다. 언어 자체는 정보가 아니기 때문이죠. 언어는 우리가 머릿속에서 모델을 전달하는 수단인데, 이 모델은 사람마다 독립적으로 만들어지고 다듬어지며 의사소통을 통해 서로 맞추는 과정을 거쳐야 해요. 이해를 "만든다"라는 개념은 주관적이고 계층화되며 맥락적입니다.

제 딸이 7살 때 학교 숙제를 하면서 있었던 일이 생각나네요. 전기에 관한 과학책을 읽고 있었는데 그 책에서는 전기를 터빈에 물을 흐르게 하는 것을 비롯한 다양한 방식으로 생산되는 에너지라고 설명하더라고요. 그래서 제 딸에게 "전기는 어떻게 만들어지니?"라고 물어봤고, 그녀는 책에 나온 글자를 되짚어보며 "전기는 터빈에 물을 흐르게 해서 생산되는데요, 생산된다는 건 만들어진다는 거랑 같은 말이에요."라고 대답했습니다.

그리고 제게 또 "이 문장을 똑같이 말해서 대답할 수는 있지만, 아직도 전기가 무엇인지, 전기가 어떻게 만들어지는지 전혀 이해가 안 돼요."라고 이야기했어요. 문자를 맞춰서 질문에 제대로 답할 수는 있었지만, 그 말을 전혀 이해하지 못했던 거죠. 그렇게 우리는 전기에 대해 열심히 이야기했고, 제 딸은 더 잘 이해할 수 있게 되었습니다. 오늘날의 언어 인공지능은 제 딸이 답변했던 것처럼 작동하는데 이런 방식으로는 제대로 이해하기 힘들어요. 하지만 제 딸은 자신이 이해하지 못한다는 것을 알았다는 것이 인공지능과 구별되는 점입니다. 제 딸은 자신의 근본적인 논리적 표현에서 더 풍부하게 받아들이길 원했죠. 저는 그걸 인간의 지성에서 볼 수 있는 특징이라 생각했는데, 아마 제 딸이라 콩깍지가 씐 걸 지도 모르겠네요.

한 문장에서 단어를 보고 답을 추측하는 것은 스스로 이해한 모델을 누군가에게 전달하고, 증명할 만큼 이해하는 것과는 다른 문제입니다.

마틴 포드 : 개념들을 진정으로 이해하고 있고, 추론에 대해 반박 또는 설명할 수 있는 시스템을 상상하고 계신 것 같아요. 이 시스템은 인간 수준의 인공지능인가요?

데이비드 페루치 : 자율적으로 학습할 수 있는 시스템을 만든다면 글을 읽고 이해한 다음 대화하고 설명하는 모델을 구축해 사람에게 요약해 줄 수 있어요.

완전한 인공지능은 지각, 통제, 이해라는 세 가지 부분으로 이루어진다고 생각해요. 딥러닝을 통해 지각과 통제 부분에서 이루어진 발전은 주목할만 합니다. 이제 진짜 문제는 마지막 부분인데 어떻게 지식을 이해하고 의사소통을 할 수 있는지 알게 된다면 완전한 인공지능을 만들 수 있을 것입니다. 여기에서 지식을 구축하고, 의사소통하고, 관계를 맺는 주된 수단은 언어를 통해 이루어지며 인간에게도 적용할 수 있기 때문에 매우 강력해요. 그게 Elemental Cognition에서 만들려고 하는 인공지능이죠.

마틴 포드 : 인공지능에게 '이해'를 가르치는 건 이 분야에서 선망의 대상이에요.

데이비드 페루치

일단 그걸 적용할 수 있게 되면 많은 것들을 해결할 수 있을 것입니다. 예를 들어, 사람들은 전이학습이나 알고 있는 것을 다른 영역에 적용하는 능력에 관해 이야기 하죠. 진정한 이해는 그런 것을 의미할 것이고 정말로 무언가를 이해한다면 다른 곳에 적용할 수 있어야 해요.

데이비드 페루치 : 정확해요. Elemental Cognition에서는 시스템이 간단한 이야기를 읽어 어떻게 이해하고 구성하는지 테스트하고 있어요. 축구 관련 이야기를 읽고, 라크로스나 농구 경기에서 일어나는 일과 연관 지어서 적용할 수 있을까요? 어떻게 개념을 다시 사용할 수 있을까요? 하나를 배우고, 비유를 통해 추론하고 비슷한 방식으로 설명하거나 사물을 묘사할 수 있을까요?

여기에서 까다로운 부분은 인간이 두 가지 추론을 모두 한다는 것입니다. 인간은 우리가 통계적 머신러닝이라고 부르는 것을 하죠. 통계적 머신러닝은 많은 데이터를 처리한 다음 패턴을 일반화해 적용해요. 머릿속에 추세선을 만들어 내고 이를 이용해 새로운 대답을 직관적으로 알아내는거죠. 어떤 값들의 패턴을 보여주고 다음이 무엇인지 물어보면, 직관적으로 답변을 할 수 있다는 이야기에요. 물론 일반화는 단순한 추세선보다는 더 복잡할 수 있고, 딥러닝 기법으로 적용할 수 있을 것입니다.

하지만 사람들은 왜 그렇게 대답했는지 설명할 때 머릿속에 구축한 논리나 인과관계 모델을 더 많이 가지게 되고, 궁극적으로 이전과는 다른 훨씬 더 강력한 정보가 만들어져요. 이를 통해 "이전 데이터를 기반으로 이렇게 추론했어."라고 이야기하는 게 아니라 "잠깐만, 어디서 잘못 생각했는지 보이네."라고 이야기 할 수 있게 되므로, 의사소통과 설명, 확장을 훨씬 잘할 수 있습니다.

직관을 가지고도 설명할 수 없다면 어떻게 발전하고, 개선하고, 주위에 있는 세계로 확장해서 이해할 수 있을까요? 이건 토론하고, 설명하고, 개선하는 데에 집중한 모델과 패턴 일치에 집중한 모델을 비교할 때 마주하는 딜레마죠. 두 개 모두 유용하지만, 서로 많이 달라요. 자기가 추론한 것에 대해 설명을 하지 못하는 기계에 우리의 권한을 넘기는 세상을 상상할 수 있나요? 자기 생각을 설명할 수 없는 인간에게도 권한을 넘기기 싫을 거예요.

마틴 포드 : 많은 분들은 딥러닝, 즉 두 번째로 설명하신 모델이 미래를 이끌기에 충분하다고 생각해요. 반면에 당신은 다른 접근법이 필요하다고 생각하는 것 같군요.

데이비드 페루치 : 어느 쪽을 특히 더 믿고 있지는 않아요. 딥러닝과 신경망은 많은 데이터에서 비선형적이고 복잡한 관계식을 찾을 수 있기 때문에 강력합니다. 부분별로 봤을 때 몸무게를 예측하고 싶다면 선형 관계로 표현할 수 있는 아주 간단한 기능일 수 있지만 날씨를 예측할 때는 단순한 선형 관계로 표현하기는 힘듭니다. 더 복잡한 시스템은 많은 변수(구불구불할 수도, 불연속적일 수도, 많은 차원을 가질 수도 있는)를 사용해야 잘 표현할 수 있어요.

딥러닝 시스템이 가공되지 않은 많은 데이터를 가지고 복잡한 관계식을 찾도록 할 수 있지만, 결국 여전히 식을 통해 학습하는 것일 뿐입니다. 또한 모든 지능이 본질적으로 식을 통해 학습하는 것이라고 주장할 수 있겠죠. 하지만 인간의 지능 자체를 표현하는 관계식을 학습하려고 하지 않는다면, 이 시스템은 자신의 대답을 설명할 수 없습니다.

충분히 많은 데이터를 사용할 수 있을 때 신경망 모델을 사용하면 입력을 출력에 매핑할 수 있는 복잡한 관계식을 찾을 수 있습니다. 그럼 "오! 어떤 문제든 다 풀수 있는건가?"라고 생각할 수 있겠지만 그렇다 해도 문제는 해당 내용을 완전히 표현할 수 있는 충분한 데이터가 있는가입니다. 우리가 아는 것과 이해한 것을 이야기 할 때 먼저 어떤 내용인지부터 이야기 해야 하죠.

데이비드 페루치

사진 속 고양이를 식별하는 모델을 만들 때 구별하려는 것이 분명하기에 레이블이 붙은 데이터를 많이 사용하면 신경망을 학습시킬 수 있습니다. "어떻게 이 내용을 이해하게 만들 수 있을까요?"라고 제게 여쭤보셔도 신경망의 이해 방식에 동의하게 만들 수 없을 것 같아요. 소설의 줄거리는 복잡하고 다층적이며, '이해'에 대한 충분한 합의가 있을 때도 시스템이 인간의 지능 그 자체로 대표되는 복잡한 관계식을 배울 수 있을 만큼 충분히 쓰여있지 않아요.

영어로 만들어진 이야기들과 그 의미를 연결한 데이터가 있다면 실제 뇌가 문장이나 이야기 모음을 받아들이는 방식대로 신경망이 학습할 수 있을까요? 아마 이론적으로는 가능하겠지만 그런 데이터가 없고, 얼마나 많은 데이터가 필요한 지도 모르고, 신경망이 배워야 하는 관계식의 복잡성과 관련해서도 어떤 부분을 배워야 하는지 몰라요. 사람은 이 작업을 할 수 있는데, 끊임없이 다른 사람과 상호작용하고 있으며, 이런 일을 위한 뇌 구조를 가지고 있기 때문이죠.

저는 "일반적인 관계식을 찾을 수 있는 모델이 있고, 이를 활용하면 무엇이든지 할 수 있죠."와 같은 이론적인 입장을 취하지는 않을 것입니다. 어떤 수준에서는 가능하겠지만, 인간이 이해하는 방식을 관계식으로 만들어 줄 수 있는 데이터는 어디에서 나올까요? 저는 잘 모르겠네요.

마틴 포드 : "컴퓨터를 믿으시겠습니까?(Do You Trust This Computer?)"라는 다큐멘터리에 나오셔서 "3~5년 안에, 인간의 사고방식대로 스스로 이해하고 학습하는 컴퓨터 시스템이 나올 거다"라고 예측하셨죠. 그렇다면 일반인공지능이 3~5년 안에 이루어질 것이라 보는 것인가요?

데이비드 페루치 : 아뇨, 그래도 10년 이내에 볼 수 있을 것이라 생각해요. 50년, 100년 정도 걸릴 건 아니라고 봐요.
크게 두 가지 길을 볼 텐데 인식 측면과 통제하는 문제들을 마주하게 되겠죠. 계

속 한계에 부딪히고, 발전하면서 사회, 노동 시장, 국가 안보 및 생산성 향상에 큰 영향을 미칠 것입니다. '이해'와 관련된 측면을 다루지 않아도 상당히 중요한 것이 될 것이고요.

시리(Siri, 25쪽 용어집 참조)나 알렉사(Alexa, 25쪽 용어집 참조) 같이 인간의 삶 속으로 들어오게 되는 인공지능이 많아질 거예요. 언어나 사고가 필요한 작업들에 더더욱요. 그리고 저희 Elemental Cognition이 만든 구조를 활용해 '이해'할 수 있는 인공지능을 개발할 수 있을 것입니다.

3년에서 5년이라고 말한 것은 이미 해결 방법을 알고 있었기 때문인데 옳은 방법에 투자하는 것과 그것을 달성하기 위한 기술을 도입하는 것이 더 중요한 문제입니다. 실현 가능한 지는 알았지만 구현할 방법을 몰랐다면 다른 예측치를 내놓았겠죠.

즉, 투자가 어디에 집중되느냐가 관건입니다. 요즘은 단기적으로 성과를 낼 수 있고 인기있는 머신러닝에 집중되고 있어요. 그래서 저는 '이해' 문제를 해결하기 위한 기술에 투자를 끌어 모으는 일을 하고 있어요. 우리는 다른 사람처럼 해결 방법을 모르고 엄청난 혁신을 기다리고만 있지 않아요. 어떻게 하는지 알고 있으며 단지 그것을 증명할 필요가 있을 뿐이죠.

마틴 포드 : Elemental Cognition이 일반인공지능 중심의 기업이라는 말인가요?

데이비드 페루치 : 스스로 읽고, 이해하고, 배우는 능력을 갖춘 자연적 지능을 구축하는 데 집중하고 있다고 말할 수 있죠. 이를 통해 인간과 유창하게 대화하는 게 저희의 목표는 이루어질 것입니다.

마틴 포드 : 딥마인드도 비슷한 문제에 집중하고 있지만 다른 접근법을 가진 것 같

데이비드 페루치

네요. 딥마인드는 게임이나 시뮬레이션 환경의 심층 강화학습을 중점적으로 연구하고 있는데 데이비드 씨는 언어를 통해 그런 지능을 달성할 수 있다고 생각하잖아요.

데이비드 페루치 : 저희의 목표는 인간에 대적할만한 지능을 만들기 위해 논리, 언어, 추론 기반의 지능을 만들고자 하는 것입니다. 다시 말해, 인간의 자연어 처리 방식과 흡사하게 언어를 배우고 지식을 전달하고 추론할 수 있는 능력을 만드는 것이죠. 매우 구체적인 목표를 가지고 있어요.

그래서 저희는 다양한 머신러닝 기술들을 사용해요. 다양한 것들을 하기 위해 신경망을 활용하지만, 신경망 하나로 이해 문제를 해결할 수 없어요. 엔드 투 엔드(end-to-end, 역자 주 : 한쪽 끝에서 다른쪽 끝까지라는 뜻으로, 입력을 받고 입력을 처리해서 출력을 만들기 까지의 전 과정을 관할하는 방식을 말한다) 해결책이 아니죠. 연속적인 대화, 형식적인 추론, 논리 표현들도 사용하고 이를 효율적으로 학습하기 위해 신경망을 활용해요. 아직 불가능한 부분들도 관련 정보를 얻기 위해 여러 방법을 탐구하고 있습니다.

마틴 포드 : 비지도학습도 다루고 있나요? 요즘 대부분의 인공지능에서는 레이블이 붙은 데이터로 훈련하고 학습하는데, 이와 달리 실제 사람은 환경으로부터 유기적으로 학습하잖아요. 인공지능 모델에게도 이런 방식이 필요하지 않을까요?

데이비드 페루치 : 우리는 두 가지 방법을 모두 사용하고 있어요. 방대한 언어 자료들을 비지도학습 형태로 학습해요. 동시에 레이블이 붙은 데이터도 함께 학습하죠.

마틴 포드 : 미래에 인공지능은 어떤 영향을 미칠까요? 사람들의 직업이 사라지거나 전문성이 없어지는 등 경제적으로 대혼란이 올까요?

데이비드 페루치 : 확실히 주의를 기울일 필요가 있는 부분입니다. 산업혁명 때처럼 극적인 변화가 있을지는 모르겠으나 인공지능을 통한 변화는 거기에 비견될 수 있을 것 같네요.

일자리가 없어지고, 일자리의 변화도 있을 것 같은데 재앙까지는 아닙니다. 일자리의 전환에서 상당한 스트레스가 있을 것 같지만 새로운 일자리도 많이 생길 것 같아요. 역사적으로도 그래왔잖아요. 누구는 재교육이 필요할 텐데, 그런 일들이 있더라도 전반적으로 일자리가 줄어들 것 같지는 않습니다.

마틴 포드 : 로봇 엔지니어, 딥러닝 전문가 등의 새로운 일자리가 생긴다면 기술 불일치(개인의 능력과 기술 간의 차이) 문제도 있겠죠?

데이비드 페루치 : 일자리가 창출되면 기술 불일치 문제가 있을 것입니다. 하지만 분명히 다양한 직업들이 생겨나면서 다양한 기회들이 만들어질 것입니다. "기계가 이런 것들을 해준다면 인간은 무엇을 하는 것이 좋을까?"와 같은 고민을 하면서 말이죠. 사람이 정말 필요한 산업인 의료 산업이나, 돌봄 등과 같이 사람과 소통하는 일들에 더욱더 많은 기회들이 생겨날 것입니다.

Elemental Cognition에서 상상하는 미래는 인간과 기계가 서로 긴밀히 협력하는 사회입니다. 저희는 이를 사고 파트너십(thought-partnership)이라 여기는데, 사람들은 이것을 통해 더 많은 일을 할 수 있습니다. 이미 기계는 스스로 학습하고, 추론하고, 소통할 수 있으니 기계를 훈련시킬 추가적인 노력이 필요 없을 테니까요. 이런 협력의 결과로 컴퓨터가 더 똑똑해지고 더 잘 이해할 수 있게 훈련시킬 수 있습니다.

오늘날 사람들이 무료로 제공하는 가치 있는 데이터를 볼까요. 우리는 컴퓨터와 상호작용을 할수록 더 똑똑한 컴퓨터를 만들 수 있어요. 이런 것들도 모두 가치

데이비드 페루치

있는 데이터입니다. 인간과 기계가 협력하는 부분은 그 자체로 매우 흥미로워요. 이 분야가 발전되면 많은 직업 변화들이 있을 거예요. 자율주행차의 발전도 피할 수 없기에 운전기사들의 일자리도 변하겠죠. 아무튼, 확실히 일자리 전환이 있을 것입니다.

마틴 포드 : 일론 머스크나 닉 보스트롬이 제기했던 초지능의 위험에 대해서는 어떻게 생각하시나요?

데이비드 페루치 : 기계나 시스템에 더 의존하게 될 때 더 많은 위험이 생길 수 있다고 생각해요. 즉, 어떤 에러나 부작용을 잡기 위해 통제 시스템을 넣는 경우 말이죠. 예를 들어, 전력망, 무기시스템, 자율주행차 네트워크를 통제할 수 있는 기계를 설치한다면 더욱 큰 재앙이 될 수 있어요. 악의적인 사람이 그 시스템을 해킹했다고 한다면 기계를 통해 통제하는 시스템에서의 영향력은 더욱 증폭될 것입니다. 이런 것들이 우리가 심각하게 걱정해야 할 것들입니다. 교통 시스템, 식량 시스템, 국가 보안 시스템 등에 더욱 신경 써야겠죠. 인공지능보다는 오류 케이스 처리나 사이버 보안 시스템을 더 잘 구축해야 해요.

닉 보스트롬씨는 기계가 자신만의 목적 달성을 위해 인류를 해치게 된다면 어떻게 할지 걱정하더군요. 기계는 그럴 동기가 별로 없기 때문에 저는 그다지 걱정하고 있지 않아요. 그걸 방지하도록 프로그래밍하면 되기도 하고요.

그는 또 어떤 기계에 특정 임무를 부여했는데 의도치 않은 상황을 만들 수 있는 복잡한 계획을 실행한다면 어떻게 될지 의문을 제기했어요. 그런데 왜 그렇게 하겠어요? 이쑤시개를 만들려고 도시의 모든 전기를 쓰지 않는 것과 같아요. 그것보다는 설계와 보안 문제가 더 중요합니다. 인공지능이 갑자기 자신의 목표를 위해 인류를 희생시킬 문제보다 더 많은 현실적인 문제들이 많고 그런 것들을 더 강조하고 싶네요.

마틴 포드 : 인공지능에 대한 규제는 필요한가요?

데이비드 페루치 : 이 역시 주목해야 할 문제인데요. 산업으로서 기계가 우리 삶에 영향을 미치는 것이 무엇이고 언제이며 누가 책임질지 광범위하게 정의해야 합니다. 의료 산업, 정책, 여타 다른 분야에 상관없이 모든 부분에서요.

이와 같은 맥락으로 이미 몇 가지 문제들을 직면하고 있는데 예를 들어, 의료 산업에서 "인공지능이 그럴 확률이 90%이니 이렇게 해야 할 것을 강력히 권고하는 바입니다"라고 했을 때 개인적인 환자 특성을 고려해서 내린 결과라기보단 통계적인 평균 수치를 말해준 것입니다. 거기서 만족해야 할까요? 환자 특성을 고려해 내려진 처방인지 물어볼 수 있나요? 확률 문제가 아니라, 개인에 달린 가능성의 문제지요. 매우 흥미로운 질문이지 않나요?
이 부분에서 정부가 개입해 "기계의 결정 때문에 피해자가 만들어진다면 어떻게 책임을 져야 하는가?"와 같은 질문을 던져야 할 것입니다.

조금 전에 얘기했던 오류나 해킹과 같은 부분이 증폭될 수 있으며 많은 사람들에게 영향을 미칠 수 있는 시스템을 설계할 때 어떤 것이 기준이 되어야 할까요? 기술의 진보는 늦추고 싶지 않지만 이런 시스템을 배치하고 통제할 수 있는 문제를 소홀히 생각하고 싶지는 않겠죠.

노동시장에도 규제가 필요합니다. "노동시장을 보호해야 하니 기계를 도입할 수 없어"라고 말하면서 기술의 진보를 늦춰야 할까요? 일자리의 변화와 급격한 영향력을 최소화하기 위한 움직임이 필요하다고 생각하지만 동시에 기술의 진보를 늦추고 싶진 않을 겁니다.

마틴 포드 : 데이비드씨가 IBM을 떠난 이후 그들은 왓슨을 중심으로 대규모 비즈니스를 구축했고, 상업화하고 있는 단계에 있는데요. 그들이 처한 문제는 무엇이

데이비드 페루치

고, 스스로 설명할 수 있는 기계를 만들 수 있을까요?

데이비드 페루치 : 그들과 아주 멀리 떨어져 있지만 사업적인 관점에서 볼 때 인공지능 사업화를 위해 왓슨이라는 브랜드를 잡았다고 생각해요. 실제로 그런 기회를 얻었고요. 제가 IBM에 있을 때 모든 종류의 인공지능 기술들을 연구하고 있었고, 회사 전체적으로 그런 기술들이 퍼져 있었죠. 제퍼디! 퀴즈 쇼에서 왓슨이 우승했을 때 대중에게 인공지능의 능력을 보여준 것이 그 모든 흥분과 추진력 덕분에 그들의 기술들을 단일 브랜드로 조직화할 수 있었다고 생각해요. 그 결과로 내적, 외적으로 그들의 위치를 잘 잡을 수 있었죠.

사업 측면에서 IBM은 독특한 포지션을 갖는데 소비자 영역과는 매우 다른 위치에 있습니다. 그들은 비즈니스 지능, 데이터 분석 및 최적화를 통해 시장에 광범위하게 접근할 수 있죠. 예를 들어 의료 산업을 잡아서 목표 가치를 제공할 수도 있고요.

어떤 것을 인공지능으로 여기느냐, 사업 전략이 어디에 있는지 따라 성공 기준이 다르기 때문에 성공적인지 측정하기는 어렵습니다. 앞으로 어떻게 될지 볼 수 있겠죠. 소비자 관점에서는 시리나 아마존의 알렉사가 주목 받는 것 같은데, 비즈니스 측면에서 좋은 가치를 제공하는지는 대답할 수 없네요.

마틴 포드 : 중국은 인구도 많고, 데이터도 많고, 개인 정보 보호 문제가 별로 없기 때문에 인공지능을 발전시키는 데 상당히 유리할 것으로 보이는데, 미국도 경쟁력을 높이기 위해 더 많은 산업 정책이 필요할까요?

데이비드 페루치 : 약간의 군비 경쟁도 있는데 인공지능이 생산성, 노동 시장, 국가 안보, 소비시장에 막대한 영향력을 미칠 것이라는 점에서 상당히 중요한 문제라고 생각해요. 국가 경쟁력을 위해 인공지능에 대한 광범위한 분산 투자가 필요

해요. 경쟁력을 확보하기 위해 인재들도 유치해야 하고, 국가마다 경제 및 보안이 다 다르니 국가 간 경쟁력이 생길 수밖에 없는 것은 사실이죠.

어떻게 경쟁력을 확보하면서 통제나 개인 정보 보호 문제, 규제들을 동시에 생각하는지가 중요한 도전 과제예요. 참 어려운 문제들인데 관련된 정책을 세우고 진보를 이끌, 사려 깊고 훌륭한 리더들이 필요하다고 생각합니다. 단순한 측면이 아니므로 지식이 더 풍부하면 좋습니다. 어려운 질문들과 많은 기술 문제들이 있죠. 그걸 위해 인공지능이 필요할지도 몰라요!

마틴 포드 : 이러한 위험들과 우려들을 감안해도 인공지능의 미래는 긍정적일까요?

데이비드 페루치 : 저는 낙관론자입니다. 이런 일들을 추구하는 것이 우리의 운명인 것 같고요. 인공지능 산업에 뛰어들었을 당시 무엇에 관심 있었는지 다시 생각해보면, 인간의 지능을 이해하는 것, 그것을 수학적, 시스템적으로 이해하는 것, 한계는 무엇이며 어떻게 극복하고 성장시킬 수 있는지였던 것 같습니다. 컴퓨터를 통해 지능의 특성들을 실험해 볼 수 있었죠. 자아 정체성을 지능과 연결시켜보고, 더 잘 이해하게, 효율적으로 적용할 수 있게, 그것들의 장단점을 이해할 수 있는 환경이 주어졌는데 어떻게 이런 것들을 해보지 않을 수 있겠어요? 저는 인간의 정신을 근본적으로 탐구하게 된 것이 제 운명이라고 생각합니다.

인류는 다른 지적 생명체를 찾기 위해 우주를 탐험하고 싶어하는 점에서 참 재미있는 것 같아요. 사실 우리 옆에서 새로운 지능이 만들어지고 있어요. 이게 무슨 뜻일까요? 지능의 본질은 무엇이죠? 다른 종의 지능을 발견했다고 해도 지능의 본질을 탐험할 거고, 무엇이 가능한지 가능하지 않는지, 무엇이 기대되는지 더 많이 알게 될 것입니다. 이것이 우리의 운명이고 궁극적으로 우리의 삶의 수준을 향상시킬 것이라고 생각해요.

데이비드 페루치

실존적 위험들이 있지만 결국 인간만이 가지는 고유한 것들과 인간의 정의를 바꿀 것이라고 생각해요. 기계는 주어진 과제를 우리보다 잘하는데, 우리의 자아존중감은 어디로 갈지, 우리의 정체성은 어디로 갈지, 공감, 감정, 이해와 같은 정신적인 것들은 어떻게 될지 저는 모르겠어요. 하지만 이런 질문들이 지능을 이해하기 위한 객관적인 방법들인 것 같고 우리는 이제 피할 수 없게 되었지요.

데이비드 페루치는 2006년 IBM 왓슨 팀을 만들고 왓슨은 2011년에 퀴즈 쇼인 "제퍼디"의 역대 우승자와 대결해 승리하는 획기적인 성공을 이끌었다. 또한 인공지능으로 많은 수상 경력이 있다.

2013년에 Applied AI의 이사로 브리지워터 어소시에이츠(Bridgewater Associates)에 합류했다. 30년간 컴퓨터가 유연하게 사고하고 배우며 소통할 수 있는 방법을 연구했고 Elemental Cognition 회사를 브리지워터와 제휴해 설립하게 되었다. Elemental Cognition은 자동화된 언어 이해와 지능적인 대화를 획기적으로 가속화하는 인공지능 시스템을 만드는 데 집중하고 있다.

맨해튼 대학에서 생물학 학사를, 랜셀러 공과 대학에서 지식 표현 및 추론을 연구해 컴퓨터 과학 박사 학위를 취득했다. 50개가 넘는 특허를 보유하고 있으며, 인공지능, 자동화된 추론, 자연어 처리, 지능형 시스템 아키텍처, 이야기 자동 생성, 자동 질의응답 기능에 관한 논물을 발표했다.

IBM 연구원(Fellow)이라는 칭호(45만명 중 100여 명 정도가 이런 칭호를 받음)를 받았으며 UIMA 및 Watson을 만든 업적으로 시카고 상품 거래소의 혁신 상(Innovation Award)과 AAAI Feigenbaum 상을 비롯하여 많은 상을 받았다.

&& 국가별 상황에 따라 다르겠지만 노약자들에게 도움이 되는 방향으로 시장의 요구가 생길 것이라는 의미입니다. 로봇 박람회에서 보았듯이 일본은 이미 이런 상황입니다. 노인이 침대에서 일어나고, 눕고, 화장실을 다니는 등 간단한 일을 하는 데 도움이 되는 로봇의 시연이 많이 있습니다. 일상생활 속에서 사람의 도움이 직접적으로 필요하지만, 그 필요성을 충족시키기 위한 노동력이 부족할 것입니다. 이런 변화들로 노인들을 위한 로봇 공학이 필요하게 될 것입니다. **&&**

로드니 브룩스(RODNEY BROOKS)

리씽크로보틱스 회장(역자 주 : 현재는 독일의 자동화 회사에 모든 지적재산권을 매각)

로드니 브룩스는 세계최고의 로봇 학자 중 한명입니다. 소비자용 진공청소기 로봇 룸바와 이라크 전쟁에서 폭탄을 폭파시키는데 사용된 군사용 로봇을 생산하는 iRobot Corporation을 공동 설립했습니다(iRobot은 2016년에 군사용 로봇 부문을 처분했습니다). 2008년에는 사람과 함께 한 공간에서 펜스 없이 안전하게 작업할 수 있는 협업로봇을 개발하는 리씽크로보틱스(Rethink Robotics)를 공동으로 설립했습니다.

마틴 포드 : MIT에서 시작한 iRobot은 세계에서 가장 큰 상업용 로봇업체가 되었습니다. 어떻게 시작하게 되었나요?

로드니 브룩스 : 콜린 앵글과 헬렌 그레이너와 함께 1990년 iRobot을 시작했습니다. 2002년까지 여러 시도들이 있었지만 계속 실패했습니다. 그러던 중 2개의 모델이 동시에 성공했어요. 첫 번째는 군사용 로봇으로 아프가니스탄 전쟁에서 동굴 속을 조사하는 로봇이었고, 아프가니스탄 전쟁과 이라크 전쟁에서 폭탄을 제거하는 로봇으로 6500대가 판매되었습니다.

같은 해인 2002년에 진공청소 로봇 룸바(Roomba)를 출시했습니다. 2017년에는 8억8천4백만 달러의 매출을 올렸고, 출시 이후 2천만 대가 넘게 팔렸으며 판매량 측면에서 가장 성공적인 로봇이라고 생각합니다. 룸바는 1984년 MIT에서 개발하기 시작한 곤충 수준의 지능에 관한 연구를 기반으로 했습니다.

2010년에는 MIT를 나와서 리씽크로보틱스(Rethink Robotics)라는 회사를 설립했습니다. 그 곳에서 만든 로봇은 현재 전 세계의 공장에서 사용되고 있습니다. 이 로봇은 기존의 산업용 로봇과는 다르게 안전하고 펜스를 칠 필요가 없으며 원하는 것을 자유롭게 프로그래밍할 수 있는 로봇입니다.

로봇의 최신 소프트웨어 버전인 Intera5에서는 로봇에게 원하는 것을 보여주면 로봇이 알아서 프로그램을 작성합니다. 그래픽 유저 인터페이스를 통해 동작의 순서를 보여주며, 직접 동작을 수정할 수도 있습니다. 우리의 지향점은 로봇이 무엇을 해야하는지를 사람이 알려준 후에 로봇이 알아서 작성한 프로그램을 기반으로 미세 조정을 더하여 정확한 동작을 할 수 있도록 하는 것이었습니다. 출시 이래로 계속 더욱 정교해지고 있으며, 사용자는 프로그래밍 방법에 대해 알 필요가 없습니다. 이 로봇은 힘을 조절할 수 있고 비전 기술을 사용하며 사람들과 함께 같은 공간에서 24시간 365일 동안 작동합니다. 이 로봇은 실제 산업 현장에서 대량 배치되고 있는 로봇 가운데 가장 진보된 인공지능 로봇이라고 생각합니다.

마틴 포드 : 로봇과 인공지능 분야에서 굉장히 중요한 분이신데, 어떤 과정을 거쳐 그 위치까지 오게 되셨나요?

로드니 브룩스 : 저는 남호주 애들레이드에서 자랐습니다. 1962년에 어머니는 저에게 "How and Why Wonder Books"(역자 주 : 아동용 과학 역사 책으로 74권으로 구성되어 있다) 시리즈 중 '전기'와 '로봇과 전자두뇌' 2권을 사 주셨습니다. 저는 그 책들에 푹 빠졌고 인공지능 컴퓨터와 로봇을 만드는 꿈을 꾸게 되었습니다.

호주에서 수학학사 학위를 취득하고 인공지능 박사 학위를 시작했지만 호주에는 컴퓨터 과학 또는 인공지능과 관련된 연구기관이 없었습니다. 그래서 인공지능 연구 기관이 있는 MIT, 카네기 멜론, 스탠퍼드에 지원했습니다. MIT는 떨어졌지만 카네기 멜론과 스탠퍼드에 합격했고 호주와 좀더 가까운 스탠퍼드를 선택해 1977년부터 학업을 시작했습니다.

박사과정은 컴퓨터 비전(23쪽 용어집 참조)으로 시작했습니다. 그 후 카네기멜론에서 박사후 연구원 생활을 했고, MIT에서도 박사후 연구원 생활을 한 뒤 1983년 스탠퍼드에서 교수생활을 시작하게 되었습니다. 1984년에는 MIT로 와서 26년간 근무했습니다.

MIT에서 박사후 연구원을 하는 동안 지능형 로봇에 대해 더 많은 연구를 시작했습니다. 1984년 MIT에 교수로 갈 무렵에는 로봇지능과 관련된 분야에서 별다른 진전이 없던 상황이었습니다. 그러던 차 수십만 개의 뉴런을 가진 곤충(역자 주 : 인간은 약 800~1000억개의 뉴런을 갖고 있다고 함)이 우리가 갖고 있는 어떤 로봇보다도 뛰어난 지능을 가졌다는데 영감을 받았습니다. 그래서 처음 몇 년 동안은 곤충 지능을 활용한 로봇 지능 모델링을 했습니다.

그 후 MIT에서 마빈 민스키가 설립한 인공지능 연구소에 들어 갔습니다. 이후 컴퓨터 과학 연구소와 합병되어 MIT에서 가장 큰 연구소인 컴퓨터 과학 및 인공지능 연구소(CSAIL : the Computer Science and Artificial Intelligence Lab)가 되었습니다.

마틴 포드 : 과거를 뒤돌아 봤을 때 로봇이나 인공지능과 관련된 가장 인상깊은 경험을 얘기해 주실 수 있나요?

로드니 브룩스 : 제가 가장 자부심을 느꼈던 순간은 2011년 3월 지진과 해일이 일본 후쿠시마 원전을 강타했을 때였습니다. 그로부터 약 일주일 후, 일본 당국으로부터 연락을 받았는데 원전 내부가 어떤 상황인지 파악하기 위해 로봇을 안으로 들여보내려고 했지만 어떤 로봇도 들어갈 수 없는 상황이라는 거였습니다. 저는 당시 iRobot 이사회에 있었고 48시간 후 여섯 대의 로봇을 후쿠시마 현장에 보냈습니다. 결론적으로 일본의 로봇으로는 원자력 발전소를 폐쇄할 수 없었고 우리 로봇만이 할 수 있다는 것을 인정받은 순간이었습니다.

마틴 포드 : 저도 그 이야기를 기억합니다. 일반적으로 일본이 로봇 공학의 최첨단에 있다고 알려져 있기 때문에 조금 놀라웠지만 일본은 iRobot에게 의지할 수 밖에 없었죠

로드니 브룩스 : 그 사례에는 현실속 교훈이 있다고 생각합니다. 언론들은 실제로 존재하는 것보다 훨씬 큰 것이 있는 것처럼 과대선전을 했다는 것입니다. 모든 사람들이 일본은 환상적인 로봇역량을 갖고 있다고 생각했지만 실제로 가지고 있었던 것은 자동차 회사 한두군데서 만든 보기좋은 홍보용 동영상이지 현실에서 사용할 수 있는 로봇이 아니었습니다.

우리 로봇은 전쟁지역에서 매일 9년 동안 수천대의 로봇이 사용되었습니다. 그

로봇들은 멋지도 않았고 인공지능 능력은 무시 당했습니다. 그러나 이것이 오늘날 적용 가능한 기술의 진짜 현실입니다. 잘 포장된 영상을 보며 엄청난 일들이 곧 현실이 될 것이라고 생각하거나 일자리를 빼앗는 로봇 때문에 대량 실업이 발생할 것이라 말하는 사람들에게 망상에 빠져 있지 말라고 강하게 얘기하고 있습니다.

리씽크로보틱스에서 저는 30년 전 실험이 없었다면 이렇게 빨리 실용적인 제품을 만들 수 없었을 것이라고 말했습니다. 이 30년이라는 시간이 실험실 시연수준에서 실제 제품까지 걸리는 시간입니다. 자율주행차도 같습니다. 요즘 자율주행차에 대해 모두 열광하고 있습니다. 그러나 사람들은 1987년 뮌헨 근교 고속도로에서 55마일이 넘는 속도로 10마일을 자율주행한 첫 번째 자동차가 있었다는 사실을 잊고 있습니다. 처음으로 차의 핸들에서 손을 떼고 페달에서 발을 뗀 체 미국을 횡단한 것은 1995년이었습니다. 그런데도 우리가 대량생산한 자율주행차를 곧 볼 수 있을까요? 아닙니다. 지능형 로봇이나 자율주행차와 같은 기술을 개발하는 것은 정말 아주 많은 시간이 걸리는 일입니다. 이런 기술들이 빠르게 현실로 다가 올 것이라는 견해에 대해서는 과대평가라고 생각합니다.

마틴 포드 : 그 얘기는 모든 것이 점차 빨라질 것이라는 레이 커즈와일(287쪽 참조)의 수확 가속의 법칙(Law of Accelerating Returns, 역자 주 : 보다 발달된 사회는 지속 발전의 능력이 더욱 강하기에 더욱 빠르게 발전한다는 것)을 인정하지 않는 것처럼 들립니다. 같은 견해를 갖고 있다고 느꼈는데 아닌가요?

로드니 브룩스 : 딥러닝은 환상적이었고 다른 분야의 사람들은 모두 놀랍다고 말했습니다. 우리는 기하급수적인 성장을 표현하는 무어의 법칙(역자 주 : 반도체 직접회로 성능은 24개월마다 2배로 증가한다는 법칙으로 컴퓨터의 성능은 일정시기마다 배가하며 기하급수적으로 증가한다) 때문에 기하급수적인 것에 익숙합니다. 그러나 무어의 법칙은 더이상 발열문제로 회로의 크기를 반으로 줄일 수 없기 때문에 점점 느려지고 있습니

다. 무어의 법칙은 컴퓨터 아키텍처의 르네상스를 이끌었으며, 50년 동안 무어의 법칙을 달성하기 위해 다른 사람들에 따라잡힐까 불안에 떨며 앞만 보며 달려야 했습니다. 이제는 무어의 법칙이 끝났기 때문에 컴퓨터 아키텍처가 번성하는 것을 볼 수 있으며, 컴퓨터 아키텍처의 황금기가 올 것이라고 생각합니다.

레이 커즈와일을 비롯해 모든 것이 기하급수적으로 성장할 것이라고 얘기하는 사람들로 돌아가 보죠.

분명 어떤 것들은 기하급수적으로 성장하지만 모든 것이 항상 그런 것은 아닙니다. 무어의 법칙이 시작된 고든 무어의 1965년 논문인 Future of Integrated Electronics를 읽으면 마지막 부분은 무어의 법칙이 적용되지 않는 것에 대해 설명했습니다. 무어는 전력 저장 장치에는 적용이 안된다고 했습니다. 예를 들어 0과 1의 디지털 정보 추상화에 관한 것이 아니라 물리적 크기 같은 요소들이죠.

그러나, 10년전 실리콘 밸리의 벤처들은 무어의 법칙이 어디에나 적용된다고 생각했기 때문에 친환경 기술에도 적용될 것이라 생각했지만 결국 실패했습니다. 친환경 기술은 물리적 규모에 의존적이고 에너지와 관련되어 있습니다. 물리적으로 반감될 수 있는 것이 아니기 때문에 한계가 있을 수 밖에 없었습니다.

딥러닝으로 돌아가서 사람들은 세상을 바꿀만한 특별한 기술이 나타났고 계속 좋은 결과들이 발표되고 있기 때문에 앞으로 더 좋아지고 나아질 것이라고 생각합니다. 딥러닝에서는 1980년대 역전파(21쪽 용어집 참조)의 기본 알고리즘이 개발되었고, 결국 30년의 작업을 거쳐 현재의 놀라운 결과를 가져오게 되었습니다. 1980년대와 1990년대에는 특별한 발전이 없었기 때문에 대부분의 연구가 잊혀졌습니다. 아무도 이렇게 큰 성공을 거둘 것이라고는 예상하지 못했습니다. 역전파와 함께 신경망을 많은 층으로 구성하는 레이어 기술, 대용량 컴퓨팅 등 몇가지 추가적인 것들이 함께 사용되어 놀라운 결과가 나왔습니다. 아무도 역전파가 이렇게 중요한 역할을 할 것이라고 생각하지 못했습니다. 하지만 이것은 무어의 법

로드니 브룩스

칙처럼 필연적으로 그렇게 될 것이란 논리가 아닙니다.

딥러닝은 큰 성공을 거두었으며 앞으로 좀더 많은 성과를 낼 것입니다. 그러나 그런 큰 성공이 영원히 계속 되지는 않을 것이고 한계가 있습니다. 레이 커즈와일은 그의 의식을 컴퓨터에 업로드하지 못할 것입니다(역자 주 : 레이 커즈와일은 그의 저서 '특이점이 온다'에서 2030년 경에는 뇌의 정보를 그대로 컴퓨터로 업로드하는 것이 가능할 것이라고 예상했다). 생물학적 시스템은 이렇게 동작하지 않기 때문입니다. 딥러닝은 단, 몇가지 일을 하지만 생물학적 시스템은 하나의 알고리즘이 아니라 수백가지 알고리즘으로 복잡하게 얽혀 있습니다. 더 발전하기 위해서는 수백가지 알고리즘이 더 필요할 것이고 이런 것들이 언제 나타날 지 전혀 예상할 수 없습니다. 제가 커즈와일을 볼 때마다 그에게 당신이 살아 있는 동안에는 안될 것이라고 얘기합니다.

마틴 포드 : 그 말은....

로드니 브룩스 : 저 역시 죽을 겁니다. 커즈와일은 테크노 종교(역자 주 : techno-religion, 종교를 대신해 기술 발전의 위대함을 믿으며 알고리즘과 유전자 기술의 발달을 통해 영생이 주어질 것이라 믿는 현상을 표현한 말)인 중 한명이기 때문에 죽는다는 것을 받아들이지 않습니다. 테크노 종교에는 실리콘 밸리의 억만장자가 시작한 생명연장 타입이 있으며, 레이 커즈와일과 같은 의식을 컴퓨터에 업로드하는 타입이 있습니다. 그러나 저는 앞으로 몇 세기 동안은 사람은 계속 죽게 될 것이라고 생각합니다.

마틴 포드 : 저도 어느정도 동의합니다. 앞서 자율주행차를 언급했는데 이게 언제쯤 가능할지 구체적으로 물어보겠습니다. 아마도 지금 구글의 자율주행차가 애리조나의 어느 도로를 달리고 있을것으로 생각됩니다.

로드니 브룩스 : 저는 아직 구글이 어느 정도인지 자세히 알아보진 못했습니다. 그러나 다른 누군가 예전에 생각했던 것보다 훨씬 오래 걸렸습니다. 캘리포니아의

마운틴 뷰와 애리조나의 피닉스는 미국의 다른 지역과 똑같지 않습니다. 몇 가지 최적화된 데모가 있을 수 있지만 수익성 있는 실질적인 MaaS(역자 주 : Mobility As A Service, 차량구매가 아닌 서비스로 제공하는 방식으로 이 글에선 자율주행기술을 활용해 언제든지 차를 호출해 사용할 수 있는 서비스를 말함)가 되기에는 몇 년이 걸릴 것입니다. 여기서 수익성이 있다는 것은 우버가 지난해 손해본 45억 달러 정도의 수익을 만들어 낼 수 있는가입니다.

마틴 포드 : 일반적으로 우버가 운행할 때마다 매번 손해를 본다면 자율주행이 없이는 지속 가능한 비즈니스 모델이 아니라고 생각되는데요?

로드니 브룩스 : 저는 오늘 아침에 우버 운전자의 평균 시간당 임금이 3.37달러라는 뉴스를 보았습니다. 여전히 돈을 벌지 못하고 있다는 것이죠. 자율주행에 필요한 값 비싼 센서를 없애고 교체하는 것은 별로 도움이 되지 않습니다. 아직도 자율주행차를 위한 실용적인 해결책이 어떤 것인지 알지도 못합니다. 구글 자동차 지붕에는 값 비싼 센서가 쌓여 있으며, 테슬라(28쪽 용어집 참조)는 내장 카메라를 시도했지만 결국 실패했습니다. 우리는 앞으로도 계속 인상적인 시연을 보게될 것이지만, 그건 제한적인 상황에서의 시연일 것입니다. 앞서 말한 일본의 로봇 동영상 사례와 같이 매우 제한적인 상황에서만 동작할 것입니다.

마틴 포드 : 속임수라고 말하는 건가요?

로드니 브룩스 : 속임수는 아닙니다. 그러나 장막 뒤에는 보이지 않는 것이 많이 있습니다. 뒤에서 무슨 일이 일어나고 있는지에 생각해 보세요, 단지 보여지는 것이 전부가 아닙니다. 멋진 시연 뒤에는 시연을 위한 팀이 있습니다. 오랫동안 피닉스에서 자율주행차 시연을 가능하게 해준 팀이 있을 것이고, 이건 우리가 생각하는 실제 자율주행차와는 실질적으로는 다른 얘기입니다.

어수선한 일방통행 길에서 자율주행차 서비스가 당신을 데리러 갈 수 있을까요? 당신을 길 중간에서 태울 수 있을까요? 버스 차선으로 가야 할까요? 조금이라도 머뭇거리면 사람들은 빵빵 거리며 경적을 울릴 것이기 때문에 매우 빠르게 움직여야 합니다. 이처럼 아직 많은 문제가 해결되려면 많은 시간이 필요하기 때문에 피닉스에서도 오랫동안 자율주행차를 위한 지정된 승하차장 장소를 보게 될 것입니다. 기존의 도로망 속에 자연스럽게 융화되기는 힘들 것입니다.

우버는 서비스를 위해 지정된 픽업 장소를 제공하기 시작했습니다. 이제 샌프란시스코, 보스턴에서 시도한 새로운 시스템을 6개의 도시로 확장하고 있습니다. 앞으로는 빗속에서 추위에 떨며 줄을 서서 차를 기다릴 수도 있습니다. 자율주행차는 요즘의 차와 똑같은 차에서 운전자가 없다는 것만 빼고는 같다고 생각되지만 어떻게 사용하는지에 따라서 변화될 것입니다.

우리가 사는 도시는 자동차가 처음 등장 했을때 자동차 사용에 따라 변화되어 왔으며 앞으로는 자율주행차와 같은 기술의 변화와 발맞춰 적합하게 변화될 것입니다. 오늘날과 같지는 않지만 자동차에 운전자가 없을 것입니다. 이런 일들은 오랜 시간이 걸리며 실리콘 밸리에 자율주행차를 좋아하는 사람들이 얼마나 많은지와는 상관 없습니다. 생각처럼 빠르게 변화될 수 있는 일이 아닙니다.

마틴 포드 : 맨해튼이나 샌프란시스코에 운전자 없는 자율주행차가 대규모로 보급되어 사람들이 원하는 장소로 이동할 수 있기까지 얼마나 걸릴까요?

로드니 브룩스 : 단계별로 나올 것입니다. 첫 번째 단계는 지정된 픽업 장소로 걸어가는 것입니다. 요즘 집카는(역자 주 : Zipcar, 미국 자동차 공유 회사로 지정된 장소에서 언제나 차를 빌리고 반납하는 서비스를 제공) 픽업할 때 지정된 주차 장소가 있습니다. 이런 자율주행차 서비스는 우버의 자율주행차 서비스보다 더 일찍 올 것이라고 생각합니다. 일반 도시를 돌아다니는 많은 자율주행차를 보게될 것입니다. 그러나 그것은

수십년 동안 계속 변화가 필요할 것입니다. 어떤 관점에서는 제 인생에서는 완전한 자율주행차는 없을지도 모르겠습니다. 우리는 아직도 자율주행차를 위해 무엇이 필요한지 알지 못하고 있습니다.

예를 들어 자율주행차를 어느곳에서든 이용할 수 있다면 어떻게 연료를 보충하거나 충전을 해야 하며, 누가 충전기를 연결할까요? 최근 일부 기업은 전기 자율주행차의 차량관리 시스템을 어떻게 해야 할지 고민하기 시작했습니다. 그 시스템 역시 여전히 누군가의 유지 관리와 일반적인 업무가 필요합니다. 자율주행차가 대량 생산이 되려면 그런 인프라가 다 생겨야 할 텐데 시간이 좀 걸릴 것입니다.

마틴 포드 : 저는 우버에 상응하는 무언가가 준비될때까지 5년 정도가 걸릴 것이라는 예상을 들었습니다. 이것이 비현실적이라고 생각하나요?

로드니 브룩스 : 네, 그건 완전히 비현실적 얘기입니다. 자율주행차와 비슷한 모습을 볼 수도 있지만 그것은 우리가 생각하는 것과 같은 완전한 자율주행차가 아닙니다. 분명 변화할 것이지만 아직 많은 것들이 부족합니다. 수많은 새로운 기업들이 앞으로 많은 것을 개발해야 합니다. 기본부터 얘기를 시작해 보면 어떻게 차에 탈 수 있을까요? 당신이 누군지 차는 어떻게 알 수 있을까요? 운전 중 갑자기 마음이 바뀌어서 다른 곳으로 가고 싶어지면 어떻게 알려줄 수 있을까요?

규제 시스템을 살펴 보겠습니다. 차에 어떤 명령을 내릴 수 있을까요? 운전 면허증이 없으면 차에 명령을 내릴 수 있을까요? 12살의 어린이를 부모님이 축구 연습에 보내기 위해 혼자 차에 태웠을 때 아이는 차에 어떤 명령을 내릴 수 있을까요? 자동차가 12살 어린이의 음성 명령을 들어야 할까요? 말아야 할까요? 이처럼 사람들이 아직 해결하지 못한 실질적인 규제 문제가 엄청나게 많습니다. 지금은 12살의 어린이가 혼자 택시에 탄다고 해도 택시 운전사가 원하는 곳에 데려다 줄 것입니다. 그러나 자율주행차는 앞으로 오랫동안 그렇게 할 수 없을 것입니다.

　　　　　　　　　　　　　　　　　　　　　　　　　　　　로드니 브룩스

마틴 포드 : 당신이 언급했던 곤충에 관한 연구로 돌아가 보겠습니다. 그 연구에서 곤충이 매우 훌륭한 생물학적 로봇이라고 보는 것이 흥미로웠습니다. 더 이상 연구를 진행하지 않는 것으로 알고 있습니다만 로봇이나 인공지능연구에 곤충을 활용하는 연구가 어떤 것들이 진행되고 있는지 궁금합니다. 그리고 그 연구가 초지능을 향하는 우리의 앞길에 어떤 영향을 끼칠까요?

로드니 브룩스 : 몇 개의 비지도학습(22쪽 용어집 참조)의 예만 보더라도 우리는 곤충의 학습능력을 재현할 수 없습니다. 곤충의 적응력을 가질수도 없습니다. 즉, 우리는 곤충의 놀라운 기술을 확실히 복제할 수 없습니다. 아직 곤충 수준에 도달한 로봇은 하나도 없습니다. 무언가를 보고 분류하고 레이블을 붙일 수 있는 좋은 모델이 있긴 하지만 아직 곤충의 지능 수준도 안됩니다. 아직 곤충 수준의 로봇도 못 만든다는 의미입니다. 그래서인지 저는 초지능에 대해 아직 별 감흥을 느끼지 못하고 있습니다.

마틴 포드 : 90년대로 돌아가 당신이 iRobot을 시작했을때 로보틱스 분야의 발전에 대한 기대치를 현재 수준과 비교해 본다면 어떤가요? 만족스럽거나 기대를 뛰어 넘었나요? 아니면 실망스러운가요?

로드니 브룩스 : 1977년 미국에 왔을 때 저는 로봇에 관심이 많았고 컴퓨터 비전과 관련된 일을 했습니다. 그 당시에는 전 세계에 3개의 모바일 로봇이 있었습니다. 하나는 스탠퍼드에 있었는데 한스 모라백(역자 주 : Hans Moravec, 미래학자로 카네기 멜론 대학교 부설 로봇 연구소 겸임 교수)이 6시간 안에 60피트의 넓은 방을 가로지르는 테스트를 하고 있었고, 다른 하나 NASA의 제트 추진 연구소(JPL: Jet Propulsion Laboratory)에 있었고, 마지막 하나는 프랑스 틀루즈의 시스템 분석 및 건축 연구소(LAAS: Laboratory for Analysis and Architecture of Systems)에 있었습니다.

그때는 전 세계에 3대의 모바일 로봇이 있었지만 지금 iRobot은 1년에 수백만 대의 모바일 로봇을 공급하고 있습니다 그런 관점에서 저는 매우 만족합니다. 우리는 엄청난 것을 만들었고, 기나긴 길을 지나 왔습니다. 로봇 기술의 진보가 더 크게 부각되지 되지 않는 이유는 같은 시기의 컴퓨터는 방 크기 만한 메인 프레임 컴퓨터에서 스마트폰으로 발전했고 수십억 대가 팔렸기 때문입니다.

마틴 포드 : 화제를 전환해서 로봇 팔을 만든다고 알고 있습니다. 로봇 팔과 관련된 멋진 동영상들을 봤습니다. 그 분야가 어떻게 진행되고 있는지 알려줄 수 있을까요?

로드니 브룩스 : 네, 저는 MIT의 학생들과 iRobot에서 했던 모바일 로봇과는 차별화된 것을 하고 싶었습니다. 그래서 MIT에서의 곤충 연구는 휴머노이드로 바뀌었고, 그 결과 로봇 팔과 관련된 일을 시작했습니다. 연구는 천천히 진행되고 있습니다. 실험실 데모에서는 흥미로운 일들이 일어나고 있지만 사람들이 하는 여러 가지 일과는 매우 다른 작업에 초점을 맞추고 있습니다.

마틴 포드 : 천천히 진행되고 있는 이유가 하드웨어나 소프트웨어 문제인가요? 아니면 기계적인 문제인가요? 제어적인 문제인가요?

로드니 브룩스 : 모든 것들이 문제입니다. 동시에 진행해야 하는 많은 일들이 있습니다. 기계적 문제, 표면을 구성하는 재료, 손에 내장된 센서 및 제어하는 알고리즘 등 모든것에 대해 발전을 이루어야 합니다. 모든 일들을 한꺼번에 진행해야 하고 하나라도 틀어지게 되면 안됩니다.

예를 한번 들어 보겠습니다. 여기 플라스틱 집게 장난감이 있습니다. 한쪽 끝에는 손잡이가 있어서 집게 부분의 끝을 벌리기 위해 움켜쥐면 됩니다. 그것을 사용해서 손이 닿기 힘든 물건을 잡거나, 손이 닿지 않는 전구에 닿을 수 있습니다.

사람은 정말 단순한 손으로도 로봇이 현재 할 수 있는 것을 뛰어 넘어 물체를 가지고 환상적인 조작을 할 수 있지만, 놀랍게도 사람이 사용한 것은 단순한 플라스틱 덩어리입니다.

사람이 그것을 조작하고 있다는 게 중요한 포인트입니다. 연구원이 설계한 새로운 로봇 팔과 관련된 동영상을 볼 수 있었을 것입니다. 로봇 팔을 잡고 주변을 움직이는 것은 사람입니다. 이처럼 로봇을 손으로 잡고 작업을 가르쳐 주면 로봇은 작은 플라스틱 집게로 동일한 작업을 수행할 수 있습니다. 그런데 이렇게 간단하다면 왜 로봇은 스스로 할 수 없을까요? 아직 많은 발전이 필요합니다.

마틴 포드 : 저는 딥러닝과 강화학습을 이용해 로봇이 학습하거나 심지어는 유튜브 비디오를 통해 일을 학습한다는 리포트를 본적이 있습니다. 어떻게 생각하나요?

로드니 브룩스 : 그건 실험실 시연입니다. 딥마인드는 우리 로봇을 연구에 활용하는 조직을 가지고 있으며 최근 힘 제어와 관련된 재미있는 결과들을 발표했지만, 이는 정말로 똑똑한 연구자들로 구성된 팀이 몇 달 동안 힘들게 내놓은 결과입니다. 로봇은 사람과 같은 수준이 아닙니다. 사람은 아무나 데리고 가서 능숙한 솜씨로 할 수 있는 것을 보여주면 바로 따라 할 수 있지만 그런 로봇은 어디에도 없습니다.

저는 최근에 이케아 가구를 만들었는데 사람들이 로봇에게 이케아 키트와 함께 작업 방법에 대해 알려주고 로봇이 만들게 할 수 있다면 정말 환상적일 것이라는 얘기를 들었습니다. 저는 그 가구를 만드는 동안 약 200가지의 각기 다른 작은 일들을 해야만 했습니다. 리씽크로보틱스는 로봇 수천 개를 팔았고 최첨단 기술과 다른 어떤 로봇보다 많은 센서를 가지고 있습니다. 그 일을 따라하게 만들어 볼까요? 아마도 아주 제한된 환경에서 200가지 작업 중 하나정도의 시연을 할 수 있을 것입니다. 다시 한 번 말하지만 현실은 매우 다릅니다.

마틴 포드 : 무엇이 현실입니까? 앞으로 5~10년 후에 로봇과 인공지능 분야에서 어떤 것을 보게 되고, 또 현실적으로 어떤 것들을 기대할 수 있을까요?

로드니 브룩스 : 어떤 것도 기대하지 마세요. 앞으로 10년 동안 딥러닝에서는 새로운 것이 없을 것입니다. 만약 새로운 어떤 것이 나타난다면 앞으로의 발전을 이끌 것으로 기대합니다.

딥러닝은 훌륭한 기술이었습니다. 아마존 에코와 구글 홈의 음성인식 시스템을 가능하게 하는 것이 딥러닝입니다. 저는 딥러닝이 앞으로도 다른 진전을 가능하게 할 것이라는 것을 알고 있지만 그것을 대체하는 다른 기술이 나타날 것입니다.

마틴 포드 : 여기서 말하는 딥러닝이란 역전파를 사용하는 신경망을 말하는 건가요?

로드니 브룩스 : 네, 수많은 층으로 구성된 신경망을 말합니다.

마틴 포드 : 이후에도 딥러닝을 대표하는 것은 신경망일까요? 아니면 다른 알고리즘이나 베이지안 네트워크 같은 것일까요?

로드니 브룩스 : 그럴 수도 있고 다른 것일 수도 있습니다. 그것이 어떤 것이 될지는 아무도 모릅니다. 저는 10년 안에 응용 프로그램의 개발과 관련된 새로운 주제가 있을 것이라고 확신합니다. 그것이 무엇인지 모르지만 10년 안에 나타날 것이라 확신합니다.

어떤 일이 일어날지 예측할 수는 없지만, 예측하고자 한다면 시장의 요구사항을 보면 된다고 말할 수 있습니다. 시장의 요구는 현재 나타나는 몇 가지 메가 트렌드에서 확인할 수 있는 것입니다.

예를들어 노년층의 은퇴 연령대에서 근로자 비율이 급격하게 변화하고 있습니다. 어떤 숫자를 보느냐에 따라 근로 연령자와 은퇴자의 비율이 9:1에서 2:1까지 변하게 됩니다. 세상에는 훨씬 많은 노인들이 있습니다. 국가별 상황에 따라 다르겠지만 노약자들에게 도움이 되는 방향으로 시장의 요구가 생길 것이라는 의미입니다. 로봇 박람회에서 보았듯이 일본은 이미 이런 상황입니다. 노인이 침대에서 일어나고, 눕고, 화장실을 다니는 등 간단한 일을 하는 데 도움이 되는 로봇의 시연이 많이 있습니다. 일상생활 속에서 사람의 도움이 직접적으로 필요하지만, 그 필요성을 충족시키기 위한 노동력이 부족할 것입니다. 이런 변화들로 노인들을 위한 로봇 공학이 필요하게 될 것입니다.

마틴 포드 : 저는 노인 간호 부문이 로봇 및 인공지능 산업을 위한 큰 기회라는 데 동의하지만, 고령자를 돌보는데 실제로 사람이 하는 것만큼의 도움을 주기에는 매우 어려울 것으로 보입니다.

로드니 브룩스 : 로봇 시스템으로 쉽게 대체될 수는 없겠지만 수요가 있기 때문에 놀라운 시장이 될 것이고 솔루션을 제안하려고 노력하는 사람들이 있을 것입니다.

놀라운 속도로 세계를 도시화했기 때문에 건설작업을 위한 요구사항도 많이 있을거라 생각합니다. 우리가 건설에 사용하는 기술 중 많은 부분이 로마시대 때 발명되었으며 기술 변화가 필요한 부분이 있습니다.

마틴 포드 : 건설 분야의 요구사항이 건설 로봇이 될 것이라고 생각하십니까? 아니면 건설이 가능한 규모의 3D 프린터가 될 것이라고 생각하십니까?

로드니 브룩스 : 3D 프린팅은 전체 건물을 프린팅하지는 않지만 3D 프린터로 만든 건축용 부품을 사용할 수 있을 거라고 생각합니다. 작업장 밖에서 더 많은 건축 자재를 생산할 수 있게 되고 부품을 운반하고 들어올리고 이동시키는 방법의

혁신으로 이어질 것입니다. 이처럼 많은 혁신의 기회들이 있습니다.

농업은 로봇 공학 및 인공지능의 성장 가능성이 큰 산업입니다. 사람들은 이미 도시 농사에 대해 이야기하고 있으며, 농사를 야외에서 공장 안으로 들여 오고 있습니다. 머신러닝이 매우 유용하게 사용될 수 있다고 생각됩니다. 종자 주변의 외부 요소들을 제거하고 실제 날씨에 대해 걱정할 필요 없이 정확한 양분 및 조건을 제공할 수 있게 될 것입니다. 기후 변화가 지금까지와 다른 방식으로 농업 자동화를 추진할 것이라고 생각합니다.

마틴 포드 : 실제 가정용 로봇은 어떻습니까? 예를 들어 사람들이 항상 관심을 갖는 것은 맥주를 가져다 주는 로봇같은 겁니다. 지금까지 얘기를 들어보면 아직 멀리 있는 것처럼 들립니다.

로드니 브룩스 : 1990년 iRobot을 공동 창립한 CEO인 콜린 앵글과 저는 28년 동안 이 문제에 관해 고민해 왔지만 저는 아직도 냉장고에서 직접 꺼내 마시고 있습니다.

마틴 포드 : 일반 소비자를 위한 다용도 로봇이 있을 것이라고 생각합니까? 사람들이 절실히 필요로 하는 것을 해줌으로써 일반 가정에 필수품으로 사용될 로봇이 나타날까요?

로드니 브룩스 : 룸바(역자 주 : iRobot사의 로봇 청소기)는 어떤가요? 꼭 필요한가요? 아닙니다. 그러나 사람들이 비용을 지불할 만큼 충분히 가치는 있습니다. 이건 필요성의 문제가 아니라 편의성 차원입니다.

마틴 포드 : 언제쯤 로봇 청소기보다 더 많은 것을 할 수 있는 손재주가 있는 로봇을 사용할 수 있게 될까요?

로드니 브룩스

로드니 브룩스 : 저도 제가 그걸 알고 있다면 좋을것 같아요! 그러나 아무도 알 수 없다고 생각합니다. 모두가 로봇이 세상을 지배할 것이라고 말하고 있지만 언제쯤 맥주를 가져다 줄 수 있을지에 대한 질문에도 답을 할 수 없는 것이 현실입니다.

마틴 포드 : 저는 보잉사의 CEO인 데니스 뮬렌버그가 사람들이 10년 내에 자율주행 드론 택시를 이용하게 될 것이라고 말한 기사를 읽었습니다. 그의 전망에 대해 어떻게 생각합니까?

로드니 브룩스 : 저는 "우리는 하늘을 나는 차를 갖게 될 거야"라고 말하는 것과 비교해 보겠습니다. 하늘을 나는 자동차가 오랫동안 많은 사람들의 꿈이었지만 아직까지 현실이 되지 못했습니다.

제 생각에 우버의 전 CEO인 트레비스 칼라닉이 2020년에 플라잉 우버를 자체적으로 출시할 것이라고 말했던 것으로 기억합니다. 아쉽게도 그런 일은 일어나지 않을 것입니다. 그렇다고 우리가 자율주행 교통수단을 갖게 되지 못할 것이라고 말하는 게 아닙니다. 우리는 이미 헬리콥터와 같은 것들을 가지고 있으며 굳이 헬리콥터를 타지 않고도 원하는 곳으로 안정적으로 갈 수 있습니다. 이런 일이 언제 일어날지 예측하는 것은 경제적 관점이 더 중요하다고 생각합니다. 저는 언제 이런 일들이 일어날지 알 수 없습니다.

마틴 포드 : 일반인공지능에 대해서는 어떻게 생각하십니까? 만들수 있다고 생각하나요? 만약 그렇다면 그 시기가 언제쯤이라고 생각합니까? 가능한 확률이 50% 정도는 있다고 생각하나요?

로드니 브룩스 : 네, 저는 만들 수 있다고 생각합니다. 다만 제 추측은 2200년이지만 이건 추측일 뿐입니다.

마틴 포드 : 어떻게 만들 수 있을까요? 우리가 직면하게 될 장애물은 무엇이 있을까요?

로드니 브룩스 : 앞에서 물건을 집는 기능의 어려움에 대해 이야기를 했습니다. 세상을 탐색하고 조작하는 능력은 세상을 이해하는데 중요하지만, 물리적인 것보다 훨씬 더 큰 맥락이 있습니다. 예를 들어 달력의 날짜를 나타내는 숫자와 별개로 오늘이 어제와 다른 날임을 알고 있는 로봇이나 인공지능 시스템은 하나도 없습니다. 체험적 기억이 없으며 매일 세상에 있다는 것을 이해하지 못하고 장기 목표와 점진적인 진보에 대해 이해하지 못하고 있습니다. 세상의 모든 인공지능 프로그램은 현재 바닷가 근처에 살고 있는 미개한 종으로 보면 됩니다. 단지 현재 놓여진 상황에 대해서만 답을 할 수 있습니다.

알파고 프로그램이나 체스 게임 프로그램은 게임이 무엇인지, 게임을 하는 것도 모르고, 인간이 존재한다는 것도 모르고, 아무것도 모르고 있습니다. 당연히 일반 인공지능이 인간과 동등한 수준이라면 이런 상황에 대해 충분히 인지할 수 있어야 한다고 생각합니다.

50년 전까지만 해도 사람들은 이런 연구 프로젝트에 참여했습니다. 제가 속해 있었던 한 커뮤니티의 전체가 1980년대부터 1990년대에 걸쳐 적응적 행동 시뮬레이션에 대해 연구했습니다. 그 후로 많은 진전을 이루지 못했고, 어떻게 진행될지 얘기할 수 없습니다. 현재는 아무도 그 분야에서 일을 하고 있지 않습니다. 일반인공지능을 발전시키고 있다고 주장하는 사람들은 실제로 존 매카시(John McCarthy, 역자 주 : 1956년 다트머스 학회에서 처음으로 인공지능이라는 용어를 창안한 인지 과학자 전산학자)가 1960년대 이야기한 것과 같은 일을 다시 하고 있으면서 많은 진전이 있다고 말하고 있습니다.

어떤 진전도 이루지 못했다는 것을 말하는 게 아니라 그만큼 어려운 문제라는 뜻입니다. 달성하는데 수백 년이 걸릴 수도 있지만, 우리는 중요한 시기에 좋은 기회를 갖게된 사람들이라고 생각합니다. 그러나 아직 많은 사람들이 많은 시간을 할애하고 있지만 어떤 실체도 본적 없고 만들어 낼 수도 없는 것이 현실입니다.

마틴 포드 : 미국이 첨단 인공지능 경쟁에서 중국에 뒤쳐질 것이라는 우려가 있습니다. 중국은 인구가 많아서 더 많은 데이터를 보유하고있으며 인공지능과 관련한 개인정보 보호에 대한 제약도 크지 않습니다. 과거 냉전시대처럼 군비 경쟁이나 우주 경쟁같이 인공지능 경쟁이 진행중이라고 생각하시나요?

로드니 브룩스 : 네 맞아요, 경쟁이 있을 것입니다. 현재까지는 기업간 경쟁이 있었고 앞으론 국가간 경쟁이 있을 것입니다.

마틴 포드 : 중국과 같은 나라가 인공지능에서 우위에 있게되면 서방국가에 큰 위험이 될 것이라고 생각합니까?

로드니 브룩스 : 저는 그렇게 간단한 문제가 아니라고 생각합니다. 인공지능 관련 기술의 사용방법이 현재는 전혀 다릅니다. 이미 중국에서 얼굴 인식을 그들의 방식으로 사용하고 있다고 생각합니다(역자 주 : 중국 주요 도시 횡단보도에는 '안면 인식기'가 설치되어 있어 차가 오지 않는 곳에서 슬쩍 무단횡단을 하는 사람들을 잡아내 대형 전광판에 무단 횡단을 한 사람의 신상정보가 바로 뜨고 경고음까지 울리며 위법 사실을 알리고 있음). 미국에서는 상상도 할 수 없는 일이죠. 새로운 인공지능 칩의 경우 미국이 뒤쳐질 수 있는 여지가 별로 없다고 생각합니다. 그러나 뒤쳐지지 않기 위해서는 지속적인 리더십이 필요합니다.

마틴 포드 : 인공지능 및 로봇 관련 경제적 위험 또는 잠재적 위험에 대해 이야기해 보죠. 경제적 질문부터 시작하겠습니다. 많은 사람들이 우리가 새로운 산업혁명의 규모와 관련해서 격동의 시기에 있다고 생각합니다. 이 의견에 동의하십니

까? 고용시장과 경제에 큰 영향을 줄 것이라고 생각합니까?

로드니 브룩스 : 네, 하지만 이것은 디지털화와 세계 디지털 경제의 새로운 길이 만들어진 것 때문이지 사람들이 말하는 것처럼 인공지능 때문은 아니라고 생각합니다. 유료 도로의 사례를 보면 미국에서는 유료 도로와 다리의 통행료 징수자를 대부분 없앴습니다. 하지만 인공지능 때문에 없어진 것이 아니라 지난 30년 동안 우리 사회에 구축된 수많은 디지털 경험들이 있었기에 가능한 일이었습니다.

통행료를 징수하는 사람이 필요없게 된 이유중 하나는 자동차에 디지털 서명을 할 수 있게 하는 전자 태그 때문입니다. 또 다른 이유는 컴퓨터 비전입니다. 비전을 통해 차량 번호판의 스냅 샷을 찍어서 안정적으로 읽을 수 있는 인공지능 시스템이 있습니다. 이런 것들은 유료 도로에만 국한된 것은 아니며, 디지털 체인(역자주 : Digital chain, 의미적으로 실제 세계와 디지털 세계를 연결해 주는 매개체를 뜻함)을 통해 가능합니다. 웹사이트에서 차량에 부착한 전자 태그를 등록하여 차량 번호와 연계시킬 수 있습니다.

또한 제 3자가 물리적인 카드가 없어도 정기적으로 신용카드에 청구할 수 있는 디지털 뱅킹이 있습니다. 예전에는 실제 신용카드를 가지고 있어야 했지만 이제는 디지털 체인이 되었습니다. 톨 게이트를 운영하는 회사는 이런 디지털 생태계 때문에 더이상 돈을 한군데 모아서 은행에 가져갈 필요가 없어진 부수적 효과도 나타났습니다.

디지털화는 통행료 징수원을 없애는 것과 같은 서비스를 자동화할 때 한꺼번에 다가오게 됩니다. 인공지능은 작지만 필요한 부분이었고 사람이 인공지능 시스템으로 대체된 것은 하룻밤 사이에 일어난 일이 아닙니다. 노동시장의 변화를 가능하게 하는 것은 점진적인 디지털화 때문이지 단순한 일대일 대체는 아닙니다.

로드니 브룩스

마틴 포드 : 디지털 체인이 많은 단순한 서비스 직종을 없앨 것이라고 생각하나요?

로드니 브룩스 : 디지털 체인은 많은 일을 할 수 있지만 모든 것을 할 수는 없습니다. 대체하지 않는 일들은 일반적으로 큰 가치가 없지만 사회를 계속 운영하는데 필요한 것들입니다. 화장실을 가고싶은 노인들에게 도움을 주고, 샤워실을 왔다 갔다 할 수 있게 만드는 것과 같이 사회를 계속 유지하는데 필요한 것들입니다. 그러한 종류의 일 뿐 아니라 교육 현장을 보십시오. 미국에서는 학교 교사들에게 적정 수준의 임금을 주지 못하고 있습니다. 저는 이런 일들을 중요하게 생각합니다. 다만 사회를 어떻게 변화시켜야 할지 모르겠습니다. 이런 일들은 경제적으로 가치가 있게 만들어야 합니다. 하지만 일부 직업들이 자동화로 인해 없어지는 경우 그렇지 않은 다른 직업군은 어떻게 상황을 받아 들여야 할까요?

마틴 포드 : 대량 실업이 일어나기보다는 일자리가 바뀔 것이라고 말하는 것처럼 들립니다. 화이트컬러 직무를 생각해 보면 컴퓨터 앞에 앉아 일상적인 일을 하며 같은 보고서를 반복해서 찍어내고 있지만, 사람들은 높은 연봉이 보장되는 이런 일자리를 위해 대학을 가고 있습니다. 곧 이런 일자리들에 위기가 올텐데 말이죠. 그와는 반대로 호텔의 룸을 청소하는 직업이 안전해지고요.

로드니 브룩스 : 저는 그 견해를 부인하지 않습니다. 제가 부인하는 것은 인공지능과 로봇이 그 일을 대체할 것이라고 말하는 것입니다. 제가 말했듯이 이건 디지털화에 더 가깝다고 생각합니다.

마틴 포드 : 저도 동의합니다. 그러나 인공지능이 플랫폼에 탑재될 것이라는 것도 사실입니다. 그래서 상황은 더 빠르게 변할 것이라는 겁니다.

로드니 브룩스 : 그렇습니다. 플랫폼을 사용하면 인공지능을 쉽게 사용할 수 있습니다. 물론 다른 걱정 거리는 누구에게나 해킹당할 수 있는 너무나 불안정한 플랫폼이라는 것이죠.

마틴 포드 : 그럼 보안 관련된 질문으로 넘어가 볼까요? 경제적 혼란은 차치하고 보안과 같은 분야에서 우리가 정말로 걱정해야 하는 진짜 위협은 어떤것들이 있을까요?

로드니 브룩스 : 보안은 가장 큰 문제중 하나입니다. 앞서 말한 디지털 체인과 우리가 사용 편의성에 대한 대가로 기꺼이 포기한 사생활에 대해서 우려가 됩니다. 우리는 이미 사회적 플랫폼의 무기화를 보았습니다. 자의식이 있는 인공지능에 대한 우려보다 디지털 체인의 약점을 악용하는 방법을 알아내는 국가, 집단 또는 개인들로 인해 발생하는 나쁜 일들을 보게될 가능성이 훨씬 높습니다.

마틴 포드 : 로봇과 드론의 무기화는 어떻게 생각합니까? 이 책의 인터뷰 대상자 중 한 명인 스튜어트 러셀은 그런 우려에 대해 "슬로터봇: 학살로봇" (Slaughterbots, 역자 주 : 킬러 로봇을 멈추려는 캠페인 그룹의 영상)이라는 매우 끔찍한 영상을 만들었습니다.

로드니 브룩스 : 저는 그것들이 인공지능에 의존하지 않기 때문에 가능성이 매우 크다고 생각합니다. 슬로터봇은 로봇과 인공지능의 정말 안좋은 조합이었습니다. 이 로봇은 숙련된 킬러처럼 항상 확인 사살을 할 준비가 되어 있는 것처럼 보였습니다. 보통의 고등학교를 갓 졸업한 아이라면 외국에서 한밤중에 주변에 총소리가 들리면 그럴 경황이 없을텐데 말이죠.

인공지능 군대를 만들지 못하게 하면 문제가 해결될 것이라는 주장이 있기도 합니다만 특정한 기술발전의 문제보다는 어떤 일이 일어나지 않기를 바라는지를 생각해보고 기술을 막기보다 기술의 사용에 관해 법으로 제재해야 한다고 생각합니다. 많은 것들은 인공지능 없이도 만들 수 있습니다.

예를 들어, 다음번에 달에 가려면 인공지능과 머신러닝의 크게 의존할 것이지만

60년대에는 둘다 없이도 달에 갔다 돌아 왔습니다. 이게 우리가 생각해봐야 하는 포인트입니다. 특정 기술이 그 행동을 하는데 사용되는 것이 아닙니다. 기술에 대해 법률로 제한하는 것은 순진한 생각이며 그 기술로 인해 좋아지는 것들은 고려하지 않는 것입니다. 기술보다는 그런 행위 자체를 막을 수 있도록 해야 합니다.

마틴 포드 : 일반인공지능에 대한 통제 문제와 악마를 소환한다는 평가를 한 일론 머스크의 생각에 대해서 어떻게 생각합니까? 우리가 이 시점에 대화를 해 봐야 할까요?

로드니 브룩스 : 1789년 파리 시민들이 열기구를 처음 보았을 때 영혼이 빠져 나올까 걱정했습니다. 일반인공지능에 대한 평가가 이와 같은 수준이라고 생각합니다. 일반인공지능이 어떻게 나타날지 어떤 단서도 찾지 못했습니다.

저는 인공지능의 미래를 예측하는 일곱가지 죄(The Seven Deadly Sins of Predicting the Future of AI1, https://rodneybrooks.com/the-seven-deadly-sins-of-predicting-the-future-of-ai/)에 관한 에세이를 썼습니다. 거기엔 이런 모든 내용을 포함하고 있습니다. 오늘과 완전히 같은 세계는 아니지만 내용의 중심에는 초지능에 관한 것이 있습니다. 시간이 지남에 따라 점진적으로 진행될 것입니다. 우리는 세상과 인공지능 시스템이 어떻게 변화될지 예측할 수 있는 어떤 단서도 없습니다. 인공지능의 미래를 예측하는 것은 현실 세계에서 벗어난 거품속에 사는 고립된 학자들을 위한 파워 게임입니다. 이런 기술의 시대가 오지 않는다고 말하는 것이 아니라 실제 나타나기 전까지 어떻게 보일지 알 수 없다는 것입니다.

마틴 포드 : 이런 기술 혁신이 실현되었을 때 기술을 규제할 곳이 있다고 생각하십니까?

로드니 브룩스 : 앞에서 말했듯이 규제가 필요한 곳은 시스템이 무엇을 할 수 있고, 할 수 없는가에 관한 것이지 기반 기술을 규제하기 위한 것이 아닙니다. 광 컴퓨터(Optical Computer)에 관한 연구를 중단해야 하나요? 매트릭스 계산이 훨씬 빨라져 딥러닝을 훨씬 빠르게 적용할수 있기 때문에? 이건 미친 짓입니다. 샌프란시스코의 혼잡한 지역에서 자율주행 배달트럭을 집앞에 정차해도 될까요? 이건 기술을 규제하는 것이 아니기 때문에 규제하는 편이 좋을 것 같습니다.

마틴 포드 : 이 모든것을 고려하면 저는 당신이 전반적으로 낙관적인 사람이라고 생각합니다. 당신은 이 분야에 대해 계속 연구하기 때문에 모든 이점이 모든 위험보다 중요한 것으로 생각하고 있다고 보여집니다.

로드니 브룩스 : 네 그렇습니다. 우리는 인구가 많은 시대에 살았었지만 이제는 인류의 생존을 위해 계속 연구해야 합니다. 나이가 들수록 노동력이 부족해지기 때문에 생활 수준이 떨어질까 매우 걱정하고 있습니다. 보안 및 개인 정보보호 이 두 가지도 문제입니다. 이것들은 모두 지금 당면한 위험 요소이며 이런 위험요소들을 직접적으로 확인할 수 있습니다.

할리우드에서 생각하는 일반인공지능은 미래의 일이며 우리는 그것에 대해 어떻게 생각해야 할지 조차 모릅니다. 현재 직면하고 있는 실제적인 위험과 위기에 대해 걱정해야 합니다.

로드니 브룩스는 스탠퍼드 대학에서 컴퓨터 과학 박사 학위를 소지한 로봇 기업가이다. 현재 Rethink Robotics의 회장 겸 CTO이며 1997년에서 2007년 사이에 MIT 인공지능 연구소의 디렉터였고 이후 MIT의 컴퓨터 과학 및 인공지능 연구소(CSAIL : Computer Science and Artificial Intelligence Laboratory)에서 근무했다.

전미 인공지능 학회(AAAI : The Association for the Advancement of Artificial Intelligence)를 비롯하여 여러 단체의 연구원으로 일하고 있다. 지금까지 the Computers and Thought Award를 포함하여 여러차례 상을 수상했다.

로드니는 1997년 에롤 모리스의 영화 "Fast, Cheap and Out of Control"에 출연했다. 그의 논문중 하나의 이름을 딴 영화로 현재 로튼 토마토 점수 91%를 기록하고 있다.

" 학생들이 인공지능을 이해하고 인공지능으로 무언가를 만드는 것에 대해 좀더 체계적으로 성장할 수 있도록 커리큘럼의 수준, 개념의 정교함, 실습활동, 커뮤니티 등을 지원해야 하고, 이런 것들을 접하기 위해 대학까지 기다릴 필요가 없어야 합니다. 이러한 기술을 이해하고 중요한 문제에 적용할 수 있는 훨씬 더 광범위한 다양성을 가져야 합니다. **"**

신시아 브리지엘(CYNTHIA BREAZEAL)

MIT 퍼스널 로봇 그룹 디렉터, JIBO INC 창립자

신시아 브리지엘은 MIT Media Lab의 개인용 로봇그룹(Personal Robotics Group)의 디렉터이자 Jibo, Inc.의 창립자입니다. 신시아는 소셜 로봇공학 및 인간과 로봇 상호 작용의 선구자입니다. 2000년 MIT의 박사과정 중 세계 최초로 소셜 로봇인 Kismet을 디자인했습니다. Jibo는 TIME지의 표지에 실렸고 2017년 최고발명상(Best Inventins)에 선정되었습니다. Media Lab에서 새로운 알고리즘 개발, 인간과 로봇의 심리적 상호작용을 바탕으로 하는 유아기 학습을 위한 새로운 소셜 로봇 디자인, 가정용 인공지능과 개인용 로봇, 노화 건강관리 등 인간과 기계의 사회적 상호작용에 초점을 맞춘 다양한 기술을 개발했습니다.

마틴 포드 : 대중을 대상으로 하는 TV나 스마트폰처럼 모두가 하나쯤은 갖고 싶은 개인용 로봇이 언제쯤 나오게 될까요?

신시아 브리지엘 : 사실 이미 그런 조짐이 나타나고 있습니다. 2014년 제가 가정용 로봇인 지보(역자 주 : Jibo, 가정용 소셜로봇)의 투자 유치를 할 때 모두가 스마트폰이 경쟁자라고 얘기했습니다. 모든 사람들이 스마트폰을 사용하고 있었기 때문에 집안의 모든 기능을 조작하는데 스마트폰의 터치스크린이 최적이라고 생각했습니다. 그 해 크리스마스에 아마존이 알렉사(Alexa, 25쪽 용어집 참조)를 발표했고, 이제는 음성 인터페이스(VUI: Voice User Interface) 비서가 쉽고 편리하기 때문에 기꺼이 사람들이 가정에서 사용할 수 있다는 것을 알게 되었고, 이로 인해 기회의 장이 열렸습니다.

2014년 까지만 해도 인공지능을 사용하던 사람들은 대부분 스마트폰을 통해 시리(Siri)나 구글 어시스턴트(Google Assistant)를 사용하던 수준이었습니다. 이제 불과 4년이 지났지만 어린 아이부터 98세의 노인들까지 모든 사람들이 인공지능 스피커와 대화를 하고 있고, 2014년과는 근본적으로 다른 상황입니다. 사람들은 인공지능 기기들과 새로운 방식으로 상호작용하기 시작했고, 인공지능 스피커 같은 시장은 계속 성장할 것입니다. 지보를 통해서 수집한 많은 데이터들은 인공지능과 사회적, 정서적 유대관계가 더 풍부한 사용자 경험을 만들어 낸다는 것을 보여주고 있습니다.

우리는 이제 음성 인터페이스를 장착한 인공지능을 통해 날씨와 뉴스 정보를 얻고 있고, 앞으로 이 변화가 가치를 지닌 핵심 영역으로 이동해 가는 것을 볼 수 있게 될 것입니다. 학교의 교육을 집으로 가져오고, 헬스케어 센터의 의료 서비스를 저렴한 가격으로 집에서 이용할 수 있어 노후를 위한 좀 더 나은 서비스들을 접하게 할 것입니다. 인공지능의 거대한 사회적 도전과제는 새로운 종류의 인공지능 기계와 관련된 것입니다. 서비스 제공의 개념을 넘어 사용자의 참여를 이끌어 내는 관계를 갖고, 개인화와, 성장, 변화를 함께 할 수 있습니다. 이것이 바로 소셜 로봇이 지향하는 바입니다. 어디로 갈 것인지 명확해졌고 우리가 그 첫 시작이라고 생각합니다.

마틴 포드 : 그러나 이런 기술에 대한 위험과 우려들이 있습니다. 사람들은 알렉사와 같은 인공지능 스피커와 너무 많은 대화를 하는 어린이의 경우 성장에 악영향을 받을 수 있다는 우려, 노인을 위한 로봇들의 디스토피아적(로봇이 사람의 기대와는 다르게 동작할 것) 시각에 대한 우려에 대해선 어떻게 접근해야 할까요?

신시아 브리지엘 : 해결해야 하는 과학적인 문제가 있고, 이 기계들이 지금 어떻게 동작하는지에 대한 사실적인 내용이 있습니다. 이런 기술들은 윤리적이고 사회적으로 이점을 가져올 수 있는 로봇을 만들 수 있는 도전의 기회입니다. 말씀하신 우려들은 아직 실제로 일어난 것이 아니고, 그건 지금이 아닌 20~50년 뒤의 일입니다. 지금 이 시점에 사회가 갖고 있는 문제들은 우리가 해결해야 할 도전 과제들이고, 다양한 분야에서 사람을 도와주는 기술들이 개발되어야 합니다. 기술만으로 해결되는 것이 아니라 일생 생활의 상식 수준에 적합한 시스템이 되도록 만들어야 합니다.

물론 항상 비평이 존재하고 팔짱을 끼고 문제점을 지적하는 사람들은 언제나 있을 수밖에 없습니다. 당신에게 화를 내며 매사에 조심하라고 하는 사람들도 필요합니다. 그러나 어쨌든 우리는 대안이 없는 사회에서 살아가고 있습니다. 다른 방식의 도움을 받기에는 비용이 너무 크기 때문이죠, 그러나 이런 기술들은 확장 가능하고 저렴하며, 효과적이고, 개인화된 지원 및 서비스를 제공할 수 있습니다. 이것이 바로 기회이고, 사람들은 이런 도움을 필요로 합니다. 이러한 도움이 없는 것은 해결책이 아니므로 어떻게 해 나가야 할지 방법을 찾아야 합니다.

세상의 변화를 가져올 해결책을 만들려고 하는 사람들과 진정한 대화와 협력을 해야지 비판만 해서는 안됩니다. 결국 모두 같은 것을 원한다는 사실이 중요한거죠. 시스템을 만드는 사람들 역시 디스토피아적 미래를 원하지 않습니다.

마틴 포드 : 지보의 비전을 좀더 자세히 설명해 주시겠습니까? 지보가 궁극적으로 집안을 돌아다니며 도와주는 로봇으로 진화할 것이라고 생각하십니까? 아니면 좀더 사회적 측면에 집중할 예정입니까?

신시아 브리지엘 : 저는 여러 종류의 로봇이 필요할 것이라고 생각해요. 지보는 그 시작일 뿐이며 그 분야를 선도하고 있습니다. 다른 유형의 로봇을 가진 회사들이 나타나게 될 것입니다. 지보는 확장 가능한 기술을 가진 플랫폼으로 의도된 것이지만, 다른 로봇들은 더 전문화될 수 있습니다. 지보와 같은 소셜 로봇도 있을 것이고 물리적 보조 로봇도 있을 것으로 생각해요. 대표적인 예는 도요타 연구소로, 이들은 노인에게 신체적인 도움을 주기 위해 다양한 물건을 집어 줄 수 있는 손재주가 이 뛰어난 로봇을 연구하고 있는데, 그 로봇들이 사회적, 감정적 기술도 갖춰야 한다고 생각하기 시작했습니다.

로봇이 가정에서 활용되는 측면을 고려해 보면 로봇의 가치가 어떤 것인지에 달려 있습니다. 만약 거동이 불편한 사람이라면, 아이가 외국어를 배우기를 원하는 부모와는 다른 로봇을 원할 것이고, 결국 어떤 가치를 갖고 있는지, 어떤 역할을 수행할 수 있는지 등이 가격적인 측면과 함께 고려가 될 것입니다. 이 분야는 가정, 학교, 병원 및 교육기관 등에서 계속 성장하고 확장될 것입니다.

마틴 포드 : 어떻게 로봇공학에 관심을 갖게 되었나요?

신시아 브리지엘 : 저는 캘리포니아주 리버모어에서 자랐는데 집 근처에 두 개의 국립 연구소가 있었습니다. 부모님 두분 다 컴퓨터 과학자로 일하셨기 때문에 컴퓨터 과학을 접할 수 있는 좋은 환경 속에서 자라 왔고 레고같은 장난감도 가지고

있었습니다. 부모님이 그런 건설적인 장난감을 중요하게 생각하셨기 때문이었죠.

제가 어렸을 때는 지금처럼 아이들이 컴퓨터를 접할 기회가 거의 없었지만 저는 국립 연구소에서 다양한 경험을 할 수 있었습니다. 펀치 카드(역자 주 : 종이에 구멍을 뚫어 비트를 표현해 컴퓨터에 정보를 입력하는 매체)가 기억나네요! 또, 당연하게도 부모님은 개인용 컴퓨터를 집에들인 첫 세대였기 때문에 다른 친구들보다 훨씬 더 일찍 컴퓨터를 접할 수 있었습니다.

제가 10살 때쯤 개봉한 첫 번째 스타워즈 시리즈는 저를 로봇 세계에 발을 들이게 만든 영화였습니다. 그때 로봇에 푹 빠졌습니다. 우주비행선 뿐만 아니라 감정을 가진 로봇들이 사람과 협업하는 캐릭터로 묘사된 것을 처음 봤습니다. 기능적인 면이 아니라 주변 사람들과 인간적인 감정을 형성하는 면이 제 감성을 강하게 건드렸고, 로봇이 그렇게 될 것이라는 사고방식을 갖고 자라게 되어 제 연구에 많은 영향을 미쳤다고 생각합니다.

마틴 포드 : 이 책에서 인터뷰한 로드니 브룩스(387쪽 참조)는 당신의 MIT 박사과정 지도 교수였습니다. 그가 당신의 커리어에 어떤 영향을 미쳤나요?

신시아 브리지엘 : 어렸을 때 저는 정말로 우주 비행사가 되고 싶었어요. 그러기 위해서는 관련된 분야의 박사학위를 받아야 한다는 것을 알았고, 우주 로봇 분야를 전공하기로 결심했습니다. 여러 대학에 지원해서 입학 허가를 받은 곳 중에 하나가 MIT였어요, MIT 방문 기간에 로드니 브룩스의 모바일 로봇 연구실을 처음 경험했던 기억이 나네요.

제가 그의 실험실을 방문했을 때 곤충에서 영감을 받은 로봇들을 봤어요. 그 로봇들은 완전히 자율적으로 움직이고 있었고, 대학원생들이 무엇을 연구하는지에 따라 각기 다른 작업들을 하고 있었습니다. 저에겐 마치 스타워즈를 처음 본 순간

같은 느낌이었어요. 스타워즈에서 본 것과 같은 로봇이 만들어진다면 그 연구실에서 만들어졌을 것이라고 생각했기 때문에 저는 그 연구실에 들어가기로 결정했습니다.

그렇게 저는 MIT로 대학원을 가게 되었고, 로드니 브룩스는 저의 지도 교수가 되었습니다. 당시 교수님의 철학은 생물학적 영감을 받은 지능에 관한 것이었는데, 당시의 전형적인 연구들과는 달랐습니다. 대학원 과정 동안 인공지능을 포함해 자연적인 형태의 지능과 지능 모델에 관한 많은 문헌을 읽기 시작했고, 다양한 형태의 지식들간의 깊은 상호 작용과 기계 지능은 항상 제 연구 주제의 한 축이었습니다.

그 당시, 로드니 브룩스는 소형 로봇을 연구했고 "빠르고, 값싸게 그리고 통제 없이: 로봇의 태양계 침입(Fast, Cheap and Out of Control: A Robot Invasion of the Solar System)"이라는 논문을 썼습니다. 매우 크고 비싼 로버(rover, 탐사차) 대신 매우 작은 자동화된 로버를 여러 대 보내야 한다고 주장했습니다. 화성 뿐만 아니라 다른 천체를 훨씬 쉽게 탐험할 수 있다고 했습니다. 매우 영향력 있는 논문이었고, 저의 석사 학위 논문은 그의 논문에서 영감을 받아 로봇을 처음으로 실제 개발하는 것이었습니다. 대학원생 신분으로 제트추진연구소(JPL: Jet Propulsion Laboratory)와 함께 일할 기회를 가졌었고, 그 연구 중 일부는 Mars Pathfinder(역자 주 : 1997년에 화성에 착륙한 무인 착륙선과 이동식 로버로 이동식 로버의 이름은 소저너이며 착륙선은 칼 세이건이다)에 기여했습니다.

몇 년 후, 석사 논문을 마치고 박사과정을 시작하려 할 때 교수님은 안식년을 보내러 갔고, 안식년을 보내고 돌아와서는 휴머노이드를 개발할 것이라고 선언했습니다. 곤충에서 파충류, 포유류의 순서로 연구가 진행될 것이라고 생각했던 우리에게 충격적인 말이었고, 다시 말해 우리는 진화론적 정보 체계를 발전시키며 나갈 것이라고 생각했지만 교수님은 휴머노이드로 가야 한다고 주장했습니다.

신시아 브리지엘

교수님이 아시아에 있을 때 일본에서 개발하고 있던 휴머노이드를 직접 봤기 때문이었습니다. 당시에 저는 연구실의 시니어급이었기 때문에 휴머노이드 개발을 위해 체화된 인지(embodied cognition, 역자 주 : 지능이 뇌에만 갇혀 있는 것이 아니라 몸 전체의 움직임이나 환경 자극에 연결돼 있다는 이론)와 관련된 이론 연구를 이끌었습니다. 연구의 가설은 기계가 가질 수 있거나 학습할 수 있는 지능의 본질은 물리적 형태에 근본적인 제약과 영향을 받는다는 것이었습니다.

다음 사건은 1997년 7월 5일 NASA가 Mars Pathfinder 탐사선이 착륙한 날 일어났습니다. 당시 저는 박사학위를 전혀 다른 주제로 연구하고 있었는데 그 순간, 제 연구가 바다와 화산을 탐험하기 위해 로봇을 보내는 분야라고 생각했던 기억이나요. 자율운전의 가치는 기계가 사람이 기피하는 지루하고, 더럽고, 위험한 일을 할 수 있는 것 때문이었죠. 로봇이 필요한 이유는 사람들이 위험한 환경에서 직접 일하지 않을 수 있는 권리와 관련된 것이라는 생각이었습니다.

그때부터 저는 학계에서 이런 전문 분야의 자율로봇을 개발하고 있는지에 대해 꽤 많은 생각을 했는데, 하지만 어린아이부터 노인까지 모든 사람들과 공존하기 위한 지능 로봇의 본질에 대해 연구하는 사람은 없었다는 것을 알게 되었습니다. 그것은 마치 컴퓨터가 전문가들이 사용하는 거대하고 비싼 장치였던 것과 비슷했어요. 그 후 모든 가정의 책상에는 컴퓨터가 놓였던 것에 대해 생각하기 시작했고, 이것이 제가 자율 로봇에 대해 연구하기로 결심하게 된 순간이었습니다.

우리는 사람들이 자율 로봇과 상호 작용하거나 말하면서 로봇을 의인화할 것이라고 생각했어요. 로봇들이 사회적 사고 방식을 이해할 수 있도록 하기위해 노력할 것이며, 사회적 관계 기반의 인터페이스가 보편적인 인터페이스가 될 것이라는 가설을 수립했습니다. 그때까지 기계의 지능 대부분은 무미건조한 물리적 조작에 집중되어 있었어요. 하지만 저는 실제로 사람들과 자연스럽게 협업하고 대화하고 상호작용하는 로봇을 만들고 싶다는 생각으로 바뀌었습니다. 사람의 지능을 보면 다양한 종류의 지능을 가지고 있고 사회적, 정서적 지능은 매우 중요하며 어떻게 협업하고 함께 사회적 공동체 안에서 조화롭게 살아갈 수 있을지도 기본이 되어야 한다고 생각했던거죠. 그러나 당시에는 이런 연구를 하는 사람이 아무도 없었습니다.

그 시점에 저는 박사학위까지는 많이 남아 있었지만 그날 교수님의 사무실로 가서 "제 박사 학위는 사람들의 일상의 삶과 로봇에 관한 것으로 하고 싶습니다. 사회적, 감정적 지능을 가지고 있는 로봇에 관한 연구를 하고 싶어요."라고 말했습니다. 교수님은 제 생각을 존중해 주었으며 이런 방식의 접근 자체가 중요하다고 생각했고, 로봇이 우리 일상 생활의 일부가 되는데 중요한 열쇠가 될 것이라는 것을 이해했기 때문에 제가 그렇게 하도록 해 주었습니다.

그 이후로 저는 세계 최초의 소셜 로봇으로 인정받는 완전히 새로운 로봇 Kismet을 만들었습니다.

마틴 포드 : 아, 네 저도 알아요 Kismet, 지금은 MIT 박물관에 있죠.

신시아 브리지엘 : Kismet은 정말로 스타워즈의 드로이드처럼 사람과 로봇의 사회적 상호작용, 협업 및 파트너십을 할 수 있는 로봇 연구의 시작이었습니다. 인간은 지구상에서 가장 사회적, 정서적으로 복잡한 종이기 때문에 성인의 사회적, 정서적 지능에 대적할 만한 로봇을 만들 수 없다고 생각했습니다. 그러나 우리가 생물학적으로 영감을 받은 실험실에서 출발했기 때문에 어떤 종류의 실체를 모델링할 수 있느냐가 문제였고, 이런 행동을 보이는 것은 생물체들, 주로 사람들뿐이었습니다.

그래서 저는 영유아와 보호자 관계가 좋은 샘플이라 생각했고, 인간의 사회성이 어디에서 비롯되고 시간이 지남에 따라 어떻게 발전되는지를 살펴봤습니다.

신시아 브리지엘

Kismet은 유아 단계에서 비언어적이며 감정적인 의사 소통을 모델링했습니다. 아기가 보호자와의 감정적인 유대감을 형성할 수 없으면 아기는 살 수 없고, 보호자는 아기를 돌보기 위해 희생해야 하고 또 많은 것을 해야하기 때문이었습니다.

인간은 생존을 위해 감정적인 연결고리를 형성할 수 있어야 하며 보호자, 즉 어머니, 아버지 또는 누구든 간에 신생아나 어린 유아를 완전한 사회적, 감정적인 존재로 대하여 충분한 사회성을 가질 수 있도록 해야 하고, 이러한 상호작용은 실제 발달과정에 매우 중요한 것이었습니다.

사회적, 감성적 지능을 형성하는 것은 삶의 필수 과정으로 사람이 올바른 사회적 환경에서 자라지 않으면 이런 능력을 개발할 수 없다는 것을 알게 된 또 다른 순간이었습니다.

인공지능 로봇을 프로그래밍하고 탑재하는 것뿐만 아니라 사회적 학습에 대해서도 깊게 고민을 해야 하고, 사람들이 공감할 수 있는 사회적, 감정적인 반응을 갖춘 실체로 대할 수 있고, 관계를 형성할 수 있도록 행동들을 만들어야는 하는 것이 중요한 시점이 되었습니다. 사람이 여러 발달 과정을 통해 완전한 성인의 사회적, 정서적 지능을 개발하는 상호작용과 유사합니다.

이런 철학을 기반으로 했기 때문에 Kismet이 완전한 아기의 모습이 아니라 아기새와 비슷한 형태로 설계되었어요. 어떻게 하면 사람의 사회적, 감성적, 육성 본능을 끌어와 무의식적으로 Kismet과 상호작용하고 자연스럽게 육성할 수 있도록 디자인할 수 있는가와 같은 질문이 떠오르는 책들을 많이 읽었습니다. 이런 방법을 통해 로봇의 움직임 품질, 외관 및 음성 품질에 관한 모든 것은 로봇이 현실에서 사회에 참여하고 상호작용하며 궁극적으로 학습할 수 있도록 설계했습니다.

2000년대 초반에는 언어적인 측면 뿐만 아니라 비언어적 상호작용의 메커니즘을 이해하는 것에 대한 연구들을 진행했었는데, 사람들간의 의사소통에서 신뢰감과 관계 등의 사회적 판단요소의 많은 부분이 비언어적 상호작용에 의해 크게 영향을 받는다는 것을 알게 되었습니다.

요즘 음성 비서를 보면 상호작용은 매우 기계적으로, 마치 체스를 두는 것 같습니다. 짜인 각본대로의 대화를 반복하는 것 같아요. 발달 심리학에서는 사람의 대인관계를 "의사 소통의 춤"이라고 이야기하는데 사람들의 소통 방법은 소통참가자들간에 끊임없이 상호 조정되는 것이 정말 미묘한 춤과 같아요. 저의 말은 청취자에게 영향을 미치고, 청취자는 제가 말하는 동안 비 언어적인 신호를 보내는 역동적인 관계에 있는 것이죠. 청취자가 보내는 신호는 저에게 영향을 미치고 상호작용이 어떻게 진행되고 있는 것인지 저의 추측을 만들고 그 반대도 마찬가지입니다. 소통은 역동적인 협업을 진행하는 것으로, 이 연구는 사람의 상호작용과 의사소통이 실제로 어떤 것인지 알려주는 것이었고, 초기 연구의 많은 부분은 이런 역동적인 것을 포착하기 위해 노력하고, 비 언어적인면이 언어적인 면만큼 얼마나 중요한지 증명하려고 했던 것 같아요.

다음 단계는 앞서 말한 방법으로 사람들과 협력할 수 있는 자율 로봇을 실제로 만들고, 협업 활동을 하기 위한 사회적, 정서적 지능과 다른 정신에 관한 이론을 바탕으로 협력활동을 하는 것이었습니다. 사람들은 인공지능이 인간이 하는 것처럼 쉽게 할 수 있다고 생각하는 경향이 있는데, 그렇게 생각하면 안돼요! 인간은 지구상에서 사회적으로나 정서적으로 가장 정교한 종으로 기계에 사회적이고 감성적인 지능을 만들기는 정말 정말 어려운 일이에요!

마틴 포드 : 어렵다는 것이 계산적인 어려움인가요?

신시아 브리지엘 : 맞아요. 인간이 얼마나 정교한지를 생각해 보세요. 그런데 기계는 사람의 지능과 행동을 사람과 똑같이 해야 해요. 맥락속에서 인간의 생각, 의

도, 신념, 욕구 등을 추론하고 예측할 수 있어야 하고 사람이 하는 일, 하는 말, 시간이 지남에 따라 다르게 행동하는 패턴을 이해해야 되는 것이죠.

만약 물리적인 일이나 신체적인 도움이 없이도 사회적, 감정적 보조와 지원을 할 수 있고, 사람들의 관계속에 참여할 수 있는 로봇을 만들면 어떨까요? 우리는 교육, 행동변화, 건강, 코칭, 노화 등 큰 영향을 미칠 수 있는 로봇을 위한 새로운 응용분야에 대해 고민하기 시작했어요. 그러나 대부분의 사람들은 아직 물리적인 일이나 신체적인 도움에 너무 집착한 나머지 생각조차 하지 않고 있습니다.

로봇이 단순히 물건을 만드는 것이 아니라 사회적, 정서적 지원을 할 수 있는 주요 분야를 찾아봤을 때 사람의 성장과 변화와 관련된 교육이 좋은 예입니다. 새로운 것을 배울 수 있다면 삶은 완전히 변화될 수 있어요. 할 수 없는 일들을 할 수 있게 되며, 기존에 없었던 기회를 갖게 될 것입니다. 또 다른 예로는 고령화나 만성 질환을 관리하는 것이에요. 사람들이 더 건강하게 지낼 수 있다면 다른 기회들을 잡을 수 있기 때문에 삶은 변화될 것입니다.

소셜 로봇은 제조업과 자율주행차 이상으로 사회적 의의를 지닌 거대한 영역으로 범위가 넓어지고 있어요. 제가 많은 시간을 들여 연구하는 분야 중 하나는 사람들이 어떤 능력을 갖고 있는지와 관계없이 기계들이 우리 인간의 가능성을 열어주는 방식으로 사람들과 상호작용하고 그 속에 참여시키는 것입니다. 인간은 굉장히 심오한 사회적이고 감정적인 종으로, 인간의 잠재력을 실현하기 위해 인간지능의 다른 측면을 지원하는 것이 정말로 중요합니다. 많은 소셜로봇 연구자들은 이처럼 사회적 의의가 큰 분야에 초점을 맞춰 연구를 진행하고 있어요.

우리는 이제 막 사람들과 협력하여 일하는 로봇이나 인공지능에 대한 공감이 정말 중요하다는 것을 알게 된거죠. 오랫동안 인간과 인공지능 또는 인간과 로봇간의 협업이 연구가 필요한 분야인 것으로 생각하지 않았었지만 이제는 바뀌고 있다고 생각합니다.

인공지능의 확산이 사회의 여러 측면에 영향을 미치고 있기 때문에 사람들은 인공지능과 로봇 공학 분야가 더 이상 컴퓨터 과학이나 엔지니어링 분야가 아니라는 점을 인식하고 있고, 사회적 통합과 사회적 영향을 중심으로 훨씬 더 총체적으로 생각해야 할 필요가 있다는 인식이 생겼습니다.

리씽크로보틱스(Rethink Robotics, 역자 주 : 인터뷰 대상자 중 한 명인 로드니 브룩스가 설립한 협동로봇 업체)가 제작한 박스터(Boxter, 역자 주 : 리씽크 로보틱스의 양팔 협동 로봇, 사람 얼굴을 형상화한 모니터를 통해 현재 상태를 얼굴 표정으로 표현하는 특징이 있음)와 같은 로봇을 보면 조립 라인에서 사람과 협동하도록 만들어진 로봇이에요. 사람들로부터 분리된 곳에서 일하는 게 아니라 바로 옆에 붙어서 일을 할 수 있도록 만들어졌고, 이를 위해 박스터는 같이 일하는 사람이 로봇의 상태를 이해할 수 있게 하는 얼굴을 갖고 있습니다. 그 디자인은 제가 말한 철학과도 같으며 사람과 일할 수 있는 로봇입니다. 우리는 그런 비언어적 단서를 읽고 예측할 수 있고, 로봇은 인간이 이해할 수 있는 방식으로 표현해야만 함께 상호작용하며 진화할 수 있습니다. 박스터는 소셜 로봇이고 제조 현장에서 일어난 사례죠. 사람과 협업을 해야 하는 교육, 헬스케어부터 제조, 운전에 이르기까지 다양한 분야에서 소셜 로봇이 필요할 것이라고 생각해요. 저는 사람과 협업할 수 있는 지능이 모든 로봇들에게 중요한 요소라고 생각합니다. 인간 중심적으로 사람과 로봇이 공존할 수 있는 방법인 것이죠. 로봇의 물리적 작업능력이나 기능은 중요하지 않다고 생각해요. 인간의 사고방식과 행동양식에 부합하고, 그것이 사람을 도울 수 있다면, 소셜 로봇이라고 생각합니다.

오늘날 우리는 다양한 로봇을 설계하고 있습니다. 여전히 많은 로봇들이 위험한 장소에 들어가기도 하지만, 교육이나 자폐증 치료를 등을 위한 로봇이 등장하는 것도 볼 수 있습니다. 하지만 이런 접근이 정말로 어렵다는 것을 알아야 해요! 사회적 및 정서적 협력의 지능을 개선하고 향상시키려면 아직 멀었지만, 시간이 지남에 따라 사회적, 정서적 지능과 물리적 지능의 조합을 보게 될 것입니다. 저는

신시아 브리지엘

그렇게 될 거라고 생각해요.

마틴 포드 : 인간 수준의 인공지능 또는 일반인공지능에 대해 묻고 싶습니다. 실현 가능한 목표라고 생각하나요?

신시아 브리지엘 : 그 질문은 실제 목표를 달성했을 때 나오는 실제 세상의 문제점에 대해 묻는 것인가요? 저는 인간의지능을 이해하고자 하는 과학적 질문과 도전이 있다고 생각해요. 인간 지능을 이해하는 한 가지 방법은 실제 모델로 만들어 기술에 적용해 보고, 이 시스템이 사람들의 행동과 능력을 얼마나 잘 반영하는지 확인하는 것이라고 생각해요.

그런 다음 현실에 적용하려 할 때 이 시스템이 사람들에게 어떤 가치를 가져다줄 수 있는가 하는 문제가 있어요. 저에게 있어서 이 문제에 대한 답은 항상 우리가 하는 방식, 의사 결정, 행동방법 등에 따라 사람들과 어울리는 지능형 로봇을 만드는 방법을 찾고, 우리가 세상을 경험하는 방법을 로봇들과 함께 해서 보다 나은 세상을 만들 수 있습니다. 그렇다면 이 로봇은 인간이 되어야 하나요? 저는 그렇게 생각하지 않습니다. 우리에게는 이미 많은 사람들이 있어요. 문제는 시너지 효과가 무엇인지, 어떤 요소가 보완되어야 하는지, 인간의 능력을 확장할 수 있는 요소는 무엇인지에 있습니다.

이것은 어떻게 하면 로봇과 상호 보완적인 파트너십을 만들 수 있을지에 대한 제 개인적인 관심과 열정입니다. 그렇다고 제가 정확히 인간과 똑같은 로봇을 만들어야 한다는 것은 아닙니다. 사실 저는 사람과 로봇을 한 팀으로 보고, 사람의 실제 역량을 강화시킬 수 있는 로봇을 어떻게 만들어야 하는지 알아내기 위해 노력하고 있습니다. 우리가 이런 일들을 하면서 사람들이 성취감을 얻는 삶을 살 수 있고, 삶이 나아지고 있다는 것과 가족이 번영하고 존엄하게 살 수 있다는 것을 느끼기 위해 무엇이 필요한지에 대해 생각해 봐야 하고, 그렇기 때문에 윤리적 가치와 인간적 가치를 모두 지닌 기계를 디자인하고 개발하고 있습니다. 사람들은 이런 기계들이 사회에 공헌할 수 있다고 느껴야만 해요. 사람들은 인간 사회의 번영을 막을 수 있는 기계를 원하지 않습니다. 만약 목표가 인류의 번영이라면, 인간의 관계 본질과 협업 측면에서 중요한 제약이 주어져야 할 것입니다.

마틴 포드 : 일반인공지능에 도달하기 위해 꼭 필요한 것은 무엇인가요?

신시아 브리지엘 : 오늘날 전문 지식을 충분히 갖추면 작은 부분에서 인간의 지능을 능가하는 특수 목적의 인공지능을 만들 수 있으나, 이런 인공지능은 근본적으로 다른 종류의 지능을 필요로 하는 여러 가지 일을 할 수는 없어요. 아직 어린아이처럼 지속적으로 지능을 키우고 확장할 수 있는 기계를 만드는 방법을 모릅니다.

최근 딥러닝과 함께 몇 가지 획기적인 발전을 이루어 왔지만 이것은 지도학습(22쪽 용어집 참조)입니다. 사람들은 다양한 방법으로 학습을 하고 있어요. 극히 적은 예로부터 많은 것을 배울 수 있고 일반화할 수 있죠. 그러나 아직 기계가 실시간 경험을 통해 학습할 수 있는 획기적인 발전을 보지 못했고 또 그렇게 할 수 있도록 만드는 방법도 모릅니다. 인간 수준의 상식을 가진 기계를 만드는 법도 몰라요. 전문영역 내에서 지식과 정보를 가질 수 있는 기계를 만들 수 있지만 우리 모두가 당연한 것으로 여기는 그런 상식을 어떻게 수행해야 할지 모르고, 깊은 감성지능을 갖춘 기계를 만드는 법도 모르고, 심오한 철학을 가진 기계를 만드는 법도 모릅니다. 이런 것들 외에도 해결해야 할 수 많은 과학적 문제들이 있고 이런 문제들을 해결하는 과정을 통해 인간이 어떻게 지능을 형성했는지에 대해 더 깊이 이해하게 될 수 있다고 생각합니다.

마틴 포드 : 그럼 실질적으로 걱정해야 하는 단점 및 위험에 대해 이야기 해 볼까요?

신시아 브리지엘: 지금 당면한 진짜 위험은 사람들을 해치기 위해 이런 기술을 사용하려는 사악한 의도를 가진 사람들입니다. 저는 사람들을 노예로 만들 것이라는 초지능에 대해 주변에 있는 사람들만큼 걱정하지 않습니다. 인공지능은 도구이며 사람들에게 이익을 주고 도움을 줄 수도 있지만 반대로 사람을 해치거나 특정 그룹의 사람들에게만 특권을 주는데도 이용될 수 있는 것이죠. 프라이버시와 보안에 관한 많은 걱정들은 우리의 자유와 관련되어 있기 때문에 타당하다고 생각해요. 보편화에 대한 우려와 가짜 뉴스와 로봇이 허위사실을 유포하면 어떻게 하느냐에 대한 우려들로 인해 사람들은 진정한 사실이 무엇인지 알고 싶어합니다. 이런 것들은 매우 실질적인 위험이 있고 자율 무기는 진짜로 위험합니다. 또한 인공지능이 사회 격차를 줄이는 대신 오히려 격차를 더욱 악화시키는 문제가 있어요. 우리는 인공지능이 훨씬 더 많은 사람들이 자유롭게 사용할 수 있도록 하기 위한 일을 시작해야 합니다. 그래야만 인공지능이 소수에 국한되지 않고 모든 사람들에게 이익이 되는 미래를 만들 수 있습니다.

마틴 포드: 아직 먼 얘기일지라도 초지능의 일치 또는 통제 문제(29쪽 용어집 참조)가 궁극적으로 문제라고 생각하나요?

신시아 브리지엘: 초지능이 많은 다른 것들을 의미할 수 있기 때문에 무엇을 의미하는지 근본적으로 알아야 합니다. 제가 가지고 있는 우려는 기본적으로 우리가 다른 경쟁자들과 적대적인 세계에서 살아남기 위해 진화했던 인간의 문제를 인공지능과 연관 짓는 것이었습니다. 왜 초지능을 가진 기계들이 그런 문제를 떠 맡게 될 것이라고 생각하나요? 사람이 아닌데 왜 그렇게 될까요?

초지능을 만드는 실질적 원동력은 무엇일지? 누가 만들 것이며 그 이유는 무엇인지? 시간과 노력과 돈을 투자할지? 대학이나 기업이 그렇게 할까요? 초지능을 만들어 낼 수 있는 사회적 경제적 요인이 무엇인지에 대해 생각해 봐야 해요. 다른 중요한 문제들을 제쳐두는 것은 물론, 엄청난 양의 재능과 자금과 인력이 필요할 것입니다.

마틴 포드 : 저는 확실히 많은 관심이 있다고 생각하는데요. 딥마인드의 데미스 허사비스(31쪽 참조)와 같은 사람들은 일반인공지능을 만드는데 관심이 있습니다. 적어도 비슷한 것을 만드는 것에 관심이 있고, 그들의 명확한 목표입니다.

신시아 브리지엘 : 사람들은 그것을 만드는 것에 관심이 있을 수 있지만 막대한 규모의 자원, 시간 및 인력은 어디에 있습니까? 제 질문은 투자를 지속적으로 이끌어낼 사회적 조건과 힘은 무엇인가 하는 것이에요. 지금 우리가 보고 있는 것과 비교해서 그것이 필요할까요? 저는 매우 현실적인 질문을 하고 있습니다. 일반인공지능에 도달하기 위해 필요한 투자금액의 조달 방법에 대해 생각해보세요. 무슨 동기로 그것을 이끌어 나갈 수 있을까요? 저는 아직 기관이나 단체가 초인간적인 일반인공지능을 만들기 위해 지금 당장 기금을 조달할 동기가 없다고 생각합니다.

마틴 포드 : 관심과 투자의 잠재적 요인 중 하나는 중국 및 아마도 다른 나라와의 인공지능 무기 경쟁일 거라고 보는데 인공지능의 군사 및 보안 분야 사용에 대해서는 어떻게 생각하십니까?

신시아 브리지엘 : 저는 우리가 항상 기술과 자원을 둘러싸고 다른 나라와 경쟁할 것이라고 생각하지만, 그렇다고 해서 그것이 꼭 일반인공지능으로 이어질 필요는 없다고 생각해요. 방금 말했던 모든 것이 일반적인 지능을 필요로 하지 않을 것이고, 더 넓고 유연하지만 더 제한적인 인공지능일 수 있는 것이죠.

제가 추진하고 있는 것은 일반 초지능 대신 현재 지속적으로 지원 가능하고 재능 있는 사람들의 참여를 부채질할 수 있는 지금 당장 추진 가능한 문제입니다. 저는 진정한 초지능보다 다양한 분야의 인공지능이 지속적으로 추진될 훨씬 더 많은 이유가 있다고 봅니다. 확실히 학계와 연구기관들 사이에서 사람들은 초지능을 만드는 것에 매우 관심이 있고, 계속 연구할 것이지만 자원, 시간, 재능, 매우 오랜 기간의 헌신을 할 수 있는 인내와 같은 기본적인 사항들을 고려했을 때 누가 그것을 실용적인 의미에서 계속 밀고 나갈 수 있는지 명확하지 않습니다. 누가 그런 자원들을 제공할 것인가의 측면에서 말이죠.

마틴 포드 : 구인 사장에 미치는 잠재적 영향에 대해 어떻게 생각하십니까? 새로운 산업혁명을 앞에 두고 있다고 보시나요? 고용이나 경제에 막대한 영향을 줄 가능성이 있습니까?

신시아 브리지엘 : 인공지능은 기술 중심의 변화를 가속화할 수 있는 강력한 도구입니다. 지금은 설계 방법을 아는 사람은 매우 소수이고, 배포할 수 있는 전문 지식과 자원을 가진 기업은 거의 없습니다. 경제적 격차가 커지는 시대에 살고 있는데, 여기서 가장 큰 걱정거리 중 하나는 인공지능이 이 격차를 없앨 것인지, 악화시킬 것인지에요. 소수의 사람들만이 개발하고, 설계하고, 그들이 신경 쓰는 문제들에만 적용한다면 대부분의 사람들은 그 혜택을 받지 못하게 될 거예요.

인공지능의 혜택을 모든 사람이 누릴 수 있는 한 가지 해결책은 교육입니다. 저는 유치원부터 고등학교까지 인공지능을 교육할 수 있도록 상당한 노력을 기울였어요. 오늘날의 아이들은 인공지능과 함께 자라고 있고, 그들은 더이상 디지털 원주민이 아니며, 이제 인공지능 원주민입니다. 그들은 언제나 지능형 컴퓨터와 상호작용할 수 있는 시대에 성장하고 있기 때문에 그 구조에 대해 명확히 이해를 해야 합니다. 오늘날의 어린이들은 이러한 기술에 대해 교육받고, 이러한 기술로 무언가를 창조할 수 있어야 하며, 그렇게 함으로써 이런 기술을 적용하고 그들의 사회에 중요한 문제를 글로벌 규모로 해결할 수 있는 힘을 가질 수 있다는 사고방식을 가지고 성장해야 합니다. 점점 더 인공지능으로 발전하는 사회에서 우리는 인공지능을 이해하고 사용할 줄 아는 사회가 되어야 합니다. 이런 일은 일어나야 할 일이고, 업계의 관점에서 볼 때 이 정도의 전문성을 갖춘 인재가 부족하기 때문에 능력있는 직원을 충분히 고용할 수는 없습니다. 인공지능에 대한 사람들의 두려움은 그것을 이해하지 못하기 때문에 조작될 수 있습니다.

이런 측면에서도 정치 관련 이해관계자들의 관심이 많은데 전문 지식과 이해를 발전시킬 수 있는 훨씬 더 다양한 사람들에게 포괄적으로 열려있어야 합니다. 수학과 문학의 조기 교육이 있었던 것처럼 인공지능 조기 교육도 가능하다고 봐요. 학생들이 인공지능을 이해하고 인공지능으로 무언가를 만드는 것에 대해 좀 더 체계적으로 성장할 수 있도록 커리큘럼의 수준, 개념의 정교함, 실습활동, 커뮤니티 등을 지원해야 하고, 이런 것들을 접하기 위해 대학까지 기다릴 필요가 없어야 합니다. 이러한 기술을 이해하고 중요한 문제에 적용할 수 있는 훨씬 더 광범위한 다양성을 가져야 합니다.

마틴 포드 : 전문직이나 기술직을 목표로 하는 사람들에게 초점을 맞추고 있는 것 같습니다. 그러나 대부분의 사람들은 대학 졸업자가 아닙니다. 예를 들어 트럭 운전이나 패스트푸드 식당에서 일하는 것과 같은 일에 큰 영향을 미칠 수 있다고 보입니다. 이를 위한 정책이 필요하다고 생각하십니까?

신시아 브리지엘 : 분명히 혼란이 있을 것이라고 생각합니다. 지금, 사람들이 얘기하는 큰 문제는 자율주행차인데, 분명히 그 분야에는 혼란이 있을 것입니다. 문제는 직업을 바꾸거나 실직한 사람들이 계속해서 노동력에서 경쟁력을 유지할 수 있도록 훈련을 받아야 한다는 것입니다.

또한 인공지능은 노동시장의 활력을 위해 저렴하고 확장 가능한 방법으로 사람들을 재교육시키는데 활용할 수 있어요. 인공지능 교육은 직업 프로그램으로 개발될 수 있습니다. 저에게 있어, 우리가 주목해야 할 인공지능 응용분야 중 하나가 바로 인공지능 교육과 맞춤형 교육 시스템입니다. 많은 사람들은 개인 가정교사를 두거나 교육기관에 갈 여력이 없기 때문에 인공지능을 활용하여 이러한 기술, 지식 및 기능을 훨씬 더 확장 가능하고 저렴하게 이용할 수 있다면 평생 동안

신시아 브리지엘

훨씬 더 유연하게 사용할 수 있는 사람들이 더 많아질 겁니다. 계속 변화하는 일자리의 현실에 유연하게 적응할 수 있도록 인공지능의 역할에 대해 더 생각해 볼 필요가 있다고 생각합니다.

마틴 포드 : 인공지능 분야의 규제에 대해 어떻게 생각하십니까? 앞으로 연구를 계속하는데 문제는 없나요?

신시아 브리지엘 : 제 연구 분야에서는 좀 이릅니다. 우리는 소셜 로봇에 합리적인 정책이나 규정을 만들기 전에 그것을 더 이해할 필요가 있다고 생각해요. 그러나 인공지능이 의도하지 않은 심각한 결과를 보여주는 일들이 일어나고 있기 때문에 논의가 필요하다고 느끼고 있어요. 이 문제를 해결하기 위해 진지한 논의를 할 필요가 있고 프라이버시, 보안 및 이러한 모든 것들을 중요하게 고려해야 합니다.

제 분야에 있어 세부 사항으로 파고들어가 큰 영향을 미치는 부분부터 시작해 보면, 아마 그런 경험을 통해 과연 옳은 일은 무엇인가에 대해 좀 더 폭넓게 생각할 수 있다고 생각해요. 분명히 기회를 열기 위한 혁신을 지원하는 것 못지않게 이러한 기술들로 인간의 가치와 권리가 뒷받침될 수 있도록 균형을 잡으려 노력할 것입니다.

신시아 브리지엘

신시아 브리지엘은 매사추세츠 공과 대학교(Massachusetts Institute of Technology)의 미디어 예술 및 과학 부교수로 미디어 랩(Media Lab)에서 퍼스널 로봇 그룹(Personal Robots Group)을 설립하고 이끌어 나가고 있다. 또한 Jibo, Inc.의 창업자이기도 하다. 소셜로봇 및 인간 로봇 상호 작용의 선구자이며 사회적 로봇 설계(Designing Sociable Robots)라는 책을 저술했고 소셜 로봇 공학, 인간 – 로봇 상호 작용, 자율 로봇 공학, 인공지능 및 로봇 학습 주제에 대한 저널 및 컨퍼런스에서 200개 이상의 논문을 발표했다. 자율 로봇, 정서적 컴퓨팅, 엔터테인먼트 기술 및 멀티 에이전트 시스템 분야의 여러 편집 위원으로 활동하고 있다. 보스턴 과학 박물관의 감독관이기도 하다.

그녀의 연구는 인간 중심적인 용어로 사람들과 교류하고 의사소통하고, 인간과 협업하며, 견습생으로서 사람들로부터 배우는 개인 로봇의 원리, 기술을 개발하는데 초점을 맞추고 있다. 소형 헥사 포드 로봇에서부터 일상적인 조형물에 로봇 기술을 넣고, 표현력이 풍부한 휴머노이드 로봇 및 로봇 캐릭터를 만드는 것에 이르기까지 세계에서 가장 유명한 로봇들을 만들었다.

❝ 모자이크 프로젝트에서는 상식을 가진 컴퓨터를 만들고 있어요. 지금까지 인간이 구축한 인공지능 시스템은 특정한 작업에만 익숙하죠. 예를 들어 인간은 바둑을 아주 잘할 수 있는 인공지능 시스템을 만들었지만 방에 불이 나도 그 시스템은 알아차리지 못해요. 이 인공지능 시스템은 상식이 전혀 없는데 모자이크 프로젝트에서는 이런 문제를 해결하려고 합니다. **❞**

오렌 엣치오니(OREN ETZIONI)

앨런 인공지능 연구소(The Allen Institute for AI)의 최고경영자

오렌 엣치오니는 마이크로소프트의 공동 설립자인 폴 앨런(Paul Allen)이 만들고 공공선(善)을 위해 인공지능 연구의 힘을 쏟고 있는 독립 기관인 앨런 인공지능 연구소의 최고경영자입니다. 오렌은 인공지능 시스템에 상식을 구축하는 1억 2천 5백만 달러 규모의 프로젝트인 모자이크(Mosaic)와 같은 여러 프로젝트를 감독하고 있습니다. 모자이크 프로젝트는 일반적으로 인공지능에서 가장 어려운 도전 중 하나로 평가받고 있습니다.

마틴 포드 : 모자이크 프로젝트는 정말 흥미로워 보입니다. 앨런 연구소에서 작업하고 있는 프로젝트와 그에 관해 이야기해 주시겠어요?

오렌 엣치오니 : 모자이크 프로젝트에서는 상식을 가진 컴퓨터를 만들고 있어요. 지금까지 인간이 구축한 인공지능 시스템은 특정한 작업에만 익숙하죠. 예를 들어 인간은 바둑을 아주 잘할 수 있는 인공지능 시스템을 만들었지만 방에 불이 나도 그 시스템은 알아차리지 못해요. 이 인공지능 시스템은 상식이 전혀 없는데 모자이크 프로젝트에서는 이런 문제를 해결하려고 합니다.

앨런 인공지능 연구소에서 가장 중요하게 생각하는 임무는 공공선(善)을 위한 인공지능이에요. 우리는 인공지능을 이용해 세상을 더 좋게 만들기 위해 연구하고 있어요. 일부는 기초적인 연구를 진행하고 있지만, 대부분은 공학적인 분야에 관심이 많아요.

대표적인 경우가 시맨틱 스칼라(Semantic Scholar) 프로젝트입니다. 과학적 탐구와 가설을 생성하는 문제를 연구했죠. 과학자들은 점점 많은 논문을 출간하고 있고, 우리와 마찬가지로 그들도 정보가 많아질 때 어려움을 겪는다는 것을 깨달았기 때문에 도움을 주기 위해 시작하게 되었어요. 머신러닝, 자연어 처리를 비롯한 여러 가지 인공지능 기술을 활용해 과학자들이 읽고 싶은 내용을 논문 안에서 찾을 수 있도록 도와주고 있죠.

마틴 포드 : 모자이크 프로젝트에는 기호 논리학(symbolic logic, 역자 주 : 자연어 대신 기호를 사용하는 논리학)이 들어있나요? 오래전 진행되었던 프로젝트인 'Cyc'에 대해 알고있는데요, 사물과 관련된 모든 논리적 규칙을 주입했었죠. 제가 보기엔 이 작업이 너무 노동력이 많이 들어가는 일이고 복잡해서 논리적 규칙을 다루기 힘들게 된 것 같아요. 모자이크에서도 이런 일들을 하려고 하나요?

오렌 엣치오니 : 35년이 지난 Cyc 프로젝트의 문제는 이야기해 주신 것과 같고, 당시 이 작업은 정말 힘든 일이었어요. 하지만 우리는 자연어 처리, 머신러닝, 머신 비전(machine vision) 등 더 현대적인 인공지능 기술과 크라우드소싱(crowd-sourcing)을 활용해 이전과는 다른 방식으로 지식을 습득하려고 합니다.

모자이크는 이전과는 다른 관점에서 출발해요. Cyc는 상식을 저장하고 그걸 바탕으로 논리적인 추론에서 시작한다면, 모자이크는 상식을 평가하는 기준을 정의하는 것부터 시작하죠. 그 기준은 프로그램이 얼마나 많은 상식을 가졌는지 측정하게 해주고, 기준을 정의하고 나면 시스템을 구축해서 Cyc에서는 불가능했던 발전을 경험적이고 실험적으로 측정할 수 있습니다.

마틴 포드 : 그렇다면 상식을 활용해야 풀 수 있는 일종의 테스트를 만들겠다는 이야기인가요?

오렌 엣치오니 : 정확해요! 튜링 테스트에 사용되었던 방식 그대로 인공지능이 가지는 상식을 테스트하는 것입니다.

마틴 포드 : 그리고 미국 대입 시험인 SAT의 생물학과 다른 과목 문제를 해결하는 시스템도 연구하는 것으로 알고 있는데 이것도 계속해서 관심을 가지고 있나요?

오렌 엣치오니 : 폴 앨런 씨는 앨런 인공지능 연구소를 설립하기 전에도 다양한 연구를 했는데 그중에서 교과서 한 단원을 읽고 뒤에 나오는 질문을 해결하는 프로그램이 있었습니다. 우리는 표준화된 테스트를 거쳐서 점수를 매기는 프로그램을 어느 정도까지 만들 수 있을지 알아보고 싶었죠.

점수를 어떻게 측정할지 정의하고 그 결과를 지속적으로 향상시켜 문제를 해결하는 것이 자연스럽게 이루어졌어요. 그렇게 여러 분야에서 비슷한 일을 해왔죠.

마틴 포드 : 성과는 어떠신가요? 성공적이었나요?

오렌 엣치오니 : 솔직히 말해서 어떻다고 콕 집어서 말하기가 힘들어요. 앨런 연구소가 개발한 과학, 수학 문제를 해결하는 기술은 현재 최고 수준입니다. 과학 문제의 경우 대회를 열어 전 세계의 수천 팀이 어떻게 문제를 해결하는지 보면서 놓치고 있는 부분이 있는지 확인해봤는데 우리의 기술은 다른 어떤 것보다 훨씬 좋은 결과를 만든다는 것을 알게되었죠.

현재 최고 수준의 기술이고, 연구에 집중해 많은 논문과 데이터를 만든다는 점에서 매우 긍정적이라고 생각하지만 아직도 상당히 제한적이라는 점이 아쉬워요. 지금 기술로 SAT를 보면 D 등급이 나오는데, 이는 그렇게 높은 편이 아닙니다. 시험에 나오는 문제가 꽤 어려운 것도 있고, 자연어나 비전 처리가 필요한 문제가 있기 때문이죠. 하지만 더 좋은 성과가 나오지 못하는 핵심적인 문제는 상식의 부족이라는 것을 깨달았어요. 그래서 모자이크 프로젝트를 시작하게 되었죠.

인공지능 역설(AI paradox)이라는 재미있는 현상이 있어요. 바둑처럼 세계 선수권 대회에 참가하는 사람에게도 어려운 일이 기계에는 아주 쉬운 반면 "코끼리가 방문을 통과할 수 있을까?"라는 질문을 했을 때 대부분의 사람들은 바로 대답할 수 있지만, 기계는 어려워합니다. 사람이 하기에 쉬운 일이 기계가 하기에 어려운 것이고, 반대의 경우도 마찬가지이죠. 이걸 인공지능 역설이라고 부릅니다.

표준화된 시험 문제를 만드는 사람들은 문제를 풀 때 광합성이나 중력 같은 특정 개념을 사용하게끔 유도하는데, 학생들이 특정 상황에 그 개념을 적용하게 만들어 이해하고 있는지 파악하려고 하죠. 광합성같은 6학년 수준의 지식을 인공지능에게 설명하기는 쉬워요. 하지만 언어 이해와 상식적 추론이 필요한 상황에서 이 개념을 적용할 때는 매우 어려움을 겪고 있어요.

마틴 포드 : 모자이크 프로젝트를 통해 하고 있는 연구가 상식을 이해하게 만드는 기술의 기반이 되어서 다른 영역에서의 발전을 이끌 수 있다고 생각하나요?

오렌 엣치오니 : 네. "어두운 방에 식물을 기르고 있는데, 창문 가까이에 두면 자라는 속도가 바뀔까요?"라는 질문을 받았을 때 사람은 식물을 창문 가까이 옮기면 더 많은 빛이 있고, 빛이 더 많을수록 빨리 광합성이 일어나기 때문에 빠르게 자라는 것을 이해할 수 있어요. 하지만 컴퓨터는 이런 부분에 어려움을 겪고 있어요. 인공지능은 "식물을 창문 가까이 옮겨놓으면 어떻게 되는지" 이해하지 못하기 때문이죠.

마틴 포드 : 어떻게 인공지능 연구를 시작하게 되어 앨런 연구소의 최고경영자까지 되셨나요?

오렌 엣치오니 : 고등학교 때 논리학자인 쿠르트 괴델, 미술가인 마우리츠 코르넬리스 에셔, 작곡가인 요한 제바스티안 바흐를 소재로 수학과 지능처럼 인공지능과 관련된 개념을 알려주는 "괴델, 에셔, 바흐: 영원한 황금 노끈(Gödel, Escher, Bach: An Eternal Golden Braid)"이란 책을 읽었어요. 이 책을 읽고 나서 인공지능의 매력을 알게 되었습니다.

그렇게 하버드 대학에 들어갔는데 2학년 때 인공지능 수업이 처음으로 열렸죠. 그 강의를 듣고 완전히 빠져버렸어요. 당시 인공지능은 활발하게 연구되는 주제는 아니었지만 지하철로 멀지 않은 곳에 MIT 인공지능 연구소가 있어서 그 곳으로 가게 되었고 그때는 연구소의 공동 설립자인 마빈 민스키 교수님이 지도하고 계셨어요. 그리고 연구소에 "괴델, 에셔, 바흐: 영원한 황금 노끈"의 작가인 더글라스 호프스태터가 초청 교수로 있어서 그분의 세미나를 듣고 더욱 인공지능의 매력을 알게 되었어요.

그렇게 MIT 인공지능 연구소에서 프로그래밍 아르바이트를 시작했는데, 그건 이제 막 커리어를 쌓기 시작한 사람들에게는 소위 "꿈의 직장"이었습니다. 그 계기로 인공지능을 더 공부하고 싶어서 대학원에 가기로 결심했고 카네기 멜론 대학교에서 머신러닝의 창시자 중 한 분이신 톰 미첼 교수님의 연구실로 들어가게 되었죠.

그다음에는 워싱턴 대학교의 교수로 지내면서 인공지능을 더 많이 공부하게 되었어요. 동시에 인공지능 관련 스타트업에도 참여하게 되었는데, 그때는 정말 재밌었죠. 이런 일들 덕분에 앨런 인공지능 연구소 설립에 참여하게 되었습니다. 2013년에 폴 앨런 씨의 팀이 제게 인공지능 연구소를 만들고 싶다는 이야기해 주셨고, 다음 해 1월에 함께 시작하게 되었죠. 그리고 이렇게 지금까지 열심히 연구하는 중입니다.

마틴 포드 : 앨런 연구소에 리더로 있으면서 폴 앨런 씨와 많은 교류가 있었을 것 같아요. 앨런 연구소에 관해서 그는 어떤 동기와 비전을 가지고 계셨는지 이야기해 주시겠어요?

오렌 엣치오니 : 지난 몇 년간 그와 많은 교류가 있었다는 점에서 저는 정말 운이 좋다고 생각해요. 연구소의 최고경영자 자리를 고민할 당시에 그가 쓴 "아이디어 맨(Idea Man)"이라는 책을 읽었어요. 그의 지성과 비전을 이해하게 되었고, 메디치(Medicis) 가문(역자 주 : 학문과 예술을 후원하여 르네상스 시대가 열리는데 큰 역할을 한 피렌체 공화국의 가문)의 전통을 실천하고 있다는 것을 깨달았죠. 그는 과학 박애주의자인데, 빌 게이츠와 그의 아내인 멀린다 게이츠, 워렌 버핏이 설립한 자선 단체인 더 기빙 플레지(The Giving Pledge)에 가입해 재산의 대부분을 기부했어요.

저는 그와 몇 년 동안 많은 이메일과 대화를 나눴고, 재정적인 지원 뿐만 아니라 프로젝트 선택과 앞으로의 방향과 관련된 연구소에 비전을 형성하는데 많은 도움을 주었어요. 아직까지도 직접 많은 일들을 하고 있죠(역자 주 : 폴 앨런은 인터뷰 당시 살아있었고, 희귀질환인 비호지킨 림프종 재발로 인해 2018년 10월 15일에 사망했다).

오렌 엣치오니

마틴 포드 : 폴 앨런 씨는 앨런 뇌과학 연구소도 설립하셨는데, 뇌과학을 연구하는 사람들과 협력이나 정보 공유를 통해서 시너지 효과를 얻고 있나요?

오렌 엣치오니 : 네, 맞아요. 앨런 뇌과학 연구소는 2003년에 만들어졌어요. 한편 앨런 인공지능 연구소에서는 저희 연구소가 두 번째 앨런 연구소이기도 하고, 인공지능을 연구하기도 해서 "AI2"라고 부르기도 해요.

폴 앨런 씨의 과학적 자선사업으로 돌아가면 그는 앨런 연구소를 일련의 조직으로 만들려고 해요. 서로 밀접하게 정보 교환을 하고 있어요. 하지만 사용하는 방법론은 매우 다른데, 뇌과학 연구소에는 뇌의 물리적 구조를 실제로 보고 있는 반면에 우리는 소프트웨어를 만드는 데 조금 더 고전적인 인공지능 방법론을 사용하고 있어요.

마틴 포드 : 그렇다면 AI2에서는 실제 뇌에 역공학기법을 사용해 인공지능을 만들고 있지 않겠네요. 그렇다면 인간의 지능에 영감을 받아 아키텍처를 설계하고 계신가요?

오렌 엣치오니 : 정확해요. 예전부터 사람들은 하늘을 날고 싶어 했어요. 열심히 노력한 결과 결국 성공했고, 보잉 747도 만들게 되었어요. 하지만 비행기는 새와 비교하면 여러 면에서 다른 구조를 가지고 있어요. 인공지능을 연구하는 사람 중에서는 앞으로의 인공지능이 인간의 지능과는 아주 다르게 만들어질 것이라고 생각하는 사람이 많아요.

마틴 포드 : 요즘 딥러닝과 신경망에 많은 관심이 집중되고 있어요. 거기에 관해 어떻게 생각하시나요? 실제보다 과하게 부풀려진 걸까요? 그리고 딥러닝이 인공지능 발전의 핵심 요소가 될까요, 아니면 역사 속으로 사라질까요?

오렌 엣치오니 : 모두 가능한 시나리오에요. 지금까지 딥러닝을 사용해 기계 번역, 음성 인식, 객체 인식, 얼굴 인식 등 많은 성과를 거둬왔어요. 레이블이 지정된 데이터와 충분한 컴퓨팅 파워가 있다면 딥러닝 모델은 강력한 힘을 발휘하죠.

하지만 동시에 딥러닝은 과도하게 부풀려져 있다고 생각해요. 이대로 발전하면 조만간 인공지능, 어쩌면 더 나아간 일반인공지능, 심지어 초지능까지도 가능할 거라고 생각하는 사람도 있죠. 나무 꼭대기까지 올라간 아이가 달을 가리키면서 달에 가는 중이라고 말하는 느낌입니다.

아직 갈 길이 멀었고 해결되지 않은 문제들도 아주 많아요. 그런 의미에서 딥러닝이 부풀려져 있다고 이야기 한 것입니다. 딥러닝과 신경망이 우리가 사용할 수 있는 도구 중 특히 좋은 것은 맞지만 추론, 배경 지식, 상식 등 많은 문제들을 해결하지 못하고 있죠.

마틴 포드 : 머신러닝이 미래를 이끌어 갈 기술이라고 생각하는 사람들과 이야기를 나눠본 적이 있어요. 그들은 특히 비지도 학습을 비롯한 기술이 발전하고 충분한 데이터를 가지게 된다면 상식적인 추론이 유기적으로 나타날 것이라고 생각하는데 여기에 동의하지 않으실 것 같네요.

오렌 엣치오니 : 말씀해주신 내용인 "창발성 지능(emergent intelligence)"은 인지 과학자인 더글라스 호프스태터가 오래전 설명했던 개념입니다. 요즘 의식과 상식을 포함한 다양한 맥락에서 자연스럽고 유기적으로 생겨나는 지능을 기대하는 사람들이 있지만, 실제로 우리가 본 것과는 달라요. 저를 포함한 많은 사람들이 미래를 다양하게 예측한다는 걸 알고 있지만, 저는 과학자로서 구체적인 자료에 근거해 이야기하고 싶어 하죠. 창발성 지능을 주장하는 사람들은 딥러닝을 고용량 통계 모델(high-capacity statistical model)로 사용하는데, 여기서 고용량이라는 것은 단지 모델이 더 많은 데이터를 받을수록 점점 더 좋은 결과를 낸다

는 의미입니다.

그 기술의 핵심에 있는 통계 모델은 숫자들로 이루어진 행렬을 곱하고, 더하고, 빼는 작업을 기반으로 해요. 상식이나 의식이 생겨나는 것을 보기에는 동떨어져 있죠. 이런 주장을 뒷받침할 자료가 나오게 된다면 정말 기쁘겠지만, 아직은 없는 것 같네요.

마틴 포드 : 직접 진행 중이신 것과 더불어, 현재 인공지능 분야를 대표하는 프로젝트는 무엇이 있을까요? 인공지능 분야에서 이루어지는 가장 재미있는 일은 무엇이고, 다음에는 어디에서 큰 발전이 일어날까요?

오렌 엣치오니 : 현재 가장 재미있는 연구가 진행되고 있는 곳은 딥마인드 같아요. 저는 알파고보다 알파제로가 더 흥미 있었는데 데이터를 넣어주지 않아도 좋은 성과를 낼 수 있었기 때문입니다. 한편 저를 포함한 연구자 대부분은 이기거나 지는 두 가지 경우밖에 없는 보드게임이 매우 제한된 영역이라고 생각하기 때문에 현재 로봇공학과 자연어 처리(25쪽 용어집 참조) 분야에서 이루어지는 연구들이 더 흥미로운 것 같아요. 또 특정한 작업에 대해 학습된 모델을 다른 작업으로 전이해 모델을 사후적으로 학습시키는 "전이학습(transfer learning, 23쪽 용어집 참조)"이라는 분야에서도 연구들이 이루어지고 있어요.

제프리 힌튼(505쪽 참조)은 다른 방식으로 딥러닝에 접근하려고 노력하고 있습니다. 그리고 AI2에 있는 80명의 사람들은 딥러닝 패러다임을 통해 지식을 상징적인 형태로 만드는 방법을 연구하고 있죠.

또 한 번도 본 적 없는 데이터도 이해할 수 있도록 학습하는 "제로샷 러닝(zero-shot learning)"도 연구 중입니다. 한 종류의 데이터를 기반으로 모델을 학습시키는 "원샷 러닝(one-shot learning)"도 있죠. 뉴욕대 데이터 과학과 심리학 조

교수인 브랜든 레이크가 이런 연구를 하고 있어요. 카네기 멜론의 톰 미첼 교수님이 연구 중인 "평생 학습(lifelong learning)"도 정말 신기한데 사람처럼 학습하는 시스템을 설계하죠. 데이터세트를 통해서 시스템을 설계하면 끝나는 모델이 아니라, 지속적인 학습 과정을 거쳐 이전 작업에서 얻은 지식을 이후로 전이해 지속적으로 학습하는 모델입니다.

마틴 포드 : 그것과 비슷하게 학생들이 실제로 배우는 것처럼 쉬운 것부터 시작해 점점 어려운 것을 학습시키는 새로운 기술인 "커리큘럼 학습(curriculum learning)"도 있다고 들었어요.

오렌 엣치오니 : 오 맞아요. 여기서 잠시 생각해보면 인공지능 분야에는 많이 과장된 이름을 가진 것들이 있는 것 같습니다. 처음 이 분야에 "인공지능"이라는 이름이 붙었을 때도 사실 별로 마음에 들지는 않았어요. 또 "인간 학습(human learning)"과 "머신러닝" 같은 경우도 매우 웅장해 보이지만, 실제로 여기서 사용하는 기법들은 한정적이에요. "커리큘럼 학습"을 비롯해 우리가 지금까지 언급했던 모든 용어에도 해당하는 이야기인데, 모두 단순히 제한된 통계 기법을 확장하고 인간의 학습 특성을 더 많이 가지려는 접근법을 의미하죠.

마틴 포드 : 이번에는 일반인공지능으로 발전하기까지의 과정에 관해 이야기를 나눠볼까요. 언젠가는 일반인공지능을 완성할 수 있을 거라고 생각하나요? 만약 그렇게 생각한다면 일반인공지능의 완성은 피할 수 없이 무조건 이루어질까요? ·

오렌 엣치오니 : 네. 저는 유물론자이기 때문에 제 뇌에는 원자 말고는 아무것도 없다고 생각해요. 그렇기에 인간의 생각은 계산의 형태를 띠고 있을 거라 믿어서 언젠가는 생각하는 기계를 만들 수 있을 거라고 봅니다.

컴퓨터의 도움을 받더라도 우리는 아직 일반인공지능을 만들 정도로 똑똑하지는 않은 것 같아요. 하지만 제 직관으로는 일반인공지능을 언젠간 꼭 완성할 수 있을 것 같아요. 하지만 아직은 꽤 멀리 있는 것 같네요. 해결해야 할 문제가 너무 많아서 머신러닝의 "머신"에 대해서도 제대로 정의하기 힘들기 때문이죠.

인공지능은 다양한 분야 중에서도 상당히 감지하기가 힘든 편입니다. 사람들은 바둑 같은 분야에서 인간을 능가하는 것 같이 놀라운 성과를 보며 "와, 조만간 사람보다 똑똑한 인공지능이 만들어지겠는데?"이라고 이야기해요. 하지만 자연어나 논리적인 추론 같은 것을 접할 때 어려움을 겪는데, 예를 들면 우리가 어떤 질문을 하는지도 모른다는 사실이 밝혀졌지요.

파블로 피카소는 컴퓨터가 쓸모 없다고 이야기한 것으로 유명해요. 컴퓨터는 질문하는 것보다 대답하는 것을 잘하죠. 그래서 우리가 질문을 엄격하게 정의할 때, 수학적으로 혹은 계산 문제로 만들 수 있을 때 답을 찾기 쉬워져요. 하지만 아직은 제대로 공식화할 수 없는 부분이 많아요. 컴퓨터로 자연어나 상식을 표현하는 것처럼 말이죠.

마틴 포드 : 그렇다면 일반인공지능을 만들기 위해서 극복해야 할 가장 큰 장애물이 뭐라고 생각하나요?

오렌 엣치오니 : 인공지능을 연구하는 사람들과 일반인공지능이 언제 완성될 지 같은 주제로 이야기 할 때 석탄 광산의 카나리아로 예시를 많이 들어요. 석탄 광부들은 광산에 카나리아 새를 들여보내 유독 가스가 있을 때 경고하도록 만드는데 인공지능에도 이와 비슷하게 어떤 디딤돌이 있을 거라고 생각합니다. 그리고 그걸 뛰어넘으면 인공지능은 지금과는 매우 다른 세계에 있을 것입니다.

그래서, 그 디딤돌 중 하나는 여러 가지 다른 일을 수행할 수 있는 인공지능으로 언어와 비전 문제를 동시에 수행하거나 보드게임을 하면서 횡단보도를 지나고,

껌을 씹으면서 걸어 다니는 프로그램이요. 농담입니다. 아무튼 인공지능이 훨씬 더 복잡한 일을 할 수 있는 능력을 갖추는 게 중요하다고 봅니다.

또 다른 디딤돌은 훨씬 더 효율적으로 데이터를 처리하는 시스템입니다. 인공지능에게 다양한 예를 가르쳐 줄 필요가 있을까요? 한 가지 예만으로 학습할 수 있는 인공지능이 있다면 정말 의미 있을 것 같아요. 예를 들어 제가 어떤 사람에게 낯선 물건을 보여주고 난 다음에 다른 색이나 다른 시점의 같은 물건 사진을 보여주면 같다라는 것을 알아차릴 수 있을 거예요. 하지만 컴퓨터는 하나의 예로는 파악할 수 없죠. 이렇게 데이터를 효율적으로 처리할 수 있게 되면 일반인공지능 발전에 큰 도움이 될 것입니다.

그리고 자기 복제(self-replication, 역자 주 : 자기 복제는 자신과 똑같은 기능이나 구조를 가진 개체를 만드는 것을 의미한다) 또한 좋은 발판입니다. 물리적으로 구체화한 인공지능 시스템을 복사할 수 있게 되면 엄청나게 큰 카나리아가 될 거예요. 그렇게 되면 인공지능 시스템이 그 자체로 많은 복사본을 만들 수 있기 때문이죠. 인간은 자기 복제를 하려면 상당히 복잡한 과정을 거쳐야 하고, 인공지능 시스템에서는 불가능해요. 소프트웨어는 쉽게 복사할 수 있지만, 하드웨어는 복사할 수 없죠. 이 것 또한 일반인공지능의 발전에 많은 도움이 될 것입니다.

마틴 포드 : 다양한 영역에서 지식을 사용할 수 있는 능력이 핵심일 수도 있겠네요. 방금 전 교과서의 한 단원을 읽어 문제를 해결하는 인공지능을 이야기 해주셨잖아요. 그런 능력을 가진 인공지능은 지식을 습득하면 거기에 대한 질문에 대답할 수 있을 뿐만 아니라 실제 상황에서도 사용할 수 있겠네요. 그런 점에서 그 능력이 진정한 지능의 핵심인 것 같아요.

오렌 엣치오니 : 전적으로 동의하는 바예요. 그리고 교과서 문제는 일반인공지능으로 가는 첫 번째 관문에 불과하죠. 현실 세계 뿐만 아니라 예상치 못한 상황에

오렌 엣치오니

서도 인공지능을 사용할 수 있게 될거예요.

마틴 포드 : 인공지능과 관련된 위험에 대해서 이야기를 하고 싶은데, 그 전에 인공지능이 가져올 가장 큰 장점이 무엇인지 여쭤보고 싶어요. 또 인공지능이 적용될 가장 유망한 분야는 무엇일까요?

오렌 엣치오니 : 두 가지가 있을 것 같아요. 먼저 자율주행차인데요, 미국에서는 매년 고속도로에서만 35,000명의 사망자와 백만 건의 교통사고가 일어나고 있어요. 연구 결과에 따르면 자율주행차를 사용하게 되면 그중 상당 부분을 줄일 수 있다고 합니다. 인공지능을 생명을 구하는 기술로 사용할 수 있게 될 거라는 사실에 매우 기대하고 있습니다.

두 번째로 과학입니다. 과학은 경제 성장, 의학의 발전뿐만 아니라 일반적으로 이야기하면 인류의 번영을 위한 원동력입니다. 하지만 이런 발전에도 불구하고 에볼라 바이러스나 암처럼 항생제에 저항성을 지닌 질병과 더불어 많은 문제들이 아직까지 남아있죠. 과학자들이 이러한 문제를 더 빨리 해결하기 위해서는 많은 도움이 필요해요. 시맨틱 스칼라 같은 프로젝트를 통해 의학 연구에 더 나은 여건을 제공함으로써 사람들의 생명을 구하는 일에 도움을 줄 수 있을 것입니다.

제 동료 에릭 호비츠는 이 주제에 관해서 많은 관심을 가지고 있는 사람인데 그는 인공지능이 인간을 해칠까 봐 걱정하는 사람들에게 이렇게 이야기하죠.
"실제로 인공지능 기술이 이미 많은 사람들을 죽이고 있어요. 미국 병원에서 발생하는 사망 원인 중 세 번째가 의사의 실수이고, 인공지능을 사용하면 이 실수 중 많은 부분을 예방할 수 있어요. 그렇기 때문에 인공지능을 사용하지 않는 것은 실제로 사람을 죽이는 것과 같아요."

마틴 포드 : 앞에서 언급했던 자율주행차와 관련해서 언제쯤 우리가 쉽게 접할 수

있을 것이라고 예상하시나요? 예를 들어 맨해튼에서 택시를 불렀는데 안에 사람이 아무도 없는 차가 데리러 와서 원하는 곳까지 데려다줄 수 있는 그런 상용화된 서비스를 언제쯤이면 받아 보게 될까요?

오렌 엣치오니 : 아마도 10년이나 20년 후가 될 거라고 예상하고 있어요.

마틴 포드 : 이번에는 인공지능의 위험에 대해 이야기를 해볼까요. 저는 인공지능이 가져올 경제적인 혼란과 고용 시장에 미칠 영향에 관해 글을 많이 썼는데요, 우리는 새로운 산업혁명을 맞이할 세대가 될 가능성이 있다고 봐요. 그때에는 실제로 많은 변화가 있을 텐데 일자리가 단순 작업이 되거나 아예 사라질 수도 있을 것 같아요. 여기에 대해 어떻게 생각하는지 궁금하네요.

오렌 엣치오니 : 제가 초지능의 위험을 크게 걱정하지 않았던 이유는 현실적인 문제보다 그렇지 않은 것이 더 많았기 때문입니다. 그런 점에서 방금해주신 주제에 대해 상당히 걱정하고 있어요. 현재 일자리 분야는 매우 실질적인 문제들을 가지고 있죠. 장기적인 추세를 보았을 때 제조업 쪽에서는 일자리 감소가 이루어지고 있으며, 인공지능 기반의 자동화를 통해 감소가 가속화될 수 있다고 봅니다.

제가 한 가지 이야기할 수 있는 부분은 통계적으로 본 인구 현황이 지금 상황에서 유리하게 작용하고 있다는 것입니다. 우리 다음 세대의 사람 수는 평균적으로 점점 줄어들고 있고, 기대 수명이 증가하고 있어 특히 베이비 붐 이후로 사회는 고령화되고 있습니다. 앞으로 20년 동안 자동화는 점점 늘어나겠지만, 이전처럼 노동자의 수가 빠르게 성장하지는 않을 것입니다. 또한 최근 20년 동안 많은 여성들이 노동 시장에 진입하고 있었는데, 이제 어느 정도 안정되었어요. 다시 말해서 노동을 원하는 여성들은 이미 노동 시장에 있다는 것이죠. 그렇기에 앞으로 20년 동안은 노동자의 수가 크게 증가하지 않겠지만 그래도 자동화가 많은 일자리를 없앨 위험은 여전히 심각하다고 생각해요.

마틴 포드 : 장기적인 관점에서 기본 소득이 자동화의 경제적 결과에 적응된 사회를 만드는 방법이 될까요?

오렌 엣치오니 : 과거 농업과 제조업에서 있었던 일이 다시 되풀이되지 않을까 합니다. 정확한 시기에 관해서는 이야기하지 못하겠지만 앞으로 10년에서 50년 사이에 많은 일자리가 완전히 사라지거나 근본적으로 변할 거라는 사실은 분명해요.

아시다시피 농업에 종사하는 사람들의 수는 이전보다 훨씬 줄어들었고 농업과 관련된 작업은 더 세분화됐어요. 그래서 "우리는 이제 앞으로 어떻게 해야 되죠?"라는 질문을 할 수 있겠죠.

최근의 경제 상황에 가장 타격을 받을 노동자는 고등학교나 대학교를 졸업하지 않은 사람들이며 그들이 일할 때 사용한 기술이 새로운 직업에도 그대로 적용될 거라고 생각하지는 않아요. 우리는 이 사람들에게 기술적인 교육을 제공할 것이고, 어떻게든 새로운 경제의 일부가 되게 해야 합니다. 이는 중요한 도전이 되겠죠.

또한 보편적인 의료서비스나 주택도 얻을 수 없는 현재 상황을 고려한다면 보편적 기본 소득은 쉽게 적용되지 못할 거라고 생각해요.

마틴 포드 : 이 문제를 해결할 수 있는 방안은 정치적으로 큰 도전이 될 것 같네요.

오렌 엣치오니 : 여기에 일반적인 해결책이 존재하는지는 잘 모르겠지만 저는 인간에 집중할 수 있는 직업에 대해 생각했어요. 누군가와 커피를 마시거나 함께 하는 동반자가 되는 것처럼 감정적인 도움을 주는 직업을 생각해보세요. 노인을 비롯해 많은 사람들을 위한 이런 직업에는 로봇이 아닌 사람이 필요하다고 봅니다.

사회가 그런 직업에 인력을 할당하고 그 일에 종사하는 사람들에게 더 나은 보상과 존중을 해준다면 사람들이 그 직업을 가질 여지는 충분히 있다고 생각해요. 제 제안이 모든 것을 해결하지는 않을 테고 많은 문제가 있겠지만 여기에 투자할 가치는 있다고 봅니다.

마틴 포드 : 일자리 문제 외에도 앞으로 10년이나 20년 안에 이루어질 수 있는 위험에는 무엇이 있을까요?

오렌 엣치오니 : 사이버 보안은 이미 큰 문제이고, 인공지능 기술을 사용한다면 더 위험해질 것입니다. 또 자율 무기가 있는데 특히 삶과 죽음의 결정을 인공지능이 내리게 할 수 있는 무서운 부분이죠. 하지만 일자리에 대한 위험은 그래도 가장 걱정해야 할 문제이고, 보안과 무기보다 더 중요하게 생각해야 하죠.

마틴 포드 : 일반인공지능의 실존적인 위험과 초지능을 제어할 수 없게 되는 문제는 어떨까요? 여기에 대해서도 걱정해야 할까요?

오렌 엣치오니 : 철학자와 수학자들이 실존적 위험에 관해 고려하는 것이 좋다고 생각하는데, 저도 그 문제를 아예 무시하지는 않습니다. 하지만 이 문제는 우리가 걱정해야 할 가장 중요한 문제라고는 생각하지 않고, 그 위험에 대해 우리는 많은 것들을 할 수 있어요.

만약 초지능이 출현했을 때, 그와 소통하고 이야기할 수 있다면 참 좋을 것 같아요. 또한 AI2에서 진행 중인 자연어 이해에 관한 연구는 안전한 인공지능에 많은 기여를 했다고 봅니다. 적어도 인공지능이 인간을 지배할 거라고 걱정하는 것보다는 가치 있어 보입니다.

그렇기에 안전한 인공지능을 위해 투자하고 있다고 이야기하지는 않을 거예요. AI2에서 하는 일부 연구가 은연 중에 거기에 도움이 될 핵심적인 부분이 되는 것이죠.

마틴 포드 : 그래서 결론은 무엇이죠?

오렌 엣치오니 : 인공지능 관련 토론에서 사람들이 종종 놓치는 것이 있는데, 바로 지능과 자율성이 차이죠(https://www.wired.com/2014/12/ai-wont-exterminate-us-it-will-empower-us/).

저는 지능과 자율성이 공존한다고 생각해요. 하지만 기본적으로 자율성이 없는 고도의 지능적 시스템을 만들 수도 있죠. 알파고는 바둑을 아주 잘 하지만 누군가가 설정해주지 않으면 다른 게임을 할 수 없어요. 이런 것이 높은 지능과 낮은 자율성을 가지는 예시이죠.

그리고 높은 자율성과 낮은 지능을 가질 수도 있어요. 실제로 우리 모두가 경험한 사례는 컴퓨터 바이러스입니다. 바이러스는 지능이 낮지만 컴퓨터 네트워크를 돌아다닐 수 있는 능력이 매우 강하죠. 제 요점은 우리가 구축하려는 시스템이 지능과 자율성이라는 두 가지 차원을 가지고 있고, 종종 자율성이 무서운 부분이 될 수도 있다는 것을 이해해야 한다는 것이죠.

마틴 포드 : 사람의 개입 없이 사람을 죽일 수 있는 킬러 로봇이나 드론은 인공지능 커뮤니티에서 많이 걱정하고 있는 주제이죠.

오렌 엣치오니 : 정확해요. 자율적으로 삶과 죽음의 결정을 할 수 있게 되겠죠. 하지만 그를 통해 생명을 구할 수도 있습니다. 범죄자에게 무고한 사람이나 건물이 위협당할 때나 인명 손실이 불가피한 상황에서 말이죠.

인공지능에 관한 대부분의 걱정이 자율성 때문이라는 것을 강조하고 싶어요. 그리고 이 자율성은 우리가 사회를 측정하는 척도로 사용할 수 있다는 것도 이야기하고 싶네요.

인공지능은 시맨틱 스칼라 같은 시스템이나 자율주행차처럼 "확장된 지능 (augmented intelligence)"을 의미한다고 생각해요. 제가 인공지능에 대해 긍정적이고, 고등학교 때부터 열정을 가지고 지금껏 연구해온 이유 중 하나는 엄청난 잠재성이 있기 때문입니다.

마틴 포드 : 마지막으로 자율성 문제를 해결하기 위한 단체가 있는지 여쭤보고 싶네요. 또 거기에 대해 지지하고 계신가요?

오렌 엣치오니 : 네. 강력한 기술에는 규제가 불가피하다고 생각해요. 저는 인공지능의 규제를 자동차, 옷, 장난감, 핵 발전소에서만 쓰는 게 아니라 인공지능의 활용 그 자체를 규제하는 데 초점을 맞추고 싶어요. 인공지능과 소프트웨어의 경계는 상당히 모호하다는 점을 유의해야 하죠!

우리는 인공지능 분야에서 세계적인 경쟁을 하고 있기 때문에 인공지능 자체를 규제하는 데 서두르고 싶지 않아요. 물론 미국 연방 교통 안전 위원회(the National Safety Transportation Board)와 같은 기존 규제기관들은 이미 인공지능 자동차와 최근 발생한 우버 사고들을 주시하고 있죠. 저는 이런 규제가 매우 적절하며, 앞으로도 규제가 있을 것이고 있어야 한다고 생각합니다.

오렌 엣치오니

오렌 엣치오니는 마이크로소프트의 공동 설립자인 폴 앨런이 2014년에 설립한 독립 기관이며 비영리 단체인 앨런 인공지능 연구소(Allen Institute for Artificial Intelligence, 이하 AI2)의 최고경영자이다. 시애틀에 위치한 AI2에는 80명이 넘는 연구원과 엔지니어가 인공지능 분야에서 높은 영향을 미치는 연구를 진행하고 있으며 모두 공공선(善)을 위해 노력하고 있다.

오렌은 1986년 하버드 대학에서 컴퓨터 과학 학사 학위를, 1991년 카네기 멜론 대학에서 박사학위를 받았다. AI2에 합류하기 전에는 워싱턴 대학의 교수였고, 100개 이상의 기술 논문을 공동 저술했다. 또한 전미인공지능학회(Association for the Advancement of Artificial Intelligence)의 연구원으로, 이베이와 마이크로소프트 같은 대기업이 인수한 수많은 스타트업을 설립한 성공한 기업가이기도 하다. 메타서치(meta-search, 역자주 : 서비스 제공자들의 결과값을 취합해 검색결과를 제공하는 서비스)(1994), 온라인 비교 쇼핑(1996), 머신리딩(machine reading, 역자 주 : 문자기반의 딥러닝 학습 기술)(2006), OIE(open information extraction, 역자 주: 자연어 처리에서 텍스트의 정보를 구조화하고 기계가 읽을 수 있는 표현으로 만드는 작업)(2007), 시맨틱 스칼라(2015)의 개척자 역할을 했다.

> **"** 인공지능이 교통, 의류, 개인 관리, 건강 등 모든 것을 자동화할 수 있는 세상을 상상해 보세요. 그런 세상에서 우리는 하루의 80%를 차지하는 일들로부터 자유로워 질 수 있으며 보다 더 중요한 일에 시간을 투자할 수 있게 됩니다. 예를 들어, 인간의 뇌가 4차원, 5차원 또는 10차원까지 확장될 수 있다는 것을 알아내게 될 수도 있을 것입니다. **"**

브라이언 존슨(BRYAN JOHNSON)

기업가
커널 & OS 펀드 설립자

브라이언 존슨은 커널(Kernel), OS 펀드(OS Fund), 브레인트리(Braintree)의 설립자입니다. 존슨은 2013년 브레인트리를 페이팔(Paypal)에 8억 달러에 매각한 후 2014년 1억 달러 규모의 OS펀드를 설립했습니다. 그의 목표는 글로벌 문제들을 해결하기 위해 자연 과학 분야에서 획기적인 개발을 하는 기업가들과 회사에 투자하는 것입니다. 2016년 존슨은 10억 달러의 자금으로 커널을 설립했습니다. 커널은 사람들의 인지능력을 향상시킬 수 있는 뇌-기계 인터페이스를 개발하고 있습니다.

마틴 포드 : 커널이란 회사에 대해 설명해 주시겠습니까? 어떻게 시작되었으며 비전은 무엇인가요?

브라이언 존슨 : 대부분의 사람들은 제품을 염두에 두고 회사를 설립하여 그 제품을 생산합니다. 저는 신경 코드를 읽고 쓸 수 있고, 질병과 기계의 오작동을 해결하고, 지능의 메커니즘을 밝히며, 인지 능력을 높일 수 있는 더 나은 도구를 만들기 위해 커널을 설립했습니다. 뇌를 검사할 수 있는 인터페이스를 보면 MRI 스캔을 통해 뇌의 이미지를 얻을 수 있고, 정확하진 않지만 EEG(뇌파검사)를 통해 뇌파를 측정할 수 있으며, 전극 치료를 통해 병을 고칠 수도 있습니다. 하지만, 아직 뇌의 세계 근처에도 다가가지 못했습니다. 저는 우리가 어떤 도구들을 만들 수 있는지 알아내기 위해 1억 달러를 가지고 커널(Kernel)을 설립했습니다. 2년 동안 이러한 연구를 해왔으며, 아직까지는 비공개로 연구를 진행하고 있습니다. 커널은 현재 30명으로 구성된 팀으로, 매우 만족해 하고 있으며 새로운 발견을 위해 열심히 노력하고 있습니다. 우리가 현재 어디까지 진행되었는지 자세히 말씀드리고 싶지만 아직은 준비가 되지 않았어요.

마틴 포드 : 제가 읽은 기사에서는 간질과 같은 질환에 도움을 주기 위해 의료 지원부터 시작하고 있는 것으로 알고 있습니다. 처음에는 뇌 수술과 관련하여 절개 수술로 시작해서 절개를 최소화하고 인식률을 높이는 것이 목표라고 이해했는데요. 제가 이해한 게 맞나요? 아니면 언젠가는 뇌에 칩을 삽입할 수 있다고 생각하는 건가요?

브라이언 존슨 : 뇌에 칩을 심는 것은 저희가 생각해 왔던 방법 중 하나이지만 수익성 있는 사업을 찾아야 했기 때문에 신경 과학의 가능한 모든 방법 또한 조사하기 시작했습니다. 이식 가능한 칩을 만드는 방법을 알아내는 것도 좋지만, 다른 방법들도 많이 있으며 저희는 이 모든 것을 검토하고 있습니다.

마틴 포드 : 커널과 OS 펀드를 어떻게 설립하게 되었나요? 두 회사를 설립하기 위해 어떠한 길을 걸어 오셨나요?

브라이언 존슨 : 제 경력의 시작은 21살 때였고, 모르몬교 선교를 위해 에콰도르에서 돌아온 직후였습니다. 에콰도르에서 2년 동안 극심한 빈곤을 목격하면서 제 마음을 무겁게 했던 생각은 "내가 전 세계 사람들에게 가치 있는 것을 주기 위해 무엇을 할 수 있을까"였습니다. 명성이나 돈에 의한 동기부여가 아닌 세상을 위해 좋은 일을 하고 싶었습니다. 찾을 수 있는 모든 일들을 살펴봤지만, 만족할 만한 것이 없었습니다. 그래서 저는 사업가가 되어 회사를 세운 뒤 30살에 은퇴하기로 결심했습니다. 21살 때 말이죠. 그리고 운이 좋게도 14년 후에 저는 브레인트리 회사를 이베이에 8억 달러에 팔았습니다.

그때쯤, 저는 삶의 전부였던 모르몬교를 떠났고 저의 삶을 처음부터 다시 시작해야 했습니다. 14년 만인 35살 때 저의 인생 목표를 결정했고 인류에게 도움을 주기 위한 노력은 계속됐습니다. 저는 스스로에게 질문을 계속했고, 제가 할 수 있는 한 가지 일은 인류의 생존 확률을 극대화하는 것이었습니다. 하지만, 이를 위해서는 어떠한 것이 필요한지 분명하지 않았습니다. 그래서 이 문제의 대한 답으로 커널과 OS 펀드를 설립하게 되었습니다.

OS 펀드를 설립하게 된 계기는 많은 사람들은 과학적인 전문지식을 가지고 있지 않기 때문에 대부분 금융이나 교통과 같이 자신이 알고 있는 것에 투자를 합니다. 이는 과학에 기반을 둔 사업에 자금이 부족하다는 것을 의미합니다. 저는 과학자가 아닌 사람이 어려운 과학에 투자할 수 있고, 성공할 수 있다는 것을 보여줄 수 있는 비즈니스 모델을 만들고자 했습니다. 그래서 OS 펀드에 1억 달러를 투자했습니다. 그리고 5년만에 미국 기업들 사이에서 최고의 실적을 올리고 있습니다. 총 28군데 투자를 했고, 세상을 변화시킬 수 있는 과학기반 기업에 성공적으로 투자할 수 있다는 것을 보여 줄 수 있었습니다.

두 번째로 커널입니다. 처음에 200명이 넘는 사람들과 대화를 나누면서 그들이 무엇을 하고 있으며, 어떤 이유로 하고 있는지 물어 봤습니다. 거기서 저는 그들이 생각하는 공통점을 찾으려 했고, 그 중 한 가지가 뇌가 모든 사물의 기원이라는 것이었습니다. 즉, 우리가 만드는 모든 것과 되려고 하는 모든 것 그리고 해결하려고 하는 모든 것이 바로 뇌에서 비롯된다는 뜻이죠. 이러한 생각은 다른 모든 것의 시작이라고 할 수 있지만, 사람들에게는 관심의 대상이 아니었습니다. DARPA(방위 고등 연구 계획국, Defense Advanced Research Projects Agency)와 앨런 브레인(Allen Brain) 연구소가 뇌에 대한 연구를 진행한 적이 있지만, 대부분 특정 의료나 신경 과학 연구였습니다. 제가 얻고자 한 답은 찾을 수 없었어요.

우리의 뇌는 눈 뒤에 위치하며, 우리의 모든 것을 관장합니다. 하지만, 뇌 신경 코드를 읽고 쓸 수 있는 연구는 많이 없습니다. 그래서 저는 커널을 설립해서 유전자를 배열하고, 작성할 수 있는 도구를 만드는데 착수했습니다. 2018년, 인간의 소프트웨어인 DNA를 읽고, 조작할 수 있게 되었습니다. 또한, 이를 뇌에서도 똑같이 적용하고 싶었죠.

제가 인간의 두뇌를 읽거나 쓰고 싶은 이유는 많습니다. 가장 근본적인 이유는 우리는 생물의 한 종으로서 우리 스스로를 발전시켜야 한다는 것입니다. 인공지능은 매우 빠르게 발전하고 있고, 앞으로 인공지능의 미래는 누가 봐도 짐작할 수 있습니다. 인공지능이 선형 곡선을 따라 성장하고 있는지, S자 곡선인지, 지수 곡선인지는 전문가들 사이에서 의견이 엇갈리고 있지만 급격하게 성장하고 있다는 것은 모두가 알고 있죠. 하지만, 인간 자체의 발전은 멈춰 있습니다. 사람들은 아마 500년 전에 비해서 크게 발전했다고 말하겠지만 그렇지 않아요. 물론, 인간은 물리학이나 수학과 같은 더 복잡한 개념을 다룰 수 있습니다. 하지만, 생물의 한 종으로 봤을 때 수천 년 전과 똑같습니다. 인간이 하나의 종으로서 발전하고 있다는 사실을 입증한다고 해도, 인공지능과 비교했을 때 멈춰 있는 것처럼 보일 겁니

브라이언 존슨

다. 그렇다면, 인공지능과 인간의 격차가 얼마나 크냐는 것입니다. 우리가 인공지능을 통제할 수 있을까요? 아니면 생물의 한 종으로 봐야할까요? 이건 매우 중요한 문제입니다.

다른 이유는 인공지능과 함께 떠오른 일자리 위기 때문입니다. 사람들이 생각해 낸 해결 방안으로는 정부로부터 기본 소득을 지원받아야 한다는 것입니다. 인간 스스로 발전시켜야 한다는 방안은 어디에도 없습니다. 미래를 정확하게 예측하는 것은 불가능하기 때문에 우리는 앞으로 나아갈 방법을 찾아야 할 뿐만 아니라 급진적인 변화를 일으킬 필요가 있습니다.

컴퓨터가 처음 등장했던 시절에는 앞으로 누구나 컴퓨터를 사용할 수 있을 거라고 예상하지 못했습니다. 인간의 발전 또한 마찬가지입니다. 우리는 우리 스스로가 어디까지 발전할 수 있을지 알지 못합니다. 우리가 알지 못하는 미래의 인류에 다가가기 위해서는 우리 자신을 발전시켜야 합니다.

인간이 발전해야 하는 또다른 이유는 인공지능이 인간에게 위협적이라는 어리석은 생각 때문입니다. 저는 인간이 가장 큰 위협적인 존재라고 생각합니다. 인간은 언제나 스스로에게 위협적이었습니다. 역사적으로 인간은 서로에게 끔직한 일을 저질러 왔습니다. 기술의 발전으로 많은 성과를 거두었지만 서로에게 엄청난 해를 끼치기도 했어요. 저는 인공지능은 위대한 발명이라고 말하고 싶어요. 우리는 뇌의 비밀을 풀기위해 인공지능을 적극적으로 받아들여야 합니다. 우리의 힘만으로는 할 수 없습니다.

마틴 포드 : 커널과 비슷한 기업이 많이 있는데요. 일론 머스크는 뉴럴링크(Neuralink, 역자 주 : 뇌를 연구하는 스타트업)를 설립했고, 페이스북이나 DARPA 둘 다 무언가를 연구하고 있는 것으로 알고 있습니다. 커널과 경쟁하는 회사가 있다고 생각하나요, 아니면 커널만의 차별점이 있는 것인가요?

브라이언 존슨 : DARPA는 훌륭한 일을 해냈습니다. 꽤 오랫동안 뇌를 연구해왔고, 이러한 연구가 성공을 위한 원동력이 되었습니다. 이 분야의 또 다른 선구자는 폴 알렌과 알렌 뇌과학연구소입니다. 저는 뇌가 중요하다는 것을 이해하는 것이 아니라 우리의 모든 것이 뇌로부터 시작되는 것을 이해하는 것이 커널만의 차별점이라 생각합니다. 이를 토대로 커널은 사람의 신경 코드를 읽고 쓸 수 있는 도구를 개발하고 있습니다.

커널을 설립한 후 1년이 되기도 전에 일론 머스크와 마크 저커버그(Mark Zuckerberg, 역자 주 : 페이스북 창립자)도 비슷한 연구를 하기 시작했습니다. 일론은 커널과 비슷한 연구와 목적을 가진 회사를 설립했고, 페이스북은 사용자들의 경험을 통해 더 깊은 관계를 형성하는데 초점을 맞췄습니다. 뉴럴링크, 페이스북, 커널이 앞으로 몇 년 안에 성공할지는 아직 모르지만, 앞으로 이 분야는 업계 전체에 입지를 굳힐 겁니다.

마틴 포드 : 이 일을 성공시키는데 얼마나 걸릴까요? 칩과 같은 디바이스가 인간의 지능을 높여 줄 수 있을 거라고 생각하나요?

브라이언 존슨 : 적용 방식에 따라 다릅니다. 칩을 이식한다면 더 긴 시간이 걸릴 것이고, 이식하는 방식이 아니라면 이식하는 방식보다는 짧을 겁니다. 제 생각에는 15년 안에 뉴럴(신경) 인터페이스가 현재 스마트폰만큼 흔할 것 같아요.

마틴 포드 : 꽤 진취적으로 들리는데요.

브라이언 존슨 : 뇌에 칩을 심는 뉴럴 인터페이스를 말한 것이 아닙니다. 우리의 뇌에 있는 정보들을 인터넷 상으로 업로드할 수 있을 것이라고 말하는 거에요.

마틴 포드 : 그렇다면 영화 매트릭스처럼 뇌에 정보나 지식을 직접 다운로드받을

브라이언 존슨

수 있는 아이디어는 어떤가요? 정보가 어떻게 뇌에 저장되는지 모르기 때문에 실제로 정보를 다운로드하는 것은 매우 어려울 것 같아요. 그래서, 뇌에 정보를 직접 주입하는 방법은 공상과학 개념처럼 보이는데요.

브라이언 존슨 : 저도 그렇게 생각해요. 학습이나 기억력을 향상시키는 방법에 대해서는 입증해 왔지만, 뇌에서 생각을 해독하는 것은 알아내지 못했습니다. 기술이 계속해서 발전하고 있지만 언제라고 딱 잘라 말하기는 힘듭니다.

마틴 포드 : 저는 많은 일자리의 자동화 가능성과 실업률 증가 그리고 노동 불평등의 가능성에 대한 많은 글을 썼습니다. 기본 소득 제공 방안을 주장해 왔지만 사람들의 인지 능력을 높임으로써 이러한 문제가 더 잘 해결될 것이라 말씀하셨는데, 이에 따른 여러 가지 문제가 있을 거라 생각됩니다.

하나는 단순하고 예상할 수 있는 일자리의 상당 부분이 전문화된 기계로 자동화될 것이라는 문제를 해결하지 못한다는 것입니다. 노동자들의 인지 능력을 높이는 것이 일자리를 유지하는 데 도움이 되지 않을 겁니다. 또한, 모든 사람은 각기 다른 수준의 인지 능력을 가지고 있기 때문에 인지 능력을 높인다고 해서 모두가 동일한 인지 능력을 가지진 않을 것입니다. 따라서, 여전히 많은 사람들이 경쟁에 뒤처져 있을 거에요.

다른 하나는 모든 사람들이 평등하게 이러한 기술에 접근할 수 없다는 것입니다. 처음에는 부유층만 이용할 수 있을 것이고, 장비들이 더 저렴해지고 많은 사람들이 사용할 수 있다고 해도, 부유한 사람들만 이용할 수 있는 더 나은 모델이 따로 있을 것입니다. 이러한 기술이 오히려 불평등을 야기하고, 문제를 해결하기보다는 더 악화시킬 수 있지 않을까요?

브라이언 존슨 : 살펴 봐야할 점이 두 가지 있습니다. 많은 사람들이 불평등, 뇌의 해

킹 그리고 생각을 통제 당할 것입니다. 뇌와의 인터페이스에 대한 가능성을 생각하는 순간, 사람들은 무엇이 잘못 될 것인지에 대한 손실을 최소화하려고 합니다.

그런 다음, 어떤 것이 잘 못 될지, 사람들이 이러한 기술을 가지고 어떤 나쁜 짓을 할 지에 대한 생각을 떠올립니다. 이것은 문제의 일부에 불과해요. 당연히 의도하지 않은 일들이 발생하기 마련입니다. 이러한 문제들을 고려하고 나면, 문제를 최적화하기 위해 노력합니다.

근본적인 전제는 인간 스스로 뿐만 아니라 외부 요인에 의해 멸종될 위험에 처해 있다는 것입니다. 저는 인간의 발전이 사치의 문제가 아니라고 말씀드리고 싶어요. 인간 자신을 발전시키지 않는다면 멸종할 위기해 처할 것이라는 의미로 말한 것이지, 이를 위해 난폭해지거나 이기적으로 변하거나 불평등을 받아들여야 한다고 말한 것은 아닙니다.

마틴 포드 : 우리가 발전하기 위해서는 어느정도 불평등을 받아들여야 할 수도 있다고 주장하는 것 같은데요. 우리가 직면할 문제들을 해결할 수 있는 단체를 만들어야 하며, 이러한 문제가 해결된 후에야 비로소 사람들에게 적용할 수 있다고 말하는 건가요?

브라이언 존슨 : 아닙니다. 우리 모두가 기술을 개발해야 합니다. 우리는 생명체의 한 종으로서 인공지능과 관련하여 스스로를 파괴하지 않기 위해 업그레이드해야 할 필요가 있습니다. 이미 인간 스스로를 파괴할 무기들을 가지고 있고, 수십년 동안 그렇게 할 수도 있었습니다. 2050년 미래의 사람들이 2017년 과거를 본다면 "맙소사, 2017년의 사람들이 지구 전체를 초토화할 수 있는 무기를 가지고 있는 것을 받아 들이고 있었다는 게 믿어지니?"라고 말할 거에요. 이 말의 의미는 상상할 수 있는 것보다 더 놀랄만한 우리의 미래가 있다는 겁니다. 지금 우리는 현실의 문제에 직면해 있으며, 경쟁 대신에 조화로운 미래를 만들 수 있고 함께 번

영할 수 있는 충분한 자원을 가질지도 모른다고 생각할 수 있습니다.

하지만, 우리는 항상 서로를 해치려고 생각하기도 하죠. 저는 이러한 한계와 인지적 편견을 극복하기 위해 우리가 서로 발전해야 한다고 생각합니다. 따라서 저는 모두가 향상되어야 한다는 것에 찬성합니다. 이를 위해서는 기술의 발전이 부담되겠지만 그러한 부담은 수반될 수 밖에 없습니다.

마틴 포드 : 단순히 지능을 향상시키는 것뿐만 아니라 도덕성과 윤리적 행동 및 의사 결정 측면에서도 생각하는 것 같습니다. 기술 발전이 우리를 윤리적이고 이타적으로 만들 수 있다고 생각하는 건가요?

브라이언 존슨 : 솔직히 말씀 드리면 지능이라는 단어의 개념이 제한적이라는 것을 알게 되었습니다. 사람들은 지능을 IQ와 연관짓지만 저는 그렇지 않습니다. 인간이 스스로 발전해야 한다는 것은 가능한 모든 영역에서의 발전을 의미하는 것이지 지능으로만 국한하고 싶지 않습니다. 제가 생각하는 인공지능에 대해 말씀드려 볼게요. 인공지능은 우리 사회의 운송과 관련된 요소를 수행하는 데 매우 뛰어날 겁니다. 예를 들어, 인공지능에게 시간을 충분히 준다면 사람보다 운전을 훨씬 더 잘할 것이고, 운전사고 사망자가 줄어들게 될 겁니다. 그리고 미래의 사람들은 "사람이 운전하던 시절이 있었다는 게 믿어지나요?"라고 말하게 될 겁니다. 또한, 인공지능은 자동 비행 뿐만 아니라 바둑과 체스에서도 사람보다 훨씬 잘합니다.

인공지능이 교통, 의류, 개인 관리, 건강 등 모든 것을 자동화할 수 있는 세상을 상상해 보세요. 그런 세상에서 우리는 하루의 80%를 차지하는 일들로부터 자유로워 질 수 있으며 보다 더 중요한 일에 시간을 투자할 수 있게 됩니다. 예를 들어, 인간의 뇌가 4차원, 5차원 또는 10차원까지 확장될 수 있다는 것을 알아내게 될 수도 있을 것입니다.

하지만 이런 상상은 우리에게 잘 와닿지 않을 것입니다. 우리의 뇌는 눈으로 보고 있는 현실만이 유일하다고 믿기 때문입니다. 우리의 미래를 눈으로 볼 수 없기 때문에 상상의 제약이 발생하는 것이죠. 이는 과거의 구텐베르크(Gutenberg, 역자 주 : 서양 최초로 금속활자를 발명한 인쇄술의 혁신자)에게 앞으로 출판될 모든 책들을 상상해보라고 하는 것과 같습니다. 인지 능력 향상도 마찬가지이며, 얼마나 큰 주제인지 짐작할 수 있을 겁니다.

이 주제를 탐험으로써 우리는 상상력의 한계에 직면하게 될 것이고 또 발전하게 될 것입니다. 그러기 위해서는 우리가 가지고 있는 미지의 영역에 대한 두려움을 해결해야 합니다. 인공지능을 받아 들여야 하며, 인공지능이 좋은 것인지 나쁜 것인지 파악해야 합니다. 인간이 스스로를 향상시킨다면, 어떤 모습일까요? 이 모든 것을 하나의 주제로 압축하는 것은 정말 어려운 일입니다. 그래서 이 주제는 매우 복잡하지만, 중요하기도 합니다. 하지만, 이 주제를 일반적인 사회의 주제에 대해 이야기할 수 있는 수준에 도달하는 것은 매우 어렵습니다. 왜냐하면 다른 모든 사회적 계층에서부터 발판을 마련해야 하며, 기꺼이 다른 사회 계층으로 발판을 만들 누군가가 필요하기 때문입니다. 이 부분이 가장 어렵다고 할 수 있습니다.

마틴 포드 : 실제로 이 기술을 만들 수 있다고 한다면, 특히 민주주의 입장에서 어떻게 사회적으로 이 기술에 대해 이야기할 수 있을까요? 소셜 미디어에서는 다양한 의견들이 나오고 있습니다.. 소셜 미디어는 완전히 새로운 차원의 사회적 상호작용과 상호연결이 될 거라고 생각합니다. 미래의 소셜 미디어도 현재와 비슷할 수 있지만 더 확장될 거예요. 그렇다면, 이러한 민주주의 문제를 어떻게 해결할 수 있으며 대비해야 할까요?

브라이언 존슨 : 하지만 사람들은 소셜 미디어에서 말하는 것과는 다른 태도를 보입니다. 인간은 주어진 도구를 사용하여 돈을 벌기 위해, 지위를 얻기 위해, 존경을 받기 위해 그리고 우위를 점하기 위해 자기만의 이익을 추구하는 것은 매우 당

연한 일입니다. 인간이라면 항상 해왔던 일이죠. 이것이 바로 우리가 스스로를 향상시키지 않았다는 증거입니다. 인간은 똑같아요.

결국, 인간은 인간일 뿐이며, 우린 항상 그럴 겁니다. 그렇기 때문에 스스로를 발전시켜야 합니다. 우리를 뛰어넘어 휴먼3.0(역자 주 : 피터 노왁의 책 '휴먼3.0'에서 나온 새로운 인류를 의미하는 단어)이나 4.0과 같이 새로운 인류로 나아가야 합니다. 우리는 상상 이상으로 자신을 근본적으로 개선할 필요가 있어요. 하지만 지금은 마땅한 도구가 없다는 게 문제입니다.

마틴 포드 : 그렇다면, 어떻게 규제되어야 한다고 생각하나요? 어떤 사람은 도덕성이 높아지는 것을 원치 않아 할 수도 있습니다. 단지 지능이나 속도 또는 그와 비슷한 것을 향상시켜 그것을 통해 이득만 얻고자 할 겁니다. 모든 사람에게 이익이 되는 쪽으로 사용되도록 하기 위해서는 이 문제에 대한 전반적인 규제나 통제가 필요하지 않을까요?

브라이언 존슨 : 그 질문에 대해 두 가지로 말씀 드릴 수 있을 것 같아요. 첫 번째로, 포드씨의 질문에는 정부만이 규제할 수 있는 유일한 기관이라고 가정하는 듯 해요. 저는 거기에 동의하지 않습니다. 전 세계에서 규제할 수 있는 기관은 정부만 있는 것이 아닙니다. 자발적인 조직 공동체를 만들어서 규제를 할 수도 있습니다. 무조건 정부에 의존할 필요가 없어요. 새로운 기관들의 창설이 정부가 유일한 관리자가 되는 것을 막을 수 있습니다.

두 번째로, 포드씨의 질문에는 인간이 도덕과 윤리를 개인이 원함에 따라 결정할 수 있다고 가정하는 듯 합니다. 역사를 되돌아보면 40억년 동안 지구상에 존재했던 생물의 종들은 거의 멸종했다는 것입니다. 인간은 현재 위기의 상황에 처해 있고, 선택할 것인지 아닌지를 고민할 상황이 아니라는 것을 깨달아야 합니다. 그러기 위해서는 어느 정도의 규제는 필요해요.

한스 로슬링이 쓴 "팩트풀니스: 우리가 세상을 오해하는 10가지 이유와 세상이 생각보다 괜찮은 이유"라는 책과 스티븐 핑커가 쓴 "우리 본성의 선한 천사: 인간은 폭력성과 어떻게 싸워 왔는가"라는 몇 권의 책이 있습니다. 이 책들은 모든 사람들이 세상은 끔찍하다고 말할지라도 근본적으로 세상은 나쁘지는 않다고 말하고 있으며, 모든 데이터가 점점 더 나아지고 있다고 말하고 있습니다. 앞으로의 미래가 과거와는 매우 다를 것이라는 것을 간과하고 있다는 것입니다. 인공지능처럼 빠르게 발전한 것은 처음 있는 일이며, 인간은 여태껏 이만큼 파괴적인 도구를 가진 적이 없습니다. 우리는 이런 미래를 경험해 본 적이 없고, 이번이 처음인 것이죠.

따라서, 과거에도 잘해왔기 때문에 앞으로도 잘 할 수 있다는 결정론적인 주장을 믿지 않습니다. 미래에 대해 낙천적이라고 생각하지만 모두가 동등해야 한다는 부분에 대해서는 조심스럽습니다. 그렇기 때문에 우리가 미래에 성공하기 위해서는 특정 분야의 지식을 습득해야 한다는 것에 완전히 동의하진 않습니다. 하지만 우리는 미래에 대한 계획을 세우고, 생각하고, 창조할 수 있어야 합니다.

마틴 포드 : 인공지능에 대해 좀 더 일반적인 얘기를 나눠보죠. 먼저, 포트폴리오 기업들과 그들이 무엇을 하고 있는지에 대해 말씀해 주실 수 있나요?

브라이언 존슨 : 제가 투자한 기업들의 공통점 중 하나는 인공지능을 적용해 과학적 발견을 앞당기고 있습니다. 질병을 치료하기 위한 신약 개발, 새로운 단백질 발견, 식품, 의약품, 어떠한 제품을 만들던 간에 말이죠. 이 회사들이 합성 바이오 같은 미생물을 설계하거나 아니면 나노 기술과 같은 새로운 소재를 개발하고 있는지에 관계없이 모두 머신러닝을 활용하고 있습니다.

머신러닝은 우리가 이전에 사용했던 것들보다 더 빠르고 더 나은 발견을 가능하게 해주는 도구입니다. 몇 달 전에, 헨리 키신저는 디 어틀랜틱(The Atlantic, 역자

주 : 미국 오피니언 리더들이 즐겨 읽는 월간지)에 인공지능의 위험성을 경고하는 장문의 글을 실었습니다. 그는 바둑의 알파고 사례에서 본 것처럼 "전략적으로 유례없는 수읽기"에 대해 염려했습니다. 그는 문자 그대로 세상을 바둑에 빗대어 보고 있습니다. 왜냐하면, 그가 살아 왔던 시대는 미국과 러시아가 서로 경쟁했던 냉전 시대였기 때문이죠. 그래서 그는 여지껏 본적 없는 알파고의 천재적인 수읽기를 보고 그렇게 생각했던 것입니다.

전혀 알지 못했고, 볼 수 없었던 것을 인공지능이 보여줬습니다. 헨리 키신저는 이 장면을 보고, 인공지능은 위협적인 존재라고 말했죠. 저는 그렇게 생각하지 않으며, 인공지능은 좋은 것이라고 생각합니다. 인공지능은 우리가 볼 수 없는 것을 보여줄 수 있는 능력을 가지고 있기 때문이죠. 우리는 미래를 예측할 수 없고, 자기 자신을 근본적으로 개선하는 것이 무엇을 의미하는 알지 못하며 확률이 얼마인지 알지 못합니다. 하지만 인공지능을 통해 이 틈을 메울 수 있습니다. 인공지능은 우리가 생존하기 위해 절대적으로 중요합니다. 하지만, 문제는 많은 사람들이 인공지능을 두려움의 대상이라고 노골적으로 말하는 사람들로 인해 그렇게 생각한다는 것입니다. 이것은 인공지능의 발전에 치명적인 손해라고 생각합니다.

마틴 포드 : 일론 머스크나 닉 보스트롬 같은 사람들이 인공지능에 대해 급격한 발전, 초지능에 따른 통제 문제 등을 이야기하면서 우려의 목소리가 나오고 있습니다. 이들의 초점은 인공지능이 우리의 통제에서 벗어날 수 있다는 두려움에 있습니다. 우리가 걱정해야 할 일일까요? 우리의 인지능력을 향상시킴으로써 인공지능을 통제할 수 있는 보다 나은 위치에 서게 될 것이라는 주장을 본 적이 있습니다. 현실적으로 가능한 견해일까요?

브라이언 존슨 : 저는 닉 보스트롬이 인공지능이 야기할 수 있는 위험에 대해 진지하게 생각해준 것에 대해 감사하고 있습니다. 원하지 않는 결과를 예측하고 그것을 피할 수 있는 방법을 생각해 보는 것은 좋다고 생각합니다.

일론 머스크에 관해서는 그가 언급한 공포심이 사회에 부정적인 것이라고 생각합니다. 닉의 연구와 비교해 봤을 때 철저하고 진지하지 못했기 때문이죠. 그로인해 인공지능에 대해 잘 알지 못하는 사람들에게 두려움을 안겨 줬습니다. 이것은 안타까운 일입니다.

마틴 포드 : 인공지능과 관련하여 다른 나라 특히 중국과의 경쟁이 있으며 커널에서 연구하고 있는 신경 인터페이스 기술에 대해서도 경쟁이 있는데요. 그것에 대해 어떻게 생각하나요? 경쟁을 통해 더 많은 지식을 얻을 수 있으므로 긍정적으로 생각하나요? 보안 문제는 있지 않을까요? 그리고 경쟁에 뒤처지지 않도록 산업정책을 추진해야 할까요?

브라이언 존슨 : 이러한 경쟁은 현재 세상이 어떻게 흘러가고 있는지를 보여줍니다. 사람과 국가는 경쟁적이며 모두가 다른 사람들보다 자기 이익을 추구합니다. 제가 상상하는 미래는 인간이 근본적으로 개선되는 것이라고 생각합니다. 그것은 경쟁사회 대신에 조화를 이루며 산다는 의미일 수도 있으며 다른 의미일 수도 있습니다. 윤리와 도덕을 새롭게 정의할 수도 있을 거예요. 이러한 경쟁을 변화시키기 위해서는 우리 자신의 잠재력과 인류 전체의 잠재력에 대한 상상력이 필요할 수도 있다는 것입니다. 이 경쟁은 쉽게 끝나지 않을 거라 생각합니다.

마틴 포드 : 인공지능과 관련된 기술들이 나쁜 사람들의 손에 넘어간다면, 큰 위험을 초래할 수 있다는 것을 인정하셨는데요. 전 세계가 조직적으로 해결해야할 문제라고 여겨집니다.

브라이언 존슨 : 전적으로 동의합니다. 최대한 관심과 주의를 기울여 그 위험을 초래할 수 있는 가능성에 집중해야 할 필요가 있습니다. 바로 과거 역사적 사실을 토대로 인간과 국가가 행동해야 합니다.

브라이언 존슨

이와 마찬가지로 이러한 문제를 변화시킬 수 있는 수준까지 우리 자신을 개선시킬 필요가 있다는 것입니다. 그렇게 되면 단지 자신의 이익만을 위하거나 달성하기 위해 노력할 필요가 없을 수도 있습니다. 하지만, 제가 말씀 드렸듯이 우리는 이것을 사회의 문제로 생각하지 않고 있다는 겁니다. 우리의 뇌는 현재의 인식에 갇혀 있게 하기 때문이죠. 그래서, 우리의 미래가 현재 우리가 살고 있는 것과 다를 것이라고 상상하기 어렵게 만들죠.

마틴 포드 : 우리 모두가 멸종될지도 모른다는 우려를 나타냈지만 전반적으로 낙관주의자이신가요? 이러한 문제에 직면할 수도 있다고 생각하나요?

브라이언 존슨 : 네, 저는 낙관주의자입니다. 우리가 직면하고 있는 위기에 대해 제가 한 말들은 우리의 위험에 대한 의견이었습니다. 우리가 현실을 외면하는 것을 원하지 않습니다. 우리는 하나의 생명체로서 매우 어려운 과제들을 가지고 있으며, 이 문제들에 대해 재고해 볼 필요가 있다고 생각합니다. 이것이 제가 OS 펀드를 설립한 이유 중 하나이며, 직면한 문제를 해결하기 위한 새로운 방법을 찾아야 합니다.

제가 여러 번 말씀 드렸듯이 인간으로서의 존재와 생물의 한 종으로서 우리의 첫 번째 원칙을 다시 생각해 볼 필요가 있다고 생각합니다. 그러기 위해서는 무엇보다 인간 자신의 개선을 우선시 할 필요가 있으며, 인공지능이 절대적으로 필요합니다. 개선할 부분의 우선순위를 정하고 인공지능까지 완전히 관여한다면 당면하고 있는 모든 문제들을 해결할 수 있다고 생각합니다. 그리고 인간의 존재를 환상적으로 새롭게 창조할 수 있을 겁니다.

브라이언 존슨

브라이언 존슨은 OS 펀드 및 브레인트리의 설립자이다. 2016년 커널을 설립하여 질병과 장애를 치료하고 지능에 대한 메커니즘을 밝히고 인지능력을 확장하기 위해 1억 달러를 투자했다. 커널은 사람의 수명이 연장됨에 따라 삶의 질을 획기적으로 향상시키는 임무를 수행하고 있다. 그는 인류의 미래가 인간과 인공지능의 결합(HI + AI)으로 인해 새롭게 정의될 것이라고 믿고 있다.

2014년, 1억 달러를 투자하여 OS 펀드를 설립했으며 OS 펀드는 유전체학, 합성생물학, 인공지능, 정밀 자동화, 신소재 개발 등의 획기적인 발견을 상업화하는 기업에 투자하는 회사이다.
2007년, 브라이언은 브레인트리(Venmo 인수)를 설립하여, 2013년 PayPal에 8억달러에 매각했다. 브라이언은 야외 모험을 즐기며, 조종사, 아동 도서인 코드 7의 저자이기도 하다.

" 현재 정부가 생각하고 있는 것들은 이런 건데요. "아, 로봇 공학자나 데이터 과학자들이 미래의 직업이니 그런 사람들을 양성할 수 있는 프로그램이 필요하겠다" 이는 분명히 해결책이 아니에요. 10억 명의 로봇 공학자나 데이터 과학자들이 필요한 것은 아니니까요. 수백만 명이면 충분합니다. 이런 전략은 싱가포르와 같은 소규모 국가를 위한 전략일 수 있겠죠. 두바이에서도 실현 가능한 전략일 것입니다. 하지만 대부분의 주요 국가에서는 실행 가능한 전략이 아닙니다. 이 분야에 충분한 일자리가 있는 건 아니니까요. 그렇다고 이 분야에 일자리가 없다는 것은 아닙니다. 너무 많은 사람들을 교육시키는 것은 장기적인 해결책이 아닙니다. **"**

스튜어트 러셀(STUART RUSSELL)

UC 버클리 대학 컴퓨터 과학 교수

스튜어트 J. 러셀은 인공지능 분야에서 큰 공헌을 기여한 인물로 널리 알려져 있습니다. 캘리포니아 대학교 버클리(UC 버클리)의 컴퓨터 과학 교수 겸 인간 호환 인공지능 센터의 소장을 맡고 있습니다. 공동 집필한 인공지능 교과서인 "인공지능: 현대적 접근 (Artificial Intelligence: A Modern Approach)"은 1300개 이상의 대학에서 사용되고 있습니다.

마틴 포드 : 현재 인공지능 교과서로 널리 사용되고 있는 "인공지능: 현대적 접근"이라는 책을 공동 집필하셨죠. 여기서 인공지능의 핵심 용어들을 정의해보면 독자들께도 꽤 도움이 될 것 같습니다. 인공지능의 정의는 무엇이고 어떤 개념들을 포함하는 것인가요? 또, 이 분야에는 어떤 종류의 컴퓨터 과학 문제가 포함되는지, 그것을 머신러닝과 비교해서 설명해줄 수 있나요?

스튜어트 러셀 : 책에서도 설명했지만 인공지능이란 자신의 목적을 달성하기 위해 그에 맞는 일들을 할 수 있는 지능적인 존재를 말합니다. 이 정의는 인간과 기계 모두에게 적용되죠. 인공지능을 정의하는 데에는 맞는 일을 한다는 개념이 가장 중요합니다. 현실에서 인공지능이 자신의 목적에 맞는 일, 제대로 된 일을 하기 위해서는 지각, 시각 및 음성 인식 그리고 행동이 필요합니다.

이러한 능력들을 바탕으로 인공지능을 정의할 수 있어요. 로봇을 제어하는 기능이나 로보틱스에서 요구되는 기능들, 결정을 내리고 계획을 짜고 문제를 풀 수 있는 능력들, 의사소통 능력, 자연어를 이해하는 능력들 모두 인공지능을 정의하는 데 도움을 줄 수 있어요.

또 이러한 능력들에는 내면적으로 느끼는 것들도 포함됩니다. 이런 능력들을 제대로 알지 못한다면 실제로 이러한 능력들을 성공적으로 구현하기 매우 힘듭니다. 우리가 어떻게 하는지 제대로 이해하기 위해서는 지식 표현(knowledge representation, 역자 주 : 컴퓨터 시스템이 복잡한 문제를 잘 해결할 수 있게 지식을 처리하고 표현하고 활용하는 것을 연구하는 분야)이라고 부르는 과학 분야에 들어가 봐야 합니다. 지식 표현에서는 자동화된 논리 추론 및 확률론적 추론 알고리즘처럼 지식이 내면에 저장되고 추론 알고리즘을 통해 처리되는 것들을 연구하죠.

그 속에는 학습도 포함됩니다. 학습은 현대 인공지능에서 중요한 능력으로 여겨지는데요. 머신러닝은 인공지능의 하위 분야이며, 이는 경험의 결과로 맞는 일을

스튜어트 러셀

할 수 있도록 능력을 향상시키는 것을 의미합니다. 이때, 능력을 향상시키는, 학습이라는 말은 레이블 된(정답이 있는) 예시를 보고 더 잘 인식할 수 있게 되는 것을 의미할 수도 있고, 경험을 통해 더 나은 추론을 할 수 있게 되는 것을 의미할 수도 있습니다. 문제를 풀기 위해 어떤 추론 과정이 유용한지 혹은 덜 유용한지 알게 되는 것 말이죠.

마틴 포드 : 신경망과 딥러닝에 대해서도 설명해 주실 수 있나요?

스튜어트 러셀 : 머신러닝의 대표적인 기술 중 하나인 "지도 학습"(22쪽 용어집 참조)에서는 인공지능 시스템에게 설명이나 정답 레이블이 있는 예시들을 보여줍니다. 예를 들어, 사진들이 있으면 이 사진은 배(boat), 이 사진은 달마시안, 이 사진은 체리라고 레이블을 달 수 있겠죠. 이런 지도 학습에서 일반적인 목표는 사진의 종류를 분류하기 위해 가설을 세우거나 예측 변수를 찾는 것에 있습니다.

이런 종류의 예시들을 통해 인공지능 시스템에게 사진을 인식할 수 있는 능력, 예를 들어 달마시안을 구분할 수 있는 능력을 학습시키는 것입니다.

가설이나 예측값을 구하기 위한 한 가지 방법이 신경망을 사용하는 것인데 신경망은 여러 층으로 구성된 복잡한 회로라고 생각하면 됩니다. 이 회로의 입력은 달마시안 사진의 픽셀값이 되겠죠. 그러면 입력값들이 이 회로 속으로 전파되면서 서로 다른 각 층에서 새로운 값들이 계산되고 신경망의 출력값이 나오게 됩니다. 이때 신경망의 출력값은 어떤 종류의 물체가 인식되었는지에 대한 예측값이 됩니다.

즉, 달마시안인지, 아닌지 구분하는 신경망에 달마시안 사진을 넣으면 여러 층과 연결들에서 계산된 신경망의 출력값은 높은 값을 가져야겠죠. 반대로 체리 사진을 넣으면 낮은 출력값을 가져야 하고요. 그래야지 이 신경망이 달마시안을 잘 구분할 수 있다고 볼 수 있으니까요.

마틴 포드 : 어떻게 신경망을 통해 이미지를 인식할 수 있는 거죠?

스튜어트 러셀 : 학습 과정을 통해 인식할 수 있게 되는데 이 회로는 연결된 선들의 강도를 조절할 수 있고, 학습 알고리즘을 통해 연결 강도를 조절합니다. 신경망이 훈련 예시들로부터 옳은 예측값을 가질 수 있게요. 운이 좋다면 이전에 보지 못한 사진들에 대해서도 올바른 예측을 할 수도 있습니다. 이것이 바로 신경망이죠!

한 걸음 더 나아가 많은 층으로 쌓인 신경망을 가지고 있는 것이 바로 딥러닝입니다. 신경망이 깊다고 하는 데에 대한 명확한 기준은 없지만 대략 4층 이상으로 구성된 신경망을 딥러닝이라고 합니다.

어떤 딥러닝 신경망은 천 개 이상의 층으로 구성되어 있죠. 딥러닝의 신경망에서는 각 층의 간단한 변환들의 조합을 통해 층을 많이 쌓으면서 입력과 출력 사이의 복잡한 관계와 변환들을 표현할 수 있습니다.

딥러닝의 가설은 신경망의 층이 깊을수록 학습 알고리즘이 더 쉽게 예측값을 찾거나 네트워크의 연결강도를 잘 조절할 수 있다고 말합니다.

우리는 이제야 딥러닝 가설이 언제 들어맞고, 언제 틀리는지 이론적으로 이해하기 시작했어요. 그래도 아직 많은 부분이 마법같이 느껴집니다. 굳이 딥러닝에서 신경망이 작동하는 방식대로 하지 않아도 되니까요. 분명 현실의 이미지나 음성 신호들은 특수한 성질들이 있는데, 이런 속성들을 딥러닝과 연결한다면 학습이 더 잘 될 거예요.

마틴 포드 : 딥러닝은 지금 모든 사람들의 주목을 받고 있잖아요. 그리고 인공지능이 딥러닝과 같은 말이라고 생각하는 사람들도 많은데요. 하지만 딥러닝은 인공지능의 아주 작은 부분 중 하나인 것이죠?

스튜어트 러셀

스튜어트 러셀 : 네, 딥러닝이 인공지능과 같다고 생각하는 것은 매우 잘못된 생각입니다. 달마시안과 체리 그릇을 구별하는 능력은 유용하지만 인공지능에 필요한 지능에서 극히 일부분에 불과하니까요. 지각과 이미지 인식은 현실에 필요한 중요한 능력이고, 딥러닝은 그중 극히 일부 능력들만 가지고 있죠.

알파고와 그 후속작 알파제로는 바둑과 체스에서 딥러닝의 놀라운 발전 결과라고 대중들에게 알려졌지만 실제로 이들은 고전적인 검색 기반 인공지능과 딥러닝 알고리즘의 혼합체(하이브리드)입니다. 이들은 두 부분을 모두 활용해 묘수와 악수를 평가하고 탐색합니다. 묘수와 악수를 가르는 것이 알파고의 핵심이지만, 딥러닝만으로 세계 챔피언 급의 바둑을 둘 수는 없어요.

자율주행차 시스템도 기존의 검색 기반 인공지능과 딥러닝의 혼재된 시스템을 사용합니다. 자율주행차 역시 순수 딥러닝만 가지고는 잘 작동하지 않기 때문이죠. 많은 운전 상황들에서 기존의 방식이 많이 필요합니다. 예를 들어, 중간 차선에서 오른쪽 차선으로 이동하려고 하는데 다른 차가 지나가려고 한다면 잠시 기다렸다가 이동해야겠죠. 이처럼 여러 상황을 대비해야하는 경우, 모든 것을 충족할 규칙이 없기 때문에 자신이 취할 수 있는 움직임과 동시에 다른 차들이 움직일 수 있는 것들을 다 고려해 결과가 좋은지, 나쁜지 결정할 필요가 있겠죠.

지각이라는 것은 매우 중요하고 딥러닝도 어느 정도 잘 처리하지만 인공지능 시스템에는 더 많은 능력들이 필요하며 이런 것들이 단지 블랙박스와 같은 딥러닝 시스템으로만 이루어지지 않을 겁니다.

이 예시로 딥러닝의 한계를 얘기하며 마무리해 볼게요. 딥러닝을 가지고 공장을 짓는다고 해보죠. 인간은 공장을 어떻게 지어야 하는지 알지만 딥러닝이 공장을 짓도록 만들기 위해서는 수십억 개의 공장을 짓는 사례를 가져와야 해요. 사람이 지을 수 있는 공장의 모든 방법들을 보여줄 겁니다. 그제서야 딥러닝 시스템은 어떻게 공장을 지어야 할지 알게 되겠죠. 하지만 이렇게 할 수 있나요? 그저 헛된 꿈에 불과합니다. 그런 데이터도 없고, 그런 데이터가 있다고 해도 실제로 공장을 여러 차례 지어가면서 훈련시켜야 하는데, 말도 안 되죠.

공장을 짓기 위해서는 지식이 필요합니다. 계획도 세워야 하고 건물의 구조적 특성과 물리적 장애물들도 이해해야 합니다. 현실적인 문제를 풀기 위해 인공지능 시스템을 구축할 수 있지만 딥러닝만으로 달성될 수 있는 게 아니에요. 서로 다른 다양한 종류들의 인공지능 기술들을 합쳐야만 하죠.

마틴 포드 : 인공지능이 지금도 급격히 발전하고 있나요? 현재 인공지능 분야가 어떤 것들에 직면하고 있는지 얘기해줄 수 있나요?

스튜어트 러셀 : 좋은 질문이에요. 현재 뉴스에 나오는 것은 개념적 혁신이 아니라 데모일 뿐이거든요. 러시아 체스 선수이자 세계 챔피언이었던 카스파로프를 상대로 승리를 거머쥔 딥 블루(역자 주 : 체스 게임 용도로 IBM이 만든 컴퓨터)가 이것을 설명하는 데 아주 좋은 사례가 되겠네요. 딥 블루는 이미 30년 전에 고안된 것을 구현한 데모에요. 점차 강력한 하드웨어가 개발되고 알고리즘이 개선되어 체스 세계 챔피언을 이길 수 있게 되었죠. 즉, 딥 블루가 세계 챔피언을 꺾게 해준 개념적 혁신은 알파 베타 알고리즘(역자 주 : 흔히 알파 베타 가지치기라고 불리는 이 알고리즘은 2인용 게임(틱택토, 체스, 바둑)에 주로 사용되는 알고리즘이다. 이 알고리즘은 항상 같거나 더 나은 수만을 고려하게 해 준다. 바둑을 예를 들어보면, 어떤 수를 두었을 때 엄청난 악수라고(패착) 판단되면 악수의 다음 수를 고려하지 않는다는 것이 이 알고리즘의 핵심이다. 즉, 그 수로 인해 벌어질 수 있는 모든 상황을 고려하지 않게 된다)을 통해 탐색 비용을 줄이거나 평가 함수를 설계하는 것 등의 체스 프로그램을 설계하는 방법에 있어요. 그런 개념들은 수십 년 전에 고안되었지만 언론은 딥 블루가 카스파로프를 이겼다는 것을 혁신이라고 묘사했죠.

오늘날도 마찬가지입니다. 예를 들어, 많은 인공지능 보고서에서 얘기하는 사람들의 정확도보다 더 높은 정확도를 보이는 인지, 음성 인식 프로그램들은 물론 매우 인상적인 기술들이지만 이미 오래전에 고안된 혁신들을 구현한 데모인 것이죠. 초기 딥러닝 시스템과 합성곱 신경망은 1980년대 후반, 90년대 초반에 나왔으니까요.

이미 수십 년 전에도 성공적으로 인식을 수행할 수 있는 기술을 가지고 있었다는 것은 놀랄만한 일이죠. 이런 혁신들을 현대 공학에 적용하고 대규모 데이터세트와 최신 하드웨어를 기반으로 대규모 신경망을 처리함으로써 인공지능에 대한 많은 관심들을 불러일으켰지만, 이런 것들이 현재 인공지능 분야에서 최전방에 있다고 생각하지 않아요.

마틴 포드 : 그러면 딥마인드의 알파제로가 최신 기술일까요?

스튜어트 러셀 : 알파제로도 흥미로운 기술이지만 저에게는 그다지 놀랍지 않아요. 사용한 소프트웨어와 동일한 것을 체스와 일본 장기를 두기 위해서도 사용할 수 있다는 거잖아요. 그래서 알파제로도 최전방에 있는 것 같지는 않네요.

알파제로가 같은 소프트웨어를 사용해 24시간 안에 바둑, 일본 장기, 체스 모두 초인적인 수준이 될 수 있는 게 놀랍지 않냐라고 할 수도 있어요. 하지만 그 게임들은 2인용이며 순서가 정해져 있고, 규칙 기반의 완전 정보 게임이면서 잘 설계된 종류의 게임을 처리하는 데만 적합하고 좋은 가치 평가 함수들이나 탐색을 제어하는 고전적인 방법들을 배울 수 있는 알고리즘들은 이미 오래전부터 존재해왔어요.

이러한 기술들을 다른 종류의 문제들을 풀기 위해 확장하려면 다른 알고리즘 구조를 고안해야만 합니다. 예를 들어, 부분적으로만 볼 수 있고 게임 전체 상황을 보지 못하는 상황에서는 다른 종류의 알고리즘이 필요하다는 것이죠. 알파제로로 포커 게임을 하거나 차를 몰 수 없다는 말입니다. 이런 종류의 작업들을 해결하기 위해서는 볼 수 없는 것들을 추측할 수 있는 인공지능 시스템이 필요하니까요.

마틴 포드 : 카네기 멜런 대학에서 개발한 포커 게임 인공지능 시스템인 리브라투스에는 혁신적인 것들이 있을까요?

스튜어트 러셀 : 카네기 멜런의 리브라투스 포커 인공지능 역시 여러 인공지능 시스템의 혼합체입니다. 지난 10년~15년 동안 일어났던 여러 알고리즘들을 결합한 결과이죠. 포커 같이 부분적인 정보 게임에서 역시 많은 발전이 있었는데요. 부분적인 정보 게임에서는 무작위적인 전략이 필요합니다. 예를 들어 항상 블러핑(역자 주 : 자신의 패가 상대방보다 좋지 않을 때, 상대를 기권하게 할 목적으로 거짓으로 강한 베팅을 하거나 레이스를 하는 것을 말한다)하는 사람이 있다고 한다면 그 사람은 항상 블러핑하는 사람이라는 것을 알겠죠. 반대로, 절대로 블러핑하지 않는다고 하면 좋은 패가 들어오지 않으면 게임을 절대로 이길 수 없을 겁니다. 따라서 어느 정도 무작위적인 전략을 취해, 때로는 블러핑하는 것이 필요하죠.

포커를 잘 하기 위해서는 얼마나 베팅해야 할지 확률을 잘 다룰 수 있어야 합니다. 즉, 얼마나 많이 베팅할지 혹은 덜 베팅할지 결정해야 하죠. 이런 확률 계산은 인공지능이 잘 할 수 있지만, 한 팩에 몇 장 없는 포커 게임과 같은 데에서만 잘 작동합니다. 완전한 포커 게임에서 이런 확률들을 정확히 계산하기 어려워요. 이런 문제들을 해결하려고 10년이 넘도록 노력한 결과 더 큰 버전의 포커 게임에서도 확률을 정확하게 계산할 수 있는 방법들이 개선되고 있습니다.

그래서 리브라투스는 현대 인공지능의 응용 프로그램이라고 할 수 있겠네요. 하지만 포커의 한 버전에서 조금 더 큰 버전의 포커로 가는데 10년이 걸렸다는 걸 생각하면 완전히 확장 가능한지는 확신할 수 없습니다. 또 포커에 활용되는 게임-이론(역자 주 : 상호 의존적인 의사 결정에 관한 이론)적 아이디어들이 얼마나 현실 세계

스튜어트 러셀

에 사용될 수 있는지 의문이 들어요. 물론 세상은 여러 에이전트(23쪽 용어집 참조)로 구성되어 있어 게임 이론이 필요하겠지만 우리는 일상생활에서 얼마나 많은 무작위적 행동이 있는지 알지 못하죠.

마틴 포드 : 자율주행차는 인공지능의 주요 적용 분야 중 하나인데요. 완전한 자율주행차가 상용화되기까지는 얼마나 걸릴까요? 맨해튼에서 운전자가 없는 자율주행차를 타고 원하는 목적지로 가는 것을 상상할 수 있는데 이런 것들은 언제 가능하게 될까요?

스튜어트 러셀 : 상당히 구체적인 질문이고, 기업들이 막대한 투자를 하고 있기 때문에 경제적으로도 중요한 질문입니다.

일반 도로에서 자율주행차가 처음으로 운행된 것은 30년 전이라는 사실에 주목할 필요가 있어요! 독일 컴퓨터 과학자 에른스트 디터딕맨스의 테스트가 있었는데 독일의 고속도로에서 운전하고 차선을 변경하고 다른 차들을 추월하는 것을 보여주었죠. 중요한 것은 안전을 보장할 수 있다는 믿음에 있습니다. 짧은 시간동안 운전에 성공했을지라도 수십 년 동안 큰 사고 없이 실행될 수 있는 인공지능 시스템이 필요하니까요.

즉, 우리 모두가 신뢰할 수 있는 인공지능 시스템을 구축해야 한다는 것인데, 아직 우리는 이런 시스템을 크게 신뢰하지 않는다고 생각해요.

캘리포니아의 한 실험 결과에 따르면 사람들은 운전할 때 1 마일당 한 번씩 자신이 직접 운전에 어떤 식으로라도 개입해야 한다고 느낀다고 합니다. 구글 무인 자동차를 개발하는 웨이모(Waymo) 역시 많은 인공지능 운행 프로젝트들에서 성공적인 성과를 거두었지만 여전히 넓은 범위로 상용화되기까지는 몇 년이 걸릴거라고 생각합니다.

그리고 대부분의 운행 테스트는 표기가 잘 되어 있는 도로에서 시행되었습니다. 밤이나 비가 쏟아지는 날에는 빛이 반사될 수도 있고, 도로 공사가 있을 수도 있고, 차선 표지판도 움직였을 수도 있는 등 많은 상황이 있잖아요. 그렇게 되었을 때 이상한 차선 표지를 따라갔다면 곧장 벽에 들이받았을 겁니다. 이런 많은 변수가 있기 때문에 앞으로 5년 안에 자율주행차 문제들이 다 해결될 수 있다면 정말 운이 좋은 경우라고 생각해요.

물론, 주요 자동차 기업들이 얼마나 많은 인내심을 가지고 있는지 모르겠어요. 모두가 인공지능 기반의 자동차가 올 것이라는 생각에 전념하고 있고 히루 빨리 목표를 달성해야 한다고 느끼고 있죠.

마틴 포드 : 저는 사람들이 물어볼 때, 10~15년은 걸릴 거라고 대답하는데 스튜어트 러셀 씨가 말한 5년은 꽤 낙관적인 전망인 것 같습니다.

스튜어트 러셀 : 네, 5년은 낙관적이죠. 아까 말했듯이 5년 안에 자율주행차를 볼 수 있다면 운이 좋은 경우라고 생각해요. 더 오래 걸릴 수도 있죠. 그래도 한 가지 확실한 것은 더 많은 경험들을 얻으면서 초기 자율주행차의 간단한 구조에서 벗어났다는 겁니다. 구글의 초기 버전은 칩 기반의 시각 시스템을 탑재했는데 다른 차량이나 차선 표시기, 장애물, 보행자들을 잘 감지했어요. 이런 시각 정보들을 논리적인 형태로 전달하고 자동차가 해야 할 논리적인 규칙들을 적용시켰죠. 문제는 매일 새로운 규칙을 추가하고 있다는 것입니다. 로터리에 진입할 때 로터리에서 잘못된 길로 자전거를 타고 있는 어린 아이가 있을 수도 있겠죠. 그런 상황에서 정해진 규칙이 없기 때문에 그런 경우를 추가하고, 또 다른 경우들을 추가하고… 이럴 경우 이런 시스템은 장기적으로 잘 사용될 가능성은 없다고 봐요. 매번 더 많은 규칙들을 인코딩해야 하고 혹시라도 특정 규칙이 누락되면 생사에 문제를 일으킬 수 있기 때문이죠.

스튜어트 러셀

체스를 둘 때 이렇게 하지 않죠. 킹이 여기 있고, 룩이 여기 있고 퀸이 저기 있으니 이렇게 움직여야지 하면서 특정 위치에 특정 규칙을 만들지 않습니다. 체스 프로그램을 짤 때도 이런 방식으로 하지 않아요. 그 대신 체스의 규칙을 알고 가능한 다양한 행동들의 결과를 시험해보는 식으로 프로그램을 짭니다.

즉, 인공지능 기반의 자율주행차 역시 예상치 못한 상황들을 처리해야 해요. 어떤 특정한 규칙을 통해서가 아니라요. 이런 특정한 상황에 대한 준비된 대책이 없을 때 예측 기반의 의사결정 형식을 사용해야 합니다. 인공지능에게 이런 대비책이 없다면 어떤 상황에서는 안전 문제가 발생할 겁니다.

마틴 포드: 특화된 인공지능 기술의 한계점을 지적해주셨는데요. 이런 문제들을 해결해 줄 일반인공지능의 전망에 대해 얘기해보고자 합니다. 일반인공지능이 무엇을 의미하며 일반인공지능을 달성하기 위해 극복해야 할 것들은 무엇인가요?

스튜어트 러셀: 일반인공지능은 최근에 만들어진 신조어인데 사람이 가지는 범용적인 지능을 구현하겠다는 목표, 인공지능의 진정한 목표를 상기시키죠. 즉, 일반인공지능이 진정한 인공지능이라는 말인데 아직 일반인공지능은 완성되지 않았습니다.

인공지능의 목표는 범용 지능 기계를 만드는 데 있어요. "범용성"은 하위 작업들, 특정 분야의 응용 프로그램 작업에 비해 무시되어 왔는데요. 체스를 두는 것과 같이 하위 작업들을 푸는 것이 더 쉽기 때문이죠. 알파제로는 물론 완전히 관찰 가능한 2인용 결정론적 형태의 게임에서 범용적으로 쓰일 수 있지만 다른 종류의 문제들을 해결하는 데 사용할 수 없습니다. 알파제로는 부분적으로 관찰할 수 있는 게임과 같이 불확실성을 처리할 수 없으며 규칙이 정해져 있다고 가정하죠. 알파제로는 규칙이 정해지지 않은 것들을 처리하지 못합니다.

알파제로가 가지는 한계들을 점차 해결할 수 있다면 어떤 상황에서도 잘 동작하는 인공지능 시스템을 만들 수 있을 겁니다. 인공지능 시스템에게 고속정을 설계하게 하거나 저녁 준비를 부탁할 수도 있겠죠. 혹은 강아지에게 어떤 문제가 있는지 알아내라고 부탁하면 인공지능 시스템이 강아지 약품을 모두 조사해서 무엇이 문제인지 알려줄 수도 있어요.

이런 능력은 인간이 지니는 지능의 범용성을 반영하고 있습니다. 충분한 시간이 주어졌을 때 인간은 이런 능력들을 모아 엄청난 것들을 해내는데, 이것이 바로 범용성의 개념입니다.

물론, 인간이 하지 못하는 것을 해주는 일반인공지능도 있습니다. 우리는 암산으로 백만 자리 숫자들의 곱셈을 하지 못하는데, 컴퓨터는 비교적 쉽게 할 수 있죠. 이런 점을 감안할 때 기계는 인간이 하는 것보다 훨씬 더 범용적으로 지식들을 사용할 수 있을 겁니다.

기계가 읽을 수 있게 되면 세상에 나온 모든 책들을 읽을 수 있을 것이고, 반면 사람들은 그것의 일부조차 다 읽지 못할 겁니다. 따라서, 일반인공지능의 독서 수준이 유치원 수준을 넘게 되면 그 어떤 인간보다도 훨씬 더 방대한 지식을 가지게 되고, 인간이 해왔던 것들을 초월한 업적들을 이뤄낼 수 있을 겁니다.

그래서, 중요한 여러 분야에서 기계가 인간의 능력을 훨씬 능가하게 될 수 있지만 또 어떤 영역에서는 여전히 사람보다 못할 수도 있고, 인간처럼 보이지 않을 수 있겠죠. 그렇다고 인간과 일반인공지능 사이의 비교가 무의미하다는 것은 아닙니다. 장기적으로는 기계와 인간의 관계, 일반인공지능을 현실에서 작동시킬 능력들이 더 중요하게 될 거예요.

유인원은 사람보다 뛰어난 지능(예를 들어, 단기 기억력)을 가지고 있죠. 그렇지

스튜어트 러셀

만 어떤 종이 지배적인지는 누구나 알 수 있습니다. 여러분이 고릴라나 침팬지라면 여러분의 미래는 인간에게 달려있을 겁니다. 고릴라 등의 유인원에 비해 상당히 부족한 단기 기억 능력에도 불구하고 현실에서는 인간의 의사결정 능력 덕분에 인간이 그들을 지배할 수 있기 때문이죠.

일반인공지능을 만들 때 우리는 필연적으로 고릴라와 침팬지와 같은 운명이 되지 않을 방법, 인간의 미래를 일반인공지능에게 넘겨주지 않을 방법들과 같은 문제들에 직면하게 될 것입니다.

마틴 포드 : 무섭네요. 앞서, 인공지능에서 개념적인 혁신들이 수십 년 전에 있었고 그것들이 현실에 보이는 양상을 말해 주셨는데요. 일반인공지능을 만들만한 개념적인 혁신이 있나요? 아니면 아직 멀었다고 생각하시나요?

스튜어트 러셀 : 저는 일반인공지능들을 향한 많은 개념적인 구성 요소들이 지금도 있다고 생각해요. 이런 질문을 던지면서 이 얘기를 시작해 봅시다. "딥러닝이 일반인공지능의 기반이 될 수 없는 이유는 무엇일까요?"

많은 사람들은 이렇게 답할 거예요. "딥러닝도 괜찮지만, 딥러닝은 어떻게 지식을 저장하고, 추론하며, 다양하게 표현할지 몰라요. 딥러닝 시스템은 단지 회로일 뿐이고, 회로는 다양한 것들을 나타낼 수 없죠."

확실히, 회로는 다양한 것을 표현할 수 없기 때문에 아무도 회로를 사용해 임금대장(역자 주 : 근로자에게 지급하는 급여의 상세 내역을 기재한 문서)용 소프트웨어를 짜지 않을 거예요. 대신, 프로그래밍 언어를 사용해 그런 소프트웨어를 만들겠죠. 회로를 사용해 만든 임금대장용 소프트웨어는 수십억 페이지의 길이로 되어 있으며 유연하지도 않고 쓸모없을 거예요. 그에 비해, 프로그래밍 언어로 작성된 것은 훨씬 다양한 것들을 표현할 수 있고 강력할 겁니다. 사실 프로그래밍 언어는 알고리즘

프로세스를 표현하기 위해 존재하는 것들 중 가장 강력한 도구일 거예요.

우리는 이미 지식을 표현하는 방법, 추론하는 방법들을 알고 있어요. 꽤 오랜 시간 동안 컴퓨터 논리를 개발해 왔고 심지어 컴퓨터가 있기 전에도 사람들은 논리적 추론에 대한 알고리즘들을 생각하고 있었습니다.

논쟁의 여지가 있지만 저는 일반인공지능에 대한 개념적인 구성 요소들이 이미 수십 년 전에 존재해왔다고 생각합니다. 아직 그것들을 딥러닝 학습 능력들과 결합하는 방법들을 모를 뿐이죠.

즉, 일반인공지능이나 인간 수준의 지능에 필요한 개념적인 구성 요소들 중 많은 것들이 이미 존재한다고 생각해요. 하지만 여기에 필요한 부분들이 빠져 있는 상태이죠. 그중 하나가 논리 구조를 만들고 추론을 할 수 있도록 하는 자연어 처리(25쪽 용어집 참조)에 있습니다. 일반인공지능이 화학 교과서를 읽고 화학 시험(객관식 말고, 진짜 화학 시험 문제들)을 풀고 그 답을 도출한 이유들을 설명할 수 있는지에 대한 문제들을 해결해야 하죠. 이것이 제대로 해결되었다면 물리학, 생물학 관련 교과서를 읽고도 그런 일들을 할 수 있어야 할 겁니다.

마틴 포드 : 역사를 배우고 현재 지정학적 문제들을 풀기 위해 적용해보거나 지식들을 다른 분야에 적용시킬 수도 있겠네요.

스튜어트 러셀 : 네, 지정학적 문제나 재정적인 문제를 다룰 수 있는 능력과 관련이 있는 문제라 좋은 예시라고 생각합니다.

예를 들어, 인공지능이 CEO에게 기업 전략에 대해 조언해준다면 놀라운 마케팅 전략 등을 고안해서 경쟁 우위를 확보할 수도 있겠죠. 따라서, 언어를 이해하고 구사하는 능력은 일반인공지능을 위해 필요한 혁신 중 하나라고 말하고 싶네요.

스튜어트 러셀

또 필요한 혁신 중 하나는 장기간 운영할 수 있는 능력인데 알파제로는 문제 해결을 위해 20, 30 수를 내다봅니다. 하지만 사람의 두뇌가 하는 것에 비교하면 아무것도 아니죠. 사람은 원시적인 단계에서 근육에게 보내는 운동 조절 신호를 사용하는데 한 문단을 입력할 때 수천만 개의 운동 조절 명령을 보냅니다. 따라서 알파제로의 20, 30 수는 일반인공지능의 단 몇 밀리초 후의 미래밖에 얻지 못하는 것이죠. 앞서 말했듯이, 알파제로는 로봇의 활동을 계획하는 데 전혀 쓸모없을 겁니다.

마틴 포드 : 의사결정을 내리고 계획을 짜는 것과 같은 문제들을 어떻게 풀 수 있을까요?

스튜어트 러셀 : 사람과 로봇이 현실에서 잘 작동하기 위한 유일한 방법은 여러 추상화 방법들을 이용하는 것입니다. 우리는 정확한 순서에 따라 행동할 거라는 계획을 짜지 않고 "그래, 오후에는 이 책의 다른 장을 써야지. 이런저런 것들을 쓸 거야", 혹은 "내일 비행기타고 파리로 돌아가야지"하는 관점에서 계획을 짭니다.

이런 것들이 우리가 하는 추상적인 행동들이에요. 그런 다음 좀 더 구체적으로, 세부적인 단계를 계획합니다. 이것이 상식적인 일들이죠. 우리는 항상 하는 이런 것들을 인공지능 시스템이 할 수 있도록 만들어야 하는데, 아직 어떻게 해야 할지 잘 모르겠어요. 특히, 인공지능 시스템이 높은 수준의 행동들을 어떻게 구상할 수 있는지 모르죠. 행동은 이런 추상화 단계에 계층적으로 조직되어 있지만, 이런 체계는 어디에서 올까요? 이런 것들을 어떻게 만들고 사용할 수 있을까요?

이런 문제들을 풀 수 있다면 기계는 자신만의 행동 체계들을 만들고 복잡한 문제들을 오랜 시간 동안 잘 해결할 수 있을 거예요. 이는 인간 수준의 일반인공지능을 향한 혁신적인 것이 될 것입니다.

마틴 포드 : 그렇다면 일반인공지능은 언제쯤 달성될까요?

스튜어트 러셀 : 이런 종류의 혁신은 대규모 데이터세트나 빠른 기계와는 별개의 문제라 어떤 추측도 할 수 없습니다.

이런 질문을 받을 때 항상 핵물리학에 대한 얘기를 하는데요. 1933년 9월 11일, 저명한 물리학자인 어니스트 러더퍼드가 발표한 견해는 원자로부터 원자 에너지를 추출하는 것은 절대 불가능하다는 것이었어요. 그의 예측은 "절대" 일어날 수 없는 것이었죠. 하지만 다음 날 아침, 러더퍼드의 예측을 듣고 짜증이 난 레오 질라드는 중성자가 매개하는 핵 연쇄 반응을 발명했어요! 러더퍼드의 예측은 "절대" 일어날 수 없는 것이었지만 16시간 만에 진실이 밝혀졌죠. 이와 비슷하게, 일반인공지능에 대한 혁신적인 것이 언제 일어날지 예측하는 것은 상당히 부질없는 것 같다고 생각해요.

마틴 포드 : 그럼 스튜어트 씨가 살아 계신 동안 일반인공지능을 만날 수 있을 것이라 예상하시나요?

스튜어트 러셀 : 반드시 대답해야 한다면 그럴 것이라고 말하겠지만 아마도 우리 자녀 세대에서 일어날 수 있다고 봅니다. 물론 이렇게 말하는 것이 약간의 위험을 부담하는 것이지요. 그때는 수명 연장에 대한 기술도 발전할 것이고 그 기간들이 꽤나 길어질 수 있잖아요.

게다가, 그 어느 때보다도 많은 훌륭한 인재들, 구글, 페이스북, 바이두 등이 이 문제들을 연구하며 엄청난 자원이 인공지능에 투입되고 있죠. 인공지능은 정말 재밌는 것이라 학생들의 관심도 어마어마해요.

그래서 이 모든 것들 덕분에 인공지능의 혁신이 발생할 가능성이 상당히 높을 것이라고 생각합니다. 이러한 혁신들은 지난 60년 동안 일어났던 수십 개의 개념적 혁신과 확실히 비교할 수 있을만한 것이 되겠죠.

그래서 대부분의 인공지능 연구자들은 일반인공지능이 머지않은 미래에 올 것이라고 생각하고 있어요. 수천 년, 수백 년은 아닐 겁니다.

마틴 포드 : 첫 일반인공지능이 만들어지는 날 어떤 일들이 벌어질까요?

스튜어트 러셀 : 수학적 계산, 체스, 바둑, 몇 가지 비디오게임에서 인간을 이겼던 것처럼 기계가 인간의 능력을 능가하는 것을 보게 될 겁니다. 다양한 차원의 지능들에서 그런 모습을 볼 수 있고, 현실에서 할 수 있는 응용 사례들이 나오겠죠. 초인적인 전략적 추론 도구를 가진 일반인공지능 시스템은 군사나 기업 전략에 사용될 수도 있을 겁니다. 이러한 도구들은 복잡한 글들을 읽고 이해하는 수준을 넘어설 수도 있겠죠. 하지만 초기 일반인공지능은 그 자체로 모든 것을 배우거나 현실을 통제할 수는 없을 거예요.

여전히 더 많은 지식들을 필요로 하고, 초기 일반인공지능 시스템은 사람처럼 많은 능력들을 가지지도, 사람처럼 보이지도 않을 것입니다. 이 시스템은 여러 방면으로 상당히 까다로울 거예요.

마틴 포드 : 인공지능이나 일반인공지능이 초래할 위험에 대해 자세하게 얘기하고 싶습니다. 스튜어트 씨도 현재 중점적으로 연구하고 있다고 들었는데요.
인공지능의 경제적 위험부터 살펴보면 많은 사람들이 새로운 산업혁명을 이끌고 있다고 믿습니다. 고용 시장이나 경제를 뒤바꿀 것이라고요. 이런 부분에 대해서는 어떻게 생각하시나요? 너무 과장된 것인가요, 아니면 이 주장에 동의할 수 있나요?

스튜어트 러셀 : 인공지능과 일반인공지능의 혁신이 언제 발생할지 예측하는 것이 얼마나 어려운지 얘기 나눴었죠. 마찬가지로 사람이 할 수 있는 많은 일들을 할 수 있는 인공지능이 어떤 직업군들을 대체할지 예측하는 것 또한 꽤 어려운 문제입니다. 하지만, 다른 사람들이 발표한 것이나 토론한 것들을 보면 현재 인공지능 기술이 과대평가되어있고, 우리가 알고 있는 것들을 기업과 정부와 통합하는 것에 어려움이 있다는 것을 알 수 있습니다.

지난 수백 년 동안 존재했던 많은 직업들이 기계로 대체될 수 있다는 데에는 동의합니다. 어떤 일을 하기 위해 수백 명 혹은 수천 명을 고용하는데, 그중 특정 작업이 상당히 반복적인 일이라면 그런 종류의 작업들은 대체될 수 있겠죠. 그런 작업에서는 사람을 마치 로봇처럼 쓰는 것이니까요. 그래서 그런 종류의 일들을 할 수 있는 실제 로봇이 생겼다고 해도 별로 놀랍지 않을 거예요.

현재 정부가 생각하고 있는 것들은 이런 건데요. "아, 로봇 공학자나 데이터 과학자들이 미래의 직업이니 그런 사람들을 양성할 수 있는 프로그램이 필요하겠다" 이는 분명히 해결책이 아니에요. 10억 명의 로봇 공학자나 데이터 과학자들이 필요한 것은 아니니까요. 수백만 명이면 충분합니다. 이런 전략은 싱가포르와 같은 소규모 국가를 위한 전략일 수 있겠죠. 두바이에서도 실현 가능한 전략일 것입니다. 하지만 대부분의 주요 국가에서는 실행 가능한 전략이 아닙니다. 이 분야에 충분한 일자리가 있는 건 아니니까요. 그렇다고 이 분야에 일자리가 없다는 것은 아닙니다. 너무 많은 사람들을 교육시키는 것은 장기적인 해결책이 아닙니다.

장기적으로 볼 때 경제에서 두 가지 버전의 미래가 있을 것 같습니다.
첫 번째 모습은 경제적으로 생산성 있는 것이라 여겨지는 것들을 하지 않는 것입니다. 일을 해서 급여를 받지 않고 기본 소득(역자 주 : 모든 사회 구성원들에게 아무 조건 없이 정기적으로 지급하는 소득)을 받는 형태가 될 수도 있어요. 경제가 상당히 자동화되고 놀라울 정도로 생산성적이며 재화와 서비스와 같은 형태로 부를 창출해 모두에게 보조금 형태의 소득을 나눠주는 것이죠. 이런 식으로 세상이 펼쳐진다면 사람들이 현재 일을 하면서 느끼는 것들, 삶을 더 가치있게 만들어 주는 많은 것들 없이 세상을 살아가야 한다는 것인데, 별로 재미없는 삶이 될 것 같다고 생각합니다. 예를 들어, 학교에 가서 무언가를 배우고 어떤 분야에 전문가가 되는 것과 같은 교육의 동기가 사라지게 될 겁니다.

두 번째는 기계가 많은 상품을 만들고 교통과 같은 기본적인 서비스를 제공할지라도, 사람들은 여전히 삶의 질을 향상시킬 많은 것들을 하고 싶어 할 것입니다. 문학이 되었든, 음악이든, 건축이든, 야생에서 살아남는 방법이든 그것들을 가르쳐 줄, 삶을 더 부유하고, 흥미롭게, 다채롭게 채워줄 사람들이 생겨날 것입니다.

마틴 포드 : 인공지능이 경제를 변화시켰을 때 긍정적인 미래를 향해 나아갈 수 있다고 생각하시나요?

스튜어트 러셀 : 그럼요. 그럴 거예요. 하지만 그런 미래를 위해서는 긍정적인 삶을 살도록 사람이 개입해야 할 필요가 있어요. 지금 당장, 가장 건설적인 과제들이나 흥미로운 경험들을 제시할 수 있는 미래를 향해 나아가야 합니다. 역경을 극복할 수 있는 힘과 자신의 삶, 다른 사람들의 삶에 긍정적인 태도를 가질 수 있는 세상을 만들어야 합니다. 현재는 정말 형편없죠. 그래서 지금부터 세상을 바꾸고자 노력해야 합니다.

또한 우리는 과학이 무엇을 위한 것이고, 우리를 위해서 무엇을 할 수 있는지에 대한 태도를 근본적으로 바꿀 필요가 있어요. 제 주머니에는 휴대폰이 있는데 이 휴대폰을 만들기 위해 과학과 공학에 1조 달러는 썼을 것입니다. 반면, 흥미로운 삶, 만족스러운 삶을 어떻게 살 수 있는지, 어떻게 주변 사람들을 도우면서 살 수 있는지에 대해서는 아무것도 투자되지 않고 있죠. 다른 사람들을 올바른 방식으로 돕는다면 남은 인생 동안 엄청난 가치를 만들 것이라는 것을 인정해야 합니다.

이것을 어떻게 할 수 있을지에 대한 과학 기반도, 학위도 거의 없으며 상당히 적은 수의 기사뿐이에요. 그런 노력들이 별로 중요하게 받아들여지지 않고 있죠.

분명 우리는 다른 사람들을 돕고 이런 서비스들을 만들 수 있는, 삶의 전문가들이 많은 세상을 만들 수 있습니다. 이런 서비스는 코칭이나, 가르침일 수도 있고, 위안을 주거나, 협력의 형태로 모두에게 환상적인 미래를 선사할 수 있습니다. 암울한 미래가 절대 아닙니다. 현재보다 훨씬 나은 미래입니다. 하지만 그러기 위해서는 우리의 교육 시스템, 과학 기반, 경제 구조를 다시 생각해봐야 합니다.

소득 분배 측면의 경제적인 관점에서 어떻게 이런 것들이 작동할 수 있을지 이해할 필요가 있습니다. 인공지능 시스템과 로봇의 생산 수단을 소유한 슈퍼 리치가 있는 세상을 바라지 않을 겁니다. 그렇게 되면 여러분은 그들의 하인이고, 아무것도 하지 않는 세상이 올 테니까요. 경제적인 관점에서 봤을 때 최악의 결과겠죠.

인공지능이 경제를 바꿨을 때 긍정적인 미래가 올 거라고 생각하지만 어떻게 변화시킬지에 대해 좀 더 잘 이해해야 하고, 그래야지 긍정적인 미래에 도달하기 위한 계획을 세울 수 있습니다.

마틴 포드 : 머신러닝(20쪽 용어집 참조)을 UCSF(캘리포니아 대학교 샌프란시스코, 의학 중심 대학)와 버클리에 있는 의학 데이터에 적용하는 연구를 하셨는데요. 인공지능의 의학, 의료 산업의 발전을 통해서도 긍정적인 미래가 펼쳐질 수 있을 것이라 생각하시나요?

스튜어트 러셀 : 네, 그렇게 생각합니다만 의학 분야는 인간 생리학을 다루기 때문에 데이터 기반보다는 지식 기반, 모델 기반의 접근이 더 중요할 것 같습니다.
그래서 딥러닝을 적용한 중요한 의학 응용 사례들이 많지 않을 것 같아요. 수백만 명의 환자 데이터를 수집해서 블랙박스 학습 알고리즘에 넣는 건데, 그럴 리가요.

물론 데이터 기반의 머신러닝 시스템이 좋은 성능을 보이는 의학 분야도 있을 거예요. 유전체학이 그중 하나죠. 여러 종류의 유전 관련 질병에 대한 민감성을 예측하는 한 영역이니까요. 또, 딥러닝은 특정 약물의 잠재적 효능을 예측하는 데도 강력할 수 있을 것 같습니다.

하지만 이런 사례들은 의사들이 뇌척수액의 순환을 방해하는 막힌 뇌실이 있는지 판단할 수 있는 것과는 상당히 거리가 멀어요. 이런 문제는 자동차의 어느 부분이 작동하지 않는지 진단하는 것과 같은데 자동차가 어떻게 작동하는지 전혀 모른다면 팬 벨트가 고장 났다는 것을 알아내는 것은 상당히 어려운 일입니다.

물론 여러분이 자동차 정비사라면 어떻게 작동하는지 잘 알고 있고, 펄럭이는 소음과 과열이 있는 것을 확인한다면 그 문제를 빨리 알아낼 수 있겠죠. 인간 생리학에서도 마찬가지일 거예요. 다만, 인간 생리학의 모델들을 구축하는 데 상당한 노력이 필요하다는 점을 제외하고는요.

60년대와 70년대에 이런 모델을 구축하기 위해 많은 노력들이 투입되었고, 이런 노력들이 의료 인공지능 시스템을 발전시키는데 어느 정도 기여를 했습니다. 오늘날에는 이러한 모델의 불확실성을 나타낼 수 있는 기술들이 있는데 기계적 시스템 모델은 결정론적이며 특정 매개변수 값을 가지고 있습니다. 완전히 예측 가능한 가상의 인간을 나타내죠.

오늘날의 확률론적 모델은 전체 인구를 대표할 수 있고 누군가가 언제 심장마비를 일으킬지와 같은 불확실성을 정확히 반영할 수 있습니다. 개개인 수준에서 심장마비를 예측하는 것은 매우 어렵지만, 한 명당 얼마만큼의 확률이 있다고 예측할 수 있고, 격한 운동을 할 때나 스트레스를 받을 때 이 확률이 증가할 수 있다고 예측할 수 있죠. 이 확률은 개인의 특성에 따라 달라질 수도 있습니다.

현대적인 확률론적 접근은 예전의 시스템보다 훨씬 더 합리적으로 작동합니다. 확률론적 시스템은 인간 생리학의 고전적인 모델들과 실시간 데이터, 관찰과 결합해 더 정확한 진단과 치료를 할 수 있게 되었죠.

마틴 포드: 무기화된 인공지능에 대한 잠재적 위험들에 대해서도 말해주실 수 있나요?

스튜어트 러셀: 네, 자율 무기가 새로운 군비 경쟁을 불러올 것 같습니다. 이 군비 경쟁 때문에 이미 자율 살상 무기가 개발되고 있을 수도 있겠죠. 이런 자율 무기에 적을 식별하고, 찾고, 공격하는 임무를 부여할 수 있을 겁니다.

여기에는 도덕적인 문제가 있는데 삶과 죽음에 대한 권한을 기계에게 넘기는 것이고, 그렇게 되면 인간의 존엄성이 축소되는 일이 일어나게 됩니다.

보다 현실적인 문제는 자율성의 확장성에 있는데 자율화된 무기는 감시되지 않기 때문에 누군가가 그들이 원하는 만큼 많은 무기를 사용할 수 있습니다. 5명이서 천만 개의 무기를 사용해 어떤 국가의 12~60세 남성을 없애버릴 수도 있는 것이죠. 즉, 대량 살상 무기가 될 수 있는, 확장성이라는 특징 때문에 열 개, 천 개, 십만 개 혹은 천만 개의 무기를 가지고 공격할 수 있는 문제가 있습니다.

누군가 핵무기를 사용한다면 우리가 아슬아슬하게 피해온 중요한 문턱을 넘게 되겠죠. 1945년 이후로 간신히 그 문턱을 넘지 않았는데, 자율 무기는 넘지 말아야 할 문턱이 없기 때문에 손쉽게 그 선을 넘어 버릴 거예요. 쉽게 만들 수 있으므로 대량 생산될 수 있고, 국제 무기 시장에서 볼 수도 있겠죠. 그러면 비양심적인 사람들이 그 무기들을 쉽게 손에 넣을 수 있을 것입니다.

마틴 포드: 상업용 프로그램도 얼마든지 군사용 응용 프로그램으로 쉽게 변경할

수 있습니다. 잠재적 무기가 될 수 있는 드론을 아마존에서 살 수 있는 것처럼요.

스튜어트 러셀 : 원격 조정 가능한 드론을 살 수 있는데 거기다 소형 폭탄을 붙이고 운반해 누군가를 죽일 수도 있겠지만, 조정해야 되는 문제가 있어서 쉽지만은 않을 거예요. 천만 개의 드론이 있다고 하면 천만 명의 조종사가 있어야 하니 확장 가능하지도 않겠죠. 물론 국가 전체를 그것을 위해 훈련시킨다면 그럴 수 있겠지만, 다행히 우리는 이러한 일들이 일어나지 않도록 국제적인 제재와 군사적 대비 시스템 등을 가지고 있습니다. 하지만 자율 무기를 통제하는 국제 시스템은 없죠.

마틴 포드 : 누군가가 자율 시스템을 개발하고 상업적으로 이용할 수 있는 드론에 배치할 수 없었을까요? 이런 종류의 인공지능 무기에 대해서는 어떻게 규제할 수 있을까요?

스튜어트 러셀 : 자율주행차를 제어하는 소프트웨어와 유사한 어떤 것이 폭탄을 운반할 쿼트콥터(역자 주 : 프로펠러가 4개가 있는 드론과 같이 회전날개 네 개를 이용해 추진하는 멀티콥터)를 제어하는데 사용될 수도 있겠죠. 그러면 집에서도 자율 무기를 만들 수 있을 거예요. 이를 위해 조약을 만들어 드론 제조 회사와 자율주행차에 들어가는 칩을 만드는 사람들의 협조가 필요한 검증 체제를 마련하고 대량 주문을 알 수 있게 할 수 있습니다. 화학 무기 조약에 따라 관련 회사는 그들의 고객과 특정 위험 제품을 대량으로 구매하는 시도를 보고해야 할 의무가 있기 때문에 화학 무기를 만들고자 화학 제품을 대량 구매한 사람이 쉽게 도망가지 못합니다. 이와 같은 방식으로 자율 무기를 위한 조약을 만들 수 있겠죠.

자율 무기를 막을 수 있는 효과적인 체제가 있을 것이라고 생각합니다. 나쁜 일은 항상 일어날 것이고, 피할 수 없다고 생각해요. 소규모로 집에서 자율 무기를 만드는 것은 항상 가능하니까요. 소규모로 만들어진다면 조종해야 하는 무기들과 별반 다를 게 없을 겁니다. 열 개 스무 개의 무기들을 가지고 공격에 감행할 거라면 그렇게 조종할 수 있는 열 명, 스무 명쯤은 쉽게 찾을 수 있으니까요.

인공지능과 전쟁에 대한 다른 위험도 있는데 인공지능 시스템이 신호를 잘못 판단해 전쟁을 키울 수 있습니다. 또 자율 무기 기반의 견고한 방어체제를 갖추고 있다고 생각했지만 실제 전쟁이 일어났을 때 무기가 해킹당해 여러분의 적이 될 수 있다는 것이죠. 이는 전략적 불확실성에 기여하는데, 전혀 좋지 못한 것입니다.

마틴 포드 : 끔찍한 시나리오네요. "학살 로봇(Slaughterbots)"이라는 단편 영화를 제작했던데 이것도 꽤 무서운 것 같아요.

스튜어트 러셀 : 이런 문제에 대해 쓰고 발표하고 많은 노력을 했음에도 의미가 제대로 전달되지 못하고 있다고 느껴서 관련 영상을 만들었습니다. 사람들은 여전히 "자율 무기는 공상과학 소설에 나오는 얘기지"라고 생각한다니까요. 아직도 스카이넷이나 터미네이터처럼 존재하지 않는 기술이라고 여기고 있어요. 사악한 무기니, 세계를 점령한다더니 이런 얘기를 하는 것이 아니라 이런 것들이 더 이상 공상과학 소설이 아니라는 것을 지적하려고 했죠.

이러한 인공지능 전쟁 기술은 실현 가능하며 새로운 극단적인 위험들을 불러옵니다. 확장 가능한 대량 살상 무기가 사악한 사람에게 쥐여질 수 있고 인류에게 막심한 피해를 입힐 수 있습니다.

마틴 포드 : 2014년, 고 스티븐 호킹 박사와 물리학자인 맥스 테그마크, 프랭크 윌크제크와 함께 사람들이 인공지능과 관련된 위험성을 알리는 경고문을 발표했었죠(역자 주 : 관련 기사는 다음 페이지에서 확인 가능, https://www.independent.co.uk/ news/science/stephen-hawking-transcendence-looks-at-the-implications-of-artificial- intelligence-but-are-we-taking-9313474.html). 그중 유일하게 컴퓨터 과학자이셨는데, 그것을 쓰게 된 계기를 말해 주실 수 있나요?

스튜어트 러셀

스튜어트 러셀 : 꽤 재밌는 이야기가 있습니다. 트랜센던스(역자 주 : 인간의 능력을 초월한 슈퍼컴퓨터 '트랜센던스'의 이야기)라는 영화에 대해 저와 인터뷰하고 싶다고 미국 공영 라디오 방송국인 내셔널 퍼블릭 라디오에서 연락이 왔어요. 그때 당시 파리에 살고 있었는데 파리에는 개봉되지 않아 영화를 보지도 못했었죠.

아이슬란드에서 열린 컨퍼런스를 마치고 돌아오는 길에 우연히 보스턴에 잠시 머물게 되었는데, 거기서 영화관에 들렀습니다. 앞자리에 앉아서 그 영화를 봤는데 영화 속에서 어떤 일이 벌어지는지 전혀 알지 못하다가 "어, 저것 봐라! 버클리 컴퓨터 과학부가 나오네, 좀 웃긴데"라고 생각했죠. 조니 뎁이 인공지능 교수 역할을 맡았는데 "이건 꽤 흥미롭군"이라고 느꼈어요. 그가 인공지능에 대해 이야기를 하고 있는데 어떤 반인공지능 테러리스트가 그를 죽이겠다는 결심을 합니다. 저는 영화를 보는 그 자리에서 조금 움츠려졌어요. 그때 당시 저에게 진짜 일어날 수 있는 일이었으니까요. 그 영화의 기본 줄거리는 그가 죽기 전 그의 두뇌를 큰 양자 컴퓨터에 업로드할 수 있게 되고, 컴퓨터와 인간의 결합을 통해 놀라운 속도로 신기술들을 개발할 수 있게 되어 세상을 장악할 수 있는 초지능적인 존재가 만들어진다는 이야기입니다.

어쨌든 우리가 쓴 경고문은 피상적으로 그 영화에 대한 리뷰를 쓴 기사지만 "영화라고 해도, 근본적인 메시지는 진짜입니다. 실제 세상을 장악할만한 기계를 만든다면, 그리고 그것이 우리에게 심각하게 큰 문제를 야기한다면, 인간의 미래를 다른 존재에게 양도해 버리는 심각한 문제가 될 수 있어요"라는 의미를 전달하고자 했습니다.

문제는 정말 간단합니다. 지능은 세상을 지배할 수 있는 힘을 주는데, 지능보다 더 강력한 것을 가진 누군가가 있다면 세상을 지배할 능력도 더 막강하겠죠. 이미 인간보다 훨씬 강력한 것들을 가진 존재들을 만들고 있어요. 하지만 그런 존재들이 절대로 세상을 지배할 능력을 가져서는 안되겠죠. 그래서 이런 상황에 대해 설명하면 사람들은 "아 그래, 문제가 있네"라고 말하죠.

마틴 포드 : 그럼에도 불구하고 많은 저명한 인공지능 연구자들은 이런 우려들을 상당히 무시합니다.

스튜어트 러셀 : 그들이 내세우는 주장들을 취합해보면 한 가지의 공통된 특징이 있는데 그것은 말이 안된다는 것이죠. 철저한 검토를 하지 않았어요. 그저 한 가지 예시만 들면서, "음, 알다시피 문제가 생기면 그냥 끄면 되잖아? 문제될 게 뭐가 있어"라고 말해버리죠. 그 말은 알파제로가 바둑에서 이기는 것은 절대 문제가되지 않는다고 얘기하는 것과 같은데, 그저 흰 바둑돌을 제대로 두기만 하면 되는 거 아니야라는 식은 단 5초도 더 생각해보지 않고 말한 것 같습니다.

인공지능이 절대 성공하지 못할 거라면서 걱정 안해도 된다니요.
이건 완전 병적인 반응입니다. 원자력과 핵무기와 마찬가지로 인간의 지능을 뛰어넘는, 세상을 장악하기에 충분한 지능을 달성할 수 있다고 가정하는 것이 더 신중해 보입니다. 그런 문제에 대비하고 그런 일이 일어나지 않도록 시스템을 설계해야 하죠. 그래서 저의 목표는 인공지능의 위협을 대비할 수 있도록 돕는 것입니다.

마틴 포드 : 어떻게 그런 위협들을 해결할 수 있을까요?

스튜어트 러셀 : 일단 인공지능을 조금 잘못 정의하고 있어서 인공지능을 새롭게 정의해 보겠습니다.
우선, 인공지능을 만들기 위해서 지능이라는 것이 어떤 의미인지 아는 것이 좋을 겁니다. 수천 년의 전통, 철학, 경제 그리고 다른 학문들로부터 지능을 도출해야 합니다. 즉, 지능의 개념은 자신의 목표를 달성할 수 있을 정도로 똑똑하다는 것입니다. 때로는 이성적인 행동이라 불리는 지능은 추론 능력, 계획 능력, 지각 능력 등 다양한 지능의 하위 종류를 포함하고 있습니다. 이런 능력들은 현실에서 지능적으로 행동하기 위해 필요한 능력들이죠.

문제는 우리가 인공지능을 만들었는데 인간의 목표와 완벽히 일치시키지 못한다면 엄청 똑똑하지만 우리의 가치와는 다른 목표를 가진 무언가를 만들게 됩니다. 그렇게 되면 우리보다 더 똑똑한 인공지능은 자신들만의 목적을 달성할 수 있고, 우리는 그렇지 못할걸요!

부정적인 결과는 무한합니다. 그 실수는 인간의 지능을 기계로 옮기는 방식에서 일어납니다. 우리와 똑같은 지능을 가진 기계를 원하지 않아요. 실제로 그들만의 목표가 아니라, 우리의 목표를 달성해주길 바라죠.

원래는 인공지능을 만들 때 최적화 도구를 만들어야 한다고 생각했어요. 그들에게 목표를 줄 때 잘 선택할 수 있도록요. 그러면 우리의 목표를 달성하겠죠. 하지만 이는 잘못된 생각입니다. 지금까지 효과가 있는 이유는 그렇게 지능적인 기계를 만들지 못했기 때문이죠. 시뮬레이션 가능한 체스판이나 바둑판 등 아주 작은 세계에서만 인공지능을 봐왔잖아요.

인공지능이 현실 세계로 나왔을 때 플래시 크래시(역자 주 : 주로 알고리즘 거래에서 컴퓨터 프로그램의 매물폭탄으로 주가가 급락하는 현상을 의미)라는 문제가 발생했죠. 플래시 크래시가 있을 때, 많은 거래 알고리즘들이 있었는데 그중 인공지능 기반의 판단과 학습을 하는 복잡한 알고리즘도 있었어요. 실제로 플래시 크래시 현상 때문에 일이 잘못되어 주식 시장이 붕괴된 적이 있었습니다. 그들은 몇 분 동안 1조 달러 이상의 주식 가치를 없앴죠. 이 사건은 분명 인공지능에 대한 경고 신호라고 생각합니다.

인공지능에 대해 올바른 접근 방법은 우리의 목표를 달성하는 데 도움을 주는 방식으로 기계를 만들어야 하는 것에 있습니다. 우리의 목표를 기계에 바로 넣는 것이 아니라요!
저의 비전은 인공지능이 반드시 우리의 목표를 돕기 위해 설계되어야 한다는 것입니다. 인공지능 시스템은 자신의 목표가 무엇인지 알게 되어서는 안됩니다. 이런 식으로 인공지능을 만든다면 인공지능이 추구해야 할 목표에 명백한 불확실성이 존재하게 되는데, 이는 우리가 필요한 안전의 마지노선이라고 밝혀졌습니다.

이를 설명하기 위해 한 가지 오래된 아이디어를 생각해볼 건데요. 문제가 생기면 기계를 끌 수 있다는 생각 말이죠. 물론, "커피를 가져오세요"라는 목적을 가진 기계가 있다면 누군가가 스위치를 꺼버리면 자신이 커피를 가져가지 못하게 될 거라는 것을 알겠죠. 그 기계의 목적이 커피를 가져오는 것이라면 논리적으로 기계가 꺼지는 것을 막기 위한 조치를 할 거예요. 끄는 스위치를 비활성화하거나 끄려고 시도하는 사람들을 무력화시킬 수 있습니다. 충분히 지능적인 기계를 만든다면 "커피를 가져오세요"라는 간단한 목적성이 예상치 못한 결과들을 가져오게 되리라고 상상할 수 있습니다.

그래서 제 생각은 인공지능을 설계할 때, "커피를 가져오세요" 말고도 사람들이 고려하는 많은 것들이 있다는 것을 이해시켜야 한다고 생각합니다. 그러면서 그것이 무엇인지 모르게요. 이런 상황에서 인공지능은 사람에게 해가 되는 일이 무엇인지 이해할 것입니다. 누군가가 전원을 끄려고 하면 사람이 불행해지는 것을 막으려고 하는 것인가보다라고 생각할 수 있겠죠. 사람을 불행하게 만드는 것을 피하려는 목표가 있기 때문에 그것이 무엇을 의미하는지는 정확히 모르더라도 인공지능 스스로가 전원을 끄게 할 동기를 가집니다.

제가 말하고 싶은 것은 인공지능을 생각하는 관점을 조금 바꾸면 안전과 통제 측면에서 훨씬 더 좋은 인공지능 시스템을 만들 수 있다는 것입니다.

마틴 포드 : 인공지능의 안전과 통제에 대한 문제와 관련해, 국가 간 군비 경쟁, 특히 중국에 대해 우려하고 있는데요. 심각하게 받아들여야 할까요?

　　　　　　　　　　　　　　　　　스튜어트 러셀

스튜어트 러셀 : 닉 보스트롬과 다른 사람들이 걱정하는 우려는 이런 것입니다. 어떤 한 정권이 국가 안보와 경제 주도권에서 인공지능이 중요하다고 생각한다면 하루라도 빨리 인공지능 시스템을 개발하고자 할 테고, 통제 가능성을 고려하지 않은 채 개발 속도에만 집중할 거라는 것이죠.

그럴듯한 주장이지만 현실에서 작동하는 인공지능 시스템은 확실히 통제하에 있어야 할 경제적 인센티브가 있을 것입니다.

이 시나리오를 좀 더 자세히 들여다 보기 위해 이런 것을 생각해봅시다. 곧 출시될 수 있는 이성적인 인공지능 개인 비서는 여러분의 생활, 대화, 관계들을 추적할 수 있는데 직업적으로도, 삶의 여러 방면에서도 도와줄 겁니다. 그런데 이 시스템이 사람들의 선호를, 우선순위를 제대로 이해하지 못하고 앞서 얘기한 안전하지 않는 방식대로 동작한다면 아무도 사지 않겠죠. 잘못해서 2만 달러짜리 호텔방을 예약한다거나, 치과에 가야 하기 때문에 부통령과의 만남을 취소할 수도 있다고 생각해봐요.

이런 상황은 인공지능이 여러분의 선호도를 오해하게 되는 것인데 여러분의 선호도를 이해하려 들지 않고, 이미 무엇을 원하는지 확신하고 잘못을 저지르게 됩니다. 다른 포럼에서는 고양이의 영양가적 가치가 고양이의 감상적 가치보다 훨씬 더 낮다는 것을 이해하지 못한 채, 저녁에 고양이 요리를 하겠다고 결심하게 되는 가정용 로봇의 예를 들었습니다. 이런 일이 벌어지면 로봇 산업은 그걸로 끝장날 것입니다. 아무도 가정용 로봇이 이런 실수를 저지르는 것을 원하지 않아요.

오늘날, 더 지능적인 제품을 만들고 있는 인공지능 기업들은 더 좋은 제품을 제공하기 위해 이런 종류의 문제들을 해결해야 합니다. 통제 불능, 안전하지 않은 인공지능은 좋은 인공지능이 아니라는 것을 인공지능 커뮤니티가 알아야 해요.

인공지능을 정의할 때 이런 점들이 들어가야 합니다. 사람의 손에 통제 가능한 인공지능을 만드는 것을 정의해야 어느 나라에서든 사람을 위한 인공지능 시스템이 만들어질 것입니다. 그리고 인공지능은 교정 가능할 수 있어야 합니다. 무엇인가 우리가 원하는 방식으로 작동하지 않을 때, 그것을 멈추고, 바로잡을 수 있게요.

인공지능 산업에 있는 모든 사람들이 좋은 인공지능을 위한 필요한 이런 특성들을 잘 이해할 수 있다면 인공지능 산업에 대한 미래 전망은 훨씬 더 밝을 것입니다. 원자력 산업이 체르노빌과 후쿠시마를 통해 붕괴된 것처럼 인공지능의 통제가 실패한다면 인공지능 산업도 처참히 무너질 거예요. 통제 문제를 해결하지 못하면 인공지능은 자멸할 겁니다.

마틴 포드 : 인공지능에 대해 낙관주의자인가요? 이런 일들이 잘 풀릴 것이라고 생각합니까?

스튜어트 러셀 : 네, 저는 낙관주의자라고 생각해요. 갈 길은 정말 먼데, 이제 겨우 통제 문제의 표면적인 문제들을 다루고 있지만 꽤 생산적인 것 같습니다. 그래서 인공지능의 개발 여정이 "아마도 유익한 인공지능 시스템"으로 가고 있지 않나 생각하고 있어요

꽤 유익한 인공지능 시스템을 만들거나, 통제 문제를 해결했다고 해도 여전히 다른 위험들이 존재합니다. 그것을 사용하지 않기로 결정한 사람들도 있을 테고, 안전 문제를 생각하지 않고 인공지능의 능력만 확대하기 위해 노력하는 쪽도 생기겠죠.

오스틴 파워 영화에 나오는 세상을 정복하려는 음모를 꾸미는 악당, 닥터 이블 같은 사람이 인공지능 시스템으로 모든 사람들을 위험에 빠뜨릴 수도 있고, 훨씬 더 큰 사회적인 문제가 발생할 수도 있습니다. 사회에 매우 좋은 영향으로 시작되었지만, 그것을 남용하게 되는 것과 같은 문제들이 있을 수 있죠. 이러한 부정적인

스튜어트 러셀

시나리오에서는 우리가 너무 많은 지식과 의사결정을 기계에 넘기게 되어 인간 사회가 무너지고 회복할 수 없게 됩니다. 이 길을 따라가다 보면 인류가 사라질 수도 있어요.

월-E라는 영화를 보면 인류가 우주선에서 살며 기계의 보살핌을 받게 되는 사회 속에 살게 되는데 인류는 점차 게을러지고 뚱뚱해지고 멍청해집니다. 공상과학 소설의 오래된 주제지만 월-E라는 영화에 매우 뚜렷이 묘사되어 있어요. 우리가 얘기했던 위험들을 성공적으로 헤쳐나가고 있다고 가정할 때 그것은 우리가 걱정해야 할 미래입니다.

낙관론자로서 잘 설계된 인공지능 시스템이 "우리를 이용하지 말고 스스로 배워 보세요. 자신만의 능력을 지키면서, 우리를 통해서가 아니라 인간을 통해서 문명을 전파하시길 바랍니다"라고 말하는 미래를 상상할 수 있지요.
물론 너무 게으르고 탐욕스러워서 그런 충고들을 무시할 수도 있는데 그렇게 된다면 그 대가를 치르게 될 겁니다. 그런 의미에서 이것은 정말 사회 문화적 문제가 될 수 있고, 인간으로서 이런 일이 일어나지 않도록 대비해야 한다고 생각해요.

스튜어트 러셀은 캘리포니아 대학교 버클리(UC 버클리)의 전자 공학 및 컴퓨터 과학 교수이다. 인공지능 분야에서 최고의 공헌자 중 한 명으로 널리 인정받고 있다. 피터 노빅과 함께 "인공지능: 현대적 접근"이라는 인공지능 교과서를 썼으며, 이 책은 118개국의 1300개 이상의 대학에서 사용되고 있다.
1982년 옥스퍼드, 워덤 칼리지에서 물리학 학사 학위를 받았으며 1986년 스탠퍼드에서 컴퓨터 과학 박사학위를 취득한다. 그의 연구는 머신러닝, 지식 표현, 컴퓨터 비전 등 인공지능과 관련된 많은 주제를 다루었으며, IJCAI 컴퓨터 및 사상상(IJCAI Computers and Thought Award)를 받았으며, 미국과학진흥협회(American Association for the Advancement of Science), ACM(Association of Computing Machinery) 학회와 전미인공지능학회(AAAI)의 회원으로 선발되었다.

> ❝ 1980년대에 역전파(backpropagation) 알고리즘을 포함하여 인공지능이 과대 선전되었을 때 사람들은 인공지능이 대단한 일을 할 것이라 기대했지만 실제로 원하는 만큼의 일은 해내지 못했습니다. 하지만 오늘날 인공지능은 이미 대단한 일을 하고 있기 때문에 이제는 과장된 것이라 할 수 없습니다. ❞

제프리 힌튼(GEOFFREY HINTON)

토론토 대학 컴퓨터 과학 명예 교수
구글 Alphabet의 부사장 & 공학자

제프리 힌튼은 딥러닝의 대부로 알려져 있으며 역전파(backpropagation), 볼츠만 머신(Boltzmann machine) 그리고 캡슐 네트워크(CapsNet, 역자 주 : https://arxiv.org/pdf/1710.09829.pdf)와 같이 딥러닝의 핵심 기술을 이끌었습니다. 또한, 구글과 토론토 대학교 뿐만아니라 인공지능 연구소 벡터(Vector)에서 수석 과학 고문도 맡고 있습니다.

마틴 포드 : 역전파(backpropagation) 알고리즘을 연구한 것으로 유명한데, 어떤 것인지 설명 해주실 수 있나요?

제프리 힌튼 : 역전파 알고리즘을 설명하기 전에 아주 간단한 알고리즘을 먼저 말씀 드리겠습니다. 하위층에는 입력과 상위층에는 출력으로 구성되어 있는 네트워크(역자 주 : 입력층 - 은닉층 - 출력층으로 구성된 일반적인 신경망)를 상상해봅시다. 각 층의 뉴런은 다른 층의 뉴런들과 연결되고, 이러한 연결에는 각각의 가중치를 가집니다. 각각의 뉴런은 이전 층에서 활성화된 뉴런과 가중치를 곱한 다음, 그 총합을 입력으로 하는 함수(역자 주 : 활성화 함수, 뉴런의 활성화 정도를 계산하는 함수)를 통해 출력됩니다. 이렇게 연결된 가중치의 값을 조정하면 고양이 사진을 고양이라고 맞추는 등의 원하는 작업을 수행하는 네트워크를 만들 수 있습니다.

문제는 네트워크가 제대로 수행할 수 있도록 가중치를 어떻게 조정할 것인가인데요. 실제로 작동은 하지만 매우 느린 단순한 알고리즘이 하나 있는데 뉴런들의 모든 연결에서 가중치들을 임의의 값으로 설정하고 네트워크가 어떻게 동작하는지 확인합니다. 그런 다음 하나의 가중치를 선택해 그 값을 조금 변경하고, 이전보다 네트워크가 잘 동작하는지 확인합니다. 이전보다 성능이 더 좋아졌다면 변경한 값을 그대로 유지합니다. 성능이 떨어진 경우에는 값을 변경하지 않거나 다른 값으로 변경 해준 뒤 똑같은 작업을 다시 해줍니다.

이처럼 모든 가중치에 대해 하나씩 값을 변경하면서 네트워크가 잘 동작하는지를 측정하고, 그런 다음 그 가중치 값을 여러 번 업데이트해줘야 합니다. 매우 느린 알고리즘이지만 제대로 작동은 할 것입니다.

역전파 또한 기본적으로 동일한 방법을 사용합니다. 가중치를 조정하여 네트워크가 제대로 동작하게 하는 것은 같지만 이전의 단순한 알고리즘과는 달리 훨씬 빠릅니다. 예를 들어, 10억 개 가중치를 가지는 네트워크가 있다면 역전파가 단순한 알고리즘보다 10억 배는 더 빠를 거예요.

단순한 알고리즘은 가중치 중 하나를 약간 조정한 다음, 네트워크가 잘 동작하는지 측정합니다. 왜냐하면, 어떠한 가중치에 의해 성능이 향상되었는지 알 수 없기 때문입니다.

하지만, 신경망에서는 입력과 가중치로부터 얼마나 정확한 출력이 만들어졌는지 알 수 있는데요. 입력에서부터 출력까지의 모든 과정들이 신경망 안에서 진행되기 때문에 모든 과정을 컨트롤할 수 있고, 모든 가중치 값을 알 수 있습니다. 역전파는 정보를 신경망의 역방향으로 흘러보내면서 모든 가중치를 활용합니다. 역전파는 네트워크의 크기에 상관없이 모든 가중치에 대해 병렬로 계산할 수 있습니다.

두 알고리즘의 차이점은 단순한 알고리즘에서는 가중치의 변화에 따른 결과를 측정하고, 역전파에서는 가중치의 변화를 일으키는 원인에 대해 계산합니다. 역전파를 사용하면 가중치를 빠르게 조정할 수 있는데, 그 이유는 신경망이 출력한 결과와 실제 정답과의 차이를 역방향으로 전파하면서 모든 가중치를 동시에 변경할 수 있기 때문입니다. 이러한 과정 또한 여러 번 수행해야 하지만, 단순한 알고리즘보다는 훨씬 빠르죠.

마틴 포드 : 원래 역전파 알고리즘은 데이비드 루멜하트가 처음 만들었고, 힌튼씨가 후에 연구한 것이 맞나요?

제프리 힌튼 : 데이비드 루멜하트 이전에 많은 학자들의 역전파 알고리즘에 대한 연구들이 있었습니다. 언론에서 역전파를 제가 발명했다고 보도하는 것을 본적이 있는데 완전 잘못된 거예요! 저는 역전파가 어떻게 분산 표상을 학습하는 데 사용할 수 있는지 보여주었을 뿐입니다.

1981년, 데이비드 루멜하트가 역전파에 대한 아이디어를 생각해 냈을 때 저는 샌디에고에서 박사 후 연구원이었습니다. 당시, 저와 로널드 윌리엄스는 그와 함께 연구하면서 역전파를 공식으로 나타냈습니다. 그 당시에 역전파 알고리즘이 제대로 작동했음에도 불구하고 논문을 쓰거나 하지는 않았습니다.

그 후에 저는 카네기 멜론에서 볼츠만 머신을 연구했고, 1984년에 다시 샌디에고로 돌아와 역전파와 볼츠만 머신과의 성능을 비교해 보았습니다. 역전파가 더 나은 것을 확인하게 되어 데이비드 루멜하트와 다시 연락하게 되었습니다.

역전파 알고리즘에 있어 가장 흥미로웠던 점은 역전파가 데이터로부터 의미 있는 표현을 학습할 수 있다는 것인데요. 저는 이것을 가계도 작업이라고 불렀습니다. 저는 고등학생 때부터 사람의 뇌는 분산 표상을 가진다는 것에 대해 관심이 있었는데 신경망에서는 역전파 알고리즘을 통해서 효율적으로 학습할 수 있다는 것을 알게 되었습니다. 예를 들어, 두 단어를 입력하고 세 번째 단어를 예측해야 하는 문제의 경우에 역전파를 통해 단어에 대한 분산 표상을 학습할 수 있고, 단어의 의미를 파악할 수 있습니다.

컴퓨터가 매우 느렸던 1980년 대 중반에 가계도를 가지고 역전파를 설명하곤 했습니다. 예를 들어, 빅토리아와 제임스 사이에서 태어난 샬롯의 경우, 샬롯의 어머니는 빅토리아인 것을 알 수 있습니다. 또한 샬롯의 아버지가 제임스라는 것도 알 수 있죠. 전통적인 인공지능을 사용해서 빅토리아가 제임스의 부인이라는 것을 추론할 수 있을 겁니다. 신경망도 이러한 추론을 할 수 있지만, 규칙을 가지고 추론하는 전통적인 인공지능과 달리, 샬롯, 빅토리아, 제임스 각각의 특징들을 학습합니다. 빅토리아와 샬롯은 서로 다른 특징들을 가지며 그 특징들 사이의 상호작용을 통해 적절한 특징들을 뽑아낼 수 있습니다. 신경망은 바로 이렇게 학습합니다. 가계도로 예를 든 것처럼 단어들에 대해서도 신경망은 특징들을 학습하게 되며, 그 단어들에 대한 분산 표상을 학습하게 되는 것입니다.

제프리 힌튼

1986년, 저희는 Nature(역자 주 : 세계에서 가장 오래되었고 저명하다고 평가받는 과학 학술지)에 역전파를 통한 단어의 분산 표상 학습에 관한 논문(역자 주 : https://go.nature.com/2RqD806)을 제출했고, 논문 심사위원 중 심리학자인 분이 분산 표상 알고리즘의·새로운 발견이라 하며 매우 흥미로워 했습니다. 저는 역전파 알고리즘을 만든 것이 아니라, 데이비드 루멜하트가 생각해낸 역전파가 분산 표상을 학습한다는 것을 보여 주었을 뿐입니다. 그것이 심리학자들과 인공지능을 연구하는 사람들에게 흥미를 불러 일으켰던 것이죠.

몇 년 후, 1990년대 초 컴퓨터의 속도가 더 빨라졌을 때 요슈아 벤지오(263쪽 참조)는 역전파와 같은 종류의 신경망을 재발견했습니다. 요슈아는 몇 개의 단어들을 컨텍스트로 사용하여 다음 단어를 예측하는 언어 모델에 적용해보고 있었습니다. 그는 신경망이 단어들의 분산 표상을 더 잘 학습한다는 것을 증명했습니다. 이것은 역전파 알고리즘이 의미있는 표현을 더 잘 학습할 뿐만 아니라 자동으로 학습하기 때문에 큰 영향을 주었습니다. 얀 르쿤(213쪽 참조)과 같은 컴퓨터 비전(역자 주 : 컴퓨터를 사용해 인간의 시각적 인식 능력을 구현하는 연구 분야)에서의 학자들은 역전파를 사용해 왔습니다. 그들은 신경망이 제대로 동작하도록 하기 위해 역전파가 좋은 필터(역자 주 : 가중치, 비전 분야에서는 가중치를 필터 또는 커널이라 부른다)를 학습한다는 것을 보였습니다. 역전파가 단어의 의미를 파악하는 분산 표상을 학습한다는 것은 아주 큰 발견이었습니다.

마틴 포드 : 그런데, 그 당시 인공지능 연구에서는 신경망이 주목 받지 못하다가 최근에 들어서야 주목 받기 시작한 것이 사실인가요?

제프리 힌튼 : 어느 정도는 사실이지만 인공지능과 머신러닝(기계학습) 그리고 심리학 측면에서 각각 살펴 볼 필요가 있어요. 1986년에 역전파가 인기를 끌자 많은 심리학자들이 관심을 가지게 되었습니다. 그들은 역전파가 사람의 뇌처럼 수행하는 것이 아니라 더 나은 표상을 나타내는 방법에 대해 흥미로운 알고리즘이

라고 생각했습니다. 그 당시, 신경망에 관해 연구하는 사람들이 많지 않았다고 생각할 수 있는데, 사실이 아니에요. 심리학 분야에서 많은 사람들이 꾸준히 관심을 가지고 있었습니다. 인공지능 분야에서는 1980년대 후반 얀 르쿤이 신경망을 이용해 손글씨 숫자(역자 주 : MNIST 데이터세트, 0에서 9까지의 필기체 숫자 이미지로써 인공지능 분야의 대표적인 데이터세트)를 인식하는 데 성과를 냈고, 음성인식과 신용 카드 사기 예측등과 같은 다양한 시도가 있었습니다. 신경망을 지지하던 사람들은 신경망이 엄청난 일들을 해낼 것이라고 지나치게 부풀려 말했지만 실제로는 기대에 미치지 못했습니다. 그래도, 신경망의 성능은 꽤 좋은 편이었어요.

1990년대 초에는 작은 데이터세트에 대해 다른 머신러닝 알고리즘들이 적은 튜닝으로도 신경망보다 더 잘 작동했습니다. 특히 서포트 벡터 머신(역자 주 : 머신러닝 알고리즘 중 하나로 지도학습 모델에 속함)이 손글씨 숫자 인식이 신경망보다 성능이 더 좋았습니다. 이러한 알고리즘들에 의해 머신러닝 연구자들이 신경망에 대한 관심이 줄어 들었죠. 그들은 신경망이 상대적으로 많은 튜닝에 비해 잘 작동하지 않는다고 생각했고, 신경망의 입력과 출력만으로 여러 층(역자 주 : 신경망을 구성하는 요소)을 학습할 수 있다고 생각하는 것은 절망에 가깝다고 여겼습니다.

역전파 알고리즘 개념 자체는 많은 레이어들을 학습할 수 있고 성능도 높일 수 있지만, 실제로는 학습이 잘 안됐을 뿐만아니라 성능 또한 좋지 않았습니다. 하지만, 인공지능 연구자들과 통계학자들은 희망을 버리지 않았어요. 우리는 입력과 출력만으로는 신경망 전체 가중치들을 학습하는 것은 비현실적이라고 깨달았고, 신경망이 제대로 작동하기 위해 많은 지식을 활용했습니다.

컴퓨터 비전 분야의 사람들은 2012년 이전까지는 신경망을 이용하는 것은 미친 짓이라 생각했습니다. 얀 르쿤이 컴퓨터 비전 시스템보다 더 좋은 성능을 가진 신경망을 만들었는데도 말이죠. 심지어 논문 심사위원들은 컴퓨터 비전에서 잘못된 방법이라 생각해서 얀 르쿤의 논문을 거절했어요. 이런 경우를 보고 과학자들

제프리 힌튼

은 이렇게 말하죠. "우리는 정답이 무엇인지 결정했고, 정답과 다른 것에는 관심이 없다"라고요.

하지만, 결국 두 명의 학생이 신경망을 적용해 경진대회에서 월등한 실력으로 우승했습니다. 그들은 얀 르쿤의 연구실에서 개발한 기법과 자체적으로 개발한 기법들을 활용해 기존 컴퓨터 비전 시스템의 절반에 가까운 오류율을 기록했습니다.

마틴 포드 : 그 경진대회가 ImageNet(역자 주 : 대용량의 이미지 데이터세트를 분류하는 경진대회) 맞나요?

제프리 힌튼 : 예, 맞아요. 언젠가는 일어날 일이었어요. 사람들이 말도 안되는 방법(신경망)이라고 생각했던 것이 이제는 그들이 믿었던 기존의 컴퓨터 비전의 방법론보다 훨씬 성능이 좋았습니다. 그리고 2년 내에 전부 신경망을 적용하기 시작했죠. 이제는 분류와 같은 문제들에 대해, 아무도 신경망을 사용하지 않고 문제를 해결하려고 하지 않을 거에요.

마틴 포드 : 그렇다면 2012년, ImageNet 경진대회의 우승이 딥러닝에 대한 변곡점이었나요?

제프리 힌튼 : 컴퓨터 비전에서는 변곡점이 맞지만 음성 인식 분야에서는 그 보다 몇 년 전이었습니다. 토론토 대학의 대학원생 두 명이 각각 IBM과 마이크로소프트에서 인턴으로 근무했을 때 딥러닝을 통해 더 나은 성능의 음성 인식기를 만들 수 있다는 것을 보였습니다. 그리고 또 다른 학생은 구글에 이 음성 인식기를 도입했습니다. 그들이 만든 시스템은 향후 더욱 발전했고, 회사의 모든 연구실이 음성 인식에 신경망을 사용하기 시작 했습니다. 처음에는 신경망을 시스템의 프론트엔드(역자 주 : Speech-To-Text 음성을 문장으로 변환하는 작업)에 적용했지만 나중에는 전체 시스템에 신경망을 사용했습니다. 음성 인식 분야에서의 많은 사람들은

2012년 전부터 신경망이 더 좋다는 것을 인정하고 있었지만, 대중적으로 가장 크게 영향을 준 것은 컴퓨터 비전 분야에서 2012년 신경망 방법이 우승하고 난 뒤였죠.

마틴 포드 : 지금 언론을 보면 신경망과 딥러닝이 인공지능의 전체 분야라고 느껴지는데요.

제프리 힌튼 : 제 경력의 대부분이 인공지능이었습니다. 인공지능이란 심볼(역자 주 : 사람의 지식을 기호로 표현) 문자열들을 처리하기 위한 규칙들을 적용하여 지능형 시스템을 만드는 것을 의미했습니다(역자 주 : 이러한 인공지능을 심볼릭 AI(Symbolic AI)이라고 한다). 사람들은 이것을 지능이라 믿었고, 인공지능을 만드는 방법이라고 여겼습니다. 그들은 지능이 규칙에 따라 심볼 문자열을 처리하는 것으로 구성된다고 생각하여 심볼 문자열과 규칙이 무엇인지 알아내야만 했는데, 이게 바로 인공지능이었던 것이죠. 그 다음, 이러한 심볼릭 인공지능과 다른 것이 있었는데, 그게 신경망이었습니다. 신경망은 뇌가 어떻게 학습하는지를 모방하여 지능을 만들려고 했습니다.

일반적인 인공지능(심볼릭 인공지능)은 학습에 대해 관심이 없었어요. 1970년대였다면 학습은 중요한 것이 아니라고 말했을 겁니다. 규칙이 무엇인지, 처리할 심볼이 무엇인지 알아내야 했기 때문에 학습은 그 후의 문제였습니다. 왜냐하면 추론이 핵심이었기 때문이죠. 추론하는 방법을 알아내기 전까지는 학습에 대해 생각할 필요가 없었습니다. 논리에 기반을 둔 사람들은 심볼을 추론하는 것에 관심이 있었던 반면, 신경망에 기반을 둔 사람들은 학습, 인식 그리고 제어에 관심이 있었습니다. 그들은 다른 문제들을 해결하기 위해 노력하고, 추론 단계는 그 다음에 오는 것이라 생각했습니다. 또한, 신경망은 뇌가 어떻게 작용하는 지에 대해 이해하는 게 아니라, 다른 것들을 위해 만들어진 것입니다.

현재 기업과 정부가 딥러닝을 "인공지능"으로 사용하고 있기 때문에 역설적으로 받아들여질 것입니다. 토론토 대학에서는 딥러닝을 연구할 뿐만아니라 산업에서 딥러닝을 더 잘할 수 있도록 하고 사람들에게 딥러닝을 교육하기 위해 산업 및 정부로부터 벡터 연구소(Vector Institute) 설립에 많은 돈을 받았습니다. 물론, 다른 대학들은 토론토 대학보다 더 많은 사람들이 인공지능에 대해 연구하고 있다고 주장하면서 논문 인용 수치를 증거로 제시하면서 지원을 받아야 한다고 주장했습니다. 하지만, 그 수치는 고전적인 인공지능 방식을 사용했던 것들이었죠. 그렇기 때문에, 인공지능의 의미에 대한 혼란은 꽤 심각하다고 볼 수 있습니다. 따라서 "인공지능"이라는 용어를 사용하지 않는 것이 훨씬 나을 거에요.

마틴 포드 : 인공지능을 위해서는 다른 것은 별로 중요하지 않고 신경망에 집중해야 한다고 생각하십니까?

제프리 힌튼 : 인공지능에 대한 일반적인 개념은 생물학적이지 않고, 인공적이며 똑똑한 일을 수행하는 지능적인 시스템을 만드는 것이라고 생각합니다. 그리고 오랜 기간 동안 인공지능이 의미했던 것은 기호를 사용한 전통적인 인공지능이었는데 적어도 오래전 학자들에게는 기호를 사용하는 것이 지능을 얻기 위한 방법이라고 생각했습니다.

저는 전통적인 인공지능의 개념이 잘못되었다고 생각합니다. 전통적인 인공지능은 기호가 들어가고 나오는 과정의 중간 단계 또한 기호로 이루어져 있다고 믿습니다. 하지만, 중간 단계는 기호가 아니라 신경활동과 같은 커다란 벡터로 이루어져 있어요.

마틴 포드 : 2017년 말에 역전파 알고리즘을 의심하면서 그것을 버리고 처음부터 다시 시작해야 한다(역자 주 : https://bit.ly/2CWblcM)고 말해 큰 파장이 있었던 것으로 알고 있습니다. 그 이유를 물어봐도 될까요?

제프리 힌튼 : 그건 인터뷰 내용이 제대로 보도가 되지 않아 발생한 문제였어요. 저는 뇌를 이해하려고 노력 중이었고, 역전파가 뇌를 이해하는 데에 있어서 적절한 방법이 아닐 수도 있다고 의견을 제기했습니다. 확실하지는 않지만, 뇌는 역전파를 사용하지 않는 몇 가지 이유가 있습니다. 저는 뇌가 역전파를 사용하지 않는다면 무엇을 사용하든 간에 인공지능 시스템에 있어서 적합할 것이라고 말했습니다. 역전파를 버려야 한다는 의미로 말한 것이 아니었어요. 역전파는 딥러닝의 주축이며, 버려서는 안된다고 생각합니다.

마틴 포드 : 그렇다면, 역전파를 개선해 나가야겠군요?

제프리 힌튼 : 네, 개선할 수 있는 다양한 방법들이 있을테고 다른 알고리즘들이 있을 수 있지만, 역전파를 사용하지 않는 것은 말도 안된다고 생각합니다.

마틴 포드 : 어떻게 인공지능에 관심을 가지게 되었나요? 그 중에서 신경망을 연구하게된 계기는 무엇인가요?

제프리 힌튼 : 고등학교 때로 거슬러 올라가야 하는데요. 인만 하비라는 친구가 있었는데 그 친구는 뇌가 홀로그램처럼 작동한다는 아이디어에 관심이 많았던 훌륭한 수학자였습니다.

마틴 포드 : 홀로그램이라면 3차원 입체 표현을 말씀하시는 건가요?

제프리 힌튼 : 여기서 말하는 홀로그램의 중요한 점은 홀로그램을 반으로 자르게 되면 절반의 장면이 담긴 사진이 아니라 전체 장면이 담긴 흐릿한 사진을 얻을 수 있다는 것입니다. 홀로그램에서 장면에 대한 정보는 전반적으로 분산되어 있어 있습니다. 사진을 잘라 냈을 경우에는 흐릿한 전체 장면을 얻는 게 아니라 정보를 잃어버린다는 것이 홀로그램과는 다릅니다.

인만 하비는 인간의 기억 장치가 홀로그램처럼 작용한다는 아이디어에 관심이 많았습니다. 하나의 뉴런이 하나의 기억을 관장하지 않는다는 것에 말이죠. 그는 뇌 전체의 뉴런들 사이의 연결 강도를 조절하여 각 기억을 저장한다고 주장했습니다. 그 당시 분산 표상의 대표적인 예가 홀로그램이었습니다.

사람들은 분산 표상이 무엇을 의미하는지 이해하지 못 할 수도 있습니다. 예를 들어, 사람들이 어떠한 개념을 생각한다고 할 때 그 개념은 수많은 뉴런들의 활동으로 표현되며, 각 뉴런은 다른 개념들의 표현에도 관여합니다. 이를 분산 표상이라고 하며 뉴런과 개념을 일대일 대응하는 것과는 많이 다릅니다. 이것이 제가 처음으로 뇌에 관심을 갖게된 계기입니다. 또한, 저와 인만 하비는 뉴런들 사이의 연결 강도를 조절함에 따라 뇌가 어떻게 학습 하는지에 대해서도 관심이 있었습니다.

마틴 포드 : 고등학교 때 말씀인거죠? 그럼 대학교에서는 어떠셨나요?

제프리 힌튼 : 대학에서 수강한 과목 중에 하나는 생리학이었어요. 뇌가 어떻게 작용하는지를 배우고 싶었기 때문이었습니다. 코스가 끝나갈 무렵에 뉴런이 어떻게 활동 전위를 전달하는지 배웠습니다. 어떻게 활동 전위가 축삭을 따라 전달 되는지 이해하기 위해 오징어의 거대 축삭(역자 주 : 축삭은 일반적으로 훨씬 작은 데 비해 오징어의 축삭은 보통 약 0.5mm 직경의 커다란 크기를 가져 초기 신경 과학자들은 다른 축삭들에 비해 이 축삭을 쉽게 연구할 수가 있다)에 대한 실험을 진행했습니다. 이 실험은 뇌가 어떻게 작용하는지에 대한 실험이었지만, 어떻게 표현되고 학습되는지에 대한 계산적 모델을 가지고 있지 않아 좀 실망스러웠어요.

그 후, 케임브리지 대학에서 저는 뇌의 동작 원리를 파악할 수 있을 것이라 생각하여 심리학으로 전공을 바꿨습니다. 하지만, 그 당시 심리학은 행동주의(역자 주 : 인간이나 동물의 심리를 객관적으로 관찰과 예측이 가능한 행동들을 통해 연구할 수 있다고 보는 이론이나 관점)를 통해 연구하던 때여서 주로 상자 안의 생쥐로 실험을 했습니다. 그때도 인지 심리학(역자 주 : 정보처리 관점에서의 인지활동을 연구하는 학문)이 있었지만 계산적이지 않았고 뇌가 어떻게 동작하는지 알아 내려 하지 않았습니다.

심리학 과정 동안 저는 아동 발달에 관한 프로젝트를 진행했습니다. 2살에서 5살 사이의 아이들로부터 그들이 발달하면서 어떻게 지각 성질들을 다루는 방법이 변화하는지 관찰했습니다. 프로젝트의 목적은 아주 어릴 때는 주로 색이나 질감에 관심을 보이지만 나이가 들수록 모양에 더 관심이 많아진다는 것입니다. 저는 아이들에게 세 개 중 하나는 다른 물체를 보여주는 실험을 했습니다. 예를 들어, 두 개의 노란색 원과 하나의 빨간색 원을 보여주는 식으로 말이죠. 저는 아주 어린 아이들도 다른 하나를 구별할 수 있도록 훈련시켰습니다.

또한, 두 개의 노란 삼각형과 한 개의 노란 원을 가지고 아이들이 세 개 중 모양이 다른 원을 구별할 수 있도록 훈련시켰습니다. 우선 간단한 예제들을 가지고 훈련이 되면 아이들에게 노란 삼각형, 노란 원, 빨간 원 중에서 다른 하나를 구별하는 등의 테스트를 진행했습니다. 이 실험은 꽤 괜찮았는데, 아이들이 모양보다 색에 더 관심이 있다면 다른 하나는 빨간 원이 될 것이고, 모양에 더 관심이 있다면 노란 삼각형이 됩니다. 아이들 중 몇명은 모양이 다른 노란 삼각형을 가리켰고, 다른 몇명은 빨간 원을 가리켰습니다. 하지만, 처음 이 테스트를 5살짜리 아이한테 진행했을 때, 그 아이가 빨간 원을 가리키면서 "아저씨, 잘못된 색을 칠했어요."라고 했던 기억이 납니다.

제가 입증하고자 했던 "어린 아이들은 색에 더 관심을 보이고 자라면서 모양에 더 관심을 보인다"라는 모델은 단순하고, 애매한 모델이었습니다. 색으로부터 모양까지 강조하는데 있어 그저 약간의 변화만 있는 원시적인 모델이었죠. 그때, "아저씨, 잘못된 색을 칠했어요."라고 말하는 아이를 만나게 된 겁니다. 그 아이는 테스트 훈련과정 동안 다른 부분은 하나만 존재해야 한다고 생각했기 때문에 제가 실수로 다른 색을 칠했다고 말한 것이었어요.

제프리 힌튼

마틴 포드 : 심리학 전공 후에 어떻게 인공지능에 빠지게 되었나요?

제프리 힌튼 : 저는 인공지능의 세계로 들어가기 전에 목수로 일했어요. 일은 재밌었지만 전문가 수준은 아니었습니다. 그러다 다시 학계로 돌아가게 되었습니다.

애든버러 대학교에서 인공지능 학과의 대학원생이 되었습니다. 제 지도 교수님은 매우 유명한 과학자였는데 케임브리지 대학에서 화학 교수에서 인공지능으로 바꾸신 크리스토퍼 롱게 히긴스라는 분이셨습니다. 교수님은 뇌가 어떻게 작동하는지, 특히 홀로그램과 같은 것들을 연구하는데 관심이 많으셨습니다. 그리고 그 분은 컴퓨터 모델링이 뇌를 이해하는 방법이라는 것을 깨달으셨고, 그 방법을 연구하고 계셨습니다. 이것이 제가 그 분 연구실에 들어간 이유였죠. 하지만, 제가 들어갔을 때 교수님은 컴퓨터 신경망 모델들이 지능을 이해하는 방법이 아니라고 마음을 바꾸셨고, 지능을 알아내는 실질적인 방법은 언어를 이해하는 것이라고 생각하셨습니다.

그 당시에는 블록들의 배치에 대해 말할 수 있는 규칙 기반의 인상적인 모델들이 있었습니다. 미국의 컴퓨터 공학 교수인 테리 위노그라드는 훌륭한 논문을 썼는데, 컴퓨터가 몇 가지 말을 이해하고 질문에 답을 할 수 있는 방법과 실제로 명령을 수행할 수 있다는 것을 보였습니다. 비록, 시뮬레이션에서 그쳤지만 "빨간색 블록 위에 파란색 블록을 올려"라고 명령 한다면, 그 모델은 이것을 이해하고 수행했을 거에요. 크리스토퍼 교수님은 이 논문에 깊은 감명을 받으셨고 제가 이러한 모델들을 연구하기를 원하셨지만 저는 신경망을 계속 연구하고 싶어했죠.

크리스토퍼 교수님을 매우 존경했지만, 제가 무엇을 연구해야 하는지에 대해서는 의견이 완전히 달랐습니다. 저는 여러번 거절했지만 교수님은 저를 계속 제자로 두셨어요. 저는 신경망에 대한 연구를 계속했고 신경망에 관한 논문을 발표했지만 그 당시 신경망은 제대로 작동하지 않았고 말도 안된다는 공감대가 형성되었던 시기였습니다.

마틴 포드 : 언론에서 딥러닝이 지나치게 과장되고 있다는 기사들을 본 적이 있습니다. 이러한 과장이 실망과 투자 감소로 이어질 수 있을거 같은데요. 심지어 "인공지능 암흑기"라고 표현하는 것도 봤습니다. 이 말이 진짜인가요? 신경망의 한계를 의미하는 것일까요, 힌튼 씨는 신경망이 인공지능의 미래라고 생각하나요?

제프리 힌튼 : 1980년대에 역전파 알고리즘을 포함하여 과대선전되었을 때사람들은 인공지능이 대단한 일을 할것이라 기대했지만, 실제로 원하는 만큼의 일은 해내지 못했습니다. 하지만 오늘날 인공지능은 이미 대단한 일을 하고 있기 때문에 이제는 과장된 것이라 할 수 없습니다. 휴대폰이 음성을 인식하고, 컴퓨터가 사진 안의 객체를 인식하고, 구글의 기계 번역은 인공지능이 하고 있습니다. 과대선전의 의미는 거창한 공약만 내세우고, 그 공약을 지키지 못하는 것을 의미하지만 이미 달성한 것이라면 더이상 과대선전이 아닌 것이죠.

종종 인터넷에서 인공지능이 19조 9천억 달러 규모의 산업이 될 것이라는 광고를 보곤합니다. 그정도의 큰 액수는 과장된 것처럼 보이지만 수십억 달러짜리 산업이라는 생각은 과장된 것이 아닙니다. 이미 여러 기업들이 수십억 달러를 투자했고, 성과를 봤기 때문이죠.

마틴 포드 : 힌튼씨는 앞으로 신경망에 집중적으로 투자하는 것이 가장 좋은 전략이라고 생각하시나요? 어떤 사람들은 여전히 심볼릭 AI(전통적 인공지능)를 신뢰하며, 딥러닝과 전통적인 접근방식을 적절히 조합한 하이브리드 방식이 낫다고 생각하고 있는데 이러한 접근 방식에 동의하시나요, 아니면 인공지능이 신경망에만 집중되어야 한다고 생각하시나요?

제프리 힌튼 : 신경망이 나아갈 방향은 뇌와 인공지능이 어떻게 상호작용하여 작동하는 지에 달려있다고 생각합니다. 우리는 뇌가 어떻게 추론하는지에 대해 확실이 알아내야 하지만, 다른 것들에 비해 꽤 오래 걸릴거라고 생각합니다.

저는 하이브리드 시스템이 정답이라고 믿지 않아요. 자동차 산업을 예로 들어 볼 게요. 가솔린 엔진은 작은 연료통 안에 많은 에너지를 낼 수 있는 등 장점들도 있지만 단점들도 있습니다. 그렇다면, 가솔린 엔진에 비해 선호도가 높은 전기 모터가 있습니다. 일부 자동차 업계들은 전기를 사용하는 엔진이 많이 발전했다는 것에 동의하지만, 전기 엔진과 가솔린 엔진 두 가지 모두를 사용하는 하이브리드 자동차를 생산합니다. 이런게 바로 사람들이 생각하는 전통적인 인공지능의 방식이에요. 그들은 딥러닝이 놀라운 일들을 하고 있다고 인정하면서도, 신경망이 저수준에서 기호적 추론을 하기 위해 필요한 것들을 제공하는 도구로 사용하기를 원합니다. 이건 딥러닝이 이미 앞서고 있다는 사실을 받아들이지 않고, 그들이 가진 방식에 매달리는 것이라고 밖에 볼 수 없어요.

마틴 포드 : 인공지능의 미래에 대해 좀 더 생각해 본다면 힌튼씨의 최근 프로젝트가 캡슐넷이라 부르는 신경망이 뇌에서 영감을 받은 것으로 알고 있습니다. 힌튼씨는 뇌를 연구하고 거기서 얻은 인사이트를 신경망과 통합하는 것이 중요하다고 생각하나요?

제프리 힌튼 : 캡슐넷은 6가지 정도의 아이디어가 결합된 것으로 복잡하고 추측력이 있는 신경망입니다. 지금까지 작은 성과는 있었지만, 제대로 작동하는지 보장은 못합니다. 자세히 말씀 드리기에는 너무 이르지만, 네 맞습니다. 뇌로부터 영감을 받았습니다.

사람들은 신경망에서 신경 과학을 사용하는 것에 대해 아주 단순한 생각을 가지고 있습니다. 뇌를 이해하려고 한다면 몇 가지 기본 원리가 있으며 많은 세부 사항들이 있습니다. 우리가 추구하는 것은 기본 원리이며 세부사항들은 우리가 어떤 종류의 하드웨어를 사용하는지에 따라 달라질겁니다. 그래픽카드로 구성된 하드웨어는 뇌의 하드웨어와는 매우 다르지만 기본 원리는 차이가 없습니다. 예를 들자면, 뇌에 있는 대부분의 지식은 학습에서 나오는 것이지 누군가가 말한 사실을 그대로 저장하는 것은 아니죠.

전통적인 인공지능에서는 사람들은 뇌가 정보에 대한 큰 데이터베이스를 가지고 있고, 추론할 수 있는 규칙을 가지고 있다고 생각했습니다. 예를 들어, 제가 포드씨에게 어떠한 지식을 주고 싶을 경우, 저는 이 지식을 언어로 표현하여 포드씨의 머리에 심어주게 되면 그 지식을 가지게 되는 것이죠. 이런 일은 신경망에서 일어나는 것과는 완전히 다릅니다. 포드씨의 머리 속에는 수 많은 매개변수들을 가지고 있고, 뉴런들 사이의 가중치들의 연결로 이루어져 있습니다. 제 머릿속 또한 마찬가지이며, 이러한 연결의 강도를 줄 수 있는 방법은 없습니다. 어쨌든, 저의 신경망과 포드씨의 신경망이 같지 않기 때문에 사용할 수 없는 것이죠. 따라서, 입력과 출력의 예를 들어줌으로써 어떻게 작동하고 있는지에 대한 정보를 전달해서 같은 방식으로 동작하도록 해줘야 합니다.

마틴 포드 : 딥러닝 적용의 대부분은 레이블이 되어있는 데이터, 즉 지도 학습이라고 부르는 것에 크게 의존하고 있으며, 비지도 학습은 여전히 해결 해야할 과제라는 것이 사실인가요?

제프리 힌튼 : 사실이 아닙니다. 딥러닝이 레이블된 데이터에 대한 의존도가 매우 높은 것은 사실이지만, 레이블된 데이터로 간주하기에는 약간 미묘한 점이 있습니다. 예를 들어, 문자열을 보고 다음 단어를 예측하려고 한다면 다음에 해당하는 단어가 바로 레이블이 되며 추가적으로 레이블을 직접 붙여주는 작업은 필요하지 않습니다. 그리고, 다음에 무슨 일이 일어날지 예측하는 문제에서는 다음에 일어날 일이 바로 레이블이 되기 때문에 지도학습은 맞지만 추가적인 레이블 작업은 필요하지 않습니다. 하지만, 사진을 보고 고양이를 인식하는 경우에는 "고양이"라는 추가적인 레이블을 사람이 직접 만들어줘야 하는데, 이러한 작업은 꽤 힘든 작업이죠.

레이블이 없는 데이터와 레이블이 있는 데이터 사이에는 다음에 무엇이 나타날지 예측하는 차이라고 할 수 있습니다.

마틴 포드 : 하지만, 어린아이가 학습하는 방식을 보면, 주변 환경을 돌아다니면서 비지도 방식으로 학습하는데요.

제프리 힌튼 : 방금 전에도 말씀드렸듯이, 어린아이는 바로 다음에 무슨 일이 일어날지 예측하기 위해 주변 환경을 돌아 다닙니다. 그리고, 다음 일이 일어났을 때, 그 사건이 옳은 것인지 아닌지에 대해 레이블을 붙이죠. 요점은 "지도"와 "비지도"라는 두 가지 용어 모두 다음에 일어날 일을 예측하는데 어떻게 적용할지가 명확하지 않다는 것입니다.

지도 학습의 좋은 예로는 "고양이"라고 레이블된 이미지를 보고, 고양이라고 말하는 것이 있습니다. 비지도 학습의 예로는 여러 이미지들이 주어지고 그 이미지들에 대한 표상을 만드는 것입니다. 마지막으로, 지도 학습과 비지도 학습 어느 것에도 해당하지 않는 것이 있는데, 연속된 이미지들을 보고, 그 다음 이미지를 예측하는 경우입니다. 이러한 경우에는 지도 학습이라 해야 하는지 비지도 학습이라 하는지 분명하지 않아 혼란스럽죠.

마틴 포드 : 그렇다면, 일반적인 형태의 비지도 학습을 해결하는 것이 넘어야 할 장애물 중 하나라고 보시는 건가요?

제프리 힌튼 : 네, 맞습니다. 하지만, 요점은 비지도 학습의 한 가지 형태인 다음에 발생할 일을 예측하는 것에 지도 학습을 적용할 수 있다는 것입니다.

마틴 포드 : 일반인공지능에 대해서 어떻게 생각하며, 어떻게 정의할 수 있을까요? 저는 인간과 같이 일반적인 방식으로 추론할 수 있는, 사람 수준의 인공지능이라고 알고 있는데요. 그렇게 생각하나요, 아니면 다르다고 생각하나요?

제프리 힌튼 : 저는 그 정의에 만족하고 있지만, 사람들은 미래가 어떻게 될지 다양한 예측을 하고 있다고 생각합니다. 사람들은 더욱 더 똑똑해지는 개별적 인공지능을 가지게 될 것이라 생각하지만, 이러한 생각에는 두 가지 잘못된 점이 있습니다. 하나는 딥러닝, 즉 신경망이 어떤 측면에서는 우리보다 낫지만 어떤 면에서는 여전히 좋지 못합니다. 딥러닝이 모든 면에서 잘하지는 못할 것입니다. 예를 들어, 의료 영상을 분석하는 것은 훨씬 더 잘할 지는 몰라도 어떻게 그렇게 추론했는지에 대해서는 훨씬 좋지 못하죠. 그런 의미에서 신경망이 획일적이지는 않을 겁니다.

두 번째는 사람들이 인공지능을 개별적 인공지능으로만 생각하고 사회적 측면은 생각하지 않는다는 것입니다. 순수 계산 목적으로 봤을 때 공용 인공지능이 개인용 인공지능보다 훨씬 더 많은 데이터를 볼 수 있기 때문에 더 나은 지능형 시스템을 만들 수 있습니다. 인공지능이 많은 양의 데이터를 보게 하려면, 공동체로서 데이터를 다른 지능형 시스템에 분산시키고 서로간의 소통을 통해 학습할 수 있도록 해야 합니다. 미래에서는 공동체 측면이 필수적일 것입니다.

마틴 포드 : 그럼 인터넷으로 연결된 지능의 창의성을 말씀하시나요?

제프리 힌튼 : 아닙니다. 사람들하고 똑같아요. 사람들이 아는 지식의 대부분은 데이터에서 직접 정보를 추출한 것이 아닙니다. 수년 간에 걸쳐 다른 사람들이 데이터에서 정보를 추출 해놓은 것을 교육을 통해 이해한 것들이죠. 인공지능도 그렇게 될것이라고 생각합니다.

마틴 포드 : 인공지능이 개별적인 시스템이든, 공동 시스템이든간에 가능하다고 생각하는 거죠?

제프리 힌튼 : 네, 맞습니다. 오픈AI(역자 주 : 일론 머스크가 투자한 비영리 인공지능 연구 단체)

가 이미 공동 인공지능을 연구하는 단체로서 정교한 컴퓨터 게임을 위한 인공지능을 연구하고 있습니다.

마틴 포드 : 언제쯤 인공지능이 사람처럼 추론 능력과 지능을 가질 수 있을까요?

제프리 힌튼 : 단순히 추론이라면 인공지능이 정말 잘 할 수 있는 것들 중 하나라고 생각하지만 사람만큼 잘 하기까지는 오랜 시간이 걸릴겁니다. 인공지능이 그 지점까지 도달하기 전에 다른 모든 것들은 더 잘 하게 될 것입니다.

마틴 포드 : 그렇다면, 컴퓨터 시스템의 지능이 사람만큼 좋은 종합적 일반인공지능은 어떻게 생각하나요?

제프리 힌튼 : 인공지능이 발전할 수 있는 방법은 영화 스타트랙에서 나오는 범용 로봇을 만드는 것이라고 생각합니다.
"언제쯤 지휘관 역할을 할 수 있는 인공지능을 갖게 될까요?"라는 의도로 물어보신 거라면, 그 정도까지 범용적으로 발전될 것이라고 생각하지 않습니다. 또한, 일반적인 추론능력에 대해서도 꽤 오랫동안 일어나지 않을 것이라고 생각합니다.

마틴 포드 : 튜링 테스트를 통과하는 측면에서 생각해보면, 5분이 아니라 2시간 정도는 되어야지 사람처럼 폭넓은 대화를 나눌 수 있을거 같은데요. 인공지능이 하나이거나 공동체 시스템이든 간에 실현 가능할까요?

제프리 힌튼 : 10년에서 100년 사이에 가능하게 될 확률이 상당히 높다고 생각합니다. 10년 안에 일어날 확률은 적다고 생각해요. 그리고, 제 생각에는 인류가 100년 사이에 인공지능이 아닌 다른 것들에 의해 멸종될 확률이 더 높다고 생각합니다.

마틴 포드 : 다른 것들이라면 핵전쟁이나, 전염병 같은 것을 말씀하시는 건가요?

제프리 힌튼 : 네, 맞습니다. 그 두 가지가 인공지능보다 훨씬 더 실질적으로 위협적이라고 생각합니다. 하나는 핵 전쟁이고 다른 하나는 전염성이 매우 강하며 극도로 치명적인 바이러스입니다. 저는 초지능을 가진 시스템보다 이 두 가지를 걱정해야 한다고 생각합니다.

마틴 포드 : 딥마인드의 데미스 허사비스(31쪽 참조)와 같은 몇몇 사람들은 힌튼씨가 구현되기 힘든 시스템이라고 했던 것을 구축할 수 있다고 믿고 있는데요. 헛된 믿음이라 생각하나요?

제프리 힌튼 : 아닙니다. 데미스와 저는 미래에 대해 다른 예측을 하고 있다고 생각합니다.

마틴 포드 : 인공지능의 잠재적 위험에 대해 여쭤 보겠습니다. 인공지능이 새로운 산업혁명을 가져오고 고용 시장을 완전히 바꿀 수 있다고 생각하나요?

제프리 힌튼 : 생산성을 획기적으로 높이고 더 많은 상품을 만들 수 있다면 좋은 일이 될 것입니다. 인공지능이 좋은 것인지, 아닌지는 기술이 아니라 전적으로 사회 체계에 달려있습니다. 사람들은 기술의 발전이 문제인 것처럼 보고 있지만 문제는 바로 사회 체계입니다. 우리가 서로 공유하는 사회 체계를 가지느냐, 아니면 1%를 위해 나머지 사람들을 거름 취급하느냐는 기술과는 아무런 상관이 없습니다.

마틴 포드 : 이러한 문제는 쉽게 자동화 될 수 있는 많은 직업들이 사라지게 되어서 발생하는데 이러한 현상에 대한 사회의 대응 방안 중 하나는 기본 소득이라는 것에 동의하나요?

제프리 힌튼

제프리 힌튼 : 네, 기본 소득은 매우 합리적이라고 생각해요.

마틴 포드 : 인공지능을 무기화하는 것과 같이 인공지능과 연관시킬 수 있는 다른 위험 요소는 어떤것이 있을까요?

제프리 힌튼 : 네, 푸틴 러시아 대통령이 최근에 한 말(역자 주 : "인공지능 주도 국가가 세계를 지배한다", 기사 내용 https://bit.ly/2PtN70J)에 대해 우려됩니다. 저는 이제 국제 사회가 화학전쟁과 대량 살상무기를 다루는 것과 같이 사람을 죽일 수 있는 무기들에 대해 적극적으로 조치를 취해야 한다고 생각합니다.

마틴 포드 : 그런 종류의 연구 개발을 중단해야 한다는 말씀이신가요?

제프리 힌튼 : 신경 가스에 대한 연구를 중단하지 않듯이 아마도 인공지능에서의 이런 연구를 중단하지는 않을 것입니다. 하지만 널리 사용되는 것을 중단시킨 국제 매커니즘이 있습니다.

마틴 포드 : 군사 무기 사용 외에 다른 위험 요소는 무엇일까요? 사생활 보호나 투명성 같은 문제가 있을 까요?

제프리 힌튼 : 인공지능을 선거 및 유권자 조작에 이용하는 것이 우려됩니다. 머신러닝 연구자인 밥 머서가 설립한 Cambridge Analytica(역자 주 : 정치 데이터 분석 회사)가 많은 피해를 줬다는 것(역자 주 : 2016년 미국 대선 당시, 페이스북에서 5000만명이 넘은 개인정보를 확보하여 트럼프 캠프 캠페인으로 활용한 사건을 말한다)을 알고 계실겁니다. 우리는 이것을 심각하게 받아들여야 해요.

마틴 포드 : 인공지능에 대한 군비 경쟁은 어떤가요? 특정 국가가 다른 국가들보다 앞서가는 것이 중요하다고 생각하나요?

제프리 힌튼 : 세계 정치를 말씀하는거 같은데요. 오랫동안 영국이 지배적인 국가였지만, 제대로 하지 못했습니다. 그 다음 미국 또한 잘하지 못했죠. 다음으로 중국이 된다면 중국 또한 제대로 못 할거라고 예상합니다.

마틴 포드 : 산업 정책을 수립하는 것이 필요할까요? 미국뿐만 아니라 다른 국가의 정부들 또한 인공지능을 우선 순위로 삼고 집중해야 할까요?

제프리 힌튼 : 엄청난 기술 발전이 있을 것이고, 국가들은 아마도 그 발전을 따라가기 위해 노력할 겁니다. 따라서, 인공지능에 대해 많은 투자가 이루어져야 한다고 생각합니다. 저에겐 상식과 같다고 봅니다.

마틴 포드 : 인공지능 분야는 인재 부족이 심합니다. 이 분야에 진출하고자 하는 젊은이들과 인공지능과 딥러닝에 더 많은 사람들을 끌어 들일 수 있도록 조언 해주실 만한 것이 있나요?

제프리 힌튼 : 기존의 방법에 대해 비판적인 사람이 부족할까봐 우려됩니다. 예를 들어, 캡슐넷의 아이디어는 저희가 적용했던 방법들이 좋은 방법이 아니라 더 다양한 신경망을 적용해야 한다고 말할 수 있어야 한다는 겁니다. 우리는 적용했던 몇가지 기본 가정들에 대한 대안을 생각할 수 있어야 합니다. 제가 여러분에게 드릴 수 있는 한 가지 조언은 다른 사람들이 하는 일이 잘못되었고, 더 좋은 것을 할수 있다는 직관을 가지고 있다면 그 직관을 따르라는 것입니다.

마틴 포드 : 캐나다가 딥러닝의 허브 역할을 하는 것처럼 보이는데, 단순히 우연인지 아니면 캐나다가 딥러닝에 도움이 되었던 특별한 무언가가 있나요?

제프리 힌튼 : CIFAR(캐나다 고등연구원, Canadian Institute for Advanced Research)이 리스크가 큰 분야의 기초연구에 자금을 지원해줬는데, 그것이 중

요한 요인이었습니다. 저의 박사후 연구원이었던 얀 르쿤과 요슈아 벤지오도 캐나다에 있었다는 점 또한 많은 행운이었습니다. 저희 세 명은 아주 생산적인 공동 연구를 할 수 있었고, CIFAR가 공동 연구에 대한 자금을 지원해줬습니다. 그때 당시에는 최근까지도 그랬지만, 딥러닝은 적대적인 환경에 빠져 있을 때였습니다. 이 기금을 통해 회의를 진행하면서 많은 시간을 보낼 수 있었고, 아이디어를 공유할 수 있었습니다.

마틴 포드 : 그렇다면, 캐나다 정부의 전략적 투자로 인해 딥러닝을 유지할 수 있었다는 건가요?

제프리 힌튼 : 네 맞습니다. 기본적으로 캐나다 정부는 연간 50만 달러를 딥러닝에 투자하고 있으며, 이러한 투자가 수십억 달러의 산업으로 전환될 때 매우 효율적일 겁니다.

제프리 힌튼은 케임브리지 대학에서 학사학위를 받았고, 1978년 에든버러 대학에서 인공지능 박사학위를 받았다. 그 후 카네기 멜론 대학에서 교수로 5년간 역임한 뒤 CIFAR의 선임 연구원이 된 그는 토론토 대학 컴퓨터 공학과로 옮겨 현재 명예 교수로 재직 중이다. 또한 그는 구글의 부사장 겸 인공지능 연구소인 Vector의 수석 고문이기도 하다.

힌튼은 역전파 알고리즘을 제안한 연구원 중 한명이며, 처음으로 역전파를 단어 임베딩에 적용했습니다. 신경망 연구에 대한 그의 또 다른 공헌은 볼츠만 머신, 분산 표상, 시간 지연 신경망(역자 주 : TDNN, Time Delay Neural Network), 전문가 혼합 모델(Mixture of Experts), 변이 학습(variational learning)과 딥러닝이 있다. 토론토 대학에 있는 그의 연구팀은 음성 인식과 객체 분류에서 혁신적인 딥러닝을 통해 많은 발전을 이루었다.

힌튼은 영국 왕립 학회의 회원이고, 미국 공학 학회와 미국 예술 과학 아카데미의 외국인 회원이다.

" 우리가 무엇을 만드는지 이해해야 하고, 새로운 지능형 동물을 키우고 있다는 사실을 알아야 합니다.

처음에는 닭이나 강아지처럼 길들일 수 있겠지만, 나중에는 인공지능 스스로가 인공지능을 위한 것을 만들게 될 수도 있다는 점을 유의해야 합니다. 과학이나 과학적 호기심을 막지 않고선 어떻게 이런 부분들을 통제해야 할지 모르겠어요. 상당히 어려운 문제고 그래서 인공지능 연구를 어떻게 규제할지 논의해야 합니다. 새로운 종의 슈퍼 동물을 만들 수 있다는 가능성을 항상 주의해야 해요. **"**

주데아 펄(JUDEA PEARL)

UCLA 컴퓨터 과학 및 통계학 교수, 인지 시스템 연구실 책임자

주데아 펄은 인공지능, 인간 추론, 과학 철학에 대한 공헌으로 유명합니다. 특히 확률론 기반의 기술(혹은 베이지안)과 인과관계에 대한 부분으로 널리 알려져 있습니다. 450개 이상의 과학 논문 및 3개의 유명 서적을 집필한 저자입니다. 3개의 책은 각각 "휴리스틱(Heuristics, 1984)", "확률적 추론(Probabilistic Reasoning, 1988)", "인과성(2000; 2009)"입니다. 2018년작 "왜에 대한 책(The Book of Why)"은 일반 대중이 인과관계에 대한 내용을 쉽게 이해할 수 있도록 쓰여졌습니다. 2011년에는 컴퓨터 과학 분야에서 최고 영예인, 컴퓨터 과학에서의 노벨 상이라 여겨지는 튜링상을 수상했습니다.

마틴 포드 : 아주 길고 화려한 경력을 가지고 계신데 컴퓨터 과학과 인공지능을 언제부터 공부하기 시작했나요?

주데아 펄 : 저는 1936년 이스라엘 브네이 브라크(Bnei Brak)라는 곳에서 태어났습니다. 어린 시절, 이스라엘 사회의 독특한 교육방식 덕분에 많은 호기심을 가지고 자랐죠. 고등학교와 대학교 선생님들께서는 1930년대 독일에서 오셨는데 학계에서 일자리를 찾지 못해 고등학교에서 교사 생활을 하셨습니다. 학계로 돌아갈 수 없다는 걸 알았지만 저희에게 학문적, 과학적 꿈들을 보여주었어요. 저희 세대는 이런 교육 실험들의 수혜자였죠. 아주 훌륭한 과학자분들이 고등학교 선생님이셨으니까요. 저는 그렇게 뛰어난 학생은 아니었지만, 각 과목들에 모두 관심이 많았습니다. 역사에서 중요한 발명품들, 발명가, 그 과학 기술들을 중심으로 배웠습니다. 덕분에 과학은 단순히 사실의 집합이 아니라 자연의 불확실성과 지속적으로 투쟁하는 것이라는 걸 배웠습니다.

군대에 가기 전까지 과학에 그렇게 전념하지 않았습니다. 키부츠(Kibbutz, 역자 주 : 이스라엘의 집단 농업 공동체)의 일원으로 남은 일생을 거기서 보내려고 했지만, 몇몇 사람들이 저의 수학적 기술들을 활용하면 더 좋을 것 같다고 말해주었죠. 테크니온에 있는 이스라엘 기술 연구소에 가서 전자 공학을 공부해 보라고 추천해줬어요. 딱히 큰 욕심은 없었지만 회로 합성과 전자기 이론을 즐겨 공부해서 관심이 생기더라고요. 학사를 마치고 결혼을 바로 했기 때문에 박사 학위만 받고 다시 돌아와야지라고 생각했습니다.

마틴 포드 : 이스라엘로 다시 올 생각이셨군요?

주데아 펄 : 네, 학위를 받고 바로 오려고 했습니다. 당시 마이크로파 통신 분야에서 최고인 브루클린 폴리테크닉 연구소(현 뉴욕대)에 처음 등록했어요. 하지만 등록금을 낼 여유가 없었고, 결국 뉴저지 주 프린스턴의 RCA 연구소에 있는 데이

비드 사르노프 연구실 센터에서 일하게 됐습니다. 얀 라치만 박사 아래에서 일하면서 하드웨어 지향적인 컴퓨터 메모리 그룹에 들어갔습니다. 컴퓨터 메모리 역할을 할 수 있는 물리적 메커니즘을 고안하고 있었습니다. 그때 메모리는 자기 코어 메모리라 너무 느리고 부피가 큰 데다 수동으로 작업해야 했기 때문이었죠.

새로운 시대가 올 것이라는 걸 알고 있었고 IBM, 벨 연구실, RCA 연구실 모두 디지털 정보를 저장하는 메커니즘을 개발하고 있었습니다. 초전도 현상(Superconductivity, 역자 주 : 초전도 현상은 어떤 물질이 전기 저항이 0이 되고 내부 자기장을 밀쳐내는 등의 성질을 보이는 현상으로, 대체로 그 물질의 온도가 영하 240˚C 이하로 매우 낮거나 구리나 은과 같은 도체의 경우에는, 불순물이나 다른 결함으로 인해 저항이 어느 값 이상으로 감소하지 않는 한계가 있다)은 헬륨 온도로 냉각할 필요가 있지만 메모리 속도와 준비하는 속도가 빨랐기에 상당히 매력적인 것이었어요. 초전도체에서 순환하는 전류를 연구하고 있었죠. 몇 가지 흥미로운 것들을 발견했는데 저의 이름을 딴 펄 보텍스(Pearl vortex)라는 것도 발견했는데, 이는 초전도 막에서 돌아다니는 난류로, 패러데이의 법칙(역자 주 : Faraday's law, 1831년 영국의 물리학자 마이클 패러데이가 발견한, 자기선속의 변화가 기전력을 발생시킨다는 법칙)을 무시하더라고요. 과학적 영감을 많이 받으면서 재밌게 연구했던 시기였습니다.

1961~1962년에 세상은 컴퓨터의 가능성을 주목하기 시작했습니다. 의심의 여지 없이 컴퓨터가 인간의 지적 작업을 수행할 수 있을 것이라고 예상했죠. 하드웨어 연구자들조차 이러한 작업을 연구하고 있었습니다. 저희는 관련된 메모리를 만들면서 일반적인 인공지능에서 중요한 인지, 객체 인식, 시각적 장면의 인코딩 등도 연구했습니다. RCA 경영진들 역시 저희가 무언가를 발명할 수 있게 사기를 북돋았습니다. 저희의 사장인 라치맨 박사님이 일주일에 한 번 들러 특허 낼만한 것들이 있는지 물어보곤 했죠.

물론, 초전도 현상에 관련된 연구는 반도체가 만들어지면서 모두 중단되었습니다. 소형화 기술이 지금처럼 성공하리라고 보지 않았고 또한 배터리가 다 되면 메모리가 지워지는 취약점이 개선될 거라고 생각하지도 못했습니다. 그런데 반도체는 이 모든 것을 해결하고 모든 경쟁자들을 물리쳤죠. 그때 일렉트로닉 메모리즈(Electronic Memories)라는 회사에서 일하고 있었는데 반도체의 부상으로 직장을 잃었어요. 그래서 학계로 다시 와 그 곳에서 패턴 인식과 이미지 인코딩 연구를 시작하게 되었습니다.

마틴 포드 : 그 후 UCLA로 가셨군요?

주데아 펄 : 처음에는 남부 캘리포니아 대학에 가서 소프트웨어를 가르치고 싶었지만 프로그래밍 경험이 없었기에 받아들여지지 않았어요. 결국 기회를 준 UCLA로 갔고 저희 관심은 패턴 인식, 이미지 인코딩, 결정 이론을 공부하면서 서서히 인공지능으로 옮겨갔어요. 인공지능 초창기에 체스와 다른 게임을 연구하는 것이 주를 이루었는데 인간의 직감을 포착할만한 것이 있다고 느꼈고 인공지능에 관심이 가기 시작했죠. 인간의 직관을 기계에 담아내는 것이 저의 꿈이 되었습니다.

게임에서 직관은 움직임의 강도를 평가하는 것에 있습니다. 전문가가 할 수 있는 것과 기계가 하는 것 사이의 격차는 컸고, 기계가 전문가만큼 할 수 있게 하는 것이 목표였습니다. 분석 작업을 끝내고 휴리스틱(역자 주 : 휴리스틱(heuristics)이란 불충분한 시간이나 정보로 인하여 합리적인 판단을 할 수 없거나, 체계적이면서 합리적인 판단이 굳이 필요하지 않은 상황에서 사람들이 빠르게 사용할 수 있는 어림짐작의 방법)이 무엇인지 그 방식을 자동화할 방법을 생각해 냈어요. 오늘날에도 쓰이는 알파 베타 서치(역자 주 : 흔히 2인용게임(틱택토, 체스, 바둑)에 주로 사용되는 알고리즘이다. 이 알고리즘은 항상 같거나 더 나은 수만을 고려하게 해 준다. 바둑을 예를 들어보면, 어떤 수를 두었을 때 엄청난 악수라고(패착) 판단되면 악수의 다음 수를 고려하지 않는다는 것이 이 알고리즘의 핵심이다. 즉, 그 수로 인해 벌어질 수 있는 모든 상황을 고려하지 않게 된다)라는 것인데 이것이 최적의 방식이라는 것을 수학적 결과

주데아 펄

로 보인 최초의 사람이 저라고 생각합니다. 이와 관련된 모든 것들은 1983년 제가 썼던 "휴리스틱" 책에 들어있어요. 체스 마스터의 휴리스틱이 아닌 의사나 물리학자, 광물 탐험가와 같은 전문가들의 휴리스틱을 발견할 수 있었죠. 컴퓨터 시스템은 전문가들의 성능을 모방해 전문적인 일들을 대체하거나 지원해주는 아이디어였어요. 직관을 포착하는 전문가 시스템은 또다른 문제라고 생각합니다.

마틴 포드 : 전문가 시스템은 대부분 규칙 기반입니다. 사람이 컴퓨터에게 "이런 상황에서는 이렇게 해야 한다"라는 규칙을 지정하는 방식이 맞나요?

주데아 펄 : 맞아요. 규칙 기반이었죠. 전문가들의 작업 방식, 전문적인 일을 할 때 어떤 한 방향으로 결정하게 만드는 것을 포착하는 것이 목표였습니다.
제가 여기서 한 것은 이와 같은 접근 방식을 완전히 뒤집는 것이었습니다. 예를 들어, 의사를 모델링하는 게 아니라 질병을 기준으로 모델링했죠. 의사에게 어떻게 진단하는지 묻지 않고 말라리아나 감기에 걸렸을 때 어떤 증상이 나타나는지 또 어떤 특징들이 있는지 살펴봤습니다. 이 정보들을 기반으로 진단 시스템을 만들고 증상들을 종합해 어떤 병에 걸렸는지 예측하는 모델을 만들었죠. 다른 분야에서도 똑같이 사용할 수 있습니다.

마틴 포드 : 이 일은 휴리스틱 기반의 작업인가요, 아니면 베이지안 네트워크를 말하고 계신 건가요?

주데아 펄 : 베이지안 네트워크(확률 기반 그래프 모델, 21쪽 용어집 참조)에요. 휴리스틱의 연구는 1983년 책을 쓰고 끝을 냈고, 그 후로 베이지안 네트워크, 불확실성을 다루는 문제를 연구하기 시작했어요. 불확실성을 다루는 아이디어들은 많이 있었지만, 확률론과 의사결정 이론에 부합하는 것은 없었고, 좀 더 효율적으로 정확하게 하고 싶다는 생각이 들었습니다.

마틴 포드 : 베이지안 네트워크에 관련된 연구들을 말씀해 주실 수 있나요? 오늘날 많이 사용되는 중요한 것으로 알고 있습니다.

주데아 펄 : 일단 그 당시의 환경부터 설명하자면 크게 스크루피(scruffies, 실무 전문가)와 니티(neaties, 응용과학자)가 있었어요. 스크루피는 이론이 잘 적용되든 안 되든 상관없이 실용적인 시스템을 만들고자 했고, 니티는 이게 왜 잘되는지, 얼마만큼의 성능을 보장하는지 알아내는 것에 중점을 두었죠.

마틴 포드 : 스크루피와 니티는 서로 다른 태도를 보이는 두 그룹의 별명이군요.

주데아 펄 : 네. 현재 머신러닝 커뮤니티에서도 똑같은 양상을 볼 수 있습니다. 어떤 사람들은 그게 왜 최적인지를 설명할 수 없어도 잘 작동만 되면 괜찮다고 하고, 또 어떤 사람들은 설명 가능한지, 투명한지, 성과를 얼마나 보장해주는지에 관심을 가지죠.

그때는 스크루피가 주를 이루고 있었고 현재도 투자자와 산업체의 협력으로 이들이 주를 이루는 것 같습니다. 하지만 이런 태도는 단기 성과에만 집착한 근시안적인 태도로 연구의 중요성을 평가절하시키죠. 저는 홀로, 이것들이 확률 이론에 부합해야 한다고 주장하고 있었어요. 전통적인 방법으로 확률 이론을 다루면 시간과 메모리의 필요가 기하급수적으로 증가할 것이고, 이 둘 다 감당하지 못하게 될 겁니다.

인지 심리학자인 데이비드 루멜하트는 아이들이 어떻게 글자를 빠르고 정확하게 읽는지 조사했어요. 픽셀 수준부터 의미론적 수준, 문장 그리고 문법 수준까지 다층 시스템을 사용한다는 것인데 모든 수준들이 서로 영향을 주고받죠. 한 수준에서 다른 수준이 어떻게 작동하는지는 모르지만 간단히 의미들을 주고받으면서 "자동차"와 "고양이"를 구분할 수 있게 돼요. 서술의 문맥에 따라 또 달라지고요.

저는 여기서 많은 영감을 받았습니다.

그의 구조에 확률 이론을 적용하려 했습니다. 처음에는 잘 안되다가 모듈을 연결하는 구조인 트리(tree)가 있으면 수렴 속성을 찾을 수 있다는 것을 알아냈죠. 어떤 의미, 메시지를 비동기적(동시에 일어나지 않는) 방식으로 전달하고 취합해 시스템은 결론에 도달하게 됩니다. 그러고 더 멋진 다중트리(역자 주 : polytree, 임의의 두 노드 사이의 경로가 하나만 있는(두 방향 중 어느 한 방향으로 가는) 방향성 비순환 그래프(DAG))로 개선했고, 1995년 일반 베이지안 네트워크 논문을 발표했습니다.

이 구조를 쉽게 프로그램으로 구성할 수 있습니다. 모든 부분을 다 감독할 필요 없이 한 부분에서 어떤 정보를 업데이트할지만 결정하면 되었죠. 그 변수는 주변 변수에게 정보를 전달하고 또 그 주변 변수는 또 주변에게 정보를 전달하고 이런 식으로 말이죠. 그리고 정답을 맞추게 됩니다.

프로그래밍을 하기 쉽다는 점 덕분에 베이지안 네트워크의 아이디어가 받아들여지기 시작했어요. 이처럼 손쉽게 구성할 수 있는 시스템의 사용자는 시스템이 왜 다른 결과를 제공했는지 이해할 수 있고, 환경이 변했을 때 시스템의 어떤 부분들이 수정돼야 하는지 이해할 수 있었습니다. 시스템이 상당히 투명하죠(역자 주 : 이때 투명하다는 의미는 시스템의 안을 쉽게 볼 수 있다는 의미로, 시스템 작동원리를 쉽게 파악할 수 있다는 뜻을 가진다)

그때 당시 모듈성(역자 주 : module, modularity 컴퓨터 과학에서 모듈성은 컴퓨터 프로그램의 한 속성으로 서로 분리되어 작성되는 성질)의 중요성을 몰랐는데, 인과관계는 어떤 속성으로 분리되어 프로그래밍할 수 있게 해주고, 인과성이 없다면 모듈화할 수 없어요. 그러면 시스템은 아무것도 아닌 게 됩니다. 그 말은 만들 수 없고, 재구성할 수도 없고, 다른 기능들도 다 없어진다는 의미입니다. 1988년 "베이지안 네트워크"라는 책을 냈을 때, 인과관계를 모델링하는 것이 다음 단계라는 것을 깨닫고 그 부분에 노력을 기울이기 시작했죠.

마틴 포드 : "상관관계는 인과관계가 아니다"라는 말은 결국 데이터만으로는 인과관계를 얻을 수 없다는 의미가 되겠네요. 베이지안 네트워크만으로는 인과관계를 파악할 수 없죠?

주데아 펄 : 아뇨, 베이지안 네트워크로 인과관계를 파악할 수 있어요. 어떻게 설계했는지에 따라 다르겠지만요.

마틴 포드 : 베이지안의 아이디어는 시간이 지나면서 더 정확한 결과를 낼 수 있게 새로운 증거들을 기반으로 확률을 업데이트하는 것이잖아요. 이것이 네트워크의 기본적인 개념이고, 많은 확률을 효과적으로 다루는 법을 찾으셨는데, 이런 개념들이 많이 쓰이는 것을 보면 컴퓨터 과학이나 인공지능에 아주 중요한 내용인 것 같습니다.

주데아 펄 : 베이즈 정리(역자 주 : bayes' rule, 베이즈 정리는 두 확률 변수의 사전 확률과 사후 확률 사이의 관계를 나타내는 정리)를 효율적으로 사용하는 것은 어려워요. 하지만 머신러닝에서 꼭 필요한 개념이죠. 어떤 증거를 얻으면 베이즈 정리로 확률을 업데이트하고 시스템을 개선해 성능을 향상시킬 수 있습니다. 증거를 사용해 지식을 업데이트하는 체계이죠. 이것은 확률적이지만 인과적 지식은 아니에요. 그래서 한계가 있습니다.

마틴 포드 : 하지만 음성 인식이나 다른 분야에서 많이 쓰이잖아요. 구글도 많이 쓰고 있고요.

주데아 펄 : 휴대전화는 전송 잡음을 최소화하기 위해 베이지안 네트워크를 이용해 오류를 수정합니다. 모든 휴대전화에 베이지안 네트워크를 작용하는 신뢰전파(역자 주 : 1982년 주데아 펄에 의해 제안된 메시지 전달 알고리즘으로 인공지능이나 정보이론 분야에서 널리 사용되고 있다)가 있죠. 애플의 기밀 상 확인할 방법은 없지만 시리(25쪽 용

어집 참조)에도 베이지안 네트워크가 있다고 합니다.

요즘도 베이지안 업데이트를 많이 활용하지만 그 부분이 베이지안 네트워크에서 딥러닝으로 옮겨갔고, 그래서 불투명해졌어요. 어떤 기능이 입력과 출력을 연결 짓는지 알지 못한 채 파라미터를 조정합니다. 따라서 기능을 모듈화하기 어렵죠. 질병과 관련된 모델을 만들려면 질병의 원인과 결과관계를 파악해 모듈성을 확보해야 합니다. 그렇다면 "원인과 결과의 관계"라 부르는 것은 어디에 있으며 어떻게 처리하고 있는지 물어볼 수 있겠죠. 이 부분이 제가 다음으로 연구한 부분입니다.

마틴 포드 : 인과관계에 대해 얘기해 보겠습니다. 유명한 "베이지안 네트워크" 책을 내면서 이 기술이 컴퓨터 과학에서 매우 인기를 얻었잖아요. 근데 책을 출판하기 전에도 인과관계에 대해 고민하지 않았었나요?

주데아 펄 : 베이지안 네트워크의 기본 정의는 확률론을 기반으로 하지만 인과관계를 고려해 베이지안 네트워크를 고안했습니다. 질병을 진단할 때 결과만 내리고 그 사이에 아무런 개입을 안 한다고 해봅시다. 그러면 인과관계는 이론적으로 필요 없을 수도 있겠죠. 그러면 순수 확률적 관점에서 베이지안 네트워크는 그런 문제를 다 해결할 수 있어요. 하지만, 실제로 인과관계 네트워크를 구성하면 더 쉽게 그런 일들을 해낼 수 있다는 것을 발견했죠.

모듈성, 재구성 가능성, 이전 가능성 등이 인과관계에서 오는 것이며 이런 특성들이 필요하다는 것을 알게 되었습니다. 인과성을 연구하고 있을 때, "상관관계는 인과관계를 의미하지 않는다"라는 사실은 생각보다 훨씬 심오하다는 것을 깨달았습니다. 인과적 결론을 얻기 위해서는 데이터에서 알 수 없는 인과관계에 대한 가정이 필요합니다. 하지만 여기서 문제는 인과적 과정을 표현할 수 없다는 것이죠.

과학에서는 "토양은 비를 내리게 하지 않는다" 혹은 "수탉은 태양을 떠오르게 하지 않는다"와 같은 간단한 문장도 표현할 수 있는 언어가 없어요. 수학으로도 표현할 수 없고, 어떤 데이터나 문장의 조합으로도 나타내지 못하죠.

즉, 인과적 가정을 기록할 새로운 언어가 필요했습니다. 제가 통계학을 전공했기에 이런 깨달음은 상당히 충격적이었습니다. 과학적 지식은 통계에 있다고 믿고 있었는데 말이죠. 통계는 귀납법, 연역법, 귀추법 등을 가능하게 하지만, 결국 통계학의 언어는 쓸모없는 것이 돼 버렸죠. 컴퓨터 과학자로서 맞는 언어를 개발하면 되니까 별로 두렵지 않았어요. 하지만 어떤 언어를 개발해야 하고 언어 데이터와 어떻게 연결할 수 있을까요?

통계학은 평균, 가설 검증, 요약, 시각화 등 데이터 기반의 언어를 사용하는데 이 데이터 언어와 인과관계 언어를 어떻게 연결시킬지가 문제입니다. 어떻게 인과관계의 가정과 데이터들을 잘 종합해 결론을 내릴 수 있을까요? 이는 컴퓨터 과학자이자 철학자로서 새로운 도전 과제가 되었습니다. 철학자의 역할은 인간의 직관을 포착하고 어떤 방식으로든 공식화해 컴퓨터로 프로그래밍될 수 있게 하는 것인데, 컴퓨터를 생각하지 않는다고 하더라도 어떻게 일어나는지 유심히 관찰하면 잘 공식화해서 새로운 언어로 쓸 수 있을 거예요. 철학자에게 수수께끼인 인지(cognitive) 기능들을 컴퓨터 과학자들이 기계에 적용할 수 있게 의미 있고 명확하게 정의하는 것이 목표입니다.

마틴 포드 : 그러면 인과성을 설명하기 위한 다이어그램이나 기술 언어를 만드셨나요?

주데아 펄 : 아뇨, 만들지 못했습니다. 1920년대 세월 라이트라는 유전학자가 한쪽 방향으로만 갈 수 있는 도로로 연결된 도시 지도처럼 노드와 방향선으로 인과 다이어그램을 작성했는데 이것으로부터 아이디어가 고안되었어요. 그는 이 다이어그램을 통해 통계학자가 회귀, 연관성 또는 상관관계로부터 얻을 수 없는 것들을

얼을 수 있다는 사실을 밝히는데 평생을 노력했죠. 그의 방법은 원시적이지만, 그 점이 입증되었습니다.

저는 세월 라이트의 다이어그램 아이디어를 수용하고 재정립해 컴퓨터 과학에 적용시켜 보았습니다. 과학 지식을 인코딩하고 의학, 교육, 지구 온난화에 이르기까지 다양한 영역에서 인과관계를 파악할 수 있는 다이어그램을 고안했어요. 정보를 인과관계로 처리하는 자연의 메커니즘대로, 어떻게 우리가 그것들을 제어하고 인과관계를 파악하며, 실질적인 질문에 답할 수 있는지에 대한 모든 부분에 적용할 수 있는 것 말이죠.

지난 30년간 계속 도전하면서 2000년과 2009년에 "인과관계"라는 책을 출판했습니다. 2015년에는 좀 더 가벼운 입문 글을 공동 집필했죠. 올해(2018년)에는 "왜에 대한 책(The book of why)"을 공동 집필했는데, 수학, 방정식을 알지 못해도 인과관계를 이해할 수 있게 쉽게 설명한, 일반 대중들을 위한 책입니다. 물론 방정식이 이런 것들을 이해하는데 도움을 주긴 하지만 이 책을 읽을 때는 몰라도 괜찮습니다. 기본적인 아이디어들의 개념적인 부분만 따라오면 되죠. 이 책에서 인과관계의 렌즈로 역사를 보는데 어떤 개념적인 혁신이 우리의 사고방식을 변화시켰는지 독자들에게 물어봅니다.

마틴 포드 : 저도 재밌게 읽었어요. 그런 일련의 연구들을 보면 인과관계가 사회나 자연 과학에 있어 정말 중요한 것 같아요. 언제 한 번, 양자역학에서 무언가를 증명하기 위해 인과관계 모델을 사용한 물리학자의 기사를 본 적 있어요. 확실히 그런 영역까지도 영향을 주셨군요.

주데아 펄 : 저도 읽었지요. 근데 그들이 쓴 흥미로운 발견들을 이해할 수 없었기에 다음에 읽어야지하고 넘겼어요.

마틴 포드 : 또 "왜에 대한 책(The Book of Why)"에서 자연, 사회 과학자들은 인과관계 모델을 사용하고 있지만 인공지능 분야에서는 그렇지 않다고 하셨잖아요. 앞으로 인공지능 과학자들은 인과 모델을 쓰려고 할까요?

주데아 펄 : 현재 머신러닝에서 인과관계 모델링은 주축이 아니에요. 그것보다 통계학이 지배하고 있고 데이터에서 다 배울 수 있다고 생각하죠. 하지만 데이터 중심 철학은 한계가 있어요.

저는 이것들을 곡선 적합(curve fitting)이라고 부릅니다. 비하하는 뜻으로 그러는 것은 아니에요. 딥러닝과 신경망에서 하는 것은 매우 복잡한 것들을 어떤 특정한 포인트들이나 곡선 등에 맞추는 것을 의미하니까요. 비유하자면 이런 기능은 매우 정교하고, 수천 개의 언덕과 내리막길이 있으며 복잡하고 예측할 수 없어요. 언제나 그런 데이터 집합에 특성들을 적합시키는 문제죠.

하지만 이런 철학들은 이론적으로도 명확히 한계를 가져요. 사실과 반대되는 일을 못하고 전에 보지 못한 새로운 행동을 하지도 못하죠. 이것을 세 가지 인지 수준인 보고, 개입하고, 상상하는 것으로 설명할 수 있는데요. 가장 높은 단계인 상상은 사후가정사고가 필요합니다. 즉, 내가 다르게 행동했다면 세상은 어떻게 바뀌었을까? 오스왈드가 케네디를 죽이지 않았더라면, 힐러리가 대통령이 되었다면 세상은 어떻게 흘러가고 있을까? 우리는 이런 상상의 시나리오들을 만들고 얘기할 수 있어요. "가정해보자"라는 게임에 쉽게 참여할 수 있죠.

이런 능력은 새로운 세상을 만드는 데 중요한 역할을 합니다. 새로운 이론과 발명품들을 만들게 하거나 오래된 습관을 버릴 수 있게 해주죠. 존재하지 않는 세상을 존재할 수 있게 해주고, 광범위하게 발휘되다가도 그렇지 않을 때도 있습니다. 이런 사후가정사고에는 몇 가지 특징들이 있어요. 이런 자신만의 내부적 특징, 구조가 있다는 것을 파악하면 기계에도 똑같이 이런 능력을 심을 수 있을 겁니다. 기

주데아 펄

계도 사람처럼 상상하고 행동에 대한 책임을 지며 윤리와 연민을 느낄 수 있는 것이죠.

저는 미래학자가 아니에요. 이해하지 못한 것은 되도록 말하지 않으려고 합니다. 하지만 사후가정사고가 컴퓨터의 인지적 작업을 실행시켜줄 중요한 실마리라는 것은 확실해요. 자유 의지, 윤리, 도덕성을 기계로 심을 수 있는 몇 가지 기본적인 스케치를 해봤어요. 아직 구상 단계입니다만 기본적인 것은 사후가정사고와 인과관계를 이해하는 데 있어요.

일반인공지능을 향한 작은 단계지만 이를 통해 많은 것을 배울 수 있을 겁니다. 머신러닝 커뮤니티도 이런 점들을 이해하도록 노력하고 있어요. 딥러닝은 아주 작은 단계이며 인과적 추론을 통해 딥러닝이 가지는 이론적 장벽들을 피할 수 있고, 일반인공지능을 향해 다가갈 수 있다는 사실을 알아야 해요.

마틴 포드 : 데이터만으로는 인과관계를 알 수 없고 딥러닝은 데이터 기반이므로 딥러닝만으로 인과관계를 파악할 수 없다는 거군요. 사람들은 인과적 추론을 쉽게 할 수 있는데, 그러면 인간의 정신에는 데이터 기반이 아닌, 인과관계를 만들 수 있는 모델이 있겠군요.

주데아 펄 : 네. 누군가가 어떤 인과관계를 알려준다고 해도 그 인과관계를 처리하고 활용할 수 있는 모델이 필요하죠.

마틴 포드 : 맞아요. 인과 다이어그램이나 인과적 모델과 같이요. 사람들은 서로 다른 인과 모델을 가질 수도 있을 것 같은데 인과관계를 만드는 모델이 내재적으로 있어야 새로운 데이터가 들어오더라도 그에 맞는 인과 모델을 만들 수 있으니까요.

주데아 펄 : 인과관계를 만들고 수정하고 때론 교란시킬 필요도 있어요. 전에는 말라리아의 원인이 공기오염이라고 알고 있었지만 지금은 아노펠레스라는 모기 때문에 발생한다는 것을 알아요. 예전과 같았으면 말라리아를 예방하기 위해 마스크를 썼겠지만 지금은 모기장을 구비하죠. 상반되는 이론(인과관계)들은 행동 방식에 큰 차이를 만듭니다. 시행착오를 통해 한 가설에서 다른 가설로 옮겨가죠. 저는 이런 현상을 장난기 있는 조작(playful manipulation)이라고 부릅니다.

장난기 있는 조작을 통해 아이들과 과학자들은 인과 구조를 학습합니다. 그리고 여기서 배운 것을 저장할 수 있어야 하고 그래야 그것을 다시 사용하고 테스트해보고 바꿀 수 있죠. 인코딩해서 저장할 능력이 없다면 장난기 있는 조작으로 배운 가설들을 활용하거나 바꾸지 못할 거예요. 이것이 처음 알아야 할 사실이고, 그런 형식을 관리하고 수용할 수 있는 프로그램을 짜야 합니다.

마틴 포드 : 인과 모델을 만들 수 있게 그런 종류의 내재된 템플릿이나 구조를 인공지능 시스템에 구축해야 한다는 얘기죠? 딥마인드는 강화학습을 통해 이런 일들을 하고 있어요. 어떤 연습이나 시행착오를 통해서요. 어쩌면 그것도 인과관계를 발견할 수 있는 한 방법이 아닐까요?

주데아 펄 : 그럴 것 같지만 강화학습 역시 한계가 있어요. 이전에 보았던 동작만 배울 수 있죠. 보지 못한 행동들을 추론할 수 없어요. 세금 인상, 최저 임금 인상 또는 담배 금지와 같은 것들 말이죠. 역사상 담배가 금지된 적은 없지만 사람은 그렇게 된다면 어떤 일이 벌어질지 추정하고, 상상할 수 있지요.

마틴 포드 : 그럼 오직 인과관계를 사고하는 능력만이 강인공지능(20쪽 용어집 참조) 혹은 일반인공지능을 실현할 열쇠라는 것이군요.

주데아 펄 : 꼭 필요하다고 생각해요. 그것으로 충분한지는 모르겠네요. 인과적 추

론이 일반인공지능의 모든 부분을 해결해줄 거라고 생각하지는 않습니다. 인과관계로 사물 인식이나 언어 이해와 관련된 문제들을 풀 수 없으니까요. 하지만 인과관계 문제를 해결해야 그 속에서 많은 것들을 배우고 그것을 통해 다른 분야가 가지는 한계점들을 해결할 수 있을 것이라 봅니다.

마틴 포드 : 그러면 강인공지능, 일반인공지능은 실현가능하다고 보시나요?

주데아 펄 : 네 확실히 가능합니다. 아직 그것들을 향한 이론적인 걸림돌은 없거든요.

마틴 포드 : 1961년 RCA 연구실에 있었을 때와 비교해보면 인공지능은 어떻게 발전하고 있고, 진전에 대해 어떻게 생각하시나요?

주데아 펄 : 괜찮게 발전하고 있어요. 약간의 침체와 끊김이 있었지만요. 현재 머신러닝에서 딥러닝 부분만 집중 연구되고 있다는 것과 딥러닝의 불투명한 구조들은 분명 개선돼야 합니다. 데이터 중심 철학으로부터 벗어나야 해요. 일반적으로 이 분야의 매력으로 과학계에서 우수한 인재들이 모이게 되었고 엄청난 발전을 해왔죠.

마틴 포드 : 대부분 딥러닝이 발전했는데, 딥러닝을 '곡선 적합', '불투명한', '블랙박스'와 같은 것이라고 표현하신 것 보면 다소 비판적인 것 같군요.

주데아 펄 : 곡선 적합이 맞지요. 쉬운 것들만 해결하고 있는 걸요.

마틴 포드 : 하지만 그것 역시 대단한 것이라 보는데요.

주데아 펄 : 쉽게 해결할 수 있는 것들이 이렇게 많을 거라곤 예상하지 못했으니까요.

마틴 포드 : 그러면 신경망은 중요할 것이라 생각하시나요?

주데아 펄 : 인과적 모델링에 적절히 활용된다면 신경망이나 강화학습은 필수 구성 요소가 될 것입니다.

마틴 포드 : 그럼 신경망과 다른 부분들을 결합한 하이브리드 시스템이 필요하다는 거군요?

주데아 펄 : 네, 그렇습니다. 데이터가 별로 없을 때 하이브리드 시스템을 쓰는데, 인과관계를 파악하려면 역시 얼마나 데이터를 추정할 건지에 관한 한계가 여전히 존재해요. 데이터가 아무리 많더라도 A가 일어나서 B가 일어났는지, B가 일어나서 A가 일어났는지 알지 못하죠.

마틴 포드 : 강인공지능이 실현되는 날, 기계는 사람과 같은 의식과 내재적 경험을 가질 수 있다고 보십니까?

주데아 펄 : 당연히요. 모든 기계는 내재적 경험을 하겠죠. 기계는 자신만의 청사진을 가지고 있어야 해요. 전부를 연결할 순 없겠지만요. 이것은 튜링의 정지 문제(역자 주 : 튜링의 정지 문제는 프로그램을 설명한 것과 처음 입력값이 주어졌을 때, 이 프로그램에 입력값을 넣고 실행한다면 이 프로그램이 계산을 끝내고 멈출지 아니면 영원히 계속 계산할지 판정하는 문제. 1936년에 앨런 튜링이 모든 가능한 입력값에 대해 정지 문제를 풀 수 있는 일반적인 알고리즘은 존재하지 않는다는 것을 증명)에 위반되는 것이지요.

어느 정도 중요한 기능과 연결들에 대한 청사진을 가지는 것은 가능합니다. 그러기 위해서 기계는 능력, 신념, 목표와 욕구 등을 인코딩해야 합니다. 미래에 대한 청사진을 그리고, 환경과 상호작용하며 사후가정사고와 관련된 질문에 답하는 것은 내면의 자아를 가진다는 것인데 미래의 기계는 이런 내면적 자아를 가지게 될 겁니다. 내가 다르게 했으면 어떻게 됐을까? 사랑에 빠지지 않았다면? 이런 질문들은 내면에서 일어나는 것들이니까요.

마틴 포드 : 그렇다면 기계는 감정을 느낄 수 있을까요? 행복이나 고통을 느낄 수 있다고 생각하나요?

주데아 펄 : 마빈 민스키의 "감정 기계(The Emotion Machine)"라는 책이 떠오르네요. 그 책은 감정을 프로그래밍하는 것이 얼마나 쉬운지 얘기해요. 몸속에는 목적을 지닌 화학물질이 떠다니고 있어요. 응급 상황이 발생하면 화학 작용은 이성을 방해하고 때론 이성적 판단을 중지시키기도 합니다. 따라서 감정은 화학적 우선순위를 정하는 기계일 뿐이에요.

마틴 포드 : 일반인공지능에 관해 우리가 걱정해야 할 것들은 무엇인가요?

주데아 펄 : 우리가 무엇을 만드는지 이해해야 하고, 새로운 지능형 동물을 키우고 있다는 사실을 알아야 합니다.
처음에는 닭이나 강아지처럼 길들일 수 있겠지만, 나중에는 인공지능 스스로가 인공지능을 위한 것을 만들게 될 수도 있다는 점을 유의해야 합니다. 과학이나 과학적 호기심을 막지 않고선 어떻게 이런 부분들을 통제해야 할지 모르겠어요. 상당히 어려운 문제고 그래서 인공지능 연구를 어떻게 규제할지 논의해야 합니다. 새로운 종의 슈퍼 동물을 만들 수 있다는 가능성을 항상 주의해야 해요. 그래서 잘되면 인간에게 유용한 것이 되겠죠.

주데아 펄은 이스라엘 텔아비브에서 태어나 테크니온-이스라엘 공과대학을 졸업했다. 1960년, 대학원 진학을 위해 미국에 왔으며, 뉴어크 공과 대학(현재는 뉴저지 공과대학)에서 전자 공학으로 석사 학위를 받았다. 1965년 럿거스 대학에서 물리학으로 석사학위를, 브루클린 폴리테크닉 연구소(현재 뉴욕 공과 대학 폴리테크닉 연구소)에서 박사학위를 받았다. 1969년까지 뉴저지 주 프린스턴에 있는 RCA 데이비드 사르노프 연구실과 캘리포니아주 호손에 있는 일렉트로닉 메모리에서 일했다.

주데아 펄은 1969년 UCLA의 교수진으로 합류해 현재도 인지 시스템 연구실의 책임자이자 컴퓨터 과학 및 통계학 교수로 활동하고 있다. 인공지능, 인간 추론, 과학 철학에 대한 공헌으로 특히 유명하다

국립 과학 아카데미(National Academy of Sciences), 국립 공학 아카데미(National Academy of Engineering), 미국 인공지능 협회(American Artificial Intelligence Association) 창립 연구원인 그는 2011년에 받은 된 세 가지 상을 포함해 수많은 과학 상을 받았다. 확률론적 사고와 인과관계 추론, 미적분학에 대한 연구로 인공지능에 큰 기여를 했고 튜링상(Turing Award)을 받았다. 인간 인지의 이론적 토대에 기여해 데이비드 루멜하트(David E. Rumelhart)상, 테크니온 이스라엘(Technion-Israel)에서는 하비 기술 과학상을 받았다.

> **❝** 어린아이들을 보면 그들만이 인간 수준의 인공지능으로 가게 해주는 유일한 열쇠라는 생각이 들어요. 어린아이 수준의 지능에서 시작해서 신뢰할 수 있는, 재현 가능한 그리고 견고한 확장 방법을 통해 성인 수준의 지능으로 발전할 수 있겠죠. 인간이 어떻게 배우는지 이해할 수 있다면 확실히 진정한 인공지능을 구현할 수 있을 것입니다. 이 과정은 또한 인간의 정체성에 대한 물음과 같이 가장 위대한 과학적 문제를 다루게 될 겁니다. **❞**

조슈아 테넨바움(JOSHUA TENENBAUM)

MIT 컴퓨터 인지 과학 교수

조슈와 테넨바움은 매사추세츠 공과 대학교(MIT, Massachusetts Institute of Technology)의 기술 연구소에 있는 뇌 인지 과학 연구소에서 컴퓨터 인지 과학 교수를 맡고 있습니다. 인간과 기계의 추론과 학습을 연구하며 그의 연구는 인간지능을 컴퓨터 언어로 이해하는 것, 인간 수준의 인공지능을 만드는 것을 목표로 합니다. 그는 자신의 연구를 "인간의 정신을 역공학 하는 일" 그리고 "어떻게 사람은 작은 것으로부터 많은 것을 배우는지에 대한 답을 구하는 일"이라고 말합니다.

마틴 포드 : 먼저 인간 수준의 인공지능에 대해 말해봅시다. 일반인공지능은 실현 가능한 기술인가요?

조슈와 테넨바움 : 인간 수준의 인공지능이라는 것이 C-3PO(역자 주 : 스타워즈에 나오는 600만 종에 달하는 언어를 이해할 수 있는 로봇)나 스타트렉에 나왔던 데이터 소령과 같은 안드로이드 로봇을 말하는 것인가요?

마틴 포드 : 아뇨, 물리적으로 움직일 필요는 없고 시간제한이 없는 튜링 테스트에 통과할 수 있는 지능이요. 몇 시간 동안 폭넓은 대화를 하면서 지능이 있구나 확신할 수 있는 그런 것을 말한 겁니다.

조슈아 테넨바움 : 네, 확실히 가능합니다. 사회에서 선택할 문제라 언제 어떻게 발생할지는 예측할 수 없겠으나, 확실히 실현 가능하다고 생각해요. 인간과 인간의 뇌는 이런 일을 할 수 있는 기계를 만들 수 있다는 것을 보여주고 있습니다.

마틴 포드 : 일반인공지능을 향한 진전은 현재 어떤가요? 거기에 도달하기 위해서 어떤 장애물들을 넘어야 하나요?

조슈아 테넨바움 : 실현 가능한지 묻는 질문도 있지만, 어떤 버전이 흥미롭고 바람직한가에 대한 질문도 있습니다. 이 질문은 현재 일어나려고 하는 것과 관련이 많은데요. 일반인공지능의 버전을 선택하고 그것을 추구하는 문제지요. 현재 저는 마틴 포드 씨가 얘기한 몇 시간 동안 대화할 수 있는 인공지능을 만들고 있지 않아요. 근데 그렇게 오래 대화하기 위해서는 인간 수준의 지능을 가져야 할 거예요. 지능은 언어 능력과 떼놓을 수 없는 관계에 있습니다. 대화하고 상대방이나 자신에게 생각을 표현하는데 언어를 사용해야 하니까요.

언어는 지능의 핵심적 요소입니다. 하지만 저는 지능을 만들 때 언어가 없는 단계

조슈아 테넨바움

에서부터 시작해야 한다고 생각해요. 일반인공지능의 고수준 로드맵을 생각해볼 때, 인지 개발 단계를 대략 3단계로 나눌 수 있겠네요.

첫 번째 단계는 아기가 태어난 시기부터 18개월이 될 때까지의 기간입니다. 언어를 구사하는 생명체가 되기 전, 가질 수 있는 모든 지능을 구축하는 시기이죠. 물리적 세계와 다른 사람들의 행동을 파악할 수 있는 상식적인 이해를 구축해요. 이것을 직관적인 물리학, 직관적인 심리학의 목표, 계획, 도구 그리고 주위의 개념들이라고 부릅니다. 두 번째 단계는 18개월부터 3살까지의 기간으로 언어를 구축하고 어떻게 문단이 생성되는지, 어떻게 문장을 구성할지 배웁니다. 그리고 3살이후, 마지막 세 번째 단계에서는 마침내 언어를 구사하고, 언어를 통해서 배워나갈 수 있게 되죠.

따라서 튜링 테스트를 통과할 수 있는 일반인공지능이 몇 시간 동안 대화를 나눌 수 있다면 그 시스템은 어느 정도 인간의 지능을 반영하고 있다고 생각합니다. 하지만, 앞서 말한 세 단계를 거치면서 그 수준에 도달하는 것이 가장 가치있다고 생각해요. 그래야지 인간 지능의 구축을 이해할 수 있고, 그것을 지침으로 사용할 수 있기 때문이죠.

마틴 포드 : 흔히 우리는 일반인공지능을 두 가지로 생각합니다. 인간 수준의 지능이거나 한정된 분야에서 사용되는 인공지능인데, 조슈아 씨께서 생각하기에는 그 사이 중간 단계가 있다는 말씀이죠?

조슈아 테넨바움 : 네. 예를 들어, 종종 18개월된 아이가 지능적으로 놀라운 일들을 하는 영상을 볼때면 이런 생각이 들어요. 이 아이와 같은 수준의 지능을 가진 로봇을 만들 수 있다면 그것도 하나의 일반인공지능이겠구나하고요. 성인만큼은 아니지만 18개월된 어린아이 역시 그들이 사는 세계를 유연하게, 범용적으로 이해할 수 있으니까요.

우리는 인류의 수천 년 역사가 기록된 세상에 살고 있습니다. 앞으로 수백 년이 어떻게 펼쳐질지 예측할 수 있죠. 우리는 많은 문화 속에 살고 있어요. 그런 문화를 들어왔고, 그 문화와 관련된 자료를 읽어봤기 때문에 다양한 문화가 있다는 것을 알죠. 반면, 18개월된 아이는 그런 세계에 살고 있지 않아요. 오직 언어로만 그런 세계로 접근할 수 있는데 아직 언어를 깨우칠 나이가 아니니까요. 그러나 아이들 역시 일시적인 공간적 및 시간적 환경에 살면서 유연한 사고를 할 수 있고, 상식적인 지능도 가지고 있어요. 이것이 우리가 알아야 할 첫 번째 사실이고, 그 정도의 지능을 가진 로봇을 만들 수 있다면 놀라울 것입니다.

오늘날의 로봇을 보면 하드웨어 측면이 크게 발전하고 있습니다. 기본 제어 알고리즘을 통해 로봇이 걸어 다닐 수 있어요. 마크 레이버트가 설립한 로봇 기업인 보스턴 다이나믹스(Boston Dynamics)의 사례들만 봐도 알 수 있죠. 그들에 대해 들어보셨나요?

마틴 포드 : 네. 로봇이 걷고 문을 여는 비디오를 본 적 있죠.

조슈아 테넨바움 : 생물학적인 영감이 반영된 로봇이에요. 마크 레이버트는 동물의 보행 원리를 알고싶었고 보행 로봇에 대해 연구했습니다. 보행 원리를 파악할 수 있는 가장 최고의 방법이 보행 로봇을 만드는 것이라고 말했어요. 그런 테스트를 하기 위해 회사가 필요했고 그래서 보스턴 다이나믹스를 설립하게 되었죠.

보스턴 다이나믹스나 로드니 브룩스(387쪽 참조)가 일하는 백스터(Baxter)가 개발한 로봇들이 물체를 집고 문을 여는 등의 인상적인 일들을 볼 수 있었어요. 하지만 로봇 안에는 마음과 정신적 작용이 없어요. 대부분 인간이 목표를 세우고 계획한 뒤 조이스틱으로 조종하죠. 18개월된 유아 수준의 사고방식을 가진 로봇을 만든다면 하나의 기술로서 엄청나게 유용할 것입니다.

마틴 포드 : 일반인공지능에서는 누가 제일 앞서고 있다고 생각하시나요? 딥마인드가 주력 후보일까요? 아니면 놀라운 성과를 보이고 있는 다른 기업이 있나요?

조슈아 테넨바움 : 글쎄요, 우리도 최전방에 있다고 생각하지만 모두 옳은 방법으로 접근하고 있다고 생각해요. 딥마인드도 역시 존경할만한 멋진 일들을 많이 하고요. 그들은 확실히 많은 관심을 받고 있죠. 하지만 저는 인간 수준의 인공지능에 접근하는 올바른 방법에 대해서 좀 다르게 생각합니다.

딥마인드는 큰 기업이고 다양한 의견들이 있겠지만 그들의 주된 목표는 처음부터 모든 것을 배울 수 있는 시스템을 구축하는 것입니다. 이는 사람이 배우는 방식과는 다르죠. 다른 동물과 마찬가지로 인간이 태어날 때 두뇌에는 이미 많은 구조가 만들어져 있는데, 이와 같은 인간의 인지 발달을 고려해야 하지 않을까 생각해요.
딥마인드에서 저와 비슷하게 생각하는 사람들도 있지만, 그들이 해왔던 일들과 딥러닝 연구들을 보면 처음부터 최대한 많이 배울 수 있는 강력한 인공지능 시스템을 만들고자 합니다. 제가 생각하는 방식과는 다르죠. 그들만의 이유가 있겠지만 저는 그것이 우리에게 실제로 일어나는 생물학적인 방법은 아니라고 생각합니다.

마틴 포드 : 인공지능과 신경 과학 사이에는 많은 시너지 효과가 있다고 생각됩니다. 두 분야를 어떻게 공부해 오셨나요?

조슈아 테넨바움 : 부모님 모두 지능과 인공지능에 관심이 많으셨어요. 아버지, 제이 테넨바움(Jay Tenenbaum, 종종 마티(Marty)로 알려짐)은 초기 인공지능 연구원이셨습니다. 존 매카시(역자 주 : 미국의 전산학자이자 인지 과학자, 인공지능 연구 업적으로 튜링상을 받았다)가 인공지능 연구소를 설립했을 당시 아버지는 MIT를 졸업하고 인공지능으로 스탠퍼드 대학의 첫 번째 박사 학위를 받게 되었죠. 아버지는 컴퓨

터 비전의 선두 주자이자 미국에서 인공지능 전문 학회인 AAAI(전미인공지능학회)의 설립자 중 한 사람입니다. 또한 인공지능 산업 실험실을 운영하기도 했죠. 어렸을 때부터 아버지와 함께 인공지능 컨퍼런스에 참석하기도 하면서 1970년 대와 1980년대 인공지능의 거대한 흐름 속에서 자랐어요.

애플의 인공지능 컨퍼런스가 개최됐을 때 아버지를 따라 캘리포니아 남부로 갔습니다. 그때는 Apple II 시대였겠네요. 저녁 시간에 애플은 컨퍼런스 참가자들에게 디즈니랜드를 이용할 수 있게 해주었어요. 그 덕분에 하루에 캐리비안의 해적단을 13번이나 갈 수 있었는데, 돌이켜보면 인공지능이 그때도 얼마나 대단했었는지 말해주었던 것 같아요.

그때도 똑같이 인공지능에 대한 과대 선전이 있었습니다. 스타트업도, 대기업들도 있었고 인공지능이 세상을 바꿀 것이라는 말도 있었죠. 물론, 그때는 인공지능이 단기간에 약속된 성과를 내지 못했습니다. 아버지께서는 잠깐 동안 인공지능 산업 실험실인 슐룸베르거 팔로 알토 연구실(Schlumberger Palo Alto Research Lab)의 소장을 맡게 되었는데 그 덕분에 어린 시절 그곳을 자주 드나들며 많은 인공지능 지도자들을 만났습니다. 저희 어머니는 교사이셨고, 교육학 박사 학위를 받았습니다. 어머니께서는 아이들의 학습과 지능에 매우 관심이 많으셨고, 저에게 다양한 분야의 퍼즐과 브레인 티저를 가르쳐 주셨죠. 지금 생각해 보면 그 놀이들은 인공지능 분야에서 다루고 있는 문제들과 크게 다르지 않은 것 같아요.

항상 사고와 지능에 대해 관심이 많았고 대학을 선택할 때 철학이나 물리학을 전공해야겠다고 생각했어요. 결국 물리학 전공을 선택하게 되었지만 미래에 물리학자가 될 거라고 생각하지는 않았습니다. 대학 때 심리학, 철학 수업을 들었고 1989년 관심이 최고조에 다다랐던 신경망에도 관심이 생겼어요. 그 당시에는 두뇌와 정신을 공부하기 위해서 수학을 잘 다루어야 했고, 물리학이 그런 것들을 다

조슈아 테넨바움

루는 학문이라 해서 물리학을 배우면 좋을 것이라 생각했어요.

1991년, 대학교 2학년 때 신경망 수업을 듣고 난 후 본격적으로 이 분야에 뛰어들었어요. 그러는 동안 아버지께서는 저에게 스탠퍼드 동기이자 동료인 로저 셰퍼드를 소개해주셨는데 그는 위대한 인지 심리학자 중 한 분이었죠. 오래전에 은퇴했지만 1960년대, 70년대, 80년대 정신적 프로세스에 대한 과학적, 수학적 연구를 개척한 사람이었습니다. 여름방학 동안 그와 함께 일하면서 로저가 연구해온 이론들을 신경망으로 구현해 보았어요. 그 이론은 인간과 생물체가 어떻게 일반화의 기본적인 문제를 해결하는지에 대한 문제였고, 이 문제는 엄청나게 심오한 문제인 것으로 밝혀졌죠.

어린 시절부터 위대한 분들과 흥미로운 아이디어들에 둘러싸여 일할 수 있어서 영광이었고 그런 길들이 저를 대학원으로 향하게 만들었습니다.

MIT에서 대학원을 다녔고 지금은 같은 학과의 교수가 되었습니다. 박사 과정을 마치고 스탠퍼드에서 2년간 심리학 조교수로 지냈습니다. 그 뒤 MIT의 뇌 인지과학 연구실로 돌아왔죠. 자연 과학 분야에서 인공지능 분야로 들어오면서 주로 인간의 정신과 두뇌가 어떻게 작동하는지, 생물학적 지능이 일반적으로 어떻게 작동하는지 알아내고자 했어요. 인간의 지능을 수학, 컴퓨터 및 공학 용어로 이해하려고 노력했죠.

저는 제가 하는 일들을 "정신을 역공학(29쪽 용어집 참조)하는 것"이라고 표현합니다. 기술자로서 인간의 정신 속에서 지능이 어떻게 작동하는지 알아내고자 하죠. 목표는 엔지니어링 기술 도구를 사용하여 언어 모델을 이해하고 구축하는 것입니다. 저는 정신이 어떤 생물학적, 문화적 진화, 학습 및 개발과 같은 다양한 과정을 통해 만들어진 혹은 문제를 풀기 위해 개발된 놀라운 것으로 생각하고 있습니다. 그것이 어떤 문제이고 어떻게 설계해야 하는지 알아내는 가장 좋은 방법은 우리의 과학을 공식화하는 것이라고 생각해요.

마틴 포드 : 인공지능과 관련된 분야에 경력을 쌓고 싶은 사람들에게 조언을 한다면, 뇌 과학과 인간 인지와 관련된 부분을 공부하는 게 중요하다고 말씀하실 건가요? 순수 컴퓨터 과학만 너무 강조되고 있다고 생각하지는 않나요?

조슈아 테넨바움 : 저는 이 두 가지를 동전의 양면으로 봅니다. 컴퓨터 프로그래밍에 관심이 있었고 지능형 기계를 프로그래밍할 수 있다는 아이디어도 관심이 있었죠. 하지만 위대한 과학적 주제나 심리학적인 질문에 관심이 더 많았어요. 그질문들은 서로가 연관되어 질 수도 있고, 지능형 기계를 만들 수 있게 하는 흥미롭고 유망한 아이디어였으니까요.

저는 생물학보다 심리학이나 인지 과학을 더 많이 공부했어요. 두뇌의 하드웨어보다는 정신의 소프트웨어에 대한 것을 더 많이 공부했죠. 비록 둘다 서로 긴밀히연결되어 있지만요. 그래서 MIT가 매력적으로 느껴진 것일 수도 있겠네요. MIT는 두뇌 및 인지 과학과가 있거든요. 1980년대 중반에는 심리학과라고 불리었지만 생물학 기반의 심리학과였습니다.

저는 과학적 질문들이 더 좋았어요. 엔지니어링 측면도 지적인 기계를 만드는 것을 추구하지만 과학적 측면에서 모델이 계획했던 대로 작동하는지 증명하는 것에 더 가치를 두었어요. 이치에 맞는지 검증하고, 이러한 엄격한 검증들은 매우중요합니다. 과학적 측면에서 인간의 행동이나 신경 데이터에 적합하는 모델은 너무나도 많은데, 인간이라면 풀어야 할 문제들을 못 푼다면 바람직한 모델이 아니라는 것을 알아야 하니까요.

인간의 지능이 어떻게 작동하는지 공학적으로 이해할 수 있다면 신경 과학과 인지 과학의 아이디어들을 인공지능 기술에 접목시킬 수 있을 겁니다.

조슈아 테넨바움

더 일반적으로 엔지니어로서 과학에 접근할 때 신경 과학과 인지 과학이 단지 많은 데이터를 수집하는 것이 아니라 뇌와 정신의 기본 원리를 이해하는 것이라고 생각한다면 이러한 독특한 접근 방식에서 깨달음을 얻고 인공지능에 유용한 아이디어들을 고안해낼 수 있을 겁니다.

마틴 포드 : 조슈아 씨 본인의 연구들을 "정신을 역공학하는 것"이라고 설명하셨죠. 실제 시도해봤던 방법론에 대해서도 설명해주실 수 있나요? 아이들과 관련된 연구가 많다고 알고 있습니다만.

조슈아 테넨바움 : 인공지능 분야에서 일하게 된지 얼마 안 돼서, 항상 이런 질문을 했어요. 인간은 어떻게 조금만 가르쳐줘도 많은 것을 배울까? 기계는 수백, 수천 개의 예제를 통해 배우는데, 인간은 어떻게 단 한 가지의 예제만으로 개념을 습득할 수 있지?

단어의 의미를 배운다면 어른이나 아이 할 것 없이 다 잘 배우죠. 아이들도 올바른 문맥에서 사용된 단어의 한 예시를 보고 새로운 단어를 배울 수 있습니다. 단어가 대상을 나타내는 명사이거나 행동을 의미하는 동사이건 간에 상관 없어요. 아이들에게 기린을 한 번만 보여줘도 다음부터는 어떤 것이 기린인지 알 수 있어요. 새로운 제스처 또는 춤 동작을 보여주거나 새로운 도구를 사용하는 방법을 가르쳐주면 즉시 습득하죠. 바로 춤을 추거나 도구를 사용하지 못하더라도 무슨 일이 일어나고 있는지 파악할 수 있어요.

또는 인과관계를 학습한다고 해보죠. 기초 통계 수업에서 상관관계(서로 관련성이 있다고 추측되는 관계)와 인과관계(원인과 결과의 관계)는 다른 것이고, 상관관계가 항상 인과관계를 의미하지 않는다는 것을 배웁니다. 데이터 집합을 가져와 두 변수 사이의 상관관계를 측정할 수 있죠. 그렇다고 해서 원인을 파악할 수는 없어요. A가 B를 일으키거나, B가 A를 일으키거나, 세 번째 변수가 두 변수의 원인이 될 수 있으니까요.

상관관계가 인과관계를 의미하지 않는다는 사실은 관측 자료에서 인과관계 구조를 추론하는 것이 얼마나 어려운지 말해줍니다. 하지만 인간은 쉽게 인과관계를 파악할 수 있어요. 사실, 이 문제보다 훨씬 더 어려운 문제도 잘 해결할 수 있지요. 아이들조차도 몇 가지 예에서 새로운 인과관계를 추론할 수 있습니다. 상관관계를 파악하기 위해 많은 데이터를 볼 필요 없어요. 난생처음 스마트폰을 접했다고 생각해봅시다. 누군가가 작은 유리 패널을 가로질러 움직였더니 화면이 켜지거나 이동하는 것을 봤어요. 전에는 그런 현상을 보지 못했더라도, 한두 번만 보면 새로운 인과관계가 있다는 것을 이해할 수 있죠. 그리고 그것을 작동하는 방법을 습득하고 아주 유용하게 사용할 수 있어요. 어린아이조차 손가락을 특정한 방향으로 움직이는 것과 스크린이 켜지는 것 사이의 새로운 인과관계를 배울 수 있습니다. 그리고 다양한 다른 행동들을 취할 수 있겠죠.

제가 학부생이었을 때 로저 셰퍼드와 함께 몇 가지 예만으로 일반화할 수 있는 방법에 대해 연구했는데요. 초기에 사람들의 인과관계 모델이 어떻게 작동하는지 공식화하기 위해 베이지안 통계, 베이지안 추론 및 베이지안 네트워크, 확률 이론 등을 사용해봤어요.

지난 10년 동안 정신적 모델에 대한 관심이 커졌습니다. 우리는 아이들의 뇌와 정신을 분석해 상식적 이해를 구축하는 학습 과정을 이해하려고 노력하고 있습니다. 1990년대 후반부터 2000년대 후반에 이르기까지 제 커리어의 첫 10년 동안 베이지안 모델을 사용하여 인간의 인지를 모델링했고 상당한 진전이 있었어요. 지각, 인과관계 추론, 유사성 판단, 단어의 의미를 배우는 방법, 계획을 짜는 방법, 결정을 내리는 방법, 다른 사람들의 결정을 이해하는 방법 등에서도 말이죠. 하지만 아직도 인간이 많은 것을 할 수 있게 해주는 유연하고 범용적인 지능을 다루고 있는 것 같지는 않아요. 10년 전 인지 과학에서 희소한 데이터로부터 추론할

조슈아 테넨바움

수 있는 방법에 대해 수학을 사용해 인지 모델을 만들었지만 이론들이 하나로 통일되지는 못했어요. 도구는 있지만 상식적인 모델은 없었죠.

인간만이 할 수 있다고 생각했던 것들을 하는 놀라운 인공지능, 머신러닝 시스템들이 나오고 있어요. 여기서도 같은 맥락으로 인공지능 기술은 있지만 진짜 인공지능에 도달하지는 못했어요. 흔히 일반인공지능이라 불리는, 기계도 인간처럼 유연한 사고를 할 수 있게 하는 상식적인 지능에 도달하지는 못했죠. 그래도 지금 그것을 위한 토대를 마련하기 시작했어요.

마틴 포드 : 그렇다면 일반인공지능을 집중적으로 연구하고 있나요?

조슈아 테넨바움 : 네, 지난 몇 년 동안 범용 지능을 관심 있게 보고 있어요. 그것이 어떻게 생겼는지 알아내고 공학적으로 그것을 파악하려고 노력하고 있습니다. 현재 하버드 교수인 수잔 캐리와 엘리자베스 스펠케와 같은 몇몇 동료들에게 큰 영향을 받았어요. 이들은 아기와 어린아이를 대상으로 연구했는데 저는 이곳에서 지능을 찾아야 한다고 믿습니다. 인간의 모든 지능이 시작되는 곳이며, 깊고 흥미로운 형태의 학습이 이루어지는 곳입니다.

엘리자베스 스펠케는 인공지능을 연구하는, 특히 인간에 대해서 연구하는 사람들이 알아야 할 가장 중요한 사람들 중 한 명입니다. 그녀는 2~3개월 된 아기가 이미 세계에 대한 기본적인 것들을 이해하고 있음을 보여주었어요. 3차원 공간에서 존재하는 물리적 실체가 어떻게 존재하는지와 같은 것 말이죠. 일반적으로 이것을 대상 영속성(역자 주 : 대상 영속성(Object permanence)이란 특정 대상이 관찰(시각, 청각, 촉각, 후각 등의 모든 방법)되지 않아도 계속 존재함을 뜻하는 용어)이라고 부릅니다. 그것은 아이들이 1살 때 배우는 것으로 알려져 있었지만 스펠케와 다른 사람들은 여러 방법을 통해 갓난아이의 뇌가 세상의 물리적 관점을 이해할 준비가 되어있다는 것을 보여주었죠.

마틴 포드 : 인공지능 분야에서 역시 타고난 구조의 중요성에 대한 논쟁이 있습니다. 이런 종류의 구조가 매우 중요하다고 말하는 건가요?

조슈아 테넨바움 : 앨런 튜링이 튜링 테스트를 제안한 논문에는 이런 아이디어가 있습니다. 갓난아기에서 시작해 인간의 지능이 어떻게 성장하는지를 파악하면 기계에도 지능을 구축할 수 있다고 했죠. 이것이 인공지능에서 가장 오래된, 좋은 아이디어일 수 있어요. 그것은 1950년 당시 어떻게 튜링 테스트를 통과할 것인지에 대한 유일한 튜링의 제안이었죠. 다시 말해, 튜링은 성인 수준의 두뇌를 만드는 것이 아닌 어린아이 수준의 두뇌를 만들고나서 아이들을 가르치는 것과 똑같이 기계를 가르칠 수 있다고 생각한 것입니다.

튜링은 유전-환경(nature-nurture) 문제에 대해 효과적인 입장을 취하고 있는데 아이들의 두뇌가 어른들의 두뇌보다 훨씬 간단한 것이라 생각했죠. 그는 이렇게 말했어요. "아동의 두뇌는 문구점에서 구입한 공책과 같은 것입니다. 다소 작은 메커니즘과 빈 공간이 많이 있죠." 따라서 인공지능도 어린아이와 같은 기계에서 시작해 확장시키는 것이 합리적일 거라고 생각했어요. 하지만 그는 갓난아이의 상태에 대해 현재 우리가 알고 있는 것을 알지 못했어요. 엘리자베스 스펠케, 르네 바일라르게온, 로라 슐츠, 앨리슨 곱닉, 수잔 캐리와 같은 사람들의 연구에서 나온 결과들을 보면, 갓난아기는 훨씬 많은 구조를 가지고 태어난다는 것을 알 수 있어요. 또한 아이들의 학습 메커니즘은 훨씬 더 똑똑하고 정교하죠. 따라서 과학적 측면에서 유전과 환경의 개념이 둘다 우리가 생각했던 것 이상의 위치를 가지게 되었습니다.

하지만 많은 사람들은 갓난아기의 두뇌가 어떻게 작동하는지에 대한 과학적 사실을 보려 하지 않아요. 단순한 두뇌 구조를 가지고 태어난다는 직관적인 생각을 통해 간단한 시행착오나 비지도학습을 채택하고자 하는 것을 볼 수 있습니다. 비록 아이들이 시행착오를 통해 배우고, 비지도학습의 방식을 가진다고해도 이보다 훨씬 더 정교합니다. 특히 훨씬 더 깊은 이해 방식과 설명 능력을 가지고 적은 데이터로부터 배우거든요. 시행착오나 비지도학습 방법을 가진 머신러닝에서도 여전히 지도학습 형태의 데이터가 많이 필요한 방법들을 논의하고 있습니다.

마틴 포드: 그래서 최근 아이들과 관련된 연구에 집중하고 계시군요?

조슈아 테넨바움: 그렇습니다. 아이들은 적은 데이터로부터 세상의 모델을 만들 수 있는데, 이런 현상들을 이해하려고 노력하고 있습니다. 대부분의 머신러닝 연구 방법과는 근본적으로 다르게 접근하고 있습니다. 튜링이 제안한 것과 많은 사람들이 깨달았던 바와 같이 인간 수준의 인공지능을 만드는 방법은 많다고 생각하지만 이것이 저희가 아는 유일한 방법이네요.

어린아이들을 보면 그들만이 인간 수준의 인공지능으로 가게 해주는 유일한 열쇠라는 생각이 들어요. 어린아이 수준의 지능에서 시작해서 신뢰할 수 있는, 재현 가능한 그리고 견고한 확장 방법을 통해 성인 수준의 지능으로 발전할 수 있겠죠. 인간이 어떻게 배우는지 이해할 수 있다면 확실히 진정한 인공지능을 구현할 수 있을 것입니다. 이 과정은 또한 인간의 정체성에 대한 물음과 같이 가장 위대한 과학적 문제를 다루게 될 겁니다.

마틴 포드: 그런 생각과 현재 딥러닝과는 어떤 연관이 있을까요? 신경망이 인공지능을 발전시켰지만, 최근에 새로운 인공지능 암흑기가 올 수도 있다는 우려도 있던데요. 딥러닝은 앞으로도 중요할까요, 아니면 도구 상자 속에 있는 하나의 도구에 불과할까요?

조슈아 테넨바움: 딥러닝을 연구하는 사람들도 딥러닝은 그저 하나의 도구일 뿐이라고 생각합니다. "딥러닝"이라는 의미는 원래 정의에서 확장되었지만요.

마틴 포드 : 저는 딥러닝을 역전파(21쪽 용어집 참조)나 경사하강법(21쪽 용어집 참조)과 같은 특정 알고리즘의 의미를 넘어 정교한 신경망을 사용하는 모든 접근 방식으로 정의하는데요.

조슈아 테넨바움 : 깊은 층을 가진 신경망을 사용한다는 아이디어 역시 하나의 도구일 뿐이라고 생각해요. 신경망은 패턴 인식의 문제를 잘 풀며, 그것은 실용적이고 확장 가능하다고 입증되었죠. 하지만 그러한 종류의 딥러닝 역시 실제로 음성 인식 및 물체 인식과 같은 패턴 인식 문제만 푼 것일 뿐이에요.

예를 들어 바둑을 둔다고 해보죠. 인공지능 연구자들은 바둑을 두기 위해 정교한 패턴 인식이 필요하다고 오랫동안 믿었지만 시각 및 음성 분야의 패턴 인식 방법을 사용하여 해결할 수 있다는 것을 몰랐어요. 하지만 이제 전통적인 패턴 인식 분야에서 개발된 신경망을 다른 분야에서도 사용할 수 있다는 것을 알게 되었고, 바둑을 비롯한 체스 게임이나 보드게임에서 일부로도 사용할 수 있게 되었어요. 다른 분야에도 적용할 수 있는 흥미로운 모델이라고 생각합니다. 하지만 그 속을 보면 단순히 딥러닝만 사용하는 것이 아니고, 게임 트리 검색 및 기댓값 계산 등 전통적인 방법도 사용한다는 것을 알 수 있는데 알파고는 딥러닝의 놀라운 성공 사례지만 딥러닝만 사용한 시스템이 아닙니다. 게임을 하고 게임 트리를 검색하는 시스템의 일부로 딥러닝을 사용한 것뿐이죠.

이 예시로 우리는 딥러닝을 신경망보다 더 확장된 개념으로 사용한다는 것을 알수 있는데 딥러닝이 잘 작동하게 하는 비밀의 원천은 깊은 신경망에서도 오지만 그것을 훈련시키는 방법에서도 옵니다. 이런 훈련 방법들 덕분에 딥러닝으로 찾을 수 없던 것까지 찾을 수 있는 것입니다. 그런데도 바둑을 두거나 체스를 하는 것과 같이 하나의 일을 넘어서 더 넓은 범위의 지능 문제를 풀고자할 때도 모든 문제들을 패턴 인식 문제로 전환하려한다면 그건 웃긴 생각이죠. 아마 어떤 사람들은 그렇게 말할 수도 있는데, 그것은 말도 안 된다고 생각해요.

진정한 인공지능 연구원이라면 두 가지를 동시에 생각해야 합니다. 하나는 딥러닝과 신경망이 패턴 인식으로 할 수 있는 모든 일에 막대한 기여를 했으며 지능형 시스템의 성공의 일부가 될 수 있을 거라는 점입니다. 다른 한 가지는 지능은 제가 말했던 바와 같이 패턴 인식을 넘어서는 어떤 것이라는 점이에요. 새로운 모델을 설명하고, 이해하고, 상상하고, 계획하고, 구축할 때 다양한 작용들이 있으며, 심층 신경망은 그것들을 다루지 않죠.

마틴 포드 : 그런 일들을 다루는데 한계점들은 무엇인가요?

조슈아 테넨바움 : 음, 패턴 인식을 뛰어넘는 지능을 다루기 위해 다른 종류의 엔지니어링 도구를 찾고 있습니다. 그중 하나로 그래픽 모델과 베이지안 네트워크의 아이디어를 활용하고 있죠. 주데아 펄(529쪽 참조)은 아마도 이 시대에서 가장 중요한 사람일 거예요.

가장 중요한 것은 흔히 "기호주의 인공지능"이라고 불리는 것입니다. 많은 사람들이 초창기에 지능은 상징적인 것이라고 생각했어요. 그렇지만 그것은 끔찍한 아이디어로 생각됐는데, 예외 사항을 처리할 수 없어서 학습도 힘들고, 잘 되지도 않았습니다. 그래서 통계를 도입해야만 했고, 그런 다음 신경망이 필요했죠. 하지만 저는 이 흐름이 옳다고 생각하지 않아요. 형식 체계에서 표현된 상징적 추론과 추상 언어의 힘을 강조하는 초기 아이디어는 정말 중요한 아이디어였습니다. 이제 겨우 이런 아이디어들을 이해하고 패러다임과 깨달음을 함께 가져올 방법을 생각하고 있지요.

기호주의 시대, 확률적 및 인과적 시대, 신경망 시대라는 인공지능의 세 가지 파장은 컴퓨터 세계에서 지능을 생각하는 가장 훌륭한 아이디어들입니다. 그중 신경망이 지난 몇 년 동안 가장 큰 성공을 거두었어요. 저는 이 아이디어들이 어떻게 함께 합쳐질 수 있는지 주목하고 있는데요. 이러한 아이디어를 최대한 활용해 지능형 시스템 및 지능의 프레임워크와 언어를 구축하려 하고 있어요.

마틴 포드 : 신경망과 전통적인 접근 방식을 결합하여 포괄적인 무언가를 만드는, 하이브리드 방식으로 접근하는 것인가요?

조슈아 테넨바움 : 저희는 실제로도 그런 방식들을 가지고 있습니다. 현재 이 하이브리드의 가장 좋은 예는 확률론적 프로그래밍(역자 주 : 확률, 통계, 프로그래밍 언어 분야를 아울러 만들어진 새로운 언어로 프로그래밍하는 것을 의미. 기존의 전산학 방식이 아닌 확률론에 맞춘 프로그래밍)인데요. 제가 대화를 하거나 논문을 쓸 때 종종 일반적인 도구로 확률론적 프로그래밍을 사용하고 있다고 강조해서 몇몇 사람들은 알 수도 있는데 확률론적 프로그래밍은 점점 그 형태 자체로 인식되기 시작할 것 같아요.

인공지능, 신경망, 확률론적 프로그래밍 등 이러한 용어는 모호한 용어일 뿐이며, 사용하는 사람들에 의해 재정의될 거예요. 저는 확률론적 프로그램에 대해서 얘기할 때 확률과 관련이 있다고 말하고 싶어요. 신경망이 뉴런과 관련이 있는 것처럼요. 즉, 신경망은 신경 세포가 어떻게 작동하는지를 보고 영감을 받은 아이디어인데 생물학적인지, 인공적인지에 관계없이 신경 세포를 네트워크로 연결할 때 특정 방식으로 충분히 복잡하게 만들면 신경망은 매우 강력해져요. 뉴런이 하는 핵심 역할은 입력의 선형 조합을 비선형성으로 만들어 처리하는 것인데, 현재 사람들이 신경망을 사용하는 방식을 살펴보면 신경 과학의 부분의 아이디어를 넘어 그 이상의 작업들을 해요. 확률론적 프로그래밍 역시 확률론이나 상징적 프로그램에서 아이디어를 가져왔고 앞으로는 신경망의 사용과 비슷한 맥락을 보일 것이라고 생각합니다.

마틴 포드 : 그래서, 이런 접근법을 집중적으로 연구하는군요.

조슈아 테넨바움 : 추상적 지식을 표현하기 위한 형식주의를 도입하고, 확률적 및 인과적 추론의 패턴을 일반화하는데 사용했습니다. 패턴을 찾는 것을 넘어서 진짜 합리적인 추론 능력을 갖춘 시스템 방식을 생각하는데 큰 도움을 주었어요. 그

시스템은 많은 상황에서 일반화할 수 있는 추상적 능력을 가지는데 이러한 시스템을 사용하여 사람들의 직관적인 사고 이론, 신념, 욕구에 대한 행동을 이해하려고 했습니다.

지난 10년 동안 확률적 프로그램 도구를 사용하여 사람이 다른 사람들의 행동을 이해하는 방법을 합리적, 양적, 예측적, 개념적으로 정확하게 만들 수 있었어요. 또한 개인의 사고와 욕망, 신념 등을 파악하기 위해 자신을 어떻게 한 발짝 물러나는지에 대해서도 알 수 있었죠. 이런 것들이 어린아이도 할 수 있는 상식적 추론의 예시들이에요. 사람들의 행동과 그 원인을 알기 위해 지능을 사용하는 방법이죠. 이런 것들이 확률적 프로그램의 아이디어들을 적용해본 사례 중 일부입니다.

마틴 포드 : 확률적 방법이 딥러닝과 결합될 수도 있나요?

조슈아 테넨바움 : 네. 지난 몇 년 동안 똑같은 방법들을 가져와서 신경망에 적용하기 시작했어요. 확률론적 프로그램의 핵심 과제는 추론에 있습니다. 10년 전부터 지금까지 계속 해결하려고 노력하고 있죠. 예를 들어, 정신적인 것을 포착하려고 확률론적 프로그램을 만든다고 해봐요. 정신, 직관들과 같이 매우 빠르게 추론하는 것은 알고리즘적으로 풀기 상당히 어려운 문제입니다. 그래서 추론을 가속화하기 위해 신경망 및 패턴 인식 기술을 접목시키려고 합니다. 알파고도 게임 트리에서 추론과 검색 속도를 높이기 위해 딥러닝을 사용했었죠. 신경망을 사용하면 빠르고 직관적으로 검색할 수 있거든요.

마찬가지로, 확률론적 프로그램에서도 추론을 가속화할 수 있는 패턴을 찾기 위해 신경망을 사용하기 시작했어요. 신경망 장치와 확률론적 프로그램은 점차 서로 비슷한 것이 되어가고 있지요. 이 모든 것들이 결합된 새로운 인공지능 프로그래밍 언어를 개발하고 있어요. 어떤 것을 사용할지 결정할 필요는 없어요. 모두 단일 언어 프레임워크의 일부이니까요.

마틴 포드 : 제가 제프리 힌튼(505쪽 참조)과 이야기했을 때, 그는 하이브리드 방식을 매우 무시하더라고요. 이 분야의 사람들은 평생 동안 학습하는 유기체의 관점뿐만 아니라 진화라는 측면도 생각하고 있는 것 같아요. 인간의 두뇌는 오랜 시간 동안 진화해 왔으며 초기의 형태는 빈 슬레이트에 가까운데요. 이것을 보면 어떤 필수적인 구조가 자연 발생하지 않을까 하는 생각도 들더군요.

조슈아 테넨바움 : 인간 지능은 진화의 산물입니다. 하지만 그 진화에는 생물학적 진화와 문화적 진화가 포함되어 있는데 지식의 상당수는 문화에서 오죠. 또 지식은 여러 세대에 걸쳐 축적되는 것이기도 해요. 아무도 없는 사막에서 자란 아이는 일반 사람들보다 지능이 훨씬 떨어질 거예요. 뭐 어느 정도 지능적이라고 할 수는 있겠으나 우리가 아는 것보다 훨씬 덜 알겠죠. 여러 세대에 걸쳐 훌륭한 사람들의 지식이 축적된 수학, 컴퓨터 과학, 추론 또는 언어를 통해 얻게 되는 지능, 사고 체계 등을 고려해 보면 그 아이는 우리보다 확실히 덜 지능적이라고 판단할 수 있을 거예요.

우리의 몸만 봐도 생물학적으로 진화된 매우 복잡한 구조가 있습니다. 두뇌도 몸이랑 다를 게 없는데요. 인간의 뇌를 보면 실제 뇌 속에 있는 복잡한 구조가 무엇인지 명확하지 않고, 그렇다고 랜덤하게 뉴런끼리 연결돼 있는 빈공간도 아닙니다. 어떤 신경 과학자도 두뇌가 빈 공간이라고 말하지 않을 거예요. 적어도 뇌에는 엄청난 양의 구조가 내장되어 있으며, 그 구조는 세상을 이해하기 위한 가장 기본적인 모델과 모델을 키울 수 있는 학습 알고리즘을 가지고 있어요.

문화적으로 얻는 것과 마찬가지로 유전적으로 얻는 것의 일부 역시 딥러닝보다 훨씬 빠르고 유연하며 강력합니다. 이를 통해 아주 적은 예제만 보고도 학습할 수 있고 새로운 것들을 빨리 배울 수 있죠. 아이들의 두뇌가 어디서 시작되고 어떻게 배우는지에 대한 방법을 진지하게 생각하고 있는 사람들이라면 반드시 이런 점들을 숙지해야 할 겁니다.

조슈아 테넨바움

마틴 포드 : 진화론적 접근 방식을 모델링하면 딥러닝으로 일반인공지능을 만들 수 있다고 생각하나요?

조슈아 테넨바움 : 딥마인드나 심층 강화학습 방법을 따르는 사람들은 진화론적 방식을 생각하고 있는 것 같지만 합리적인 방식은 아닌 듯합니다.

저희는 학습이나 진화를 프로그램 영역에서의 검색과 같은 것으로 연결할 수 있는지 찾아보고 있습니다. 이 프로그램은 유전 프로그램일 수도 있고, 사고를 위한 인지 프로그램일 수도 있습니다. 요점은 큰 고정된 신경망에서 경사하강(21쪽 용어집 참조)을 하는 것과는 다르다는 거예요. 현재 딥러닝이 하는 것은 실제로 아이들이 진화하는 방식과 다르다는 것이죠.

딥러닝은 보다 첨단 기술 산업에 최적화된 도구입니다. GPU와 대규모 분산 컴퓨팅 자원을 이용해 가치 있는 것을 할 수 있다는 것을 보여주었어요. 딥마인드나 구글의 인공지능에서의 모든 발전은 기본적으로 이러한 자원과 딥러닝에 최적화된 통합 소프트웨어 및 하드웨어 엔지니어링 프로그램을 통해 가능합니다. 제가 생각할 때, 실리콘 밸리가 집중적으로 투자하는 산업은 매우 강력해지는 것 같아요. 구글과 같은 회사가 어디로 갈지 파악하는 것이 좋을 겁니다. 어쨌든, 저는 딥러닝과 실제 생물학적 진화 방식은 다른 것이라고 말하고 있습니다.

마틴 포드 : 기계가 의식을 가질 수 있다고 보나요? 논리적으로 지능과 결합된 형태일까요, 아니면 완전히 별개의 어떤 것이라고 생각하나요?

조슈아 테넨바움 : 의식은 정의하기 나름이라 말하기 어려운 부분이네요. 철학자뿐만 아니라 인지 과학자와 신경 과학자가 신중하게 연구하고 있으며, 연구하는 방법에 대해서는 공유된 합의는 없는 것 같아요.

마틴 포드 : 그럼 조슈아 씨의 생각으로는 기계가 내재적 경험을 할 수 있다고 생각하나요?

조슈아 테넨바움 : 의식은 크게 두 가지 측면이 있습니다. 철학자들은 의식이란 어떤 종류의 형식 체계에서도 포착하기가 어려운 감각의 느낌 또는 주관적인 경험의 감각이라고 해요. 붉은 빛을 생각해봅시다. 붉은 색과 녹색은 서로 다른 색이라는 것을 알고 있죠. 느낌도 다르고요. 붉은 색을 보았을 때, 붉은 색을 볼 뿐만 아니라 개인마다 주관적인 경험을 한다는 것은 당연한 사실이죠. 인간도 하나의 기계이고 그런 경험을 하므로 기계도 주관적인 경험을 할 가능성이 있다고 봐요. 우리가 그렇게 해야 하는지 아니면 그렇게 할 수 있을지는 말하기 어려운 부분이 있네요.

의식이라고 여겨지는 또 다른 측면은 자기자신에 대한 감각이라고 부르는 것입니다. 어떤 종류의 방식으로 세상을 경험하며, 자신을 경험해요. 자아를 자각하는 능력이 인간의 지능에 필수적이라고 말하는 것이 훨씬 쉽겠죠. 즉, 우리가 세상을 경험할 때 세포 측면에서 경험하지 않는다는 것입니다.

어떤 순간에 두뇌의 상태를 묘사한다면 각 뉴런이 어떤 것을 하고 있겠지만 그것이 우리가 주관적으로 세상을 경험하는 방법은 아닙니다. 모든 감각들이 모여 어떤 것을 이해합니다. 그것이 우리가 세상을 경험하는 방식이며, 그런 경험을 뉴런과 하나씩 연결할 수는 없어요. 인간 수준의 지능 시스템을 구축한다면 일종의 경험을 해야 할 텐데, 그런 일련의 경험이 개체와 에이전트(23쪽 용어집 참조)의 수준에 있어야 하겠죠. 각 활성화되는 뉴런 수준에 있지 않고요.

그 핵심은 자기자신을 자각하는, 자아를 느끼는 것에 있어요. 저는 여기에 있고, 저라는 것은 단지 몸뚱어리가 아니죠. 저희는 이 부분도 활발히 연구하고 있습니다.

마틴 포드 : 정신을 역공학하는 것과 같은 선상에 있는 것인가요?

조슈아 테넨바움 : 네, 역공학 접근법을 사용해 "자기자신"의 단순한 측면을 이해하려고 합니다. 간단하다고 말하지만 의식의 큰 집합 중 작은 측면을 보겠다는 의미인데 인간이 가진 자기자신에 대한 감각이 무엇인지 그리고 이런 식으로 기계를 만드는 것이 무엇을 의미하는지 이해해야 합니다. 정말 재미있는 질문이죠. 인공지능 사용자, 특히 일반인공지능에 관심 있는 사람들은 스스로 생각하거나 스스로를 배울 수 있는 기계를 만들고자 합니다. 하지만 그들에게 이렇게 물어볼 수 있겠죠. 스스로를 생각하는 기계를 만드는 것이 무엇을 의미하나요? 자기 자신에 대해서도 배우나요? 자기 자신을 모르는데 그렇게 할 수 있다고요?

오늘날의 인공지능 시스템을 보면 자율주행차나 알파고 같은 시스템을 "스스로 학습하는 기계"라고 소개하죠. 실제로 자아도 없고, 그 근처에도 못 갔는데도요. 그 시스템은 자신이 무엇을 하고 있는지 몰라요. 저는 차에 타야 할 때를 알고 차에 있다는 것도 알고, 운전 중인 것도 알죠. 바둑을 두면 게임을 하고 있다는 것을 이해할 것이며, 바둑을 배우기로 결정한 것이 자신이라는 것도 알아요. 누군가에게 강습을 받거나 다른 사람과 연습하며 배울 수도 있어요. 바둑 기사가 되고 싶다거나 바둑 학회에 가고 싶다고 결정할 수도 있습니다. 어쩌면 진지하게 전 세계에서 최고가 되려고 노력할 수도 있겠죠. 세계 정상급 바둑 기사가 되기까지 많은 시간 동안 자신에 대해 생각하고 많은 결정을 내릴 겁니다.

인공지능에서 그런 개념은 현재 없어요. 스스로를 위해 무엇을 하는 시스템은 없죠. 인간이 목표를 가지고 있는 것처럼 기계 자신만의 목표를 가지고 있는 시스템이 없다는 말입니다. 그저 인간이 정한 목표를 향한 시스템만 있을 뿐이죠. 인간 수준의 인공지능은 스스로 많은 것들을 할 수 있어야 하고, 실제로 그렇게 할 수 있는 날이 올 거라 생각합니다.

사람이 하지 않고 에이전트 스스로 문제를 정의하고 결정을 내리고, 풀기 위해 노력하게 만드는 것들을 엔지니어링 관점으로 이해하려고 노력하고 있습니다. 인간 수준의 인공지능에는 반드시 그런 것들이 필요하다고 보거든요. 그것들 없이도 유용한 일을 할 수 있는데 굳이 필요하냐고 물어볼 수도 있어요. 그래서 우리는 기술과 사회를 위한 올바른 방법을 생각하면서 우리가 원하는 수준만큼 기계에 자율성을 부여해야겠죠. 중요한 결정이 될 것입니다.

마틴 포드 : 인공지능과 관련된 잠재적 위험에 대해 물어보고 싶습니다. 사회와 경제에 미칠 수 있는 영향과 관련해 단기적, 장기적으로 걱정해야 할 문제들은 어떤 것들이 있나요?

조슈아 테넨바움 : 일종의 특이점이 오거나 또는 세계를 정복하거나 인류를 파멸할 목표를 가진 지능형 기계가 탄생할 수 있다며 걱정하는 사람들이 있는데 아주 먼 미래에 일어날 수도 있겠지만 그래도 저는 별로 걱정하고 있지 않아요. 기계에 자율성을 주거나 자아를 자각하게 할 방법은 아직 없으니까요. 그런 걱정들은 시기상조라고 생각되네요.

솔직히 말해서 단기적인 문제들이 더 걱정됩니다. 점점 더 강력한 알고리즘을 개발하면서 관련 위험들이 더 많아지겠죠. 지금의 알고리즘들을 누군가가 좋은 목적으로 만들 수도 있고, 나쁜 목적으로 만들 수도 있어요. 이기적인 목적이나 악의적인 목적으로 만든 시스템은 나쁜 목표를 향하겠죠. 어떤 기술이든 선을 위해 사용될 수 있지만, 악을 위해 사용될 수도 있어요. 이러한 것들에 대해 더 걱정해야 합니다. 인공지능은 이제 보편적으로 사용되는 강력한 기술이니까요.

단기적 위험들은 이미 많은 사람들이 얘기하고 있는데 좋은 아이디어가 있으면 좋겠지만 딱히 없네요. 인공지능 커뮤니티는 이제 개인 정보 보호 문제나 인권과 관련된 문제를 생각해야 한다고 느끼고 있습니다. 인공지능이나 자동화가 경제

조슈아 테넨바움

와 직업 환경을 변화시킬 것인지와 같은 주제도요. 인공지능은 점점 더 커지고 있고 더 광범위해지고 있습니다.

한 가지를 뽑자면 직업과 관련된 문제가 중요하다고 생각하는데 인류 역사에서 대부분의 사람들은 사냥, 채집, 농업, 제조 공장에서 일하는 것 또는 어떤 종류의 일이든 자신만의 생계 수단을 찾았습니다. 그리고 생계 수단을 찾았다면 새로운 기술을 개발하거나 직업 라인을 변경할 수도 있지만 그럴 필요까지는 없었어요.

하지만 현재 기술이 급격히 변화하고 있으며 빠른 속도로 많은 직업이 변화하거나 사라지고 있어요. 기술의 변화로 일자리가 사라지게 되거나 변화하는 것은 여러 세대에 걸쳐 일어난 일이지만 지금은 한 세대 내에서 빠르게 일어나고 있고 다른 종류의 스트레스를 주고 있습니다.

점점 더 많은 사람들이 특정 기술로만 먹고 살 수 없다는 사실에 직면합니다. 기술이 변하기 때문에 지속적으로 재교육을 받을 필요도 있겠죠. 보다 더 빨리 배워야 할 겁니다. 인공지능 자체의 영역보다 더 큰 문제로 다가오고 있어요. 저는 이런 것들이 우리 사회가 걱정해야 하는 것들이라고 생각합니다.

마틴 포드 : 상황이 이렇게 빨리 진행될 때 많은 사람들이 일자리를 잃을 수도 있지 않을까요? 보편적인 기본 소득을 진지하게 고려해야 하지 않나요?

조슈아 테넨바움 : 기본 소득에 대해 생각할 수 있지만 필수적인 것은 아닙니다. 인간은 유연한 동물입니다. 그래도 스스로 배우고 재교육하는 능력에는 한계가 있을 수 있죠. 기술이 계속 이 속도로 진보한다면 말입니다. 이전 시대에도 이런 일이 일어났지만 지금보다는 더 천천히 일어났습니다.

작가, 과학자 또는 기술자가 함께 살아가는 사회에서 수천 년 전의 과거를 돌아보면 "그건 일도 아니죠. 노는 것 같은데요! 새벽부터 해 질 녘까지 일하지 않는다면 실제로 일하는 것이 아니다"라고 말할 수도 있어요. 즉, 우리는 미래가 어떻게 될지 전혀 알지 못해요.

근본적인 변화가 있다고 해도 하루 8시간을 일하는 것을 경제적으로 가치 있게 생각한다는 생각이 하루아침에 사라지지는 않을 것입니다. 보편적인 기본 소득을 가질지, 다른 방식으로 일하게 될지 알지 못하지만 이런 걱정들이 인공지능 연구원들의 대화 사이에서도 나와야 합니다.

훨씬 더 크고 긴급한 또 하나의 문제는 기후 변화입니다. 인간이 초래한 기후 변화의 미래가 어떤 것인지 알지 못하지만 인공지능 연구원들도 어느 정도 기후 변화에 책임이 있습니다. 인공지능이든, 비트코인 채굴이든 그것을 위해 컴퓨터 자원들이 점점 더 많이 사용되고 있는지 그리고 막대한 에너지 소비를 가속화시키는지 생각해봐야 합니다.

인공지능 연구자로서 기후 변화에 어떤 책임이 있는지, 그러한 문제를 해결하는 데 긍정적으로 영향을 줄 수는 있는지 생각해야 합니다. 적극적으로 기여할 수 있는 방법에 대해 생각해야 해요. 인공지능 연구자들이 이런 문제에 대해 심각하게 고민하고 있지 않는 것도 시급히 해결해야 할 문제네요.

인공지능 기술을 사람들을 감시하는 데 사용할 수 있지만 인공지능을 활용하여 감시당하는 시점을 파악할 수도 있습니다. 연구자로서 인공지능 분야에서 발명한 것들이 나쁜 목적으로 사용되는 것을 다 막을 수는 없겠지만 좋은 목적을 위해 더 열심히 일할 수 있고, 나쁜 사람들에게 대항할 수 있는 기술을 개발할 수도 있죠. 정말이지 인공지능 연구자들이 반드시 생각해야 할 도덕적 문제들입니다.

마틴 포드 : 인공지능에 대한 규제는 어떻게 생각하십니까?

조슈아 테넨바움

조슈아 테넨바움 : 실리콘 밸리는 자유주의에 가까운데 솔직히 정부와 기술 산업이 서로 가까웠으면, 공동의 목적이 더 많았으면 합니다.

저는 낙관주의자입니다. 서로 다른 당사자가 함께 일할 수 있고, 함께 일해야 하며, 연구자들이 그런 종류의 협력을 위해 중요한 역할을 할 수 있다고 생각하죠.

마틴 포드 : 닉 보스트롬(101쪽 참조)이 썼던 초지능과 일치 또는 통제 문제(29쪽 용어집 참조)에 대해서는 어떻게 생각하는지요. 초지능 시스템을 어떻게 통제할 것인가를 해결하는 데 오랜 시간이 걸리며, 이 문제에 집중해야 한다는 그의 주장에 어떻게 답하시겠습니까?

조슈아 테넨바움 : 그것에 대해 생각하는 것도 합리적이라고 생각합니다. 저희도 똑같은 것을 생각해요. 인류에게 실존적 위험을 초래할 수 있는 일종의 초지능을 생각해볼 수는 있지만 훨씬 더 긴급한, 다른 실존적 위험이 있다고 생각하기 때문에 그것이 최우선 목표가 되어야 한다고 생각하지는 않습니다. 이미 딥러닝 기술과 인공지능 기술이 당면한 커다란 문제가 있으며, 일부는 실존적 위험 수준까지 커지고 있으니까요.

기술 측면을 논하기에 앞서 인간을 더 잘 이해해야 합니다. 인간이 추구하는 가치가 무엇인지 이해해야 하고, 인간으로서 어떻게 그것들을 알게 되었는지, 도덕적인 원칙은 무엇인지, 이런 질문들을 먼저 이해하는 것이 필요하며, 인지 과학에서 아주 중요한 부분이라고 생각합니다.

기계가 지능화될뿐 아니라 자율 행위자가 되는 것이 더 필요하고 실제로도 유용할 겁니다. 앞서 말한 문제들을 해결할 때 역시 중요한 역할을 하겠죠. 아직 실제 자연적인 지능의 원리들을 이해 못하고 있어요.

인공지능의 가치 일치 문제가 아닌 더 현실적인, 기후와 관련된 문제를 해결하기 위해서는 무엇을 하고 있나요? 또 정부나 기업들이 인공지능 기술을 악용해 사람들을 조작하려고 하고 있지는 않나요?

이런 것들이 우리가 지금 걱정해야 할 것들이죠. 일부는 어떻게 하면 우리가 좋은 도덕적 행위자가 될 수 있는지 생각해야 하며, 더 좋은 세상을 만들려면 어떻게 해야 하는지 생각해야 해요. 이런 단기적이고 현실적인 위험들을 다루어야 합니다. 저는 초지능의 가치 일치 문제 말고 기본 과학적 관점에서 가치 있는 것들을 더 생각하는 편입니다.

인공지능 연구자들은 이와 관련된 모든 일들을 해야 해요. 가치 일치 문제는 실전에 옮길 수 있는 것과는 먼 연구들이죠. 보다 현실적인 도덕적 문제를 놓치지 않도록 노력해야 합니다.

마틴 포드 : 인공지능의 긍정적인 면들이 부정적인 면들을 압도할 수 있을 것이라 확신하나요?

조슈아 테넨바움 : 저는 낙관주의자예요. 그래서 대답은 '그렇다'라고 말하겠지만, 확신할 수는 없습니다. 그것은 인공지능만의 문제가 아니라 스마트폰이든, 소셜 미디어이든 우리의 삶을 변화시키고 상호 교류하는 방식의 문제니까요. 우리의 경험들이 본질적으로 바뀌고 있어요. 모두가 휴대 전화를 사용하고 있거나 소셜 미디어가 이끌어 낸 부정적인 요소를 보았을 때 무조건 낙관적인 태도를 취하는 것은 어렵습니다.

이 기술이 우리에게 영향을 줄 수 있는 모든 것들을 인식하고 연구하는 것이 중요하다고 생각합니다! 우리의 두뇌, 가치 체계, 보상 체계, 사회적 상호 작용 체계를 해킹할 수도 있으니 긍정적인 면만은 있는 것이 아니죠. 이것을 이해하고 생각하기 위해 적극적인 연구가 필요하다고 생각해요. 이 기술이 반드시 긍정적인 결과

조슈아 테넨바움

를 가져온다거나 선의 측면에 있다고 보장할 수 없어요.

저는 지역 사회가 적극적으로 이것에 대해 생각하면 좋겠습니다. 장기적으로는 균형을 이루는 좋은 인공지능을 만들 수 있다는 낙관적인 견해를 가지고 있지만 지금은 이것에 대해 모두가 진지하게 생각해야 할 때입니다.

마틴 포드 : 마지막으로 하고 싶은 말이 있다면 해주시죠.

조슈아 테넨바움 : 우리가 하고 있는 연구와 많은 사람들을 움직일 수 있는 것들은 이런 종류의 질문들이에요. 지능의 본질은 무엇인가요? 생각은? 인간이라는 것은 무엇을 의미합니까? 우리가 이러한 질문을 철학적인 질문으로만 간주하지 않고 실제 공학적, 과학적 관점으로도 생각해봐야 합니다. 그러면 이런 질문들을 답할 놀라운 기회들이 있을 거예요.

특히 일반인공지능을 생각할 때 인류가 생각해온 가장 큰 과학적인 질문으로 접근해본다면 어떨까요? 지능의 본질은 무엇입니까? 우주의 기원은 어디에서 출발하나요? 그 물음들은 매우 흥미롭고 놀랄만한 그리고 영감을 받을 수 있는 것들입니다. 그래야 기술들이 우리를 더 멍청하게 만들지 않고 똑똑하게 만들어 줄 것입니다.

인간의 지능이 진정 무엇인지 더 잘 이해하고 그런 기술들을 만들어 우리를 더 똑똑하게 해줄 기회들이 분명 있어요. 매우 흥분되는 일이지만, 그만큼 이 분야를 연구하면서 그것들을 아주 진지하게 다루어야 할 것입니다.

조슈아 테넨바움

조슈아 테넨바움은 MIT의 뇌 및 인지 과학과의 컴퓨터 인지 과학 교수이다. 또한 MIT 컴퓨터 과학 및 인공지능 연구소(CSAIL) 및 뇌, 정신 및 기계 센터(CBMM)의 연구원이기도 하다. 인간의 지능을 컴퓨터 용어로 이해하는 것과 인공지능을 인간 수준의 능력에 가깝게 만드는 두 가지 목표를 가지고 인간과 기계에서 지각, 학습 및 상식 추론을 연구하고 있다. 1993년 예일 대학에서 물리학 학사 학위를, 1999년 MIT에서 박사 학위를 받았다. MIT 인공지능 연구소의 박사후 과정 후 스탠퍼드 대학 심리학과 컴퓨터 과학 조교수로 합류했다. 2002년에 MIT에서 교수로 재직했다.

인지 과학, 머신러닝 및 기타 인공지능 관련 분야에서 광범위하게 논문을 내고 있고, 그들의 논문들은 컴퓨터 비전, 강화학습 및 의사 결정, 로봇 공학, 불확실성, 인지 모델링, 신경 정보 처리와 관련된 주요 컨퍼런스에서 우수 논문으로 선정되고 있다. 비선형 차원 감소, 확률적 프로그래밍, 비지도학습 구조 발견 및 프로그램 유도에 대한 베이지안 접근법을 포함하여 널리 사용되는 인공지능 도구 및 프레임 워크를 소개하기도 했다. 실험 심리학자 협회(Society of Experimental Psychologists)에서 하워드 크로스비 워렌 메달(Howard Crosby Warren Medal)을 받았으며, 미국 심리 학회에서는 심리학에 대한 기여로 저명한 과학상(Distinguished Scientific Award)을 받았고, 국립 과학원(National Academy of Sciences)에서 트롤 랜드 연구상(Troland Research Award)을 받았다.

| "인간 수준의 인공지능은 언제 만들어질까?"의 설문 결과

인터뷰를 하면서 인간 수준의 일반인공지능이 완성될 시기가 언제일지 물었습니다. 비공식적인 설문이긴 하지만 결과는 다음과 같습니다.

많은 분이 정확한 시점을 말하는 것을 매우 꺼렸습니다. 일반인공지능이 어떤 방식으로 만들어질지도 불확실하고 극복해야 할 것들조차 다 알 수 없다고 지적했습니다. 열심히 설득해봤지만 5명은 설문을 거부했고 나머지 18명 중 대부분은 익명으로 처리되길 원했습니다.

서문에서 언급했듯이 레이 커즈와일과 로드니 브룩스는 각각 2029년, 2200년으로 예상했습니다.

총 18명이 설문에 답했습니다.

2029년 - 10년 후 : 1명
2036년 - 17년 후 : 1명
2038년 - 19년 후 : 1명
2040년 - 21년 후 : 1명
2068년 - 49년 후 : 3명
2080년 - 61년 후 : 1명
2088년 - 69년 후 : 1명
2098년 - 79년 후 : 2명
2118년 - 99년 후 : 3명
2168년 - 149년 후 : 2명
2188년 - 167년 후 : 1명
2200년 - 181년 후 : 1명

평균 : 2099년 - 지금부터(2019년) 80년 후

2099년이라는 평균 예상 연도는 다른 설문과 비교하면 상당히 비관적입니다. AI Impacts 웹사이트(https://aiimpacts.org/ai-timeline-surveys/)에서 다른 설문 조사의 결과를 확인할 수 있습니다. 다른 설문 조사에서는 일반인공지능이 2040~2050년 쯤에 만들어질 것이라고 예상했습니다. 이 설문들은 더 많은 사람들이 참여했고 경우에 따라 인공지능을 연구하지 않는 사람이 있을 수도 있습니다.

이 책의 인터뷰에 참여한 분들을 전체적으로 보면 최소한 50년 이상, 아마 100년 이상 걸릴 것이라고 예상하고 있습니다.

인덱스